生物科学专业"6+X"简明教程系列

微 生 物 学

张利平 主编

科学出版社

北 京

内 容 简 介

本书在编写过程中参考了许多学科前沿进展,在注重加强基础理论论述的同时,突出教材的新颖性和启发性,体现理论与实践的有机结合。全书简明论述了微生物在其生命活动过程中的基本规律,其主要内容包括微生物的特点、形态结构、营养要求、生长繁殖、新陈代谢、遗传变异、生态环境、分类鉴定、传染免疫以及微生物资源的开发与利用等。

本书可供综合院校本科和其他理工科院校中的生物科学类、生物工程类,食品科学与工程类以及环境、药学等相关专业使用,也可作为相关领域的教师、研究生、科研人员颇有益的参考书,同时,也可供从事上述相关行业的技术人员和从业人员参考。

图书在版编目(CIP)数据

微生物学/张利平主编. —北京:科学出版社,2012
  (生物科学专业"6+X"简明教程系列)
  ISBN 978-7-03-034498-4

Ⅰ.①微… Ⅱ.①张… Ⅲ.①微生物学-高等学校-教材 Ⅳ.①Q93

中国版本图书馆 CIP 数据核字(2012)第 110398 号

责任编辑:席 慧 王国栋/责任校对:林青梅
责任印制:赵 博/封面设计:迷底书装

科 学 出 版 社 出版
北京东黄城根北街 16 号
邮政编码:100717
http://www.sciencep.com

北京华宇信诺印刷有限公司印刷
科学出版社发行 各地新华书店经销

*

2012 年 6 月第 一 版　　开本:787×1092　1/16
2024 年 7 月第十次印刷　　印张:21 1/4
字数:551 000

定价:86.00 元
(如有印装质量问题,我社负责调换)

《微生物学》编委会名单

主　　编　张利平（河北大学）

副 主 编　张秀敏（河北大学）

　　　　　李彦芹（河北大学）

　　　　　赵宝华（河北师范大学）

　　　　　魏淑珍（衡水学院）

编　　委　(按姓名汉语拼音排序)

　　　　　贺新生（西南科技大学）

　　　　　鞠建松（河北师范大学）

　　　　　李彦芹（河北大学）

　　　　　李云玲（长治学院）

　　　　　吕志堂（河北大学）

　　　　　魏淑珍（衡水学院）

　　　　　吴智艳（廊坊师范学院）

　　　　　张谨华（晋中学院）

　　　　　张利平（河北大学）

　　　　　张秀敏（河北大学）

　　　　　赵宝华（河北师范大学）

序

微生物学是21世纪生命科学领域中最活跃的学科之一，也是生命科学中的一门极为重要的基础学科，它涉及工、农、医药、环境、能源等领域的基础研究和应用，特别是与人类的健康和经济发展的关系极为密切。微生物学的理论与实践是生物学科各专业和相关学科有关专业的必备知识和技术，微生物课程是培养生命科学人才过程中必不可少的基础课。在微生物学的教学中，需要有不同风格和不同特色的教材出版，以适应我国不同高等院校的需求。

由河北大学张利平教授主编、多所院校参编的《微生物学》，是在他们多年教学实践的基础上，根据该课程教学的要求，学科的发展以及实际应用的需求撰写而成。本书在介绍微生物的基本知识的同时，反映了微生物学科的一些最新研究成果。通过每章的导读、知识窗、内容小结和复习思考题，这样易教易学的编排结构，帮助学生进一步理解教材的内容，以启迪思考，开阔视野，促进学生在学习本教材的过程中，初步建立从事微生物及相关学科的基础和应用研究的思维方法。

该教材内容丰富、取材先进、文字表述简明扼要，是一本适用于高等院校生物工程、食品科学与工程、制药工程、环境工程等专业学生使用的实用性强、适应面广的教材，对相关领域的教师、研究生和科研人员也是颇为有益的参考书。

陈文新

中国科学院院士、土壤与环境微生物学家
2012年4月18日于中国农业大学

前　言

微生物学是一门应用性很强的学科，微生物学的实际应用是微生物学基础理论知识的实践，同时还涉及生产的特殊设备和有关学科知识。因此，在学生了解和掌握了微生物的基本生命活动规律后，加强学生理论联系实际，综合应用知识的能力，了解微生物的应用范围、问题和前景，从而获得较完整的微生物学基本理论知识和实践能力，并获得从事微生物学理论与应用研究的基本思维方法。

本书是由河北大学、河北师范大学、西南科技大学、衡水学院、廊坊师范学院、晋中学院、长治学院等七所院校，多年从事微生物学教学科研工作的教师合作完成的一本基础微生物学的简明教材。本书的作者都是长期在高校从事微生物学基础课或专业课教学和科研工作的一线教师，积累了丰富的教学和科研经验，使本书内容丰富，结构合理，较好地处理了基础性、系统性和先进性之间的关系，也加强了理论与实际的联系。对于生命科学有关专业的学生和教师来说是一本颇具特色的教材，对于从事微生物学及其相关工作的人员也是一本很好的参考书。

在本书的完成过程中得到了许多兄弟院校的大力支持，特别是赵宝华副主编对编写大纲提出了许多宝贵的意见和建议，所有副主编和参编教师都付出了大量的辛勤劳动。全书共11章，第一章绪论（张利平教授，张秀敏副教授）；第二章微生物细胞的结构与功能（张谨华副教授）；第三章微生物的营养（魏淑珍教授）；第四章微生物的代谢（张秀敏副教授）；第五章微生物的生长繁殖及其控制（吴智艳教授）；第六章病毒（吕志堂教授）；第七章微生物遗传变异和育种（赵宝华教授，鞠建松教授）；第八章微生物的生态（李云玲讲师）；第九章微生物的系统分类（张利平教授、贺新生教授）；第十章感染与免疫（李彦芹副教授）；第十一章微生物的应用和产品（赵宝华教授，鞠建松教授）。在本书的编写过程中，魏淑珍教授和李彦芹副教授分别对第二稿进行了修改，针对编辑对书稿提出的修改意见，主编对全书进行了第三次修改完成定稿。成书前，主编和张秀敏副主编对全稿进行了仔细的审订，在本书出版之际也向他们表示诚挚的谢意！

微生物学的内容极为丰富，但由于篇幅所限，书中不可能包罗万象，有许多内容不得不精减。本书的编写在许多方面是一次改革的尝试，由于编者水平所限，书中难免会有不当或疏漏之处，衷心期望读者多批评指正，以使本书更臻完善。谢谢！

张利平
2012 年 2 月于河北大学

目 录

序
前言

第一章 绪论 ... 1
第一节 微生物与微生物学 ... 1
一、什么是微生物 ... 1
二、微生物学的范畴 ... 2
三、如何学好微生物学 ... 2
第二节 微生物在生物界中的地位 ... 3
一、两界和三界系统 ... 3
二、五界系统 ... 3
三、三界（域）系统 ... 4
第三节 微生物学的发展史 ... 4
一、史前时期 ... 4
二、微生物学的初创时期 ... 5
三、微生物学的发展 ... 5
第四节 微生物学的未来 ... 8
一、微生物基因组学和后基因组研究 ... 8
二、微生物系统学研究 ... 8
三、微生物和环境治理研究 ... 9
四、微生物生态学研究 ... 9
五、病原微生物研究 ... 9
本章小结 ... 11
习题 ... 12
思考题 ... 12

第二章 微生物细胞的结构与功能 ... 13
第一节 原核微生物细胞的结构与功能 ... 13
一、细胞壁 ... 13
二、细胞壁以内的构造——原生质体 ... 21
三、细胞壁以外的构造 ... 30
第二节 真核微生物细胞的结构与功能 ... 34
一、细胞壁 ... 35

二、鞭毛与纤毛 ... 36
三、细胞质膜 ... 37
四、细胞核 ... 37
五、细胞质和细胞器 ... 38
本章小结 ... 41
习题 ... 42
思考题 ... 42

第三章 微生物的营养 ... 43
第一节 微生物的营养要求 ... 43
一、微生物细胞的化学组成 ... 43
二、营养物质及其生理功能 ... 44
三、微生物的营养类型 ... 48
第二节 培养基 ... 50
一、配制培养基的原则 ... 50
二、培养基的类型及应用 ... 52
第三节 营养物质进入细胞的方式 ... 57
一、单纯扩散 ... 57
二、促进扩散 ... 58
三、主动运送 ... 58
四、基团移位 ... 59
第四节 细菌活的非可培养状态 ... 60
一、"活的非可培养"细菌的诱导因素 ... 61
二、"活的非可培养"细菌的生物学特性 ... 61
三、"活的非可培养"细菌的复苏 ... 61
四、"活的非可培养"细菌的检测 ... 61
五、进行"活的非可培养"状态研究的理论和实际意义 ... 62
本章小结 ... 63
习题 ... 63

思考题 …………………………… 63

第四章　微生物的代谢 …………… 64
第一节　代谢概论 …………………… 64
第二节　微生物产能代谢 …………… 65
　　一、生物氧化 ……………………… 66
　　二、异养微生物的生物氧化 ……… 66
　　三、自养微生物的生物氧化 ……… 75
　　四、能量转换 ……………………… 77
第三节　耗能代谢 …………………… 84
　　一、细胞物质的合成 ……………… 84
　　二、其他耗能反应：运动、溶质摄取、
　　　　生物发光 ……………………… 92
第四节　微生物代谢的调节 ………… 93
　　一、酶合成调节 …………………… 93
　　二、酶活性调节 …………………… 94
第五节　微生物次级代谢及其调节 … 97
　　一、次级代谢与次级代谢产物 …… 97
　　二、次级代谢的调节 ……………… 97
　本章小结 ……………………………… 101
　习题 …………………………………… 101
　思考题 ………………………………… 102

第五章　微生物的生长繁殖及其控制 … 103
第一节　微生物的培养 ……………… 103
　　一、微生物的纯培养 ……………… 103
　　二、微生物的培养方法 …………… 105
　　三、微生物的同步培养 …………… 107
　　四、微生物的分批培养 …………… 108
　　五、微生物的连续培养 …………… 108
第二节　细菌的生长与繁殖 ………… 109
　　一、细菌的个体生长 ……………… 109
　　二、细菌的群体生长繁殖 ………… 111
　　三、原核微生物的生活史 ………… 115
第三节　真菌的生长与繁殖 ………… 120
　　一、霉菌的形态结构 ……………… 120
　　二、霉菌的繁殖方式 ……………… 122
　　三、酵母菌的生长繁殖 …………… 128
第四节　环境对微生物生长的影响
　　　　………………………………… 130

　　一、环境对微生物生长的影响 …… 130
　　二、微生物生长的测定 …………… 132
第五节　微生物生长繁殖的控制 …… 134
　　一、控制微生物生长的化学物质 … 134
　　二、控制微生物生长的物理因素 … 135
　本章小结 ……………………………… 137
　习题 …………………………………… 138
　思考题 ………………………………… 138

第六章　病毒 …………………………… 139
第一节　概述 ………………………… 139
　　一、病毒的特点与定义 …………… 139
　　二、病毒的宿主范围 ……………… 140
　　三、病毒的分类与命名 …………… 140
第二节　病毒研究的基本方法 ……… 142
　　一、病毒的分离与纯化 …………… 142
　　二、病毒的测定 …………………… 143
　　三、病毒的鉴定 …………………… 145
第三节　病毒的性质 ………………… 146
　　一、病毒的形态结构 ……………… 146
　　二、病毒的化学组成 ……………… 150
第四节　病毒的复制 ………………… 154
　　一、病毒的复制周期 ……………… 154
　　二、病毒感染的起始 ……………… 156
　　三、病毒大分子的合成 …………… 159
　　四、病毒的装配与释放 …………… 163
第五节　病毒的非增殖性感染 ……… 166
　　一、非增殖性感染的类型 ………… 166
　　二、缺损病毒 ……………………… 167
第六节　病毒与宿主的相互作用 …… 169
　　一、噬菌体与宿主细胞的相互作用 … 170
　　二、病毒与真核细胞的相互作用 … 172
　　三、机体的病毒感染 ……………… 174
第七节　亚病毒因子 ………………… 175
　　一、卫星 …………………………… 176
　　二、类病毒 ………………………… 177
　　三、朊病毒 ………………………… 178
　本章小结 ……………………………… 180
　习题 …………………………………… 180
　思考题 ………………………………… 181

第七章 微生物遗传变异和育种 …… 182
第一节 遗传的物质基础 …… 182
一、DNA 作为遗传物质 …… 182
二、RNA 作为遗传物质 …… 184
三、朊病毒的发现和思考 …… 184
第二节 微生物的基因组结构 …… 185
一、大肠杆菌的基因组 …… 185
二、啤酒酵母的基因组 …… 186
三、詹氏甲烷球菌的基因组 …… 186
第三节 质粒和转座因子 …… 187
一、质粒的发现和命名 …… 188
二、质粒的分子结构 …… 188
三、质粒的主要类型 …… 188
四、质粒的不亲和性 …… 190
五、转座因子的类型和分子结构 …… 190
六、转座的遗传学效应 …… 192
第四节 基因突变及修复 …… 192
一、基因突变的类型及其分离 …… 193
二、基因突变的规律 …… 194
三、基因突变的分子基础 …… 195
四、DNA 损伤的修复 …… 197
第五节 细菌基因转移和重组 …… 197
一、细菌的接合作用 …… 197
二、细菌的转导 …… 199
三、细菌的遗传转化 …… 201
四、基因定位和基因组测序 …… 203
第六节 真核微生物的遗传特性 …… 204
一、酵母菌的接合型遗传 …… 204
二、酵母菌的质粒 …… 205
三、酵母菌的线粒体 …… 205
四、丝状真菌的准性生殖 …… 206
第七节 微生物育种 …… 207
一、诱变育种 …… 207
二、体内基因重组育种 …… 209
三、基因组重排技术育种 …… 210
四、分子育种 …… 211
本章小结 …… 212
习题 …… 213
思考题 …… 213

第八章 微生物的生态 …… 214
第一节 微生物在生态系统中的地位与作用 …… 214
一、微生物在生态系统中的作用 …… 214
二、微生物与生物地球化学循环 …… 215
第二节 微生物在自然界的分布 …… 218
一、土壤中的微生物 …… 218
二、水体中的微生物 …… 219
三、空气中的微生物 …… 220
四、工农业产品上的微生物 …… 220
五、极端环境下的微生物 …… 220
六、生物体内外的微生物 …… 222
第三节 微生物与生物环境间的关系 …… 225
一、互生 …… 225
二、共生 …… 225
三、寄生 …… 227
四、拮抗 …… 227
五、捕食 …… 228
第四节 微生物与环境保护 …… 228
一、微生物对污染物的降解与转化 …… 228
二、污染物的微生物处理 …… 229
三、环境污染的微生物检测 …… 232
本章小结 …… 233
习题 …… 234
思考题 …… 234

第九章 微生物的系统分类 …… 235
第一节 微生物的分类单元和命名 …… 236
一、微生物分类单元的等级 …… 236
二、微生物的分类单元的划分 …… 237
三、微生物分类单元的命名 …… 239
四、微生物的分类系统 …… 243
第二节 微生物系统分类的依据 …… 246
一、原核微生物的分类依据及方法 …… 246
二、真核微生物分类依据 …… 255
第三节 微生物的系统分类和主要的属 …… 256
一、原核微生物的系统分类和主要的属

二、真核微生物的系统分类和主要的属 ………………………………… 261
本章小结 …………………………… 264
习题 ………………………………… 264
思考题 ……………………………… 265

第十章 感染与免疫 …………… 266
第一节 感染的一般概念 ………… 266
　　一、传染与传染病 …………… 266
　　二、决定传染结局的3个因素 … 266
　　三、传染的3种可能结局 …… 270
第二节 非特异性免疫 …………… 270
　　一、生理屏障 ………………… 270
　　二、细胞因素 ………………… 271
　　三、体液因素 ………………… 273
第三节 特异性免疫 ……………… 274
　　一、免疫系统 ………………… 275
　　二、抗原和抗体 ……………… 277
第四节 免疫学的实际应用 ……… 285
　　一、抗体的制备及应用 ……… 285
　　二、免疫学技术 ……………… 287
　　三、免疫预防 ………………… 290
本章小结 …………………………… 293
习题 ………………………………… 293
思考题 ……………………………… 293

第十一章 微生物的应用和产品 …… 294
第一节 工业发酵的菌种和发酵特征 ………………………………… 294
　　一、生产菌种的要求和来源 … 294
　　二、大规模发酵的特征 ……… 295
第二节 工业发酵的方式 ………… 299
　　一、发酵方式 ………………… 299
　　二、固定化酶和固定化细胞 … 302
　　三、固态发酵 ………………… 303
　　四、混合发酵 ………………… 303
第三节 微生物发酵的主要产品 … 304
　　一、食品和饮料 ……………… 304
　　二、医药工业的主要产品 …… 306
　　三、农牧业的主要产品 ……… 309
　　四、微生物在冶金、能源等领域的应用 ……………………… 311
　　五、微生物塑料和生物计算机 … 314
　　六、微生物的其他应用 ……… 316
本章小结 …………………………… 317
习题 ………………………………… 318
思考题 ……………………………… 318

主要参考文献 …………………… 319

附录 常用微生物名称 ………… 322

第一章 绪 论

【本章导读】 人类认识微生物已有300多年的历史,其间许多科学家做出卓越的贡献,使得微生物这种最小的生命体对人类自身的生存和健康发挥着巨大的、不可替代的作用。微生物学作为最具生命力的学科之一也一直是推动整个生命科学发展的强大动力。本章将从微生物和微生物学的概念、微生物学的发展简史及微生物学在生命科学发展中做出的巨大贡献进行详细介绍。

人类的生活离不开微生物,在它们的许多作用中,微生物对地球化学循环和土壤肥力是必需的。它们通常用于酿造食品、生产药物和工业化合物。在有害影响方面,它们常引起许多植物、动物和人类的疾病。此外,在科研实验中还广泛应用微生物研究细胞的分化过程。

第一节 微生物与微生物学

一、什么是微生物

微生物(microorganism, microbe)是一类个体微小,肉眼不易看见,结构相对简单的单细胞、多细胞和无细胞结构的微小生物的总称。例如,具有原核细胞结构的细菌、古菌,具有真核细胞结构的真菌、藻类和原生动物及病毒等。但是,也有少数微生物是肉眼可见的,如一些藻类和真菌。还有两种个体较大的细菌:①费氏刺骨鱼菌(*Epulopiscium fishelsoni*)是1985年发现的生活在一种棕色刺尾鱼科肠中的巨大细菌,最大可达600μm×80μm,比大肠杆菌大100万倍,略小于印刷中使用的连字号;②1999年在海洋沉积物中发现了更大的名为纳米比亚硫珍珠状菌(*Thiomargarita namibiensis*)的细菌,直径达750μm,肉眼可见。微生物的主要类群包括:

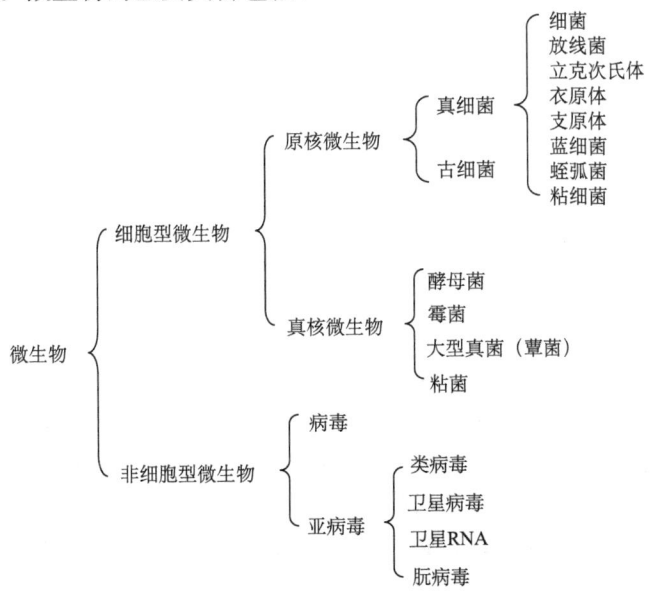

二、微生物学的范畴

(一) 微生物学的定义

微生物学 (microbiology) 是生物学的分支学科之一,它是在分子、细胞或群体水平上研究微生物的形态结构、生长繁殖、生理代谢、遗传变异、生态分布以及微生物的进化、分类等生命活动规律的一门学科。

(二) 微生物学的研究对象及任务

随着生物科学研究的深入,人们逐渐认识到,微生物不是一个独立的分类类群。它们个体微小、形态简单、生长繁殖快、代谢类型多样、分布广泛和容易发生变异,以及生物学特性比较接近,且对它们的研究方法也颇为特殊,一般都要采用显微镜、分离、灭菌和培养等技术。因此,人们就把无细胞结构不能独立生活的病毒、亚病毒因子(卫星病毒、卫星 RNA 和朊病毒),具有原核细胞结构的细菌、古菌以及具真核细胞结构的真菌(酵母菌、霉菌、蕈菌)、单细胞藻类,原生动物这些简单的低等生物统归于微生物学的范畴来研究。它的任务是充分发挥微生物的有利方面,造福人类;充分遏制其有害方面,减少、防止、消除疾病及灾害的发生。

(三) 微生物学的学科分支

微生物学研究领域十分宽阔,进而又可分为许多不同的分支学科。从基本理论上看,可分为微生物形态学、微生物生理学、微生物遗传学、微生物生态学、微生物分类学、细胞微生物学和分子微生物学等;从应用上看,根据从事的工作范围可分为农业微生物学、工业微生物学、医学微生物学、食品微生物学和地质微生物学等;根据研究对象的类群划分,可分为病毒学、细菌学、藻类学、真菌学和原生动物学等;根据生态环境的不同,可分为环境微生物学、土壤微生物学、海洋微生物学和宇宙微生物学等。每项学科的研究内容也都十分广泛,如微生物遗传学可包括微生物的细胞遗传、分子遗传和遗传工程等。工业微生物学可研究微生物的酶、医药产品(如抗生素)和发酵产品的生产等。

三、如何学好微生物学

由于微生物学既是一门基础理论学科,又是一门侧重应用的学科,因此,要想学好该学科,就应针对这一特点,将基础理论和实践应用密切结合起来。为了有效提高学生的学习效果,特提出几点教学体会,供学生学习时参考借鉴。

(一) 充分认识微生物学课程的重要性,树立专业思想

微生物技术是目前生物学研究领域的热点之一,是 21 世纪最有发展前途的生物前沿技术,具有突出的优势和广阔的发展潜力微生物以对环境无污染、不留残毒、增产增收效果稳定、持久等突出优点受到科研工作者和生产者的日益青睐随着生物技术的广泛应用,微生物对现代与未来人类的生产活动及生活必将产生巨大影响。

大学生要想学微生物好这门课,必须充分认识到这一点,树立专业思想,这样才能产生强大的学习动力。

(二) 从日常生活和生产实践中发现问题、提出问题、带着问题学习

大学生通常是从中学校门直接进入大学校门，缺乏对微生物教学内容的感性认识，同时由于微生物形态微小，平时看不到、摸不着，因此，在日常生活中注意细心观察，了解掌握本地区农业生产中存在哪些问题？主要栽培作物（饲养动物）都发生哪些病害？如何诊断？如何防治？防治效果如何？微生物病原菌给人们带来了哪些灾难？如何预防和治疗？如何利用微生物更好地服务于人类？等等。带着这些问题来学习，这样才能提高学习的针对性，激发学习兴趣，提高学习效果。

(三) 认真上好实验课，巩固加深理论课学习效果

微生物学是一门理论知识联系生活生产实际比较强的学科，学习的好坏主要靠实际运用实践来检验。实验课是对课堂理论教学效果的巩固和加深及验证，是理论联系实践的良好过渡，对于培养学生的动手能力至关重要。大学生必须克服忽视实验课这种错误倾向。

(四) 积极参加课外实验活动，提高科研素质和实验操作能力

学生在课外实验活动中所学到的东西，是通过课堂途径是很难学到的，因为课外实验和其他实验相比，学生的自主性更高，他们能从中体会到在设计和准备实验中的极富创造性的思维和完整的操作过程。因而，可以培养自己分析问题、解决问题的能力，提高鉴定微生物、研究微生物和利用微生物的本领，更好地为生产服务。

第二节 微生物在生物界中的地位

一、两界和三界系统

生物分类工作是在200多年前Linnaeus（1707～1778）的工作基础上建立的。他将生物划分为动物界（Animalia）和植物界（Plantae），二者在概念上是十分明确的。自从发现了微生物以后，科学家习惯把它们分别归入动物和植物的低等类型。例如，原生动物没有细胞壁，能运动，不能进行光合作用，而被归入动物界。藻类有细胞壁，能进行光合作用，则被归于植物界。

但是，有些微生物具有动物和植物共同的特征，将它们归入动物界或植物界都不合适。因此，在1866年，Haeckel提出三界系统，把生物分为动物界、植物界和原生生物界（Protista），他将那些既非典型动物，也非典型植物的单细胞微生物归属于原生生物界中。在这一界中，包括细菌、真菌、单细胞藻类和原生动物，并把细菌称为低等原生生物，其余类型则称为高等原生生物。

二、五界系统

到20世纪50年代，人们利用电子显微镜观察微生物细胞的内部结构，发现典型细菌的核与其他原生生物的核有很大不同，前者的核物质不被核膜包围，后者全都有核膜，并进一步揭示两类细胞在其他方面也有不同，随后提出了原核生物与真核生物的概念。在此认识基础上，1969年Whittaker提出生物分类的五界系统，其中包括原核生物界（Monera）、原生生物界、真菌界（Fungi）、植物界和动物界。微生物分别归属于五界中的前三界，其中原核

生物界包括各类细菌，原生生物界包括单细胞藻类和原生动物，而真菌界包括真菌和粘菌。虽然无细胞结构的病毒不包含在这五界中，但微生物学家一直在研究它们。

三、三界（域）系统

在 20 世纪 60 年代末，Woese 采用寡核苷酸编目法比较各类生物的 rRNA 特征序列，并用序列分析方法，确认 16S rRNA 和类似的 rRNA 基因序列为合适的系统发育指标。他在测定了原核生物的 16S rRNA 和真核生物的 18S rRNA 的寡核苷酸顺序谱的基础上，从序列差异计算出它们之间的进化距离，绘制出系统发育树（universal phylogenetic tree）。1977 年，Woese 通过对产甲烷细菌的 16S rRNA 的序列测定，揭示了古菌这个第三种生命形式。根据 Woese 的系统发育树，地球上所有细胞生命沿着 3 个主要谱系进化，又称为域（domain），即细菌、古菌和真核生物，如图 1-1 所示。古菌域的提出是近年来微生物学的一个重大的进展。从图 1-1 可以看出，这 3 个域有共同的祖先，它们向两个不同的方向演化，细菌和古菌虽然同属于原核生物，但古菌和真核生物的关系比它与细菌的关系更近。研究表明，古菌和真核生物享有一些共同的性状，基本上不同于细菌。

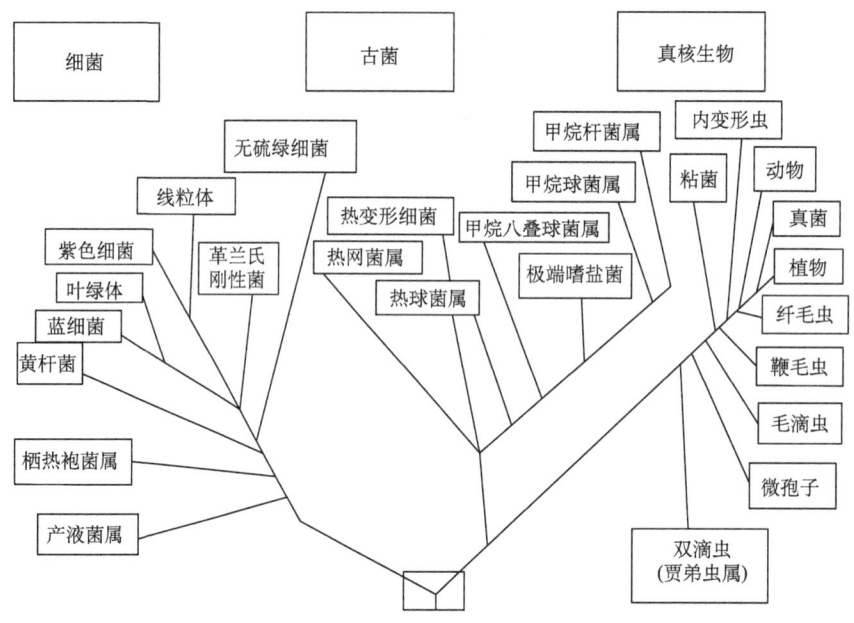

图 1-1　Woese 的系统发育树（引自：杨苏声和周俊初，2004）

第三节　微生物学的发展史

一、史前时期

由于大多数微生物的个体很小，需要在显微镜下才能观察到，所以在古代人们并不知道什么是微生物。但是在长期的生产活动和日常生活中，人类对微生物的认识和利用却有着悠久的历史，并积累了丰富的经验。早在 8000 年以前，我国人民就已发明了制曲酿酒工艺。酿酒是酵母菌活动的结果，需要菌种、原料和控制条件，这些内容在古书中均有详细的叙述。此外，在 2500 年前的春秋战国时期，就已经知道制醋和制酱。

在农业上，我国农民对于制作堆肥和厩肥有一套完整的技术，这个过程就是利用有机质在微生物的作用下，腐解为简单的可供植物吸收的营养。实际上，就是控制环境条件，使不同生态群的微生物相继分解有机质的过程。这一技术的历史可以追溯到春秋战国时代，在著名的农业著作《齐民要术》中已有详细论述。我国农民还懂得如何利用豆科植物与粮食作物进行轮作和间作，实际上是利用根瘤菌与豆科植物的共生固氮作用，以提高土壤肥力。

在古医书中，也有许多防止病原菌侵染和治病的措施，均涉及消毒灭菌和增强抗菌力的问题。较突出的是种痘防天花，自宋朝就已经广泛应用了。不过当时是人痘法，后来英国医生发明了牛痘法。所以，免疫接种法预防疾病在我国的历史更为悠久。此外，利用微生物作为强身和治病的药剂，如灵芝、茯苓和麦角等，一向被古人视为灵丹妙药。

二、微生物学的初创时期

1676 年，荷兰人 Leeuwenhoek 利用他自制的简单显微镜首次发现了一个神奇的微小生物世界。当时他所用的显微镜可以放大到 300 倍。利用这个工具，他观察了雨水、污水、血液和牙垢等，描绘了细菌和原生动物等的形态和活动方式。在微生物学的发展史上，他的发现具有划时代意义。但是，在 Leeuwenhoek 之后，对微生物的研究有一段沉寂时期，这是因为一方面没有更精密的显微镜出现，另一方面，人们对微生物的研究还停留在形态描述的水平上，而没有对它们的生理活动及其与人类的关系加以研究。直到 1861 年 Pasteur 的工作说明了这个关系后，微生物才开始受到重视。

三、微生物学的发展

（一）微生物学的奠基时期

微生物学作为一门学科，是在 19 世纪中期才发展起来的。首先，应归功于以法国人 Pasteur（1822～1895）和德国人 Koch（1843～1910）为代表的科学家，他们研究了微生物的生理活动，并与生产和预防疾病联系起来，为微生物学奠定理论和技术基础。

Pasteur 的主要贡献之一是他彻底地否定了统治长久的微生物"自然发生"学说。该学说认为一切生物是自然发生的，可以从一些没有生命的材料中产生。例如，烧瓶中的有机物浸汁的腐败，究竟是自然发生的，还是空气中的微小生物造成的？Pasteur 设计了具有细长弯曲的长颈的玻璃瓶，内装有机物浸汁（图1-2），将浸汁煮沸灭菌后，瓶口虽然开放，但保持不腐败。这是由于空气虽能进入玻璃瓶，但其中所含有的微小生物不能从弯曲的细管进入瓶内，而附着在管壁上。一旦将瓶颈打破，或将瓶内的浸汁倾湿管壁，再倒回去，则瓶内浸汁才有了微生物而腐败。这个试验证明了空气中含有微生物，可引起有机质的腐解，

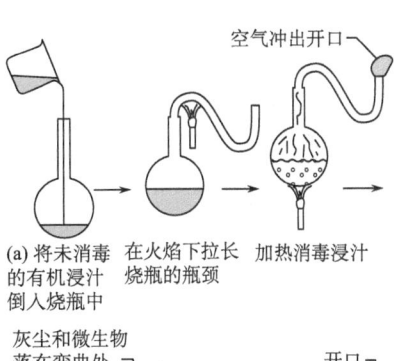

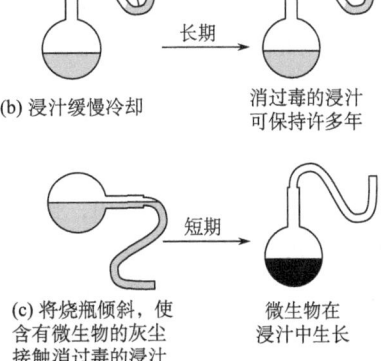

图 1-2　Pasteur 的鹅颈瓶试验

（引自：杨苏声等，2004）

否定了自然发生学说后，人们对疾病和某些自然界的现象才开始有了正确的认识。

Pasteur 的贡献之二是对发酵的研究。他的研究证明了糖在酵母菌的作用下，可以转变为酒精，而在其他细菌的作用下，可以转变成乳酸和醋酸等。不同微生物所要求的条件不同，发酵过程不同，因而产物也不相同。他在研究丁酸发酵时，发现这是在没有氧气的条件下进行的，并证明酵母菌的发酵作用也是在缺氧条件下，因此提出发酵作用不需有氧参加。他在这方面的大量工作为微生物生理学打下了基础。Pasteur 在研究各种物质发酵的同时，为了防止产品的腐败，他提出了一种可以消灭不需要的微生物的方法，这就是著名的巴斯德灭菌法，即采用 50～65℃的温度处理产品一定时间，可以达到防腐目的。

此外，Pasteur 还首先发现用钝化的鸡霍乱病原体可以预防鸡霍乱病，后来他研究了炭疽病和狂犬病的疫苗，为免疫学打下了基础，促进了医学微生物学的发展。

Koch 对传染病的病原菌学说有重要贡献。他提出了 Koch 法则（图 1-3），确证了炭疽病、结核病和霍乱病等严重传染病的病原菌，并建立和改进了微生物学的研究技术和方法。Koch 法则的内容包括：①病原微生物只出现于患病的动物，而不存在于健康的个体；②这种微生物可以从寄主体内分离出来，并进行纯培养；③将分离出的微生物回接到健康的寄主，可产生相同的疾病；④可从患病的寄主中重新分离出相同的微生物。

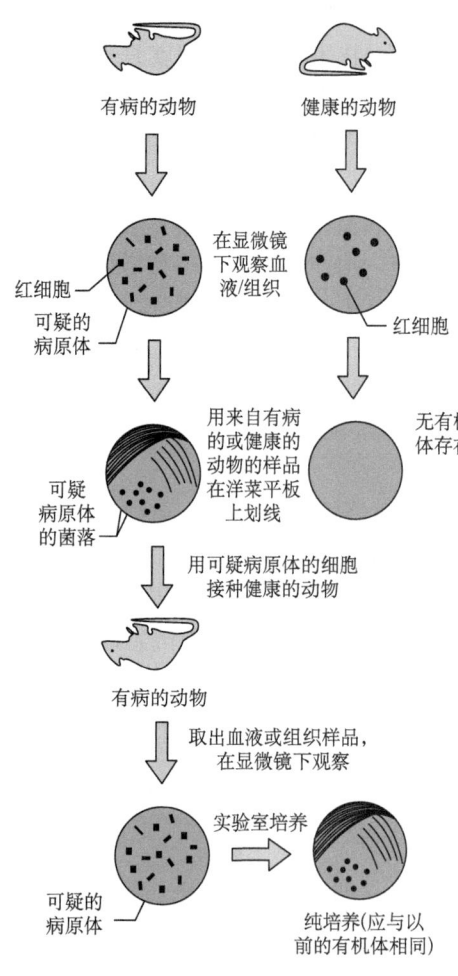

图 1-3　Koch 法则示意图
（引自：杨苏声等，2004）

实践证明，Koch 法则对大多数病原菌的确定是实用的。至今，这个法则仍是行之有效的确定未知病原菌的常规方法。

在微生物的培养方面，Koch 的助手 Petri 做出了重要贡献，他所设计的玻璃培养皿，称为 Petri 皿。这种培养皿既便于容纳培养基，也便于观察细菌等微生物菌落，同时它还可以达到通气而不易污染杂菌的目的。迄今，这种培养皿仍是微生物学中广泛使用的器材之一。另一项为培养基的使用，培养基成分中的凝固剂最初使用明胶，但明胶在 28℃以上就会熔化，因此，对于培养人类的病原菌（最适温度为 35～37℃）极不合适。此外，有些细菌可以分解明胶，使它失去作为培养基支撑物的作用。为此，Koch 的另一名助手 Hesse 在妻子的启发下，用她做果冻的洋菜作为固体培养基的支撑物。洋菜是从一种海藻中提取出来的，在 100℃左右熔化为液体，在 42℃以下则凝固为固体，且不为微生物所分解。所以，洋菜确实是一种优良的凝固剂。

在早期，微生物学的发展速度比较缓慢，主要是受了研究方法的限制，但是，无论如何，初期的工作打开了微生物世界的大门，奠定了微生物形态学、微生物生理学、微生物分类学及医学微生物等各方面的基础。

(二) 微生物学的发展时期

从19世纪后期到20世纪初期是微生物学全面发展的时期，其中包括微生物生物化学、医学微生物学、土壤微生物学和病毒学的发展。

土壤微生物学的发展与俄国微生物学家Winogradsky（1856～1953）的贡献是分不开的。他发现在土壤中存在一类化能自养菌，它们只需氧化无机物就可以存活。他还着重研究了在温泉中生活的一种硫细菌，证明这种细菌能将H_2S氧化成S，并在菌体内积累硫颗粒。其后他还研究了铁细菌和硝化细菌，从而肯定了细菌中这种化能无机营养类型。这一工作不仅丰富了细菌的种类，而且揭示了新的一类代谢类型。由于自养菌的培养方法与异养菌不同，他创造了一套用硅酸凝胶法培养自养菌的技术。此外，他还第一个从土壤中分离获得了厌氧的自生固氮菌——巴斯德梭菌（*Clostridium pasteurianum*）。Winogradsky一生的工作开辟了研究微生物生态和微生物在自然界物质循环中的作用等重要课题，奠定了土壤微生物学的基础。

Beijerinck（1851～1931）是荷兰的微生物学家，他首先发现了自然界存在固氮细菌这一特殊类型的微生物。他最初分离到好氧的固氮菌，即现在大家所熟知的褐球固氮菌（*Azotobacter chroococcum*）。1888年，他还成功地自豆科植物的根瘤中分离出根瘤菌，揭示了这种共生固氮现象。其研究范围非常广泛，还涉及硫酸还原菌和发光细菌等。Beijerinck不仅是土壤微生物学的奠基人之一，在发展普通微生物学方面也做出了很大的贡献。

1929年，英国细菌学家Fleming在培养葡萄球菌的培养皿中，发现在污染有青霉菌菌落的周围完全不长葡萄球菌。进一步的研究发现，这种抑菌物质存在于青霉菌的培养液中，他称这种物质为青霉素。奇怪的是，这种物质对动物没有毒性，因此，使人联想到将它用于治疗疾病的可能性。后来，Florey提纯了青霉素，用于治疗革兰氏阳性菌所引起的疾病，为医疗方面开辟了一个新的途径。随后，科学家们纷纷从微生物中寻找这类抗生素物质。1944年，美国土壤微生物学家Waksman等找到了由链霉菌所产生的链霉素，并陆续找到了氯霉素、地霉素、四环素和金霉素等数百种抗生素。这些工作使抗生素的研究从筛选发酵到提纯、包装全面展开，并形成了一套完整的抗生素工业系统，抗生素的应用范围也越来越广泛。至今在人畜医药治疗上仍是有效的药剂，挽救了无数人的生命。目前，抗生素也应用于植物病害的防治上。

(三) 微生物学成熟时期

20世纪30年代以来，由于电子显微镜和同位素示踪原子的运用，人们将微生物学、生物化学、遗传学、生物物理学和计算机科学综合起来，在分子水平上进行研究，形成了现代微生物学的特点，并诞生了分子微生物学。

微生物学在分子水平上的发展起始于分子遗传学的研究。1941年，Beadle和Tatum用粗糙脉孢菌（*Neurospora crassa*）分离到几个营养缺陷型突变株，根据研究结果，提出"一个基因一个酶"的假说，使细胞遗传学进入了生化遗传学阶段。更重要的成果是，1944年Avery在研究细菌的转化因子时发现DNA的作用，揭露了基因的化学特性，从而证实了遗传的物质基础。1953年，Watson和Crick提出了DNA的双螺旋结构，大大促进了分子遗传学的发展。此后的工作主要集中在细菌和病毒的 DNA 结构和功能的研究上。例如，Jacob 和 Monod 在 1961 年提出乳糖操纵子学说，证明大肠杆菌乳糖代谢的调节是由一套调节基因控制的，建立了研究微生物代谢调控的基础。

1973 年，Cohen 等首次将两个不同的质粒 DNA 进行体外重组，转化大肠杆菌体内获得成功，此后，遗传工程的工作已获得多方面的成就。1979 年，人的胰岛素 A 和 B 链基因被转入大肠杆菌，并得到表达。这使高等生物的遗传信息能在原核生物细胞中表达，为人工合成胰岛素创造了条件，使转基因微生物生产多肽药物成为可能。

在 20 世纪 80 年代以后，微生物学在分子水平上的研究得到迅速发展，在短期内取得了突破性的进展。例如，生命三域学说的提出和微生物基因组的研究，形成了分子微生物学。1995 年，美国首先测定了流感嗜血杆菌（*Haemophilus influenzae*）的全基因组序列，从此微生物基因组的研究范围不断扩大，目前已完成基因组全序列测定的微生物有 100 多种。所以，了解基因和基因组的功能将是后基因组研究的重要内容。现在，人们又提出蛋白质组（proteome）的概念。在后基因组时代，已完成基因组全序列测定的微生物也必然起到模式作用，对研究生物的基因与功能之间的关系将起着重大作用。

综上所述，我们可以看到，在 20 世纪生物学发展的关键阶段，即 DNA 双螺旋结构的发现、遗传工程的发展和人类基因组的研究，微生物学都发挥了不可替代的独特作用。

第四节　微生物学的未来

微生物学的发展简史充分说明，微生物学对人类社会和生命科学的发展已经产生了深远影响。面对 21 世纪，展望微生物学的未来，我们可从其学科的任务和实际意义来探讨微生物学的发展趋势。

一、微生物基因组学和后基因组研究

1995 年，第一个能独立生活的生物体——流感嗜血杆菌（*Haemophilus influenzae*）的基因组全序列测定完成。后来又有许多真细菌、古菌和单细胞真核生物的基因组完成了全序列测定。由于微生物基因组远远小于多细胞真核生物，又由于细菌和酵母菌基本没有内含子，便于进行分析，它们的基因组研究步伐必然快于多细胞真核生物，也必然为后者的研究提供"模式"性质的经验。

今后，微生物基因组和后基因组研究将全面展开。人们将把视野扩大到与工农业和环境有关的重要微生物，而且研究基因组与细胞结构的关系，以及哪些最少的基因种类是生活所必需的。同时，采用生物信息学的方法来分析基因组及其功能，并深入到蛋白质组学研究。这一势头必将在这个世纪继续得到发展。而随着基因组作图测序方法的不断进步与完善，基因组研究将成为一种常规的研究方法，为从本质上认识微生物自身及利用和改造微生物将产生质的飞跃，并将带动分子微生物学等基础研究学科的发展。

二、微生物系统学研究

微生物多样性的研究将广泛和深入地发展。据估计，地球上能被培养的微生物种类还不到自然界微生物数量的 1%。所以，微生物学家应发展新的分离技术，大力开展分类工作。尤其要加强在实验室还不能培养的微生物和在极端环境中生长的微生物的研究，以发现新的

微生物，进一步促进微生物的工业化生产和提高对环境的控制。

三、微生物和环境治理研究

在 21 世纪，人们应采用各种不同的新方法来开发和利用微生物，制造实用的微生物产品，如新的工业用酶。利用微生物来降解土壤和水域的污染物以及有毒的废料，以微生物作为载体来提高农业的产量和防治病虫害，并应继续防止食品和作物遭受微生物的侵害。总之，微生物和环境治理的重要性将更加受到重视。

四、微生物生态学研究

了解微生物之间、微生物与其他生物和微生物与环境之间的相互关系是 21 世纪微生物学研究的重要内容之一。加强微生物生态学的研究能更有效地控制污染，更深入地了解微生物与高等生物之间的共生关系，而且能够改善植物、家禽和人类的健康状况。

五、病原微生物研究

微生物致病性和寄主免疫机制的研究将继续受到重视和加强。新传染病的发生和旧传染病的复发与传播，如艾滋病（AIDS）、出血热和肺结核病等是突出的例子。微生物学家应设法制造新药和寻求新途径来延缓或阻止抗药性的发生和传播，研究出新疫苗来防治严重危害人类健康的疾病，如艾滋病和非典型肺炎（严重急性呼吸道综合征，SARS），而且有必要采用分子生物学和重组 DNA 的技术来解决这些问题。

此外，利用微生物个体小、结构简单等特性，研究生物学的基本问题，如复杂的细胞结构如何发育，细胞之间和细胞与环境之间如何进行信号传递等。

总之，微生物学的未来是光明的。在 20 世纪，微生物学已经给生物学的研究带来了理论、技术和方法的革命，也为医药、农业和环境的生物技术发展带来了动力，而且微生物资源本身也为推动社会的生产发挥了重要作用。可以预计，在 21 世纪，微生物学仍将是领先学科，也将为人类健康和社会经济的发展做出更大的贡献。

最后，在表 1-1 列出从 Leeu Wenhoek 至今在微生物学领域中所发生的重大事件，以回顾和总结微生物的发展进程。

表 1-1　微生物学发展中的大事一览表（引自：杨苏生和周俊初，2004，增补）

年份	重大事件
1676	Leeuwenhoek 用放大 300 倍的显微镜看到"微动体"
1798	Jenner 发明牛痘预防天花
1857	Pasteur 指出乳酸发酵是由微生物引起的
1861	Pasteur 推翻了"自然发生学说"
1864	Pasteur 发明巴氏灭菌法
1877	Koch 证明炭疽病是由炭疽芽孢杆菌引起的
1884	Koch 建立纯培养技术，提出确证病原微生物的"Koch 法则"
	Metchnikoff 描述吞噬细胞
	Gram 发明革兰氏染色

续表

年 份	重大事件
1885	Escherich 发现大肠杆菌
1887	Richard Petri 发明了培养皿
1888	Winogradsky 研究各类土壤细菌，发现自养细菌
	Beijerinck 从豆科植物根瘤中分离到根瘤菌，认识了共生关系
1892	Ivanowsky 发明了对烟草花叶病的观察
1897	Büchner* 发现酵母菌无细胞培养液可进行酒精发酵
1899	Beijerinck 发现和命名烟草花叶病毒
1915，1917	Herelle 和 Twort 分别发现噬菌体
1923	Bergey 等编写的《伯杰细菌鉴定手册》第一版问世
1928	Griffith 发现肺炎球菌的转化现象
1929	Fleming* 发现青霉素
1933	第一台电子显微镜问世
1935	Stanley* 首次提纯了烟草花叶病毒，获得病毒结晶
1941	Beadle* 和 Tatum* 建立了"一个基因一个酶"的学说
1944	Avery 等证明遗传物质是 DNA
	Waksman 发现链霉素
1946~1947	Lederberg* 和 Tatum* 证明细菌的有性生殖——接合作用，以后发现基因的连锁现象，后来又发现细菌质粒 F 因子
1952	Hereshey 和 Chase 阐明噬菌体的生活循环
1953	Lederberg 和 Zinder 发现噬菌体的转导现象
	Watson 和 Crick 提出 DNA 结构的双螺旋模型
	Pontecorvo Roper 提出构巢曲霉的准性生殖周期
	Epharussi 证明酵母菌小菌落的产生为染色体外遗传
1957	发现干扰素
1958	Meselson 和 Stahl 提出 DNA 的半保留复制机制
1961	Jacob* 和 Monod* 提出了基因调节的操纵子模型
1961~1966	Holey*、Khorana* 和 Nirenberg* 用大肠杆菌的离体酶系证实了三联体遗传密码的存在
1969	Delbruck*、Hershey* 和 Luria* 研究病毒的复制和遗传结构
	Whittaker 提出生物分类的五界系统
1970	Arber*、Smith* 和 Nathans 发现和提纯限制性内切核酸酶
1971	Diener 在研究马铃薯纺锤形茎病时发现类病毒
	Temin 和 Baltimore 发现反转录酶
1973	Ames 等建立了检测致癌物的细菌测定法
	Cohen 等将质粒转入大肠杆菌，并得到复制和表达
1974	Buchanan 和 Gibbons 等编写的《伯杰氏鉴定细菌学手册》第八版问世
1975	Köhler 和 Milstein* 建立产生单克隆抗体技术

续表

年份	重大事件
1977	Sanger* 等对 ϕX174 噬菌体的 DNA 进行全序列分析
	Woese 提出古菌的概念
1979	用细菌的重组 DNA 生产人的胰岛素
1981	证实获得性免疫缺失综合征即艾滋病（AIDS）的第一个病例
1982	Prusiner* 发现朊病毒
1983~1984	Gallo 和 Montagnier 分离和鉴定人类免疫缺陷病毒（HIV）
	Mullis* 建立 PCR 技术
1984	Krieg 等编写的《伯杰系统细菌学手册》第一卷出版
1995	第一个细菌基因组序列——流感嗜血杆菌全基因组序列测定完成
1996	詹氏甲烷球菌全基因组序列测定完成
1996	第一个真核生物基因组序列——酿酒酵母全基因组序列测定完成
1997	大肠杆菌全基因组序列测定完成
2000	发现霍乱弧菌细胞内含有 2 个独立的染色体
	Delong 发现海洋古菌和紫膜质蛋白
2002	天蓝色链霉菌全基因组序列测定完成
2003	粟酒裂殖酵母全基因组序列测定完成
2005	Marshall* 和 Warren* 发现幽门螺杆菌及该菌的致病机理
2008	CMR（comprehensive microbial resource）3 月公布 370 种细菌，28 种古菌，3 种病毒的全基因组序列
2008	Venter 宣布合成生殖支原体（*Mycoplasma genitalium*）的完整基因组
2009	Blackburn*、Greider* 和 Szostak* 发现了端粒和端粒酶（telomerase）保护染色体的机理
2010	Venter 宣布开发出了第一个由一个合成的基因组所控制的细胞，代表着世界上首个人造生命细胞的诞生
2011	对艾滋病的研究取得重大突破，发现如果 HIV 携带者服用抗逆转录病毒药物（ARV），那么其将 HIV 传染给自己伴侣的概率将减少 96%
	发现一种名为"RTS，S"的疫苗，可以显著降低儿童患疟疾的风险

注：带 * 者为诺贝尔奖获得者。

本 章 小 结

1. 在生物学上，一般把形态微小、结构简单的生物称为微生物。研究这些微生物的形态、生理和遗传特性及应用等的学科就称为微生物学。涉及的微生物类群有细菌、放线菌、酵母菌、霉菌、藻类等。

2. 微生物的特点有：体积小、面积大；吸收多、转化快；生长旺、繁殖快；适应强、变异快；分布广、种类多。

3. 微生物学史中 3 位奠基人是 Leeuwenhoek、Pasteur 和 Koch。

4. 21 世纪微生物学发展将围绕微生物基因组学、微生物多样性、环境治理、微生物生态学及病原微生物等展开。

习题

1. 名词解释：微生物、微生物学、Koch 法则。
2. 微生物有哪五大共性？最基本的是哪个？为什么？
3. 根据 Woese 的系统发育树，地球上所有的含细胞的生物可分为哪 3 个域？它们之间有何关系？
4. 试列举微生物学发展的各个时期的主要成就。
5. 列举 Leeuwenhoek、Pasteur 和 Koch 在微生物学发展中的贡献。
6. 用具体实例说明微生物与人类的关系。

思考题

1. 为什么微生物多样性的研究是 21 世纪贯穿始终的任务？
2. 为什么微生物基因组学的研究是 21 世纪微生物学发展的核心？

（张秀敏　张利平）

第二章 微生物细胞的结构与功能

【本章导读】 在具有细胞结构的几大类微生物中，按其细胞，尤其是细胞核的结构和进化水平上的差别，可把它们分为原核微生物和真核微生物两大类。前者包括细菌和古菌，后者则包括真菌、原生动物和纤维藻类。本章分别对这两类微生物细胞的结构和功能进行介绍。

微生物类群庞杂，种类繁多，包括细胞型和非细胞型两类。凡具有细胞形态的微生物称为细胞型微生物，从系统发育来看它们分属于细菌、古菌和真核生物。古菌在进化谱系上与真核生物关系更近，而其细胞构造却与真细菌较为接近，同属原核生物（prokaryote）。本章将分别介绍原核微生物和真核微生物的构造和功能。

第一节 原核微生物细胞的结构与功能

原核微生物是指一大类细胞核无核膜包裹，只存在称作核区（nuclear region）的裸露DNA的原始单细胞生物。本节以最常见的细菌为代表介绍原核微生物细胞的结构与功能。细菌细胞的模式构造如图 2-1 所示。其中把一般细菌都有的构造称为一般构造，如细胞壁、细胞质膜、细胞质、核区等，而把仅在部分细菌才有的或在特殊环境下形成的构造称为特殊构造，主要是芽孢、糖被、鞭毛、菌毛和性毛等。

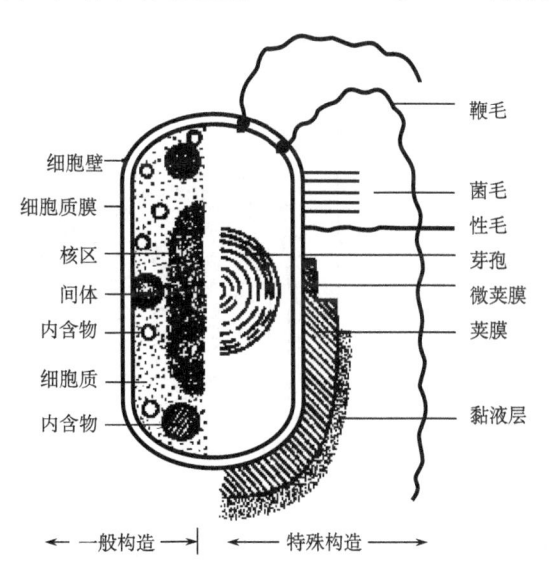

图 2-1 细菌细胞构造模式图
（引自：周德庆，2002）

一、细胞壁

细胞壁（cell wall）是位于细胞最外的一层厚实、坚韧的外被，通过染色、质壁分离（plasmolysis）或制成原生质体后再在光学显微镜下观察，可证实细胞壁的存在；用电子显微镜观察细菌超薄切片等方法，更可确证细胞壁的存在；机械法破裂细胞后，可分离得到纯的细胞壁。

细胞壁的主要功能有：①固定细胞外形和提高机械强度，使其免受渗透压等外力损伤；②为细胞的生长、分裂和鞭毛运动所必需；③阻拦大分子有害物质进入细胞；④赋予细菌特定的抗原性、致病性以及对抗生素和噬菌体的敏感性。

原核生物的细胞壁除具以上共性外，在革兰氏阳性菌（gram positive bacteria，G^+）、革兰氏阴性菌（gram negative bacteria，G^-）和古生菌中，还有其各自的特性，这就是细胞壁的多样性。图 2-2 和表 2-1 就是 G^+ 细菌和 G^- 细菌细胞壁在构造和成分上的主要差别。

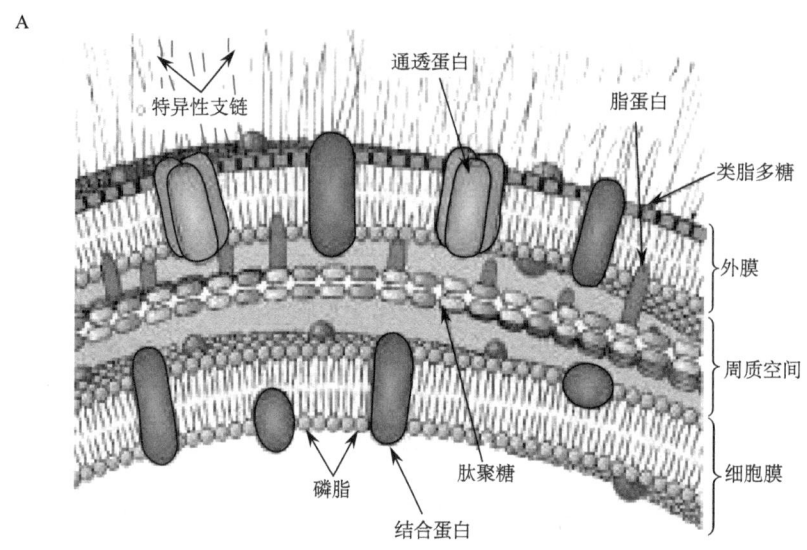

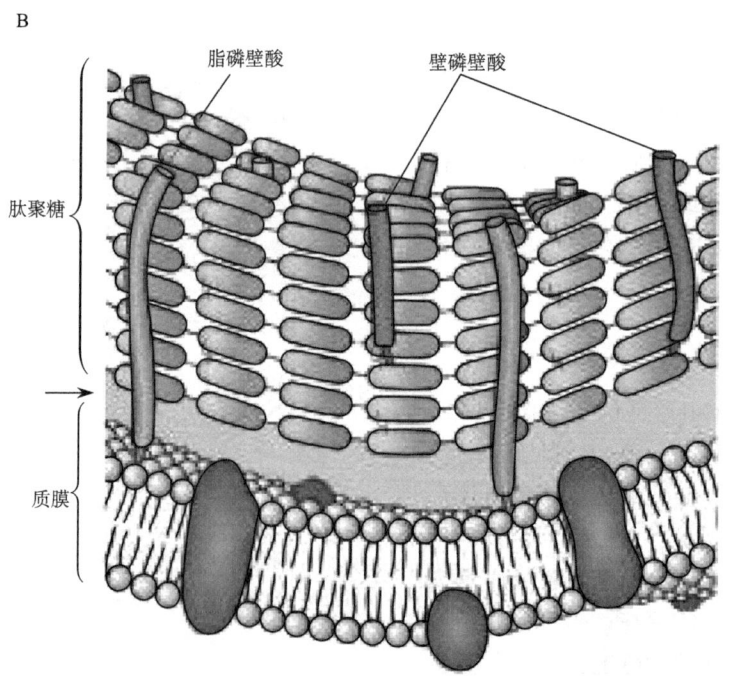

图 2-2　G⁻ 细菌（A）与 G⁺（B）细菌细胞壁构造比较图（引自：Prescott et al.，2002）

表 2-1　G^+ 与 G^- 细菌细胞壁成分的比较

成分	占细胞壁干重的百分比/%	
	G^+	G^-
肽聚糖	含量很高（50~90）	含量很低（约 10）
磷壁酸	含量较高（<50）	无
类脂质	一般无（<2）	含量较高（约 20）
蛋白质	无	含量较高

（一）革兰氏阳性细菌的细胞壁

G^+ 细菌细胞壁厚 20~80nm，一般含 90% 肽聚糖和 10% 磷壁酸。肽聚糖呈三维网状结构（类似建筑物的钢筋结构），磷壁酸填充网孔（类似水泥），赋予细胞壁高强度的刚性和弹性。

1. 肽聚糖

肽聚糖（peptidoglycan）又称黏肽（mucopeptide）、胞壁质（murein）或黏质复合物（mucocomplex），是真细菌细胞壁中特有组分。以金黄色葡萄球菌（*Staphylococcus aureus*）为例，它的肽聚糖厚 20~80nm，由 40 层左右的网格状分子交织成的网套覆盖在整个细胞上。肽聚糖分子由肽与聚糖两部分组成，其中的肽有四肽尾和肽桥两种，聚糖则由 N-乙酰葡糖胺和 N-乙酰胞壁酸相互间隔连接而成，呈长链骨架状（图 2-3）。

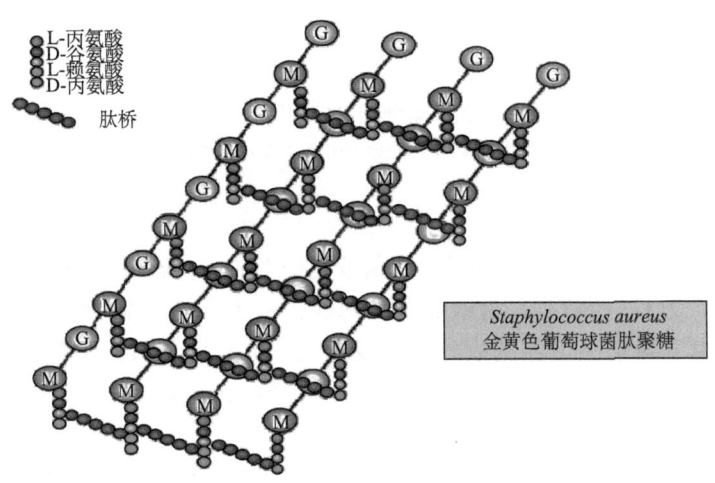

图 2-3　革兰氏阳性细菌肽聚糖的立体结构
（片段）（引自：Prescott et al.，2002）

从图 2-4 可知，每一肽聚糖单体由 3 部分组成。

（1）双糖单位：由一个 N-乙酰葡糖胺通过 β-1,4-糖苷键与另一个 N-乙酰胞壁酸相连，后者为原核生物所特有的己糖。这一双糖单位中的 β-1,4-糖苷键很容易被溶菌酶（lysozyme）所水解，从而引起细菌因肽聚糖细胞壁的"散架"而死亡。

（2）四肽尾（或四肽侧链 tetrapeptide side chain）：是由 4 个氨基酸分子按 L 型与 D 型交替方式连接而成。在 *S. aureus* 中，接在 N-乙酰胞壁酸上的四肽尾为 L-Ala → D-Glu →

L-Lys → D-Ala。

（3）肽桥（或肽间桥 peptide interbridge）：在 S. aureus 中，肽桥为甘氨酸五肽，它起着连接前后两个四肽尾分子的"桥梁"作用。肽桥变化很多，体现了"肽聚糖的多样性"（目前已超过 100 种）。

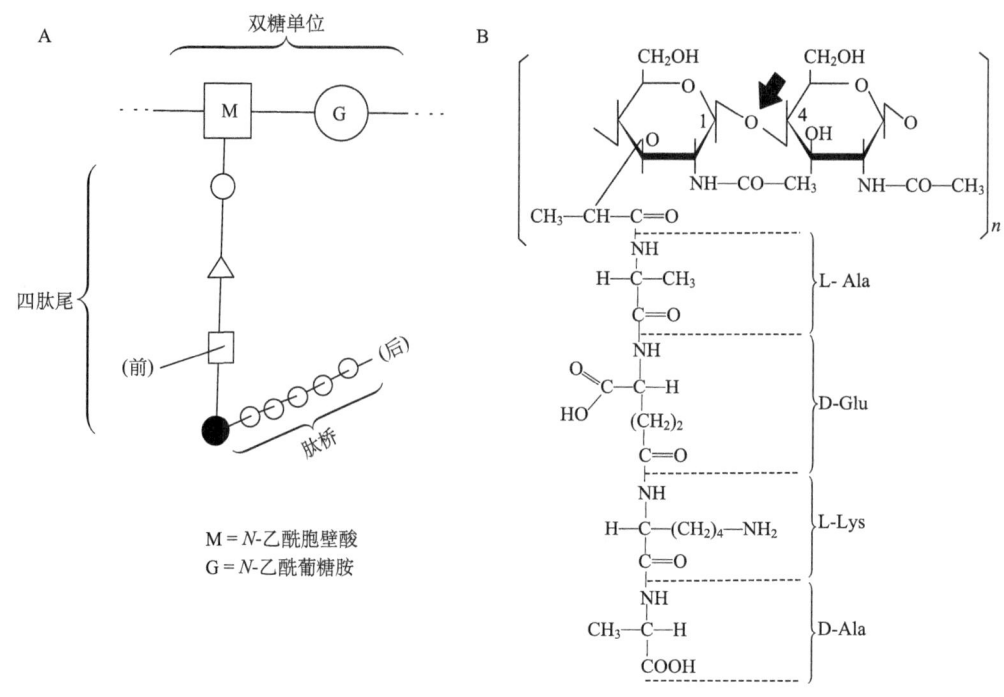

图 2-4　革兰氏阳性细菌肽聚糖的单体构造（引自：周德庆，2002）
A. 简化的单体分子；B. 单体的分子构造（箭头处为溶菌酶的水解点）

2. 磷壁酸

磷壁酸（teichoic acid）是结合在 G^+ 细菌细胞壁上的一种酸性多糖，主要成分为甘油磷酸或核糖醇磷酸，为 G^+ 所特有。磷壁酸可分两类：一类是与肽聚糖分子进行共价结合的，称为壁磷壁酸，其含量会随培养基成分而改变；另一类是跨越肽聚糖层并与细胞膜相交联的，称为膜磷壁酸（或脂磷壁酸），由甘油磷酸链分子与细胞膜上的磷脂进行共价结合后形成。(图 2-5)。

磷壁酸的主要生理功能为：①其磷酸分子上较多的负电荷可提高细胞周围 Mg^{2+} 的浓度，进入细胞后就可提高膜上一些需 Mg^{2+} 的合成酶活性；②贮藏磷元素；③增强某些致病菌对宿主细胞的粘连，避免被白细胞吞噬及抗补体的作用；④赋予 G^+ 细菌以特异的表面抗原；⑤可作为噬菌体的特异性吸附受体；⑥能调节细胞内自溶素（autolysin）的活力，防止细胞因自溶而死亡。

（二）革兰氏阴性细菌的细胞壁

1. 肽聚糖

G^- 细菌的肽聚糖（图 2-6）可以大肠杆菌（Escherichia coli）为代表。它的肽聚糖埋在外膜脂多糖层之内，是仅由 1 或 2 层肽聚糖网状分子组成的薄层（2～3nm），约占细胞壁总

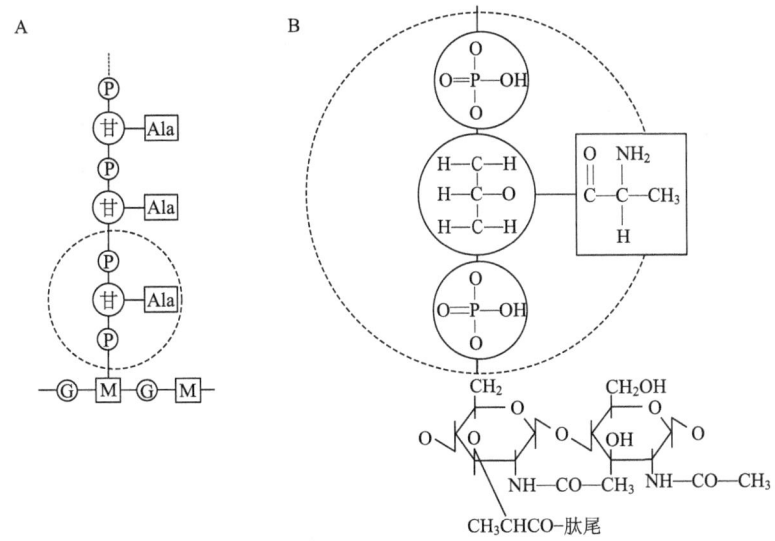

图 2-5 甘油磷壁酸的结构模式（A）及其单体（虚线范围内）的分子结构（B）（引自：周德庆，2002）

重的 10%，故对机械强度的抵抗力较 G^+ 细菌弱。其单体结构与 G^+ 细菌基本相同，差别仅在于：①四肽尾的第 3 个氨基酸不是 L-Lys，而是被一种只存在于原核微生物细胞壁上的内消旋二氨基庚二酸（m-DAP）所代替；②没有特殊的肽桥，故前后两单体间的连接仅通过甲四肽尾的第 4 个氨基酸——D-Ala 的羧基与乙四肽尾的第 3 个氨基酸——m-DAP 的氨基直接相连，因而只形成较为稀疏、机械强度较差的肽聚糖网套。

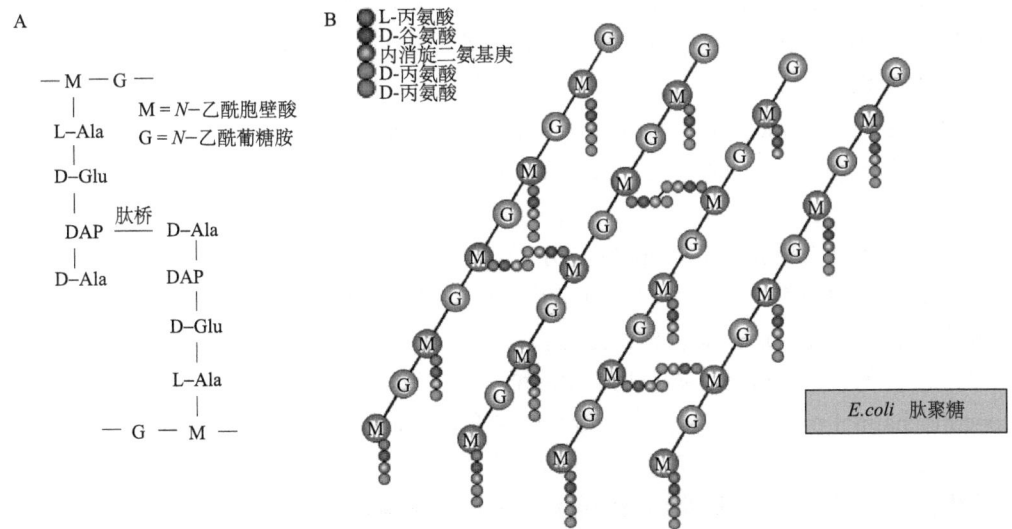

图 2-6 G^-（$E.\ coli$）肽聚糖的结构（引自：Talaro et al.，1999）
A. 肽桥的连接方式；B. 网的一部分

2. 外膜

外膜（outer membrane）（又称外壁）位于 G^- 细胞壁外层，由脂多糖、磷脂和脂蛋白等组成（图 2-2），为 G^- 细胞壁所特有。

脂多糖（lipopolysaccharide，LPS）：是位于 G^- 细胞壁最外层的一层较厚（8～10nm）的类脂多糖类物质，由类脂 A、核心多糖（core polysaccharide）和 O-特异侧链（O-specific side chain，或称 O-多糖或 O-抗原）3 部分组成。其主要功能为：①构成 G^- 致病物质——内毒素的物质基础；②吸附 Mg^{2+}、Ca^{2+} 等阳离子以提高其在细胞表面的浓度，对外膜结构起稳定作用；③LPS 结构的多变决定了 G^- 细胞表面抗原决定簇的多样性，因而可用于传染病的诊断和病原的地理定位；④是许多噬菌体的吸附受体；⑤具有控制某些物质进出细胞的部分选择性屏障功能，它可使若干种较小的分子（嘌呤、嘧啶、双糖、肽类和氨基酸等）透过，但能阻拦溶菌酶、抗生素（青霉素等）、去污剂和某些染料等较大分子进入细胞膜。

LPS 的分子结构较为复杂，现表解如下。

$$\text{LPS}\begin{cases} \text{类脂 A：2 个 } N\text{-乙酰葡糖胺和 5 个长链饱和脂肪酸} \\ \text{核心多糖}\begin{cases}\text{内核心区}\begin{cases}\text{3 个 2-酮-3-脱氧辛糖酸（KDO）}\\\text{3 个 } L\text{-甘油-}D\text{-甘露庚糖（Hep）}\end{cases}\\ \text{外核心区：5 个己糖（Hex），包括葡糖胺、半乳糖、葡萄糖}\end{cases} \\ O\text{-特异侧链：多个 4Hex 单位，内含葡萄糖、半乳糖、鼠李糖、甘露糖，} \\ \qquad\qquad\qquad \text{以及阿比可糖（Abq）、大肠杆菌糖（colitose）、副伤寒菌糖} \\ \qquad\qquad\qquad \text{（paratose）或泰威糖（tyvelose）等}\end{cases}$$

在 LPS 中，类脂 A 的种类较少（7 或 8 种），无种属特异性。它是 G^- 内毒素的物质基础。在 LPS 的核心多糖区和 O-特异侧链区中有几种独特的糖，如 2-酮-3-脱氧辛糖酸（KDO）、L-甘油-D-甘露庚糖和阿比可糖（Abq，3,6--二脱氧-D-半乳糖）。同一属细菌的核心多糖相同，故有属特异性。O-特异侧链位于 LPS 层的最外面，由 4 个单糖组成重复单位，其糖的种类、顺序和空间构型是菌株特异的，这就形成了 O 抗原特异性的结构基础。

3. 外膜蛋白

外膜蛋白（outer membrane protein）指嵌合在 LPS 和磷脂层外膜上的 20 余种蛋白质。多数功能尚不清楚。其中的脂蛋白（lipoprotein）是一种通过共价键使外膜层牢固地连接在肽聚糖内壁层上的蛋白质，相对分子质量约为 7200。另有非特异性和特异性两种孔蛋白（porin）研究得较为清楚，每个孔蛋白分子是由 3 个相同蛋白质亚基（相对分子质量 36 000）组成的一种三聚体跨膜蛋白，中间有一直径约 1nm 的孔道，通过孔的开、闭，可阻止某些抗生素进入外膜层。非特异性孔蛋白（nonspecific porin）可通过相对分子质量小于 800～900 的任何亲水性分子，如双糖、氨基酸、二肽和三肽，特异性孔蛋白（specific porin 或 specific channel protein），其上存在专一性结合位点，只允许一种或少数几种相关物质通过，其中最大的孔蛋白可通过相对分子质量较大的物质，如维生素 B_{12} 和核苷酸等。除脂蛋白和孔蛋白外，还有一些外膜蛋白与噬菌体的吸附或细菌素的作用有关。

4. 周质空间

周质空间（periplasmic space，periplasm）又称壁膜间隙。在 G^- 中，一般指其外膜与细胞质膜之间的狭窄空间（宽 12～15nm），呈胶状。周质空间是物质进出细胞的重要中转站和反应场所。在周质空间中，存在着多种周质蛋白（periplasmic protein），包括：①水解酶类，如蛋白酶、核酸酶等；②合成酶类，如肽聚糖合成酶；③结合蛋白（具有运送营养物质的作用）；④受体蛋白（与细胞的趋化性相关）。周质蛋白可通过渗透休克法（osmotic shock）或称"冷休克"的方法释放。

G^+ 细菌和 G^- 细菌由于细胞壁和其他构造的不同，产生了一系列形态、构造、化学组分、染色反应、生理功能和致病性等的差别，这对微生物学的研究和实际应用都十分重要，现列表如下（表 2-2）。

表 2-2　G^+ 细菌与 G^- 细菌一系列生物学特性的比较

比较项目	G^+ 细菌	G^- 细菌
革兰氏染色反应	能阻留结晶紫而染成紫色	可经脱色而复染成红色
肽聚糖层	厚，层次多	薄，一般单层
磷壁酸	多数含有	无
外膜	无	有
脂多糖（LPS）	无	有
类脂和脂蛋白含量	低（仅抗酸性细菌含类脂）	高
鞭毛结构	基体上着生 2 个环	基体上着生 4 个环
产毒素	以外毒素为主	以内毒素为主
对机械力的抗性	强	弱
细胞壁抗溶菌酶	弱	强
对青霉素和磺胺	敏感	不敏感
对链霉素、氯霉素和四环素	不敏感	敏感
碱性染料的抑菌作用	强	弱
对阴离子去污剂	敏感	不敏感
对叠氮化钠	敏感	不敏感
对干燥	抗性强	抗性弱
产芽孢	有的产	不产

（三）古生菌的细胞壁

在古生菌中，除了热原体属（*Thermoplasma*）没有细胞壁外，其余都具有与真细菌类似功能的细胞壁。然而，从细胞壁的结构和化学成分来看，均差别很大。已研究过的一些古生菌，其细胞壁中都不含真正的肽聚糖，而含多糖（假肽聚糖）、糖蛋白或蛋白质。

1. 假肽聚糖细胞壁

甲烷杆菌属（*Methanobacterium*）的细胞壁由假肽聚糖（pseudopeptidoglycan）组成（图 2-7）。其多糖骨架由 N-乙酰葡糖胺和 N-乙酰塔罗糖胺糖醛酸（N-acetyltalosaminouronic acid）以 β-1,3-糖苷键（不被溶菌酶水解）交替连接而成，连在后一

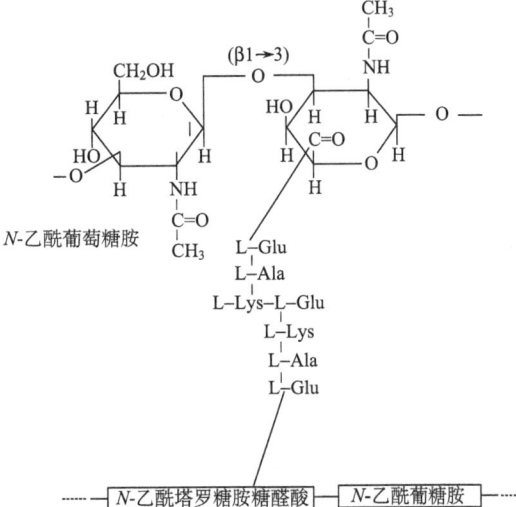

图 2-7　*Methanobacterium* 细胞壁中假肽聚糖的结构（单体）（引自：周德庆，2002）

氨基糖上的肽尾由 L-Glu、L-Ala 和 L-Lys 3 个 L 型氨基酸组成，肽桥则由 L-Glu 一个氨基

酸组成。

2. 独特多糖细胞壁

甲烷八叠球菌（*Methanosarcina*）的细胞壁含有独特的多糖，由半乳糖胺、葡萄糖醛酸、葡萄糖和乙酸组成，不含磷酸和硫酸，并可染成革兰氏阳性。

3. 硫酸化多糖细胞壁

极端嗜盐古生菌——盐球菌属（*Halococcus*）的细胞壁是由硫酸化多糖组成的。其中含葡萄糖、甘露糖、半乳糖和它们的氨基糖，以及糖醛酸和乙酸。

4. 糖蛋白细胞壁

极端嗜盐的另一属古生菌——盐杆菌属（*Halobacterium*）的细胞壁是由糖蛋白（glycoprotein）组成的，其中包括葡萄糖、葡糖胺、甘露糖、核糖和阿拉伯糖，而它的蛋白质部分则由大量酸性氨基酸尤其是天冬氨酸组成。这种带强负电荷的细胞壁可以平衡环境中高浓度的 Na^+，从而使其能很好地生活在20%~25%高盐溶液中。

5. 蛋白质细胞壁

少数产甲烷菌的细胞壁是由蛋白质组成的。但有的是由几种不同蛋白质组成，如甲烷球菌（*Methanococcus*）和甲烷微菌（*Methanomicrobium*），而另一些则由同种蛋白质的许多亚基组成，如甲烷螺菌属（*Methanospirillum*）。

（四）缺壁细菌

虽然细胞壁是原核生物的最基本构造，但在自然界长期进化中和在实验室菌种的自发突变中都会发生缺细胞壁的种类。此外，在实验室中，还可用人为的方法通过抑制新生细胞壁的合成或对现成细胞壁进行酶解而获得人工缺壁细菌。现把4类缺壁细菌归纳如下。

缺壁细菌 { 实验室中形成 { 自发缺壁突变：L型细菌 / 人工方法去壁 { 彻底除尽：原生质体 / 部分去除：球状体 } } 自然界长期进化中形成：支原体 }

1. L型细菌（L-form of bacteria）

细菌在某些环境条件下（实验室或宿主体内）通过自发突变而形成的遗传性稳定的细胞壁缺陷菌株。因英国李斯德（Lister）预防研究所首先发现而得名（1935年，念珠状链杆菌 *Streptobacillus moniliformis*）。大肠杆菌、变形杆菌、葡萄球菌、链球菌、分枝杆菌和霍乱弧菌等20多种细菌中均有发现，被认为可能与针对细胞壁的抗菌治疗有关。L型细菌的特点是：没有完整而坚韧的细胞壁，细胞呈多形态；有些能通过细菌滤器，故又称"滤过型细菌"；对渗透敏感，在固体培养基上形成"油煎蛋"似的小菌落（直径在0.1mm左右）。

2. 原生质体

原生质体（protoplast）指在人为条件下，用溶菌酶除尽原有细胞壁或用青霉素抑制新生细胞壁合成后，所得到的仅有一层细胞膜包裹着的圆球状渗透敏感细胞，一般由 G^+ 细菌形成。原生质体的特点是：对环境条件变化敏感，低渗透压、振荡、离心甚至通气等都易引起其破裂；具有鞭毛但不能运动，也不被相应噬菌体所感染，细胞不能分裂等；在适宜条件（如高渗培养基）可生长繁殖、形成菌落，形成芽孢及恢复成有细胞壁的正常结构。比正常有细胞壁的细菌更易导入外源遗传物质，是研究遗传规律和进行原生质体育种的良好实验材料。

3. 球状体

球状体（spheroplast）又称原生质球，采用上述同样方法，针对 G^- 细菌处理后而获得的残留部分细胞壁（外壁层）的球形体。与原生质体相比，它对外界环境具有一定的抗性，可在普通培养基上生长。

4. 支原体

支原体（mycoplasma）是在长期进化过程中形成的、适应自然生活条件的无细胞壁的原核生物。因它的细胞膜中含有一般原核生物所没有的甾醇，所以即使缺乏细胞壁，其细胞膜仍有较高的机械强度。

（五）革兰氏染色的机制

由革兰（C. Gram）于 1884 年发明的革兰氏染色法是一种极其重要的鉴别染色法，它不仅可用于鉴别真细菌，也可鉴别古生菌。1983 年，彼弗里奇（T. Beveridge）等用铂代替革兰氏染色中媒染剂碘的作用，再用电镜观察到结晶紫与铂复合物可被细胞壁阻留，进一步证明了 G^+ 细菌和 G^- 细菌主要由于其细胞壁化学成分的差异而引起了物理特性（脱色能力）的不同，正是这一物理特性的不同才决定了染色反应的不同。其中细节为：通过结晶紫初染和碘液媒染后，在细胞膜内形成了不溶于水的结晶紫与碘的复合物（CVI dye complex）。G^+ 由于其细胞壁较厚、肽聚糖网层次多和交联致密，故遇乙醇或丙酮做脱色处理时，因失水反而使网孔缩小，再加上它不含类脂，故乙醇的处理不会溶出缝隙，因此，能把结晶紫与碘复合物牢牢留住，使其仍呈紫色。反之，G^- 因其细胞壁薄、外膜层的类脂含量高、肽聚糖层薄和交联度差，在遇脱色剂后，以类脂为主的外膜迅速溶解，薄而松散的肽聚糖网不能阻挡结晶紫与碘复合物的溶出，因此，通过乙醇脱色后细胞退成无色。这时，再经沙黄等红色染料进行复染，就使 G^- 细菌呈现红色，而 G^+ 细菌则仍保留紫色（实为紫加红色）。

二、细胞壁以内的构造——原生质体

（一）细胞质膜

细胞质膜（cytoplasmic membrane）又称质膜（plasma membrane）、细胞膜（cell membrane）或内膜（inner membrane），是紧贴在细胞壁内侧、包围着细胞质的一层柔软、脆弱、富有弹性的半透性薄膜，厚 7~8nm，约占细胞干重的 10%。其主要化学成分有磷脂（占 20%~30%）和蛋白质（占 50%~70%，比任何一种生物膜都高），还有少量糖类（如己糖），其中蛋白质种类多达 200 余种，此外，还含有类固醇分子，以增强膜的韧性和强度，而不含胆固醇。通过质壁分离、鉴别性染色或原生质体破裂等方法可在光学显微镜下观察到；用电子显微镜观察细菌的超薄切片，则可更清楚地观察到它的存在。

1. 细菌的细胞质膜

细胞膜的基本结构是由两层磷脂分子整齐地排列而成。每一磷脂分子由 1 个带正电荷且能溶于水的极性头（磷酸端）和 1 个不带电荷且不溶于水的非极性尾（烃端）所构成。极性头朝向膜的内外两个表面，呈亲水性；而非极性的疏水尾（长链脂肪酸，其链长和饱和度与细菌的生长温度有关）则埋入膜的内层，从而形成一个磷脂双分子层。在极性头的甘油 C3 上，不同种微生物具有不同的 R 基，如磷脂酸、磷脂酰甘油、磷脂酰乙醇胺、磷脂酰胆碱、磷脂酰丝氨酸或磷脂酰肌醇等（图 2-8）。在原核微生物的细胞质膜上多数含磷脂酰甘油，此外，在革兰氏阴性细菌中，多数还含磷脂酰乙醇胺，在分枝杆菌中则含磷脂酰肌醇，等等。而非极性尾则由长链脂肪酸通过酯键连接在甘油的 C1 和 C2 位上组成，其链长和饱和度因细菌种类和生长温度而异，通常生长温度要求越高的种，其饱和度也越高，反之则低。膜的流动性很大程度上取决于不饱和脂肪酸的结构和相对含量。

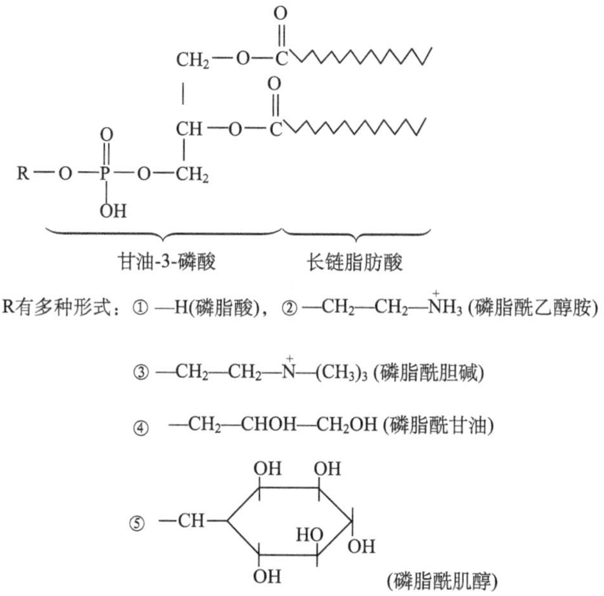

图 2-8　磷脂的分子结构（引自：周德庆，2002）

常温下，磷脂双分子层呈液态，其中嵌埋着许多具运输功能、有的分子内含有运输通道的整合蛋白（integral protein）或镶嵌蛋白（intrinsic protein），这些蛋白质有疏水性氨基酸埋藏在脂中；在磷脂双分子层的上面则"漂浮着"许多具有酶促作用的外周蛋白（peripheral protein）或膜外蛋白（extrinsic protein），由于只是通过电荷作用与膜松散连接，因此，用盐溶液洗涤可以从纯化的膜上除去。脂类和蛋白质均在运动，而且是彼此之间相对运动。

有关细胞质膜的基本结构如图 2-9 所示。

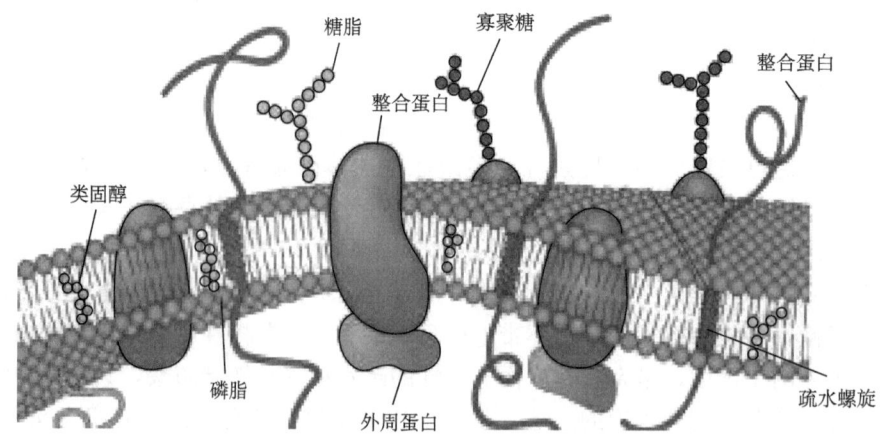

图 2-9　细菌细胞质膜的基本结构（引自 Talaro et al., 1999）

细胞质膜的生理功能为:①选择性地控制细胞内、外的营养物质和代谢产物的运送;②维持细胞内正常渗透压的屏障;③合成细胞壁和糖被的各种组分(肽聚糖、磷壁酸、LPS、荚膜多糖等)的重要基地;④膜上含有氧化磷酸化或光合磷酸化等能量代谢的酶系,是细胞的产能场所;⑤鞭毛基体的着生部位和鞭毛旋转的供能部位。

间体(mesosome,或中体)是由细胞质膜内褶形成的一至数个囊状构造,其中充满着层状或管状的泡囊,多见于 G^+ 细菌。着生部位可在表层或深层,前者与某些酶(如青霉素酶)的分泌有关,后者与呼吸作用、DNA 复制、分配以及与细胞分裂有关。也有学者认为"间体"仅是电镜制片时因脱水操作而引起的一种赝像。

2. 古菌的细胞质膜

古菌的细胞质膜在本质上也是由磷脂组成,但它比真细菌或真核生物的具有更明显的多样性:①疏水尾由长链烃组成,一般都是异戊二烯的重复单位而不是脂肪酸;②亲水头(甘油)与疏水尾(烃链)通过醚键(而不是酯键)连接成甘油二醚或甘油四醚;③古菌的细胞质膜中有独特的单分子层膜或单、双分子层混合膜;④在甘油的 3C 分子上,可连接多种与真细菌和真核生物细胞质膜上不同的基团,如磷酸酯基、硫酸酯基以及多种糖基等;⑤细胞质膜上含多种独特脂类如胡萝卜素等。

【知识窗——细菌表面 S 层结构及其功能研究进展】

细菌的细胞外壁一般由细胞壁和细胞膜组成,除此之外,在许多古生菌和真细菌中还有一层称为表面层(surface layer)或称为 S 层(S-layer)的表面结构。它们是由蛋白质组成的晶格状结构,位于细胞壁或细胞膜外层,是生物进化过程中最简单的一种生物膜。与大多数原核细胞的其他表层结构不同,通过电镜,特别是冰冻蚀刻技术,S 层能清晰地观察到,其功能多样。S 层可以决定或维持细胞的形状,特别是对于那些只以 S 层为细胞壁的古生菌;在芽孢杆菌中 S 层可作为胞外酶的吸附位点,S 层还具有保护功能;在病原菌中,S 层可作为一种病原因子,对免疫和非免疫血清中补体的杀菌活性具有较高或中等抗性。有关 S 层蛋白的研究是当今非常热门的一个领域。在生物技术和仿生学方面,S 层可开发成超滤膜分子筛,以及功能性生物分子固定化的良好介质。通过 S 层蛋白在脂膜上重结晶形成 S 层,可明显提高脂膜的稳定性,便于研究膜蛋白的生物学功能。S 层在纳米材料方面也有巨大应用潜力。

(二)细胞质和内含物

细胞质(cytoplasm)是细胞质膜包围的除核区外的一切半透明、胶状、颗粒状物质的总称。含水量约 80%。与真核生物不同,原核微生物的细胞质是不流动的。其主要成分为核糖体(由 50S 大亚基和 30S 小亚基组成)、贮藏物、多种酶类和中间代谢物、质粒、各种营养物和大分子的单体等,少数细菌还有类囊体、羧酶体、气泡或伴孢晶体等。

内含物(inclusion body)是细胞质内形状较大的颗粒状构造,常与特殊功能相联系,包括各种贮藏物、磁小体、羧酶体和气泡等。

1. 贮藏物

贮藏物(reserve materials)是一类由不同化学成分累积而成的不溶性沉淀颗粒,主要功能是储存营养物,能防止细胞内渗透压或酸度过高,当环境养料缺乏时又可被分解利用。种类很多,表解如下。

$$\text{贮藏物}\begin{cases}\text{碳源及能源类}\begin{cases}\text{糖原:大肠杆菌、克雷伯氏菌、蓝细菌和芽孢杆菌等}\\\text{聚-}\beta\text{-羟丁酸(PHB):固氮菌、产碱菌、肠杆菌等}\\\text{硫粒:紫硫细菌、丝硫细菌、贝氏硫杆菌等}\end{cases}\\\text{氮源类}\begin{cases}\text{藻青素:蓝细菌含有}\\\text{藻青蛋白:蓝细菌含有}\end{cases}\\\text{磷源(异染粒):迂回螺菌、白喉棒杆菌、结核分枝杆菌}\end{cases}$$

(1) 聚-β-羟丁酸(poly-β-hydroxybutyrate,PHB):是细菌所特有的一种类脂性质的碳源和能源类贮藏物,不溶于水,可溶于氯仿,用亲脂染料苏丹黑染色后,在光镜下清晰可见。PHB 颗粒是 D-3-羟丁酸的直链聚合物,其中的 n 一般大于 10^6,其结构式为

$$\left[H-O-\underset{\underset{CH_3}{|}}{\overset{\overset{H}{|}}{C}}-\underset{\underset{H}{|}}{\overset{\overset{H}{|}}{C}}-\overset{\overset{O}{\|}}{C}-O-H \right]_n$$

已发现 60 属以上的细菌能合成并贮藏 PHB。若干产碱菌(*Alcaligenes* spp.)、固氮菌(*Azotobacter* spp.)和假单胞菌(*Pseudomonas* spp.)是主要的生产菌种。当巨大芽孢杆菌(*Bacillus megaterium*)在含乙酸或丁酸的培养基中生长时,细胞内贮藏的 PHB 可达其干重的 60%。在棕色固氮菌(*Azotobacter vinelandii*)的孢囊中也含 PHB。现已发现在一些 G^- 和 G^+ 好氧菌、光合厌氧细菌中都存在 PHB 类化合物,统称为聚羟链烷酸(polyhydroxyalkanoate,PHA),它们与 PHB 差异仅在甲基上,若甲基用 "R"(radical 的简称)取代,就成了 PHA。由于 PHB 和 PHA 是由生物合成的高聚物,具有无毒、可塑、易降解等特点,故认为是生产医用塑料、生物降解塑料的良好原料。

(2) 多糖类贮藏物:包括糖原和淀粉类。在真细菌中以糖原为多。糖原可用碘液染成褐色,淀粉粒呈蓝色,可在光学显微镜下检出。

(3) 异染粒(metachromatic granules):又称迂回体或捩转菌素(volutin granules),因最先在迂回螺菌(*Spirillum volutans*)中被发现并可用美蓝或甲苯胺蓝染成红紫色而得名。颗粒大小为 0.5~1.0 μm,是无机偏磷酸的聚合物,分子呈线状,n 值为 2~10^6。一般在含磷丰富的环境下形成。功能是贮藏磷元素和能量,并可降低细胞的渗透压。在白喉棒杆菌(*Corynebacterium diphtheriae*)和结核分枝杆菌(*Mycobacterium tuberculosis*)中极易见到,因此,可用于有关细菌的鉴定。异染粒的化学结构为

$$\left[H-O-\underset{\underset{O}{|}}{\overset{\overset{OH}{|}}{P}}-O-H \right]_n$$

(4) 藻青素(cyanophycin):是一种内源性氮源贮藏物,同时还兼有储存能源的作用。一般呈颗粒状,由含精氨酸和天冬氨酸残基(1:1)的分支多肽所构成,相对分子质量为 25 000~125 000。通常存在于蓝细菌中,如柱形鱼腥蓝细菌(*Anabaena cylindrica*)的藻青素结构为

$$H_3N^+ —Asp \underbrace{\begin{array}{c} Arg \\ | \\ NH \\ | \\ CO \\ | \\ —Asp \end{array} \begin{array}{c} Arg \\ | \\ NH \\ | \\ CO \\ | \\ —Asp \end{array}}_{n} \begin{array}{c} Arg \\ | \\ NH \\ | \\ CO \\ | \\ —Asp \end{array} —CO_2^-$$

2. 磁小体

磁小体（megnetosome）存在于少数水生螺菌属（*Aquaspirillum*）和嗜胆球菌属（*Bilophococcus*）等趋磁细菌中。大小均匀（20～100nm）、数目不等（2～20 颗）、形状为平截八面体、平行六面体或六棱柱体等，成分为Fe_3O_4，外有一层磷脂、蛋白质或糖蛋白膜包裹，是单磁畴晶体，无毒，具导向功能，即借鞭毛游向对该菌最有利的泥、水界面微氧环境处生活。具有一定的实用前景，包括生产磁性定向药物或抗体，以及制造生物传感器等。

3. 羧酶体

羧酶体（carboxysome）又称羧化体，大小约 10nm，是自养细菌细胞内由单层膜（非单位膜）围成的多角体。内含 1,5-二磷酸核酮糖羧化酶，是CO_2固定的关键酶。在排硫硫杆菌（*Thiobacillus thioparus*）、那不勒斯硫杆菌（*T. neapolitanus*）、贝日阿托氏菌属（*Beggiatoa*）、硝化细菌和一些蓝细菌中均可找到羧酶体。

4. 气泡（gas vocuole）

许多光合营养型、无鞭毛运动的水生细菌中存在，大小为 $0.2\mu m \times 75nm \sim 1.0\mu m \times 75nm$，内由数排柱形小空泡组成，外有 2nm 厚的蛋白质膜包裹。因水和溶质不能透过气泡膜，但气体可透过，故是充满气体的泡囊状内含物。其功能是调节细胞比重以使细胞漂浮在最适水层中获取光能、O_2 和营养物质。每个细胞含有几个到几百个气泡，如鱼腥蓝细菌属（*Anabaena*）、顶孢蓝细菌属（*Gloeotrichia*）、盐杆菌属（*Halobacterium*）、暗网菌属（*Pelodictyon*）和红假单胞菌（*Rhodopseudomonas*）的一些种中都有气泡。

（三）核区与质粒

核区（nuclear region 或 area）又称核质体（nuclear body）、原核（prokaryon）、拟核（nucleoid）或核基因组（genome）。指原核生物所特有的无核膜结构、无固定形态的原始细胞核。用富尔根（Feulgen）染色法可见到呈紫色、形态不定的核区。一般由一个大型环状双链 DNA 分子紧密而有规律缠绕而成，其中央部分为 RNA 与蛋白质支架，每个细胞所含的核区数与该细菌的生长速度有关，一般为 1～4 个。

细菌的核区 DNA 通常称为细菌染色体 DNA。多数是一个很长的闭合环状（closed-circular）双链，布氏疏螺旋体（*Borrelia burgdorferi*）的 DNA 为线状。长度一般为 0.25～3.00mm，只有反复折叠形成高度缠绕的致密超螺旋结构，才能存在于长度仅有 DNA 几百万分之一的菌体中。例如，大肠杆菌染色体 DNA 约 4700kb，长 1.1～1.4mm，其菌体长仅为 2～3μm（图 2-10）。在快速生

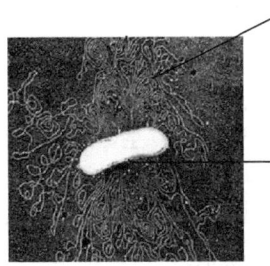

图 2-10 大肠杆菌染色体的结构域
（引自：黄秀梨，2009）

50～100kb 独立的结构域或环

蛋白质-膜核心或支架

长的细菌中，核区 DNA 可占细胞总体积的 20%。染色体 DNA 是负载遗传信息的主要物质基础。一般均为单倍体，复制时呈双倍体。

质粒（plasmid）存在于核外或整合于核染色体上的一类遗传物质，相对分子质量较小，为 $2\times10^6 \sim 100\times10^6$ kDa，大小为 1~300kb。绝大多数由共价闭合环状双链 DNA 分子所构成，在疏螺旋体和链霉菌中发现有线状双链 DNA 质粒，质粒既能自我复制、稳定遗传，也可插入细菌染色体中或其携带的外源 DNA 片段共同复制增殖；它可通过转化、转导或接合作用单独转移，也可携带着染色体片段一起转移，所以质粒已成为遗传工程中重要的运载工具之一。

（四）特殊的休眠构造——芽孢

产芽孢细菌（spore-forming bacteria）在其生长发育后期，在细胞内形成一个圆形或椭圆形、厚壁、折光性强、含水量低、具抗逆性的休眠体，称为芽孢（endospore 或 spore）。由于每一营养细胞内仅生成一个芽孢，故芽孢无繁殖功能。芽孢在生命世界中抗逆性最强，在抗热、抗化学药物、抗辐射和抗静水压等方面，十分突出。例如，肉毒梭菌（*Clostridum botulinum*）的芽孢在 100℃ 沸水中要经过 5.0~9.5h 才被杀死，而其营养细胞在 80℃ 仅需 5~10min 即死亡。巨大芽孢杆菌芽孢的抗辐射能力要比大肠杆菌的营养细胞强 36 倍。芽孢的休眠能力更是突出，一般的芽孢在普通条件下可保持几年至几十年的生活力。最极端的例子是，一种芽孢杆菌（*Bacillus* sp.）的芽孢在琥珀内蜜蜂肠道中（美国）已保存 2500 万~4000 万年。

1. 产芽孢细菌的种类

能产芽孢的细菌种类很少，主要是属于 G^+ 杆菌的两个属——好氧性的芽孢杆菌属（*Bacillus*）和厌氧性的梭菌属（*Clostridium*）。球菌中只有芽孢八叠球菌属（*Sporosarcina*）产生芽孢。螺菌中的孢螺菌属（*Sporospirillum*）也产芽孢。此外，还发现少数其他杆菌可产生芽孢，如芽孢乳杆菌属（*Sporolactobacillus*）等。只有脱硫肠状菌属（*Desulfotomaculum*）和椎柱杆菌属（*Oscillospira*）是 G^- 细菌。放线菌中的高温放线菌属（*Thermoactinomyces*）也能产芽孢。

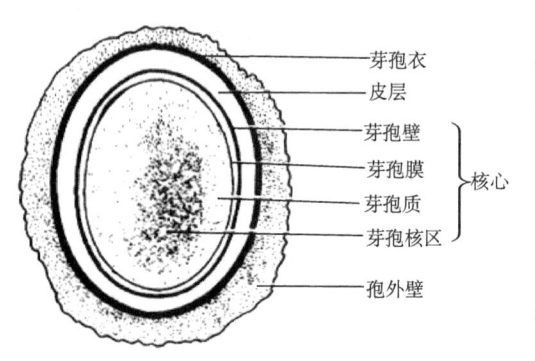

图 2-11　细菌芽孢构造模式图
（引自：周德庆，2002）

2. 芽孢的构造

成熟芽孢具有多层结构，可从图 2-11 和以下的表解中得知。

```
产芽孢细菌 ┬ 芽孢囊：是产芽孢菌的营养细胞外壳
           └ 芽孢 ┬ 孢外壁：主要含脂蛋白，透性差（有的芽孢无此层）
                  ├ 芽孢衣：主要含疏水性角蛋白，抗酶解、抗药物，多价阳离子难通过
                  ├ 皮层：主要含芽孢肽聚糖及 DPA-Ca，体积大、渗透压高
                  └ 核心 ┬ 芽孢壁：含肽聚糖，可发展成新细胞的壁
                         ├ 芽孢质膜：含磷脂、蛋白质，可发展成新细胞的膜
                         ├ 芽孢质：含 DPA-Ca、核糖体、RNA 和酶类
                         └ 核区：含 DNA
```

皮层（cortex）很厚，占芽孢总体积的36%～60%，主要含大量芽孢皮层所特有的芽孢肽聚糖，它由丙氨酸亚单位、四肽亚单位、胞壁酸内酯亚单位重复组成（图2-12A），其特点是呈纤维束状、交联度小、负电荷强、可被溶菌酶水解。此外，皮层中还含有占芽孢干重7%～10%的吡啶二羧酸钙盐（calcium picolinate，DPA-Ca）（图2-12B）。皮层渗透压高达20个大气压左右，含水量约70%，略低于营养细胞（约80%），但比芽孢整体的平均含水量（40%左右）高许多。芽孢的核心（core）又称芽孢原生质体，其含水量极低（10%～25%），因而特别有利于抗热、抗化学药物（如H_2O_2），并可避免酶的失活。除芽孢壁中不含磷壁酸以及芽孢质中含DPA-Ca外，核心中的其他成分与一般细胞相似。

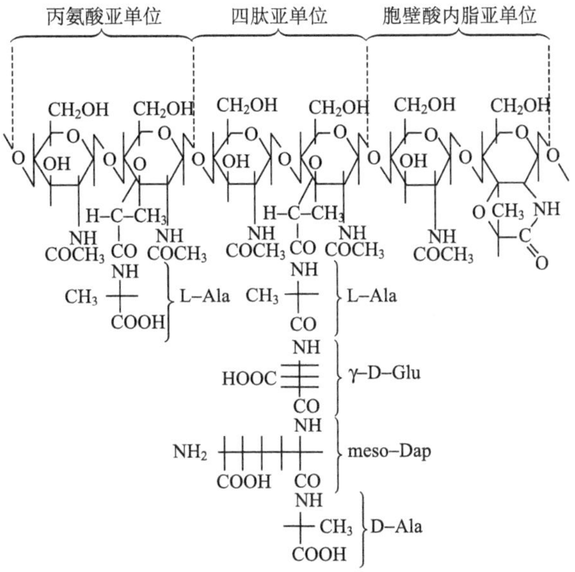

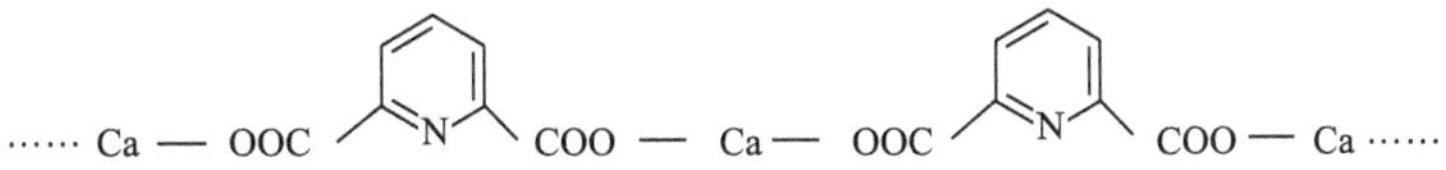

图2-12 芽孢特有的肽聚糖（A）和DPA-Ca的结构（B）（引自：周德庆，2002）

3. 芽孢形成（sporulation, sporogenesis）

当环境中缺乏营养、有害代谢产物积累过多，产芽孢菌的细胞停止生长时，芽孢开始形成。各种细菌有其形成芽孢的最适条件，包括pH、供氧情况、温度、营养、培养基中的离子浓度和种类等。从形态上看芽孢的形成可分7个阶段（图2-13）：形成芽孢前，菌体中往往先出现两个核区。①轴丝形成。DNA浓缩形成束状染色质，两个核区中的核物质渐渐浓缩并融合成一种丝状结构——轴丝（axial filament）；②前芽孢形成。细胞膜内陷，细胞发生不对称分裂，其中小体积部分即为前芽孢（forespore）；③前芽孢的双层隔膜形成。这时芽孢的抗辐射性提高；④原皮层形成。在上述两层隔膜间充填芽孢肽聚糖后，合成DPA，累积钙离子，开始形成皮层，再经脱水，使折光率增高；⑤芽孢衣合成结束；⑥皮层合成完成，芽孢成熟，抗热性出现；⑦破裂、释放。芽孢囊裂解，芽孢游离外出。遇合适条件，芽孢萌发，形成营养细胞。在枯草芽孢杆菌中，芽孢形成过程约需8h，其中参与的基因约有 200 个。在芽孢形成过程中，伴随着形态变化的还有一系列化学成分和生理功能的变化（图 2-14）。

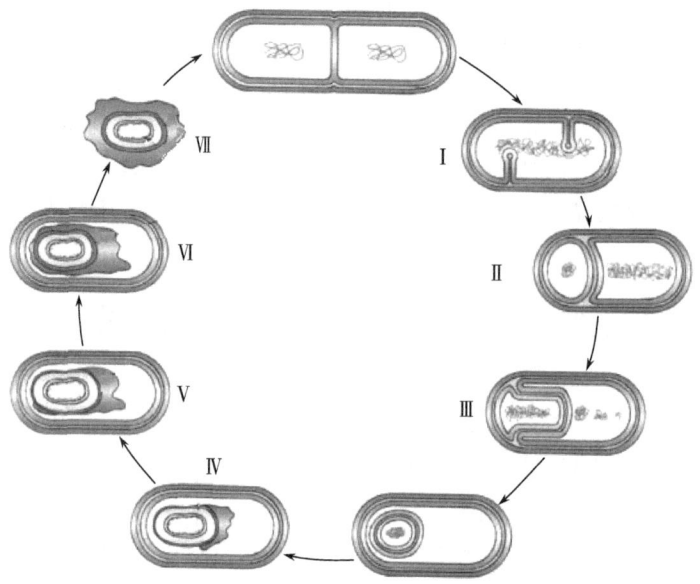

图 2-13　芽孢形成的 7 个阶段（引自：Talaro and Butler，1999）

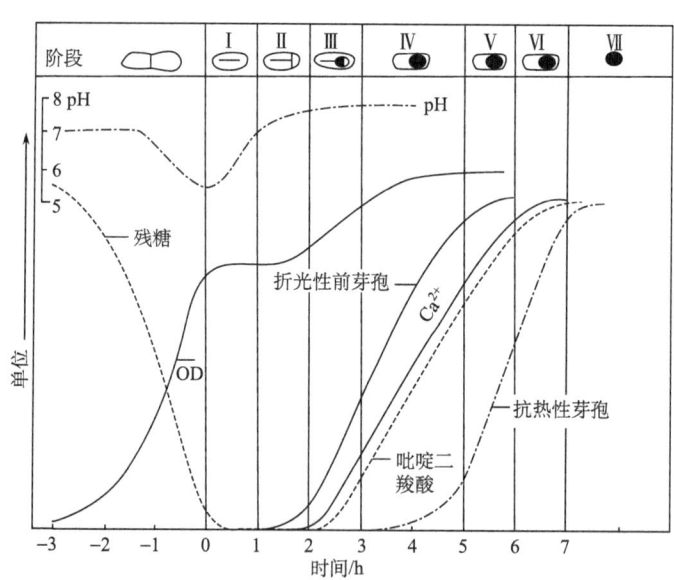

图 2-14　好氧芽孢杆菌在芽孢形成过程中的形态与生理变化（引自：周德庆，2002）

4. 芽孢萌发（germination）

细菌由休眠状态的芽孢形成营养细胞的过程可分为 3 个阶段：活化（activation）、出芽（germination）和生长（outgrowth）。在人为条件下，活化作用可由短期加热或用低 pH、强氧化剂的处理而引起。例如，枯草芽孢杆菌的芽孢经 7 天休眠后，用 60℃ 处理 5min 即可促其发芽。有的芽孢需在 100℃ 沸水中加热 10min 以活化。由于活化作用是可逆的，故处理后必须及时接种到合适的培养基中。有些化学物质可显著促进芽孢的萌发，称作萌发剂（germinant）。加入特殊的萌发剂可促进芽孢发芽，如 L-丙氨酸、Mn^{2+}、表面活性剂（n-十二烷胺等）和葡萄糖等；相反，D-丙氨酸和碳酸氢钠等则会抑制某些细菌芽孢的发芽。出芽只需几分钟。

5. 芽孢的耐热机制

关于芽孢的耐热机制还了解得很少。较新的渗透调节皮层膨胀学说（osmoregulatory expanded cortex theory）认为，芽孢的耐热性在于芽孢衣对多价阳离子和水分的透性很差以及皮层的离子强度很高，从而使皮层产生极高的渗透压去夺取芽孢核心的水分，其结果造成皮层的充分膨胀和核心的高度失水，因此，产生极强的耐热性（图 2-15）。芽孢有生命部位——核心部位含水量的稀少（10%~25%），是其耐热机制的关键所在。另一种学说则认为，芽孢皮层中含营养细胞所没有的 DPA-Ca，Ca^{2+} 与 DPA 的螯合作用会使芽孢中的生物大分子形成一种稳定而耐热性强的凝胶。

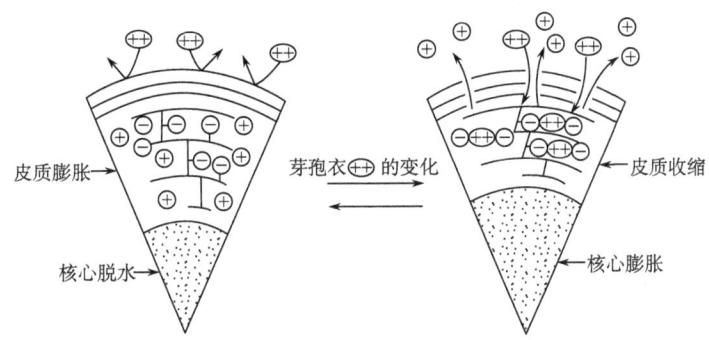

图 2-15 芽孢皮层的膨胀与收缩的图示（引自：黄秀梨和辛明秀，2009）

6. 研究芽孢的意义

研究细菌芽孢有着重要的理论和实践意义。①芽孢的有无、形态、大小和着生位置等是细菌分类和鉴定中的重要形态学指标；②这类菌种芽孢的存在，有利于提高菌种的筛选效率，有利于菌种的长期保藏；③许多产芽孢细菌是强致病菌，如炭疽芽孢杆菌、肉毒梭菌和破伤风梭菌等；④有些产芽孢细菌可伴随产生有用的产物，如抗生素短杆菌肽、杆菌肽等；⑤是否能杀灭一些代表菌的芽孢是衡量和制订各种消毒灭菌标准的主要依据。例如，若对肉类原料上的肉毒梭菌（*Clostridium botulinum*）灭菌不彻底，它就会在成品罐头中生长繁殖并产生极毒的肉毒毒素，危害人体健康。已知它的芽孢在 pH＞7.0 时在 100℃下要煮沸 5.0~9.5h 才能杀灭，如提高到 115℃下进行加压蒸汽灭菌，需 10~40min 才能杀灭，而 121℃下则仅需 10min。这就要求食品加工厂在对肉类罐头进行灭菌时，应掌握在 121℃下维持 20min 以上。另外，在外科器材灭菌中，常以有代表性的产芽孢菌——破伤风梭菌（*C. tetani*）和产气荚膜梭菌（*C. perfringens*）这两种严重致病菌的芽孢耐热性作为灭菌程度的依据，即要在 121℃灭菌 10min 或 115℃下灭菌 30min。在实验室尤其在发酵工业中，灭菌要求更高。原因是在自然界经常会遇到耐热性最强的嗜热脂肪芽孢杆菌（*Bacillus stearothermophilus*）的污染，而一旦遭其污染，则经济损失和间接后果十分严重。已知其芽孢在 121℃下需维持 12min 才能被杀死，由此就规定了工业培养基和发酵设备的灭菌至少要在 121℃下保证维持 15min 以上。若用热空气进行干热灭菌，则芽孢的耐热性更高，因此，就规定干热灭菌的温度为150～160℃下维持1～2h。

7. 伴孢晶体

少数芽孢杆菌，如苏云金芽孢杆菌（*Bacillus thuringiensis*，Bt）在形成芽孢的同时，会在芽孢旁形成一颗菱形或双锥形的碱溶性蛋白晶体（δ-内毒素），称为伴孢晶体（parasporal crystal）（图2-16）。它由18种氨基酸组成，干重可达芽孢囊重的30%左右。由于伴孢晶体对200多种昆虫尤其是鳞翅目的幼虫有毒杀作用，因而可制成对人和动植物安全，有利于环境保护的生物农药——细菌杀虫剂。苏云金芽孢杆菌除产生上述毒素外，有的还会产生3种外毒素（α、β、γ）和其他杀虫毒素。

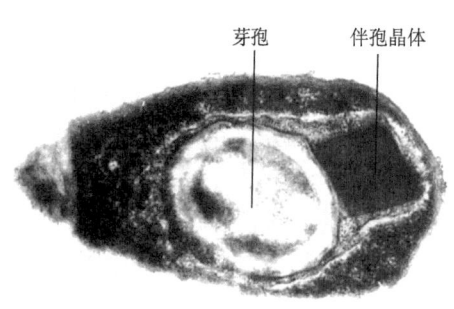

图2-16 苏云金芽孢杆菌的芽孢与伴孢晶体（引自：黄秀梨和辛明秀，2009）

8. 细菌的其他休眠构造

细菌的休眠构造除芽孢外，还有孢囊（cyst，由固氮菌产生）、黏液孢子（myxospore，由黏球菌产生）、蛭孢囊（bdellocyst，由蛭弧菌产生）和外生孢子（exospore，由嗜甲基细菌和红微菌产生），等等。主要的如孢囊，它是一些固氮菌（*Azotobacter*）尤其是棕色固氮菌（*A. vinelandii*）在缺乏营养时，由营养细胞的外壁加厚、细胞失水而形成的一种抗干旱但不抗热的圆形休眠体，一个营养细胞仅形成一个孢囊，因此与芽孢一样，也没有繁殖功能。孢囊在适宜的外界条件下，可发芽并重新进行营养生长。有关孢囊的特性及其与芽孢的比较可如表2-3所示。

表2-3 芽孢与孢囊的比较

特点	芽孢	孢囊
形成方式	在细胞内浓缩后再外包	整个细胞变圆、外层加厚
外壁层次	多（4层以上）	少（3层左右）
外壁成分	蛋白质、肽聚糖（近G^+）	磷脂、脂多糖（近G^-菌）
抗性	强，抗热、辐射及药物等	抗干旱为主，稍抗热及紫外线
贮藏物	无特殊贮藏物	聚-β-羟丁酸（PHB）
代表菌	芽孢杆菌属、梭菌属	固氮菌属、粘细菌等

三、细胞壁以外的构造

（一）糖被

包被于某些细菌细胞壁外的一层厚度不定的透明胶状物质称为糖被（glycocalyx）。糖被的有无、厚薄除与菌种的遗传性相关外，还与环境尤其是营养条件密切相关。根据糖被有无固定层次、层次厚薄又可细分为荚膜（capsule 或 macrocapsule，大荚膜）、微荚膜（microcapsule）、黏液层（slime layer）和菌胶团（zoogloea）（图2-17）。

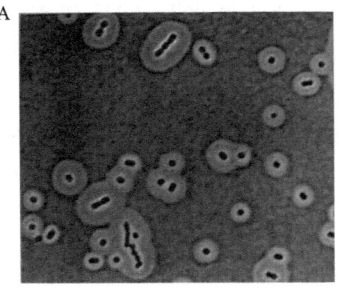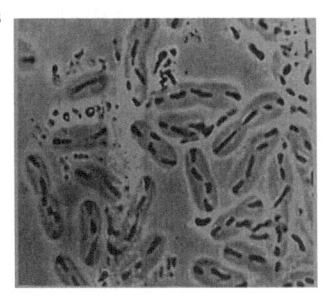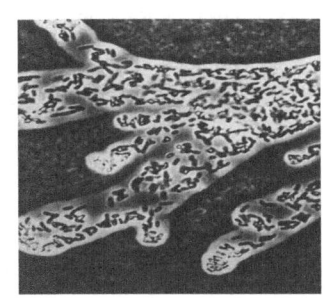

图 2-17 细菌的糖被（引自：黄秀梨，2009）
A. 荚膜；B. 黏液层；C. 菌胶团

糖被 { 包裹在单个细胞上 { 在壁上有固定层 { 层次厚：（大）荚膜 / 层次薄：微荚膜 } / 松散，未固定在壁上：黏液层 } / 包裹在细胞群上：菌胶团 [动胶菌属（Zoogloea）有] }

糖被的化学组成主要是水，约占质量的 90% 以上，其余为多糖、多肽或蛋白质，以多糖居多，也有多糖与多肽复合型的。例如，黄色杆菌属（Xanthobacter）的菌种既具有 α-聚谷氨酰胺荚膜，又有含大量多糖的黏液层。这种黏液层无法通过离心沉淀，有时甚至将液体培养的容器倒置时，呈凝胶状的培养物（culture，菌体和培养液的总称）仍不会流出。糖被主要成分及其代表菌表解如下。

糖被成分 { 多糖 { 纯多糖 { 葡聚糖：肠膜状明串珠菌（Leuconostoc mesenteroides） / 果聚糖：变异链球菌（Streptococcus mutans） / 纤维素：木醋杆菌（Acetobacter xylinum） } / 杂多糖 { 海藻酸：棕色固氮菌（Azotobacter vinelandii） / 透明质酸：若干链球菌（Streptococcus spp.） } } / 多肽 { 聚 D-谷氨酸：炭疽杆菌（Bacillus anthracis） / 聚谷氨酰胺：若干黄单胞菌（xanthomonas spp.） } / 多肽和多糖：巨大芽孢杆菌（Bacillus megaterium） / 蛋白质：鼠疫耶尔森氏菌（Yersinia pestis） }

糖被的主要功能：①保护作用：其上大量极性基团（富含水）可保护菌体免受干旱损伤；可保护菌体免受噬菌体和其他物质（如溶菌酶和补体等）的侵害；一些动物致病菌的荚膜还可保护它们免受宿主白细胞的吞噬。例如，有荚膜的肺炎链球菌（Streptococcus pneumoniae）就更易引起人的肺炎；又如，肺炎克雷伯氏菌（Klebsiella pneumoniae）的荚膜既可使其黏附于人体呼吸道并定殖，又可防止白细胞的吞噬。②贮藏养料，以备营养缺乏时重新利用，如黄色杆菌的荚膜等。③作为透性屏障和离子交换系统，可保护细菌免受重金属离子的毒害。④表面附着作用，如引起龋齿的唾液链球菌（Streptococcus salivarius）和变异链球菌等能分泌一种己糖基转移酶，使蔗糖转变成果聚糖，它可使细菌黏附于牙齿表面，由细菌发酵糖类产生的乳酸在局部累积后，腐蚀齿表珐琅质层，引起龋齿；某些水生丝状细菌的鞘衣状荚膜也有附着作用。⑤细菌间的信息识别作用，如根瘤菌属（Rhizobium）。⑥堆积代谢废物。

糖被与科学研究和生产实践的关系：①用于菌种鉴定，如某些难以观察到的微荚膜的致病菌，只要用极为灵敏的血清学反应即可鉴定；②用作药物和生化试剂，如肠膜状明串珠菌的糖被中可提取葡聚糖以葡聚糖生化试剂（如"Sephadex"）或"代血浆"；③用作工业原料，如野油菜黄单胞菌（*Xanthomonas campestris*），其黏液层可提取十分有用的胞外多糖——黄原胶（xanthan 或 Xc，又称黄杆胶），它可用于石油开采中的钻井液添加剂，也可用于印染、食品等工业中；④用于污水的生物处理，如产生菌胶团的细菌，在污水的微生物处理过程中具有分解、吸附和沉降有害物质的作用；等等。当然，若不加防范，有些细菌的糖被也可对人类产生不利影响。例如，肠膜状明串珠菌若污染制糖厂的糖汁，或是污染酒类、牛乳和面包，就会影响生产和降低产品质量；在工业发酵中，若发酵液被产糖被的细菌所污染，就会阻碍发酵过程的正常进行和影响产物的提取；某些致病菌的糖被会对该病（如龋齿）的防治造成严重障碍等。

（二）鞭毛

生长在某些细菌体表的长丝状、波曲的蛋白质附属物，称为**鞭毛**（flagellum，复数 flagella）。其数目为一至数十条，具有运动功能。鞭毛长 $15\sim20\mu m$，但直径很细，仅 $10\sim20nm$，通常只能用电镜进行直接观察；但是经过特殊的鞭毛染色法使染料沉积在鞭毛上，加粗后的鞭毛也可用光学显微镜观察；另外，在暗视野显微镜下，对水浸片或悬滴标本中运动着的细菌，也可根据其运动方式判断它们是否具有鞭毛；此外，在下述两情况下，单凭肉眼观察也可初步推断某细菌是否存在着鞭毛：①在半固体（含 $0.3\%\sim0.4\%$ 琼脂）直立柱中用穿刺法接种某一细菌，经培养后，若在穿刺线周围有呈混浊的扩散区，说明该菌具有运动能力，并可推测其长有鞭毛，反之，则无鞭毛；②根据某菌在平板培养基上的菌落外形也可推断它有无鞭毛，一般地说，如果该菌长出的菌落形状大、薄且不规则，边缘极不圆整，说明该菌运动能力很强。反之，若菌落外形圆整、边缘光滑、厚度较大，则说明它是无鞭毛的细菌。

原核微生物（包括古生菌）的鞭毛都有共同的构造，由基体、钩形鞘（也称鞭毛钩）和鞭毛丝组成。基体（basal body）是鞭毛基部埋在细胞壁与细胞膜的部分。G^+ 细菌和 G^- 细菌在基体的构造上稍有区别。以典型的 G^- 细菌大肠杆菌的鞭毛为例（图 2-18），它的基体由 4 个盘状物即环（ring）组成，最外层为 L 环，连在细胞壁的外膜上，接着是连在细胞壁内壁层肽聚糖的 P 环，第 3 个是靠近周质空间的 S 环，它与第 4 个环（即 M 环）连在一起称 S-M 环或内环，共同嵌埋在细胞质膜上。S-M 环周围为一对 Mot 蛋白，由它驱动 S-M 环快速旋转。在 S-M 环的基部还存在一个 Fli 蛋白，起着键钮作用，它可根据细胞提供的信号令鞭毛进行正转或逆转。鞭毛基体实为一精致、巧妙的超微型马达，其能量来自细胞膜上的质子动势（proton motive potential）。据计算，鞭毛旋转一周约消耗 1000 个质子。把鞭毛基体与鞭毛丝连在一起的构造称钩形鞘或鞭毛钩（hook），直径约 17nm，其上着生一条长 $15\sim20\mu m$ 的鞭毛丝（filament）。鞭毛丝是由许多直径为 4.5nm 的鞭毛蛋白（flagellin）亚基沿着中央孔道（直径为 20nm）螺旋状缠绕而成，每周有 $8\sim10$ 个亚基。鞭毛蛋白是一种呈球状或卵圆状的蛋白质，相对分子质量为 3 万～6 万，它在细胞质内合成后，由鞭毛基部通过中央孔道不断输送至鞭毛游离的顶部进行自装配。因此，鞭毛的生长方式是在其顶部延伸而非基部延伸。

G^+ 细菌的鞭毛结构较为简单。枯草芽孢杆菌鞭毛的基体仅有 S 和 M 两个环，而鞭毛丝和钩形鞘则与革兰氏阴性菌相同。

鞭毛具有推动细菌运动的功能。1974 年，美国学者 M. Silverman 和 M. Simon 曾设计了一个"拴菌试验"（tethered-cell experiment），设法将单毛菌鞭毛的游离端用相应抗体牢牢

"拴"在载玻片上，然后在光镜下观察，结果发现，鞭毛通过旋转而使菌体运动，犹如轮船的螺旋桨。鞭毛菌的运动速度极快，如螺菌鞭毛转速可达 40 周/s（超过一般电动机的转速）。端生鞭毛菌的运动速度明显高于周生鞭毛菌。一般速度为 20~80μm/s，最高可达 100μm/s（每分钟达到 3000 倍体长），超过了陆上跑得最快的动物——猎豹的速度（每分钟 1500 倍体长或 110km/s）。

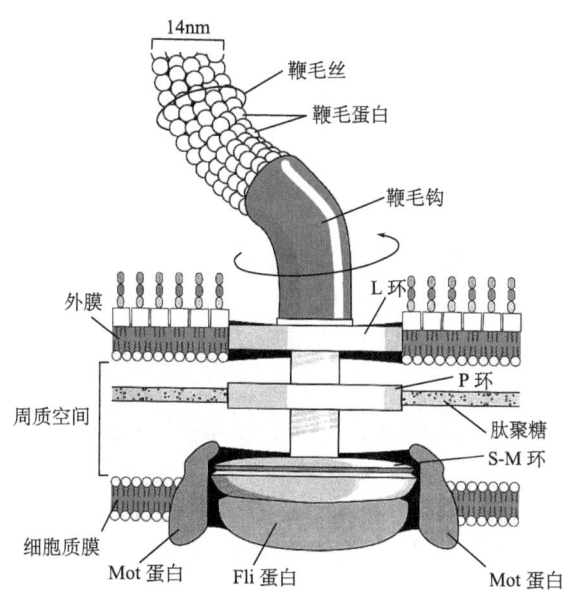

图 2-18　G⁻细菌鞭毛的一般构造（引自：Prescott et al., 2002）

鞭毛运动是趋性（taxis）运动。生物体对其环境中的不同物理、化学或生物因子做有方向性的应答运动称为趋性。若生物向着高梯度方向运动称为正趋性，反之则称为负趋性。根据环境因子性质的不同，可细分为趋化性、趋光性、趋氧性、趋磁性等。

在各类细菌中，弧菌、螺菌类普遍都有鞭毛；杆菌中，假单胞菌类都长有端生鞭毛，其余有的着生周生鞭毛，有的没有；球菌中，仅个别的属如动球菌属（*Planococcus*）的种才长鞭毛。鞭毛在细胞表面的着生方式多样，主要有单端鞭毛菌（monotricha）、端生丛毛菌（lophotricha）、两端鞭毛菌（amphitricha）和周毛菌（peritricha）等，列举如下。

鞭毛着生方式
- 端生
  - 一端
    - 单生：霍乱弧菌（*Vibrio cholerae*）
    - 束生：荧光假单胞菌（*P. fluorescens*）
  - 两端
    - 单生：鼠咬热螺旋体（*S. morsusmuris*）
    - 束生：红色螺菌（*S. rubrum*）
- 周生
  - 肠杆菌科：大肠杆菌、伤寒沙门氏菌（*Salmonella typhi*）、普通变形杆菌（*Proteus vulgaris*）等
  - 芽孢杆菌科：枯草芽孢杆菌、丙酮丁醇梭菌（*Clostridium acetobutylicum*）等
- 侧生：反刍月形单胞菌（*Seleenomonas ruminatium*）

鞭毛的有无和着生方式在细菌的分类和鉴定工作中，是一项十分重要的形态学指标。

（三）菌毛

菌毛（fimbria，复数 fimbriae）是一种长在细菌体表的纤细、中空、短直且数量较多的蛋白质类附属物，具有使菌体附着于物体表面的功能。它直接着生于细胞质膜上，由许多菌毛蛋白（pilin）亚基围绕中心做螺旋状排列，呈中空管状。直径 3~10nm，每个细菌有 250~300 条。多见于 G⁻ 致病菌，它们借助菌毛牢固地黏附于宿主的呼吸道、消化道、泌尿生殖道等的黏膜上，进一步定殖和致病，有的种类还可使同种细胞相互粘连而形成浮在液体表面上的菌醭等群体结构。例如，淋病的病原菌——淋病奈氏球菌（*Neisseria gonorhoeae*）就可借其大量菌毛黏附于患者的泌尿生殖道的上皮细胞上，引起严重的性病。

（四）性毛

性毛（pili，单数 pilus）又称性菌毛（sex-pili 或 F-pili），构造和成分与菌毛相同，但比菌毛长，数量仅一至少数几根。性毛一般见于 G⁻ 细菌的雄性菌株（供体菌）中，其功能是向雌性菌株（受体菌）传递遗传物质。有的还是 RNA 噬菌体的特异性吸附受体。

第二节　真核微生物细胞的结构与功能

真核微生物（eukaryotic micro-organism）是一大类细胞核具有核膜，能进行有丝分裂，细胞质中存在线粒体或同时存在叶绿体等细胞器的较高等的微生物，包括真菌、显微藻类和原生动物等。真核微生物的种类约占微生物总数的 95% 以上。

真核微生物细胞与原核微生物细胞相比（图 2-19），其形态更大、结构更为复杂、细胞器的功能更为专一。它们已发展出许多由膜包围着的细胞器（organelle），如内质网、高尔基体、溶酶体、微体、线粒体和叶绿体等，更重要的是，它们已进化出有核膜包裹着的完整的细胞核，其中存在着构造极其精巧的染色体，它的双链 DNA 长链已与组蛋白等蛋白质密切结合，以更完善地执行生物的遗传功能。

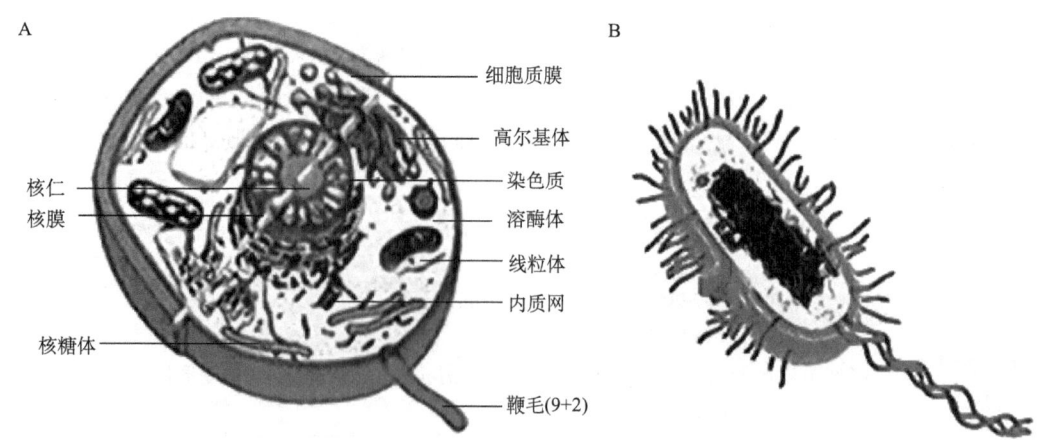

图 2-19　典型的真核微生物细胞（A）与原核微生物细胞（B）（引自：Prescott et al.，2002）

真核微生物与原核微生物在细胞结构和功能等方面都有显著的差别，现比较如下（表 2-4）。

表 2-4 原核微生物和真核微生物的比较

	比较项目	真核生物	原核生物
	细胞大小	较大（通常直径 10~100μm）	较小（通常直径 0.2~2.0μm）
	若有壁，其主要成分	纤维素、几丁质等	多数为肽聚糖
	细胞膜中胆固醇	有	无
	细胞膜含呼吸或光合组分	无	有
	细胞器	有	无
	鞭毛结构	如有，则粗而复杂	如有，则细而简单
细胞质	线粒体	有	无
	溶酶体	有	无
	叶绿体	光合自养生物中有	无
	真液泡	有些有	无
	高尔基体	有	无
	微管系统	有	无
	流动性	有	无
	核糖体	80S（指细胞质核糖体）	70S
	间体	无	部分有
	贮藏物	淀粉、糖原等	聚-β-羟丁酸（PHB）等
细胞核	核膜	有	无
	DNA 含量	低（约5%）	高（约10%）
	组蛋白	有	无
	核仁	有	无
	染色体数	一般>1	一般为1
	有丝分裂	有	无
	减数分裂	有	无
生理特性	氧化磷酸化部位	线粒体	细胞膜
	光合作用部位	叶绿体	细胞膜
	生物固氮能力	无	有些有
	专性厌氧生活	罕见	常见
	化能合成作用	无	有些有
	鞭毛运动方式	挥鞭式	旋转马达式
	遗传重组方式	有性生殖、准性生殖等	转化、转导、接合等
	繁殖方式	有性、无性等多种	一般为无性（二等分裂）

一、细胞壁

在真核微生物中，真菌（包括酵母菌和丝状真菌和蕈菌）和藻类通常都具有细胞壁。

真菌的细胞壁

真菌细胞壁的主要成分是多糖，另有少量的蛋白质和脂类。在低等真菌中，其细胞壁所含的多糖以纤维素为主,酵母菌以葡聚糖为主,而高等陆生真菌则以几丁质为主(表2-5)。即使同一真菌,在其不同生长阶段中,细胞壁的成分也有明显不同。例如,鲁氏毛霉(Mucor roxianus)细胞壁的几丁质含量在孢囊孢子中仅2%,至酵母型阶段含8%,菌丝型阶段为9%,而在孢囊梗中则含18%。细胞壁具有固定外形和保护细胞免受各种外界因子(渗透压、病原微生物等)的损伤等功能。

表 2-5 不同分类地位真菌的细胞壁多糖

细胞壁多糖	真菌的分类地位	代表菌
纤维素、糖原	集孢粘菌目	盘基网柄菌(Dictyostelium discoideum)
纤维素、葡聚糖	卵菌亚纲	德巴利腐菌(Pythium debaryanum)
纤维素、几丁质	丝壶菌纲	一种根前毛菌 Rhizidiomyces sp.
几丁质、壳多糖	接合菌亚纲	鲁氏毛霉(Mucor rouxianus)
葡聚糖、甘露聚糖	子囊菌纲 半知菌纲	酿酒酵母(Saccharomyces cerevisiae) 产朊假丝酵母(Candida utilis)
几丁质、甘露聚糖	担子菌纲	红掷孢酵母(Sporobolomyces roseus)
半乳聚糖、聚半乳糖胺	毛菌纲	寄生变形毛霉(Amoebidium parasiticum)
几丁质、葡聚糖	子囊菌纲 担子菌纲 半知菌纲 壶菌纲	粗糙脉孢菌(Neurospora crassa) 群集裂褶菌(Schizophyllum commune) 黑曲霉(Aspergillus niger) 一种异水霉 Allomyces sp.

二、鞭毛与纤毛

某些真核微生物细胞的表面长有或长或短的毛发状、具运动功能的细胞器,其中形态较长(150~200μm)、数量较少者为鞭毛,较短(5~10μm)多者为纤毛(cilia,单数cilium)。它们与原核微生物的鞭毛在运动功能上虽相同,但在构造、运动机理和所耗能源形式等方面却差别很大。

鞭毛与纤毛的构造基本相同,都由伸出细胞外的鞭杆(shaft)、嵌埋在细胞质膜上的基体(basal body)以及把这两者相连的过渡区共3部分组成。鞭杆的横切面呈"9+2"型,即中心有一对包在中央鞘中的相互平行的中央微管,其外被9个微管二联体(doublets)围绕一圈,整个微管由细胞质膜包裹。每条微管二联体由A、B两条中空的亚纤维组成,其中A亚纤维是一完全微管,即每圈由13个球形微管蛋白(tubulin)亚基环绕而成,而B亚纤维则是由10个亚基围成,所缺3个亚基与A亚纤维共用。A亚纤维上伸出内外两条动力蛋白臂(dynein arm),这是一种能被Ca^{2+}和Mg^{2+}激活的ATP酶,可水解ATP以释放供鞭毛运动的能量。通过动力蛋白臂与相邻的微管二联体的作用,鞭毛做弯曲运动。在相邻的微管二联体间有微管连丝蛋白(nexin)使之相连。此外,在每条微管二联体上还有伸向中央微管的放射辐条(radial spoke),其端部呈游离状态(图2-20)。基体的结构与鞭杆接近。直径为120~170nm,长200~500nm。但横切面呈"9+0"型,且外围是9个三联体,中央没有微管和鞘。鞭杆的2个中央微管终止于细胞表面;9个微管二联体穿过细胞膜,3个一组,同基体的微管连接。

具有鞭毛的真核微生物有鞭毛纲(Flagellata)的原生动物、藻类和低等水生真菌的游动孢子或配子等;具有纤毛的真核微生物主要是属于纤毛纲(Cilata)的各种原生动物,如常见的草履虫(Paramecium spp.)等。

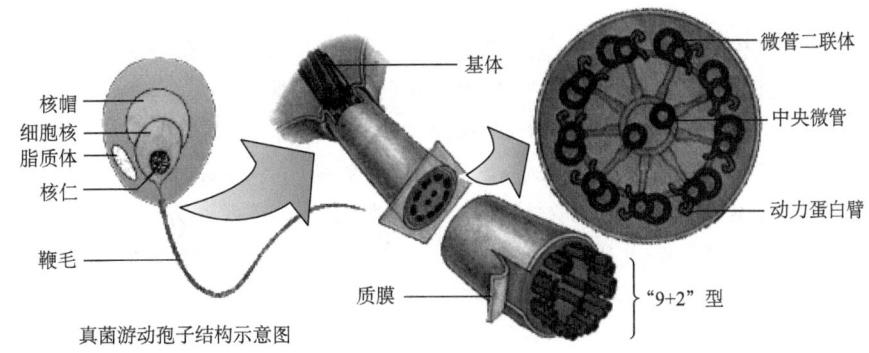

图 2-20　真核微生物的"9+2"型鞭毛（引自：Prescott et al.，2002）

三、细胞质膜

真核微生物细胞与原核微生物细胞在其质膜的构造和功能上十分相似，两者的主要差别如表 2-6 所示。

表 2-6　真核微生物与原核微生物细胞质膜的差别

项 目	原核微生物	真核微生物
甾醇	很少（支原体例外），无胆固醇	较多（胆固醇、麦角甾醇等）
磷脂种类	磷脂酰甘油和磷脂酰乙醇胺等	磷脂酰胆碱和磷脂酰乙醇胺等
脂肪酸种类	直链或分支、饱和或不饱和脂肪酸；每一磷脂分子常含饱和与不饱和脂肪酸各一	高等真菌：含偶数碳原子的饱和或不饱和脂肪酸 低等真菌：含奇数碳原子的不饱和脂肪酸
糖脂	无	有（具有细胞间识别受体功能）
电子传递体	有	无
基团转移运输	有	无
胞吞作用*	无	有

* 胞吞作用（endocytosis），包括吞噬作用（phagocytosis）和胞饮作用（pinocytosis）。

四、细胞核

细胞核（nucleus）是细胞遗传信息（DNA）的储存、复制和转录的主要场所，有核膜包裹，外形为球状或椭圆体状。每个细胞通常只含一个核，有的含两至多个。例如，须霉属（*Phycomyces*）和青霉属（*Penicillium*）的真菌，有时每个细胞内竟含 20~30 个核，占了细胞总体积的 20%~25%，而在真菌的菌丝顶端细胞中，常常找不到细胞核。真核生物的细胞核由核被膜、染色质、核仁和核基质等构成。

【知识窗——酵母菌染色体重排新发现】

这是基础理论研究上的新贡献。拥有相同祖先、彼此有亲缘关系的物种如何分化是生物进化的重要研究课题。一些科学家认为，生物染色体重排机制可能是导致物种分化、强化不同物种间差异的主要原因。然而，在酵母菌染色体研究中发现，近亲菌株的染色体重排现象较多，而远亲的染色体结构序列反而有更多的相似之处。对酵母菌而言至少表明，染色体重排并非物种分化的先决条件。科学家猜想，重排机制也许与生物对环境的适应有关。另外，在基因方面，近年来，对酵母菌絮凝机理及其分子遗传学进行了较广泛的研究，已克隆了多个与絮凝相关的基因，如 FL01、FL05、FL011 等。这些基因的表达可以赋予非絮凝酵母细胞以絮凝能力，具有絮凝能力的细胞之间能够相互聚集形成絮凝颗粒并沉淀，从而有利于发酵液的分离，可大大简化后处理工艺。因此，酵母细胞的絮凝特性在酿造工业、固定化酶、精细化工和生物制药等领域具有广泛的应用价值。

五、细胞质和细胞器

位于细胞质膜和细胞核间的透明、黏稠、不断流动并充满各种细胞器的溶胶称为细胞质（cytoplasm）。它包括细胞质基质、细胞骨架和各种细胞器。

（一）细胞质基质和细胞骨架

在真核细胞质中，除可分辨的细胞器以外的胶体状溶液称为细胞质基质（cytoplasmic matrix 或 cytomatrix）或细胞溶胶（cytosol），它含有赋予其一定机械强度的细胞骨架和丰富的酶等蛋白质（占细胞总蛋白质的 25%～50%）、各种内含物以及中间代谢物等，故是细胞代谢活动的重要基地。

细胞骨架（cytoskeleton）是由微管（microtubule）、微丝（microfilament）和中间纤维（intermediate filament）3 种蛋白质纤维构成的细胞支架。微管确定膜性细胞器（membrane-enclosed organelle）的位置和作为膜泡运输的导轨。微丝确定细胞表面特征，使细胞能够运动和收缩。中间纤维使细胞具有张力和抗剪切力。其中的微管是由 13 条原纤维（protofilament）构成的中空管状结构，直径为 24nm。每一条原纤维由微管蛋白二聚体线性排列而成。微管蛋白二聚体由结构相似的 α 和 β 球蛋白构成，这种双体分子按螺旋方式盘绕成只有一层分子的微管壁。微管可分散或成束存在于细胞质基质中。微丝又称为肌动蛋白丝（actin filament），是由肌动蛋白（actin）组成的直径为 4～7nm 的实心纤维。其单体呈哑铃状，许多单体连成长串，两长串以右手螺旋方式缠绕成束后即为肌动蛋白丝。中间纤维直径为 8～10nm，介于微管与微丝之间。

（二）内质网和核糖体

内质网（endoplasmic reticulum）指细胞质中一个与细胞质基质相隔离，但彼此相通的囊腔和细管系统，由脂质双分子层围成。内质网膜约占细胞总膜面积的一半，是真核细胞中最多的膜。其内侧与核被膜的外膜相通，核周间隙也是内质网腔的一部分。内质网依据其膜外有无核糖体附着，可分为糙面内质网（rough ER）和光面内质网（smooth ER），它们之间相互连通。前者具有合成和运送胞外分泌蛋白的功能，后者与脂类代谢和钙代谢等密切相关，主要存在于某些动物细胞中。

核糖体（ribosome）又称核蛋白体，是存在于一切细胞中的无膜包裹的颗粒状细胞器，具有蛋白质合成功能，其直径 25nm，由蛋白质（约 40%）和 RNA（约 60%）共价结合而成。蛋白质分布在表面，RNA 位于内层。每个细胞含大量核糖体（$10^2 \sim 10^7$），如在一个生长旺盛的真核细胞——HeLa 细胞（人工培养的宫颈癌细胞）中就含 $10^6 \sim 10^7$ 个核糖体，真核细胞的核糖体沉降系数为 80S，由 60S 和 40S 的两个小亚基组成。核糖体并不是单独工作的，而是由多个甚至几十个串联在一条 mRNA 分子上，称多聚核糖体（polyribosome），这样越长的 mRNA 可以结合更多的核糖体，提高了蛋白质合成的速度。核糖体除分布在内质网和细胞质基质中外，还分布于线粒体和叶绿体中，但它们都是与原核生物相同的 70S 核糖体。

（三）高尔基体

高尔基体（Golgi apparatus, Golgi body）又称高尔基复合体（Golgi complex），由意大利学者高尔基（Golgi）于 1898 年首先在神经细胞中发现，故名。这是一种由 4~8 个平行堆叠的扁平膜囊（saccule）和大小不等的囊泡所组成的膜聚合体，其上无核糖体。高尔基体的主要功能是将内质网合成的蛋白质进行加工、分类与包装，然后分门别类地送到细胞特定的部位或分泌到细胞外。通过它的参与和对"膜流"的调控，细胞核被膜、内质网、高尔基体和分泌泡囊的功能联成一体。在真菌中，目前发现存在高尔基体者仅限于根肿菌、前毛壶菌、卵菌和腐霉等少数低等真菌中。

（四）溶酶体

溶酶体（lysosome）是一种由单层膜包裹、内含 40 种以上酸性水解酶（最适 pH 在 5 左右）的囊泡状细胞器，其主要功能是进行细胞内消化。它可以水解外来蛋白质、多糖、脂类以及 DNA 和 RNA 等大分子。溶酶体的种类很多，根据其所结合对象的性质可分吞噬溶酶体（与吞噬泡结合）、多泡体（与胞饮泡结合）或自噬溶酶体（与内源性结构结合）等；根据溶酶体与吞噬泡结合程度又可分为初级溶酶体、次级溶酶体和后溶酶体等。当细胞坏死时，溶酶体膜破裂，其中的酶会导致细胞自溶（autolysis）。

（五）微体

微体（microbody）又称过氧化物酶体（peroxisome），是单层膜包裹的、与溶酶体相似的小球形细胞器，内含依赖于黄素（FAD）的氧化酶和过氧化氢酶（标志酶）。具有使细胞免受 H_2O_2 毒害，氧化分解脂肪酸等功能。与溶酶体相似，在不同生物、不同个体和不同的内外条件下，过氧化物酶体的数目、形态、大小和功能有所不同。例如，在糖液中生长的酵母菌，其过氧化物酶体很小，在甲醇溶液中较大，而当其生长在脂肪酸培养基中时，则它非常发达，并可迅速把脂肪酸分解成可供细胞很好利用的乙酰辅酶 A。

（六）线粒体

线粒体（mitochondria）是进行氧化磷酸化反应的重要细胞器，其功能是把蕴藏在有机物中的化学潜能转化成生命活动所需能量（ATP），故是一切真核细胞的"动力车间"。线粒体是将底物通过电子传递链和氧化磷酸化反应的偶联而实现呼吸产能。在无氧条件下，细胞形成只有外膜而无内膜和嵴的极其简单的线粒体。

线粒体的大小酷似一个杆菌，一般直径 $0.5 \sim 1.0 \mu m$，长达 $1.5 \sim 3.0 \mu m$。不同细胞种类或在不同生理状态下，其形态和长度变化很大。每个细胞所含线粒体数量一般为数百至数千个，也有更多的。

（七）叶绿体

叶绿体（chloroplast）是一种由双层膜包裹、能转化光能为化学能的绿色颗粒状细胞器，只存在于绿色植物（包括藻类）的细胞中。主要功能是进行光合作用即把 CO_2 和 H_2O 合成葡萄糖并放出 O_2 的重要功能，可以说，叶绿体是自养真核细胞内的"食品车间"。叶绿体的外形多为扁平的圆形或椭圆形，略呈凸透镜状，但在藻类中叶绿体的形态变化很大，有的呈螺旋带状，如水绵属（*Spirogyra*），有的呈杯状，如衣藻属（*Chlamydomonas*），也有呈板状或星状的。叶绿体的平均直径为 $4\sim6\mu m$，厚度为 $2\sim3\mu m$。藻类中通常只有一个、两个或少数几个。叶绿体在细胞中的分布与光照有关，有光时，常分布在细胞的外围，黑暗时则流向内部。

（八）其他细胞器

1. 液泡

液泡（vacuole）存在于真菌和藻类等真核微生物细胞中的细胞器，单位膜分隔，其形态、大小随细胞年龄和生理状态而变化，一般老龄细胞中的液泡大而明显。在真菌的液泡中，主要含有糖原、脂肪、多磷酸盐等贮藏物，精氨酸、鸟氨酸和谷氨酰胺等碱性氨基酸，以及蛋白酶、酸性和碱性磷酸酯酶、纤维素酶和核酸酶等各种酶类。液泡不仅有维持细胞渗透压、储存营养物的功能，而且还有溶酶体的功能。

2. 膜边体

膜边体（lomasome）又称边缘体、须边体或质膜外泡，为许多真菌所特有。它是一种位于菌丝细胞四周的质膜与细胞壁之间，由单层膜包裹的细胞器。形态呈管状、囊状、球状、卵圆状或多层折叠膜状，其内有泡状物或颗粒状物。膜边体可由高尔基体或内质网的特定部位形成，各个膜边体能互相结合，也可与别的细胞器或膜相结合。可能与分泌水解酶或合成细胞壁有关。

3. 几丁质酶体

几丁质酶体（chitosome）又称壳体。一种活跃于各种真菌菌丝顶端细胞中的微小泡囊，直径 $40\sim70nm$，内含几丁质合成酶。在离体条件下，几丁质酶体可把 UDP-N-乙酰葡糖胺合成几丁质微纤维。其功能是通过不断形成和向菌丝尖端移动，而把其中的几丁质合成酶源源不断地运送到细胞壁表面，通过该处几丁质微纤维的合成而使菌丝尖端不断向前延伸。

4. 氢化酶体

氢化酶体（hydrogenosome）是一种由单层膜包裹的球状细胞器，内含氢化酶、氧化还原酶、铁氧还蛋白和丙酮酸。通常存在于鞭毛基体附近，可为其运动提供能量，具有类似线粒体的作用，有电子转运途径，即氢化酶转运电子到最终电子受体，生成氢分子。氢化酶体只存在于原生动物和厌氧性的真菌细胞中，近年来，在牛、羊等反刍动物的瘤胃中除发现存在许多厌氧性原生动物外，还发现了 20 余种厌氧性真菌，它们的分类地位接近壶菌属，多数产生游动孢子，如 *Neocallimastix huricyensis* 等，在这类厌氧性真核生物的细胞中都有氢化酶体。

【知识窗】　新型隐球菌的感染研究进展

美国耶什华大学阿尔贝特·爱因斯坦医学院（Albert Einstein College of Medicine of Yeshiva University）研究人员发现一种致命微生物是如何逃避人体免疫系统清除而导致疾病发生的。

发表在美国《国家科学院院刊》（PNAS）上的这项研究可帮助科学家研制新的疗法或疫苗来治疗这种新型隐球菌感染。这种霉菌感染在免疫系统功能低下的人中常见，特别是艾滋病患者和终生需服用免疫抑制剂的器官移植患者。霉菌感染每年导致全球大约 100 万人死亡，其中约 60 万在撒哈拉沙漠以南的非洲。

新型隐球菌主要通过肺部进入人体，并可分布到全身，包括大脑。感染的结果是造成隐球菌病，引起胸痛、干咳、腹胀、头痛、视力模糊或精神错乱。这种感染可以致命，特别是在没有抗真菌感染治疗情况下。

"这是一种可怕的疾病，即使治疗也很难摆脱它。"研究人员阿托罗·卡萨德沃博士说。

科学家知道，围绕在新型隐球菌周围的荚膜是其造成感染不可缺少的结构。当它进入宿主后，荚膜开始膨大。"随着荚膜的膨大，免疫系统中的巨噬细胞就不能吞噬它了。"卡萨德沃博士说。"但我们对荚膜膨大的机制还不了解。"

新型隐球菌这种保护性荚膜是由多聚糖组成的，它是一种长链糖分子。通过动态光散射技术，科学家发现，荚膜的膨大是通过其外围更多糖类分子连接在一起实现的，其结果是在外面形成辐射状的大分子。

这一发现为药物治疗找到了新的靶点，同时也揭开了多聚糖生物学研究新领域。我们对多聚糖的认识还不多，主要因为很难控制它们。"科学家也趋向于把多聚糖看成是麻烦分子，因为它可以连接得很长。"卡萨德沃博士说。"研究提出了几个艰巨的问题。"他说。"例如，新型隐形球菌是如何形成这些分子的？它如何将这些分子制作成几乎相似的长度？这些我们还不清楚。似乎有一个我们从不知道的整体尺寸的细胞机制存在。"

本 章 小 结

1. 原核微生物个体微小、形态简单、进化地位低，具有无核膜包裹的核区。包括细菌、放线菌、蓝细菌、古菌、支原体、衣原体、螺旋体、蛭弧菌、粘细菌和鞘细菌等。

2. 原核细胞的共同结构有细胞壁（支原体例外）、细胞质膜、细胞质、核区和各种内含物等，部分种类的细胞壁外还有糖被（荚膜、黏液层）、鞭毛、菌毛和芽孢等特殊构造。芽孢高度耐热，在理论与实践上均很重要。

3. 由于细胞结构的不同，通过革兰氏染色反应可以把所有的原核微生物分为 G^+ 和 G^- 两大类。革兰氏染色结果可作为菌种分类鉴定的重要依据。

4. 真核微生物的细胞较大，构造复杂，有细胞膜、细胞质、细胞核（真核）和许多执行特殊功能的细胞器，有的种类还有细胞壁（真菌和藻类）、鞭毛和纤毛（"9+2"型）等特殊构造。

5. 真核微生物细胞的共同特征是细胞核有核膜包裹，染色质由DNA和组蛋白组成，细胞以有丝分裂或减数分裂方式繁殖，由细胞骨架等物质组成的细胞间质支撑着真核生物的细胞质，其内包含着内质网、高尔基体、溶酶体、微体、线粒体和叶绿体（仅存在于光合生物中）等细胞器。其中的线粒体与叶绿体均属半自主性细胞器，这为真核生物起源于原核生物的内共生假说提供了有力的证据。

习题

1. 名词解释：细菌、古菌、肽聚糖、假肽聚糖、L型细菌、原生质体、球状体、支原体、细胞基质、细胞骨架。
2. 试图示 G^+ 和 G^- 细菌细胞壁的主要构造，并简要说明它们的异同。
3. 典型原核微生物和真核微生物的大小是多少？试设想几种形象化的比喻加以说明。
4. 什么是缺壁细菌？试比较其异同。
5. 何谓"拴菌试验"？它何以证明鞭毛的运动机制？
6. 渗透调节皮层膨胀学说是如何解释芽孢耐热机制的？
7. 试以 *Neurospora crassa* 为例说明菌丝尖端细胞的分化过程及其成分变化。
8. 试图示并说明真核微生物"9+2"型鞭毛的构造和生理功能，简述其运动机理。
9. 试简介真菌所特有的几种细胞器——膜边体、几丁质酶体和氢化酶体。
10. 试列表说明真核微生物与原核微生物的主要区别。

思考题

1. 试理顺染色质、DNA、组蛋白、核小体、螺线管、超螺旋环和染色体之间的关系。
2. 试述真菌细胞壁的研究意义及其研究进展。
3. 试比较叶绿体与线粒体的结构与功能，并说明两者为真核生物起源的内共生假说提供了哪些重要证据。

（张谨华）

第三章 微生物的营养

【本章导读】 微生物在其生活过程中,必须从外界不断地吸收适宜的营养物质加以利用,在细胞内将其转化为新的细胞物质和储藏物质,并从中获得生命活动所需的能量,同时排出代谢产物。那些能够满足微生物生长、繁殖和完成各种生理活动所需能量的物质称为营养物质(nutrient),是微生物维持生命活动的物质基础。营养(nutrition)是微生物从外界吸收营养物质并在细胞内利用营养物质的过程,是微生物维持和延续其生命形式的一种生理过程。微生物的营养类型可分为化能异养型、化能自养型、光能异养型和光能自养型。本章节主要研究内容是阐明营养物质在微生物生命活动过程中的生理功能、营养类型以及微生物从外界环境摄取营养物质的具体机制,同时对细菌活的非可培养状态进行了简要介绍。

第一节 微生物的营养要求

一、微生物细胞的化学组成

(一) 化学元素

构成微生物细胞的物质基础是各种化学元素(chemical element)。细胞的化学元素根据微生物生长的需求量分为主要元素(macroelement)(碳、氢、氧、氮、磷、硫、钾、镁、钙、铁等)(表3-1)和微量元素(trace element)(锌、锰、钠、氯、钼、硒、钴、铜、钨、镍等)。微生物、动物、植物之间存在"营养上的统一性"。在主要组成元素中,碳、氢元素含量比较稳定,分别占细胞干物质质量的50%和7%。氮含量变化较大,单细胞微生物的含氮量高于丝状真菌,C/N小于丝状真菌。

微生物细胞的化学组成随微生物种类、培养条件和生长阶段不同而有明显差异。在特殊生态环境中生活的一些微生物,常在细胞内富集某些特殊元素。例如,海洋微生物含有较多钠元素,某些硫化细菌能在细胞内积累硫元素,某些鞘细菌在鞘中沉积铁和锰的氧化物,硅藻在外壳中积累硅和钙等元素。

表 3-1 微生物细胞中各种元素的含量(干重/%)

元素	细菌	酵母菌	霉菌
碳	50	49.8	47.9
氢	8	6.7	6.7
氧	20	29	3.8
氮	15	12.4	5.2
磷	3	1.5	1.2
硫	1	0.3	0.2

（二）化学成分及其分析

从化合物水平上讲，微生物细胞中都含有水分、糖类、蛋白质、核酸、脂质、维生素和无机盐等物质。微生物细胞的化学组成可因微生物种类、菌龄、培养条件、培养基成分和分析方法等有所不同。细胞有机物成分的分析通常采用两种方式：一是化学直接抽提，用于定性定量分析；二是先将细胞破碎获得亚细胞结构，再分析这些结构的化学成分。无机物是指与有机物相结合或单独存在于细胞中的无机盐（inorganic salt）等物质。分析细胞无机成分时一般将干细胞在高温炉（550℃）中焚烧成灰，所得到的物质是各种无机元素的氧化物，称为灰分（ash constituent）。采用常规无机化学分析法可定性定量分析灰分中各种无机元素的含量。

水分是微生物细胞的主要组成成分，占鲜重的70%～90%。不同种类微生物细胞含水量不同。微生物所含水分以游离水和结合水两种状态存在，两者的生理作用不同。微生物细胞中游离水与结合水的比例为4∶1。细胞含水量常以湿重（wet weight）与干重（dry weight）之差来表示，常以百分率表示：（湿重－干重）/湿重×100%。将细胞外表面所吸附的水分除去后称量所得质量即为湿重，一般以单位培养液中所含细胞质量表示（g/L或mg/ml），采用高温（105℃）烘干、低温真空干燥和红外线快速烘干等方法将细胞干燥至恒重即为干重。

二、营养物质及其生理功能

（一）碳源

凡是可以被微生物利用，来构成细胞物质或构成细胞代谢产物中碳素来源的物质，统称为碳源（source of carbon）物质。碳源物质通过细胞内的一系列化学变化，被微生物用于合成细胞自身物质和各种代谢产物。微生物细胞物质及其代谢产物几乎都含有碳，所以微生物对碳源的需要量最大可达细胞干质的45%，是微生物所需的最基本的营养要素。

从简单的无机含碳化合物如CO_2和碳酸盐到各种各样的天然有机化合物都可以作为微生物的碳源（表3-2），但不同的微生物利用含碳物质具有选择性，且利用能力有差异。例如，洋葱伯克霍尔德氏菌可以利用90多种不同类型的有机化合物作为碳源，而甲基营养细菌只利用甲醇和甲烷作为碳源。糖类是最好的碳源，尤其是单糖（葡萄糖、果糖）、双糖（蔗糖、麦芽糖、乳糖），绝大多数微生物都能利用，实验室常用葡萄糖和蔗糖作为碳源物质。此外简单的有机酸、氨基酸、醇、醛、酚等含碳化合物也能被许多微生物利用。

表3-2 微生物的碳源（引自：周德庆，2002）

类 型	构成元素	化合物	培养及原料
有机碳	C, H, O, N, X	复杂蛋白质、核酸等	牛肉膏、蛋白胨、花生饼粉等
	C, H, O, N	多数氨基酸、简单蛋白质	氨基酸、明胶
	C, H, O	糖、醇、有机酸、脂类	葡萄糖、蔗糖、淀粉、糖蜜等
	C, H	烃类	天然气、石油、石蜡等
无机碳	C, O	CO_2	CO_2
	C, O, X	$NaHCO_3$、$CaCO_3$等	$NaHCO_3$、$CaCO_3$等

在微生物发酵工业中，常根据不同微生物的需要，利用各种农副产品，如玉米粉、米糠、麦麸、马铃薯、甘薯以及各种野生植物的淀粉，作为微生物生产的廉价碳源。

异养细菌虽然必须以有机碳为碳源，但不少种类，尤其是生长在动物血液、组织和肠道中的有益或致病微生物，还需少量 CO_2 才能正常生长。培养这类微生物时，常需提供约 10% CO_2 （V/V）。

（二）氮源

凡是可以被微生物用来构成细胞物质或代谢产物中氮素来源的营养物质统称为氮源物质。能被微生物所利用的氮源物质有蛋白质及其各类降解产物、铵盐、硝酸盐、亚硝酸盐、分子态氮、嘌呤、嘧啶、脲、酰胺、氰化物（表 3-3）。

表 3-3 微生物的氮源（引自：周德庆，2002）

类型	元素	化合物	培养基原料
有机氮	N、CHO、X N、CHO	复杂蛋白质、核酸等 尿素、氨基酸、简单蛋白质等	牛肉膏、酵母浸膏、饼粉及蚕蛹粉等 尿素、蛋白胨、明胶等
无机氮	N、H N、O N	NH_3、NH_4^+ 等 NO_3^- N_2	$(NH_4)_2SO_4$、NH_4NO_3 等 KNO_3 等 空气

氮源物质常被微生物用来合成细胞中含氮物质，一般不作为能源，只有少数自养细菌，如硝化细菌能利用铵盐、亚硝酸盐作为氮源和能源。某些厌氧微生物在碳源缺乏和厌氧的条件下可以利用氨基酸作为能源。

常用的有机氮源包括蛋白胨（peptone）、黄豆饼粉、玉米浆、牛肉膏（beef extract）、酵母浸膏（yeast extract）、鱼粉等。微生物对氮源的利用具有选择性，如玉米浆相对于豆饼粉为速效氮源，因为玉米浆中的氮源物质主要以蛋白质降解产物的形式存在，可以被菌体直接吸收利用，而豆饼粉中的氮主要以蛋白质的形式存在，属于迟效氮源。一般来说，速效氮源有利于菌体生长，用于发酵前期，迟效氮源有利于代谢产物的积累，用于发酵后期。

无机氮源中铵盐相对于硝酸盐来说是速效氮源，细胞吸收后可直接利用，而 NO_3^- 被吸收后只有被还原成 NH_4^+ 后才能被微生物利用。少数固氮微生物（根瘤菌和蓝细菌）可以利用分子 N_2 作为氮源。

（三）能源

能源是指为微生物生命活动提供最初能量来源的营养物质和辐射能。

化能自养微生物的能源都是一些还原态无机物质，如 NH_3、NH_4^+、NO_3^-、S、H_2S、H_2 和 Fe^{2+} 等。能利用这些物质的微生物均为细菌，如硝化细菌、亚硝化细菌、硫细菌、氢细菌和铁细菌等。

在微生物的营养要素和营养物质中，有些要素或物质仅有一种功能，有些则具有多种功能。例如，光照仅提供能量，是单功能的；还原态物质大多具有双重以上功能，如 NH_3 同是硝化细菌的氮源和能源物质；含有 C、H、O 元素的有机物如氨基酸和蛋白质同时具有氮源、碳源和能源 3 种功能。

(四) 无机盐

无机盐指微生物生长必需的金属元素，主要有硫酸盐、磷酸盐、氯化物等。无机盐的生理功能主要是构成细胞的各种组分、作为酶活性中心的组成部分、调节并维持细胞的渗透压、氢离子浓度和氧化还原电位，有些元素可作为某些微生物生长的能源物质等。

根据微生物生长繁殖对无机盐需要量的大小可分为大量元素和微量元素两大类。凡是生长所需浓度为 $10^{-3}\sim10^{-4}$ mol/L 的元素，可称为大量元素，如 S、P、K、Ca、Mg、Fe 等。凡所需浓度为 $10^{-6}\sim10^{-8}$ mol/L 的元素，则称为微量元素，如 Cu、Zn、Mn、Mo、Co、Ni、Sn、Se 等。

磷：微生物细胞中磷含量较高，是合成核酸、核蛋白、磷脂及许多酶与辅酶的元素。磷酸盐又是重要的 pH 缓冲剂。微生物对磷的需要量较高，适宜浓度一般为 0.005～0.01mol/L。培养基中的磷是通过加入 K_2HPO_4、KH_2PO_4 和 NaH_2PO_4 等无机磷酸盐而获得的。

硫：硫存在于细胞内的蛋白质中，是半胱氨酸、胱氨酸及甲硫氨酸的组成元素。参与辅酶 A、谷胱甘肽、生物素及硫辛酸等活性物质的组成。维生素（硫胺素和生物素）、某些抗生素以及其他一些化合物也含有硫。无机硫化物（H_2S、S、$S_2O_3^{2-}$ 等）又是化能自养细菌的能源。大多数微生物利用无机硫化物作硫源，常用的无机硫化物为 $MgSO_4$。

镁：不参与任何细胞结构物质的组成，是细菌叶绿素的组成元素和多种酶的激活剂，具有稳定核糖体、细胞质膜的作用。

钾：钾不参与细胞结构成分。维持电位差和渗透压，对细胞内原生质的胶体状态和细胞膜透性起调控作用。参与细胞内许多物质的运输系统的组成。

钠：主要参与细胞渗透压的调节。海洋和嗜盐微生物细胞内含有较高浓度的钠离子。

钙：以离子状态控制着细胞的生理状态，如降低细胞质膜透性、调节酸度、调节细胞质的胶体状态等。对淀粉酶及蛋白酶等胞外酶活性的稳定有重要影响。是芽孢内含量较高的元素，在细菌芽孢耐热性方面起着重要作用。

铁：所有生物都离不开铁。铁是细胞色素、细胞色素氧化酶和过氧化氢酶的活性基及铁卟啉的组成部分。铁卟啉在氧化还原反应中起着传递电子的作用。缺铁时，这些酶类的合成将受影响。

微量元素：微量元素是许多酶和维生素的组成部分。铜是多酚氧化酶的活性基；钼是固氮酶、硝酸还原酶和甲酸还原酶的成分；钴是维生素 B_{12} 的成分，肽酶的辅助因子；锌是乙醇脱氢酶和乳酸脱氢酶的活性基，也是 RNA 和 DNA 聚合酶的成分；锰是多种酶的激活剂和羧化反应的必需元素；钒能促进固氮作用。

(五) 生长因子

生长因子是一类对微生物生长代谢必不可少且需要量很少，但微生物本身又不能合成或合成量不能满足机体生长需要的有机物。广义的生长因子（growth factor）包括维生素（vitamin）、氨基酸、嘌呤和嘧啶碱及其衍生物、卟啉及其衍生物、甾醇、胺类、一些脂肪酸等。狭义的仅指维生素。一些重要的维生素的生理作用参见表 3-4。生长因子的主要生理功能是提供微生物细胞重要的化学物质（蛋白质、核酸和脂质）、辅酶和辅基的组分参与新陈代谢。

表 3-4 维生素的生理作用及微生物的需要量

维生素	代谢功能	微生物的需要量
硫胺素（维生素 B_1）	焦磷酸硫胺素是脱羧酶、转醛酶、转酮酶的辅基，与氧化脱羧和酮基转移有关	金黄色葡萄球菌需要 0.5mg/ml
核黄素（维生素 B_2）	黄素核苷酸（FMN 和 FAD）的前体、黄素蛋白的辅基、与氢的转移有关	多数微生物能自己合成，少数细菌如乳酸菌、丙酸菌等需要补给
烟酸	NAD 和 NADP 的前体、为脱氢酶的辅酶、与氢的转移有关	多数微生物需要，弱氧化醋酸杆菌约需 3ng/ml
对氨基苯甲酸	叶酸的前体、与一碳基团的转移有关	乳酸菌等需要，弱氧化醋酸杆菌约需 0.1ng/ml
吡哆醇（维生素 B_6）	磷酸吡哆醛氨基酸消旋酸、转氨酶与脱羧酶的辅基、与氨基酸消旋、脱羧、转氨有关	乳酸菌和几种真菌需要，肠膜明串珠菌需要 25mg/L
泛酸	辅酶 A 的前体、乙酰载体的辅基、与酰基转移有关	乳酸菌等多种细菌和酵母菌需要，多数丝状真菌能合成
叶酸	辅酶 F（四氢叶酸）与核酸合成有关	乳酸菌、丙酸细菌等需要
生物素（维生素 H）	多种羧化酶的辅基，在 CO_2 固定、氨基酸和脂肪酸合成及糖代谢中起作用，油酸可部分代替生物素的作用	乳酸菌等多种细菌需要，干酪乳杆菌约需 1ng/ml
维生素 B_{12}	钴酰胺辅酶、与甲硫氨酸和胸腺嘧啶核苷酸的合成和异构化有关	菌普遍需要，真菌、放线菌大多能自己合成

生长因子虽是一种重要的营养要素，但它与碳源、氮源和能源物质不同，并非所有微生物都需从外界吸收，有些微生物可以自身合成。按微生物与生长因子间的关系将微生物分为 3 种类型：一是生长因子自养型微生物，能自身合成各种生长素，不需外界供给。多数真菌、放线菌和部分细菌属于这种类型，如大肠杆菌不需要外源生长因子也能生长。二是生长因子异养型微生物，它们自身缺乏合成一种或多种生长因子的能力，需外源提供所需生长因子才能生长。乳酸菌、各种动物病原菌和支原体等属于生长因子异养型微生物。三是生长因子过量合成微生物，它们在代谢活动中向细胞外分泌大量的维生素等生长因子，可用于维生素的生产，如阿舒假囊酵母和棉阿舒囊霉生产维生素 B_2。

通常由于对某些微生物生长所需的生长因子不了解，因此，常在培养这些微生物的培养基里加入酵母膏、牛肉膏、玉米浆、肝浸液、麦芽汁或其他新鲜的动植物组织浸出液等物质以满足它们对生长因子的需要。

（六）水

水是微生物生命活动必不可少的物质。水在细胞中的生理功能主要有：①微生物的组成成分，占到细胞质量的 70%～90%；②是细胞营养物质和代谢产物的溶剂；③是细胞中各种生化反应的良好介质；④维持微生物细胞的膨压；⑤水具有较高的比热，可以稳定细胞内环境温度。

表 3-5 微生物生长最适 a_w
（引自：沈萍和陈向东，2006）

微生物	a_w
一般细菌	0.91
酵母菌	0.88
霉菌	0.80
嗜盐细菌	0.76
嗜盐真菌	0.65
嗜高渗酵母	0.60

微生物生长的环境中水的有效性常以水活度（water activity，a_w）表示，水活度值是指在一定的温度和压力条件下，溶液的蒸气压力与同样条件下纯水蒸气压力之比，即 $a_w = P_w/P_{0w}$，式中 P_w 代表溶液蒸气压力，P_{0w} 代表纯水蒸气压力。纯水 a_w 为 1.00，溶液中溶质越多，a_w 越小。微生物一般在 a_w 为 0.60~0.99 的条件下能够生长。微生物不同，其生长的最适 a_w 不同（表 3-5）。

一般而言，细菌生长最适 a_w 较酵母菌和霉菌高，而嗜盐微生物生长最适 a_w 则较低。

三、微生物的营养类型

根据能源、氢供体和碳源来源的不同，微生物可分为光能自养型（photolithoautotrophy）（光能无机营养型）、光能异养型（phtoorganoheterotrophy）（光能有机营养型）、化能自养型（chemolithoautotrophy）（化能无机营养型）和化能异养型（chemoorganoheterotrophy）（化能有机营养型）4 大营养类型（nutritional type）（表 3-6）。

表 3-6 微生物的营养类型（引自：周德庆，2002）

营养类型	能源	氢供体	碳源	实例
光能自养型（光能无机营养型）	光能	无机物（H_2、H_2S、S、H_2O）	CO_2 为唯一或主要碳源	绿硫细菌、蓝细菌、紫硫细菌、藻类
光能异养型（光能有机营养型）	光能	有机物	CO_2 及简单有机物（甲酸、乙醇、异丙醇等）	红螺细菌
化能自养型（化能无机营养型）	无机物氧化（NH_4^+、NO_2^-、S、H_2S、H_2、Fe^{2+}）	无机物	CO_2	氢细菌、硫杆菌、硝化细菌、铁细菌、醋酸杆菌
化能异养型（化能有机营养型）	有机物氧化	有机物	有机物	绝大多数细菌和全部真核微生物

（一）光能自养型

光能自养型又称光能无机营养型。这类微生物能以 CO_2 作为唯一或主要碳源利用光能生长。它们能以无机物如水、硫化氢、硫代硫酸钠或其他无机化合物作为氢供体，使 CO_2 固定还原成细胞物质，并且伴随元素氧（硫）的释放。蓝细菌、绿硫细菌和紫硫细菌属于这种营养型。光能自养菌能完全在无机环境中生长。

蓝细菌含叶绿素，具有和高等植物相同的光合作用，它们利用光能，以水为氢供体，还原二氧化碳，同时释放出氧气。

$$CO_2 + H_2O \xrightarrow[\text{叶绿素}]{\text{光}} (CH_2O) + O_2$$

紫硫细菌和绿硫细菌含有菌绿素，不能以水作为氢供体，而是利用硫化氢等无机硫化合物还原二氧化碳，而且这些化学反应是在严格的厌氧条件下以光为能源进行的。这些光合细菌生长时不释放氧气，产生的元素硫分泌到细胞外或沉积在细胞内。

$$CO_2 + 2H_2S \xrightarrow[\text{光合色素}]{\text{光}} (CH_2O) + H_2O + 2S$$

(二) 光能异养型

光能异养型又称光能有机营养型。这类微生物不能以 CO_2 作为唯一碳源或主要碳源，需要以简单有机物（甲酸、乙酸、丁酸、甲醇、异丙醇、丙酮酸和乳酸等）作为氢供体，利用光能将 CO_2 还原为细胞物质。

紫色非硫细菌（红螺菌）以乙醇为碳源，使乙醇氧化为乙醛，二氧化碳还原成葡萄糖。红螺菌属中的另一些细菌能利用异丙醇作为氢供体，将 CO_2 还原成细胞物质，同时积累丙酮。

光能异养微生物能利用 CO_2，但必须在有机物存在的条件下才能生长，人工培养还需供给生长因子。目前已用红螺菌来净化高浓度有机废水，它在污水处理、环境净化等方面具有广阔的应用前景。

(三) 化能自养型

化能自养型又称化能无机营养型，生长所需要的能量来自无机物氧化过程中放出的化学能，以 CO_2 或碳酸盐作为唯一或主要碳源进行生长时，利用 H_2、H_2S、Fe^{2+}、NH_3 或 NO_2^- 等作为电子供体使 CO_2 还原成细胞物质。按被氧化的无机物种类，可分为以下 4 种类型：硝化细菌、硫化细菌、铁细菌、氢细菌。化能自养型只存在于微生物中，可在完全无机及无光的环境中生长。它们广泛分布于土壤及水环境中，参与地球物质循环。

例如，硝化细菌通过氧化氨或亚硝酸获得能量同化 CO_2。

$$NH_4^+ + 1/2O_2 \longrightarrow NO_2^- + 2H^+ + H_2O$$
$$NO_2^- + 1/2O_2 \longrightarrow NO_3^-$$

(四) 化能异养型

化能异养型又称化能有机营养型，这类微生物生长所需的能量来自有机物氧化过程放出的化学能，以有机物作为供氢体，生长所需要的碳源主要是一些有机化合物，如淀粉、糖类、纤维素、有机酸等，也就是说，化能有机营养型微生物里的有机物通常既是它们生长的碳源物质又是能源物质。

目前在已知的微生物中大多数属于化能有机营养型，如绝大多数的细菌、全部真菌、原生动物以及病毒。

在化能异养微生物中，根据营养物的来源分为腐生与寄生两种类型，如果食物是来自死亡或腐烂的动植物尸体，就称其为腐生微生物。很多细菌和真菌属于此类，如枯草杆菌、根霉、青霉、蘑菇、木耳等。如果其生长必须从活细胞或组织中获得营养物质的，则称之为寄生微生物，如病毒、衣原体、立克次氏体等。有些微生物是腐生、寄生兼而有之，如结核杆菌就是一种以腐生为主，兼营寄生的细菌。

以上4种营养类型的划分并不是绝对的，还有很多自养型和异养型之间，光能型和化能型之间的过渡类型。例如，红螺菌在没有有机物时可以同化 CO_2，为自养型微生物，而当有机物存在时，它又可以利用有机物进行生长，这时它为异养型微生物。红螺菌在有光与厌氧的条件下为光能营养型，而在黑暗与有氧条件下成了化能异养型。氢单胞菌是异养和自养的过渡型（称为兼性自养型），在有机物存在时营异养，无机物存在时营自养（利用氢的氧化获得能量，还原 CO_2 合成细胞物质）生活。微生物营养类型的可变性无疑有利于提高微生

第二节 培 养 基

培养基（culture medium）是人工配制的适合不同微生物生长繁殖或积累代谢产物的营养基质。在微生物学研究和生产实践中，配制合适的培养基是一项最基本要求。任何培养基都应具备微生物生长所需要的6大营养要素：碳源、氮源、无机盐、能源、生长因子和水。此外，培养基还应具有适宜的酸碱度（pH）、一定的缓冲能力、一定的氧化还原电位和合适的渗透压。

一、配制培养基的原则

（一）选择适宜的营养物质

微生物营养类型多样，不同微生物对营养物质的需求是不同的，应根据不同微生物的营养需要配制不同的培养基。

自养微生物具有较强的合成能力，能以简单的无机物如CO_2和无机盐合成糖类、脂类、蛋白质、核酸、维生素等复杂的细胞物质，因此，培养自养微生物的培养基中一般含有简单的无机物，有的培养基中只含有简单无机物，如用于氧化硫硫杆菌培养的斯塔克（Starkey）培养基就是一种完全由无机物组成的培养基。

异养微生物要以有机碳化物为碳源和能源，因此，培养异养微生物的培养基中至少有一种有机物。细菌、霉菌、放线菌和酵母菌的营养要求既有共性也有特性，应选用不同的培养基，如细菌常选用牛肉膏蛋白胨培养基、酵母菌选用麦芽汁培养基、霉菌选用查氏培养基、放线菌选用高氏一号培养基。还有一些专性寄生微生物如病毒、立克次氏体、衣原体和有些螺旋体（回归热螺旋体和梅毒螺旋体）不能在人工制备的一般培养基上生长，而需用鸡胚、细胞和动物培养等方法进行培养。

（二）营养物质浓度及配比合适

根据微生物细胞化学组成的分析结果可大致确定培养基中各种营养成分的比例。在异养微生物中，碳源还兼作能源，一般情况下，微生物将1份碳组成细胞物质，大约需4份碳作能源，故碳源需要量较大。大多数化能异养菌培养基中，各营养要素间的比例大约按10倍关系递减：H_2O（10^{-1}）＞C源（10^{-2}）（含能源）＞N源（10^{-3}）＞P、S（10^{-4}）＞K、Mg（10^{-5}）＞生长素（10^{-6}）。其中碳源与氮源的比例（C/N比）尤为重要，直接影响微生物的生长繁殖和代谢产物的积累。碳氮比严格地讲是指培养基中所含碳源中碳原子摩尔数与氮源中氮原子摩尔数之比。有时也指还原糖与粗蛋白的含量之比。不同微生物的C/N比不同，细菌和酵母菌约为5∶1，要求有较丰富的含氮物；霉菌适于在富含淀粉的培养基上生长，C/N比为10∶1。碳源不足，菌体易早衰；氮源过量，菌体生长过旺，代谢产物积累少；氮源不足，菌体生长过慢。因此，设计种子培养基和发酵培养基时要采取不同的C/N比。种子培养基中氮的比例要高，即C/N比要小，以利于菌数大量增加；在发酵培养以获得代谢产物为目的，不希望菌数大量增加，但要多积累代谢产物，C/N比应根据发酵产物性质决定。如发酵产物中含碳量较高，则C/N比高些；如所要发酵产物含氮量较高，C/N比要低些。工业发酵中，通过调节速效氮源与迟效氮源比例，以控制微生物的生长时期与代谢产物形成期的长短，提高产量。

培养基中各矿质元素间的比例要适当，防止单盐离子产生毒害作用。例如，K_2HPO_4 和 KH_2PO_4 浓度比例失调会影响培养基的缓冲能力。同样，添加生长因子时也要注意有适当的比例，以维持微生物对生长因子的平衡需求和吸收，如添加一种氨基酸过多，会发生氨基酸不平衡，将会影响对其他氨基酸的吸收。微量元素除特别需要外，一般不另外供给。

（三）控制 pH 条件

不同微生物要求的 pH 不同，各大类群微生物都有适合其各自生长的 pH 范围。一般来说，霉菌和酵母菌偏于酸性，pH 为 4.5～6.0，细菌和放线菌喜中性或微碱性，pH 为 7.0～7.5，其他特殊微生物所需 pH 差异很大。配制培养基时，应根据微生物的特点调节 pH。微生物在生长过程中由于营养物质的消耗和代谢产物的积累会改变培养基的 pH。为了维持培养基 pH 相对稳定，常采用内源调节法（预先向培养基中加入调节物质）和外源调节法（在培养过程中不断流加酸或碱）控制培养基 pH。

内源调节常用的物质是磷酸盐缓冲剂和碳酸钙（$CaCO_3$）。磷酸缓冲液由 K_2HPO_4 和 KH_2PO_4 等摩尔溶液（pH6.8）组成，在 pH6.4～7.2 有缓冲作用，范围较窄。调节原理如下：

$$HPO_4^{2-} + H^+ \longrightarrow H_2PO_4^-$$
$$H_2PO_4^- + OH^- \longrightarrow HPO_4^{2-}$$

在产酸较多的培养基中常加入 1‰～5‰ 的 $CaCO_3$ 中和 $CaCO_3$ 在水溶液中溶解度很低，加入到液体或固体培养基中时，不会使培养基 pH 有较大的升高。当微生物不断产酸时，它就逐渐被溶解，将形成的酸消耗掉，同时 CO_2 从培养基中逸出。但加 $CaCO_3$ 时培养基会有沉淀，如果考虑沉淀影响实验结果，则可采用 $NaHCO_3$。

$$CaCO_3 + 2H^+ \longrightarrow Ca^{2+} + H_2O + CO_2 \uparrow$$

有时，由于微生物活动产生过量的酸或碱，使用上述缓冲液或碳酸盐都不足以保持 pH 的稳定，就需要用外源调节即在培养过程中不断或间断向培养基中流加酸液或碱液的方法调节。

牛肉膏、蛋白胨及氨基酸对 pH 变化都具有一定缓冲作用。

（四）控制氧化还原电位

氧化还原电位又称氧化还原电势，是度量某氧化还原系统中的还原剂释放电子或氧化剂接受电子趋势的一种指标，其单位是 V（伏）或 mV（毫伏）。各种微生物对氧的需求不同，氧化还原电位 Eh 可作为供氧水平的指标。好氧微生物生长的氧化还原电位 Eh 值为 +0.3～+0.4V，厌氧微生物只能在 +0.1V 以下生长，兼性厌氧微生物在 Eh<+0.1V 时进行发酵，在 Eh>+0.1V 时进行好氧呼吸。好氧性微生物必须保证氧气的供应，可通过增加通气量（如振荡培养、搅拌）提高培养基的氧分压，或加入氧化剂，从而增加 Eh 值。在发酵工业中，通常需要专门的通气设备来保证氧气的充足。由于氧气对厌氧微生物有毒害作用，所以在培养厌氧微生物时，除了在配制培养基、灭菌、接种和培养一系列操作中采用严格的厌氧技术除去氧气外，还要在培养基中加入还原剂，降低其氧化还原电位。常用的还原剂为巯基乙酸(0.01％)、抗坏血酸(0.1％)、硫化钠(0.025％)、半胱氨酸（<0.05％)、葡萄糖(0.1％～1.0％)、铁屑、谷胱甘肽、氧化高铁血红素等。发酵生产中常采用深层静置发酵

法创造厌氧条件。

（五）渗透压

渗透压对微生物生长有重要影响。等渗环境适宜微生物生长；高渗环境会使细胞脱水，发生质壁分离；低渗环境会使细胞吸水膨胀，甚至导致胞壁脆弱和缺壁细胞（如支原体和原生质体等）破裂。多数微生物能忍受渗透压较大幅度的变化。但培养基中营养物质浓度过高时，会使渗透压超过微生物的适宜范围，抑制微生物生长。在发酵生产中，为了提高产量，趋向于采用较高浓度的培养基，但应以不超过微生物的最适渗透压为前提。在特殊微生物（如耐盐微生物）的培养中，需向培养基中加入适量 NaCl，提高渗透压。在实际应用中，常用水活度（a_w）表示微生物可利用的游离水的含量。

（六）原料来源的选择

配制培养基时应尽量利用廉价且易于获得的原料作为培养基成分，特别是在发酵工业中，培养基用量大，更应注意这一点，以降低生产成本。遵循的原则大致有："以粗代精"、"以废代好"、"以简代繁"、"以纤代糖"、"以无机氮代蛋白质"。例如，纯度较高的精原料（如蔗糖）其营养成分不如纯度低的粗原料（如红糖）完全。粗原料中的所谓"杂质"能提供微生物多种营养要素，且价格较低。设计培养基时应尽量利用粗原料。糖蜜、乳清、豆制品、工业废液等都可作为培养基的原料。以大气氮、铵盐、硝酸盐或尿素等一类非蛋白质或非氨基酸廉价原料用作发酵培养基的原料，让微生物转化成菌体蛋白质或含氮的发酵产物供人们利用，可补充目前人类食物及动物饲料中蛋白质的严重不足。

（七）灭菌处理

为了避免杂菌污染，培养基配制完毕后应立即严格灭菌，通常采用高压蒸汽灭菌。一般培养基用 121.3℃条件下维持 15～30min 可达到灭菌目的。在高压蒸汽灭菌过程中，长时间高温会使某些不耐热物质遭到破坏，如使糖类物质形成氨基糖、焦糖，因此，含糖培养基常在 112.6℃ 15～30min 进行灭菌。某些对糖类要求较高的培养基，可先将糖进行过滤除菌或间歇灭菌，再与其他已灭菌的成分混合；长时间高温还会引起磷酸盐、碳酸盐与某些阳离子（特别是钙、镁、铁离子）结合形成难溶性复合物而产生沉淀，因此，在配制用于观察和定量测定微生物生长状况的合成培养基时，常需在培养基中加入少量螯合剂，避免培养基中产生沉淀，常用的螯合剂为乙二胺四乙酸（EDTA）。还可以将含钙、镁、铁等离子的成分与磷酸盐、碳酸盐分别进行灭菌，然后再混合，避免形成沉淀；高压蒸汽灭菌后，培养基 pH 会发生改变（一般使 pH 降低），可根据所培养微生物的要求，在培养基灭菌前后加以调整。

在配制培养基过程中，泡沫的存在对灭菌处理极不利，因为泡沫中的空气形成隔热层，使泡沫中微生物难以被杀死。因而有时需要在培养基中加入消泡沫剂以减少泡沫的产生，或适当提高灭菌温度，延长灭菌时间。

二、培养基的类型及应用

微生物种类不同，所需培养基不同；同一菌种用于不同使用目的时，对培养基的要求也不一样，形成了不同类型的培养基。

(一) 按培养基成分不同划分

按对培养基成分的了解情况可分为天然培养基、合成培养基和半合成培养基 3 类。

1. 天然培养基

指利用动植物、微生物或其他天然来源的难以确切知道其化学成分的原料所配成的培养基。配制天然培养基（complex medium）的原料主要有牛肉膏、酵母浸膏、豆芽汁、马铃薯、玉米粉、麸皮、牛奶、血清、糖蜜等（表 3-7）。常用的牛肉膏蛋白胨培养基、豆芽汁培养基、马铃薯培养基等均属于天然培养基。该培养基的优点是培养基化学成分复杂，营养丰富，原料来源充足，价格低廉，适用于实验室和大生产之用；缺点是所用物质的成分不稳定，营养成分难控制，实验结果的重复性差。

表 3-7 牛肉膏、蛋白胨、酵母浸膏及糖蜜的来源及主要成分

原材料	产品特点	营养成分
牛肉膏	瘦牛肉加热抽提并浓缩而成的膏状物	富含水溶性动物组织的营养物，如糖类、有机含氮物、水溶性维生素和无机盐等
蛋白胨	由酪素或明胶等蛋白质经酸或酶（胰蛋白酶、胃蛋白酶或木瓜蛋白酶等）水解而成。因蛋白质来源和水解方式不同，可以获得不同特性的产品	是营养丰富的有机氮源，其中还含有若干维生素和糖类，如胰酶水解的酪蛋白约含总氮 12.9%，氨基氮 6.6%
酵母浸膏	由酵母菌细胞水提取物浓缩而成的膏状物，还可制成粉末型商品	富含 B 族维生素，也含丰富的有机氮和碳化物
甘蔗糖蜜	制糖厂除去糖结晶后的下脚废液，棕黑色	约含蔗糖 32%，其他糖 30%，含氮物 3%，有机物 7%，灰分 15%，水分 13%

2. 合成培养基

合成培养基（synthetic medium）是由化学成分完全清楚的物质配制而成的培养基。这类培养基成分明确，重复性强，适用于做分类鉴定、生物测定、选种育种、代谢等方面的研究。培养放线菌的高氏一号培养基和培养真菌的查氏培养基属于这种类型。缺点是微生物在这类培养基中生长缓慢。

3. 半合成培养基

半合成培养基主要以化学试剂配制，同时还加有某种或某些天然成分的培养基，也称半组合培养基，即在合成培养基中加入某种天然成分（如马铃薯等）而制成的培养基。培养真菌的马铃薯葡萄糖培养基就属于半合成培养基。

(二) 根据制备后培养基物理状态划分

根据培养基的物理状态可分为固体培养基、半固体培养基和液体培养基。

1. 固体培养基

呈固体状态的培养基都称固体培养基（solid medium）。固体培养基有直接加入凝固剂制成的；有直接用天然固体基质制成的固体培养基，如马铃薯块、麸皮培养基；还有将硝酸纤维素滤膜制成圆片浸在含培养液的纤维素衬垫上，形成了具有固体培养基性质的营养滤膜。

常用的固体培养基是在液体培养基中加入凝固剂制成的培养基。比较理想的凝固剂应具备以下条件：①不被微生物液化、分解和利用；②在微生物生长的温度范围内保持固体状

态；③凝固点的温度对微生物无害；④不会因高温灭菌而受到破坏；⑤透明度好、凝固力强；⑥配制方便，价格低廉。根据这些条件，目前最理想的凝固剂是琼脂。

琼脂又名洋菜，是从石花菜中提炼出来的，化学成分为多聚半乳糖硫酸酯，绝大多数微生物不能利用琼脂作碳源。明胶的化学成分为蛋白质，易被微生物用作氮源，融化温度偏低（25℃），凝固效果不及琼脂，在大多数实验中已被琼脂取代。琼脂和明胶的主要特征比较参见表3-8。

表 3-8 琼脂与明胶的比较（引自：周德庆，2002）

项 目	成 分	营养价值	分解性	融化温度	凝固温度	耐高压灭菌力
琼脂	聚半乳糖硫酸酯	无	罕见	96℃	40℃	强
明胶	蛋白质	氮源	极易	25℃	20℃	弱

天然固体培养基是由天然固态物质直接制成的培养基，如麸皮、米糠、木屑、大米、麦粒、马铃薯片及胡萝卜条等天然材料均属天然固体培养基。在营养基质上面覆盖滤纸或微孔滤膜或将滤纸条一端插入培养液而另一端露出液面的培养基也具有固体培养基的性质。例如，滤纸条培养基专门用于纤维素分解菌的筛选与培养。

在实验室中，固体培养基一般是加入平皿或试管中，制成培养微生物的平板或斜面。固体培养基为微生物提供一个营养表面，在营养表面生长的微生物可以形成单个菌落。固体培养基常用来进行微生物的分离、鉴定、活菌计数及菌种保藏等。生产上用于固体种子培养、某些产品的发酵培养。

2. 半固体培养基

半固体培养基（semisolid medium）是液体培养基中加入少量的凝固剂（0.2%～0.7%琼脂）而使之呈半固体状态的一类培养基。常用于观察细菌运动特征、噬菌体效价鉴定以及厌氧菌培养等。

3. 液体培养基

液体培养基（liquid medium）不含任何凝固剂，其组分均匀，呈液体状态，用途广泛。常用于微生物生理代谢的各种研究，也是大规模工业发酵生产上普遍采用的培养基。

【知识窗——固体培养基和培养皿的来历】

分离培养微生物，离不开固体培养基。在微生物实验室里，固体培养基的使用是如此的频繁和常规，以至于这一方法看起来也理所当然。然而，回溯至1881年固体培养基出现以前，微生物的培养还只能在液体培养基中进行。为了能直接观察培养物的形态及生长情况，科学家希望能将微生物培养在固体表面上，就像微生物生长在橘子皮或土豆上一样。德国医生罗伯特·科赫（R. Koch，1843～1910）曾用煮沸消毒的土豆来培养细菌。此后，他试着用明胶作培养基的凝固剂。他将明胶加入液体培养基中进行融化，然后将混合均匀的液体缓慢地倒在一块玻璃板的表面。当明胶冷却凝固后，就在玻璃板表面形成一层固体培养基。为了防止空气中杂菌的污染，科赫还用玻璃罩将玻璃板与周围环境隔离开来。但是，人们很快发现，明胶在20℃以上就变软了，很难进行分离微生物的划线操作。在温度高于25℃时，明胶就液化了，而大多数细菌的培养温度都不低于25℃。科赫的同事W. Hesse也为同样的问题苦恼着。

> 一次，Hesse 的妻子 Fannie 建议丈夫试一试用琼脂做凝固剂，因为 Fannie 用琼脂做果冻做得不错。Hesse 采纳了妻子的建议，发现琼脂比明胶更适合做培养基的凝固剂。这个改进的方法很快就被大家采纳。
>
> 1887年，R. Petri 发表了一篇短文，对 Koch 平板技术做了又一次的改进。Petri 设计了一种圆形并带有围边的双盘，一个大，一个小。制作固体培养基时，将融化的培养基倒入小盘内，然后再用大盘盖在小盘上就可以了。这就是我们今天所使用的培养皿。

（三）按培养基用途划分

根据培养基的用途可分为基础培养基、加富培养基、选择培养基和鉴别培养基。

1. 基础培养基

各种微生物的营养要求虽然不同，但具有一定的共性。按照营养要求相似的微生物生长繁殖所需要的共同营养物质配制而成的培养基称为基础培养基（minimum medium）。牛肉膏蛋白胨培养基就是最常用的培养细菌的基础培养基。在基础培养基中加入少数几种特殊成分就能满足某一具体微生物生长所需，所以基础培养基可以作为一些特殊培养基的基本成分。这类培养基主要用于微生物代谢和育种研究。

2. 加富培养基

在普通培养基中添加血液、血清、动植物组织液或其他营养物质，配制成营养丰富的培养基。加富培养基（enrichment medium）主要用来培养某些营养要求苛刻的异养微生物。利用加富培养基能从混杂有多种微生物的材料中富集或分离出所需微生物，因此，加富培养基具有相对的选择性，常用于菌种筛选工作。加富培养基是向培养基中加入某种微生物生长所需要的特殊物质，使分离对象迅速增殖，在数量上超过原来占优势的微生物，达到富集或增殖培养的目的。加入加富培养基的特殊营养物主要是一些特殊的碳源和氮源，如纤维素用于富集产纤维素酶的微生物，石蜡油用来富集分解石油的微生物，以及用较浓的糖液富集酵母菌等。

3. 选择培养基

选择培养基（selective medium）是根据某类微生物的特殊营养要求或对某种物理化学因子的抗性而设计出来的一类培养基，即根据被分离微生物的特性，采用"投其所好、取其所抗"的原则设计的培养基。利用这种培养基可以将某种或某类微生物从混杂的微生物群体中分离出来。

一种类型的选择培养基是依据某种微生物的特殊营养需要设计的，即"投其所好"。例如，以蛋白质为唯一氮源的选择培养基，可以分离产胞外蛋白酶的微生物，无氮培养基可以分离固氮菌。另一种类型的选择培养基是向基础培养基中加入某种抑制剂，分离对象因对抑制剂有抗性而正常生长繁殖，其他杂菌均被抑制或杀死，即通过"取其所抗"的方法达到选择目的（表3-9）。例如，在培养基中加入染料亮绿或结晶紫，可以抑制革兰氏阳性细菌的生长，从而达到分离革兰氏阴性细菌的目的；在培养基中加入青霉素、孟加拉红、四环素或链霉素，可以抑制细菌和放线菌生长，而将酵母菌和霉菌分离出来；在培养基中加入叠氮化钠可以抑制霉菌的生长，而将乳酸菌分离出来。

表 3-9　选择性培养基的抑制剂

选择对象	抑制剂及其用量	抑制对象
细菌	四环素（200μg/ml）	黑曲霉，酵母菌
	四环素（100μg/ml）	酱油曲霉，根霉
	放线菌酮（20μg/ml）	酵母菌
	放线菌酮（50μg/ml）	酱油曲霉
	放线菌酮（100μg/ml）	根霉
	放线菌酮（200μg/ml）	黑根霉
	真菌素（cabicidin）（100μg/ml）	酱油曲霉，酵母菌
G^+细菌	多黏菌素 B（5μg/ml）	G^-细菌
G^-细菌	青霉素（1μg/ml）	G^+细菌
乳酸菌	山梨酸（0.2%，pH6）	芽孢杆菌
	叠氮化钠（Na_3N）（0.005%，pH7）	曲霉
	真菌素（20μg/ml）	酵母菌
肠道细菌	胆汁酸（1.5～5mg/ml）	G^+细菌
微球菌	山梨酸（0.2%）	芽孢杆菌
放线菌	放线菌酮（50μg/ml），制霉菌素（50μg/ml），丙酸钠（4mg/ml）	霉菌
酵母菌	丙酸钠（0.2%）	曲霉，根霉，杆菌
	丙酸钠（0.1%～0.15%）	青霉，微球菌，醋酸菌
	$CuSO_4 \cdot 5H_2O$（0.05%，pH3.8）	乳酸菌，乳链球菌
	四环素（50μg/ml），氯霉素（20μg/ml），链霉素（20～100μg/ml），青霉素（50μg/ml），金霉素（100μg/ml），真菌素（200μg/ml）	细菌
霉菌	氯霉素（100μg/ml），青霉素（20μg/ml），链霉素（40μg/ml），青霉素（100μg/ml），氯霉素（50μg/ml）+放线菌酮（10μg/ml）	细菌 细菌，酵母菌

4. 鉴别培养基

鉴别培养基（differential medium）根据微生物的代谢特点在普通培养基中加入某种化学物质，通过培养后某种微生物的代谢产物可以与培养基中的化学物质发生特定的显色反应，根据颜色的变化可以将该种微生物与其他微生物区别开来（表 3-10）。

表 3-10　微生物鉴别培养基（引自：沈萍和陈向东，2006）

培养基名称	加入化学物质	微生物代谢产物	培养及特征性变化	主要用途
酪素培养基	酪素	胞外蛋白酶	蛋白水解圈	鉴别产蛋白酶菌株
明胶培养基	明胶	胞外蛋白酶	明胶液化	鉴别产蛋白酶菌株
油脂培养基	食用油、吐温、中性红指示剂	胞外脂肪酶	由淡红色变成深红色	鉴别产脂肪酶菌株
淀粉培养基	可溶性淀粉	胞外淀粉酶	淀粉水解圈	鉴别产淀粉酶菌株
H_2S实验培养基	醋酸铅	H_2S	产生黑色沉淀	鉴别产 H_2S 菌株
糖发酵培养基	溴甲酚紫	乳酸、醋酸、丙酸等	由紫色变成黄色	鉴别肠道细菌
远藤氏培养基	碱性复红、亚硫酸钠	酸、乙醛	带金属光泽深红色菌落	鉴别水中大肠菌群
伊红美蓝培养基	伊红、美蓝	酸	带金属光泽深紫色菌落	鉴别水中大肠菌群

伊红美蓝（EMB）培养基是最常见的鉴别培养基，用于乳品和饮用水中大肠杆菌等细菌的检验。伊红是一种红色酸性染料，美蓝是一种蓝色碱性染料。大肠杆菌发酵乳糖产生有

机酸，能使伊红美蓝结合形成紫黑色化合物，使菌落在透射光下呈紫色，反射光下呈绿色金属光泽。产酸力弱的沙雷氏等属细菌菌落为棕色；不发酵乳糖不产酸的沙门氏等属细菌呈无色透明菌落。又如，柠檬酸培养基，有些细菌能利用柠檬酸钠作为碳源，如产气杆菌；而另一些细菌不能利用柠檬酸钠，如大肠杆菌。细菌在分解柠檬酸盐后，产生碱性化合物，使培养基 pH 升高，在有 1‰溴麝香草酚蓝指示剂的情况下，培养基由绿色变为深蓝色。

在实际应用中，有时需要配制既有选择作用又有鉴别作用的培养基。例如，当要分离金黄色葡萄球菌时，在培养基中加入 7.5%NaCl、甘露糖醇和酸碱指示剂，金黄色葡萄球菌可耐高浓度 NaCl，且能利用甘露醇产酸。因此，能在上述培养基生长，而且菌落周围培养基颜色发生变化，则该菌落有可能是金黄色葡萄球菌，再通过进一步鉴定加以确定。

5. 其他

除上述 4 种主要类型外，培养基按用途划分还有很多种。例如，分析培养基（assay medium）常用来分析某些化学物质（抗生素、维生素）的浓度，还可用来分析微生物的营养需求；还原性培养基（reduced medium）专门用来培养厌氧型微生物；组织培养物培养基（tissue-culture medium）含有动、植物细胞，用来培养病毒（virus）、衣原体（chlamydia）、立克次氏体（rickettsia）及某些螺旋体（spirochete）等专性活细胞寄生的微生物。尽管如此，有些病毒和立克次氏体目前还不能利用人工培养基来培养，需要接种在动植物体内、动植物组织中才能增殖。常用的培养病毒与立克次氏体的动物有小白鼠、家鼠和豚鼠，鸡胚也是培养某些病毒与立克次氏体的良好营养基质，鸡瘟病毒、牛痘病毒、天花病毒、狂犬病毒等十几种病毒也可用鸡胚培养；选择压力培养基与选择培养基相似，在基因工程中，通过加入抗生素的选择培养基来筛选带有抗生素标记基因的基因工程菌株或转化子。常用的遗传学标记是氨苄青霉素抗性基因、四环素抗性基因或红霉素抗性基因等，相应的选择压力培养基中除了加入合适的营养成分外，再加入氨苄青霉素、四环素或红霉素等；极端微生物培养基常用来培养极端生境下的微生物，如培养嗜盐菌，应在培养基中加入钾源；在培养嗜碱菌的时候加入钠源；嗜盐古菌可以采用高盐选择性培养基进行分离。

第三节　营养物质进入细胞的方式

微生物是能够通过细胞表面进行物质交换的。微生物的细胞表面为细胞壁和细胞膜，而细胞壁只对大颗粒的物体起阻挡作用，在物质进出细胞中作用不大。而细胞膜由于具有高度选择通透性而在营养物质进入与代谢产物排出的过程中起着极其重要的作用。

目前，一般认为营养物质进入细胞主要有 4 种方式：单纯扩散、促进扩散、主动运送和基团移位。前两者不需要能量，是被动的；后两者需要消耗能量，是主动的，并在营养物质的运输中占主导地位。

一、单纯扩散

单纯扩散是指在无载体蛋白参与下，物质顺浓度梯度以扩散方式进出细胞的一种物质运送方式，这是物质进出细胞最简单的一种方式。该过程基本是一个物理过程，运输的分子不发生化学反应。其推动力是物质在细胞膜两侧的浓度差，不需要外界提供任何形式的能量。物质运输的速率随着该物质在细胞膜内外的浓度差的降低而减小，当膜两侧物质的浓度相等时，运输的速率降到零，单纯扩散就停止。

通过这种方式运送的物质主要是一些气体（O_2、CO_2）、水、一些水溶性小分子（乙醇、甘油）、少数氨基酸。影响单纯扩散的因素主要有被运输物质的大小、溶解性、极性、膜外pH、离子强度和温度等。一般相对分子质量小、脂溶性、极性小，温度高时营养物质容易吸收。

该过程没有特异性和选择性，扩散速度很慢，因此，不是细胞获取营养物质的主要方式。

二、促进扩散

促进扩散（facilitated diffusion）指物质借助存在于细胞膜上的特异性载体蛋白，顺浓度梯度进入细胞的一种物质运送方式（图3-1）。在促进扩散过程中，被运输的营养物质与膜上的特异性载体蛋白发生可逆性结合，载体蛋白像"渡船"一样把溶质从细胞膜的一侧运送到另一侧，运输前后载体本身不发生变化，载体蛋白的存在只是加快运输过程，有时也称作渗透酶、移动酶。它的外部是疏水性的，但与溶质的特异性结合部位却是高度亲水的。载体亲水部位取代极性溶质分子上的水合壳，实现载体与溶质分子的结合。具有疏水性外表的载体将溶质带入脂质层，到达另一侧。因为胞内溶质浓度低，所以溶质就会在胞内侧释放。

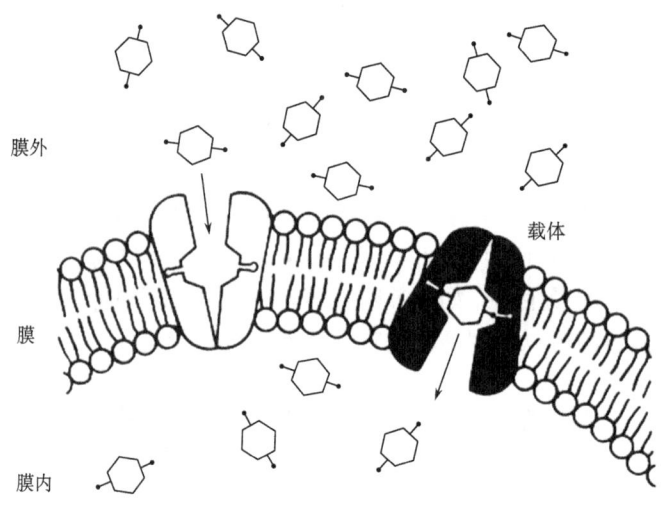

图3-1 促进扩散示意图（引自：沈萍，2000）

促进扩散过程对被运输的物质有高度的立体专一性。某些载体蛋白只转运一种分子，如葡萄糖载体蛋白只转运葡萄糖；大多数载体蛋白只转运一类分子，如转运芳香族氨基酸的载体蛋白不转运其他氨基酸。促进扩散通常在微生物处于高营养物质浓度的情况下发生。与单纯扩散一样，促进扩散的驱动力也是浓度梯度。因此，过程中不需要消耗能量。这种特异性的扩散，主要在真核生物中存在，如葡萄糖通过促进扩散进入酵母菌细胞。在原核生物中促进扩散比较少见，但发现甘油可通过促进扩散进入沙门氏菌、志贺氏菌等肠道细菌细胞。

三、主动运送

主动运送（active transport）是指通过细胞膜上特异性载体蛋白构型变化，同时消耗能量，使膜外低浓度物质进入膜内，且被运输的物质在运输前后并不发生任何化学变化的一种物质运送方式。

这种运送方式也需要载体蛋白参与，因而对被运输的物质有高度的立体专一性，被运输的物质和载体蛋白之间存在亲和力，而且在细胞膜内外亲和力不同，膜外亲和力大于膜内亲和力。因此，被运输的物质与载体蛋白在胞外能形成载体复合物，当进入膜内侧时，载体构象发生变化，亲和力降低，营养物质便被释放出来（图3-2）。

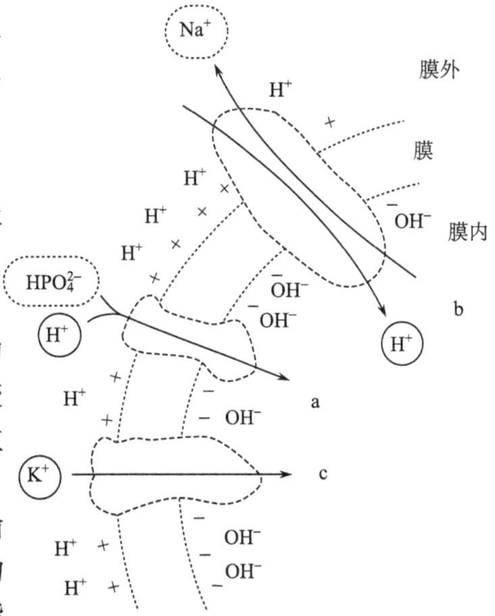

主动运送过程和促进扩散一样需要膜载体的参与，并且被运输物质与载体蛋白的亲和力改变也与载体蛋白构型的改变有关。不同的是，在主动运送过程中载体蛋白构型的变化需要消耗能量。

由于这种方式可以逆浓度梯度将营养物质输送入细胞，因此，必须由外界提供能量。微生物不同，能量来源也不同，细菌中主动运送所需能量大多来自质子动势，质子动势是一种来自膜内外两侧质子浓度差（膜外质子浓度＞膜内质子浓度）的高能量级的势能，是质子化学梯度与膜电位梯度的总和。质子动势可在电子传递时产生，也可在 ATP 水解时产生。

图 3-2　主动运送示意图（引自：沈萍，2000）

主动运送是微生物吸收营养物质的主要方式，很多无机离子、有机离子和一些糖类（乳糖、葡萄糖、麦芽糖等）是通过这种方式进入细胞的，对于很多生存于低浓度营养环境中的微生物来说，主动运送是影响其生存的重要营养吸收方式。

四、基团移位

基团移位（group translocation）是指被运输的物质在膜内受到化学修饰，以被修饰的形式进入细胞的一种物质运送方式。基团移位也有特异性载体蛋白参与，并需要消耗能量。除了营养物质在运输过程中发生了化学变化这一特点外，该过程的其他特点都与主动运送方式相同。基团移位主要用于运送各种糖类（葡萄糖、果糖、甘露糖和 N-乙酰葡萄糖胺等）、核苷酸、丁酸和腺嘌呤等物质。

基团移位的最典型例子是磷酸转移酶系统，该系统通常由酶Ⅰ、酶Ⅱ、酶Ⅲ和热稳载体蛋白（HPr）4 种蛋白质组成。酶Ⅰ是非特异性的，是磷酸烯醇式丙酮酸-己糖磷酸转移酶。酶Ⅱ共有 3 种：Ⅱa、Ⅱb、Ⅱc，其中Ⅱa 为细胞质蛋白，无底物特异性；Ⅱb 和Ⅱc 均为膜蛋白，具有底物特异性，可通过诱导产生，种类较多。酶Ⅲ是膜结合的特异性酶，对糖有专一性。HPr 是一种相对分子质量低的可溶性蛋白，结合在细胞膜上，起着高能磷酸载体的作用。磷酸转移酶系统每输入 1 个葡萄糖分子，需要消耗 1 个 ATP 的能量。具体运送分两步进行。

（1）热稳载体蛋白（HPr）的激活。细胞内高能化合物——磷酸烯醇式丙酮酸（PEP）的磷酸基团通过酶Ⅰ的作用而把 HPr 激活。

（2）糖经磷酸化而运入细胞膜内。膜外环境中的糖分子先与细胞膜外表面上的底物特异膜蛋白——酶Ⅱc 结合，接着糖分子被由 P～HPr →酶Ⅱa→酶Ⅱb 逐级传递来的磷酸基激活。最后通过酶Ⅱc 再把这一磷酸糖释放到细胞质中（图 3-3）。

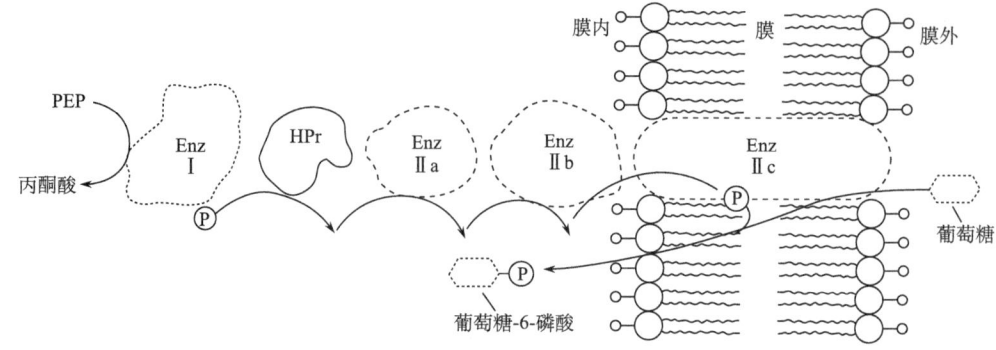

图 3-3 磷酸转移酶系统输送糖的示意图（引自：沈萍，2000）

由于膜对大多数极性的磷酸化合物有高度的不渗透性，所以，磷酸化后的糖不易再流出细胞，马上可以进入分解代谢。

第四节 细菌活的非可培养状态

1982年，徐怀恕等通过对霍乱弧菌和大肠杆菌存活规律的观察，首次提出了细菌"活的非可培养状态"（viable but non-culturable state，VBNC）的存在。细菌活的非可培养状态是指细菌处于不良环境条件下，细胞缩小成球形，用常规方法培养不能生长繁殖，但仍然具有代谢活性的一种特殊生理状态。细菌活的非可培养状态是细菌为适应不利环境条件的一种存活状态，并不是指活的非可培养的细菌。

活的非可培养状态的微生物具有3种类型：第一种是在现有的培养条件下无法分离培养得到的微生物，它们实际上可以生长繁殖，因为不了解其合适的生长繁殖条件，所以无法培养；第二种是由于条件改变使其转变成无法繁殖状态，但在适当条件下可以恢复其分裂能力；第三种是无论给予任何条件都不能恢复其生长繁殖。现已发现，幽门螺杆菌（*Helicobacter pylori*）、荧光假单胞菌（*Pseudomonas fluorescens*）、鼠伤寒沙门氏菌（*Salmonella typhimurium*）、痢疾志贺氏菌（*Shigella dysenteriae*）等许多革兰氏阴性细菌和酿脓性链球菌（*Streptococcus pyogenes*）等部分革兰氏阳性细菌在一定条件下均能形成活的非可培养状态（表3-11）。

表 3-11 已发现的可进入活的非可培养状态的细菌（G⁻）

名称	拉丁文学名	名称	拉丁文学名
杀鲑气单胞菌	*Aeromonas salmonicida*	福氏志贺氏菌	*S. flexneri*
根瘤农杆菌	*Agrobacterium tumefaciens*	痢疾志贺氏菌	*S. dysenteriae*
空肠弯曲杆菌	*Campylobacter jejumni*	鳗弧菌	*Vibrio anguillarum*
产气肠杆菌	*Enterobacter aerogenes*	坎氏弧菌	*V. campbelli*
粪链球菌	*Enterococcus faecalis*	霍乱弧菌	*V. cholerae*
大肠杆菌	*Escherichia coli*	拟态弧菌	*V. mimicus*
肺炎杆菌	*Klebsiella pneumoniniae*	需钠弧菌	*V. natriegeus*
嗜肺军团菌	*Legionella pacumophila*	副溶血性弧菌	*V. parahaemolyticus*
恶臭假单胞菌	*Pseudomonas putida*	解蛋白弧菌	*V. proteolyticus*
肠炎沙门氏菌	*Salmonella enteritidis*	杀鲑弧菌	*V. salmonicida*
鼠伤寒沙门氏菌	*Salmonella typhimurium*	创伤弧菌	*V. vulnificus*
宋内氏志贺氏菌	*Shigella sonnei*		

一、"活的非可培养"细菌的诱导因素

低温是许多细菌进入活的非可培养状态的诱导因素,它可以缩短细菌进入活的非可培养状态的时间。细菌种类不同,温度变化呈现的效应也有所不同。通常弧菌受低温影响明显。例如,霍乱弧菌(Vibrio cholerae)在4℃或6℃下极易进入活的非可培养状态,而在10~25℃高温下可培养菌数下降较少。除温度胁迫外,常伴有其他因子协同对细菌产生影响,如寡营养环境、水的盐度和渗透压等。

光、通气、细胞洗涤等因素对某些个别细菌进入活的非可培养状态有促进作用。

二、"活的非可培养"细菌的生物学特性

在常规培养条件下,"活的非可培养"细菌不繁殖,在特定条件下可复苏,恢复繁殖能力。

当细菌进入活的非可培养状态时,代谢活动显著减弱,其DNA、RNA、蛋白质等大分子的合成迅速下降,DNA结构和组成可能发生某些变化,说明细胞进入活的非可培养状态是受遗传物质控制的。但这并不意味着所有的合成停止,实际上,蛋白质合成是进入活的非可培养状态所必需的,在该状态下,费氏霍乱弧菌能合成出40种新的、正常条件下所没有的蛋白质。与此同时,细胞膜中的脂肪酸减少,营养转化及呼吸频率渐渐降低,细胞进入了一种休眠状态。多数活的非可培养状态的细胞内保存有质粒,甚至是可转移的质粒。

细菌活的非可培养细胞能够保持着和正常细胞相同的表面抗原成分,可采用免疫检测技术检测活的非可培养细胞。但用ELISA检测活的非可培养状态的大肠杆菌O157∶H7发现,在相同抗原浓度的条件下,活的非可培养细胞的OD值远远低于正常细胞,可能因为细胞体积缩小,抗原不易包被,部分抗原丢失。

进入活的非可培养状态的细菌会保留若干毒力因素和潜在的毒力,一旦复苏便具有一定的感染性。例如,对痢疾志贺氏菌的非可培养细胞毒力进行研究,发现该细胞不但带有完整的独立基因,而且还具有志贺氏毒素活性。

三、"活的非可培养"细菌的复苏

处于活的非可培养状态的细菌在常规培养基和非选择性培养基上不能生长形成菌落,但是处于该状态的细菌是具有活力的,在去除了诱导细菌进入活的非可培养状态的环境条件下,细菌可重新繁殖并在培养基上形成菌落,病原菌重新获得感染的能力,这一过程称为复苏。

提高培养基的营养水平,同时逐渐升温,恢复其原有的生存环境,使细胞更容易复苏。例如,寡营养环境诱导的嗜肺军团菌,在加入到适宜的营养环境下并不能复苏,而加入阿米巴可促使其复苏。因为在水环境中,嗜肺军团菌往往寄生于阿米巴体内;将非可培养状态的霍乱弧菌(V. cholerae)(E1Tor生物型)注射到离肠、游离于腹腔中的兔肠结扎段中,家兔手术后,一般可存活24~36h,解剖肠结扎段观察其病理变化,并做细菌分析,发现休眠的霍乱弧菌复苏;并且复苏的霍乱弧菌毒性很强,使兔肠结扎段肿胀积水、内壁紫红色并出现溃疡。

四、"活的非可培养"细菌的检测

处于活的非可培养状态的细菌不能在常规培养基上形成菌落,因此,不能使用培养的方

法进行直接检测,但是证明其具有活力的最直接证据是在培养基上形成菌落,因此,在采用其他方式的同时,应充分研究细菌复苏的条件,促使细菌复苏形成菌落。目前用于检测细菌 VBNC 状态主要有以下几种方法。研究常用的方法及其特点见表 3-12。

表 3-12 细菌活的非可培养状态的检测方法

计数方法		方法特点	计数细菌的类别
直接计数法	AODC	使用专染核酸的荧光染料	活菌+死菌
	FAC	使用荧光抗体血清	活菌+死菌
	DVC	使用萘啶酮酸和专染核酸的荧光染料	活菌
	IMT	使用对硝碘基四唑	活菌
	CTC	使用 5-氰基 2,3-二甲基四唑氯化物	活菌
培养计数法	MPN	使用选择或非选择性液体培养基	可培养活菌
	APC	使用选择或非选择性固体培养基	可培养活菌
	倾碟法	使用选择或非选择性固体培养基	可培养活菌
动物实验		将非可培养状态的细菌注射到兔肠结扎段	活菌及其毒力

注:AODC:吖啶橙染色荧光显微镜直接计数法;FAC:荧光抗体染色计数法;DVC:活菌直接计数法;IMT:呼吸检测法;CTC:氧化还原染料法;MPN:最大可能近似值法;APC:涂布培养法。

五、进行"活的非可培养"状态研究的理论和实际意义

活的非可培养状态的发现和研究对于微生物学、预防医学、食品卫生检验等方面都有重要意义。

(一)公共卫生学方面

病原微生物进入活的非可培养状态后是否仍具有致病性是公共卫生学关注的重点之一,实验表明细菌处于活的非可培养状态仍能具有致病性。饮用水及食品卫生的检验通常靠常规方法测定细菌总数和大肠杆菌指数。现在已确知,至少有 30 多种细菌存在活的非可培养状态,它们包括霍乱弧菌、大肠杆菌、肠炎沙门氏菌、空肠弯杆菌、索氏志贺氏菌、根瘤土壤杆菌、肺炎克氏杆菌、产气肠杆菌、假单胞菌、粪链球菌和枯草芽孢杆菌等。一旦这些细菌进入了活的非可培养状态,便会在实践中造成"漏检",并且这样的菌还可能在一些特定的环境中复苏,造成该病的暴发性流行。因此,许多研究者建议最好采用 PCR、荧光抗体法对食品及饮用水进行公共卫生检测。

(二)冷冻食品方面

冷冻食品中的细菌总数随着储存温度的下降和时间的延长而明显下降,是由于大量细菌进入活的非可培养状态的缘故。传统方法测不出确切的细菌数目,食用这些冷冻产品对人们的健康构成了潜在威胁,所以提高细菌检验的准确性和可重复性势在必行。

(三)促使菌种保藏的改进与完善

目前最好的保存方法是液氮保藏法和冷冻干燥保藏法。但这两种方法要求设备复杂,费用较高,因此实验室常采用冰箱保存。但有些细菌在冰箱中保存一段时间之后,丧失了可培养能力,认为这些细菌已经"死亡"。而这种"死亡"现象的本质即为细菌进入了活的非可

培养状态，没有真正死亡。因此，利用细菌的活的非可培养状态的性质保存菌种是完全可行的，因为它无需为菌株提供必备的营养及生存条件，就可以使其存活并保有一定的活力。这样不但可以克服生产过程对菌株的破坏作用，还可以降低生产成本，简化制备工艺，可谓是一举多得。

（四）开发未可培养微生物资源

众所周知，依靠现有技术培养的微生物仅占微生物总种类数的1‰左右，而不可培养的微生物才是环境微生物多样性的主体。作为不可培养微生物资源的一部分，活的非可培养细菌最有可能突破培养条件限制，为其提供重要研究模型，这必将有助于开发这个极富利用潜力的巨大群体。

本 章 小 结

1. 微生物的营养物质包括碳源、氮源、无机盐、生长因子和水5大类。
2. 根据碳源、氮源及电子供体的不同，可将微生物分为光能自养（无机）型、光能异养（有机）型、化能自养（无机）型和化能异养（有机）型。
3. 培养基是人工配制的适合不同微生物生长繁殖或积累代谢产物的营养基质。配制时应遵循选择适宜的营养物质、营养物质浓度及配比合适、控制pH和氧化还原电位、调节渗透压等原则，利用廉价且容易获得的原料，配制完成后应立即进行灭菌处理。
4. 培养基的主要类型有：根据对培养基成分的了解程度分为天然培养基和合成培养基、半合成培养基；根据制备后培养基的物理状态分为固体培养基、半固体培养基和液体培养基；根据培养基的功能分为基本培养基、加富培养基、选择培养基和鉴别培养基。
5. 自然界中存在着活的非可培养的微生物即那些存活而不增殖的微生物。

习题
1. 名词解释：碳氮比、生长因子、水分活度、光能自养微生物、光能异养微生物、化能自养微生物、化能异养微生物、腐生、寄生、培养基、选择培养基、加富培养基、鉴别培养基、基础培养基。
2. 试述微生物的6种营养要素及其生理功能。
3. 异养微生物和自养微生物能源和碳源物质是否相同？为什么？
4. 什么是生长因子？它包括哪些物质？是否任何微生物都需要生长因子？如何满足微生物对生长因子的需要？
5. 微生物的营养类型有哪几种？划分的依据是什么？举出各种营养类型的几个代表菌。
6. 什么叫培养基？配制培养基的基本原则是什么？
7. 什么是选择培养基？什么是鉴别培养基？它们在微生物学工作中有何重要性？试各举一例，并分析其原理。
8. 微生物培养过程中pH变化的规律如何？如何调整？
9. 什么是细菌活的非可培养状态？
10. 促进细菌进入活的非可培养状态的因素有哪些？

思考题
1. 根据本章所学内容，试设计一个从土壤中分离能分解并利用苯酚的细菌纯培养物的实验方案。
2. 试从能源、碳源的角度来比较鱼腥蓝细菌属（*Anabaena*）、红螺菌属（*Rhodospirillum*）、硝化细菌（*Nitrobacter*）、大肠杆菌（*E.coli*）4种微生物的营养类型。

（魏淑珍）

第四章 微生物的代谢

【本章导读】 本章主要从微生物产能代谢、耗能代谢、微生物代谢的调节以及微生物次级代谢及其调节几个方面来阐述微生物的代谢过程及特点。在产能代谢方面分别讲述了异养和自养微生物的生物氧化。耗能代谢主要讲述了细胞物质的合成途径。微生物细胞的代谢调节主要讲述了酶的活性调节3种调节方式。

微生物次级代谢及其调节主要讲述了次级代谢的特点、次级代谢产物的种类,并从初级代谢对次级代谢的调节、碳代谢物的调节、氮代谢物的调节、磷酸盐的调节、酶的诱导调节、产物的反馈抑制和细胞膜通透性调节几个方面阐述了微生物次级代谢的调节机制。

在微生物细胞内部存在着一系列复杂的代谢过程,即以产能和提供小分子中间体碳架物质为目的的分解代谢,以合成氨基酸、核苷酸等单体物质和蛋白质、核酸等多聚体为目的的合成代谢。每种代谢都是由一系列代谢途径组成,而且每个代谢途径又都是由一系列密切相关的、具体的酶促反应过程组成。微生物细胞内有一整套可塑性极强且极精确的代谢调节系统。细胞代谢的调节主要是通过控制酶的作用来实现的。微生物的这种自我调节机能,对于微生物本身非常重要,可使微生物有高度适应环境和自我繁殖能力。

第一节 代 谢 概 论

微生物在生长发育和繁殖过程中,需要不断地从外界环境中摄取营养物质,在体内经过一系列的生化反应,转变成能量和构成细胞的物质,并排出不需要的产物,这一系列的生化过程称为微生物代谢。它分为物质代谢和能量代谢。物质代谢包括分解代谢和合成代谢;能量代谢包括产能代谢和耗能代谢。

分解代谢(catabolism)是指细胞将大分子物质(如糖类、脂类、蛋白质等),通过一步步反应降解成小分子物质(如二氧化碳、乳酸、氨等),并伴有蕴藏在大分子复杂结构中自由能的释放过程。其中某些代谢的中间产物(如丙酮酸、乙酰辅酶 A 等)可以直接进入三羧酸循环。在分解代谢过程中产生的大部分自由能储存于 ATP 中,一些自由能以 NADH 及 $FADH_2$ 形式通过电子传递链,经氧化产生大量的 ATP。

合成代谢(anabolism)是指细胞利用简单的小分子物质(如氨基酸和核苷酸)合成复杂大分子(如蛋白质和核酸)的过程,这个过程需要消耗自由能,能量通常由 ATP 直接提供。合成代谢所利用的小分子物质来源于分解代谢过程中产生的中间产物或环境中的小分子营养物质。图 4-1 说明了分解代谢和合成代谢的功能及其相互之间的联系。

在微生物代谢过程中,通过分解代谢产生化学能,光合微生物还可将光能转换成化学能,这些能量除用于合成代谢外,还用于微生物的运动和运输,另有部分能量以热或光的形式释放到环境中去。微生物产生和利用能量及其与物质代谢的关系如图 4-2 所示。

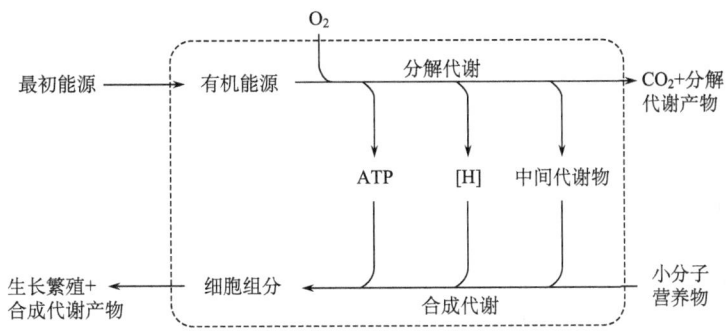

图 4-1　分解代谢和合成代谢的功能及其联系（引自：周德庆，2011）
虚线表示细胞与环境的界限

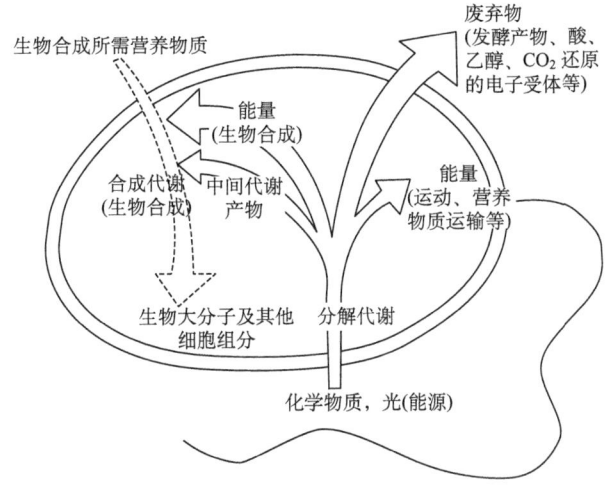

图 4-2　能量与代谢关系示意图（引自：沈萍，2000）

无论是分解代谢还是合成代谢，代谢途径都是由一系列连续的酶促反应构成的。前者为后者提供原料和能量，而后者又为前者提供物质基础，细胞通过各种方式对代谢途径进行调节，保证整个代谢途径的协调性与完整性，从而使细胞的生命活动得以正常进行。

某些微生物在代谢过程中除了产生其生命活动所必需的初级代谢产物和能量外，还会产生一些次级代谢产物，如抗生素、毒素、色素、生物碱等。这些次级代谢产物并非是微生物生长和繁殖所必需的物质，但有些与人类的生产、生活密切相关，已成为微生物学的一个重要研究领域。

第二节　微生物产能代谢

一切生命活动都消耗能量，因此，能量代谢是一切生物新陈代谢的核心问题。能量代谢的中心任务，是把外界环境中各种形式的最初能源转换成对一切生命活动都能利用的通用能源——ATP，这就是产能代谢。

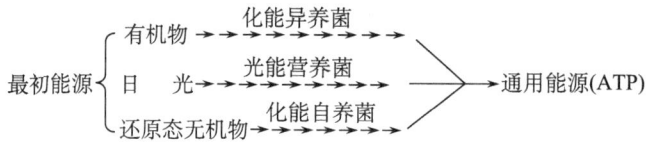

一、生物氧化

生物氧化（biological oxidation）就是指细胞内代谢物以氧化作用释放能量的一系列化学反应的总称，是一个产能代谢过程。在生物氧化过程中释放的能量可被微生物直接利用，也可通过能量转换储存在高能化合物（ATP）中，以便逐步被利用，还有部分能量以热的形式被释放到环境中。

生物氧化除产生能量以外，还产生还原力——NAD(P)H和一些小分子中间代谢产物。其方式主要有3种：①和氧的直接化合；②失去电子；③化合物脱氢或氢的传递。不同类型的微生物，其通过生物氧化进行产能的方式也不同。

二、异养微生物的生物氧化

异养微生物的能量来自有机物的生物氧化，根据氧化还原反应中电子的最终受体不同，异养微生物的产能方式分为发酵和呼吸两种类型，发酵是以有机物作为最终电子受体，而呼吸则是以无机物或分子氧作为最终受体。呼吸又分为有氧呼吸和无氧呼吸，以无机物作为最终电子受体的叫做无氧呼吸，以分子氧作为最终电子受体的叫做有氧呼吸。

生物氧化 { 发酵：以有机物作为最终电子受体
         呼吸 { 无氧呼吸：以无机物作为最终电子受体
               有氧呼吸：以分子氧作为最终电子受体

（一）发酵

发酵（fermentation）是微生物细胞内发生的一种氧化还原反应。在反应中，有机物氧化释放出的电子直接交给底物本身未完全氧化的某种中间产物，同时释放能量并产生各种代谢产物。在发酵条件下，有机化合物只是部分地被氧化，因此，只释放出一小部分的能量。

1. 糖酵解及其途径

在发酵过程中，供微生物发酵的底物通常是糖类、有机酸、氨基酸等，其中以微生物发酵葡萄糖最为重要。生物体内葡萄糖被降解成丙酮酸的过程称为糖酵解（glycolysis）。

（1）EMP途径。EMP途径（Embden-Meyerh of parnas pathway）是分解葡萄糖最普遍的途径。在酵母菌里发现，广泛存在于动植物和许多微生物中。

微生物在厌氧条件下可以通过EMP途径使1分子葡萄糖分解生成2分子丙酮酸，同时产生可供机体生长的能量。整个EMP途径大致可分为两个阶段（图4-3）。第一阶段可认为是不涉及氧化还原反应及能量释放的准备阶段，只是生成2分子的主要中间代谢产物——3-磷酸-甘油醛。第二阶段发生氧化还原反应，合成ATP并形成2分子的丙酮酸。

在第一阶段，葡萄糖在消耗ATP的情况下被磷酸化，形成6-磷酸-葡萄糖。初始的磷酸化能增加分子的反应活性。6-磷酸-葡萄糖再转化为6-磷酸-果糖，然后再次被磷酸化，形成一个重要的中间产物——1,6-二磷酸-果糖。醛缩酶催化1,6-二磷酸-果糖裂解成2个三碳化合物——3-磷酸-甘油醛及磷酸二羟丙酮。至此，还未发生氧化还原反应，所有的反应均不涉及电子转移。

在第二阶段，每个 3-磷酸-甘油醛都接受无机磷酸被磷酸化，转化为 1,3-二磷酸-甘油酸，这个过程属于氧化反应，辅酶 NAD$^+$ 接受氢原子，形成 NADH。与己糖磷酸的有机磷酸键不同，1,3-二磷酸-甘油酸中的两个磷酸键，属于高能磷酸键，在 1,3-二磷酸-甘油酸转变成 3-磷酸-甘油酸及后续的磷酸烯醇式丙酮酸转变成丙酮酸的反应过程中，发生 ATP 的合成反应。在糖酵解过程中，合成 4 分子 ATP，但有 2 分子 ATP 用于糖的磷酸化，因此，每氧化 1 个分子的葡萄糖净得 2 分子 ATP。

EMP 途径的总反应式为

$$C_6H_{12}O_6+2NAD^++2ADP+2Pi=2CH_3COCOOH+2NADH+2H^++2ATP$$

在 2 分子的 1,3-二磷酸-甘油酸的合成过程中，2 分子 NAD$^+$ 被还原为 NADH。由于 3-磷酸-甘油醛的氧化反应只有在 NAD$^+$ 存在时才能进行，然而细胞中的 NAD$^+$ 供应是有限的，故假如所有的 NAD$^+$ 都转变成 NADH，葡萄糖

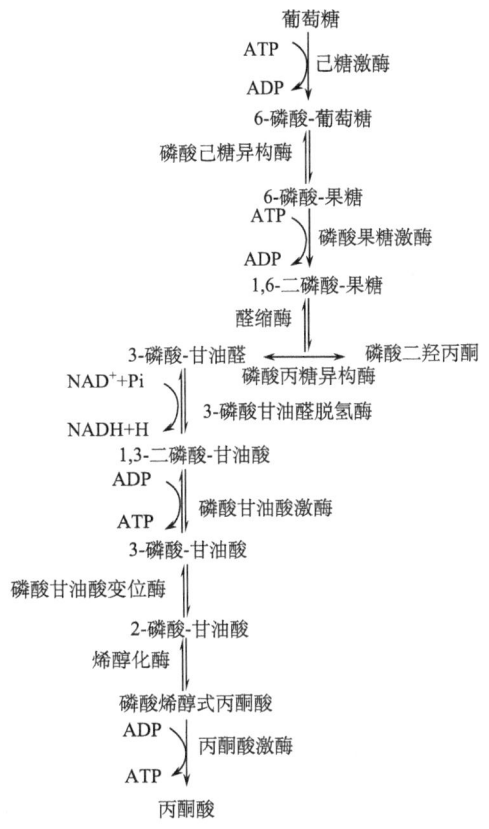

图 4-3　EMP 途径（引自：杨生玉等，2007）

的氧化就得停止。这种现象可以通过将丙酮酸进一步还原，使 NADH 氧化重新成为 NAD$^+$ 而得以克服。例如，在酵母菌细胞中，丙酮酸被还原成为乙醇，并伴有 CO$_2$ 的释放；而在乳酸菌细胞中，丙酮酸被还原成乳酸。对于原核生物细胞，丙酮酸的还原途径是多种多样的，但有一点是一致的：NADH 必须重新被氧化成 NAD$^+$，使得酵解过程中的产能反应得以进行。在任何产能过程中，氧化必须与还原相平衡。每除去一个电子都必须有一个电子受体。在此情况下，NAD$^+$ 在一个酶促反应中的还原与它在另一反应中的氧化相偶联，反应终产物也是处于氧化还原平衡中。

EMP 途径可为微生物的生理活动提供 ATP 和 NADH，其中间产物又可为微生物的合成代谢提供碳骨架，并在一定条件下可逆转合成多糖。

（2）HMP 途径。HMP 途径（hexose monophosphate pathway）是从 6-磷酸葡萄糖开始的，即在单磷酸己糖基础上开始降解的，故称为单磷酸己糖途径。在该途径中，磷酸化的六碳糖形成磷酸化的五碳糖，磷酸化的五碳糖又可以重新生成己糖，所以又称戊糖磷酸途径（pentose phosphate pathway）。HMP 途径是存在于微生物中的另一条途径，这条途径在细胞质中进行。

HMP 途径是一个循环反应体系（图 4-4），HMP 途径的一个循环的最终结果是 1 分子 6-磷酸-葡萄糖转变成 1 分子 3-磷酸-甘油醛、3 分子 CO$_2$ 和 6 分子 NADPH。一般认为 HMP 途径不是产能途径，而是为生物合成提供大量的还原力（NADPH）和中间代谢产物。例如，5-磷酸-核酮糖是合成核酸、某些辅酶及组氨酸的原料；NADPH 是合成脂肪酸、类固

醇和谷氨酸的供氢体。另外，HMP 途径中产生的 5-磷酸-核酮糖，还可以转化为 1，5-二磷酸-核酮糖，在羧化酶作用下固定 CO_2，对于光能自养菌、化能自养菌具有重要意义。

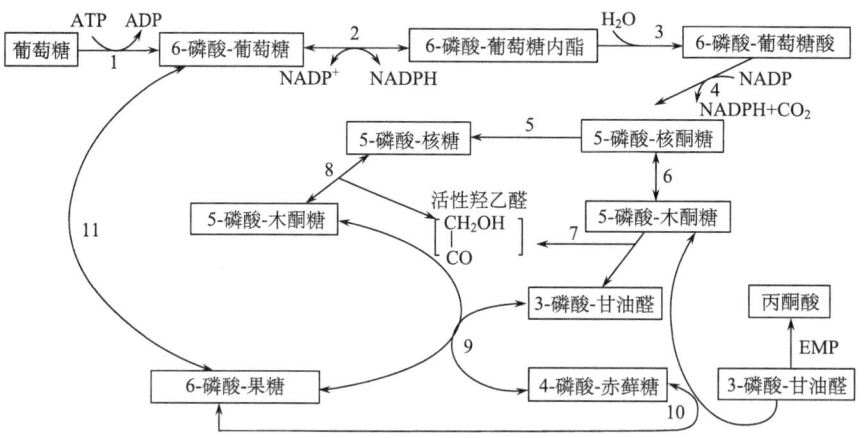

图 4-4 HMP 途径（引自：车振明，2008）

1. 己糖激酶；2. 磷酸葡萄糖脱氢酶；3. 内酯酶；4. 磷酸葡萄糖酸脱氢酶；5. 磷酸核糖差向异构酶；6. 磷酸核酮糖差向异构酶；7、8、10. 转酮醇酶；9. 转醛醇酶；11. 磷酸葡萄糖异构酶

大多数好氧和兼性厌氧微生物中都有 HMP 途径，而且在同一微生物中往往同时存在 EMP 和 HMP 途径，单独具有 EMP 或 HMP 途径的微生物较少见。随着微生物种类及环境条件的不同，各条途径所占比例不同（表 4-1）。例如，酵母菌对葡萄糖的利用，其中 88% 走 EMP 途径，12% 则走 HMP 途径；大肠杆菌氧化葡萄糖，其中 72% 经 EMP 途径，28% 则经 HMP 途径氧化。

表 4-1 EMP、HMP 和 ED 途径在部分微生物中的分布（引自：杨生玉等，2007）

微生物	EMP 途径分布/%	HMP 途径分布/%	ED 途径分布/%
酿酒酵母（Saccharomycescerevisiae）	88	12	—
产朊假丝酵母（Candida utilis）	66~81	19~34	—
灰色链霉菌（Streptomyces griseus）	97	3	—
产黄青霉（Penicillium clirysogenusn）	77	23	—
大肠杆菌（Escherichia coli）	72	28	—
枯草芽孢杆菌（Bacillus subtilis）	74	26	—
藤黄八叠球菌（Sarcina lutea）	70	30	—
铜绿假单胞菌（Pseudomonas Aeruginosa）	—	29	71
氧化醋酸单胞菌（Acetobacter oxydans）	—	100	—
运动发酵单胞菌（Zymomonas mobilis）	—	—	100
嗜糖假单胞菌（Pseudomonas Saccharophila）	—	—	100
真养产碱菌（Alcaligenes eutrophus）	—	—	100

（3）ED 途径。ED 途径是 1952 年由 Entner 和 Doudoroff 两人研究阐明的，因此叫 ED 途径（Entner-Doudoroff pathway）。在 ED 途径中，6-磷酸-葡萄糖首先脱氢产生 6-磷酸-葡萄糖酸，接着在脱水酶和醛缩酶的作用下，产生 1 分子 3-磷酸-甘油醛和 1 分子丙酮酸。

然后 3-磷酸-甘油醛进入 EMP 途径转变成丙酮酸。1 分子葡萄糖经 ED 途径最后生成 2 分子丙酮酸、1 分子 ATP、1 分子 NADPH 和 1 分子 NADH（图 4-5）。所以，ED 途径中 2 个丙酮酸的来历不同，这 2 个丙酮酸的羧基分别来自葡萄糖的第 1 位和第 4 位碳原子。

ED 途径主要存在于嗜糖假单胞菌（*Pseudomonas saccharophila*）等少数革兰氏阴性菌和固氮菌的某些菌株中，也是运动发酵单胞菌（*Zymomonas mobilis*）降解葡萄糖的途径。ED 途径可不依赖于 EMP 和 HMP 途径而单独存在，但对于靠底物水平磷酸化获得 ATP 的厌氧菌而言，ED 途径不如 EMP 途径经济。但其特点是葡萄糖只经过 4 步反应即可快速获得 EMP 途径需经 10 步反应才能获得的丙酮酸。

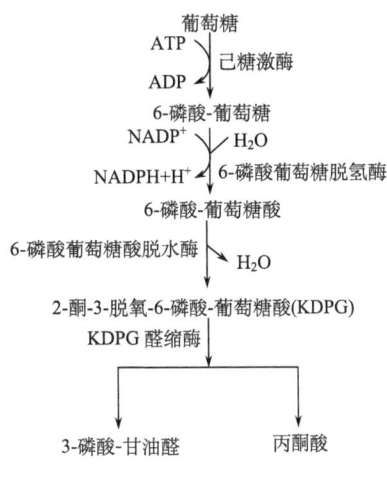

图 4-5　ED 途径（引自：杨生玉等，2007）

（4）WD 途径。WD 途径（warburg-dickens pathway）是以发现者的名字 Warburg、Dickens 命名的，是明串珠菌（*Leuconostoc*）在进行异型乳酸发酵过程中分解己糖和戊糖的途径。该途径的特征性酶是磷酸解酮酶，所以又称磷酸解酮酶途径（phosphoketolase pathway）。根据解酮酶的不同，把具有磷酸戊糖解酮酶的途径称为 PK 途径（图 4-6），把具有磷酸己糖解酮酶的途径称为 HK 途径（图 4-7）。

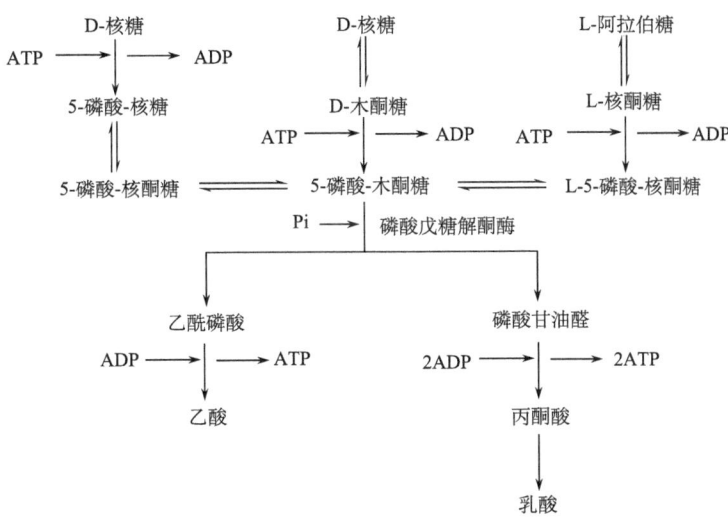

图 4-6　磷酸戊糖解酮酶（PK）途径（引自：杨生玉等，2007）

（5）葡萄糖直接氧化途径。以上 4 种途径（EMP 途径、HMP 途径、ED 途径和 WD 途径）都是葡萄糖先经磷酸化然后逐步被降解的。而有些微生物，如假单胞菌属（*Pseudomonas*）、气杆菌属（*Aerobacter*）和醋杆菌属（*Acetobacter*）等属中的某些菌没有己糖激酶，不能将葡萄糖磷酸化，但具有葡萄糖氧化酶，这样就采用葡萄糖直接氧化途径（图 4-8）。

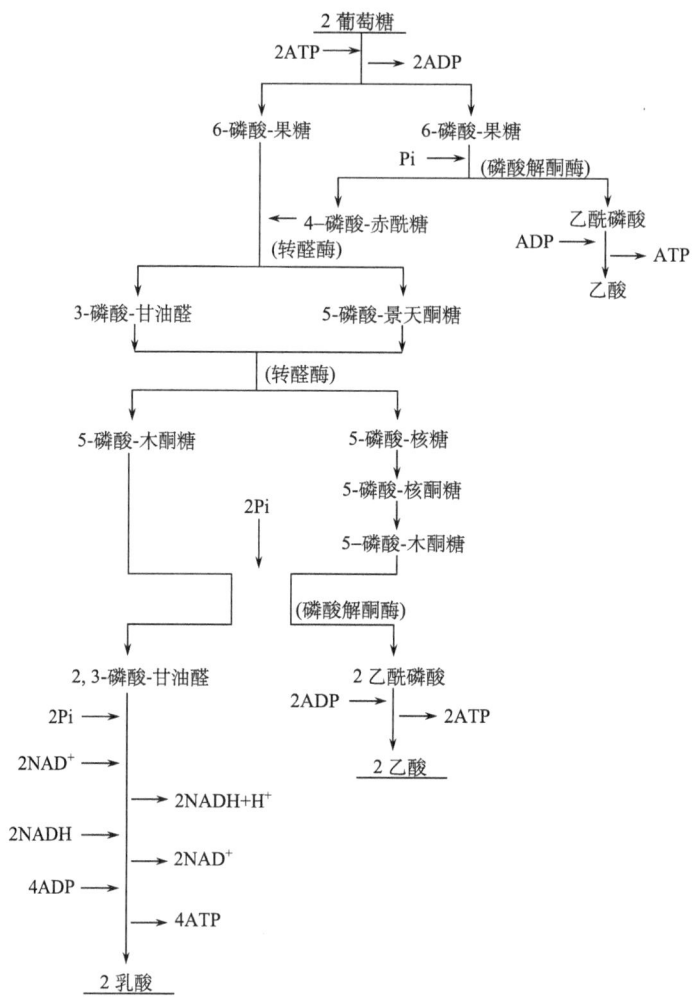

图 4-7 磷酸己糖解酮酶（HK）途径（引自：车振明，2008）

2. 发酵类型

在糖酵解过程中生成的丙酮酸可被进一步代谢。在无氧条件下，不同的微生物分解丙酮酸后会积累不同的代谢产物。

（1）乙醇发酵。目前发现多种微生物可以发酵葡萄糖产生乙醇，能进行乙醇发酵的微生物包括酵母菌、根霉、曲霉和某些细菌。酵母菌乙醇发酵是以 EMP 途径为基础进行的，丙酮酸脱羧酶是该途径的关键酶。

根据在不同条件下代谢产物的不同，可将酵母菌利用葡萄糖进行的发酵分为 3 种类型——Ⅰ型发酵、Ⅱ型发酵和Ⅲ型发酵。Ⅰ型发酵即酵母菌将 1 分子葡萄糖经 EMP 途径降解为 2 分子丙酮酸，然后丙酮酸脱羧生成乙醛，乙醛作为氢受体使 NAD^+ 再生，发酵终产物为乙醇。当环境中存在 $NaHSO_3$ 时，则乙醇发酵转变为甘油发酵，形成大量的甘油和少量乙醇，该发酵称为酵母菌的Ⅱ型发酵，其机理为：$NaHSO_3$ 与乙醛结合形成难溶的磺化羟基乙醛，封闭了乙醛，使它不能作为氢受体，磷酸二羟丙酮代替乙醛作为氢受体，生成 α-磷酸甘油，α-磷酸甘油进一步水解脱磷酸而生成甘油。在弱碱性条件下（pH 7.6），乙醛因得不到足够的氢而积累，2 个乙醛分子间会发生歧化反应，1 分子乙醛作为氧化剂被还原成乙醇，另一个则作为还原剂被氧化为乙酸。与此同时，磷酸二羟丙酮代替乙醛作为受氢体，发酵终产物为甘油、乙醇和乙酸，该发酵称为酵母菌的Ⅲ型发酵。由于这种发酵方式不产生 ATP，故细胞没有足够能量进行正常的生命活动，因而认为这是一种在静息细胞内进行的发酵。该发酵有乙酸产生，乙酸的积累会导致 pH 下降，结果使甘油发酵重新回到乙醇发酵。因此，利用该途径生产甘油时，需不断调节 pH，维持 pH 在微碱性，可见，控制酵母菌乙醇发酵的条件具有重要意义。

不同的细菌进行乙醇发酵时，其发酵途径也各不相同。例如，运动发酵单胞菌（*Zymomonas mobilis*）和厌氧发酵单胞菌（*Zymomonas anaerobia*）利用 ED 途径分解葡萄糖为丙酮酸，最后得到乙醇，对于某些生长在极端酸性条件下的严格厌氧菌，如胃八叠球菌（*Sarcina ventriculi*）和肠杆菌（*Enterobacteriaceae*）则是利用 EMP 途径进行乙醇发酵。

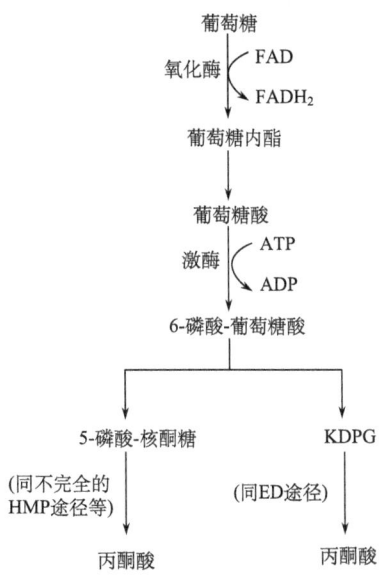

图 4-8　葡萄糖直接氧化途径
（引自：杨生玉等，2007）

（2）乳酸发酵。乳酸发酵是指某些细菌在厌氧条件下利用葡萄糖生成乳酸及少量其他产物的过程。能进行乳酸发酵的细菌称为乳酸菌。乳酸菌虽然多是一些兼性厌氧细菌，但乳酸发酵却是在严格厌氧条件下进行的。

根据产物的不同，乳酸发酵有两种类型——同型乳酸发酵和异型乳酸发酵。同型乳酸发酵的过程是：葡萄糖经 EMP 途径降解为丙酮酸，丙酮酸在乳酸脱氢酶的作用下被 NADH 还原为乳酸。由于终产物只有乳酸一种，故称为同型乳酸发酵。有些细菌因缺乏 EMP 途径中的若干重要酶——醛缩酶和异构酶，其葡萄糖的降解依赖 HMP 途径，发酵产物为乳酸、乙醇和 CO_2，该发酵称为异型乳酸发酵，如肠膜明串珠菌（*Leuconostoc mesenteroides*）所进行的乳酸发酵属于异型乳酸发酵。

（3）丙酸发酵。许多厌氧菌可进行丙酸发酵。丙酸杆菌（*Propionibacterium* spp.）将葡萄糖经 EMP 途径分解为两个丙酮酸后，其中 1 分子丙酮酸氧化生成乙酸和 CO_2；另 1 分子丙酮酸经羧化生成草酰乙酸，再转化成琥珀酸，琥珀酸经甲基丙二酰 CoA，最后经脱羧和转辅酶 A 反应生成丙酸（图 4-9），从丙酮酸生成丙酸是一个循环反应，其中关键中间产

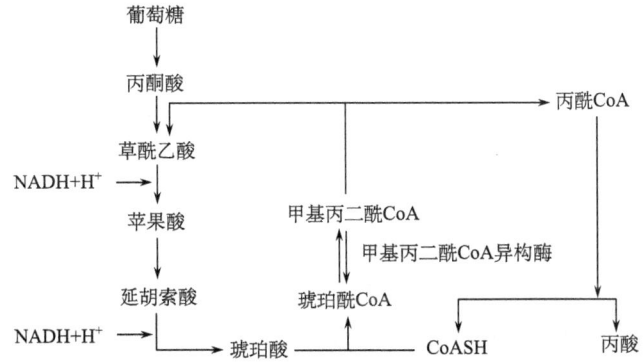

图 4-9　丙酸的生成（琥珀酸-丙酸途径）（引自：杨生玉等，2007）

物是甲基丙二酰 CoA。

少数丙酸细菌还能将乳酸（或利用葡萄糖分解而产生的乳酸）转变为丙酸。

（4）丙酮-丁醇发酵。某些专性厌氧菌，如梭菌属（*Clostridium*）、丁酸弧菌属（*Butyrivibrio*）、真杆菌属（*Eubacterium*）和梭杆菌属（*Fusobacterium*），能进行丁酸与丙酮-丁醇发酵。在发酵过程中，葡萄糖经 EMP 途径降解为丙酮酸，接着在丙酮酸-铁氧还蛋白酶的参与下，将丙酮酸转化为乙酰辅酶 A。乙酰辅酶 A 再经一系列反应生成丁酸或丁醇和丙酮（图 4-10）。

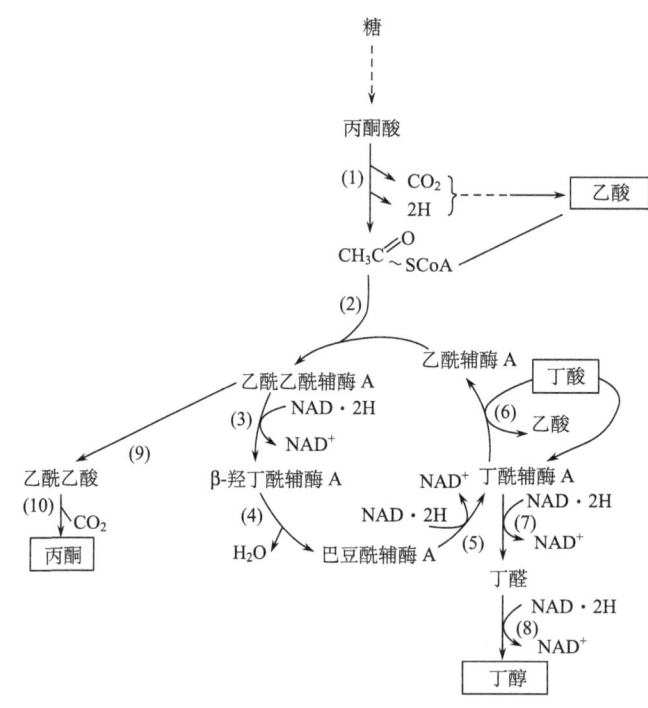

图 4-10　丁酸和丙酮-丁醇发酵（引自：车振明，2008）
(1) 丙酮酸-铁氧还蛋白氧化-还原酶；(2) 乙酰 CoA 乙酰转移酶；(3) L(+)-β-羟丁酰 CoA 脱氢酶；(4) L-3-羟酰基 CoA 水解酶；(5) 丁酰 CoA 脱氢酶；(6) CoA 转移酶；(7) 丁酰脱氢酶；(8) 丁醇脱氢酶

（5）混合酸与丁二醇发酵。某些肠杆菌，如埃希氏菌属（*Escherichia*）、沙门氏菌属（*Salmonella*）和志贺氏菌属（*Shigella*）中的一些菌，能够利用葡萄糖进行混合酸发酵（图 4-11A）。先通过 EMP 途径将葡萄糖分解为丙酮酸，然后由不同的酶系将丙酮酸转化成不同的产物，如乳酸、乙酸、甲酸、乙醇、CO_2 和 H_2，还有一部分磷酸烯醇式丙酮酸用于生成琥珀酸。

肠杆菌、欧文氏菌属（*Erwinia*）中的一些细菌以及产气气杆菌（*Clostridium perfringens*，又称产气荚膜梭菌）发酵葡萄糖可以得到大量的丁二醇与少量甲酸、乳酸、乙醇、CO_2 和 H_2 等代谢产物，被称为丁二醇发酵（图 4-11B）。在此发酵过程中，丙酮酸可以通过缩合和脱羧两步反应转变成乙酰甲基甲醇，然后进一步被还原为 2,3-丁二醇。乙酰甲基甲醇在碱性条件下，容易被氧化生成二乙酰，二乙酰又能与精氨酸的胍基起反应生成红色化合物。这是菌种分类鉴定中常用的 V.P. 反应原理。由于大肠杆菌不产生（或很少产生）2,3-

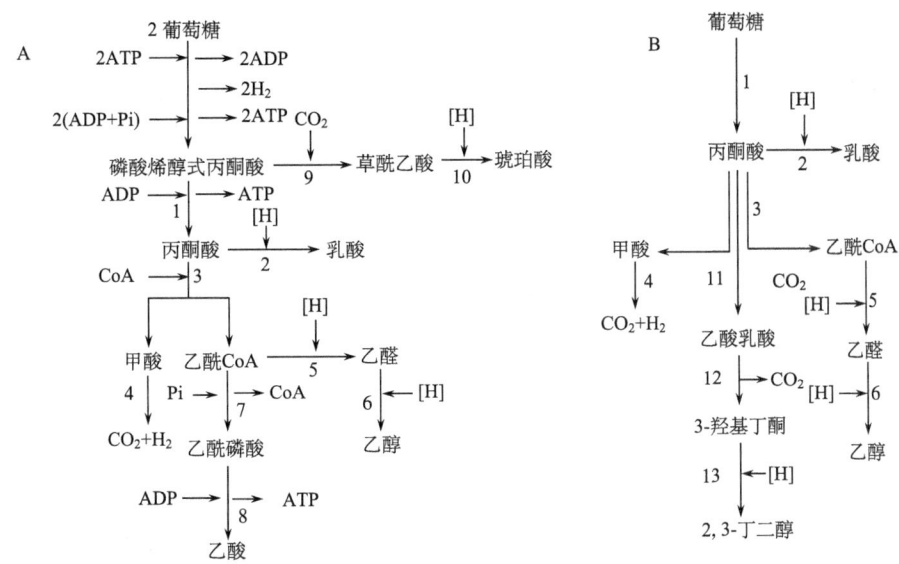

图 4-11 混合酸发酵（A）和丁二醇发酵（B）（引自：杨生玉等，2007）
1. EMP 途径的酶；2. 乳酸脱氢酶；3. 丙酮酸甲酸裂解酶；4. 甲酸氢裂解酶；5. 乙醛脱氢酶；6. 乙醇脱氢酶；7. 磷酸转乙酰酶；8. 乙酸激酶；9. PEP 羧化酶；10. 苹果酸脱氢酶，延胡索酸还原酶；11. α-乙酰乳酸合成酶；12. α-乙酰乳酸脱羧酶；13. 2,3-丁二醇脱氢酶

丁二醇，因此，大肠杆菌发酵葡萄糖的 V.P. 反应为阴性。产气气杆菌发酵葡萄糖的 V.P. 反应为阳性。V.P. 反应的过程可用下列反应式表示。

（二）呼吸作用

前面讨论的发酵是葡萄糖分子在没有外源电子受体时的代谢过程。在这个过程中，底物中所具有的能量只有一小部分被释放出来，并合成少量 ATP。造成这种现象的原因有两个，一是底物的碳原子只被部分氧化，二是初始电子供体和最终电子受体的还原电势相差不大。然而，如果有氧或其他外源电子受体存在时，微生物通过氧化作用释放电子，并将释放的电子经电子传递链（electron transport chain）传递给外源电子受体，从而生成水或其他还原型产物，且在此过程中可合成大量的 ATP，这个过程称为呼吸作用（respiration）。因此，呼吸作用是大多数微生物用来产生能量的一种方式。

根据外源电子受体的性质不同，可将呼吸作用分为有氧呼吸和无氧呼吸两种类型。其中，以分子氧作为最终电子受体的称为有氧呼吸，以氧化型化合物作为最终电子受体的称为无氧呼吸。呼吸作用与发酵作用的根本区别在于：底物在氧化过程中释放出的电子不是直接传递给底物降解的中间产物，而是通过一系列电子传递系统，逐步释放出能量后再交给最终电子受体。

1. 有氧呼吸

在发酵过程中，葡萄糖经过糖酵解作用形成的丙酮酸在厌氧条件下转变成不同的发酵产物，而在有氧呼吸（aerobic respiration）过程中，丙酮酸进入三羧酸循环（tricarboxylic acid cycle，TCA 循环）被彻底氧化生成 CO_2 和水，同时释放大量能量。

在有氧条件下，好氧微生物和兼性厌氧微生物可将葡萄糖彻底氧化。其过程可分为 4 个阶段：①糖酵解。葡萄糖先经 EMP 途径降解为丙酮酸，同时产生一些 ATP 和 NADH。②丙酮酸经氧化脱羧生成乙酰辅酶 A。③三羧酸循环（图 4-12）。乙酰辅酶 A 被彻底氧化生成 CO_2 和水，同时产生一些 ATP 和 NADH 及 $FADH_2$。④在电子传递链中，NADH 及 $FADH_2$ 被氧化从而产生能量，这些能量合成大量的 ATP。

在三羧酸循环过程中，分子氧并不直接参与反应，但此循环必须在有氧条件下才能进行。因为循环中产生的 3 个 NAD（P）H 和 1 个 $FADH_2$ 只能通过电子传递链和氧分子才能被再氧化，才能维持三羧酸循环的正常进行。与发酵过程相一致，TCA 循环中间产物氧化时所释放出的电子通常先传递给含辅酶 NAD^+ 的酶分子。然而，NADH 的氧化方式在发酵及呼吸作用中是不同的：在呼吸过程中，NADH 中的电子不是传递给中间产物，如丙酮酸，而是通过电子传递系统传递给氧分子或其他最终电子受体，因此，在呼吸过程中，因有外源电子受体的存在，葡萄糖可以被完全氧化成 CO_2，从而可产生比发酵过程更多的能量。

在三羧酸循环过程中，丙酮酸完全氧化为 3 个分子的 CO_2，同时生成 4 分子的 NADH 和 1 分子的 $FADH_2$。NADH 和 $FADH_2$ 可经电子传递系统重新被氧化，由此每氧化 1 分子 NADH 可生成 3 分子 ATP，每氧化 1 分子 $FADH_2$ 可生成 2 分子 ATP。另外，琥珀酰辅酶 A 在氧化成延胡索酸时，包含着底物水平磷酸化作用，由此产生 1 分子 GTP，随后 GTP 可转化成 ATP。因此，每一次三羧酸循环可生成 15 分子 ATP。此外，在糖酵解过程中产生的 2 分子 NADH 可经电子传递系统重新被氧化，产生 6 分子 ATP。在葡萄糖转变为 2 分子丙酮酸时还可借底物水平磷酸化生成 2 分子 ATP。因此，需氧微生物在完全氧化 1 分子葡萄糖的过程中总共可得到 38 分子 ATP。如果我们假设 ATP 中的高能磷酸键有 31.8kJ/mol 的能量，那么每摩尔葡萄糖完全氧化成 CO_2 和 H_2O 时，就有 1208kJ 的能量转变为 ATP 中高能磷酸键的键能。因为完全氧化 1mol 葡萄糖可得到的总能量大约是 2822kJ，因此，呼吸作用的效率大约是 43%，其余的能量以热的形式散失。

但是也有少数微生物在有氧的情况下，有机物的氧化不彻底，氧化最终产物不是 CO_2 和 H_2O，而是较少的有机物，如醋酸杆菌，在缓慢的三羧酸循环过程中，在进行有氧呼吸

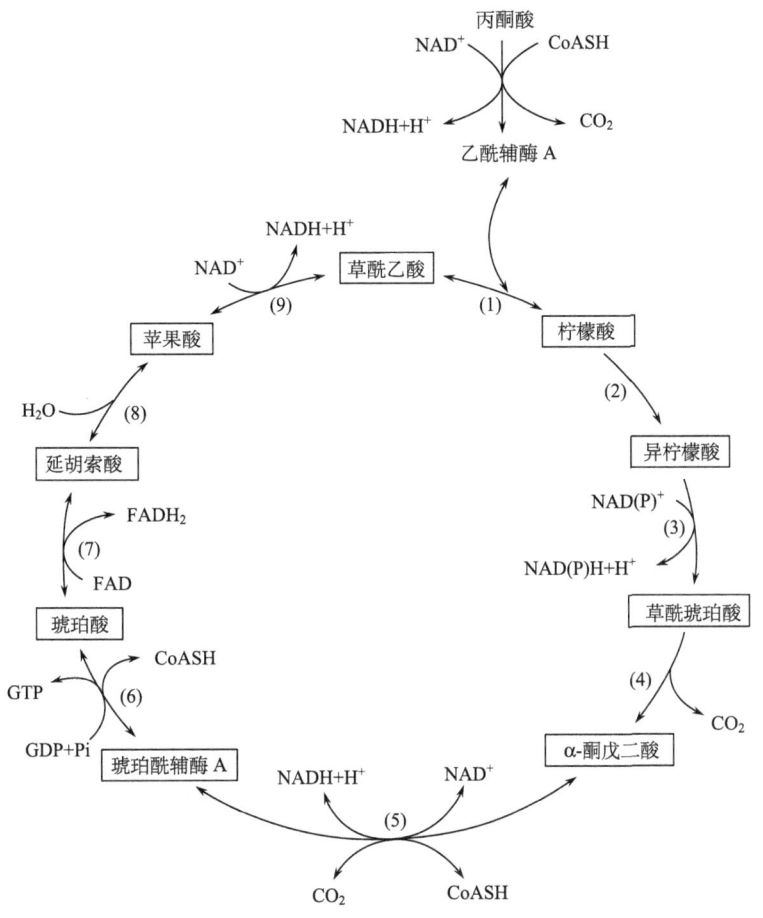

图 4-12 三羧酸循环（引自：周长林，2004）
(1) 柠檬酸合成酶；(2) 乌头酸酶；(3)、(4) 异柠檬酸脱氢酶；(5) α-酮戊二酸脱氢酶系；(6) 琥珀酸硫激酶；(7) 琥珀酸脱氢酶；(8) 延胡索酸酶；(9) 苹果酸脱氢酶

时大量积累醋酸，这种氧化称不完全氧化，由酒变醋也属于不完全氧化。

2. 无氧呼吸

某些厌氧和兼性厌氧微生物在无氧条件下进行无氧呼吸（anaerobic respiration）。无氧呼吸的最终电子受体不是氧，而是像 NO_3^-、NO_2^-、SO_4^{2-}、$S_2O_3^{2-}$、CO_2 等这类外源受体（图 4-13）。无氧呼吸

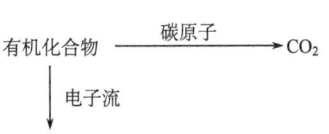

图 4-13 无氧呼吸过程中的碳硫和电子流（引自：杨生玉等，2007）

也需要细胞色素等电子传递体，并在能量分级释放过程中伴随有磷酸化作用，也能产生较多的能量用于生命活动。但由于部分能量随电子转移传给最终电子受体，电子传递链比有氧呼吸时短，所以生成的能量不如有氧呼吸产生的多。

三、自养微生物的生物氧化

<u>自养微生物</u>（autotrophs）是指能够在完全无机环境中生长的微生物，它们氧化无机物

或利用光能获得能量,以 CO_2 为碳源进行生长。根据自养微生物利用的能源不同,可将它们分为化能自养微生物和光能自养微生物。

(一) 化能自养微生物的生物氧化

一些微生物可以通过氧化无机物获得能量,同化合成细胞物质,这类细菌称为化能自养微生物。根据生长时提供能源物质的无机物类型不同,化能自养微生物主要分为硝化细菌、硫细菌、氢细菌和铁细菌等类群,能够氧化的无机底物很多,主要有 NH_4^+、NO_2^-、Fe^{2+}、H_2、S、H_2S、$S_2O_3^{2-}$ 等。

1. 氨的氧化

NH_3 同亚硝酸 (NO_2^-) 一样是可以用作能源的最普通的无机氮化合物,能被氧化为硝酸铵氧化为硝酸的过程可分为两个阶段,先由亚硝化细菌将氨氧化为亚硝酸,再由硝化细菌将亚硝酸氧化为硝酸。这两类细菌都是一些专性好氧的革兰氏阳性细菌,以分子氧为最终电子受体,且大多数是专性无机营养型。它们的细胞都具有复杂的膜内褶结构,这有利于增加细胞的代谢能力。硝化细菌无芽孢,多数为二分裂增殖。生长缓慢,平均代时在 10h 以上,分布非常广泛。

2. 硫的氧化

能氧化硫的细菌主要有硫杆菌属(*Thiobacillus*)、硫小杆菌属(*Thiobacterium*)等。它们能够利用一种或多种还原态或部分还原态的硫化合物(包括硫化物、元素硫、硫代硫酸盐和亚硫酸盐)作能源。多数硫细菌为专性自养菌,少数为兼性化能自养菌。有些菌株将硫储存在细胞内,有些则积存于细胞外。H_2S 首先被氧化成元素硫,随之被硫氧化酶和细胞色素系统氧化成亚硫酸盐,放出的电子在传递过程中可以偶联产生 4 个 ATP。亚硫酸盐的氧化可分为两条途径:一是直接氧化成 SO_4^{2-} 的途径,由亚硫酸盐-细胞色素 c 还原酶和末端细胞色素系统催化,产生 1 个 ATP;二是经磷酸腺苷硫酸(ASP)的氧化途径,由 ASP 还原酶和 ADP 硫化酶催化氧化成 SO_4^{2-},每氧化 1 分子 SO_3^{2-} 产生 2.5 个 ATP。

3. 铁的氧化

从亚铁到高铁状态的铁的氧化,对于少数细菌来说也是一种产能反应,但从这种氧化中共有少量的能量可以被利用。大部分铁细菌是专性化能自养菌,也有兼性的自养菌。亚铁的氧化仅在嗜酸性的氧化亚铁硫杆菌(*Thiobacillus ferrooxidans*)中进行了较为详细的研究。在低 pH 环境中这种菌能利用亚铁氧化时放出的能量生长。在该菌的呼吸链中发现了一种含铜蛋白质(rusticyanin),它与几种细胞色素 c 和一种细胞色素 a_1 氧化酶构成电子传递链。虽然电子传递过程中的放能部位和放出有效能的多少还有待研究,但已知在电子传递到氧的过程中细胞质内有质子消耗,从而驱动 ATP 的合成。产生的 ATP 还要消耗于推动电子的逆转产生还原力,因此,铁细菌的生长量非常低。

4. 氢的氧化

氢细菌都是一些呈革兰氏阴性的兼性化能自养菌。它们能利用分子氢氧化产生的能量同化 CO_2,也能利用其他有机物生长。氢细菌在自养生长过程中,细胞内实际上存在着两类氧化还原反应:一类是氢氧化成水放出能量;另一类是利用分子氢还原 CO_2,合成细胞物质。氢细菌的细胞膜上有泛醌、维生素 K_2 及细胞色素等呼吸链组分。在该菌中,电子直接从氢传递给电子传递系统,电子在呼吸链传递过程中产生 ATP。在多数氢细菌中有两种与氢的氧化有关的酶:一种是位于壁膜间隙或结合在细胞质膜上的不需 $NAD(P)^+$ 的颗粒状氧化酶，它能够催化以下反应：

$$H_2 \longrightarrow 2H^+ + 2e^-$$

该酶在氧化氢并通过电子传递系统传递电子的过程中，可驱动质子的跨膜运输，形成跨膜质子梯度，为 ATP 的合成提供动力；另一种是可溶性氢化酶，它能催化氢的氧化而使 $NAD(P)^+$ 还原的反应。所生成的 NAD(P)H 主要用于 CO_2 的还原。

(二) 光能自养微生物的能量代谢

一些微生物能直接利用光能，通过光合作用（photosynthesis）合成自身细胞物质，这类细菌称为光能自养微生物，如藻类、蓝细菌和光合细菌。光合细菌都是原核生物，多数属于红螺菌目（Rhodospirillales），有好氧的，也有厌氧的或兼性厌氧生活的，是一群典型水生菌。它们具有光合色素，如叶绿素和类胡萝卜素等，并因此呈现红、绿、蓝绿、紫等不同的颜色。根据光合细菌所具光合色素的不同，常分为绿色细菌、紫色细菌和蓝细菌等类群。它们利用光能维持生命，同时也为其他生物（如动物和异养微生物）提供了赖以生存的有机物。

植物、藻类和蓝细菌在光合作用中同化 CO_2 的电子来自水的光解，并伴随有氧的释放，这类光合作用称为产氧光合作用（oxygenic photosynthesis）。在光合细菌中，同化 CO_2 的电子不能来自水的光解，只能来自还原态的 H_2、硫化物或有机物，没有氧的放出，这种类型的光合作用称为不产氧光合作用（anoxygenic photosynthesis）。关于光合微生物的能量代谢见下面光合磷酸化部分的内容。

四、能量转换

在产能代谢过程中，微生物通过底物水平磷酸化和氧化磷酸化将某种物质氧化而释放的能量储存于 ATP 等高能分子中，对光合微生物而言，则可通过光合磷酸化将光能转变为化学能储存于 ATP 中。

(一) 底物水平磷酸化

在生物氧化过程中，常生成一些含有高能键的化合物，而这些化合物可直接偶联 ATP 或 GTP 的合成，这种产生 ATP 等高能分子的方式称为底物水平磷酸化（substrate level phosphorylation）。底物水平磷酸化既存在于发酵过程中，也存在于呼吸作用过程中。例如，在 EMP 途径中（图 4-3），1,3-二磷酸甘油酸转变为 3-磷酸-甘油酸以及磷酸烯醇式丙酮酸转变为丙酮酸的过程中都分别偶联 1 分子 ATP 的形成；在三羧酸循环过程中（图 4-12），琥珀酰辅酶 A 转变为琥珀酸时偶联 1 分子 GTP 的形成。

(二) 氧化磷酸化

物质在生物氧化过程中形成的 NADH 和 $FADH_2$ 可通过位于线粒体内膜和细菌质膜上的电子传递系统将电子传递给氧或其他氧化型物质，在这个过程中偶联 ATP 的合成（图 4-14），这种产生 ATP 的方式称为氧化磷酸化（oxidative phosphorylation）。1 分子 NADH 和 $FADH_2$ 可分别产生 3 个 ATP 和 2 个 ATP。

由于 ATP 在生命活动中所起的重要作用，阐明 ATP 合成的具体机制长期以来一直是人们研究的热点。英国学者米切尔（P. Mitchell）1961 年提出了化学渗透偶联假说（chemi-

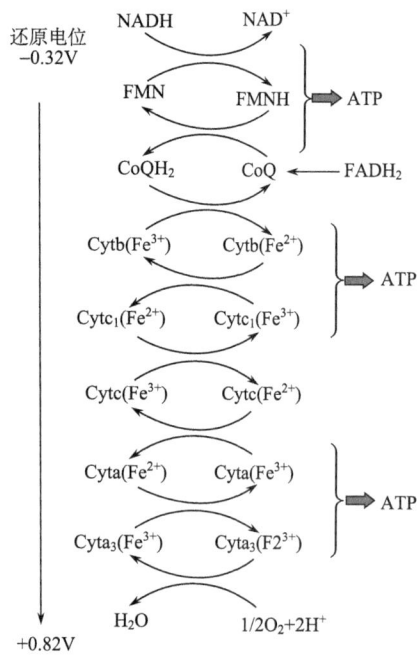

图 4-14 电子传递与 ATP 产生示意图（引自：沈萍，2000）

osmotic-coupling hypothesis）。该学说认为，细胞（原核生物）或线粒体（真核生物）膜内底物脱下的氢，经电子传递链上酶系作用转化为 $2H^+$，不断排至细胞或线粒体膜外，造成膜内外质子梯度差；质子沿质子梯度差从膜外进入膜内是释放能量，利用释放的能量通过 ATP 酶合成 ATP，同时消除膜内外的质子梯度差（图 4-15）。

米切尔因提出化学渗透偶联假说荣获 1978 年诺贝尔化学奖。但是 F_1-F_0 ATP 酶利用质子势推动质子跨膜运输而促进 ATP 形成的具体机制仍然困扰着人们。在化学渗透偶联假说提出后，美国科学家 P. D. Boyer 提出构象变化偶联假说（conformational-coupling hypothesis），其中心思想是质子势推动的质子跨膜运输启动并驱使 F_1-F_0 ATP 酶构象发生变化，这种构象变化导致该酶催化部位对 ADP 和 Pi 的亲和力发生改变，并促进 ATP 的生成和释放（图 4-16）。

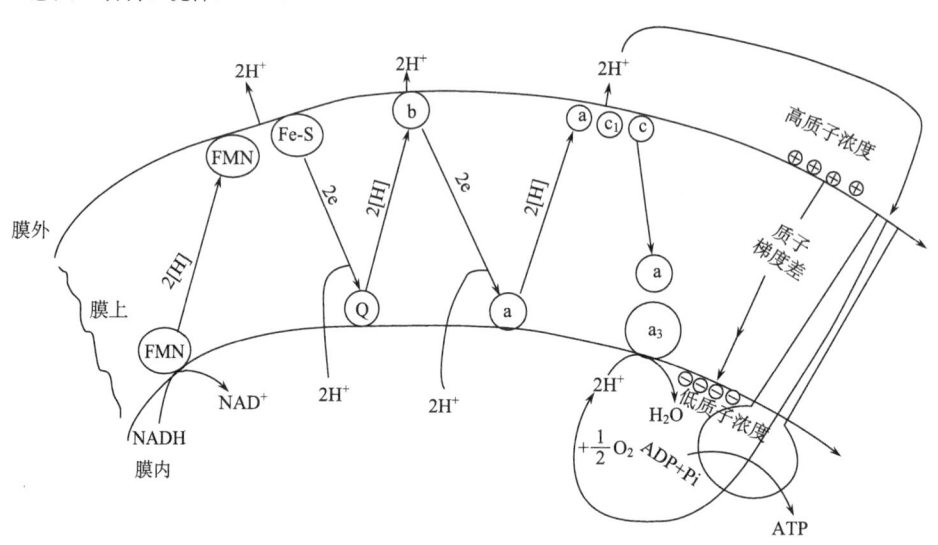

图 4-15 呼吸链与氧化磷酸化偶联示意图（引自：王卫卫，2000）
贯穿膜的灯泡状结构为由多个蛋白质亚基构成，并有一中间空道的 ATP 酶

第一步是质子势推动质子由膜外进入膜内，导致 F_1-F_0 ATP 酶催化部位构象发生变化，将 ADP 和 Pi 转变成与该酶紧密结合的 ATP（图 4-16a）；第二步是质子跨膜运输导致 F_1-F_0 ATP 酶构象进一步发生变化，使 ATP 与之结合松散而从该酶上释放（图 4-16b）；第三步是质子跨膜运输使 F_1-F_0 ATP 酶再发生变化，成为有利于与 ADP 和 Pi 结合的状态（图 4-16c）。Boyer 教授因提出构象变化偶联假说与解析 F_1-F_0 ATP 酶 F_1 结构域晶体结构的英国学者 Walker，以及发现 Na^+、K^+-ATP 酶系统的丹麦学者 Skou 共同荣获 1997 年诺贝

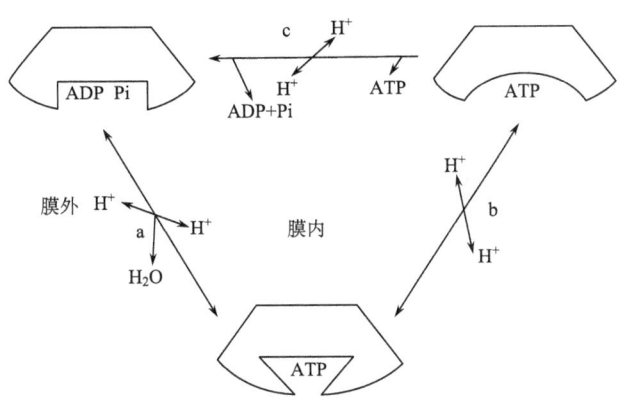

图 4-16　构象变化偶联假说示意图（引自：沈萍，2000）

尔化学奖。

（三）光合磷酸化（photophosphorylation）

光合微生物，如藻类、蓝细菌和光合细菌（包括紫色细菌、绿色细菌、嗜盐菌等），利用光能维持生命，同时也为其他生物（如动物和异养微生物）提供了赖以生存的有机物。

1. 光合色素

光合色素是光合生物所特有的物质，它在光能转换过程中起着重要作用。光合色素共分 3 类：叶绿素（chl）或细菌叶绿素（Bchl）、类胡萝卜素和藻胆素，细菌叶绿素又称菌绿素。按照吸收光谱不同将菌绿素分为 Bchla、Bchlb、Bchlc、Bchld 及 Bchle。Bchla、Bchlb 的功能是将捕光菌绿素捕获的光能转化为化学能，称为光同化菌绿素。不同的天线菌绿素吸收光谱不同，故不同光合细菌利用不同波段的光，在自然界呈现的颜色各不相同。菌绿素具有和高等植物叶绿素类似的化学结构，两者的区别在于侧链基团的不同，以及由此而导致的光吸收特性的差异。

类胡萝卜素是光合细菌中最普遍的一种辅助色素（400～500nm），是有黄、红或绿颜色的物质的总称。类胡萝卜素虽然不直接参加光合反应，但具有天线色素功能，能把吸收的光能高效地传给细菌叶绿素（或叶绿素）。而且这种光能同细菌叶绿素（或叶绿素）直接捕捉到的光能一样被用来进行光合磷酸化作用。此外胡萝卜素还有两个作用：一是可以作为叶绿素所催化的光氧化反应的淬灭剂，以保护光合机构不受光氧化损伤；二是可能在细胞能量代谢方面起辅助作用。

藻胆素因具有类似胆汁的颜色而得名，其化学结构与叶绿素相似，都含有 4 个吡咯环，但藻胆素没有长链植醇基，也没有镁原子，而且 4 个吡咯环是直链的。藻胆素与蛋白质共价结合称为藻胆蛋白。

2. 光合单位

以往将在光合作用过程中还原 1 分子 CO_2 所需的叶绿素分子数称为光合单位（photosynthetic unit）。后来通过分析紫色细菌载色体的结构，获得了对光合单位的进一步认识。光合色素分布于两个"系统"，分别称为"光合系统Ⅰ"和"光合系统Ⅱ"。每个系统即为一个光合单位。这两个系统中的光合色素的成分和比例不同。一个光合单位由一个光捕获复合体和一个反应中心复合体组成。光捕获复合体含有菌绿素和类胡萝卜素,它们吸收一个光子后,引起波长最长的菌绿素(P_{870})激活,从而传给反应中心,激发态的 P_{870} 可释放出一个高能电子。

3. 光合磷酸化

光合磷酸化是指光能转变为化学能的过程,可分为以下 3 类。

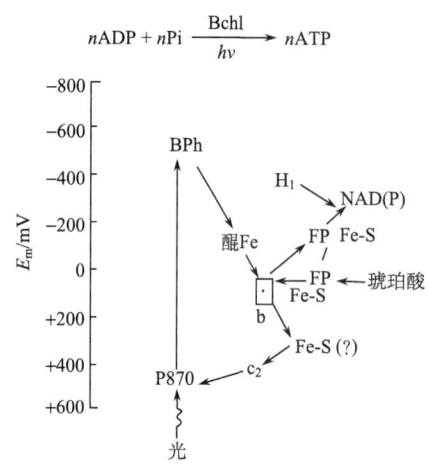

图 4-17 紫色细菌的环式电子传递途径(引自:王卫卫,2008)

(1)环式光合磷酸化。光合细菌主要通过环式光合磷酸化作用产生 ATP,这类细菌主要包括紫色硫细菌、绿色硫细菌、紫色非硫细菌和绿色非硫细菌。在光合细菌中,吸收光量子而被激活的细菌叶绿素释放出高能电子,于是这个细菌叶绿素分子即带有正电荷。所释放出来的高能电子顺序通过铁氧还蛋白、辅酶 Q、细胞色素 b 和 c,再返回到带正电荷的细菌叶绿素分子。在辅酶 Q 将电子传递给细胞色素 c 的过程中,造成了质子的跨膜移动,为 ATP 的合成提供了能量(图 4-17)。在这个电子循环传递过程中,光能转变为化学能,故称环式光合磷酸化。环式光合磷酸化可在厌氧条件下进行,产物只有 ATP,无 NADP(H),也不产生分子氧。通常以下式表示总反应过程。

(2)非环式光合磷酸化。高等植物和蓝细菌与光合细菌不同,它们可以裂解水,以提供细胞合成的还原能力。它们含有两种类型的反应中心,连同天线色素、初级电子受体和供体一起构成了光合系统 I 和光合系统 II。这两个系统偶联,进行非环式光合磷酸化(图 4-18)。在光合系统 I 中,叶绿素分子 P_{700} 吸收光子后被激活,释放出一个高能电子。这个高能电子传递给铁氧还蛋白(Fd),并使之被还原。还原的铁氧还蛋白在 Fd:$NADP^+$ 还原酶的作用下,将 $NADP^+$ 还原为 NADPH。用以还原 P_{700} 的电子来源于光合系统 II。在光合系统 II 中,叶绿素分子 P_{680} 吸收光子后,释放出一个高能电子。后者先传递给辅酶 Q,再传递给光合系统 I,使 P_{700} 还原。失去电子的 P_{680},靠水的光解产生的电子来补充。高能电子从辅酶 Q 到光合系统 I 的过程中,可推动 ATP 的合成。非环式光合磷酸化的总反应式为

$$2NADP^+ + 2ADP + 2Pi + 2H_2O \longrightarrow 2NADPH + 2H^+ + 2ATP + O_2$$

有的光合细菌虽然只有一个光合系统,但也以非环式光合磷酸化的方式合成 ATP,如绿硫细菌和绿色细菌(图 4-19)。从光反应中心释放出的高能电子经铁硫蛋白、铁氧还蛋白、黄素蛋白,最后用于还原 NAD^+ 生成 NADH。反应中心的还原依靠外源电子供体,如 S^{2-}、$S_2O_3^{2-}$ 等。外源电子供体在氧化过程中放出电子,经电子传递系统传给失去了电子的光合色素,使其还原,同时偶联 ATP 的生成。由于这个电子传递途径也没有形成环式回路,故也称为非环式光合磷酸化,反应式为

$$NAD^+ + H_2S + ADP + Pi \xrightarrow[h\nu]{chl} NADH + H^+ + ATP + S$$

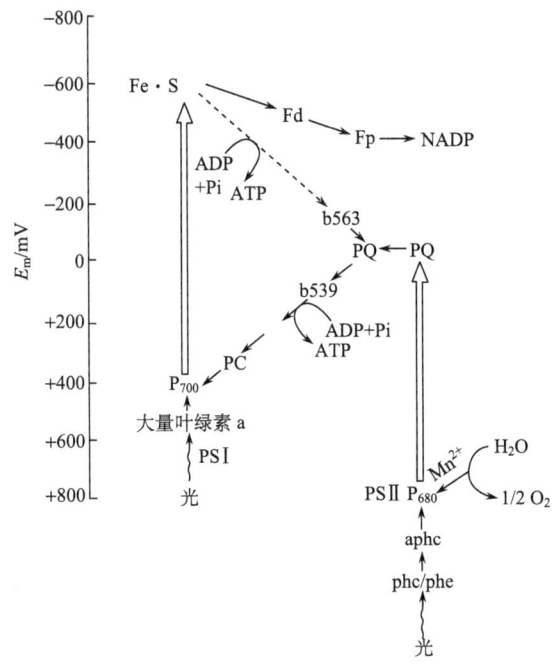

图 4-18 蓝细菌的非环式电子
传递途径（引自：沈萍，2000）

phc：藻蓝素；phe：藻红素；aphc：别藻蓝素；PQ：质体醌；PC：质体蓝素；PS Ⅰ：光合系统 Ⅰ；PS Ⅱ：光合系统 Ⅱ；Fd：铁氧还蛋白；FP：黄素蛋白

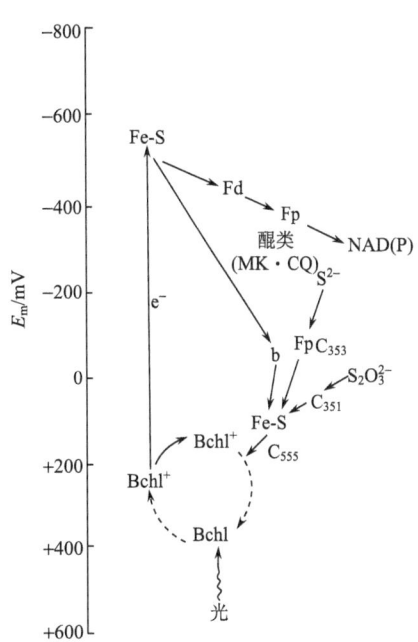

图 4-19 绿色细菌的非环式电子
传递途径（引自：沈萍，2000）
Fd：铁氧还蛋白；Bchl：细菌叶绿素

（3）紫膜光合磷酸化。嗜盐菌在无叶绿素和菌绿素参与的条件下吸收光能产生 ATP 的过程称为紫膜光合磷酸化。这是目前所知道的最简单的光合磷酸化，与由叶绿素、菌绿素所进行的经典的光合磷酸化不同，是一种新发现的光合类型，仅存在于嗜盐细菌中。嗜盐菌是一类必须在高盐环境（3.5~5mol/L NaCl）中才能生长的古细菌。该类群的主要代表为盐生盐杆菌（*Halobacterium halobium*）及红皮盐杆菌（*H. cutirubrum*）。

盐生盐杆菌（*H. halobium*）细胞膜制备物分为红色与紫色两部分。红色部分的主要成分为细胞色素和黄素蛋白，这些组分构成电子传递链，进行经典的电子传递磷酸化；紫色部分十分特殊，在膜上呈斑片状分布，这些斑片就是能进行独特光合作用的紫膜，其面积占质膜总面积的 1/2。占紫膜物质组成约 75% 的蛋白组分称为细菌视紫红质，与人视网膜上柱状细胞中所含的视紫红质蛋白相似，两者都含有紫色物质视黄醛。

普遍认为是细菌视紫红质具有质子泵功能，在光量子驱动下将膜内产生的 H^+ 排至细胞膜外，使紫膜内外形成质子梯度；膜外质子通过膜上的 ATP 合成酶进入膜内，平衡膜内外质子差额时合成 ATP（图 4-20）。嗜盐菌在环境中 O_2 浓度很低，无法进行正常的氧化磷酸化时，在光照条件下合成紫膜，改由紫膜光合磷酸化合成 ATP。

嗜盐菌是研究化学渗透作用的极好实验模型。紫膜合成作用机理的进一步揭示将为太阳能高效利用及海水淡化等提供科学依据。

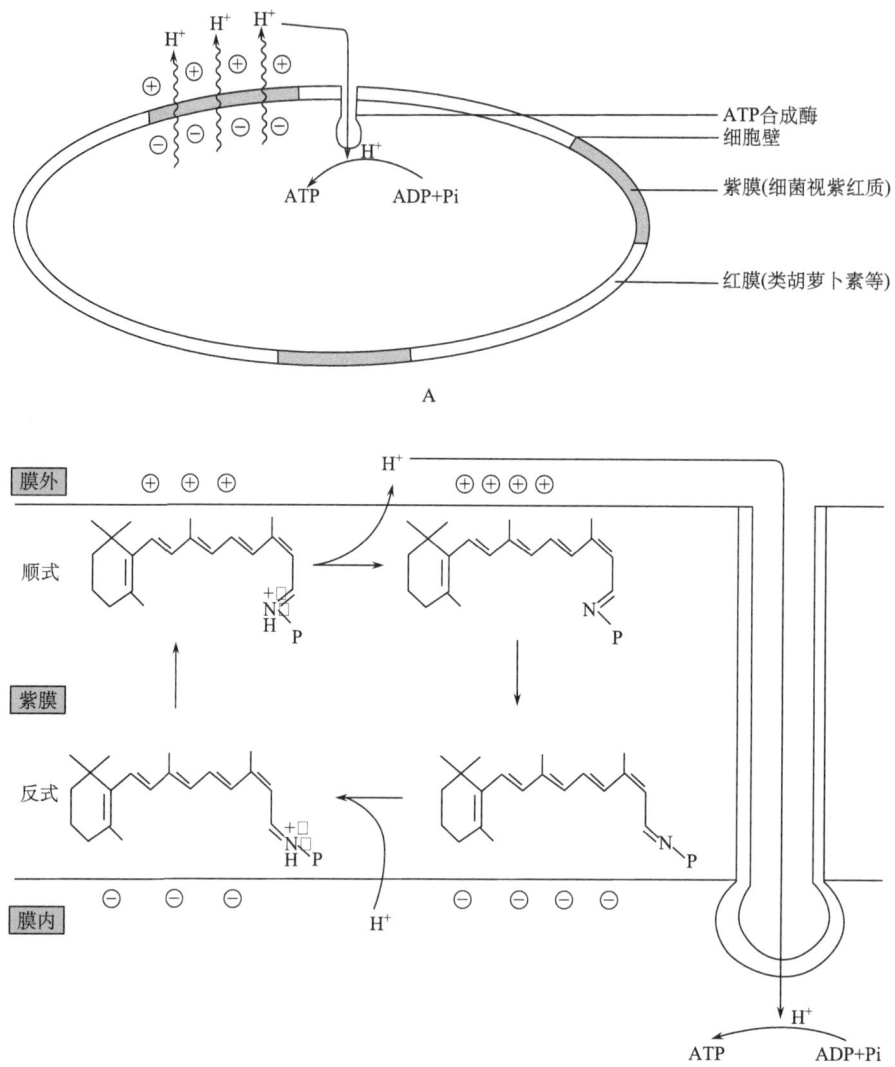

图 4-20　嗜盐菌的紫膜及其光合磷酸化（引自：王卫卫，2008）

【知识窗——氨氧化古菌】

新近在环境基因组学研究上的突破和常温型泉古菌纯培养株系的获得揭示出氨氧化古菌（AOA）是一个不同寻常的功能类群。通过对氨氧化过程的关键酶之一——氨单加氧酶（AMO）α亚基的编码基因（amoA）的系统发育分析发现，AOA是一个独立于氨氧化细菌（AOB）进化支之外的进化类群。目前已确认，AOA是自然界中最丰富的氨氧化生物，其amoA基因的拷贝数最高可超过AOB amoA基因拷贝数3个数量级。在自然生态系统，尤其是海洋生态系统中具有十分重要的生态地位。据热力学估算，海洋AOA每年生成的NO_2^-与全球海洋新生产力（海洋对大气碳封存）所需的氮量相当；由AOA氧化海洋中的NH_3获能所固定的CO_2的总量远远超过了埋藏于全球海洋沉积物中的碳量。AOA已成为今后环境微生物生态学的研究热点之一。

硝化作用是氮循环的一个重要环节，其反应过程分为 NH_3 到 NO_2^-（氨氧化）和 NO_2^- 到 NO_3^-（亚硝酸氧化）两步氧化过程（如下图）。这两步反应分别由不同的功能细菌类群完成，即氨氧化类细菌和硝化细菌（nitrite-oxidizing bacteria，NOB）。由于氨氧化是一个限速反应的过程，因此备受关注。氨氧化类细菌可以分为3类：① AOB，一类在好氧条件下将 NH_3 氧化为 NO_2^- 的化能自养型细菌；②厌氧氨氧化细菌（anaerobic ammonium oxidation bacteria，anammox），其在厌氧条件下获取 NO_2^- 的电子来氧化 NH_3，从而生成 N_2，但通常将其归为反硝化过程；③除此之外，自然界中还存在一些可进行异养硝化的细菌。

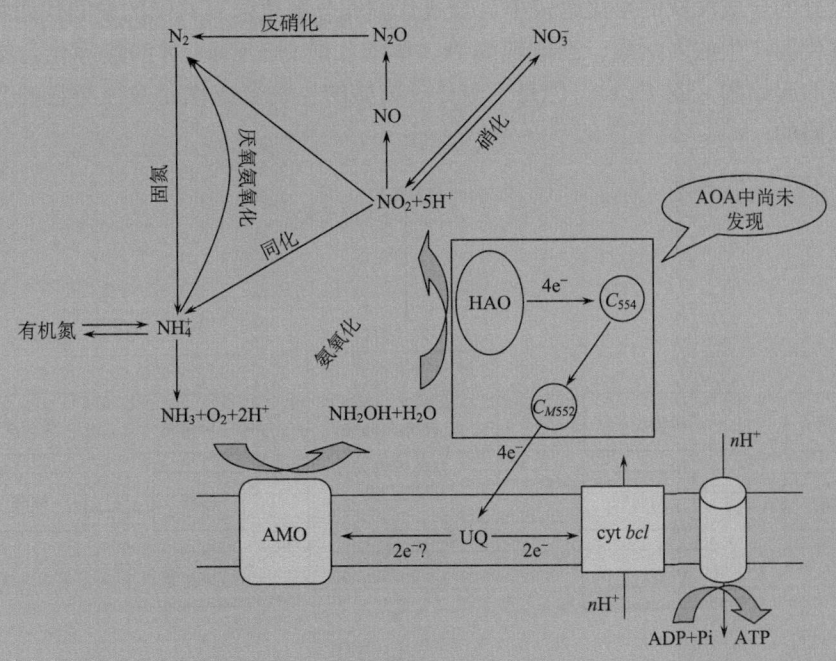

氮循环基本路径及 AOB 的氨氧化基本机理（引自：胡安谊和焦念志，2009）
AMO. 氨单加氧酶；HAO. 羟胺氧化还原酶；C_{554}、C_{M552}、cyt. 细胞色素；UQ. 辅酶 Q。图中的灰色方框表示 *C. symbiosum* 基因组中缺少的关键酶

在 AOA 发现之前，通常认为 AOB 是氨氧化作用的主要执行者。基因组学方面的最新研究结果为我们认识氨氧化的进化历史提供了初步线索。新近研究表明，氨氧化作用并非只由上述的细菌类群完成。以往对微生物的功能鉴定主要依赖于纯菌的生理代谢研究，这极大地限制了我们对"不可培养"微生物的生态功能的了解。

第一株 AOA——*Nitrosopumilus maritimus* 的成功培养以及古菌 *amoA* 基因的 mRNA 对氨盐添加的响应，强有力地证明了 AOA 在自然界中的真实存在。AOA 的发现打破了 AOB 在氨氧化过程中"一枝独秀"的格局。

第三节 耗能代谢

微生物能够将光能和化学能转变为生物能,但它们是如何利用这些能量合成细胞物质并用于其他耗能代谢的过程(如运输、运动、生物发光等生理过程)的呢?下面就讨论一下耗能代谢的过程。

一、细胞物质的合成

合成代谢所需要的能量由 ATP 和质子动力提供。糖类、氨基酸、脂肪酸、嘌呤嘧啶等主要细胞成分的合成反应的生化途径中,合成代谢和分解代谢有共同的中间代谢物参加。例如,由分解代谢产生的丙酮酸、乙酰辅酶 A、草酰乙酸和三磷酸-甘油醛等化合物可作为生物合成反应的起始物(图 4-21),但是 1 个分子物质的生物合成代谢途径与它的分解代谢途径通常是不同的。

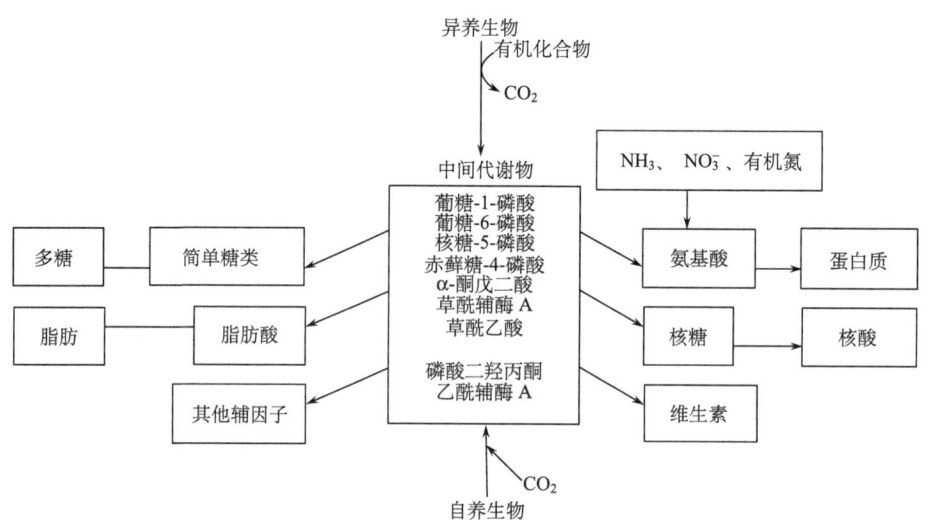

图 4-21 分解代谢和合成代谢过程中的重要中间产物(引自:沈萍,2000)

(一) CO_2 的固定

CO_2 是自养微生物的唯一碳源,异养微生物也能利用 CO_2 作为辅助的碳源。将空气中的 CO_2 同化成细胞物质的过程,称为 CO_2 的固定作用。微生物有两种同化 CO_2 的方式,一类是自养方式,另一类为异养方式。前者 CO_2 被加在一个特殊的受体上,经过循环反应,使之合成糖并重新生成该受体。后者 CO_2 被固定在某种有机酸上。这就是为什么异养微生物即使能同化 CO_2,最终也必须依靠吸收有机碳化合物生存的原因。

自养微生物同化 CO_2 所需要的能量来自光能或无机物氧化所得的化学能,固定 CO_2 的途径主要有以下 3 条。

1. 卡尔文循环 (Calvin cycle)

这个途径存在于所有化能自养微生物和大部分光合细菌中。经卡尔文循环同化 CO_2 的途径可划分为 3 个阶段(图 4-22):①CO_2 的固定;②被固定的 CO_2 的还原;③CO_2 受

体的再生。卡尔文循环每循环一次，可将 6 分子 CO_2 同化成 1 分子葡萄糖，其总反应式为

$$6CO_2 + 18ATP + 12NAD(P)H \longrightarrow C_6H_{12}O_6 + 18ADP + 12NAD(P)^+ + 18Pi$$

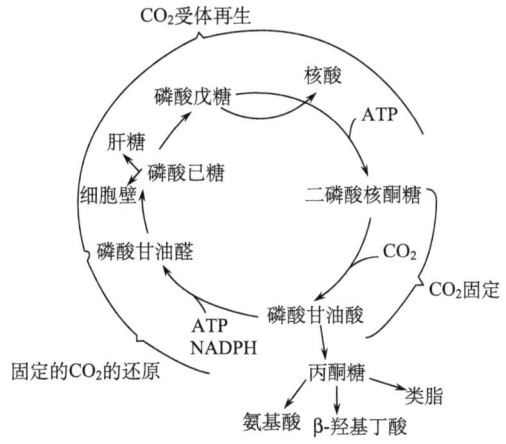

图 4-22　卡尔文循环的 3 个阶段（引自：王卫卫，2008）

2. 还原性三羧酸循环固定 CO_2

这个途径（图 4-23）是在光合细菌、绿硫细菌中发现的。还原羧酸环的第一步反应是将乙酰辅酶 A 还原羧化为丙酮酸，后者在丙酮酸羧化酶的催化下生成磷酸烯醇式丙酮酸，随即被羧化为草酰乙酸，草酰乙酸经一系列反应转化为琥珀酰辅酶 A，再被还原羧化为 α-酮戊二酸。α-酮戊二酸转化为柠檬酸后，裂解成乙酸和草酰乙酸。乙酸经乙酰-辅酶 A 合成酶

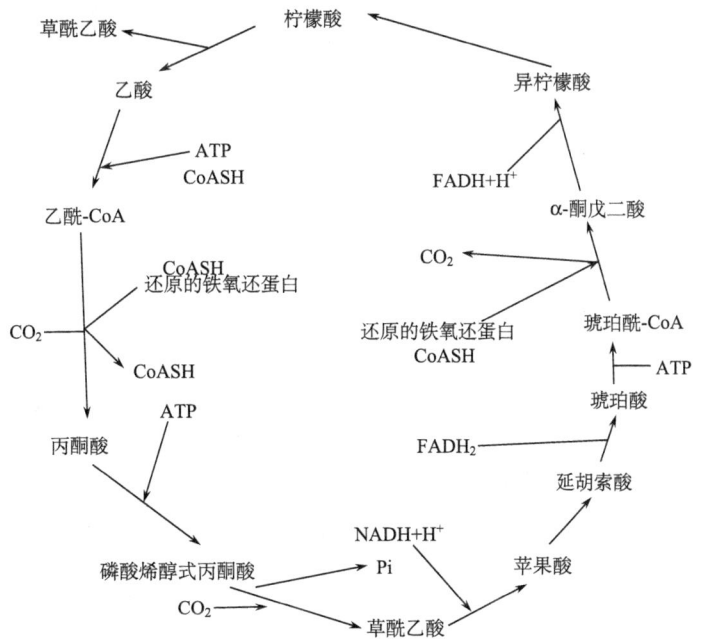

图 4-23　绿硫细菌固定 CO_2 的还原羧酸法（引自：沈萍，2000）

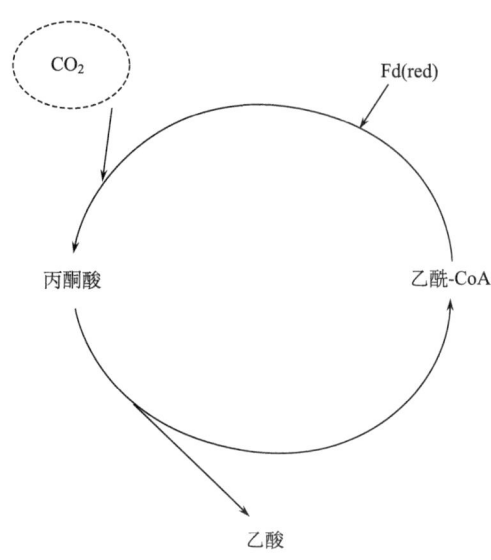

催化生成乙酰辅酶 A，从而完成循环反应。每循环一次，可固定 4 分子 CO_2，合成 1 分子草酰乙酸，消耗 2 分子 ATP、2 分子 NAD(P)H 和 1 分子 $FADH_2$。

3. 还原的单羧酸环

这个体系与还原羧酸环不同，不需要 ATP，只要有 Fd（red）就可运转。Fd（red）由 H_2 或 $NADH_2$ 提供电子生成。光合细菌也有可能利用这个体系把 CO_2 转换成乙酸（图 4-24）。

（二）生物固氮

自然界中存在着许多具有固氮能力的原核微生物，它们能够将分子态氮还原为氨，然后再由氨转化为各种细胞物质。微生物将氮还原

图 4-24 还原的单羧酸环（引自：沈萍，2000）

为氨的过程称为生物固氮（图 4-25）。

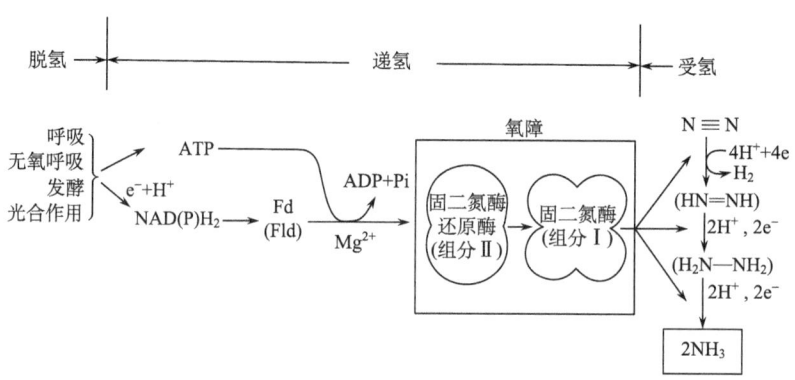

总反应式：$N_2 + 8H^+ + 8e^- + nATP \longrightarrow 2NH_3 + H_2 + nADP + nPi$

图 4-25 固氮的生化途径（引自：周德庆，2011）

1. 固氮微生物的种类

具有固氮作用的微生物近 50 个属，包括细菌、放线菌和蓝细菌。目前尚未发现真核微生物具有固氮作用。根据它们与宿主的关系可将固氮微生物分为 3 类，即自生固氮微生物、共生固氮微生物和联合固氮微生物。好氧自生固氮菌以固氮菌属（*Azotobacter*）较为重要，固氮能力较强，厌氧自生固氮菌以巴氏固氮梭菌（*Clostridium pasteurianum*）较为重要，但固氮能力较弱。共生固氮菌中最为人们所熟知的是根瘤菌（*Rhizobium*），它与其所共生的豆科植物有严格的种属特异性。此外，弗兰克氏菌（*Frankia*）能与非豆科植物共生固氮。联合固氮微生物包括巴西固氮螺菌（*Azospirillum brasilense*）、日勾维肠杆菌（*Enterobacter gergoviae*）等。

2. 固氮机制

微生物之所以能够在常温常压条件下固氮，关键是靠固氮酶的催化作用。固氮酶的结构比较复杂，由铁蛋白和钼铁蛋白两个组分组成。固氮反应必须在有固氮酶和 ATP 的参与下

才能进行，是一个耗能反应。每固定 1mol 氮大约需要 21mol ATP，这些能量来自于氧化磷酸化或光合磷酸化。在体内进行固氮时，还需要一些特殊的电子传递体，其中主要的是铁氧还蛋白和含有 FMN 作为辅基的黄素氧还蛋白。铁氧还蛋白和黄素氧还蛋白的电子供体来自 NADPH，受体是固氮酶。

（三）二碳化合物的同化

三羧酸循环是产能反应和生物合成的重要代谢环节，其中的有机酸可被微生物利用，作为电子的供体和碳源。四碳、五碳、六碳酸均可在有氧环境下被微生物利用，通过氧化磷酸化产生能量。但三羧酸循环只有受体分子草酰乙酸在每次循环后都能得到再生的情况下才能进行。微生物可利用回补途径（replenishment pathway）来解决这一矛盾。所谓回补途径就是指能补充兼用代谢途径（如三羧酸循环）中因合成代谢而消耗的中间代谢产物的反应。主要有乙醛酸循环途径和甘油酸途径。

1. 乙醛酸循环

当乙酸被作为底物时，草酰乙酸将会通过乙醛酸途径再生。这条途径由三羧酸循环中的反应和另外的两种酶组成，即异柠檬酸裂解酶和苹果酸合成酶。乙醛酸循环的生物合成途径如图 4-26 所示。异柠檬酸在异柠檬酸裂解酶的作用下，被裂解成琥珀酸和乙醛酸，乙醛酸和乙酰辅酶 A 在苹果酸合成酶的作用下结合生成苹果酸。苹果酸又可以被转化为草酰乙酸以维持三羧酸循环的进行。琥珀酸可以直接用于卟啉的合成，或者氧化为草酰乙酸后作为四碳氨基酸的碳骨架，或者经由草酰乙酸和磷酸烯醇式丙酮酸合成葡萄糖。

乙醛酸循环比较普遍地存在于好氧微生物中，如醋酸杆菌、固氮菌、大肠杆菌，以及真菌中的酵母菌、黑曲霉和青霉菌等，都已证明有乙醛酸循环，它们可以利用乙酸作为唯一碳源和能源生长。

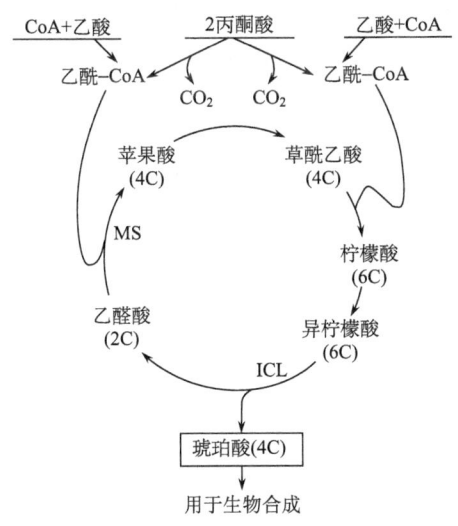

图 4-26 乙醛酸循环（引自：周德庆，2011）
MS 为苹果酸合成酶；ICL 为异柠檬酸裂合酶，方框为终产物

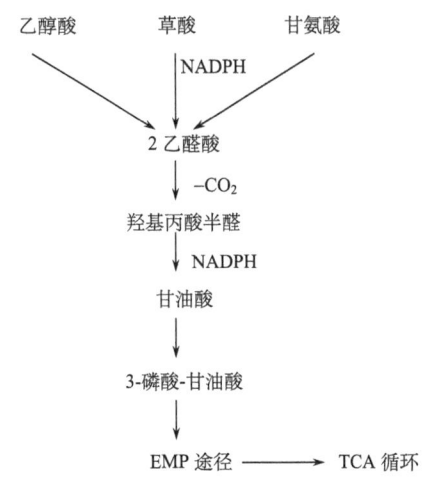

图 4-27 甘油酸途径（引自：沈萍，2000）

2. 甘油酸途径

当微生物以甘氨酸、乙醇酸和草酸等二碳化合物作为底物时，则通过甘油酸途径补充三

羧酸循环中的中间产物。这些二碳化合物都要先转化为乙醛酸，然后 2 分子的乙醛酸缩合成羟基丙酸半醛，随后在还原酶的作用下生成甘油酸。甘油酸经氧化后进入 EMP 途径，生成磷酸烯醇式丙酮酸和丙酮酸。它们可接受 CO_2，生成四碳二羧酸，进入三羧酸循环。由乙醛酸生成甘油酸的途径，称为甘油酸途径（图 4-27）。许多微生物都有这条途径，可以利用乙醇酸、草酸和甘氨酸等二碳化合物作为唯一碳源生长。

（四）糖类的合成

微生物在生长过程中，除了有分解糖类的能量代谢外，还需要不断地利用简单化合物合成糖类，以构成细胞生长所需的单糖、多糖等。单糖在微生物中很少以游离形式存在，一般以多糖或多聚体的形式，或是以少量的糖磷酸酯和糖核苷酸形式存在。单糖和多糖的合成对自养和异养微生物的生命活动十分重要。

1. 单糖的合成

无论自养微生物还是异养微生物，其合成单糖的途径一般都是通过 EMP 途径逆行合成 6-磷酸-葡萄糖，然后再转化为其他的糖。因此，单糖合成的中心环节是葡萄糖的合成，但自养微生物和异养微生物合成葡萄糖的前体来源不同。

自养微生物通过卡尔文循环可产生 3-磷酸-甘油醛，通过还原的羧酸环可得到草酰乙酸或乙酰辅酶 A。异养微生物可利用乙酸为碳源，经乙醛酸循环产生草酰乙酸；利用乙醇酸、草酸、甘氨酸为碳源时，通过甘油酸途径生成 3-磷酸-甘油醛；以乳酸为碳源时，可直接氧化成丙酮酸；将生糖氨基酸脱去氨基后也可作为合成葡萄糖的前体。

生物合成反应中所需的己糖可从外界环境获得或用非糖前体物来合成。主要的合成途径如图 4-28 所示。己糖生物合成中的两个关键中间物是 6-磷酸-葡萄糖和 UDP-葡萄糖。6-磷酸-葡萄糖作为能量来源是葡萄糖氧化和糖酵解过程的重要中间产物，或者转化为发酵产物，6-磷酸-葡萄糖也可逆向进入多糖合成途径。在这种情况下，它转化为 UDP-葡萄糖（UDPG）。UDPG 含有尿嘧啶核苷，故称为核苷糖。UDPG 是葡萄糖的活化形式，它既可作

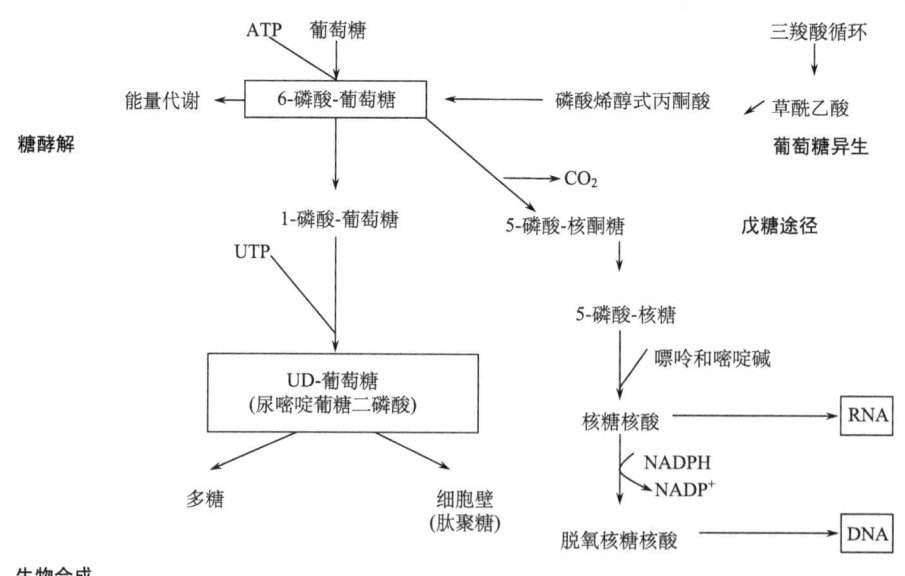

图 4-28 己糖代谢中的主要反应途径（引自：沈萍，2000）

为其他核苷糖合成时的起始物质，也可作为细胞多糖的葡萄糖前体。当微生物在含有己糖的培养基上生长时，这些己糖可作为能源和碳源，同时也可作为生物合成代谢的前体。但也有许多微生物可生长在无己糖的培养基上，在这种情况下，合成细胞壁及其他含己糖的多聚物所需的己糖必须由糖异生途径来合成。糖异生途径是由非碳化合物前体合成新的葡萄糖分子的过程。该途径的起始物质是磷酸烯醇式丙酮酸（PEP），主要由三羧酸循环中的草酰乙酸脱羧而得。PEP可在不同于糖酵解途径中的酶作用下，逆向合成6-磷酸-葡萄糖。

在大多数情况下，戊糖是将己糖脱去1个碳原子而得到的，这个反应可由多种途径实现。其中最普遍的是经6-磷酸葡萄糖的氧化脱羧途径，产生CO_2和一个五碳中间物——5-磷酸核酮糖。5-磷酸核酮糖可转化为5-磷酸核糖，直接用于RNA的合成，也可经酶还原反应生成脱氧核糖用于DNA合成。

2. 多糖的合成

微生物细胞内所含的多糖是一种多聚物，包括同多糖和杂多糖。同多糖是由相同单糖分子聚合而成的糖类，如糖原、纤维素等。杂多糖是由不同单糖分子聚合而成的糖类，如肽聚糖、脂多糖、磷壁酸和透明脂酸等。多糖的合成不仅仅是分解反应的逆转，而且是以一种核苷糖为起始物，接着糖单位逐个地添加在多糖链的末端。促进合成的能量是由核苷糖中高能糖-磷酸键水解得到的。多糖的合成是靠转移酶类的特异性来决定亚单位在多聚链上的次序的，并且在合成的起始阶段需要一个引子作为添加单位的受体，另外还需要糖核苷酸作为糖基载体，将单糖分子转移到受体分子上，使多糖链逐步加长。

（五）氨基酸的合成

微生物生长所需要的氨基酸，有些可以直接从环境中吸收，有些必须通过一定的反应来合成。合成氨基酸的碳骨架来自糖代谢产生的中间产物，而氨有以下几种来源：①直接从外界环境获得；②通过体内含氮化合物的分解得到；③通过固氮作用合成；④由硝酸还原作用合成。另外，在合成含硫氨基酸时，还需要硫的供给。大多数微生物可从环境中吸收硫酸盐作为硫的供体，但由于硫酸盐中的硫是高度氧化状态的，而存在于氨基酸中的硫是还原状态的，所以无机硫要经过一系列的还原反应才能用于含硫氨基酸的合成。

氨基酸的合成主要有3种方式：一是氨基化作用；二是转氨基作用；三是由糖代谢的中间产物为前体合成氨基酸。在由前体转化为氨基酸的过程中，有时也有转氨基的反应。

1. 氨基化作用

氨基化作用指α-酮酸与氨反应形成相应的氨基酸，包括还原性氨基化作用、直接氨基化反应和酰胺化反应。氨基化作用是微生物同化氨的主要途径。能直接吸收氨合成氨基酸的α-酮酸只有α-酮戊二酸和丙酮酸。例如，谷氨酸的合成就是α-酮戊二酸在谷氨酸脱氢酶的催化下，以NAD(P)$^+$为辅酶，通过氨基化反应合成的。此外，延胡索酸和谷氨酸虽不是α-酮酸，但前者可通过双键打开而连接α-氨基，后者则通过酰胺键生成谷氨酰胺，这是一个需ATP的耗能反应。

2. 转氨基作用

转氨基作用是指在转氨酶催化下，一种氨基酸的氨基转移给酮酸，形成新的氨基酸的过程。转氨基作用普遍存在于各种微生物体内，是氨基酸合成代谢和分解代谢中极为重要的反应。通过转氨基作用，微生物可以消耗一些含量过剩的氨基酸，以得到某些含量较少的氨基酸。

3. 前体转化

前体转化指 21 种氨基酸除了可以通过上述途径合成氨基酸以外，还可通过糖代谢的中间产物，如 3-磷酸-甘油醛、4-磷酸-赤藓糖、草酰乙酸、3-磷酸-核糖焦磷酸等，经一系列的生化反应而合成。由 α-酮酸经氨基化作用合成的氨基酸称为初生氨基酸。由初生氨基酸经转氨基作用或以初生氨基酸为前体合成的氨基酸称为次生氨基酸，许多氨基酸，尤其是谷氨酸、天冬氨酸和甘氨酸是合成某些次生氨基酸的重要前体物质。根据前体的不同，可将它们分成 6 组（图 4-29）。

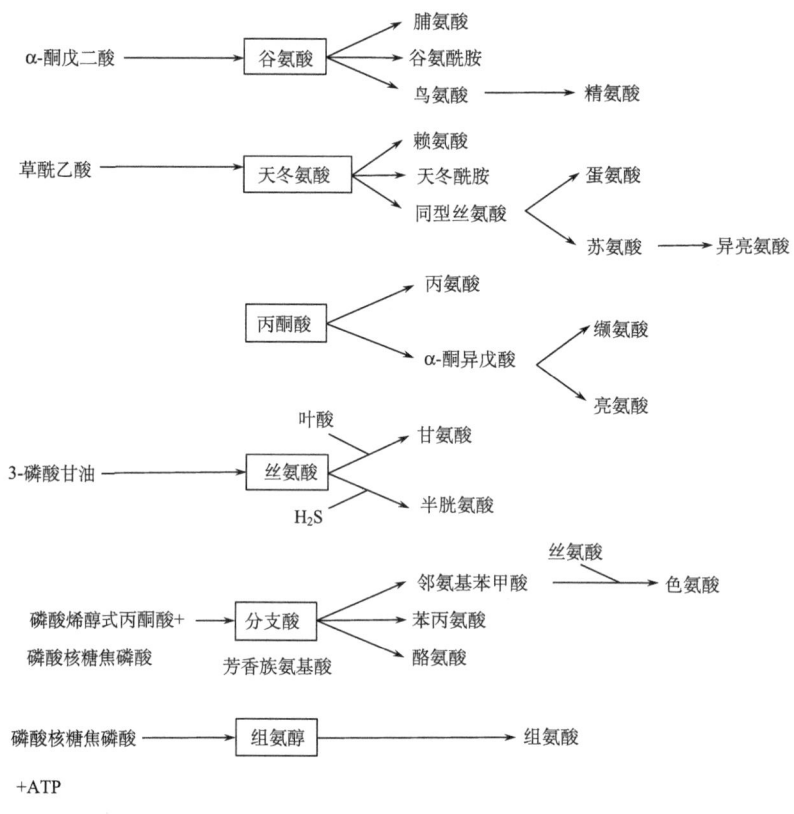

图 4-29　氨基酸的合成途径（引自：沈萍，2000）

（六）核苷酸的合成

核苷酸是核酸的基本结构单位，它是由碱基、戊糖、磷酸所组成，主要用来合成核酸和参与某些酶的组成。根据碱基成分可把核苷酸分为嘌呤核苷酸和嘧啶核苷酸。核苷酸在生物体内不是由 3 部分直接聚合而成，而是由糖代谢过程中的中间体，通过一系列反应逐步合成的。

1. 嘌呤核苷酸的生物合成

微生物合成嘌呤核苷酸有两种方式：一种方式是由各种小分子化合物，全新合成次黄嘌呤核苷酸（IMP），然后再转化为其他嘌呤核苷酸。嘌呤环几乎是一个原子接着一个原子的合成。它的碳和氮来自氨基酸、CO_2 和甲酸。它们逐步地添加到核糖磷酸这一起始物质上。次黄嘌呤核苷酸是在 5-磷酸核酮糖的基础上合成的（图 4-30）。第二种方式是由自由碱基或核苷组成相应的嘌呤核苷酸。有的微生物无全新合成嘌呤核苷酸的能力，就以这种方式合成嘌呤核苷酸，这是一种补救途径，以便更经济地利用已有成分。

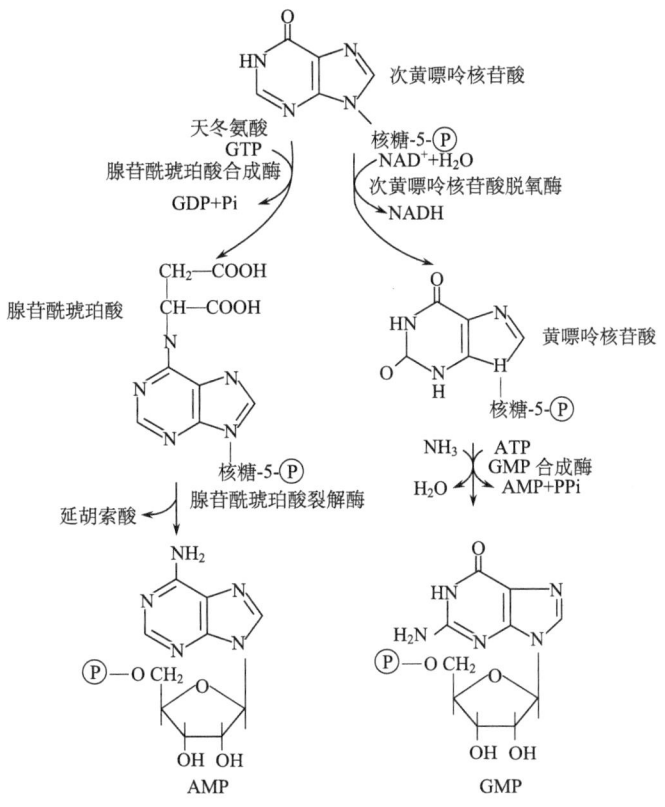

图 4-30　嘌呤核苷酸的生物合成（引自：王卫卫，2008）

2. 嘧啶核苷酸的合成

微生物合成嘧啶核苷酸也有两种方式：一种方式是由小分子化合物全新合成尿嘧啶核苷酸（UMP），然后再转化为其他嘧啶核苷酸；另一种方式是以完整的嘧啶或嘧啶核苷分子，组成嘧啶核苷酸。

尿嘧啶核苷酸的全新合成，需要 5-磷酸-核糖焦磷酸、天冬氨酸、CO_2、NH_3 和 ATP 参与反应。CO_2 和 NH_3 在氨甲酰磷酸合成酶的催化下生成氨甲酰磷酸，作为 UMP 的起始物质，在天冬氨酸氨甲酰转移酶的催化下，将氨甲酰基转移到天冬氨酸上，生成氨甲酰天冬氨酸，后者脱水、环化生成二氢乳清酸。二氢乳清酸脱氢，生成乳清酸（6-甲酸-尿嘧啶），在焦磷酸化酶的催化下，乳清酸接受 5-磷酸-核糖，生成乳清核苷酸，乳清核苷酸进一步脱羧，生成 UMP（图 4-31）。生成的 UMP 可被激酶催化，经尿嘧啶核苷二磷酸（UDP）形成尿嘧啶核苷三磷酸（UTP）。在核苷三磷酸的水平上由胞嘧啶核苷三磷酸合成酶催化，可生成胞嘧啶核苷三磷酸（CTP）。

3. 脱氧核苷酸的合成

脱氧核苷酸是由核苷酸糖基第二位碳上的—OH 还原为 H 而成，是一个耗能过程。在不同微生物中，脱氧过程在不同的水平上进行。如在大肠杆菌中，这一过程在核糖核苷二磷酸水平上进行，而在赖氏乳酸菌中，这一过程在核糖核苷三磷酸上进行。DNA 中的胸腺嘧啶脱氧核苷酸是在形成尿嘧啶脱氧核糖核苷二磷酸后，脱去磷酸，再经甲基化生成的。

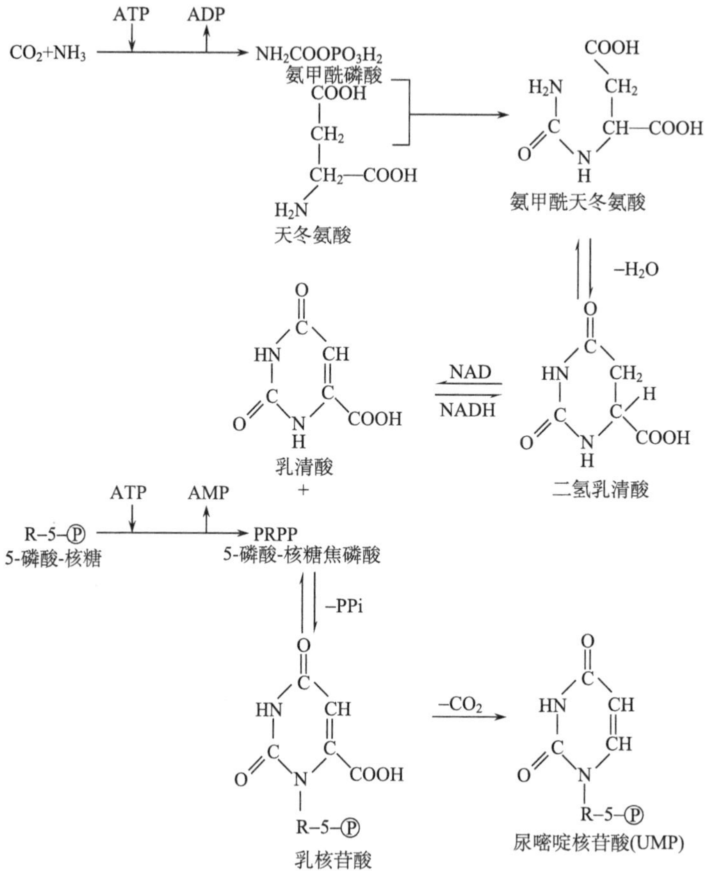

图 4-31 嘧啶核苷酸的生物合成（引自：王卫卫，2008）

二、其他耗能反应：运动、溶质摄取、生物发光

由细菌细胞产能反应形成的 ATP 和质子动力，被消耗在各种途径中。许多能量用于新的细胞组分的生物合成，另外，溶质的运动性细胞器的活动、跨膜运输及生物发光也是重要的生物耗能过程。

（一）运动

很多细菌是运动的，而且这种独立运动的能力一般是由于其具有特殊的运动结构，如鞭毛等。还有某些细菌可以滑动的方式在固体表面运动，某些水生细菌还可通过一种称为气囊的细胞结构调节其在水中的位置。然而，大多数可运动的原核生物是利用鞭毛运动的。在真核微生物中，鞭毛和纤毛均具有 ATP 酶，水解 ATP 产生自由能，成为运动所需的动力。目前尚未在细菌鞭毛中发现有 ATP 酶。细菌鞭毛转动的能量可能来自于细胞内的质子动力，也有人认为细菌鞭毛转动的能量来自细胞内 ATP 的水解。鞭毛的基部起着能量转换器的作用，将能量从细胞质或细胞膜传送到鞭毛，推动鞭毛运动。

(二) 消耗于溶质摄取的能量

微生物细胞具有很大的表面积，可以很快地从外界吸收大量的营养物质，满足自身代谢的需要。目前认为营养物质跨膜运输有4种机制：扩散、促进扩散、主动运输和膜泡运输。其中主动运输和膜泡运输需要消耗能量。

(三) 生物发光

许多活的生物体，包括某些细菌、真菌和藻类都能够发光。尽管它们的发光机制不同，但在所有例子中，发光都包含着能量的转移。先形成一种分子的激活态，当这种激活态返回到基态时即发出光来。

细菌发光涉及两种特殊成分：荧光色素酶和一种长链脂肪族醛。另外还有黄素单核苷酸和氧的参与。NADPH是主要的电子供体（图4-32）。虽然酶的还原不需要这种醛，但当活化的酶返回到基态时，若无醛存在，光量就低。由于生物发光与普通的电子传递争夺NADPH的电子，因此，当电子传递体系被抑制剂阻断时，发光的强度就会增大。

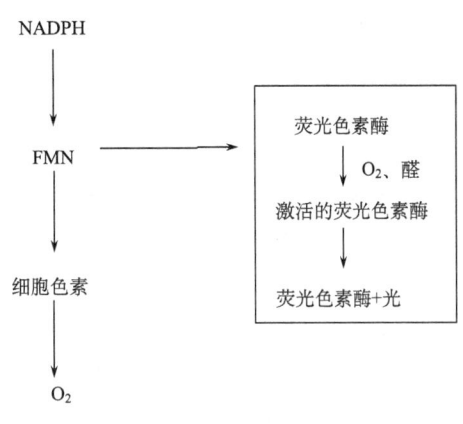

图4-32 发光细菌的电子流途径（引自：沈萍，2000）

第四节　微生物代谢的调节

微生物细胞内有一整套可塑性极强和极精确的代谢调节系统。微生物细胞代谢的调节主要是通过控制酶的作用来实现的，因为任何代谢途径都是一系列酶促反应构成的。微生物细胞的代谢调节主要有两种类型，一类是酶合成调节，调节的是酶分子的合成量，这是在遗传学水平上发生的；另一类是酶活性调节，调节的是已有酶分子的活性，是在酶化学水平上发生的。在细胞内这两种方式协调进行。

一、酶合成调节

酶合成调节通过控制酶合成的量来调节微生物的代谢速度，这是在基因转录水平上进行的调节。凡能促进酶生物合成的调节称为诱导，阻碍酶生物合成的调节称为阻遏。通过酶合成量调节代谢速率是一种间接而缓慢的方式，可称之为"粗调"，其优点是通过阻止酶的过量合成降低代谢速率，节约用于生物合成的原料和能量。酶合成的调节主要有两种类型，即酶合成的诱导和酶合成的阻遏。

(一) 酶合成的诱导

按照酶合成与环境影响的关系可分为组成型与诱导型两类。组成酶（structural enzyme）是细胞所固有的，经常存在于细胞内，以恒定速率和数量生成，不随环境和微生物的代谢状态而变化，如糖酵解途径（EMP）有关的酶。诱导酶（inducible enzyme）是细胞为适应外来底物或底物结构类似物而临时合成的酶，在一般情况下，细胞内不生成或数量很少，这些酶只有在底物或其结构类似物存在时才生成。这种能诱导某种酶合成的化合物称为该酶的诱导剂（inducer）。

组成酶和诱导酶是相对概念，同一种酶，在这种微生物中是诱导酶，而在另一种微生物中可能是组成酶。例如，β-半乳糖苷酶在大肠杆菌 K_{12} 野生株中是诱导酶，而在该菌的一个突变株中则是组成酶。

酶合成的诱导对于微生物是十分有意义的。从营养角度看，微生物可以根据环境所提供的生长底物，诱导合成相应的酶，以分解生长底物，吸收营养，进行代谢活动，从而加强微生物对环境的适应能力。从细胞经济的角度看，微生物仅在需要时（存在底物时）才合成某些酶，在不需要时便不合成，这就避免了生物合成的原料和能量的浪费。

（二）酶合成的阻遏

微生物在代谢过程中，当代谢途径中某终产物过量时，或培养基中已提供了此产物，就会阻遏自身合成途径中第一个酶或其他关键酶的进一步合成，从而控制代谢的进行，减少末端产物生成，这种现象称为酶合成的阻遏。这种催化活性受底物类似物或高浓度代谢产物抑制的酶称为阻遏酶。酶合成的阻遏主要有分解代谢产物阻遏和末端代谢产物阻遏两种类型。

末端代谢产物阻遏（end product repression）指某代谢途径末端产物过量累积引起的阻遏，通常称为反馈阻遏（feedback repression）。例如，大肠杆菌色氨酸合成酶（tryptophan synthase）的生成就受到这种效应的调控，当在培养基中加入色氨酸时，在 2～3min 内细胞中酶的生物合成就停止了。这种阻遏方式普遍存在于氨基酸、核苷酸和维生素的生物合成途径中。

分解代谢产物阻遏（catabolite repression）指细胞内同时存在两种底物（碳源或氮源）时，易利用底物会阻遏难利用底物分解酶系的合成。其实质并非易利用底物直接导致，而是易利用底物分解过程中产生的中间代谢产物或末端代谢产物的过量累积，阻遏了代谢途径中一些酶的合成。例如，大肠杆菌生长在含乳糖和葡萄糖的培养基中时，优先利用葡萄糖，并只有当葡萄糖耗尽后才开始利用乳糖，这就形成了在两个对数生长期中间的生长停滞期，即出现了"二次生长现象"。

二、酶活性调节

通过改变代谢途径中一个或几个关键酶的活性，进而控制代谢速率，这种调节方式称为酶活性调节。

（一）酶活性调节的机制

酶活性调节的机制研究得最清楚的是酶的变构调节和共价修饰调节理论。

1. 变构调节

变构调节就是指小分子化合物与酶蛋白分子活性中心以外的某一部位特异结合，引起酶蛋白分子构象变化，从而改变酶的活性。受变构调节的酶被称为变构酶（allosteric enzyme）。变构酶通常是某一代谢途径的第一个酶或是催化某一关键反应的酶。例如，合成异亮氨酸的第一个酶是苏氨酸脱氨酶，这种酶被其末端产物异亮氨酸反馈抑制。研究表明，受反馈抑制的调节酶一般都是变构酶。

2. 共价修饰调节

共价修饰调节是通过对酶进行共价修饰，使酶分子共价键发生改变，进而改变酶的活性。受共价修饰调节的酶称为共价调节酶。共价修饰作用可分为可逆的共价修饰和不可逆的共价修饰两种。

(1) 可逆的共价修饰。细胞中有些酶以活性形式和非活性形式存在，而且两种形式可以在其他酶的催化下进行共价修饰而互相转换。目前已知有多种类型的可逆共价调节蛋白：磷酸化/去磷酸化；乙酰化/去乙酰化；腺苷酰化/去腺苷酰化；尿苷酰化/去尿苷酰化；甲基化/去甲基化；S—S/SH 相互转变；ADPR 化/去 ADPR 化等。表 4-2 列出了一些共价修饰改变酶催化活性的例子。

表 4-2 共价修饰改变酶活性的例子（引自：王卫卫，2008）

酶 类	低活性状态	高活性状态	来 源
糖原合成酶	（去磷酸化）酶	（磷酸化）酶	真核细胞
丙酮酸脱氢酶	（去磷酸化）酶	（磷酸化）酶	真核细胞
糖原磷酸化酶	（磷酸化）酶	（去磷酸化）酶	真核细胞
磷酸化酶 b 激酶	（磷酸化）酶	（去磷酸化）酶	哺乳动物
谷氨酰胺合成酶	（腺苷酰化）酶	（去腺苷酰化）酶	原核细胞

(2) 不可逆共价修饰。当功能需要时，无活性的酶原被相应的蛋白酶作用切去一小段肽链而被活化，故又称为酶原激活（zymogen activation）。酶原变为酶是不可逆的，一旦这些生成的蛋白酶完成它们的使命，便被降解而不再恢复为酶原。胰蛋白酶原转变成胰蛋白酶的过程就是这种共价结构不可逆改变的例子（图 4-33）。这种酶活性的关闭作用是极其重要的。

(二) 酶活性调节的方式

不分支的代谢途径中的第一个酶受末端产物的抑制，异亮氨酸合成的反馈抑制就是一例（图 4-34）。

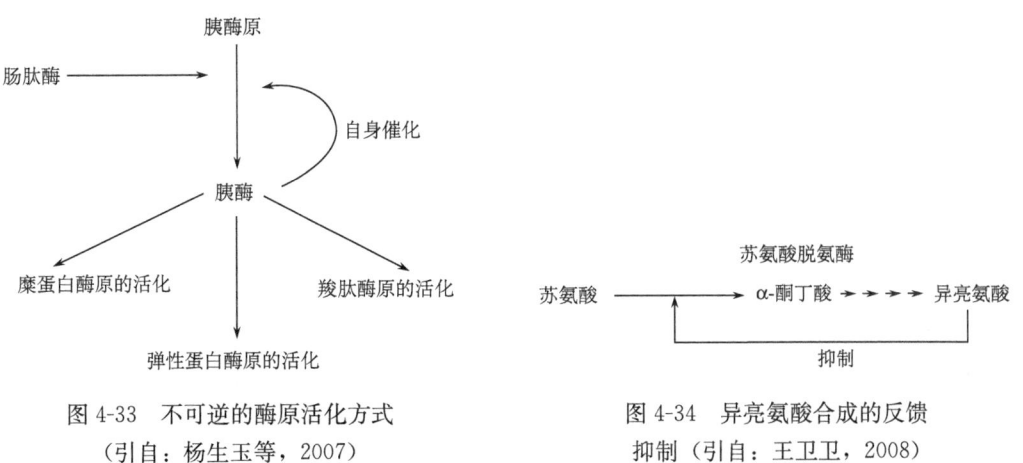

图 4-33 不可逆的酶原活化方式
（引自：杨生玉等，2007）

图 4-34 异亮氨酸合成的反馈抑制（引自：王卫卫，2008）

在有两种或两种以上的末端产物的分支代谢途径中，反馈抑制较为复杂，主要有 5 种类型。

1. 同工酶调节

同工酶（isoenzyme）是指能催化同一生化反应，但其酶蛋白本身的分子结构组成有所不同的一组酶。同工酶对分支途径的反馈调节模式如图 4-35 所示。其特点是：在分支途径中的第一个酶有几种结构不同的一组同工酶，每一种代谢终产物只对一种同工酶具有反馈抑制作用，只有当几种终产物同时过量时，才能完全阻止反应的进行。这种调节方式的典型例子是大肠杆菌天门冬氨酸族氨基酸的合成。有 3 个天门冬氨酸激酶催化途径的第一个反应，分别受赖氨酸、苏氨酸、甲硫氨酸的调节。

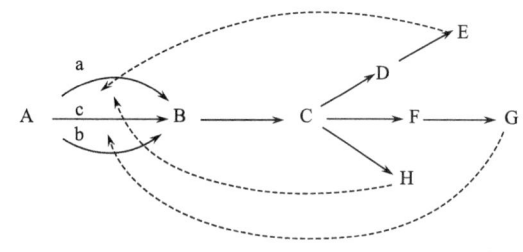

图 4-35 同工酶调节示意图（引自：王卫卫，2008）

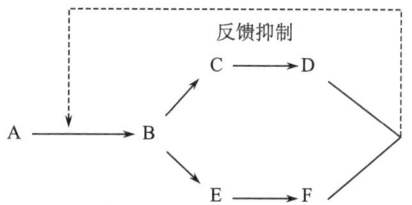

图 4-36 协同反馈抑制示意图
（引自：王卫卫，2008）

2. 协同反馈抑制

在分支代谢途径中，几种末端产物同时都过量，才对途径中的第一个酶具有抑制作用。若某一末端产物单独过量则对途径中的第一个酶无抑制作用（图 4-36）。例如，在多黏芽孢杆菌（*Bacillus polymyxa*）合成赖氨酸、蛋氨酸和苏氨酸的途径中，终产物苏氨酸和赖氨酸协同抑制天门冬氨酸激酶。

3. 协作反馈抑制

协作反馈抑制也称增效反馈抑制，指两种终产物同时存在时的反馈抑制效果远大于一种终产物过量时的反馈抑制作用（图 4-37）。协作反馈抑制与协同反馈抑制相似，其特点是每个终产物都能独立地发挥较弱的反馈抑制作用。当其中一种终产物过量合成时，就会立即控制超量终产物分支点后的代谢。当所有终产物都过量合成时，才共同作用以增强抑制效果。

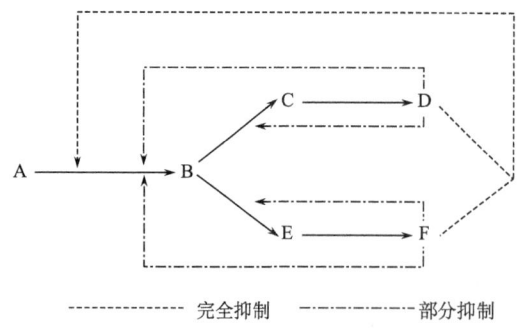

图 4-37 终产物 D、F 的协作反馈抑制
示意图（引自：王卫卫，2008）

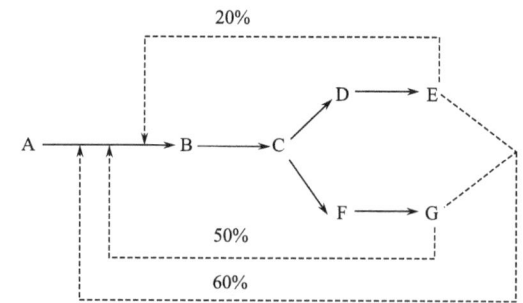

图 4-38 累积反馈抑制示意图
（引自：王卫卫，2008）

4. 累积反馈抑制

在分支代谢途径中，任何一种末端产物过量时都能对共同途径中的第一个酶起抑制作用，而且各种末端产物的抑制作用互不干扰。当各种末端产物同时过量时，它们的抑制作用

是累加的（图4-38）。如果末端产物E单独过量时，抑制AB酶活性的20%，剩余酶活性为80%，如果末端产物G单独过量时抑制AB酶活性的50%，当HZ同时过量时，其抑制活性为：20%+（1-20%）×50%=60%。累积反馈抑制最早是在大肠杆菌的谷氨酰胺合成酶的调节过程中发现的，该酶受8个最终产物的积累反馈抑制。8个最终产物同时过量时，酶活力完全被抑制。

5. 顺序反馈抑制

分支代谢途径中的两个末端产物，不能直接抑制代谢途径中的第一个酶，而是分别抑制分支点后的反应步骤，造成分支点上中间产物的积累，这种高浓度的中间产物再反馈抑制第一个酶的活性。因此，只有当两个末端产物都过量时，才能对途径中的第一个酶起到抑制作用（图4-39）。枯草芽孢杆菌合成芳香族氨基酸的代谢途径就采取这种方式进行调节。

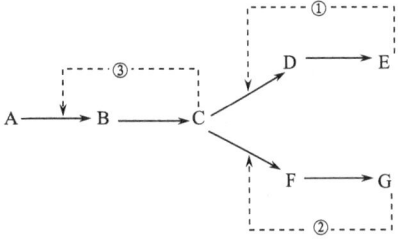

图4-39 顺序反馈抑制示意图
（引自：王卫卫，2008）

第五节 微生物次级代谢及其调节

一、次级代谢与次级代谢产物

一般将微生物从外界吸收各种营养物质，通过分解代谢和合成代谢，生成维持生命活动的物质和能量的过程，称为初级代谢（primary metabolism）。其产物称为初级代谢产物，这些产物是微生物的生长和繁殖所必需的，在这些物质合成中的任何环节发生障碍，都有可能引起生长停止，甚至导致机体发生突变或死亡。次级代谢（secondary metabolism）是相对于初级代谢而提出的一个概念。一般认为，次级代谢是指微生物在一定的生长时期（通常是在生长后期或稳定期），以初级代谢产物为前体，合成一些对微生物的生命活动无明确功能的物质的过程。这一过程的产物，即为次级代谢产物。

二、次级代谢的调节

微生物次级代谢产物生物合成的调节与其他初级代谢产物生物合成的调节在某些方面是相同的，即也是调节参与生物合成的酶合成（诱导或阻遏）和控制酶活性（激活或抑制），但次级代谢的调节也有其独特的一面。

（一）初级代谢对次级代谢的调节

次级代谢产物往往都是以初级代谢产物为母体衍生而来的，而且催化特殊次级代谢产物合成反应的酶也可以从那些初级代谢途径的酶演化而来。因此，微生物的初级代谢对次级代谢具有调节作用。当初级代谢和次级代谢具有共同的合成途径时，初级代谢的终产物过量，往往会抑制次级代谢产物的合成，这是因为这些终产物抑制了在次级代谢产物合成中重要分支处的中间体的合成。例如，α-氨基己二酸是合成青霉素和赖氨酸的共同前体，如果赖氨酸过量，它就会抑制这个反应途径中的第一个酶，减少α-氨基己二酸的产量，从而进一步影响青霉素的合成。

(二) 碳代谢物的调节作用

次级代谢产物一般在菌体对数生长后期或稳定期间合成,这是因为在菌体生长阶段,被快速利用的碳源的分解物阻遏了次级代谢酶系的合成。因此,只有在对数后期或稳定期,这类碳源被消耗完之后,解除阻遏作用,次级代谢产物才能得以合成。

20世纪40年代初期人们就发现,在青霉素发酵过程中,虽然葡萄糖被菌体利用最快,但对青霉素合成并不适宜。而乳糖虽然不易被产生菌利用,却能提高青霉素的产量。如果细菌在葡萄糖和乳糖的混合培养基中生长,那么在抗生素合成前,菌体一般首先利用葡萄糖,在葡萄糖耗尽后,抗生素合成开始,此时菌体才利用第二种碳源。这种情况说明,次级代谢的碳源分解调节比初级代谢更为复杂,后者并不涉及对终产物的阻遏。

后来Demain等在研究顶头孢霉菌生物合成头孢菌素C的过程中,也得到了同样的结果。研究者分别用5个培养基中的任何一个作为主碳源发酵,结果抗生素比产率(单位细胞干重的效价)递减顺序为:蔗糖>半乳糖>果糖>麦芽糖>葡萄糖,其中蔗糖的是葡萄糖的2倍多。表4-4列出了一些优势碳源不是葡萄糖的次级代谢过程。

表4-4 优势碳源不是葡萄糖的次级代谢过程(引自:Amold et al.,1982)

次级代谢产物	产生菌	优势碳源
四环素	金色链霉菌(*Streptomyces aureus*)	蔗糖、淀粉
红霉素	红霉素链霉菌(*Streptomyces erythreus*)	蔗糖
春日霉素	春日霉素链霉菌(*Streptomyces kasugaensis*)	豆油
丁酰苷菌素	环状芽孢杆菌(*Bacillus circulans*)	甘油
福提菌素	小单孢菌(*Micromonospora olivasterospora*)	淀粉、糊精
新生霉素	雪白链霉菌(*Streptomyces niveus*)	柠檬酸

另据报道,碳源分解调节与磷、氮分解调节可能具有协同效应。

(三) 氮代谢物的调节作用

氮代谢物调节是类似于碳代谢物调节的一类分解阻遏方式。它主要指含氮底物的酶(如蛋白酶、硝酸还原酶、酰胺酶、组氨酸酶和脲酶)的合成受快速利用的氮源,尤其是氨的阻遏。在对不同氮源的研究中发现,黄豆饼粉等利用较慢的氮源,可以防止和减弱氮代谢物的阻遏作用,有利于次级代谢产物的合成;而无机氮和简单的有机氮等容易利用的氮作为氮源(铵盐、硝酸盐、某些氨基酸)时,能促进菌体的生长,却不利于次级代谢产物的合成。在发酵生产中补加氮源使产量降低的例子很多。例如,红霉素生产时补加NH_4Cl、甘氨酸或豆饼粉会使产量下降。又如,采用D-756突变株生产灰黄霉素,也要求低氮水平,如果加入豆饼粉、花生饼粉等有机氮源,会导致产量下降。表4-5是部分抗生素合成中氮源分解调节情况。

表4-5 次级代谢产物氮代谢调节(引自:杨生玉等,2007)

抗生素	干扰性氮源	非干扰性氮源	加入时期
链霉素	铵盐	黄豆饼粉、脯氨酸	
红霉素	氯化铵、甘氨酸、大豆粉	低氮	
杀假丝菌素	豆饼粉浸泡液	低氮	分化期
六烯菌素	豆饼粉浸泡液	低氮	分化期
灰黄霉素	豆饼粉、花生饼粉	低氮	
头孢霉素	铵离子	天冬酰胺	

（四）磷酸盐的调节

磷酸盐不仅是菌体生长的主要限制性营养成分，还是调节次级代谢产物生物合成的重要因素，且有所需量的限制（表4-6）。过量的磷酸盐也像葡萄糖一样抑制次级代谢产物的合成，这种抑制作用被称为磷酸盐调节。已发现过量磷酸盐对四环素类、氨基糖苷类和多烯大环内酯类等多种抗生素的生物合成能产生阻抑作用。所以，在工业生产中，磷酸盐常常被控制在适合菌体生长的浓度以下，即所谓的亚适量。当磷酸盐为 0.3～300mmol/L 的浓度时，可促进菌体生长；浓度≥10mmol/L 时，对许多抗生素的合成就产生阻遏，如 10mmol/L 的磷酸盐就能完全抑制杀假丝菌素的合成。磷酸盐浓度高低还能调节发酵合成期出现的早晚，磷酸盐接近耗尽后，才开始进入合成期。磷酸盐起始浓度高，耗尽时间长，合成期就向后拖延。金霉素、万古霉素等的发酵都有此现象。磷酸盐还能使处于非生长状态的、产抗生素的菌体逆转成生长状态的、不产抗生素的菌体。

表4-6　一些抗生素合成时所需无机磷的正常浓度（引自：杨生玉等，2007）

产生菌	抗生素	无机磷浓度的正常范围/(mmol/L)
灰色链霉菌（S. griseus）	链霉素	1.5～15
雪白链霉菌（S. niveus）	新生霉素	9～10
金霉素链霉菌（S. aureofaciens）	金霉素	1～5
龟裂链霉菌（S. rimosus）	土霉素	2～10
东方链霉菌（S. orientalis）	万古霉素	1～7
地衣芽孢杆菌（B. licheniformis）	杆菌肽	0.1～1
抗生链霉菌（S. antibioticus）	放线菌素	1.4～17
金霉素链霉菌（S. aureofaciens）	四环素	0.14～0.2
卡那霉素链霉菌（S. kanamyceticus）	卡那霉素	2.2～5.7
短小芽孢杆菌（B. pumilus）	短杆菌肽	10～50
结节链霉菌（S. nodosus）	两性霉素	1.5～2.2
诺尔斯链霉菌（S. noursei）	制霉菌素	1.6～2.6
灰色链霉菌（S. griseus）	杀念珠菌素	0.5～5

另外，同一菌株在不同的磷酸盐浓度下能合成不同的目的产物。例如，棒状链霉菌在高浓度磷酸盐（25mmol/L）培养时，合成克拉维酸的基因表达受到抑制，而合成头霉素的基因表达却不受影响，这样就可通过调节培养基中磷酸盐的水平，来使头霉素与克拉霉素的合成分开进行。已有的研究表明，磷酸盐对抗生素生物合成的调节除了对生物合成酶基因表达发生阻遏外，对已形成的酶活性也有调节作用。

（五）酶的诱导调节

在次级代谢过程中，有些参与次级代谢产物合成的酶为诱导酶。其诱导机制可能按以下两种方式进行，即诱导物→刺激影响初级代谢造成代谢流的改变→大量生成次级代谢物；诱导物→次级代谢物合成酶的合成→大量生产次级代谢物。

例如，蛋氨酸能提高头孢霉素C的产量，过去认为蛋氨酸似乎起供给硫源的作用，经过最近的研究，比较在含硫酸盐培养基中生长的产头孢霉素的菌丝形态与含蛋氨酸培养基中生长的菌丝形态，并比较各种硫化物的刺激效果，认为蛋氨酸的刺激效果主要是起诱导作用，而不是作为硫源的供给物。

诱导酶合成的诱导剂有些需外源加入，称外源诱导剂，而有些是菌体代谢过程中自身产生的，则称内源诱导剂。在抗生素的发酵过程中，有的初级代谢产物似乎对次级代谢产物的合成酶也起诱导作用。

表 4-7 次级代谢终产物的反馈调节

产物	调节作用
氯霉素	阻遏第一个酶：芳香胺合成酶
卡那霉素	阻遏酰基转移酶
嘌呤霉素	阻遏 O-甲基转移酶
霉酚酸	抑制合成途径最后一步转甲基酶

（六）产物的反馈抑制

在次级代谢产物合成中，反馈调节起着重要作用。这种反馈调节有以下两个方面。

1. 终产物的反馈调节

次级代谢产物的过量积累也能像初级代谢那样，反馈抑制其合成酶系（表 4-7）。

2. 分支代谢中初级代谢的反馈调节对次级代谢的影响

这种影响有以下两种方式。

第一种方式：次级途径和初级途径具有共同的分支中间体，由分支中间体产生的初级代谢终产物的反馈调节可能影响次级代谢产物的形成，如赖氨酸对青霉素生物合成的反馈调节。青霉素的生物合成是从赖氨酸合成途径中分支出来的，α-氨基己二酸为分支的中间体，赖氨酸是初级代谢产物，能抑制本身合成途径中的第一个酶——同型柠檬酸合成酶，因而使合成青霉素的前体——α-氨基己二酸的合成受到影响，进而导致青霉素的产量下降（图 4-40）。

第二种方式：在次级代谢产物生物合成途径中，初级代谢的终产物作为前体合成次级产物，由于这些终产物是受次级代谢反馈调节的，因而也必然影响后面的次级代谢产物的合成，外源前体也将导致反馈调节，如缬氨酸是合成青霉素分子中四氢噻唑环的直接前体，但是又能反馈抑制自身合成途径中的第一个酶——乙酰羟羧酸合成酶的活性，从而使青霉素合成受影响（图 4-41）。

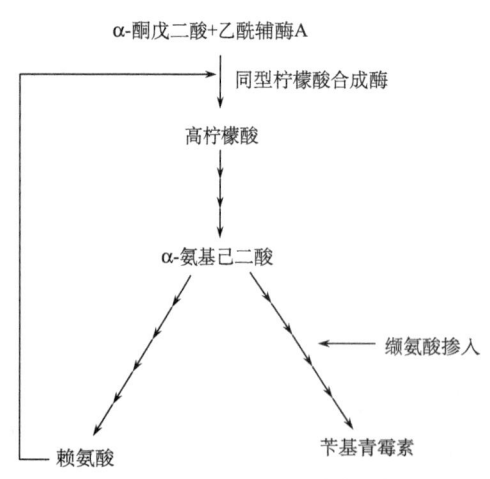

图 4-40 赖氨酸对青霉素生物合成的反馈调节（引自：杨生玉等，2007）

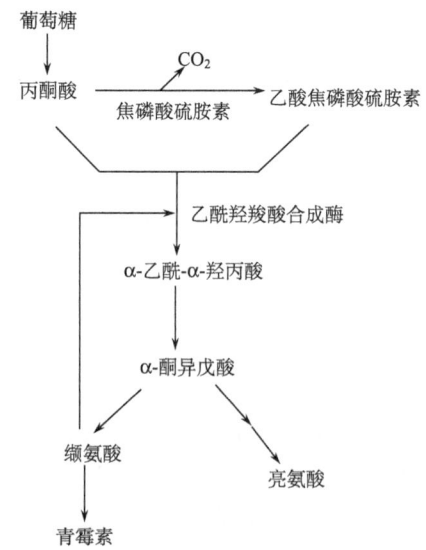

图 4-41 缬氨酸对乙酰羟羧酸合成的反馈调节（引自：杨生玉等，2007）

又如抗生素生物发酵过程中，加入前体可显著增产，但外源前体多数并非是菌体生长所必需的，超过一定限度时，则引起对菌体的"毒性"。青霉素G侧链前体——苯乙酸的浓度超过0.1%时，就会抑制青霉菌的生长发育。

（七）细胞膜通透性调节

细胞膜通透性对次级代谢产物的调节是一个重要发现。如在培养基中加入油酸可以改变细胞膜的组成，使谷氨酸积累。谷氨酸可以诱导不产生新霉素的无活性变异株产生新霉素；在金丝菌素发酵中加入油酸，可使金丝菌素的合成前体——胱氨酸有一定的积累，有利于金丝菌素的产生。在青霉素发酵中，产生菌细胞膜输入硫化物能力的大小是影响青霉素发酵单位高低的一个因素，因为菌体内需要有足够的硫源来合成青霉素。利用诱变方法获得的青霉素高产菌株中，有的就是因为提高了细胞膜摄取无机硫酸盐的能力，即提高了细胞内硫酸盐的浓度，从而能有效地将无机硫转变为半胱氨酸，增加了合成青霉素的前体物质。又如，产生新生霉素的弗氏链霉菌和不产生新生霉素的变异株相比，两者细胞膜上的脂肪酸组成不同。当在培养基中加入油酸钠和氯化钠后，经培养后不产新生霉素的变异株的细胞膜又恢复成与亲株相同的脂肪酸组成，并开始合成新生霉素。因此，细胞膜通透性是代谢调节的一个重要方面。

此外，培养基中的金属离子及溶解氧、微生物生长速率也会对次级代谢产生或多或少的影响。

本章小结

1. 微生物的代谢可分为合成代谢和分解代谢，作为一个整体过程，保证生命活动得以正常进行。

2. 微生物代谢类型多种多样。异养微生物在有氧或无氧条件下，以有机物为生物氧化基质，氧和其他无机物为最终电子受体，通过有氧呼吸或无氧呼吸产生能量和合成细胞的前体物质。有些异养微生物在无氧条件下以有机物为生物氧化基质和最终氢受体，产生少量能量和乳酸、乙醇、乙酸、甲酸、丁酸等发酵产物。自养微生物通过光合作用和化能合成作用，获得能量并通过同化二氧化碳和其他无机盐合成细胞物质。

3. 微生物将化学能和光能转变为生物能，这些能量用于合成细胞物质及其他耗能过程。如运动、营养物质运输及发光等。

4. 微生物细胞的代谢受着严格的调节，调节方式主要有两类，一类是酶活性调节，调节的是已有酶分子的活性，是在酶化学水平上发生的；另一类是酶合成的调节，调节的是酶分子的合成量，这是在遗传学水平上发生的。在细胞内这两种方式协调进行。

5. 微生物次级代谢途径多样，受多种因素影响。次级代谢物种类繁多，其中许多具有重要经济意义。与初级代谢相比，微生物次级代谢要复杂得多。

习题
1. 名词解释：新陈代谢、生物氧化、发酵、糖酵解、呼吸作用、氧化磷酸化、底物水平磷酸化、同型乳酸发酵、异型乳酸发酵、有氧呼吸、无氧呼吸、硝酸盐呼吸、硫酸盐呼吸、延胡索酸呼吸。
2. EMP途径有什么特点？
3. HMP途径有何重要意义？

4. ED途径和磷酸己糖酮解途径各有什么特点？
5. 酵母菌利用葡萄糖进行的发酵有哪几种类型？分别在何种条件下进行？
6. 乳酸发酵有哪两条途径？它们的产物各是什么？
7. 分别说明丙酸发酵、丙酮-丁醇发酵的过程。
8. 请说出微生物无氧呼吸的类型及特点。
9. 化能自养微生物主要分为几大类群？它们各自的特点是什么？
10. 什么是 CO_2 的固定作用？微生物同化 CO_2 有哪两种方式？各有什么特点？
11. 微生物固定 CO_2 的3条途径分别是什么？
12. 什么是生物固氮？固氮微生物分为哪几种生理类群？
13. 什么是回补途径？主要有哪几种途径？
14. 葡萄糖生物合成代谢中的两个关键中间代谢物是什么？
15. 在氨基酸合成中，合成氨基酸的碳骨架和氨的来源分别是什么？
16. 氨基酸的合成主要有哪几种方式？
17. 微生物合成嘌呤核苷酸和嘧啶核苷酸分别有哪几种方式？
18. 微生物代谢的调节中，酶活性调节有哪两种方式？其机制分别是什么？
19. 分支代谢的反馈调节方式有几种？分别是什么？
20. 微生物次级代谢的特点是什么？次级代谢产物分为哪几种？
21. 微生物次级代谢受哪些因素的调节？

思考题

1. 比较酵母菌和细菌的乙醇发酵。
2. 简述自养微生物的生物氧化作用。
3. 如何利用次级代谢的诱导调节机制及氮和磷调节机制来提高抗生素产量？
4. 如何利用营养缺陷突变株进行赖氨酸发酵工业化生产？

（张秀敏）

第五章 微生物的生长繁殖及其控制

【本章导读】 本章主要从微生物的培养，细菌的生长与繁殖，真菌的生长与繁殖，环境对微生物生长的影响，微生物生长繁殖的控制，阐述微生物生长繁殖的规律、研究方法及其调控因素。具体概述微生物的纯培养、培养方法及微生物的同步培养、分批培养、连续培养；细菌的个体和群体生长以及原核微生物的生活史；霉菌和酵母菌的生长繁殖；影响微生物生长的外界因素以及如何利用化学、物理因素对微生物的生长和繁殖进行有效调控。

微生物的生长和繁殖是一个复杂的生命过程。细胞内物质有规律、不可逆的增加，最终导致细胞体积扩大的生物学过程称为生长。微生物的生长包括个体生长与群体生长，当生长到一定阶段，由于细胞结构的复制与重建并通过特定方式产生新的生命个体，导致生命个体数量增加的生物学过程称为繁殖。在高等生物中，生长与繁殖这两个过程可以明显区分开，但在低等生物尤其是单细胞微生物中，由于其个体微小，这两个过程是紧密联系且很难划分的。在微生物的研究与应用中，除非有特定目的，否则群体生长常常被作为衡量微生物生长的指标。微生物群体生长实质是一个包含着个体生长与个体繁殖交替进行的过程，具有明显的规律。外界环境因子对微生物生长和繁殖的影响，也是对微生物生长进行控制的基础。

第一节 微生物的培养

微生物培养是分析、研究微生物生长的前提。以提供丰富而均匀的营养物质为前提，微生物的培养应满足以下条件：适宜的温度和绝大多数微生物所必需的良好通气条件（少数厌氧菌除外）、适宜的物理化学条件和严防杂菌污染等。

一、微生物的纯培养

微生物在自然界中都是混杂地生活在一起。例如，土壤就是微生物的大本营，一粒土含有多种微生物。而在人为规定条件下，培养、繁殖得到的微生物群体称为培养物（culture）。要研究和利用某种微生物，就必须把它同其他微生物分开，得到只含一种微生物的培养物。微生物学中将在实验室条件下由一个细胞繁殖得到的后代称为纯培养（pure culture）。

下面列出的是目前实验室获得微生物纯培养的几种常用方法。

（一）稀释倒平皿法

稀释倒平皿法（pour plate method）是最常用的纯种分离法。先将待分离的材料用无菌水做一系列的稀释（如1∶10、1∶100、1∶1000、1∶10 000、…），取少许不同稀释液，分别与已融化并冷却到45℃左右的琼脂培养基混匀后倒入无菌培养皿，凝固后保温培养一段时间即有菌落出现（图5-1）。挑取平板上分散的单菌落，或重复上述操作数次，可得到纯培养。

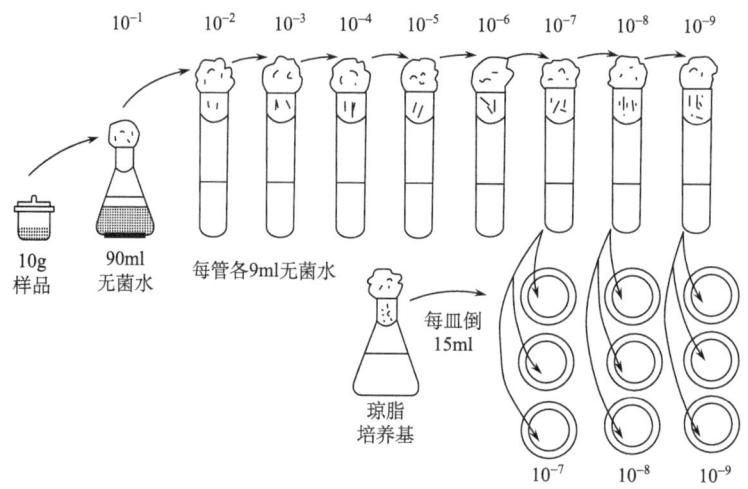

图 5-1 稀释倒平皿分离法（引自：周德庆，2002）

（二）平板划线法

平板划线法（streak plate method）是将已融化的培养基倒入无菌平皿中，凝固后用接种环挑取少许待分离材料，在培养基表面进行平行划线或其他形式的连续划线（图 5-2），微生物随着划线次数的增加而分散。保温培养后在划线的最后部分可形成由一个细胞繁殖而来的单菌落，获得纯培养。

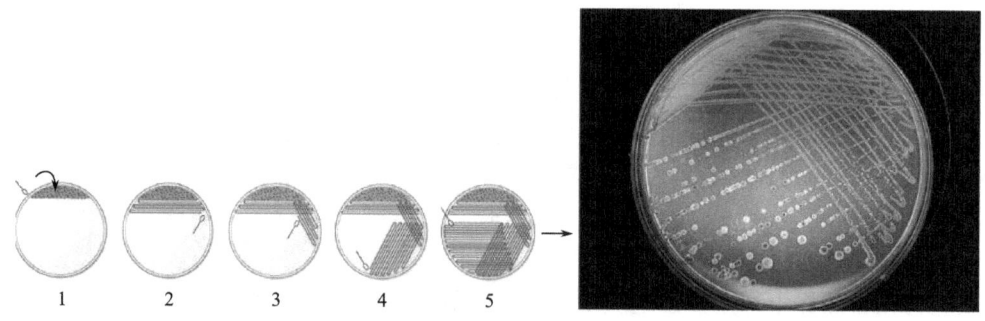

图 5-2 平板划线分离法（引自：Kathleen et al.，2009）

（三）单细胞挑取法

单细胞挑取法是从待分离的材料中挑取一个细胞培养获得纯培养的方法。将显微镜挑取器装置在显微镜上，把一滴待分离的微生物悬液置于载玻片上，在显微镜下，用显微镜挑取器上极细的毛细吸管对准单个细胞挑取，再接种于培养基上培养后可得到纯培养。

（四）选择培养基分离法

没有一种培养基或一种培养条件能够满足自然界中一切生物生长的要求，在一定程度上所有的培养基都是选择性的。如果某种微生物的生长需要是已知的，也可以设计一套特定环境使之特别适合这种微生物的生长，因而能够从自然界混杂的微生物群体中把这种微生物选择培养出来。这种通过选择培养进行微生物纯培养分离的技术称为选择培养分离，这种技术对于从自然界中分离、寻找有用的微生物是十分重要的。

二、微生物的培养方法

根据培养微生物时是否需要氧气，微生物的培养方法可分为好氧培养和厌氧培养两大类，每类又可根据培养基的物理状态分为固体培养和液体培养。

（一）好氧培养方法

1. 固体培养方法

将微生物的菌种接种于固体培养基的表面进行生长繁殖的方法。该方法可用于微生物的生长、移植、保存、分离、鉴定、测定抗生素效价、检测水质和食品质量及工业生产等方面。

实验室中常见的培养方法有试管斜面、培养皿平板及茄瓶斜面等方法；而在工业生产中，主要是用固体物料、水或营养盐构成的结构疏松的固体培养基来培养微生物，该法在酱油、白酒和醋等传统发酵产品的生产中得以广泛应用；在食用菌的生产中，通常是将棉籽壳和木屑等与适量水、无机盐混合成固体培养料，装袋后将菌种接种于其中并进行培养。

2. 液体培养方法

将微生物菌种接种于液体培养基中进行培养的方法。实验室中常见的有静止培养、摇瓶振荡培养、台式发酵罐培养等方法。

静止培养是指接种后的液体静止不动，如试管液体培养、浅盘培养法（shallow pan cultivation）。前者是将菌种接种到装有液体培养基的试管中，摇匀后静置于培养箱中培养，定时观察微生物液体的培养特征；而后者是将菌种接种至装有液体培养基的搪瓷盘中，使液面得以与空气广泛接触，早期培养黑曲霉进行柠檬酸发酵时就是采用该方法。

摇瓶振荡培养是将菌种接种到装有液体培养基的三角瓶中，然后在摇床上进行振荡培养，使空气中的氧气不断溶解于液体培养基中。这种方法广泛用于种子培养、扩大发酵。

台式发酵罐培养是实验室中较大量的通气扩大培养，容器一般可采用罐容在 5～30L 的小型发酵罐，一般用于发酵基本条件的研究，是发酵过程工业化放大必须经过的过程。

在工业上大规模培养微生物主要是采用深层液体发酵的方法，所用装置为大型发酵罐（图 5-3）。大型罐具有提高氧的利用率、减少动力消耗、节约投资和人力、易于管理等优点。目前常用的气升式发酵罐最大容积可达 3000m³。在工业生产中，如果是进行液体厌氧发酵，如乙醇发酵，则不需使用通气搅拌的发酵罐。

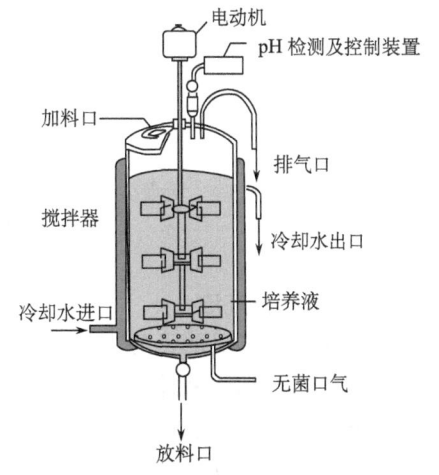

图 5-3　搅拌发酵罐的结构示意图
（引自：杨汝德，2001）

（二）厌氧培养方法

1. 固体培养方法

微生物的厌氧培养除了需要特殊的培养装置外，还需要在培养基中加入还原剂和氧化还原指示剂。实验室中用固体培养基培养厌氧菌，早期主要是采用厌氧培养皿、高层琼脂柱等方法，而现今 Hungate 滚管技术、厌氧罐（anaerobic jar）技术及厌氧手套箱（anaerobic glove box）技术已经取代前者成为现代研究厌氧菌最有效的 3 项基本技术（图 5-4）。

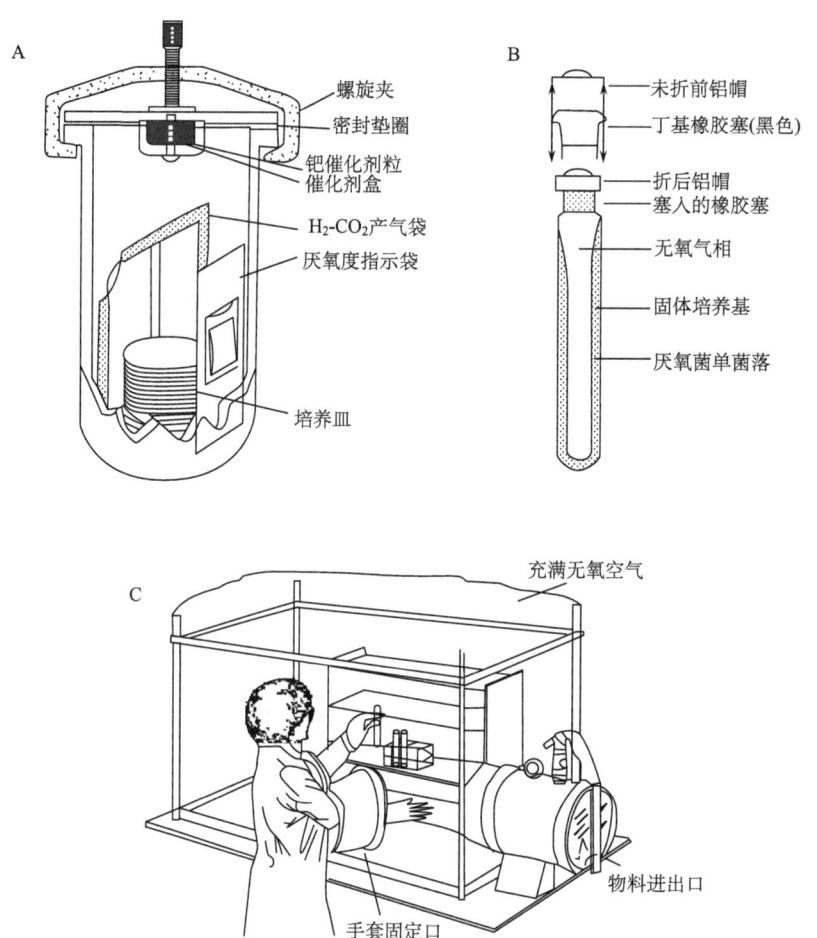

图 5-4 厌氧微生物的培养装置（引自：李阜棣和胡正嘉，2000，重绘）
A. 厌氧罐；B. Hungate 厌氧试管；C. 厌氧手套箱

2. 液体培养方法

工业生产中常见的乙醇、啤酒、丁醇、丙酮及乳酸等的发酵生产，主要采用厌氧的液体静止培养方法，即将液体培养基装入发酵罐中，接种菌种之后密闭、不通气而进行静置保温培养。此种方法的优点是发酵速度快、周期短，发酵完全，原料利用率高，适用于大规模机械化、连续化、自动化生产。

三、微生物的同步培养

同步培养（synchronous culture）是一种培养方法，通常在微生物群体中，每个个体的生长、生理与代谢活性等特性不一致，就会出现生长与分裂的不同步现象，同步培养就是使群体中不同步的细胞转变成都处于同样细胞生长和分裂周期，即使群体细胞都处于同一生长阶段，并同时进行分裂的生长方式称为同步生长。通过同步培养方法获得的细胞被称为同步细胞或同步培养物。同步培养物常被用来研究在单个细胞上难以进行研究的微生物的生理与遗传特性。此外，作为工业发酵的种子，同步培养物是一种理想材料。

微生物同步培养方法很多，主要有机械法和环境条件控制技术两类。

（一）机械法

机械法是根据不同生长阶段的微生物细胞的体积与质量不同或与某种材料结合能力不同的原理，通过物理学方法，从随机的、不同步微生物群体中选择出同步群体的方法，其中常用的有下列几种。

1. 离心法

将不同步的细菌细胞培养物悬浮在不被此细菌利用的糖的梯度溶液里，通过密度梯度离心将不同生长期的细胞分布于不同的细胞带，分别将其取出进行培养，即可获得同步细胞（图 5-5）。

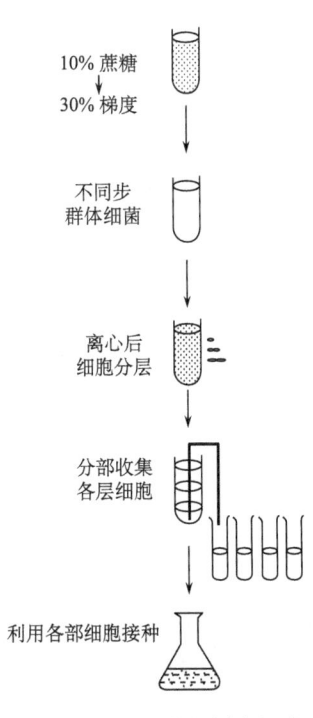

图 5-5　离心法获得同步细胞（引自：沈萍和陈向东，2006）

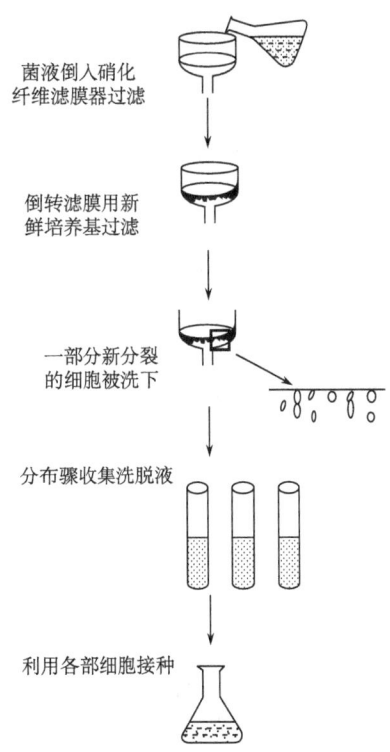

图 5-6　用硝酸纤维素法获得同步生长的细菌（引自：沈萍和陈向东，2006）

2. 过滤法

将不同步的细菌细胞培养物通过孔径大小不同的微孔滤器后，使大小不同的细胞分开，分别将滤器中的细胞取出进行培养，获得同步细胞。

3. 硝酸纤维素滤膜法

根据某些细菌能紧紧黏附在硝酸纤维素滤膜上的特点，将不同步的细菌细胞培养液通过衬有硝酸纤维素滤膜的过滤器，使细胞吸附于滤膜上，之后将滤膜反置，再以新鲜培养液流过滤器，以洗去未吸附牢的细胞，然后将放有硝酸纤维素滤膜的滤器放入适宜条件下培养一段时间，再以新鲜培养液流过滤器，这时新分裂形成的细胞就被洗下来，而后分部收集并通过培养获同步细胞（图 5-6）。

（二）环境条件控制技术

环境条件控制技术是根据细菌生长与分裂对环境因子要求不同的原理，通过环境条件的控制来获得同步细胞的方法。这种方法的机理尚不完全明确，可能是由此导致细胞内某些物质合成，这些物质的合成和积累可导致细胞分裂，从而获得同步细胞。

1. 温度

温度是影响微生物生长的重要环境因素之一，最适生长温度有利于微生物的生长繁殖，不适生长温度（如低温）对微生物生长有抑制作用，高温则导致微生物细胞易于衰老和死亡。利用此原理，我们可以通过对细胞进行适宜与不适宜温度的交替处理，经培养即获同步细胞。

2. 培养基成分控制

培养基应含有微生物生长所需要的一切营养物质，但更重要的是培养基中营养物质浓度和配比要合适，如果培养基中的碳、氮源或生长因子不足，可导致细菌缓慢生长直至生长停止。因此，将不同步的细菌在营养不足的条件下培养一段时间后，再转移至营养丰富的培养基里培养，即可获得同步细胞。此外，将不同步的细胞接种到含有一定浓度且能抑制蛋白质等生物大分子合成的化学物质如抗生素等的培养基上面，培养一段时间后转接至完全培养基培养，也可获得同步细胞。

3. 其他

对于光合细菌可以通过光照和黑暗交替培养的方式获得同步细胞；而对于芽孢杆菌可培养至绝大部分芽孢形成之后，通过加热处理杀死营养细胞，然后转接至新的培养基培养，即可得同步细胞。

四、微生物的分批培养

对微生物群体生长规律的研究，是通过分析微生物的生长曲线来进行的，而绘制生长曲线，首先要对微生物进行分批培养（batch culture）。分批培养是在封闭系统中对微生物进行培养的方法，即将微生物置于一定容积的培养基中，培养基一次加入，此后不予补充、更换，也不排出产生的废物，经过培养生长，最后一次收获的培养方式。在这种培养方式下，培养基中的营养物质会随着微生物的活跃生长被逐渐消耗，代谢产物逐渐积累产生的毒害作用会导致微生物生长速率下降并最终停止生长。

五、微生物的连续培养

微生物的连续培养（continuous culture of microorganism）是在一个恒定容积的流动系

统中培养微生物,在培养过程中不断补充新的营养物质并以同样的速率排出废物,使该系统中的细胞数量和营养状态保持恒定。这种培养方式,能够使微生物以恒定的比生长速率生长并持续生长下去。它不仅可为微生物研究工作提供一定生理状态的实验材料,而且可以提高发酵工业的生产效益和自动化水平,是现代发酵工业的发展方向。

根据连续培养控制方式和使用目的不同,主要有恒化器(chemostat)连续培养(图 5-7A)和恒浊器(turbidostat)连续培养(图 5-7B)两种类型。

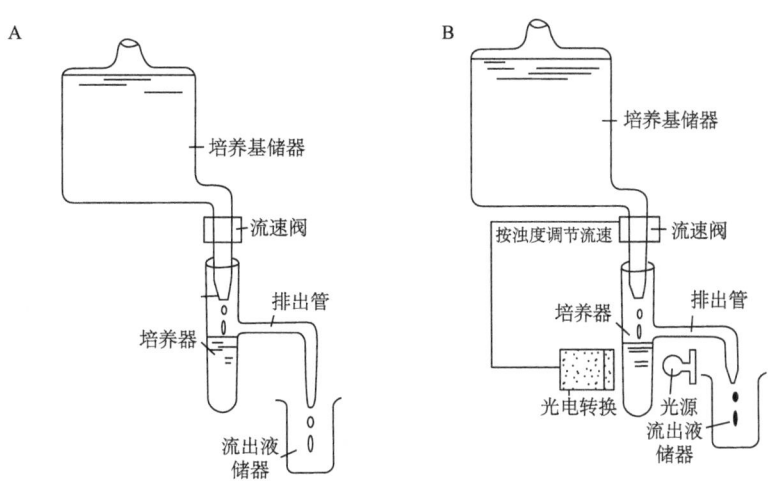

图 5-7　恒化器连续培养(引自:周德庆,2002)
A. 恒化器连续培养;B. 恒浊器连续培养

恒化器连续培养是在整个培养过程中,通过控制培养基中某种必需营养物质的浓度基本恒定的方式,来调节微生物的生长速率及其细胞密度。

恒浊器连续培养主要是通过连续培养装置中的光电系统控制培养基中菌体浓度恒定,使细菌生长连续进行的一种培养方式。通过光电系统调节稀释率(培养基流速与容器体积之比)来维持菌体密度恒定。

第二节　细菌的生长与繁殖

由于微生物个体微小的特殊性,以单个微生物细胞的生长繁殖进行研究很困难,故除特定的研究目的外,一般所言的微生物生长是指群体生长。某一微生物的生长所表现的形态、发育、生理与代谢性能等诸多特点,是该微生物的遗传特性和其所处的理化环境相互作用的结果。

一、细菌的个体生长

在适宜的环境中,微生物吸收利用营养物质,进行新陈代谢活动,当其同化作用的速率高于分解作用的速率,其原生质总量增加,细胞的质量和体积均增大,此现象称为细菌的个体生长。

(一)染色体 DNA 的复制与分离

多数细菌细胞均以二分裂(binary fission)的方式进行分裂,所需分裂时间较短(一

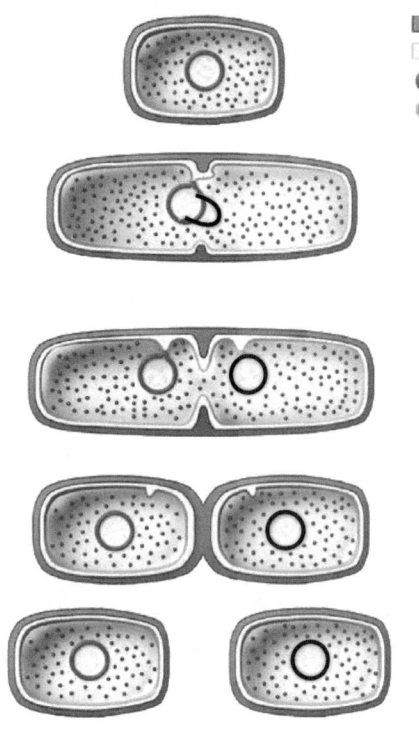

图 5-8 细菌个体生长中染色体 DNA 的分离和子代细胞的形成（引自：Kathleen，2009）

般为 20~30min），在适宜条件下细胞复制其组分，首先是新 DNA 链的合成，也就是染色体 DNA 的复制，随着膜的生长和细胞的分裂，两个新产生的子代染色体逐渐分离开来，最后到达两个子细胞中（图 5-8）。

不同类型的细菌染色体分离方式不同。革兰氏阳性菌含有中间体，随着染色体复制，中间体也一分为二，分别将复制好的一半染色体拉着向细胞两极移动，细胞中部的细胞膜向内凹陷形成横隔。同时，细胞壁也向内生长，最终分裂成两个子细胞。而革兰氏阴性菌无中间体，染色体直接连接在细胞膜上，复制产生的新染色体则附着在邻近的一点上，在两点之间形成新的细胞膜，将不同的染色体分离在两侧，最后细胞壁沿横隔内陷，分裂成两个子代的细胞。

（二）细胞壁扩增

细菌的细胞壁主要由含有 N-乙酰胞壁酸（N-acetyl muramic acid）和 N-乙酰葡糖胺（N-acetyl glucosamine）的肽聚糖（peptidoglycan）构成，肽聚糖相互交联形成网状结构，为细胞提供了一个牢固的"支架"，使细菌具有我们在显微镜下看到的各种形状。细胞壁在扩增过程中新合成的肽聚糖呈间隔分布，且在一个或多个位点插入，新老细胞壁分开，原细胞壁被推向两端。实验表明，所有种的细菌并非用同一种方式合成与扩增细胞壁。酿脓链球菌（Streptococcus pyogenes）细胞壁的扩增位置与方式迄今为止已研究得较为清楚（图 5-9）。从图 5-9 中可见培养 30min 的球菌细胞，新合成的细胞壁成分被运送和添加在被称为壁带（wall band）的球菌壁中部的赤道板上，新合成的细胞壁向两边延伸，并随生长的

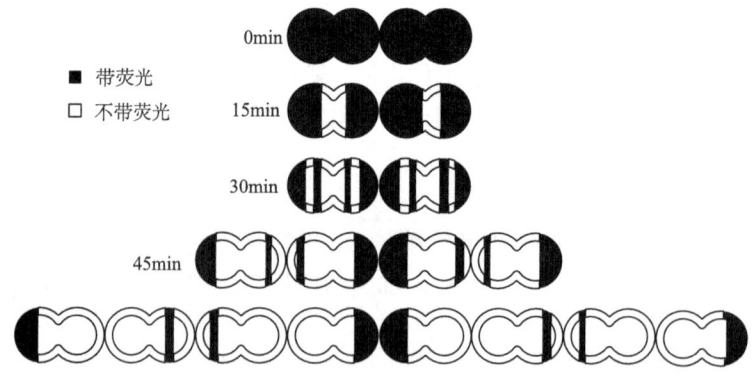

图 5-9 酿脓链球菌细胞壁的合成延伸（引自：Robert，1984）

继续在球菌壁中部出现内陷，逐渐形成**横隔**（septum），最后子细胞分离（图5-10）。

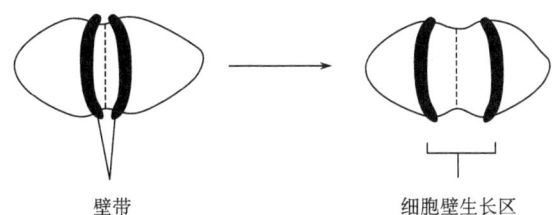

图5-10 细胞壁生长区与扩增方向（引自：Michael et al.，2003）

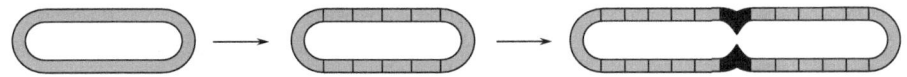

图5-11 细菌细胞壁的扩增（引自：Michael et al.，2003）

粪链球菌（*Streptococcus faecalis*）细胞壁扩增方式与酿脓链球菌类似。在粪链球菌中，新细胞壁扩增起始点在细胞中部称为壁带的区域，细胞壁扩增开始后先逐渐形成壁内陷凹痕（wall notch），在新细胞壁扩增过程中，壁内陷凹痕向外移动，最后在中央位置形成横隔，在新形成的两个子细胞壁的赤道位置上又可见新的壁带（图5-11）。下一轮的细胞壁扩增又从壁带开始，在新合成的细胞壁前体物添加到新细胞壁增长起始点时，由一种功能类似于溶菌酶的细胞壁水解酶对起始点原有肽聚糖先行水解，为新合成的细胞壁前体物开辟了"填充地带"。在杆状细菌中，其新合成的细胞壁前体物质添加到新细胞壁增长起始点时，由细胞壁水解酶对起始点原有肽聚糖先行水解，这一点与球菌类同。例如，抑制此类细胞壁水解酶，就能阻止细胞延长与分裂；但在杆状细菌中，细胞壁的扩增方式的研究目前尚未获得能被广泛接受的一致模式。

（三）细菌的分裂与调节

一个细菌的细胞分裂成两个子细胞后，完成了细菌的一次分裂，这需要通过细胞膜内陷，同时有新合成的肽聚糖插入，中间的横隔壁向心生长，在中心汇合后，形成两个新的子代细菌。在细菌分裂的这个过程中，有许多酶共同作用来调节分裂正确进行。其中与细胞壁的裂解和闭合有关的酶包括 N-乙酰葡糖胺酶和 N-乙酰胞壁酸酰胺酶，两者都作用于细胞壁肽聚酶的双糖链。N-乙酰胞壁酸-L-丙氨酸酰胺酶、D-Ala-D-Ala-羧肽酶、转肽酶、内肽酶和 LD-羧肽酶等，它们作用于胞壁肽聚糖的短肽链，这些酶相互协调控制着细胞壁打开，合成新的细胞壁物质插入以及细胞壁开口处的重新闭合等。虽然细菌细胞的生长和分裂过程研究得比较详细，但就其调节机制来说，还有待进一步研究确证。

微生物处于一定的物理、化学条件下，生长发育正常，繁殖速率也高。如果某一或某些环境条件发生改变，并超出了微生物可以适应的范围时，就会对机体产生抑制乃至灭活作用。

二、细菌的群体生长繁殖

微生物个体从小到大的增长，菌体的数量也会增多，这就进入了繁殖阶段。繁殖是指细胞生长到一定程度进行分裂产生同亲代相似的子代细胞的过程，繁殖导致微生物个体数量的增加，由于细菌结构简单，个体生长与群体繁殖交替进行，界限难以划清，所以实际上采用群体生长作为衡量微生物生长的指标。

（一）细菌群体生长规律

将一定数目的菌体细胞接种到液体培养基后，在适当的温度、湿度和光照条件下培养，定期取样测定单位体积培养基中菌体的细胞数，可发现细菌群体生长的规律。以培养时间为横坐标，以计数获得的细胞数目的对数为纵坐标。根据不同培养时间内细菌数量的变化，可以做出一条反映在培养过程中细菌生长规律的曲线，这种曲线称为生长曲线（growth curve）。通常可以把生长曲线划分为 4 个时期：延迟期（lag phase）、对数生长期（log phase）、稳定期（stationary phase）、衰亡期（decline phase）或死亡期（death phase）。

1. 延迟期

从生长曲线上（图 5-12）可以看出，最初的一定阶段细胞数量并没有增加或增加很少，生长速率几乎为"零"，这是由于细菌刚接种到一个新的培养基上，并不能马上分裂，要经过一定的时间来适应培养基。在这个适应阶段中，细菌先进行胞内物质和能量的积累。所以此时期也被称为适应期和调整期。此时细菌代谢旺盛，体积增大，胞内贮藏物质逐渐消耗，DNA 与 RNA、蛋白质等物质的量有所增加，各种诱导酶的含量也增加。对外界环境刺激较为敏感。

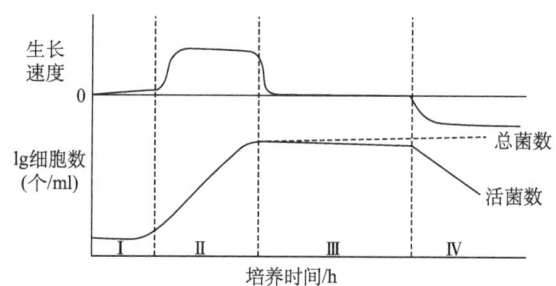

图 5-12 微生物生长速率变化和生长曲线（引自：周德庆，2002）
Ⅰ. 延迟期；Ⅱ. 指数期；Ⅲ. 稳定期；Ⅳ. 衰亡期

延迟期的长短因微生物种类、接种量和培养基的成分不同而异，可以从几个小时到几天甚至几个月不等。在工业发酵和科学研究中，较长的延迟期会导致生产周期延长、发酵设备利用率降低、能源消耗量增加等不利因素，造成不必要的能源浪费。但是作为细菌繁殖的起始阶段，菌体遗传物质的复制与装配又是必需的，所以应该采取有效地措施来缩短延迟期。①适当增加接种量；②适当增加培养基的有效成分；③用对数生长期的细菌接种；④通过遗传学和基因工程的方法改变菌种的遗传特性。

2. 对数生长期

经过延迟期后，细菌积累了大量的能量，并且适应了培养基的环境，进入到另一个新的阶段，即对数生长期，也称指数生长期。在此时期，细胞以最大的速率生长和分裂，细胞数量急剧持续地增加，细菌每分裂一次所需要的时间或数量增加 1 倍所需的倍增时间较短，菌体的大小、形态、生理特征比较一致；酶系活跃、代谢旺盛、活菌数和总菌数接近。对数生长期中，世代的间隔时间即群体生长的细菌分裂繁殖一代所需要时间称为传代时间（generation time）或代时。

3. 稳定期

在对数生长期后由于培养基内营养物质的消耗，细胞代谢废物的积累，培养环境的 pH 发生变化，有效成分降低，对细菌的生长产生许多不利的影响。这时细菌细胞的生长进入稳定期，此时细胞的生长速度下降，生长速率为零，即细胞繁殖速度与死亡速度相等，活细胞数目维持恒定，所以此期也称恒定期或平衡期。在此期内菌体产量达到了最高值；并且合成次生代谢产物；细胞内出现贮藏物质，芽孢菌内开始产生芽孢。在生产发酵和科学研究中，稳定期有利于对代谢物的收集，一些放线菌在此时期能够大量形成抗生素。因此，可以通过补充培养基成分，调节 pH、调节温度等措施来延长稳定期，以积累更多发酵产物。

4. 衰亡期

随着细胞培养环境中的营养物质消耗和有毒代谢物的大量积累，经过稳定期之后，细胞进入衰亡期，此时细菌死亡速度超过繁殖速度，活细胞数量明显下降，细胞的分裂速度明显呈现负增长，细菌表现的生理特征为：①细胞的代谢活性降低，由其自身产生的酶和代谢产物的作用而使菌体分解死亡，且死亡的细胞数目逐步提高，在衰亡期的后期，也可能会出现由于某些种类的细菌能产生抗性，而使细胞的死亡速率降低的现象。②由于细菌胞内的组分变化而使其细胞呈现畸形，这使得它们很难被鉴定。③衰亡期的持续时间因种类而异。有些细菌在几天内就经历所有阶段，然后死亡；有些存活时间却可以长达几个月甚至几年。

此外，不同的微生物，即使同一种微生物，对不同物质的利用能力是不同的。有的物质可直接被利用，如葡萄糖或 NH_4^+ 等；有的需要经过一定的适应期后才能获得利用能力，如乳糖或 NO_3^- 等。前者通常称为速效碳源（或氮源），后者称为迟效碳源（或氮源）。当培养基中同时含有这两类碳源（或氮源）时，微生物在生长过程中会产生二次生长现象。

（二）生长的数学模型

处于对数生长期的细菌在科研和生产实践都有重要的应用价值，它可直接用于某种微生物生长速率变化规律的研究和解决工业生产中发酵工艺中的应用问题。因此，如何通过数学公式来定量地反映这种客观物质运动的规律，科学家提出了通过建立生长的数学模型来表述微生物生长的动态变化过程。对数生长期中微生物的各细胞组分按一定比例增加，细胞数量是指数型，因此，对数生长期中细菌的生长可用如下公式表示：

$$\frac{dN}{dt} = \mu N \tag{1}$$

式中，N 为每毫升培养液中细胞的数量；T 为培养时间（h）；μ 为每单位数量的细菌或物质在单位时间（h）内增加的量，即比生长速率（specific growth rate）。假设细胞的对数生长期经历从 t_0 到 t_1，N_t 和 N_0 分别代表时间 t_1 和 t_0 时的细胞数量，可得

$$\ln N_t - \ln N_0 = \mu(t_1 - t_0) \tag{2}$$

将上式换算成以 10 为底的对数

$$\lg N_t - \lg N_0 = \frac{\mu(t_1 - t_0)}{2.303} \tag{3}$$

由上述公式可以推算出比生长速率 μ 为

$$\mu = \frac{\lg N_t - \lg N_0}{t - t_0} \times 2.303 \tag{4}$$

例如，某细菌对数生长初期（t_0）的每毫升培养液中的细胞数量 10^3 增加到每毫升 10^6，在此条件下该细菌的生长速率为

$$\mu = \frac{\lg N_{t_1} - \lg N_0}{t_1 - t_0} = \frac{\lg 10^6 - \lg 10^3}{3h} = \frac{6-3}{3h} \times 2.303 = 2.303/h$$

说明该菌在此条件下，每个细菌以每小时增加 2.303 个细菌的速度增长。在细菌的对数生长期中，代时（generation time）通常以 G 表示，在一个代时内，细胞数量增加 1 倍。根据公式（2）可以推算出代时生长速率之间的关系

$$G = t_1 - t_0 \quad N_t = 2N_0$$

$$G = \frac{l_n N_t - l_n N_0}{\mu} = \frac{\ln \frac{N_t}{N_0}}{\mu} = \frac{\ln 2}{\mu} = \frac{0.639}{\mu} \tag{5}$$

同理可以由细菌繁殖的世代数（以 n 表示）来推算 G。

$$N_t = N_0 \times 2^n$$

以对数表示为 $\lg N_t = \lg N_0 + n\lg 2$

$$n = \frac{\lg N_t - \lg N_0}{\lg 2} = 3.322(\lg N_t - \lg N_0)$$

$$G = \frac{t_1 - t_0}{n} = \frac{t_1 - t_0}{3.322(\lg N_t - \lg N_0)} \tag{6}$$

若以 R 来表示生长速率，则由 R 子繁殖世代之间的关系由公式（6）可得

$$R = \frac{n}{t_1 - t_0} = \frac{3.22(\lg N_t - \lg N_0)}{t_1 - t_0} \tag{7}$$

（三）主要生长参数

微生物生长过程中，迟缓时间、比生长速率和总生长量 3 个主要参数在生产实践中有着重要的参考意义。

1. 比生长速率

比生长速率是指每单位数量的细菌或物质在单位时间内增加的量。它与微生物的生长基质浓度密切相关，目前一般用莫诺（Monod）经验公式表示比生长速率与生长基质浓度之间的关系

$$\mu = \mu_m \times \left(\frac{S}{K_s + S}\right)$$

式中，μ_m 为最大比生长速率；S 为生长的基质浓度；K_s 为比生长速率为最大比生长速率一半时的基质浓度。

在同种基质里它是一个常数，K_s 通常很小；根据莫诺经验公式，当基质浓度很高时，K_s 可以忽略不计，即 $K_s + S = S$，此时 $\mu = \mu_m$，细菌以最大比生长速率生长，对数生长期细菌的生长就属于这种情况；当基质浓度很低时，即 $K_s + S = K_s$，则 $\mu = \frac{\mu_m}{K_s} \times S$，此时，比生长速率与基质浓度成正比，基质浓度变化引起比生长速率迅速变化。

2. 迟缓时间

微生物在生长过程中，在实际条件下达到对数生长期所需时间与理想条件（无延迟期）下达到对数生长期所需时间之差，称为迟缓时间。例如，菌数由 N_0 增加到 N_p，实际上所

用的时间为 T_p；如果在理想条件下所需要的时间为 T_i，这时 T_p 与 T_i 之间的差即为该菌在此生长条件下的迟缓时间（图 5-13）。在曲线上从 T_p 作平行纵坐标的直线与理想生长曲线相交，该交点为不存在迟缓时间时所应达到的菌数（N_i），此时的 N_i 与 N_p 之间的差值为迟缓生长量，即为迟缓期存在所未能达得理想数量的那部分生长量。

迟缓时间长短客观反映了细菌生长条件的适合程度。在生产实践中，这个时间越短越好。迟缓生长量则反映了迟缓期给细胞物质的工业化生产所造成的损失。

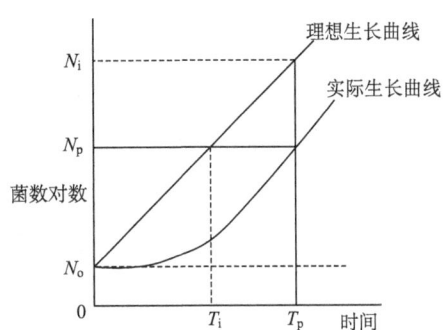

图 5-13 迟缓时间（T）与迟缓生长量（N）（引自：沈萍和陈向东，2006）

3. 总生长量

总生长量代表在某一时间里，通过培养所获得的微生物总量与原来接种的微生物量的差值，总生长量大小客观上也反映了培养基与生长条件是否适合于菌的生长。与总生长量相关的另一个参数是产量常数（K），它代表了在培养过程中所获得的总生长量与获得这个总生长量所消耗基质总量之比，即

$$K = \frac{总生长量}{所消耗基质的总量}$$

式中，K 值大小代表微生物对基质同化的效率，反映了微生物利用某种基质生长的效果，因此，在生产实践中应采取有效措施，提高 K 值以创造更大的经济效益。

三、原核微生物的生活史

（一）细菌

细菌最主要的繁殖方式是二分裂，就是在细菌细胞生长到一定阶段时，一分为二，由一个细胞变成两个子细胞。细菌二分裂时，细胞中的遗传物质，即 DNA 先进行复制，然后在细胞的中央形成横隔壁，最后子细胞分裂，每个子细胞都具有一个 DNA 分子。细菌在人工配制的固体培养基上生长、繁殖时，大量细胞以其母细胞为中心，聚集在一起形成一个肉眼可见的、具有一定形态结构的子细胞群，称为菌落（colony），许多菌落连成一片时，则称为菌苔（lawn）（图 5-14）。菌落可作为菌种鉴定和判断纯度的重要依据。

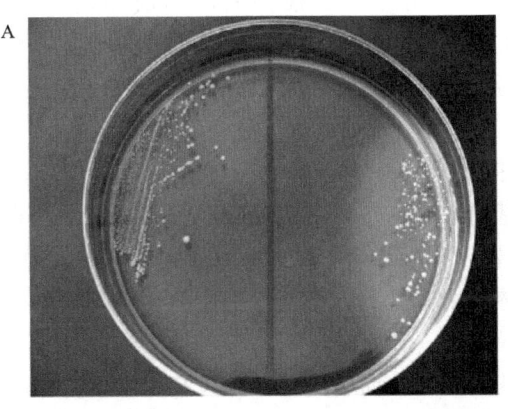
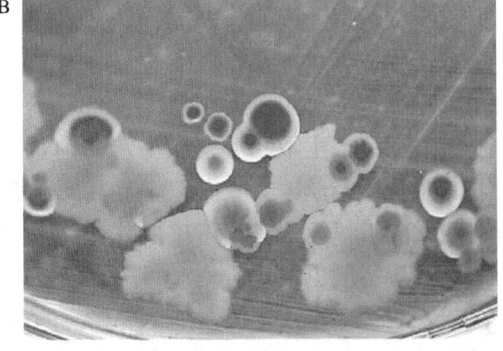

图 5-14 繁殖的细菌菌落（引自：Kathleen et al.，2009）

在少数细菌中，还存在着其他的繁殖方式，如不等二分裂、出芽繁殖、三分裂和多分裂等。不等二分裂是二分裂的变体形式，柄细菌的繁殖就是一个典型的例子（图 5-15）。柄细菌的形态很有趣，它仅在一端生出一根鞭毛（细菌的运动"器官"）。繁殖前，在生鞭毛的一端长出一个柄，此时，鞭毛就消失了，之后，细胞伸长，在细胞的另一端长出一根鞭毛。细胞分裂后，形成形态不同的两个子细胞，一个有柄但无鞭毛，另一个只有鞭毛却无柄。有鞭毛的细胞生长到一定阶段后又开始上述的不等二分裂繁殖过程。

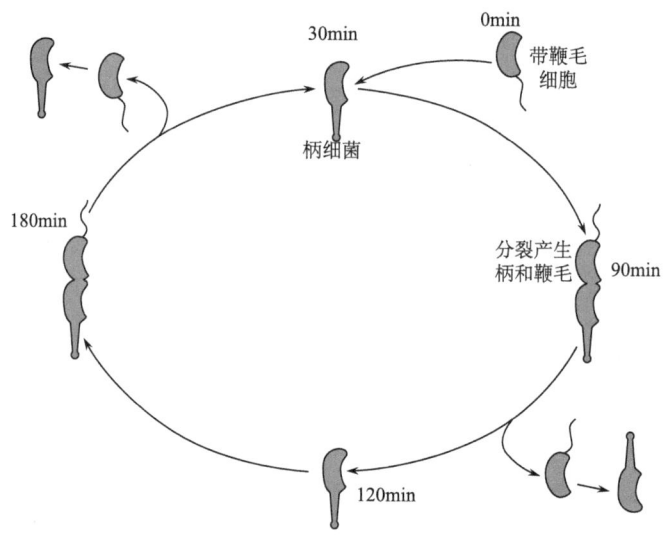

图 5-15　柄细菌生活史（引自：Gerard et al.，1998）

（二）放线菌

放线菌是一大类形态极为多样（杆状到丝状）、多数呈丝状生长的原核微生物。大多数放线菌以分生孢子繁殖，分生孢子主要通过在细胞内产生横隔的方式形成。长在空气中的气生菌丝顶端先弯曲成为孢子丝，然后形成横隔，细胞壁加厚并收缩，形成一个一个的细胞，最后细胞成熟，形成一串分生孢子。放线菌也可通过菌丝断裂的片段形成新的菌体。电子显微技术和超薄切片的研究表明，放线菌通过产生横隔膜的方式使孢子丝分裂成为一串分生孢子。孢子在适宜环境中吸收水分，膨胀萌发，长出 1~4 根芽管，形成新的菌丝体（图 5-16）。少数放线菌首先在菌丝上形成孢子囊，在孢子囊内形成孢囊孢子。孢子囊可在气生菌丝上形成，也可在营养菌丝上形成，或二者均可生成。孢子囊成熟后，释放出大量孢囊孢子，孢囊孢子可萌发形成菌丝体。

放线菌可产生不同形态和功能的菌丝，可将其分为 3 类：营养菌丝、气生菌丝和孢子丝。其中营养菌丝也称基内菌丝，生长于培养基内，它的主要功能是吸收营养物质，营养菌丝一般无隔膜，内含有许多核质体，直径为 $0.2~0.8\mu m$，但长度差别很大。有的无色素，有的能产生不同色素。若是水溶性的色素，可透入培养基内，将培养基染上相应的颜色。如果是非水溶性色素，则使菌落呈现相应的颜色。因此，色素是鉴定菌种的一个重要依据。气生菌丝是指营养菌丝发育到一定时期，从培养基向外，伸向空间的菌丝，它叠生于营养菌丝上，以至可覆盖整个菌落表面，在光学显微镜下菌丝较粗、颜色较深，直径为 $1~1.4\mu m$。

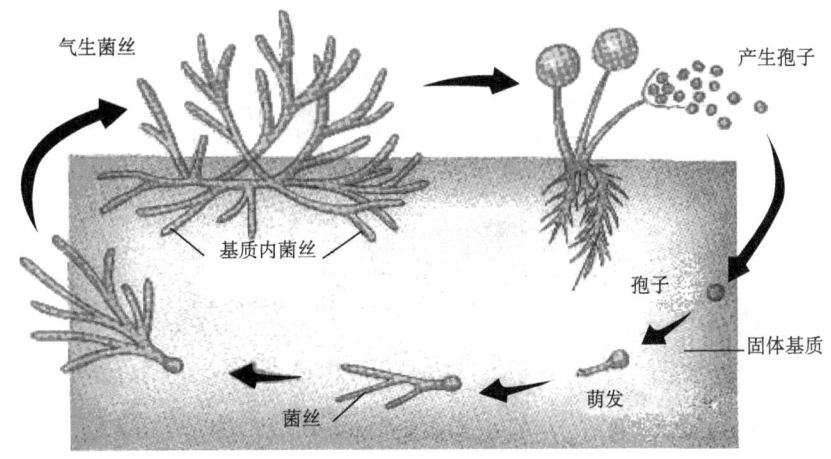

图 5-16 放线菌无性孢子及菌丝片段进行繁殖（引自：黄秀梨，1998）

孢子丝是放线菌生长发育到一定阶段，在其气生菌丝上分化而成的（图 5-17），孢子丝的形状和在气生菌丝上的排列方式随菌种而异，有直形、波曲、螺旋状等之分。孢子丝发育到一定阶段可形成孢子。由于孢子含有不同色素，成熟的孢子堆也表现出特定的颜色，而且在一定条件下比较稳定，故也是鉴定菌种的依据之一。

放线菌与人类有密切关系，主要表现在：①腐生型放线菌在自然界物质循环中起一定作用。②固氮型放线菌与植物共生固定氮气，如弗兰克氏菌属。③放线菌是抗生素的主要生产菌。目前，生产抗生素 1700 多种，50 种用于实际生活。④生产酶及维生素。⑤甾体转化、石油脱蜡、污水处理、烃类发酵等。⑥引起人、动物、植物的多种疾病。例如，人的皮肤病、脑膜炎、脚和肺部感染等；马铃薯、甜菜的疮痂病。

图 5-17 链霉菌的生活史
（引自：Gerard et al.，1998）
1. 孢子萌发；2. 基内菌丝体；3. 气生菌丝体；4. 孢子丝；5. 孢子丝分化为孢子

（三）粘细菌

粘细菌（myxobacterium）是具有复杂生活史的一属细菌。它的营养细胞呈杆状，柔软，且无坚硬的细胞壁，其直径小于 1.5μm，属于革兰氏阴性细菌，无鞭毛，其表面包裹着坚韧程度不同的黏液层，黏液层能够产生黏液，起到润滑作用，所以粘细菌能够在固体表面或气-水交界面上缓慢滑动。

粘细菌具有非常独特的生活史，它包括营养细胞和休眠体（子实体）两个阶段（图 5-18）。营养细胞发育到一定阶段，在适宜条件下，一群游动的营养细胞，可能借趋化反应，彼此向对方移动，在一定的位置聚积成团，形成子实体。不同属的粘细菌其子实体的形状各异。一般来说，粘细菌的子实体呈红、黄等鲜艳的颜色，肉眼可见。正因为能形成复杂的子实体，粘细菌可与所有其他原核生物区别开来。

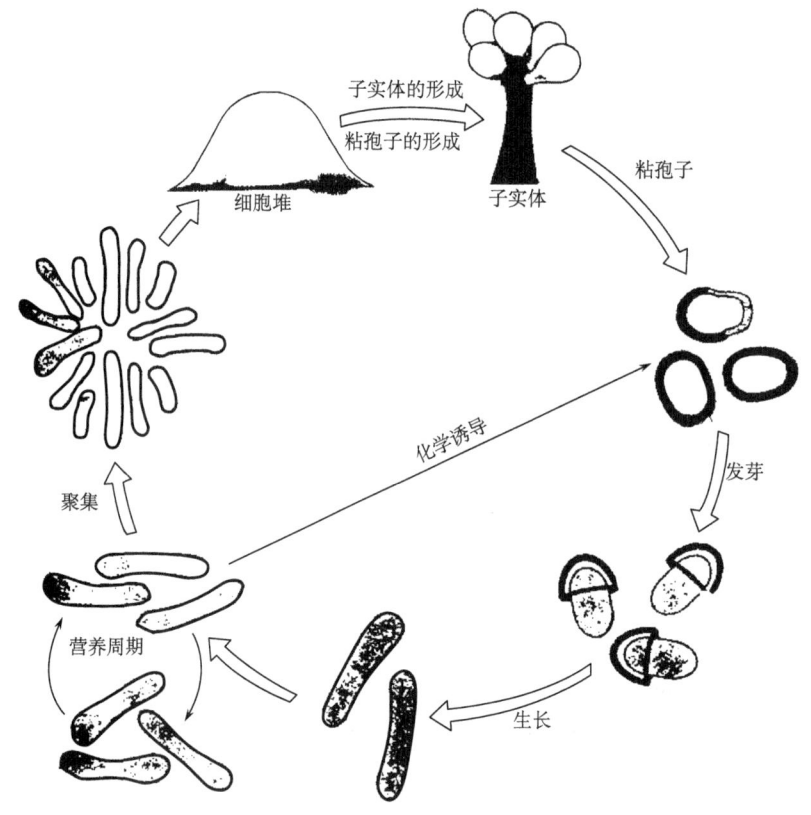

图 5-18　黄色粘球菌的生活周期（引自：孔繁翔，2000）

单个子实体中可能由于多个营养细胞的转变而成休眠结构，称为粘孢子（myxo-spore），与营养细胞相比，粘孢子对干燥、超声波振荡、紫外线和热的抗性较强，但耐热力不及芽孢。在有些属中粘孢子与营养细胞并无显着区别；有些属的粘孢子折旋光性强，并包有荚膜，称为微孢囊（microcyst）。子实体仅仅是一团松散的黏液和粘孢子的球状块，也可以形成一定形状的孢子囊柄和子实体壁的复杂形体。粘细菌的子实体通常生长于土壤表层，腐烂木材料、堆肥、厩肥和动物粪便上。在粘细菌的营养生长阶段如果有足够养料，那么它就不形成子实体，而当养料耗尽时，营养细胞群才开始形成子实体。产生的子实体干燥后，能够借助风力、水力等到处传播，遇到适宜环境又萌发为营养细胞。

由于粘细菌是原核生物中行为表现最复杂的一个类群，所以它是研究发育微生物学、微生物生态学等的重要实验材料，其分解复杂有机质（纤维素、几丁质、琼脂等）的能力也受到微生物学工作者的广泛重视。

（四）特殊类型

其他原核微生物还有支原体、立克次氏体、衣原体和螺旋体。它们的繁殖各有特点。

1. 支原体

支原体（mycoplasmal）是目前所能发现的能在无生命培养基中生长繁殖的最小的微生物。体形微小、无细胞壁，基因组相对分子质量约为 45×10^8，菌体细胞大小为 0.2～

0.3μm，很少超过 1.0μm。由 3 层蛋白质和脂质组成的膜样结构以及一层类似毛发结构组成。支原体无需依赖活细胞而能独立生活。以二分裂繁殖，还有断裂、分枝、出芽等方式，支原体没有细胞壁，所以其在分裂时形成的两个子细胞大小均一。同时，支原体分裂和其 DNA 复制不同步，可形成多核长丝体。支原体的一个发育周期持续 24~48h。

支原体能黏附在呼吸道或泌尿生殖道的上皮细胞表面的受体上，但不进入组织和血液。它从细胞吸收营养，从细胞膜获得脂质和胆固醇，引起细胞损伤；支原体代谢产生的有毒物质对细胞有很大伤害，如其代谢产生的神经毒素，能够引起细胞膜损伤。

由于支原体没有细胞壁，因此，对影响细胞壁合成的抗生素不敏感，但红霉素、四环素、卡那霉素、链霉素、氯霉素等作用于核糖体的抗生素，可抑制或影响支原体的蛋白质合成；另外，支原体对热的抵抗力非常差，通常 55℃经 15min 处理就可使之灭活。

2. 立克次氏体

立克次氏体（Rickettsia）是一类寄生于动物、植物活性细胞中的致病性原核微生物，它主要以节肢动物为传播媒介，其形态结构与细菌相似，主要以二分裂方式进行繁殖。与支原体不同的是，其细胞较大，无过滤性，大小介于病毒与一般细菌之间，除伯氏立克次氏体（Rickettsia burneti）外，均不能通过细菌过滤器［球状体：0.2~0.5μm；杆状体：(0.3~0.5μm)×(0.3~2μm)］；合成能力较强，且不形成包含体（inclusion body）。立克氏体常寄生在虱、蚤、蜱、螨等的消化道中。通过寄生于表皮细胞内的节肢动物的叮咬传给人或其他动物，如人的斑疹伤害、恙虫热、Q 热等疾病。流行性斑疹伤寒就是普氏立克次氏体通过人体传给人虱，在人虱的消化道内繁殖后，人虱再次叮咬人而致普氏立克次氏体在人和人虱之间传播。

某些种类的立克次氏体不能在人工培养基上生长繁殖，这是因为它们体内酶系不完全，所需的养料只能从宿主细胞获得；它们的细胞膜比一般细菌的膜疏松，营养物质较易通过，细胞内物质也容易漏出。立克次氏体与普通变形杆菌的菌体抗原有共同的耐热多糖抗原，用变形杆菌代替立克次氏体抗原进行非特异性凝集反应，检测患者相应抗体，可用于立克次氏体病的辅助诊断。

3. 衣原体

衣原体（chlamydia）是介于立克次氏体与病毒之间的一类专性活细胞内寄生的单细胞原核微生物。衣原体自身的结构非常简单，它是专门寄生在活细胞中的致病性微生物。由于它自己没有产能系统，需要从其他生物取得能量，故有"能量寄生物"之称。衣原体在宿主细胞内生长繁殖，具有独特的生活周期，即存在原体和始体两种形态（图 5-19）。原体(elementary body) 细小，呈圆形颗粒状，直径约 300nm。在电子显微镜下，原体中央有致密的类核结构，有高度感染性。衣原体的感染主要由原体引起；具有高度感染性的原体，通过胞饮作用进入宿主细胞，而后被宿主细胞包围形成空泡，原体逐渐增大成为始体（initial body）。始体比原体大，也为圆形颗粒，直径 800~1200nm，在电子显微镜下无致密类核结构，

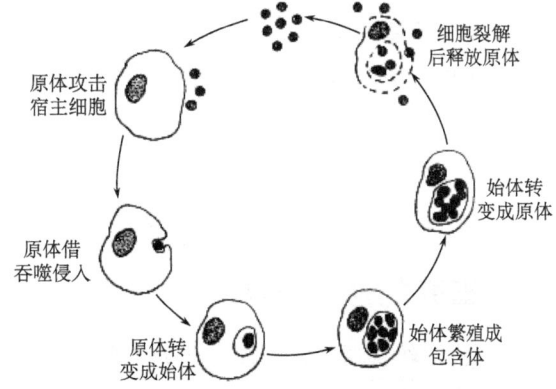

图 5-19 衣原体的生活史（引自：黄秀梨，1998）

而呈纤细的网状，外周围绕一层致密的颗粒状物质，并有两层囊膜包围。姬姆萨染色呈蓝色。始体无感染性，但能在空泡中以二分裂方式反复繁殖，直至形成大量产析的原体，积聚于细胞质内，形成各种形状的包含体，姬姆萨染色呈深紫色。当宿主细胞破裂时释放，重新感染新的宿主细胞。衣原体完成一次生活周期需24~48h。

衣原体还可以不经节肢动物传播而直接侵入寄主，通过这种方式能使鸟类、哺乳类动物受到感染。已知的与人类疾病有关的衣原体有3种，分别是鹦鹉热衣原体、沙眼衣原体和肺炎衣原体。这3种衣原体均可引起肺部感染。另外，它不耐热，60℃ 10min即被灭活，但它不怕低温，冷冻干燥可保藏多年。对红霉素、氯霉素、四环素敏感。

4. 螺旋体

螺旋体菌体细长、形如螺旋状，有细胞壁、细胞膜、细胞质及核区等基本的细胞结构，构成圆柱形的原生质柱，在原生质柱外缠绕着周质鞭毛，也称轴丝。每个细胞有2~100条以上轴丝。轴丝的一端固定，另一端游离，两端的轴丝在细胞中部重叠。轴丝与原生质柱再由3层膜包围，称为外鞘。螺旋体通过轴丝旋转和屈曲而运动。革兰氏染色阴性，内含物在染色的制片上显示有横条纹。

螺旋体以二均分裂方式繁殖。螺旋体广泛分布于多种动植物体内，有腐生和寄生两大类。腐生型常存在于污泥和垃圾中，而寄生种类能引起人畜疾病。

【知识窗——电子共生系统】

据英国《新科学家》杂志报道，科学家最新研究显示，地球上也具有像《阿凡达》电影中类似的互连感应生态系统，一种生活在海底泥泞沉积物中吞食硫黄的细菌就具备特殊的生物感应能力。

一些研究人员认为海底沉积层中的细菌通过微生物纳米线形成的网络进行连接，这些精细的蛋白质细丝携带电子来回摆动，使得细菌群落成为一个超有机体（一群相互依赖、共同行为成为一个单位的有机体）。目前，丹麦奥尔胡斯大学的彼得·尼尔森和他的研究小组发现了支持这一颇具争议理论的有力证据。

尼尔森相信细菌之间的传导蛋白质细丝网络起到了重要作用，这种传导网络可以实现远程氧化反应，在沉积层样本中缺氧深层的细菌通过蛋白质细丝传导电子，将信息通讯传递至样本表面富含氧气的沉积层样本中，这样沉积层样本表面富含氧气区域的细菌可释放氧气。尼尔森称这一过程是"电子共生现象"。美国加利福尼亚州圣地亚哥克雷格·文特尔协会生物地质化学家尤瑞·戈比指出尼尔森的研究很大程度地暗示了电子共生系统存在的可能性。

第三节 真菌的生长与繁殖

一、霉菌的形态结构

霉菌即丝状真菌的统称，非分类名词，凡在营养基质上能形成绒毛状、网状或絮状菌丝体的真菌，统称为霉菌。

构成霉菌菌丝营养体的基本单位是菌丝，其直径一般为3~10μm，与酵母菌相似，比细菌和放线菌菌丝粗几倍到几十倍。菌丝可以伸长并能产生许多分枝，分枝的菌丝相互交织在一起，称为菌丝体（图5-20）。幼龄菌体一般无色透明。

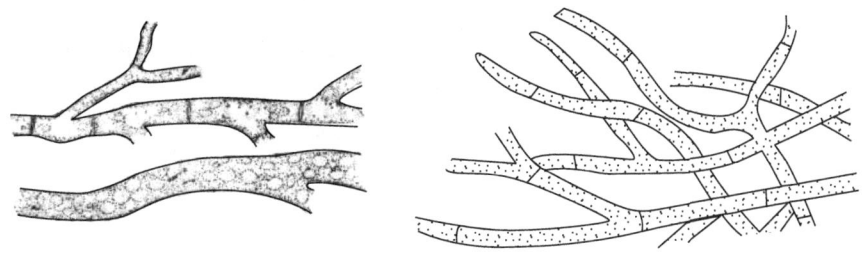

图5-20　霉菌菌丝（引自：Michael，2003）

根据菌丝中是否存在隔膜将霉菌菌丝分成两种类型：无隔膜菌丝和有隔膜菌丝。无隔膜菌丝是指菌丝中无隔膜，整团菌丝体就是一个单个细胞，细胞中含有多个细胞核。这是低等真菌所具有的菌丝，如根霉（*Rhizopus*）、毛霉（*Mucor*）等。有隔膜菌丝的菌丝中有隔膜，被隔膜隔开的每一段菌丝就是一个细胞，整个菌丝体由许多个细胞组成，每个细胞内有一个或多个细胞核。在隔膜上有一至多个小孔，使得细胞之间的细胞质和营养物质可以相互流通。有隔膜菌丝是高等真菌（子囊菌亚门和半知菌亚门中的霉菌）所具有的菌丝类型，如青霉（*Penicillium*）、曲霉（*Aspergillus*）等。

霉菌菌丝在功能上有一定的分化。在固体培养基上，一部分菌丝生长在基质中，吸收养料，称为营养菌丝；另一部分菌丝则向空中生长，称为气生菌丝。有的气生菌丝发育到一定阶段，可以形成生殖细胞，具有繁殖功能，称为繁殖菌丝（图5-21）。为适应不同的环境条件，更有效地摄取营养来满足自身生长发育的需要，许多霉菌的菌丝可以分化成一些特殊的形态和组织，这种特化的形态称为菌丝变态。常见的变态结构有以下几种类型。

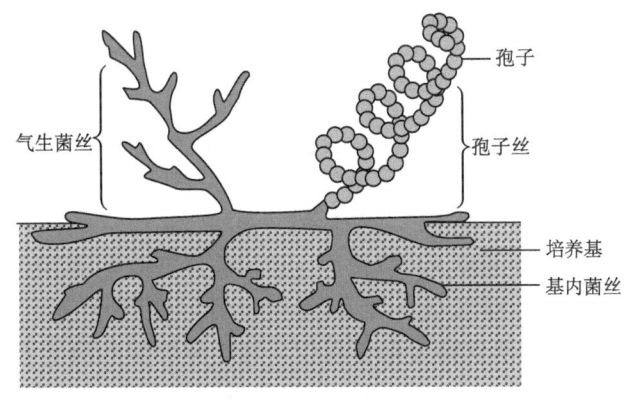

图5-21　霉菌的菌丝体结构（引自：Gerard et al.，1998）

（1）吸器。由专性寄生霉菌如锈菌、霜霉菌和白粉菌等产生的菌丝变态，它们是从菌丝上产生出来的旁枝，侵入细胞内分化成根状、指状、球状和佛手状等，用以吸收寄主细胞内的养料。

（2）假根。根霉属霉菌的菌丝与营养基质接触处分化出的根状结构，有固着和吸收养料的功能。

(3) 菌网和菌环。某些捕食性霉菌的菌丝变态成环状或网状，用来捕捉其他小生物，如线虫、草履虫等。

(4) 菌核。大量菌丝集聚成的紧密组织，是一种休眠体，可抵抗不良的环境条件。其外层组织坚硬，颜色较深；内层疏松，大多呈白色，如药用的茯苓、麦角都是菌核。

(5) 子实体。由大量气生菌丝体特化而成，子实体是指在里面或上面可产生孢子的、有一定形状的结构。例如，有3类能产有性孢子的结构复杂的子实体，分别称为闭囊壳、子囊壳和子囊盘。

二、霉菌的繁殖方式

霉菌具有很强的繁殖能力，繁殖方式多种多样，除了菌丝断片可以生长成新的菌丝体外，主要是通过产生无性孢子或有性孢子来完成生命的传递。霉菌的孢子具有小、轻、干、多、休眠期长、抗逆性强等特点。孢子的形态和产孢子器官的特征是分类的主要依据。

(一) 断裂繁殖

丝状真菌的菌丝片段可以生长繁殖，发育成新个体，一般称之为断裂繁殖。菌丝的生长是顶端生长，各个部分都有极性之分，即位于前端的为幼龄菌丝，后端的为老龄菌丝。在接种到新鲜培养基及培养过程中，菌丝如果断裂成断片，在这些断片的幼龄端会重新形成新的生长点，通过顶端生长使菌丝延长，这条菌丝又可以产生分支菌丝。一般来说，菌丝生长到一定阶段要先生成无性孢子，进行无性繁殖，到了后期，再在同一菌丝体上产生有性繁殖结构，形成有性孢子，进行有性繁殖。

(二) 无性孢子繁殖

无性繁殖是指不经过两性细胞的结合、核配和减数分裂，通常直接由营养细胞的分裂或是菌丝分化而形成同种新个体的过程。常见无性孢子有孢囊孢子、分生孢子、节孢子和厚垣孢子等。

1. 孢囊孢子

孢囊孢子（sporangiospore）是一种内生孢子，形成于囊状结构的孢子囊中，故称孢囊孢子，藻状菌纲的毛霉、根霉、犁头霉等都能产生此类孢子。霉菌菌丝发育到一定阶段，气生菌丝的顶端细胞膨大成圆形、椭圆形或梨形的"囊状"结构，囊的下方有一层无孔隔膜与菌丝分开而形成孢子囊，并逐渐长大。囊内原生质形成许多原生质小团（每个小团内包含1或2个核），每一小团的周围形成一层细胞壁，将原生质包围起来，形成孢囊孢子（图5-22）。顶端形成孢子囊的菌丝称为孢子囊梗，孢子囊梗伸入孢子囊内的部分称为囊轴。孢子囊成熟后破裂，散出孢囊孢子。该孢子释放后可随风飞散，遇适宜环境发芽，形成菌丝体。

孢囊孢子有两种类型，一种为生鞭毛、能游动的称为游动孢子，如鞭毛菌亚门中的绵霉属；另一种是不生鞭毛、不能游动的称为静孢子，如接合菌亚门中的根霉属。

2. 分生孢子

分生孢子（conidium）是霉菌中最常见的一类无性孢子，大多数霉菌以此方式繁殖。分生孢子是由菌丝顶端细胞或菌丝分化来的分生孢子梗的顶端细胞分割缢缩形成的单个或成簇的孢子，成熟后便自动脱落。这类孢子生于细胞外，故称为外生孢子。不同种类的霉菌，其

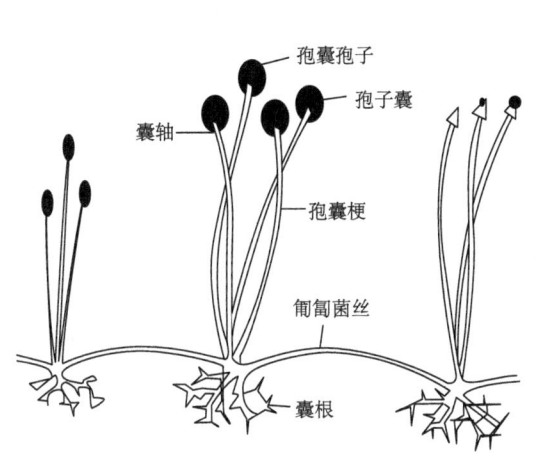

图 5-22 根霉结构示意图
（引自：周德庆，2002）

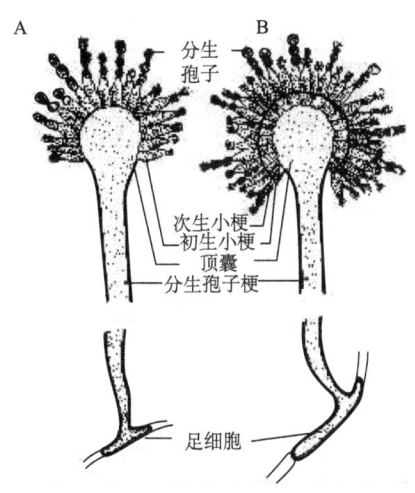

图 5-23 曲霉分生孢子及分生孢子梗（引自：黄秀梨，1998）
A. 分生孢子梗及一层小梗；B. 分生孢子梗及二层小梗

分生孢子的形状、大小、颜色、结构以及着生情况会有一些差异。例如，红曲霉的分生孢子着生在菌丝或其分枝的顶端，单生、成链或成簇，具有无明显分化的分生孢子梗；曲霉和青霉具有明显分化的分生孢子梗，分生孢子着生情况两者又不相同。曲霉的分生孢子梗顶端膨大形成顶囊，顶囊的四周或上半部着生一排或两排小梗，小梗末端形成分生孢子链。青霉的分生孢子梗顶端多次分枝成扫帚状。分枝顶端着生小梗，小梗上形成串生的分生孢子（图 5-23）。

3. 节孢子

节孢子（arthrospore）也称粉孢子，是白地霉等少数种类所产生的一种外生孢子（图 5-24），由菌丝中间形成许多横隔顺次断裂而成，孢子形态多为圆柱形。

图 5-24 地霉属的节孢子
（引自：Kathleen，2009）

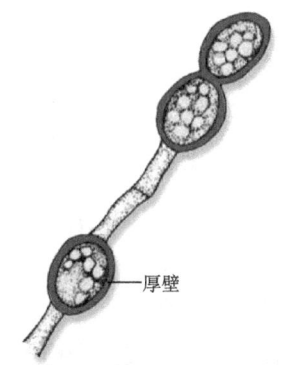

图 5-25 总状毛霉的厚垣孢子
（引自：Kathleen，2009）

4. 厚垣孢子

厚垣孢子（chlamydospore）又称厚壁孢子，由菌丝顶端或中间的个别细胞膨大，原生质浓缩、变圆，细胞壁加厚形成的球形或纺锤形的休眠体。它对外界环境有非常强的抵抗力，甚至在菌丝体死亡之后，厚垣孢子仍然可以存活。厚垣孢子的形态、大小和产生位置各种各样，常因霉菌种类不同而异，如总状毛霉（*Mucor racemosus*）往往在菌丝中间形成厚垣孢子（图 5-25）。

（三）有性孢子繁殖

真菌生长发育到一定时期（一般到后期）就会进行有性生殖。有性生殖是经过两个性细胞结合后细胞核进行减数分裂产生孢子的繁殖方式。有性生殖的方式因真菌的种类不同而有所差别。有的丝状真菌（如毛霉）的两条营养菌丝可以直接结合。但大多数真菌都是由菌丝分化成特殊的性细胞，如配子囊，通过雌、雄配子囊结合形成有性孢子。有性孢子繁殖的整个过程可以分为质配、核配和减数分裂 3 个阶段。第一阶段是质配，即经过两个性细胞的融合，两者的细胞质和细胞核（N）合并在同一细胞中，形成双核期（N+N）；第二阶段是核配，就是在融合的细胞内两个单倍体的细胞核结合成一个双倍体的核（2N）；第三阶段是减数分裂，双倍体细胞核（2N）经过两次连续的分裂，形成 4 个单倍体的核（N），从而回到原来的单倍体阶段。经过有性生殖，真菌可产生 4 种类型的有性孢子。

1. 卵孢子

卵孢子（oospore）由形状不同的异形配子囊（藏卵器和雄器）结合而产生的有性孢子。其形成过程为：菌丝侧生短柄，柄顶端膨大成圆形藏卵器。藏卵器分化出 1～n 个卵，卵球数目因菌种而异。每个卵球内仅含一个核，多余核都退化。成熟藏卵器有厚壁或表面有刺，壁厚度不均匀，有较薄处，便于雄器穿入。雄器产生于藏卵器的柄上，同一菌丝上或另一菌体上，其形状为棍棒状、拳头状或丝状。雄器与藏卵器接触后雄器生出一根小管刺入藏卵器，并将核与细胞质输入到卵球内。受精后的卵球发育为卵孢子。卵孢子外有厚膜包围，细胞内有大液泡和油滴。卵孢子的成熟过程长达数周或数月，故刚形成的卵孢子无萌发能力，经过一个休眠期才能萌发。

卵孢子是双倍体。以前认为卵孢子在萌发之前进行减数分裂。现已证明许多形成卵孢子的菌种在其整个营养时期都是双倍体。它们在发育雄器和卵球时才进行减数分裂，即在配子囊中进行分裂。卵孢子萌发时先生出一个芽管，然后分化形成游动孢子囊和产生游动孢子。卵孢子主要分布在较高等的鞭毛菌中（图 5-26）。

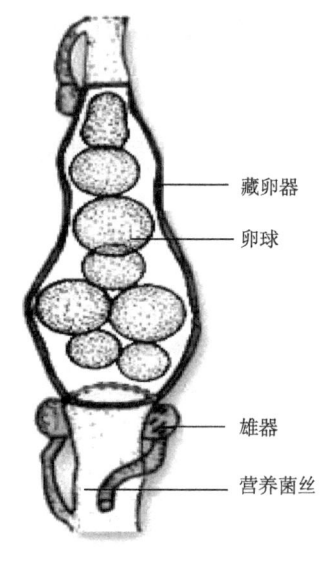

图 5-26　卵孢子示意图
（引自：Kathleen et al., 2009）

2. 接合孢子

接合孢子（zygospore）由菌丝生出形态相同或略有不同的配子囊接合而成。能形成接合孢子的菌，大多为异宗配合，也有同宗配合。同一菌丝体上的两菌丝相接触而形成接合孢子，称为同宗配合。两种不同性别菌系的菌丝相接触形成接合孢子，称为异宗配合。

接合孢子形成过程：当两条菌丝体相遇时，两个相邻的菌丝各自向对方伸出极短的侧枝（接合梗），其形如棒状。当两个接合梗向对方生长至接触时，每个小梗产生一个横隔，前端一个细胞为配子囊，含多个核；基部的细胞称为配囊柄。两个相接触的配子囊于连接处融通，其核与细胞质均融合，成为一个细胞（图5-27）。该细胞继续发育长大成为接合孢子。接合孢子内细胞核的变化主要有两种方式：一种方式为接合孢子中的所有核在几天内全部成对融合并进行减数分裂，形成单倍体核。另一种方式为接合孢子中的核融合，但不进行减数分裂，故接合孢子中的核为二倍体，直到孢子萌发才进行减数分裂。接合孢子主要分布在接合菌类中。

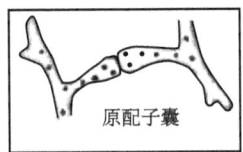 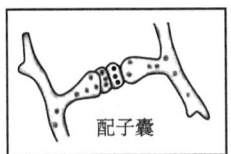 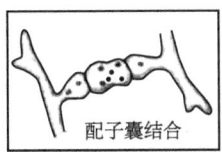 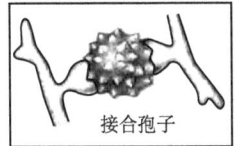

原配子囊　　　　　配子囊　　　　　配子囊结合　　　　接合孢子

图5-27　接合孢子形成过程（引自：Kathleen et al., 2009）

3. 子囊孢子

子囊孢子（ascospore）产生于子囊中。子囊是一种囊状结构，圆球形、棒形或圆筒形。一个子囊内通常含有2～8个孢子。

子囊孢子是通过异型配子囊配合产生的。钩状形成是其典型的形成方式：同一或相邻的两个菌丝细胞分别分化出雌性产囊体（ascogonium）和雄性的雄器，它们均含有多个核；当两个性细胞接触后，雄核及其细胞质转入产囊体；产囊体上生出许多产囊丝（ascogenous hypha），并有多对核进入产囊丝；产囊丝长到一定长度后顶端弯曲成钩状环，在产囊丝与钩尖各生出一个横隔，形成钩顶细胞；钩顶细胞发育为子囊，其中含两个不同性别的核；子囊内两个核融合，经过一次减数分裂和一次有丝分裂形成8个单倍体核；在每个细胞核周围产生膜并包围细胞质和核，并逐渐生出细胞壁发育成子囊孢子。一个产囊体上可以生出许多产囊丝，每根产囊丝发育出一个钩顶细胞后还可侧生分枝发育出另一根产囊丝，形成的许多子囊丛生在一起，被许多不孕的菌丝细胞包围，形成具有不同形态的被称为子囊果的结构。子囊果有3种类型：第一种为完全封闭的圆球形，称为闭囊壳；第二种为烧瓶状，有孔，称为子囊壳；第三种呈盘状，称为子囊盘。大多数子囊果形成后要有一个休眠期。

子囊孢子成熟后靠子囊吸水增加膨压，强力将子囊和子囊果破裂，或通过子囊上的孔口释放出来。释放出的子囊孢子在合适条件下萌发芽管，长成新菌丝体。子囊孢子、子囊及子囊果的形态、大小、质地和颜色等随菌种而异，在分类上有重要意义。子囊孢子是子囊菌纲的特征（图5-28）。

4. 担孢子

担孢子（basidiosopra）为外生孢子，因其着生于一个被称为担子的特化细胞上，故称为担孢子。担子是由通过菌丝联合交配而形成的双核菌丝分化形成的特殊细胞。

担子菌有两种菌丝：一种为单倍的初生菌丝，另一种为由初生菌丝联合生成的双核次生菌丝。双核菌丝中含有两个不同性别的核，它们只发生了质配，而尚未发生核配。这种状况可以维持很久。许多菌种的双核菌丝同样可以起到营养与蔓延的作用。双核菌丝通过锁状联合构造保证每个菌丝细胞内都含有两个不同性别的核。

锁状联合过程极为巧妙。当双核菌丝尖端细胞分裂时，在两核之间部位菌丝侧生一个钩状短枝，前一个核进入短枝内，后一个核仍留在菌丝中。两核同时进行一次有丝分裂，形成4个核，分裂后短枝中的一个核进入菌丝尖端，钩状短枝向下弯曲生长接触原来菌丝壁，形

图 5-28　子囊孢子的形态特征（引自：Kathleen，2009）

成拱桥形。菌丝分裂后的 4 个核有一对趋向菌丝尖端，钩状短枝基部形成横隔，短枝尖端与菌丝接触部位的细胞壁溶解，短枝中的另一核回到菌丝生长尖端后面的菌丝中，并生出另一横隔，将菌丝尖端的一对核与后面的菌丝隔开。当担子发育时，菌丝顶端双核细胞膨大，细胞质变浓厚，基部出现一个大液泡。担子内两个核配合成双倍体，不久进行减数分裂形成 4 个核，担子上部随即突出 4 个梗，每个核进入一个小梗内，小梗顶端膨胀生成担孢子，每个担孢子含 1 个单倍体核（图 5-29）。小梗与担子之间产生横隔。成熟的担孢子有两层壁，外壁不平，有刺、有颜色或其他装饰。担孢子靠弹射或其他机制自行脱落。担子有纵或横隔，或无隔。担子和担孢子的大小、形状、颜色和表面装饰都可以作为担子菌分类的依据。

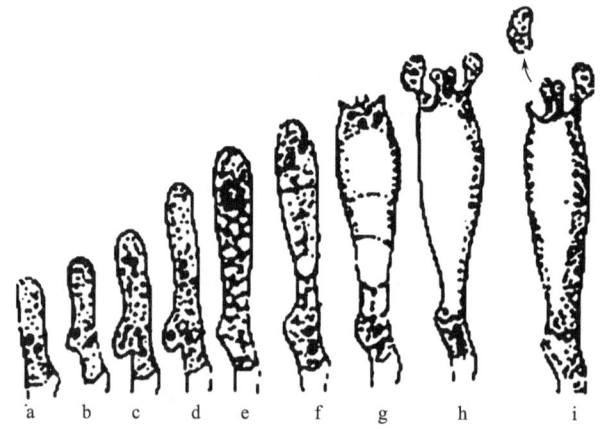

图 5-29　担孢子形成过程示意图（引自：Michael，2003）
a~d. 双核细胞；e. 核融合子；f~g. 核分裂（减数分裂和有丝分裂）；h. 担孢子形成；i. 担孢子成熟释放

此外，有些低等真菌如根肿菌和壶菌产生的有性孢子是一种由游动配子结合成合子，再由合子发育而成的厚壁的休眠孢子。

（四）丝状真菌的生活史

丝状真菌从一种孢子开始，经过一定的生长繁殖，其中包括无性繁殖和有性繁殖两个阶段，最后又产生同一种孢子，这一循环称为丝状真菌的生活史。丝状真菌典型的生活史为：首先，丝状真菌的菌丝体在适宜的环境下产生无性孢子，无性孢子萌发形成新的菌丝体，如此多次重复，此为生活史中的无性繁殖阶段。当菌丝生长繁殖到一定阶段以后，在特定的条件下，开始有性繁殖，即从菌丝体上分化出特殊的性细胞，经过质配、核配，形成双倍体细胞核，最后经过减数分裂形成单倍体孢子，孢子萌发后又形成新的菌丝体。这就是一般丝状真菌生活史的一个周期（图 5-30）。

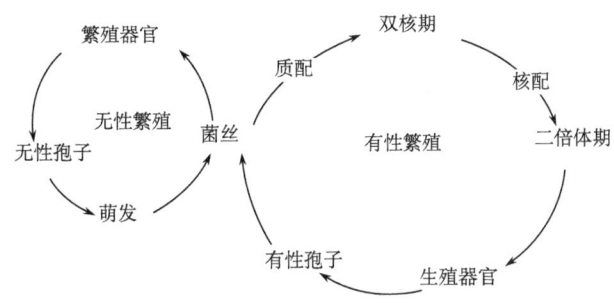

图 5-30　丝状真菌的生活史（引自：刘志恒，2002）

1. 根霉属（*Rhizopus*）

根霉菌丝无横隔膜，单细胞。菌丝体白色疏松的棉絮状菌落，可蔓延充满整个培养皿。根留在固体培养基或自然培养物上生长时，由营养菌丝体产生具有延伸功能的弧形匍匐菌丝，在培养基表面向四周蔓延生长，由此菌丝分化出分枝状的假根，接触基质并吸取养分。在与假根相对的方向上生出孢囊梗，顶端膨大形成孢子囊，内生孢囊孢子。孢子囊内有近球形的囊轴，囊颈茎部与梗相连处有囊托。孢子囊成熟后，孢囊壁消解或破坏，可释放出大量的孢囊孢子。孢子呈球形、卵形或不规则形，常有棱角和条纹，灰色、灰蓝色或浅褐色等。根霉在一定条件下，也能产生接合孢子进行有性繁殖（图 5-31）。

2. 毛霉属（*Mucor*）

毛霉的菌丝一般呈白色，不具横隔膜，为单细胞低等丝状真菌。菌丝体生长迅速，但不产生假根。由菌丝体直接生出孢囊梗，单生直立不分支或呈总状分支或呈假轴状分支，孢囊梗顶端膨大为孢子囊，内生孢囊孢子。成熟后孢囊壁消解或破裂释放出孢子，孢子无色、无条纹、光滑。囊内有囊轴，但囊基部无囊托。毛霉能产接合孢子进行有性繁殖。某些种还能

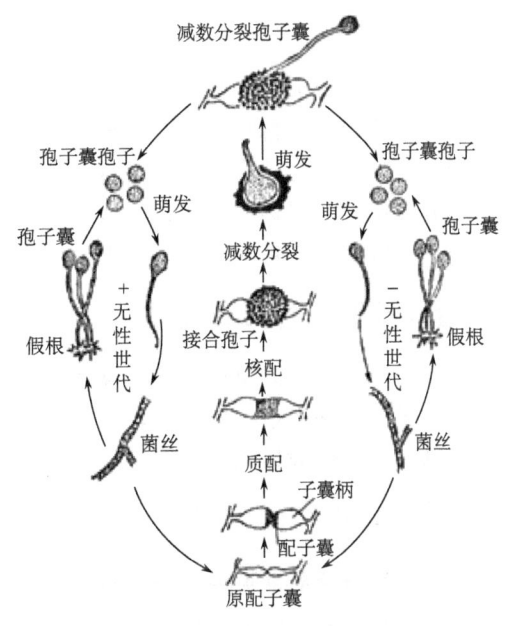

图 5-31　匍匐根霉的生活史
（引自：周德庆，2002）

产生厚坦孢子。

3. 曲霉属（*Aspergillus*）

曲霉的菌丝有横隔膜，为多细胞丝状真菌，某些菌丝细胞特化膨大成为厚壁的足细胞，由足细胞生出直立的分生孢子梗（无横隔），顶部膨大形成球形的顶囊。在顶囊的表面以放射状生出一层或两层小梗（初生小梗、次生小梗），小梗的顶端着生成串的分生孢子。顶囊、小梗及分生孢子链一起构成分生孢子头，分生孢子头具有各种不同的颜色和形状。少数形成有性阶段，产生子囊孢子（图 5-32）。

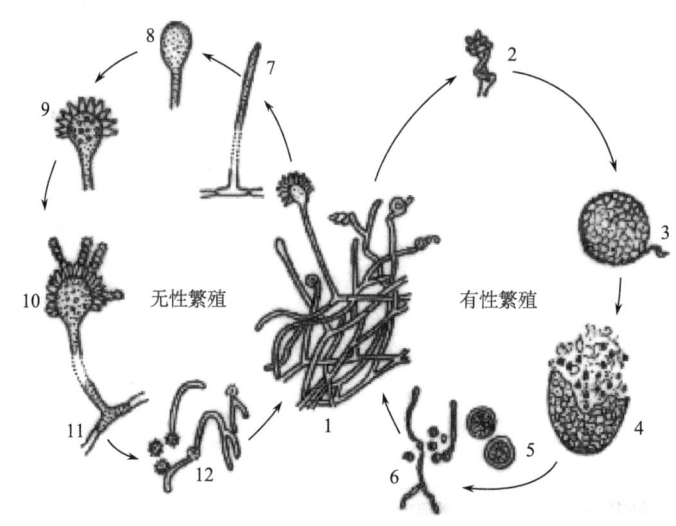

图 5-32 匍匐曲霉的生活史（引自：刘志恒，2002）

1. 菌丝体；2. 雄器与产囊器；3. 闭囊壳；4. 闭囊壳破裂：子囊及子囊孢子；5. 子囊及子囊孢子；6. 子囊孢子萌发；7~9. 分生孢子梗、顶囊、小梗的形成；10. 分生孢子头；11~12. 分生孢子萌发

4. 青霉属（*Penicilium*）

青霉的菌丝与曲霉相似，有横隔，多细胞，但无足细胞。分生孢子梗直接由气生菌丝生出，顶端不膨大成为顶囊，而是经过多次分枝成为帚状梗（孢子穗）。轴状枝由单轮、二轮或多轮分枝构成，对称或不对称。最后一轮分枝称为小梗，在小梗顶端产生成串的蓝绿色分生孢子。有极少数青霉能产生闭囊壳，内生子囊和子囊孢子。

三、酵母菌的生长繁殖

酵母菌个体一般以单细胞状态存在，其繁殖方式分为无性繁殖和有性繁殖两种。其中无性繁殖方式中出芽生殖最为常见，在各属酵母菌都存在；有性繁殖方式常形成子囊或子囊孢子，酵母属和接合酵母属一般属于这种类型。

（一）无性繁殖

芽殖是酵母菌最常见的繁殖方式。在良好的营养和生长条件下，酵母菌生长迅速，这时，可以看到所有细胞上都长有芽体，而且在芽体上还可形成新的芽体，所以经常可以见到呈簇状的细胞团。芽殖的大致过程是：成熟的母细胞在其形成芽体的部位长出芽细胞，芽细胞脱离母体，成为新的个体细胞。如果不脱离母细胞，又长出新芽，子细胞就和母细胞连接在一起，形成藕节状或竹节状的细胞串，称为假菌丝或真菌丝。芽殖后，在母细胞上就留下一个芽痕，而在子细胞上就相应地留下一个蒂痕。在光学显微镜下无法直接看到酵母菌的芽痕，如果用钙荧光素或樱草灵等荧光染料染色，就可在荧光显微镜下看到它（图5-33）。

图5-33　酵母菌的出芽繁殖（引自：Kathleen et al., 2009）

也有少数酵母菌以裂殖方式进行繁殖，当母细胞长到一定大小时，细胞核开始分裂，之后，在细胞中间产生一隔膜，将细胞一分为二。还有些酵母菌可形成一些无性孢子如节孢子、掷孢子、厚垣孢子等。

（二）有性繁殖

酵母菌是以形成子囊和子囊孢子的方式进行有性繁殖的。它们一般通过邻近的两个性别不同的细胞各自原生质形成管状突起，而后相互接触、局部融合在一起并形成一个通道，再通过质配、核配和减数分裂，形成4个或8个子核，每一子核与其附近的原生质一起，在其表面形成一层孢子壁后，就形成了一个子囊孢子，而原来的营养细胞就成了子囊。

各种酵母菌的生活史可分为3个类型（图5-34）。

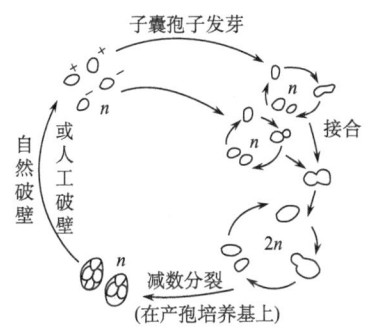

图5-34　酵母菌的生活史
（引自：周德庆，2002）

（1）营养体既可以单倍体（n）也可以二倍体（$2n$）形成存在。其生活史过程为：子囊孢子在合适的条件下发芽产生单倍体营养细胞；单倍体营养细胞不断进行出芽繁殖；两个过程不同的营养细胞彼此接合，在质配后即发生核配，形成二倍体营养细胞；二倍体营养细胞并不立即进行核分裂，而是不断进行出芽繁殖；在特定条件下，二倍体营养细胞转变成子囊，细胞核进行减数分裂，并形成4个子囊孢子；子囊经自然破壁或人工破壁后，释放出单倍体子囊孢子。

（2）营养体只能以单倍体（n）形式存在，八孢裂殖酵母可作为这一类型的代表。其生活史为：单倍体营养细胞借裂殖进行无性繁殖；两个营养细胞接触后形成接合管，发生质配后即进行核配，于是两个细胞联成一体；二倍体的核分裂3次，每一次为减数分裂；形成8个单倍体的子囊孢子；子囊破裂，释放子囊孢子。

（3）营养体只能以二倍体（$2n$）形式存在，路德类酵母营养体为二倍体，不断进行芽殖，此阶段较长；单倍体的子囊孢子在子囊内发生接合；单倍体阶段仅以子囊孢子形式存在，故不能进行独立生长，其过程为：单倍体子囊孢子在孢子囊内成对接合，并发生质配和核配；接合后的二倍体细胞萌发，穿破子囊壁；二倍体的营养细胞可独立生活，通过芽殖方式进行无性繁殖；在二倍体营养细胞内的核发生减数分裂，营养细胞成为子囊，其中形成4个单倍体子囊孢子。

酵母菌中尚未发现其有性阶段的被称为假酵母。

某些酵母在其生长繁殖过程中，能向体外分泌一种可杀死其他酵母菌的毒蛋白，称为嗜杀毒素。产生嗜杀毒素的酵母菌称嗜杀酵母。嗜杀酵母对嗜杀毒素有抗性。对嗜杀毒素敏感的菌株称为敏感株。不产生嗜杀毒素而对嗜杀毒素并不敏感的菌株则称为中性株。将具有嗜杀活性的优良酵母菌应用于发酵生产，对于防止污染和提高产量等都有明显效果。

第四节　环境对微生物生长的影响

一、环境对微生物生长的影响

微生物广泛存在于自然界中，同其他许多生物一样，必然会受到周围环境中各种因素的影响。影响微生物生长的外界因素很多，主要有以下几个方面。

（一）营养物质

微生物的营养物质就是能够满足微生物生长、繁殖和完成各种生理活动所需能量的物质，是微生物维持生命活动的基本物质。营养物质主要包括水、碳源、氮源、无机盐和生长因子等。不同种类微生物对营养物质的要求差别很大。

1. 水

水占细胞质的 70%～90%，是细胞的重要组成成分。微生物代谢过程中所有的化学反应、营养的吸收和渗透、分泌、排泄均需有水才能进行。所以较普遍的观点认为：只有在含水的环境中微生物才能存活。但也有人发现在无水碳氢化合物中微生物可长期存活。

2. 碳源

凡能提供微生物营养所需碳元素的营养源。各种无机或有机的含碳化合物，如碳酸盐、糖类等，都能被细菌吸收利用，作为合成菌体所必需的原料，同时也作为细菌代谢的主要能量来源。致病性细菌主要从糖类中获得碳，己糖是组成细菌内多糖的基本成分，戊糖参与细菌核酸组成。

3. 氮源

从分子态氮到复杂的含氮化合物都可被不同的细菌利用。但多数病原菌是利用有机氮化物如氨基酸、蛋白胨作为氮源。少数细菌（如固氮菌）能以空气中的游离氮或无机氮如硝酸盐、铵盐等为氮源，主要用于合成菌体细胞质及其他结构成分。

4. 无机盐

钾、钠、钙、镁、硫、磷、铁、锰、锌、钴、铜、钼等是细菌生长代谢中所需的无机盐成分。除磷、钾、钠、钙、镁、硫、铁需要量较多外，其他只需微量。各类无机盐的作用为：①构成菌体成分；②调节菌体内外渗透压；③促进酶的活性或作为某些辅酶组分；④某些元素与细菌的生长繁殖及致病作用密切相关。

5. 生长因子

很多细菌在其生长过程中还必需一些自身不能合成的化合物质，称为生长因子（growth factor）。生长因子必须从外界得以补充，其中包括维生素、某些氨基酸、脂类、嘌呤、嘧啶等。

各种细菌对生长因子的要求不同，如大肠杆菌很少需要生长因子，而有些细菌如肺炎球菌则需要胱氨酸、谷氨酸、色氨酸、天冬酰胺、核黄素、腺嘌呤、尿嘧啶、泛酸、胆碱等多种生长因子。致病菌合成能力差,生长繁殖过程必需供给复杂的营养物质以使其获得相应的生长因子。

(二) 水的活性

微生物是不能脱离水而生存的。但是微生物只能在水溶液中生长,而不能生活在纯水中。各种微生物在不能生长发育的水分活性范围内,均具有狭小的适当的水分活性区域。

我们一般采用"水活度"(a_w)这一概念来表示能被微生物利用的实际含水量。微生物所需要的水活度越高,在干燥的环境下就越不容易生长(表5-1)。

表 5-1　一些微生物生长所需的最低 a_w

最低 a_w 范围	微生物类群	实例	最低 a_w
0.97~0.96	革兰氏阴性杆菌	假单胞菌属、大肠埃希氏菌等	0.97
0.95~0.91	大多数细菌	枯草芽孢杆菌	0.95
		梭菌属	0.94
0.94~0.87	酵母菌	产朊假丝酵母	0.94
		酿酒酵母	0.94
0.90~0.86	革兰氏阴性球菌	微球菌属	0.90
		金黄色葡萄球菌	0.86
0.93~0.80	霉菌	黑根霉	0.93
		黄曲霉	0.90
		黑曲霉	0.84
0.80~0.75	嗜盐细菌	盐生盐杆菌	0.75
0.65~0.60	耐(嗜)高渗酵母菌	鲁氏酵母	0.62

(三) 温度

温度是影响微生物生长繁殖最重要的因素之一。在一定温度范围内,机体的代谢活动与生长繁殖随着温度的上升而增加,当温度上升到一定程度,开始对机体产生不利影响,如再继续升高,则细胞功能急剧下降以致死亡。

就总体而言,微生物生长的温度范围较广,已知的微生物在-12~100℃均可生长。而每一种微生物只能在一定温度范围内生长。

最低生长温度:是指微生物能进行繁殖的最低温度界限。处于这种温度条件下的微生物生长速率很低,如果低于此温度则生长完全停止。

最适生长温度:是指某菌分裂代时最短或生长速率最高时的培养温度。但是,同一微生物,不同的生理生化过程有着不同的最适温度。

最高生长温度:是指微生物生长繁殖的最高温度界限。在此温度下,微生物细胞易于衰老和死亡。

致死温度:如果超过了最高生长温度则微生物死亡。高温致死的机理是微生物蛋白质和核酸不可逆的变性,或者破坏了细胞的其他成分,如细胞膜被热溶解形成了极小的孔,使细胞内含物泄漏引起死亡。

每种微生物只能在一定的温度范围内生长,微生物群体生长、繁殖最快的温度为其最适生长温度。按照最适生长温度,我们可以将微生物分为:生长最适温度在20℃以下的,称为低温微生物;在20~45℃,称为中温微生物;高于45℃的,则称为高温微生物(表5-2)。

表 5-2　不同细菌的生长温度范围

微生物类型	温度范围	实例
嗜低温微生物	20℃以下	海洋细菌，如纤发菌属（*Leptothrix*）等，还有铁细菌如嘉利翁氏菌属（*Gallionella*）
中温微生物	20~42℃	多数土壤中细菌和水生细菌，大肠杆菌（*Escherichia coli*），产碱菌属（*Alcaligenes* spp.），假单胞菌属（*Pseudomonas*），葡萄球菌属（*Staphylococcus*）
嗜热微生物	42~70℃	嗜热脂肪芽孢杆菌（*Bacillus stearothermophilus*），水生栖热菌（*Thermus aquaticus*）
极端嗜热微生物	65~90℃	热球菌属（*Thermococcus*），热变形菌属（*Thermoproteus*），硫还原叶菌属（*Desulfurolobus*），酸菌属（*Acidianus*）
耐超高温微生物	85~110℃	甲烷嗜热菌属（*Methanopyrus*），热棒菌属（*Pyrobaculum*）

（四）pH

pH对微生物生命活动的影响是通过以下几方面实现的：一是使蛋白质、核酸等生物大分子所带电荷发生变化，从而影响其生物活性；二是引起细胞膜电荷变化，导致微生物细胞吸收营养物质能力改变；三是改变环境中营养物质的可给性及有害物质的毒性。不同微生物对pH条件的要求各不相同，它们只能在一定的pH范围内生长。尽管一些微生物能在极端pH条件下生长，但就大多数微生物而言，细菌一般在pH4~9生长，生长最适pH一般为6.5~7.5，真菌一般在偏酸环境中生长，生长最适pH一般为4~6。

一些最适生长pH偏于碱性范围内的微生物，有的是嗜碱性，称为嗜碱性微生物（basophile），如硝化菌、尿素分解菌、根瘤菌和放线菌等；有的不一定要在碱性条件下生活，但能耐受碱的条件，称为耐碱微生物，如若干链霉菌等。生长pH偏于酸性范围内的微生物也有两类：一类是嗜酸微生物，如硫杆菌属等；另一类是耐酸微生物（acid tolerant microorganism），如乳酸杆菌、醋酸杆菌、许多肠杆菌和假单胞菌等。

（五）氧

根据对氧的需求及耐受能力的不同，可将微生物分为5类。

好氧菌：必须在有氧条件下生长，在高能分子如葡萄糖的氧化降解过程中需要氧作为氢受体。

微好氧菌：生长需要少量的氧，过量的氧气常导致这类微生物死亡。

兼性厌氧菌：有氧及无氧条件下均能生长，倾向于以氧作为氢受体，在无氧条件下可利用硝酸根或硫酸根作为最终氢受体。

专性厌氧菌：必须在完全无氧的条件下生长繁殖，由于细胞内缺少超氧化物歧化酶和过氧化氢酶，氧的存在常导致有毒害作用的超氧化物及氧自由基的产生，对这类微生物具有致死作用。

耐氧厌氧菌：有氧及无氧条件下均能生长，与兼性厌氧菌不同之处在于耐氧厌氧菌虽然不以氧作为最终氢受体，但由于细胞具有超氧化物歧化酶和（或）过氧化氢酶，在有氧的条件下也能生存。

二、微生物生长的测定

测定不同种类、不同生长状态微生物的生长情况需要选用不同的指标。通常对单细胞微生物来说，既可测定细胞数目，又可测定生长量；而对多细胞（尤其是丝状真菌），则常以菌丝生长的长度等作为生长指标。

（一）计数法

1. 直接计数法

直接计数法指用计数板（如血球计数板、细菌计数板）在光学显微镜下观察细胞并进行计数的方法。计数板是一块特制的载玻片，上面有一个特定的面积 $1mm^2$ 和高 $0.1mm$ 的计数室，在 $1mm^2$ 的面积里又被刻划成 25 个（或 16 个）中格，每个中格进一步划分成 16 个（或 25 个）小格，但计数室都是由 400 个小格组成。

将稀释的样品滴在计数板上，盖上盖玻片，然后在显微镜下计算 4 或 5 个中格的细菌数，并求出每个小格所含细菌的平均数，再按下面公式求出每毫升样品所含的细菌数：

$$每毫升原液所含细菌数 = 每小格平均细菌数 \times 400 \times 10\,000 \times 稀释倍数$$

2. 间接计数法

间接计数法是一种活菌计数法，主要依据活菌在液体培养基中会使其变混或在固体培养基上形成菌落的原理而设计的，它包括两种方法。

（1）平板菌落计数法。该法适用于各种好氧或厌氧微生物。其主要操作是把稀释后的一定量菌样通过浇注或涂布的方法，让其内的微生物单细胞一一分散在琼脂平板上（内），待培养后，每一活细胞就形成一个单菌落，即"菌落形成单位"，根据每皿上形成的数乘上稀释度就可推算出菌样的含菌数。

（2）液体稀释法。对未知菌样做连续的 10 倍梯度稀释。根据估计数，从最适宜的 3 个连续的 10 倍稀释液中各取 5ml 试样，接种到 3 组共 15 支装有培养液的试管中（每管接入 1ml）。经培养后，记录每个稀释度出现生长的试管数，然后查 MPN（最大可能数）表，再根据样品的稀释倍数就可计算出其中的活菌含量。

（二）重量法

根据每个细胞有一定的重量，可以对单细胞、多细胞以及丝状体微生物的生长量进行测定。将一定体积的样品通过离心或过滤将菌体分离出来，经洗涤、离心后直接称重，求出湿重；如果是丝状体微生物，可在过滤后用滤纸吸去菌体之间的自由水，再称重求出湿重。不论是细菌样品还是丝状菌样品，都可以将它们放在已知重量的容器内，于 105℃ 烘干至恒重，取出来放入干燥器内进行冷却，之后再称重而求出微生物的干重。

如果要测定固体培养基上生长的放线菌或丝状真菌，可先加热至 50℃，使琼脂熔化，过滤得菌丝体，再用 50℃ 的生理盐水洗涤菌丝，然后按上述方法求出菌丝体的湿重或干重。

（三）生理指标法

对于一些非溶液的样品，要测定微生物数量，除了用活菌计数法外，还可以用生理指标测定法进行测定。生理指标包括微生物的呼吸强度、耗氧量、酶活性、生物热等。微生物在生长过程中伴随出现了这些指标，样品中微生物数量越多或生长越旺盛，这些指标越明显，因此，可以借助特定的仪器，如瓦勃氏呼吸仪、微量量热计等设备来测定相应的指标。这类测定方法主要用于科学研究，分析微生物生理活性等。

第五节　微生物生长繁殖的控制

微生物生长繁殖的条件是受各种因素控制的。各种因素分别作用以及多种因素的综合作用处在一定的状态下时，微生物才能够旺盛地生长、发育和繁殖。下面就环境中的控制微生物生长的化学、物理因素的作用机制做一简单的介绍。

一、控制微生物生长的化学物质

（一）抗微生物剂

抗微生物剂（antimicrobial agent）是指具有抑制微生物生长或杀死微生物的化学物质，它既可以是生物自然合成的产物，也可以是人工合成的。根据抗微生物剂的作用效果和能力，可以将它划分为防腐剂和消毒剂两大类。防腐剂是指能够抑制微生物生长繁殖的化学物质；消毒剂通常用来迅速杀死非生物材料上的致病微生物，两者对微生物的作用并没有十分严格的界限，有些化学物质既属于防腐剂又属于消毒剂，如碘液，它既可以作为防腐剂用于皮肤，起到抑菌作用，也可以作为医疗器械用具的消毒剂。如果提高防腐剂的浓度，它也能像消毒剂那样起到杀菌的作用；同理，降低消毒剂的浓度，它也能起到抑菌的作用。表 5-3 列出了常用抗微生物剂的应用部位和作用机理。

表 5-3　常用抗微生物剂

抗微生物剂	是否消毒剂	是否防腐剂	作用部位	作用机理
乙醇 来苏尔 福尔马林 红汞	是 是 是 是	是 是 是 否	皮肤和医疗器械 患者用具、排泄物及环境消毒 消毒病房、固定生物的标本 皮肤伤口或皮肤黏膜	与菌体的蛋白质结合，使蛋白质变性、沉淀
双氧水 灰锰氧	是 是	否 否	清洗伤口（创伤、溃疡等） 水果等食物消毒、有机药物中毒的洗胃及尿道灌洗	氧化细菌体内活性基因而起杀菌作用
碘酒 漂白粉	是 是	否 否	皮肤消毒、毒虫叮咬及疔疖等皮肤感染 饮水及排泄物消毒	通过卤化作用，使细胞蛋白质变性
甲紫 利凡诺 乙酸	是 是 是	否 是 否	皮肤、黏膜创伤、感染及溃疡 外科创伤黏膜 对室内空气消毒	影响细菌的正常代谢
消毒净 新洁尔灭	是 是	否 否	用于手及皮肤消毒、手术器械消毒 用于外科器械消毒	改变细菌胞浆膜的通透性，使胞内物质外渗

根据消毒剂的作用机制，我们还可以将它分为：①杀菌剂（bacericide）：它能够杀死微生物，但不能使细胞裂解；②溶菌剂（bacteriolysis）：通过诱导细胞裂解的方式来杀死细胞，使微生物所处悬液里的细胞数量降低。

（二）抗代谢物

抗代谢物（antimetabolite）是指那些在化学结构上与微生物体内产生的某些代谢物相

似，竞争性地与特定酶结合以此来干扰正常代谢抑制微生物生长的物质。例如，磺胺是叶酸组成部分对氨基苯甲酸的结构类似物。磺胺的抑菌作用是因为很多细菌在生长过程中需要自己合成叶酸。磺胺对人体细胞无毒性，因为人缺乏从对氨基苯甲酸合成叶酸的相关酶——二氢叶酸合成酶，不能用外界提供的对氨基苯甲酸自行合成叶酸，而必须直接利用叶酸为生长因子进行生长。同样，对氟苯丙氨酸、5-氟尿嘧啶和5-溴胸腺嘧啶，分别是苯丙氨酸、尿嘧啶和胸腺嘧啶的结构类似物，由于这些结构类似物在取代正常成分之后会造成代谢紊乱，从而抑制机体的生长，所以它在治疗由病毒和微生物引起的疾病上起着重要作用。

（三）抗生素

抗生素（antibiotics）是一类主要的化学治疗剂，它能在低浓度时选择性地抑制或杀灭其他微生物的低分子质量的次生代谢物或人工衍生物。

抗生素对微生物的生长抑制作用主要表现在5个方面：①破坏细胞内新的蛋白质合成，某些抗生素可以结合到核糖体上，从而干扰某种蛋白质的合成，抑制微生物正常生长。②影响细胞膜的透性，抑制细胞壁的合成，引起膜损伤，如青霉素影响细胞壁肽聚糖的合成，使细胞壁合成受损，细胞极易破裂而死亡。③干扰细胞内 DNA 或 RNA 的合成或功能，如利福平可以作用于细胞 RNA 聚合酶的 β 亚基来阻断 RNA 的合成。④抑制或阻断细胞内生物大分子的合成或功能。⑤直接作用于呼吸链以干扰氧化磷酸化进行。

抗生素是临床上经常使用的一种化学治疗剂，若多次重复使用易使致病菌产生抗药性而影响其作用效果。因此，在临床上治疗细菌引起的某些疾病时，使用抗生素应遵守以下原则：①第一次使用的药物剂量要充足；②不同的抗生素同时使用，或是将抗生素与其他药物混合使用，来增强药效；③避免在同一个时期多次使用某种抗生素；④筛选新的更有效的抗生素；⑤对现有的抗生素进行改造，来提高药效。

二、控制微生物生长的物理因素

在一定环境下存在的微生物的数量和种类受多种物理因素的影响，其中主要的物理因素有温度、辐射作用、过滤、渗透压、干燥和超声波等。不同微生物对于各种因素的敏感性不同，同一因素不同剂量对微生物的效应也不一样。

（一）高温灭菌

温度是影响微生物生长繁殖最重要的因素之一。在一定条件下和一定时间内杀死微生物的最低温度称为致死温度。在致死温度下杀死该种微生物所需的时间称为致死时间（thermal death time）。超过致死温度，温度越高，致死时间越短，可见高温蒸汽灭菌的温度越高，微生物死亡越快。

在实践中行之有效的高温灭菌方法主要有干热灭菌法（dry heat sterilization）和湿热灭菌法（moisit heat sterilization），其中干热灭菌法包括灼烧和热空气灭菌法。接种系金属器械可以直接使用灼热的方法彻底灭菌；玻璃器皿和体积较大的金属器皿可在干燥箱内利用热空气灭菌，通常150～170℃下处理1～2h，可彻底灭菌（包括细菌的芽孢）。湿热灭菌法包括巴斯德灭菌法、煮沸灭菌法、间歇灭菌法和高压蒸汽灭菌法。对于牛奶、啤酒、酱油等不宜进行高温灭菌的液态风味食品或调料可采用巴斯德消毒法，即低温（62～63℃）处理30min然后迅速冷却至10℃左右即可饮用。对于日常饮用水、注射器、解剖用具等可直接采取加热煮沸的方法（100℃，15min 以上）来灭菌；对于某些细菌的芽孢和营养体可采用间歇灭菌的方法，在灭菌器内进行反复多次处理来灭菌。将待灭菌物品置于灭菌器中，常压下煮沸（100℃，15~30min）杀死营养体，冷却过夜保温培养后，孢子萌发，再进行第二次蒸煮杀死营养体，这样反复 2 或 3 次就可以完全杀死营养体和孢子。对于一般的培养基、生理盐水、各种缓冲液，可以采用 103.4kPa（1.05ks/cm²）的蒸汽压，121℃的温度下处理 15~30min 的高压蒸汽法来灭菌。

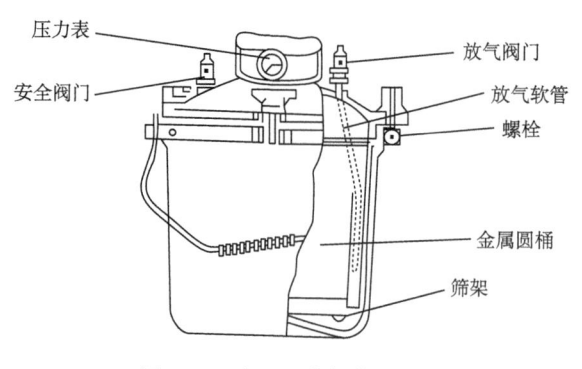

图 5-35 高压灭菌锅典型的设备示意图（引自：杨宗琪，2006）

高压蒸汽灭菌是在高压灭菌锅（图 5-35）内完成的。通过把锅内的水加热煮沸，排尽所有空气后，密闭排气阀，通过仪器表与阀门控制灭菌锅内的温度达到 121℃，持续 15~30min，即可达到灭菌的效果，这种方法适于一切微生物学实验室、医疗保健机构或发酵工厂中的培养基及多种器材、物料的灭菌。

高压蒸汽灭菌适用于耐热材料的灭菌，对于牛奶、果汁及其他热敏感物质不适宜。现在对牛奶及其他液态食品一般采用超高温灭菌，即 135~150℃灭菌 2~8s，即可达到杀菌和保质目的，提高经济效益。

（二）辐射作用

与微生物生长有关的辐射有电离辐射（波长小于 100nm）、紫外辐射（波长 100~400nm）和可见光辐射（波长 420~780nm）。辐射杀菌是通过电离辐射产生的电磁波来杀死微生物的有效方法。

在强烈的可见光线照射下，微生物的光敏化剂被光能活化而上升到能量较高的状态，当其因放能而恢复正常状态时，它所放出的能量能被微生物体内有机分子或氧气吸收。如果它被有机分子所吸收，菌体受到损害的程度比较小；如果被氧气所吸收，损害程度比较大。这是因为空气中的氧气活性比较低，但吸收能量后，它会变成高能的强氧化剂。

紫外线（UV）对细胞的杀伤作用主要是由于细胞中 DNA 能吸收紫外线，形成嘧啶二聚体，导致 DNA 复制异常而产生致死作用。

高能电磁波，如 X 射线、α 射线、β 射线和 γ 射线能直接作用于生物大分子，破坏氢键及环状结构，造成染色体畸变，还可以通过氧化或产生自由基（OH·、H），再与胞内大分子化合物作用使之变性失活的间接作用，达到杀菌作用。

（三）过滤除菌

对于不耐热的物质多采用过滤除菌的方法。它主要是通过有一定拦截作用的过滤装置来滤除掉待测物质内的细菌。这种过滤装置大致有 3 种类型。人们最早使用的是在一个容器的两层中间填充棉花、玻璃纤维或是石棉，对其灭菌后，使空气通过它就可以达到除菌的目的。后来在发酵工业中人们以多层滤纸代替容器中的填充物来缩小滤器的体积。第二种是由醋酸纤维素或硝酸纤维素制成的有一定韧性的微孔滤膜（0.22~0.45μm）来代替棉花等填充物制成的过滤装置。一些液体培养基可通过它来除菌。第三种是核孔过滤器，它是由辐射处理的很薄的聚碳酸胶片（厚约 $10\mu m$）再经化学蚀刻而制成。溶液通过这种滤器可以将微生物除去，第二种和第三种过滤装置处理量较小，且造价较高，主要用于科学研究。

（四）高渗作用

细胞质膜是一种半透膜，它将细胞内的原生质与环境中的溶液（培养基等）分开。

细胞外的溶质浓度高于胞内溶质浓度为高渗溶液。在高渗溶液中，细胞易失水，脱水后发生质壁分离，生长受抑制或死亡。对于一般微生物来说，在含盐5%～30%或含糖30%～80%的高渗条件下可抑制或杀死某些微生物，但各种微生物承受渗透压的能力不同，有些微生物能在高渗条件下生长，被称为耐高渗微生物，如发酵工业中鲁氏酵母。另外，嗜盐微生物（如生活在含盐量高的海水、死海中）可在15%～30%的盐溶液中生长。

一般微生物不能耐受高渗透压。因此，食品工业中利用高浓度的盐或糖保存食品，如腌渍蔬菜、肉类及果脯蜜饯等，糖的浓度通常在50%～70%，盐的浓度为5%～15%，由于盐的分子质量小并能电离，在两者百分浓度相等的情况下，盐的保存效果优于糖。

（五）干燥

水分是微生物生长的必要条件，它参与细胞内的各种生理活动，微生物不能脱离水而生存。干燥状态下，微生物代谢活动停止，使微生物处于休眠状态。严重时，会引起细胞脱水、蛋白质变性而导致死亡。这就是利用干燥环境条件来保存物品（食品、衣物等），防止其腐败与霉烂的原理。同时，干燥还是控制环境中病毒的重要因素。例如，土壤中水分含量低于10%时，病毒会迅速灭活。所以干燥是保存各种物质的方法之一。

干燥用于食品保藏的方法可分为两类：一类是自然干燥，如熏干、晒干、冷冻干燥等；另一类是人工干燥，包括常压干燥和真空干燥。常压干燥多指热风吹、喷雾、冻结、微波等；真空干燥是在真空状态下进行抽干和冷冻抽干。干燥时温度升高，微生物容易死亡。微生物在低温下干燥时，抵抗力强，所以干燥后存活的微生物若处于低温下，可用于保藏菌种；干燥的速度快，微生物抵抗力强，缓慢干燥时，微生物死亡多；微生物在真空干燥时，再加保护剂（血清、血浆、肉汤、蛋白胨、脱脂牛乳）于菌悬液中，分装在瓶内，低温下可保持长达数年甚至10年的生命力。食品工业中常用干燥方法保藏食品。

（六）超声波

超声波是超过人能听到的最高频（2000Hz）的声波。强烈的超声波可以通过其探头的高频抖动，与水溶液作用产生空穴。当细菌进入真空状态的空穴，由于细胞内外压差，细胞破裂，内容物溢出，而导致机体死亡。另外超声波处理会导致热的产生，热作用也是造成机体死亡的原因之一。目前超声波处理技术广泛用于实验室研究中的破细胞和灭菌。

本 章 小 结

1. 微生物个体生长是细胞物质按比例不可逆地增加使细胞体积增大的过程；繁殖是生长到一定阶段，通过特定方式产生新的生命个体，使机体数量增加的生物学过程。细菌的生长与繁殖两个过程很难绝对分开，群体生长是细胞数量或细胞物质量的增加。

2. 在适宜的液体培养基中，适宜的温度、通气等条件下培养的微生物的群体生长曲线可分为迟缓期、对数生长期、稳定生长期和衰亡期。

3. 微生物生长分别可以用单细胞计数、细胞物质的质量和代谢活性3类方法进行测量。

4. 微生物可以通过各种各样的无性或有性方式进行繁殖。例如，细菌主要是以二分裂，酵母菌以出芽或裂殖方式，丝状真菌以无性或有性孢子或以菌丝断裂片段进行繁殖。

5. 每种微生物的生长都有各自的最适条件，包括营养物质的种类和浓度、温度、pH、氧及水活性（或渗透压）等，高于或低于最适要求都会对微生物生长产生影响。

6. 利用各种化学物质和物理因素可以对微生物生长、繁殖进行有效的控制。

习题

1. 名词解释：同步生长、连续培养、群体生长、对数生长期、生长因子、最适温度、干热灭菌法。
2. 细菌的生长和繁殖与高等生物有哪些异同？
3. 试举例说明日常生活中采用的防腐、消毒和灭菌的方法及其原理。
4. 试述细菌群体生长规律及其在生长实践中的应用。
5. 简述丝状真菌的生活史。
6. 获得同步生长的方法有哪些？
7. 什么叫连续发酵？提出连续培养的依据是什么？
8. 什么叫恒浊连续培养和恒化连续培养？试加以比较。
9. 连续发酵有何优缺点？
10. 根据微生物生长的最适温度不同，可以将微生物分为哪几种类型？它们的最适温度范围如何？
11. 最适温度对同一微生物的生长速度、生长量、各代谢产物累积量的影响是否相同？
12. 从分子氧的要求看，微生物可分哪几种类型？它们各有何特点？
13. 利用热进行消毒的方法有哪些？它们的适用范围是什么？
14. 除了温度外还有哪些方法可用来灭菌或抑菌？

思考题

1. 试分析细菌群体生长规律及其在生长实践中的应用。
2. 试述酵母菌的繁殖方式与细菌有何不同。
3. 试述测定微生物生长的意义、微生物生长测定方法的原理，并比较各种原理方法的优缺点。

（吴智艳）

第六章 病 毒

【本章导读】 病毒是作为病原体而被发现的。人们从动物、植物、微生物的细胞内都发现了病毒。本章首先介绍病毒的基本特点、分类原则和命名规则、病毒分离纯化、病毒测定和鉴定的基本方法,在此基础上重点讲述了病毒的性质、病毒复制周期各阶段的过程及机理、病毒的非增殖性感染,最后介绍了病毒与宿主细胞的相互作用及亚病毒因子。重点是病毒的基本特点、病毒的形态结构特征和化学组成、病毒复制的过程、病毒非增殖性感染的类型和有活性缺损病毒的类型。

病毒是形态微小、结构简单、严格细胞内寄生,以复制进行繁殖的一类非细胞型微生物,由蛋白质和核酸组成,多数要借助电子显微镜才能观察到。

病毒学是以病毒为研究对象的一门科学。人类对病毒的本质及其生命规律的认识,已经历了一个多世纪,病毒学获得了巨大发展,现已成为生命科学领域中一门重要的分支学科。

病毒学研究与生命科学及生物技术密切相关。病毒一方面能够引起动物、植物及人类各种疾病,另一方面,它又可被用来消除害虫、用作外源基因的表达载体,可以为人类所利用。病毒学涉及医学、兽医、环境、农业及工业等广阔领域,已成为人们认识生命本质,发展国民经济和保证人畜健康而必须深入研究的重要学科。

第一节 概 述

一、病毒的特点与定义

病毒(virus)是一类个体微小、结构简单,必须在活的专性细胞内才能生长增殖的非细胞型生命形式,同所有的生物一样,是一类具有基因、复制、进化,并占据着特殊的生态学地位的生物实体。它们都符合 1966 年 Lwoff 和 Tournier 所指出的病毒的 5 个特点。

(一) 不具有细胞结构

与原核和真核细胞不同,病毒为非细胞结构的微生物,一些简单的病毒仅由核酸和包围着核酸的蛋白质外壳(coat)构成,可视为核蛋白分子;一些复杂病毒的蛋白质外壳外还有脂双层膜结构。

(二) 只含有一种类型的核酸作为遗传信息载体

病毒之外的其他生物体的细胞内都同时存在着 DNA 和 RNA 两种核酸,而对于一种病毒而言,病毒体只具有一种类型的核酸(DNA 或 RNA),并由其编码该病毒的全部遗传信息。RNA 病毒的全部遗传信息都在 RNA 上编码,这种情况在生物界是独特的现象。

(三) 以复制方式繁殖,不能在无生命的培养基中增殖

绝大多数生物都能以二分裂的方式进行繁殖或生长。病毒没有生长,繁殖也不是以二分

裂的方式进行的。病毒感染敏感宿主细胞后,病毒核酸进入细胞,通过复制产生子代病毒体(virion),并通过特定的方式释放到细胞外。

(四)缺乏完整的酶系统和能量合成系统,不含有功能性核糖体或其他细胞器

病毒无完整的酶系统,也不具有能量合成的遗传信息。尽管有些病毒的病毒体中含有某些酶,有些病毒在复制过程中还能合成一些酶,但这些远远不能满足病毒复制所需。因此,病毒的复制必须利用宿主细胞的酶,或将宿主的酶加以修饰后再利用;病毒的复制也基本上利用宿主的能量合成系统。

所有病毒不具有功能性核糖体或其他细胞器,病毒在复制中需要利用宿主的核糖体进行自身蛋白质的合成,甚至直接利用宿主细胞的一些成分。

(五)严格的细胞内寄生

病毒在细胞外环境以形态成熟的完整颗粒形式——病毒体存在,不表现出任何生命特征,但具有感染性。病毒的一切生命活动只有在生活的细胞内才能进行,不能在无生命的培养基中增殖。

病毒的定义是一个动态发展的概念,随着分子病毒学的发展而不断延伸。目前,比较公认的病毒定义是:病毒是一类比较原始的、有生命特征的、能够自我复制和严格细胞内寄生的非细胞生物。

二、病毒的宿主范围

病毒的宿主范围也称为病毒的寄主范围,是指病毒能够感染并在其中复制的宿主种类和组织细胞种类。病毒具有宿主专一性,即就某一种病毒而言,它仅能感染一定种类的微生物、植物或动物。病毒的宿主专一性主要是由宿主细胞的表面受体(receptor)决定的。病毒吸附蛋白(viral attachment protein,VAP)是能够特异性地识别细胞受体并与之结合的毒粒表面的结构蛋白分子,又称作反受体(antireceptor)。根据病毒的宿主范围可将其分为噬菌体(phage)、植物病毒(plant virus)和动物病毒(animal virus)等。

许多病毒可感染人或动植物而引起疾病,噬菌体可以裂解细菌,在发酵工业上引起减产,同时某些噬菌体或许可用来抑制有害细菌的繁殖以防止进一步的感染。

三、病毒的分类与命名

根据国际病毒分类委员会(International Committee on Taxonomy of Viruses,ICTV)于2005年7月发表的病毒分类第8次报告,自烟草花叶病毒(*Tobacco mosaic virus*,TMV)发现以来,ICTV所承认的病毒已多达1898种。为了使如此多的病毒种类能够得到科学的命名和分类,国际病毒分类委员会已提出和多次修订了病毒的命名和分类原则,并且建立了由目、科(亚科)、属和种分类阶元构成的病毒分类系统。

对病毒进行分类,无论对于了解病毒的本质、起源、进化及病毒之间的关系,对病毒进行鉴定,还是分析监控病毒性疾病的疫情,寻找新的病毒疫苗都具有重要意义。

(一)病毒的分类原则

国际病毒分类委员会所承认的病毒分类原则是在许多病毒分类学家提出的诸多分类标准

方案中，归纳整理而予以通过的，历经多次演变。现行的病毒分类原则包括：①核酸的类型、结构和相对分子质量；②病毒粒子的形状和大小；③病毒粒子的结构；④病毒粒子对乙醚、氯仿等脂溶剂的敏感性；⑤血清学性质和抗原关系；⑥病毒在细胞培养上的繁殖特性；⑦对除脂溶剂以外的理化因子的敏感性；⑧流行病学的特征。

(二) 病毒的命名规则

由于历史的原因，至今在沿用的病毒命名仍十分混乱，病毒命名不是采用林奈创立的"双名法"，而是以地名（如布尼亚、马儿堡）、人名（Rous，EB）、感染病毒引起的症状或病理特征（如花叶、登革热、脊髓灰质炎）、病毒粒子形态（如弹状、丝状、纺锤状）、缩拼字（Asfar、Tombus、Bromo）以及字母和数字（T4、φX174）进行命名的，完全不能反映病毒的种属特征。为求统一，国际病毒命名委员会（International Committee on Nomenclature of Viruses，ICNV）在1971年第一次报告中公布了18项病毒命名规则。此后，国际病毒分类委员会多次做了修改和补充。1998年国际病毒分类委员会批准，由M. A. Mayo等报道了41条新的病毒分类和命名规则。现行规则共分9个部分：包括（1）～（7）一般规则；（8）～（20）分类阶元的命名规则；（21）～（25）种的规则；（26）～（28）属的规则；（29）～（30）亚科的规则；（31）～（32）科的规则；（33）～（34）目的规则；（35）～（38）亚病毒感染因子的规则和（39）～（41）书写规则。

> 【知识窗——病毒学研究常用网站简介】
> 1. 国际病毒学分类委员会官方网站（International Committee on Taxonomy of Viruses）：http://www.ictvonline.org/：介绍最新发布的病毒分类报告、ICTV档案等。
> 2. 病毒学网站集锦（All the Virology on the www）http://www.virology.net/：该网站汇集了国际上知名的病毒学研究相关的主要网站，并自己建立了"病毒图谱库"（The Big Picture Book of Viruses），可以按照病毒名称或ICIV的分类系统检索各病毒的图谱。

(三) 病毒的分类系统

国际上通行的病毒分类系统是国际病毒分类委员会的病毒分类报告。

在2005年7月发表的最新的病毒分类第8次报告中，将目前ICTV所承认的病毒归属为3个目、73个科、11个亚科、287个属、1898个种。在亚病毒因子（subvirus）下设类病毒（viroid）、卫星（satellite）和朊病毒（prion），其中类病毒有2个科、7个属；卫星包括卫星病毒2个亚组，卫星核酸3个亚组；朊病毒分为哺乳动物朊病毒和真菌朊病毒。第8次报告的最大特点是进一步明确了"种"作为病毒分类系统中的最小分类阶元，在每一个确定种下面列出了至少一个、至多几十个不同的分离物以及它们在GenBank上的登录号，增加了许多反映病毒基因序列同源性关系的系统树图，并将原子分辨率的粒子三维结构插入到相应的科或属中（Fauquet et al.，2005）。

第二节 病毒研究的基本方法

由于病毒自身所具有的特点，病毒学研究除沿用微生物学等相关学科的方法外，也具有自身独特的方法。

一、病毒的分离与纯化

无论在基础病毒学研究还是实际应用方面，通过分离与纯化得到有感染性的、均一的病毒制备物都是非常重要的。但是，在病毒制备起始材料中，常常混有大量组织或细胞成分、培养基成分、可能污染的细菌及其他杂质。因此，初步分离得到的病毒还需经过特定方法的纯化才能获得满足实验需要的病毒制备物。

（一）病毒的分离

病毒的分离是指将疑似带有病毒的标本处理后，接种于敏感实验宿主、鸡胚或细胞培养，经过一段时间孵育后，通过检查病毒特异性病理表现或用其他方法来判断病毒的存在与否。

1. 标本的采集与处理

用于分离病毒的标本应含有足够量的活病毒，必须根据病毒的生物学性质、病毒感染的特征、流行病学规律以及机体的免疫保护机制，来选择所需要采集标本的种类，确定最适采集时间。

病毒的抵抗力通常较弱，在室温下很快灭活，标本采集后应在 1~2h 内送到实验室，立即进行检查或分离培养。如实验室距离较远或一时无法立即传送时，应将标本低温保存，尽快送检。

2. 标本接种与感染表现

将获取的标本研磨，并冻融至少一次，研磨过程中必须保持低温，使细胞完全破裂，将细胞内的病毒释放到溶液中。然后低速离心，取上清，用 $0.22\mu m$ 的滤膜过滤，取过滤后的液体接种细胞。

标本接种于何种实验宿主主要取决于病毒的宿主范围和组织嗜性，同时应考虑操作简单、易于培养。噬菌体可接种于生长在培养液或营养琼脂平板中的细菌培养物，噬菌体的存在表现为细菌培养液变清或细菌培养基平板上形成噬菌斑（plaque）。所谓噬菌斑，是指噬菌体标本经过适当稀释再接种细菌平板，经过一定时间培养后，在细菌菌苔上可形成的圆形局部透明或半透明区域。动物病毒标本可接种于实验动物、鸡胚和多种细胞培养。多数动物病毒采用细胞培养进行分离，感染敏感细胞培养都能引起其显微表现的改变，即产生致细胞病变效应（cytopathic effect 或 cytopathogenic effect，CPE）。接种于细胞培养的标本主要以细胞病变作为病毒感染的指标。细胞病变效应包括细胞聚集成团、肿大、圆缩、脱落、细胞融合形成多核细胞、出现包涵体，乃至细胞裂解，出现蚀斑（plaque）等。所谓蚀斑，是指将动物病毒标本经过适当稀释进行接种并辅以染色处理，在培养的细胞单层上形成的以最初的受染细胞为中心的、肉眼可见的局部病损区域，也称空斑。植物病毒与动物病毒类似，在敏感植物叶片上出现坏死斑，或称枯斑。

若经第一次接种而未出现症状时，往往需要将标本进行重复接种，进行盲传（blind passage），即将取自经接种而未出现感染症状的宿主或细胞培养的材料，再接种传递给新的宿主或细胞培养，以提高病毒的**毒力**（virulence）或**效价**（titer）。在盲传两代后若仍无感染症状出现，便可判定标本中没有病毒存在。

（二）病毒的纯化

病毒的纯化（purification of virus）是指利用一切方法将病毒培养混合物中杂质除去，得到纯净病毒材料的过程。

1. 病毒纯化的标准

理想的纯净病毒材料应当是不含任何杂质的病毒体的悬液或结晶。由于纯化方法的限制，实际工作中得到的所谓纯化的病毒制备物的纯度都是相对的，但是其中所含杂质不应干扰研究或应用结果。病毒纯化标准有如下两个方面：第一，纯化的病毒制备物应保持其感染性。在病毒纯化过程中使用的各种纯化方法对病毒感染性的影响，以及最终获得的纯化制备物是否符合标准，都可利用病毒的感染性测定进行定量分析。第二，纯化的病毒制备物应保持均一的理化性质。同种病毒的毒粒大小、形态、密度、化学组成、分子质量及抗原性质等表现均匀一致，在电镜、电场、离心场及免疫反应中都有相似的表现。所以，纯化的病毒制备物在这些方面应当具有均一性表现。

检查病毒制备物均一性的方法很多，在某一方面表现均一的制备物，其他表现不一定均一，在实际工作中，因工作目的不同，对病毒制备物的均一性也有不同的要求。所以应当根据不同的方法所得出的结果揭示的不同意义选用合适方法进行均一性检验。例如，电镜观察，纯化的病毒制备物应表现为大小、形态均一的颗粒，不应有异常的颗粒存在；超速离心时，纯化的病毒制备物所有颗粒的沉降速率和密度应表现一致，只出现一条沉降带；免疫学方法检测，纯化的病毒制备物应有特异性的抗原表现，不含有非病毒的抗原成分。

2. 病毒纯化的方法

用于病毒纯化的方法很多，包括化学法和物理法两类。化学法主要采用蛋白质提纯的系列方法，如盐析、等电点沉淀、有机溶剂沉淀、凝胶层析、离子交换等。其依据是：毒粒的主要化学组成是蛋白质，具有高蛋白含量。物理法主要采用超速离心技术进行病毒纯化，包括差速离心、密度梯度离心和区带离心。其依据为：毒粒具有一定的大小、形状和密度，一般可在 10 000～100 000g 的离心场中 1～2h 沉降，特别是由于毒粒是由许多大分子（蛋白质、核酸等）组成，离心时它们比细胞蛋白质沉降更快，而且许多病毒都有较高的浮密度，所以超速离心技术广泛地用于病毒纯化。

此外，用于病毒纯化的方法还有酶（蛋白酶、核酸酶）处理、电泳、血清学方法等。

二、病毒的测定

病毒的测定（assay of virus）也称为病毒检测，指采用适当方法对病毒进行定量分析。可以采用物理、化学和免疫学方法对病毒进行测定，也能以它们与宿主（或宿主细胞）的相互作用（病毒的感染性）进行测定。因各方法所依据病毒具有不同的性质，检测结果也不一定相同。

（一）病毒的物理颗粒计数

1. 电镜计数法

将一定体积的病毒样品悬液与已知数目的聚苯乙烯乳胶颗粒均匀混合后在电镜下分别计数，根据样品中两种颗粒的比例可计算出病毒颗粒的数目。该方法测定的是有活力和无活力的病毒颗粒的总数目。

2. 血细胞凝集试验法

在动物病毒中，一些裸露病毒的壳体蛋白，特别是许多有包膜病毒的包膜蛋白具有血细胞凝集活性，并且所能凝集红血细胞的量与病毒浓度成正比。根据这一原理所设计的血细胞凝集试验可方便地用于病毒定量。血细胞凝集试验测定的病毒数量也是有活力和无活力的病毒颗粒的总量，而且是样品中病毒颗粒的相对含量。

此外，根据病毒的抗原性质，可以用免疫沉淀试验、酶联免疫吸附试验（ELISA）等方法对病毒进行相对定量。

（二）病毒的感染性测定

病毒是有感染性的生物体，定量测定有感染性的病毒颗粒数目在研究和实践中常常更有意义。有感染性病毒颗粒数量的测定称作病毒感染性测定（assay of virus infectivity）。该方法测得的并非有感染性病毒粒子的绝对数量，而是能够引起宿主或宿主细胞一定特异性反应的最小剂量，即病毒的感染单位（infectious unit，IU）。待测样品中所含病毒数量通常以单位体积（ml）悬液中感染单位的数目（IU/ml）来表示，称作病毒的效价。目前较常采用的病毒感染性测定方法有噬菌体和动物病毒的噬斑（蚀斑）测定、植物病毒的坏死斑（枯斑）测定和终点法等。

1. 噬（蚀）斑测定

噬菌体和动物病毒的感染性测定多是通过计量病毒在成片菌苔或单层动物细胞上产生的噬斑或蚀斑（plaque）数而实现的。该方法最先为噬菌体的感染性测定所建立，以后为动物病毒借鉴。噬（蚀）斑数目与加入样品中的有感染性的噬菌体（动物病毒）颗粒数量成正比，统计噬（蚀）斑数目后可计算出病毒悬液效价，并以噬（蚀）斑形成单位（plaque forming unit，PFU）/ml 表示。

测定噬菌体感染性时一般采用琼脂叠层法（agar layer method），取一定量经系列稀释的噬菌体悬液分别与高浓度的敏感细菌悬液以及半固体营养琼脂均匀混合后，倾注在已铺有较高浓度的营养琼脂的平板上，经过孵育后，在延伸成片的细菌菌苔上出现分散的单个噬斑。

动物病毒的蚀斑测定方法与噬菌体的噬斑测定类似，不同的是以生长在固体支持物上的单层细胞代替了生长在营养琼脂平板上的细菌。致死性病毒（cytopathic virus）在单层细胞上形成蚀斑，可采用上述方法。有些肿瘤病毒则由于促进了单层细胞的增生而形成病灶（foci），此时可用病灶形成单位（foci forming unit，FFU）/ml 表示病毒的感染性。

2. 坏死斑测定

坏死斑测定（dead spot assay）是植物病毒最为简单的感染性测定方法，也是借鉴噬菌体感染性测定方法而建立的，又称枯斑测定。由于环境与生理条件的影响，同一病毒样品进行测定时所产生的坏死斑数目可能因不同植株或同一植株的叶片位置差异而不同，因而一般采用半叶法测定。

3. 终点法

对于既不能形成蚀斑也不能诱发病灶的动物病毒和不能用坏死斑法测定的植物病毒，可用稀释终点法（dilution end point method）定量。方法是将病毒样品连续稀释（10 倍或 2 倍）后取等体积的系列稀释液分别接种同样的易感宿主，经过一致时间孵育后，以试验单元群体中的半数（50%）个体出现某一感染反应所需的病毒剂量来确定病毒样品的效价，称作半数效应剂量（median effective dose，ED50），并以使 50% 试验单元出现感染反应的病毒稀释液的稀释度的倒数的对数值表示。根据试验单元的性质及感染反应的性质，半数效应剂量有半数致死剂量（50% lethal dose，LD50）、半数感染剂量（50% infective dose，ID50）和半数组织培养感染剂量（50% tissue culture infective dose，TCID50）等表示方法。

三、病毒的鉴定

对新分离得到的病毒进行鉴定，确定其分类地位，是确诊病毒性疾病的可靠方法，也是病毒学研究的基本内容。根据鉴定依据可将病毒鉴定分为根据病毒的宿主范围及感染表现的鉴定、病毒的理化性质鉴定、血细胞凝集性质鉴定、病毒的血清学鉴定和病毒的分子生物学鉴定。

（一）根据病毒的宿主范围及感染表现的鉴定

大多数病毒都有相当专一的宿主范围，因而病毒的宿主谱可以作为病毒初步鉴定的依据。病毒感染宿主机体所引起的疾病症状，在鸡胚绒毛尿囊膜上所形成的痘疱的形态，以及在单层细胞培养上所产生的致细胞病变效应表现都有一定特异性。根据病毒这些特征性的表现可对其进行初步的鉴定（图6-1）。常见的细胞形态学变化为细胞变圆、坏死、溶解、脱落或形成合胞体，有些病毒能形成包含体。

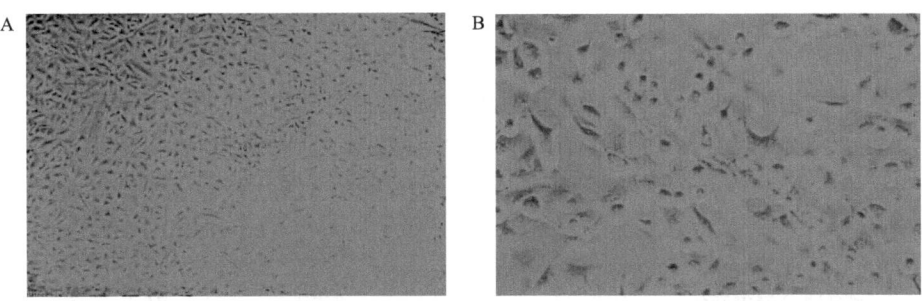

图6-1 HSV-1对非洲绿猴肾细胞（Vero cell）的致细胞病变效应（引自：Athmanathan et al.，2002）
A. 未感染的单层细胞（相差显微镜，×40）；B. 感染HSV-1的细胞（相差显微镜，×200）

（二）病毒的理化性质鉴定

病毒的很多特征如大小、形态、结构等必须借助电子显微镜进行检查。利用分析超速离心技术可测定病毒及其组分的沉降系数、浮力密度和相对分子质量。通过DNA合成抑制剂敏感试验或提取病毒核酸后采用生化技术测定可判断病毒的核酸类型。根据脂溶剂敏感试验结果可确定病毒是否有包膜。此外，不同病毒对热、紫外线、化学药物、pH等其他理化因子的敏感性也各不相同，因为它们均可影响病毒的感染性。

（三）血细胞凝集性质鉴定

许多病毒能吸附于一定种类的哺乳动物或禽类的红血球细胞表面产生凝集现象，不同的病毒所凝集的血细胞种类以及发生凝集所要求的温度、pH条件可能不同，根据病毒的血细胞凝集特征，可以对病毒作出初步判断，缩小病毒鉴定范围。

（四）病毒的血清学鉴定

病毒的血清学鉴定即依据抗原和抗体特异性反应对病毒进行鉴定，是一类非常重要的病毒鉴定方法，也是常用的诊断病毒病的方法。依据血清学方法进行的病毒抗原分析可使病毒鉴定更为准确、精细，对于区分不同的毒株及了解病毒间的亲缘关系至关重要。

病毒的血清学鉴定方法包括免疫沉淀反应、凝集反应、酶联免疫吸附测定、血凝抑制试验、中和试验、免疫荧光、免疫电镜、放射免疫以及单克隆抗体等技术。

（五）病毒的分子生物学鉴定

随着分子生物学技术的迅速发展，它们在病毒鉴定中的应用日益广泛。目前在这方面应用的分子生物学技术主要包括核酸杂交、序列分析、PCR及相关技术、核酸的限制性内切酶图谱分析、蛋白质肽图及N端序列分析等。这些技术的应用为在分子水平上阐明病毒的性质，对病毒的分类提供了更直接可靠的证据，并极大地缩短了病毒性疾病实验室诊断的时间。

第三节 病毒的性质

一、病毒的形态结构

（一）病毒的大小和形状

病毒具有一定的大小和形状。不同类型的病毒大小差异很大，成熟的病毒大小通常用纳米（nm）表示，较大的动物痘病毒（*Poxviruses*）直径为（300～450）nm×（170～260）nm，较小的植物双粒病毒（*Geminiviruses*）直径仅为18～20nm（图6-2）。寄生于阿米巴变形虫体

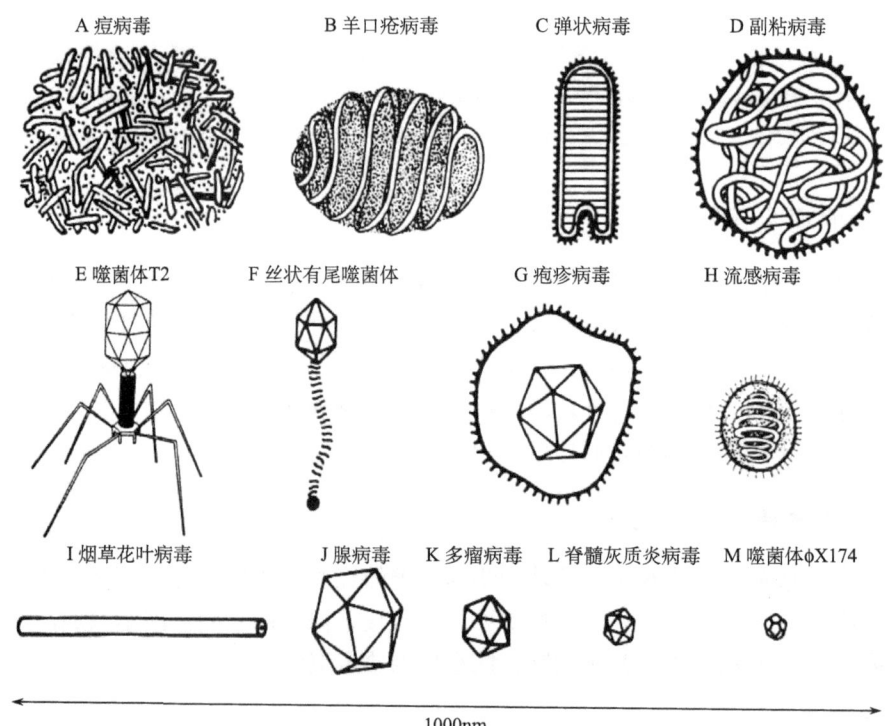

图6-2 常见病毒的大小与形状（引自：http://textbookofbacteriology.net/themicrobialworld/Phage.html）

的米米病毒（Mimivirus）堪称目前发现的最大的病毒，体积几乎与小型细菌相仿，用普通显微镜就能够观察到它的存在。

病毒的形状大体分为球形颗粒（也称拟球形颗粒）、杆状颗粒（或丝状颗粒）和复杂形状颗粒（如蝌蚪形）3类，也有少数病毒颗粒呈多形性（pleomorphic），如流感病毒（Influenza virus）的新分离毒株常呈丝状，在细胞内稳定传代后则为直径80～120nm的拟球形颗粒。有时也可能因为离心等操作导致观察到的病毒颗粒形态不同，如甲型H1N1流感病毒（图6-3）。与其他形态的病毒相比，细长的甲型H1N1流感病毒更容易附着在人体的鼻黏膜等组织上，从而侵入人体，另外也更容易发生变异。

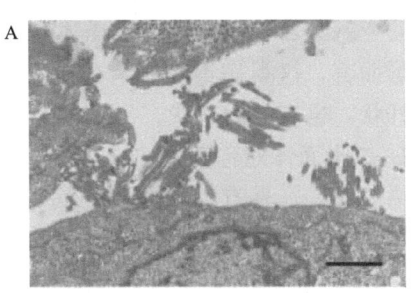
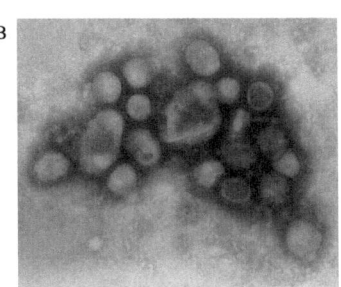

图6-3 甲型H1N1流感病毒的多形性
（A图引自：Neumann et al.，2009；B图引自：http://www.cdc.gov/h1n1flu/images/B00526_H1N1_flu_med.jpg）
A. 丝状，标尺为1μm；B. 球形

动物病毒多呈球形、砖形，植物病毒多呈杆状或丝状，噬菌体多为蝌蚪状，即由一个多面体的头部和尾部组成。

（二）病毒的壳体结构

病毒的形状往往同其壳体的基本结构有着紧密的联系。例如，杆状病毒的壳体为螺旋对称，球形病毒的壳体一般为二十面体对称，复杂形状的病毒的壳体为复合对称。介绍病毒的壳体结构，需首先明确以下概念间的关系。

病毒粒子（virion）或病毒颗粒（virus particle）：是病毒（virus）的同义词。

蛋白质亚基（protein subunit）：是指单一折叠的多肽链。而由一种或几种不相同的蛋白质亚基共同构成的结构单位（structure unit），称为原体（protomer）。

形态单位（morphologic unit）：是指由一定数目的蛋白质亚基以特殊方式聚集形成的在电镜下可见的壳粒（capsomer）。就化学组成而言，壳粒是由一种或几种病毒蛋白形成的寡聚体，又称为组装单位（assembly unit）。壳粒通常是由5或6个蛋白质亚基聚集形成的五聚体（pentamer）或六聚体（hexmer）。

衣壳（capsid）或壳体：又称为蛋白质外壳（protein coat）或蛋白质外鞘（protein shell），是指由蛋白质亚基或壳粒排列形成的有规则的壳样结构。衣壳的功能是保护病毒体核心的核酸免受环境中核酸酶或其他破坏性因素的影响，并能介导病毒核酸进入宿主细胞。衣壳具有抗原性，是病毒体的主要抗原成分。

核衣壳（nucleocapsid）：指衣壳蛋白与病毒核酸结合而成的复合物，还包括与核酸相联系的其他蛋白质。无包膜病毒的核衣壳就是病毒体。

病毒核心（core）：是指有包膜的病毒去除包膜之后的核衣壳以及与之联系的蛋白质，或者无包膜病毒除去外壳蛋白之后的病毒核酸。

包膜（envelope）：是指围绕核衣壳的双层脂质膜，由脂类、蛋白质和寡聚糖组成。

病毒的壳体是由大量壳粒组成的，这些壳粒以不同的轴为中心呈对称性排列，形成了一个保护病毒核酸的高度有序的结构。由于壳粒数目和排列不同，病毒壳体结构形成了3种对称型式。

1. 螺旋对称壳体

螺旋对称（helical symmetry）的病毒壳体是由蛋白质亚基沿着轴心进行螺旋排列而形成的高度有序的、对称的稳定结构（图6-4）。螺旋长度、螺旋直径、轴孔直径、螺距及每一螺转上的蛋白质亚基数目等参数可用于描述病毒壳体的特征。就外形而言，这类病毒粒子有的为直杆状，有的为弯曲杆状，也有的为丝状。

2. 二十面体对称壳体

一般而言，具有球状外形的病毒颗粒大多具有多面体对称特性，如脊髓灰质炎病毒（*Poliovirus*，PV）、单纯疱疹病毒（*Herpes simplex virus*，HSV）和腺病毒（*Adenovirus*，ADV）等（图6-5）。在几何学中的所有立方对称结构中，若以一定数目的亚基排列成具有一定表面积的立方对称实体，以二十面体容积为最大，所以病毒壳体多取二十面体对称（icosahedral symmetry）结构，以包装更多的病毒核酸。动物病毒多为这种对称形式。核酸浓集在一起形成球状或近似球状结构，衣壳围绕在外面，壳粒排列成二十面体对称形式。

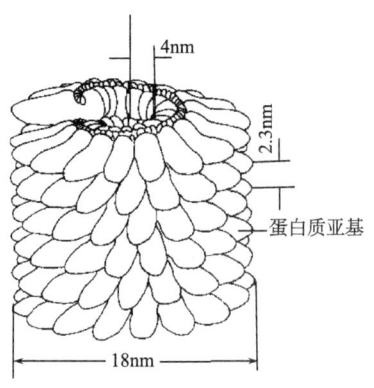

图6-4 烟草花叶病毒（TMV）螺旋壳体示意图（局部）（引自：沈萍，2000）

每一个正二十面体有20个三角形面和12个顶点。如有一条轴从任何一个顶点穿过相对应的另一个顶点，每旋转72°其外形不变，可旋转5次复位，称5次旋转对称轴；如一条轴从任意一个三角形面的中心点穿过相对应的另一个面的中心点，每旋转120°或240°，其外形不变，可旋转3次复位，称3次旋转对称轴；如一条轴上下穿过两个相对应的等边三角形的边线中点，每旋转180°，其外形不变，可旋转2次复位，称2次旋转对称轴。故此统称5、3、2次旋转对称轴（图6-6），若围绕这些对称轴使病毒粒子旋转，则能产生一系列相同的外观，即正二十面体对称的病毒壳体具有5、3、2次旋转对称的特性。

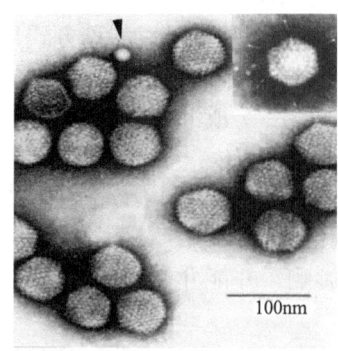

图6-5 腺病毒的扫描电镜形态（引自 http://www.ncbi.nlm.nih.gov/ICTVdb/ICTVdB/）

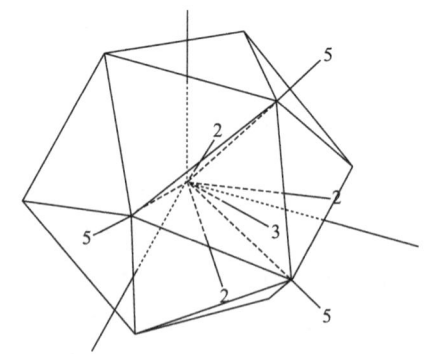

图6-6 5、3、2次旋转对称轴（引自：徐耀先等，2000）

病毒蛋白质亚基可按完全等价或准等价结合构成二十面对称壳体。其中完全等价结合是指二十面体的每个亚基具有完全相同的环境。在这种情况下,其正二十面体的 20 个全等三角面的顶点各排列有一个亚基,即每个三角面排列 3 个,20 个三角面共排列 60 个亚基(图 6-7A)。例如,烟草坏死卫星病毒(*Tobacco necrosis virus* satellite)的壳体由 60 个亚基构成,在二十面体的顶点 5 个亚基聚集形成电镜下可见的五聚体,即壳粒,但因这一五聚体与其他的 5 个五聚体或壳粒相邻,所以又称为五邻体(penton),这样烟草坏死卫星病毒的二十面体对称壳体就由 60 个亚基,12 个五邻体组成。

而准等价结合构成的二十面体对称壳体将壳体的三角面分成若干个亚三角形,当每个基本三角面被剖分成 T 个亚三角形时,所构成的二十面体就有 60 个蛋白质亚基。除二十面体顶点上的 12 个五邻体外,其余全为六邻体(hexon),往往比完全等价结合的壳体容量要大,因此,能够使更大的病毒基因组包裹在壳体内(图 6-7B)。

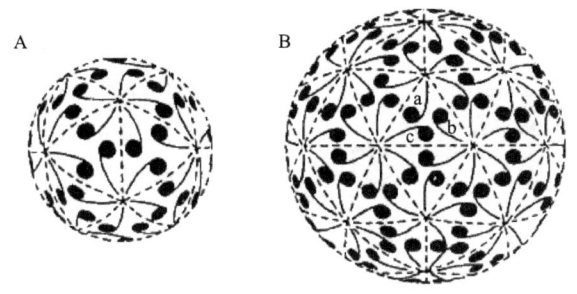

图 6-7 二十面体壳体结构示意图(引自:徐耀先等,2000)
A. 完全等价结合(60 个亚基);B. 准等价结合(示 T=3,180 个亚基),a、b、c 表示同一三角面上 3 个亚基

3. 复合对称壳体

螺旋对称和二十面体对称是病毒的两种主要形式,但有些病毒结构复杂,呈复合对称壳体。其中有尾噬菌体中 T4 噬菌体的复合对称结构最为清楚,其头部呈二十面体对称,尾部呈螺旋对称(图 6-8)。具有复合对称的病毒壳体还有呼肠孤病毒,其病毒壳体由内壳体和外壳体组成,两层壳体均为二十面体对称。其他如痘病毒外膜由不规则排列的管状脂蛋白亚单位组成,外膜内包含一个芯髓和两个"侧体",其中的传染性脓疱性皮炎病毒的表面具有

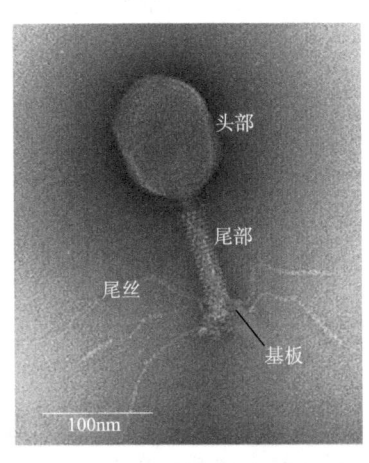
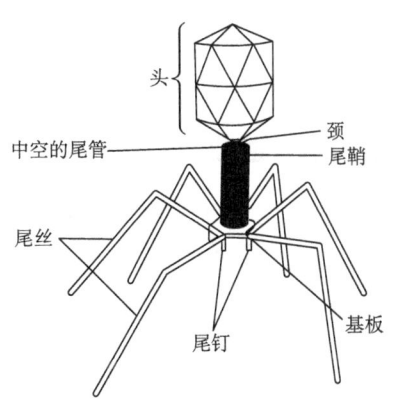

图 6-8 T4 噬菌体的电镜照片(A)及结构模型示意图(B)
(A 图引自:http://www.ncbi.nlm.nih.gov/ICTVdb/ICTVdB/;B 图引自:徐耀先等,2000)

许多十字形交叉的带状结构，对称性不明。

（三）病毒的包膜结构

许多病毒粒子衣壳外有一层包膜（envelope），又称为包被或外膜。病毒的包膜来自于宿主的细胞膜或内膜（内质网或高尔基体膜），它是病毒成熟时从细胞膜或内膜出芽而获得的（图6-9），因此，具有宿主细胞膜特性，并且同一病毒包膜中脂类的含量因其宿主的不同而异。除此之外，水痘病毒的包膜具有一定的病毒特异性。

包膜表面有钉状突起，称为包膜子粒（peplomer）或称刺突（spike）。包膜是病毒的主要抗原，与致病性和免疫性有密切关系。有包膜的病毒称为包膜病毒（enveloped virus），无包膜的病毒称为裸露病毒（naked virus）。动物病毒多数具有包膜。

病毒的包膜除了保护其病毒粒子免受外界环境不利因素的影响外，病毒包膜糖蛋白突起还在病毒吸附、细胞融合以及血溶和抗原性质等方面有着不同的功能。

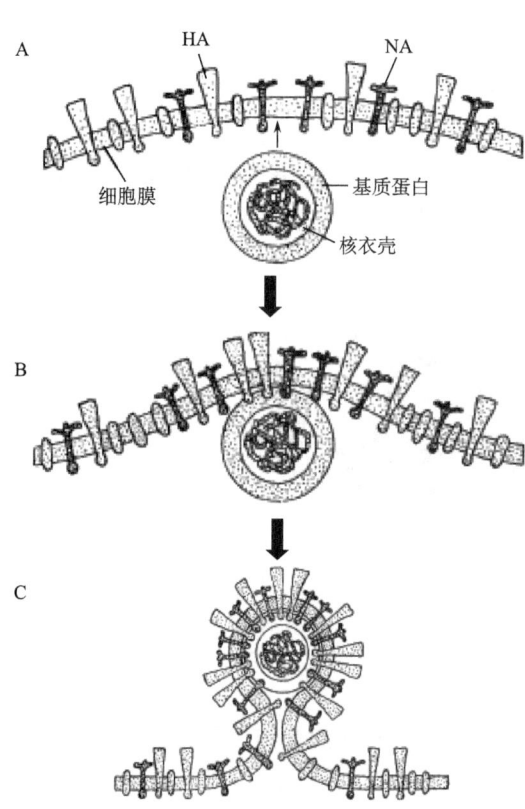

图6-9 流感病毒通过出芽获得包膜的过程示意图
（引自：徐耀先等，2000）
A. 病毒包膜蛋白（HA、NA）插入到宿主细胞膜中；
B. 核衣壳与细胞膜内表面结合；C. 病毒出芽并获得包膜

（四）病毒的结构类型

通常根据病毒毒粒有无包膜以及壳体的对称形式，可以将毒粒分为裸露的二十面体毒粒、裸露的螺旋体毒粒、有包膜的二十面体毒粒和有包膜的螺旋体毒粒4种主要结构类型（图6-10）。此外，还有些病毒属于复杂结构类型，不包括在上述4种类型，如有尾噬菌体属于裸露的二十面体＋裸露的螺旋体毒粒，痘病毒属于砖形有包膜毒粒，某些RNA肿瘤病毒为裸露的二十面体＋包膜的螺旋体毒粒等。

二、病毒的化学组成

裸露病毒的主要化学组成是核酸和蛋白质，包膜病毒和某些裸露病毒还含有脂类和糖类，有的病毒还含有多胺等。

（一）病毒的核酸

核酸是病毒的遗传物质，携带着病毒全部遗传信息，是病毒遗传和感染的物质基础。一种病毒颗粒只含有一种核酸——DNA或者RNA。不同种类的病毒的核酸含量有较大的差别。通常结构复杂的病毒有较多的核酸，结构简单的病毒只有较少的核酸。

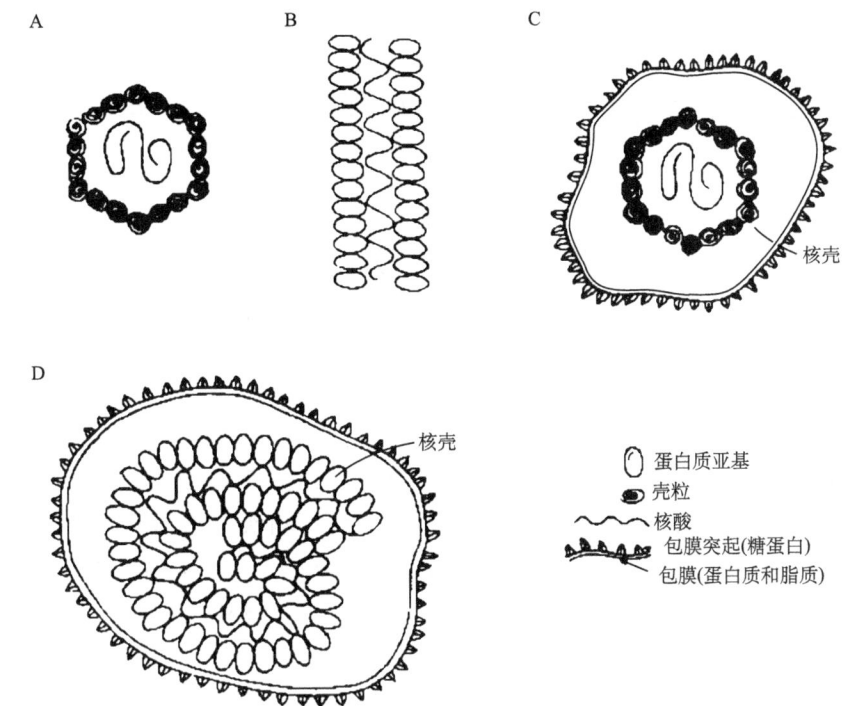

图 6-10 毒粒的 4 种主要结构类型及其组成示意图（引自：沈萍，2000）
A. 裸露的二十面体毒粒；B. 裸露的螺旋毒粒；C. 有包膜的二十面体毒粒；D. 有包膜的螺旋毒粒

1. 病毒核酸的类型

病毒核酸有 4 种存在类型：双链 DNA（dsDNA）、单链 DNA（ssDNA）、双链 RNA（dsRNA）、单链 RNA（ssRNA）。除 dsRNA 外，其他类型均有环形和线性两种形式，在单链 DNA 和 RNA 中，还有极性之分（正链和负链）。

2. 核酸的结构特征

不同病毒的核酸常常具有特定的结构特征，这些特征主要包括黏性末端、末端冗余、循环排列、倒转的末端重复、分段基因组等。

（1）黏性末端（sticky end 或 cohesive end）是某些线性双链核酸分子延伸出的 5′ 单链末端。

（2）末端冗余（terminal redundant）即末端同向重复序列，是指双链 DNA 两端所存在的相同核苷酸序列。

（3）循环排列（circular permutation）是一些病毒基因组的线状双链 DNA 具有相同的基因序列，但若以不同的核苷酸为起点进行排列，可以产生末端序列不相同的线状分子。

（4）倒转末端重复（invert repeat）也称末端反向重复序列，是指存在于病毒基因组两端的反向互补重复序列。

（5）回文序列（palindromic sequence）是指在一个假想轴的两侧所存在的对称重复序列。

（6）重叠基因（overlapping gene）。某些病毒基因组的某一特定序列能够以两个或两个以上的阅读方式进行阅读，因而可以产生两种或两种以上的不同多肽。重叠基因符合遗传节约的原则，它增加了病毒基因组遗传信息的容量，使病毒能够利用有限的基因序列编码更多

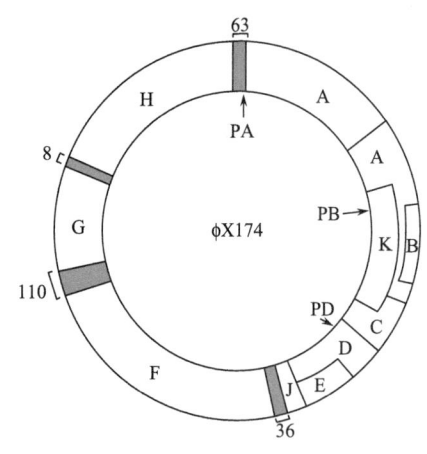

图 6-11 噬菌体 φX174 基因组的蛋白质编码基因及其重叠情况（引自：徐耀先等，2000）

注：黑框表示间隔序列，
PA、PB、PD 分别为 φX174 的启动子

的蛋白质，以满足病毒繁殖和执行不同功能的需要（图 6-11）。

（7）分段基因组（segmented genome）。分段基因组病毒的基因组不是由一个核酸分子构成，而是由数个不同的核酸分子组成，这些彼此互不相同的核酸分子被称为核酸片段。在病毒的分段基因组中，只有在基因组的所有片段同时存在，并且都有功能活性时，病毒才能成功复制，产生有感染性病毒粒子。含分段基因组的病毒具有 3 个特点，即侵染效率低、容易产生变异、具有较高的重组率。

（8）帽子和 ploy（A）结构。真核病毒的正链 RNA 基因组、双链 RNA 基因组的正链 RNA 和病毒的 mRNA 通常有类似于真核生物 mRNA 5′端的帽子结构和 3′端的 poly（A）结构尾巴。病毒基因组 RNA 5′端的帽子结构对病毒基因组正链 RNA 具有保护作用。还与感染性有关。

病毒基因组的 3′端的 poly（A）结构有多方面的功能，它不仅可保持和提高病毒基因组 RNA 在宿主细胞中的稳定性，而且与病毒的侵染性有关。

（9）5′端共价结合蛋白。在腺病毒、嗜肝 DNA 病毒的双链 DNA 分子的 5′端共价结合了某一蛋白质，某些动物病毒和植物病毒 ssRNA 的 5′端也结合有一低分子质量的蛋白质。

（10）其他特征。病毒基因组除了以上这些不同的结构特点外，一些真核 DNA 病毒基因组还含有复制原点序列以及转录调控序列（如启动子和增强子序列），这些序列与病毒复制和基因表达调控有关。

（二）病毒的蛋白质

蛋白质是病毒的另一类主要成分，包括结构蛋白（structure protein）和非结构蛋白（nonstructure protein）两类。结构蛋白是指构成一个形态成熟的有感染性的病毒颗粒所必需的蛋白质，包括衣壳蛋白或称壳体蛋白（capsid protein）、包膜蛋白（envelope protein）和毒粒酶（virion enzyme）等。非结构蛋白是指由病毒基因组编码的，在病毒复制或基因表达调控过程中具有一定功能，但不结合于病毒颗粒中的蛋白质。

1. 壳体蛋白

壳体蛋白是构成病毒壳体结构的蛋白质，其主要功能是：①构成病毒的壳体，保护病毒的基因组；②决定病毒的抗原性；③无包膜病毒的壳体蛋白参与病毒的吸附、侵入，决定病毒的宿主嗜性；④有些裸露病毒的衣壳蛋白与有包膜病毒的包膜突起 HA、HN 一样，也具有凝集红细胞的能力，如呼肠孤病毒的外衣壳蛋白 s1 就有血凝活性，故称为 s1HA。此外，病毒衣壳蛋白还可引起宿主细胞的毒性作用等。

2. 包膜蛋白

包膜蛋白是构成病毒包膜结构的蛋白质，包括镶嵌在包膜内或位于包膜表面的包膜糖蛋白和基质蛋白（matrix protein）两类。在有包膜的病毒中，衣壳蛋白与病毒基因组紧密结合，形成核糖核蛋白（ribonucleoprotein，RNP）或核衣壳，而基质蛋白则可以使包膜与核衣壳联系在一起。

有些病毒除了具有包膜外，还有包膜突起。病毒包膜突起的化学本质大多为糖蛋白。病毒包膜的糖蛋白突起基本上都是由多肽链骨架与寡糖侧链通过 β-N-糖苷键将糖链的 N-乙酰葡萄糖胺与肽链的天冬酰胺残基连接形成。根据寡糖链中单糖残基组成的区别，包膜糖蛋白又分为简单型糖蛋白和复合型糖蛋白两种主要类型（图 6-12）。

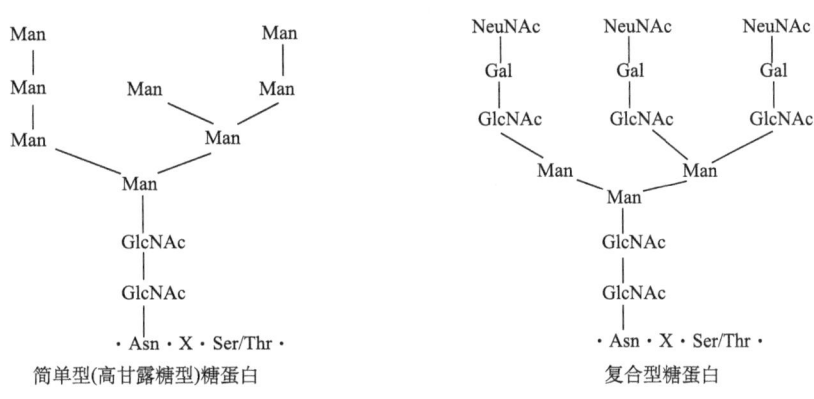

图 6-12 两种主要类型的病毒包膜糖蛋白（引自：杨复华，1993）

包膜糖蛋白的主要功能是：①作为病毒吸附蛋白，如流感病毒的 HA 突起，冠状病毒的 S 蛋白构成的突起等；②细胞融合活性。例如，流感病毒的 HA 蛋白和 HIV 的 gp120 都具有细胞融合活性；③血溶活性。例如，副流感病毒、腮腺炎病毒和麻疹病毒具有血溶活性，即溶解血红细胞；④作为病毒的主要表面抗原。例如，流感病毒的 HA 和 NA 突起分别具有不同的抗原性，其中甲型流感病毒根据 HA 和 NA 的抗原性差异，还可以分为不同的亚型。

基质蛋白构成膜脂双层与核衣壳之间的亚膜结构，具有支撑包膜、维持病毒结构的作用，并在病毒芽出成熟过程中发挥重要作用。

3. 毒粒酶

根据来源不同，参与病毒感染复制的酶分为 3 种：一是宿主细胞酶或经病毒修饰改变了的宿主细胞酶；二是病毒的一些非结构蛋白，如正链 RNA 病毒在复制时产生的依赖于 RNA 的 RNA 聚合酶；三是存在于毒粒内的酶即毒粒酶。毒粒酶根据功能大致分为两类：一类参与病毒侵入、释放等过程，如 T4 噬菌体的溶菌酶，流感病毒的神经氨酸酶等；另一类参与病毒的大分子合成，如逆转录病毒（retroviridae）和嗜肝 DNA 病毒（hepadnaviridae）的逆转录酶，比较复杂的痘病毒还含有参与 RNA 转录加工和 DNA 复制的酶类。

（三）病毒的脂类

除了镶嵌或突出于包膜外的蛋白质外，包膜主要是由脂类构成，其中以磷脂（50%～60%）和胆固醇为主，还有少量甘油三酰酯、糖脂、脂肪酸、脂肪醛。脂类含量与病毒对脂溶剂敏感性相关。

由于病毒包膜的脂类来源于细胞，所以其种类与含量均具有宿主细胞特异性。此外，在少数无包膜病毒，如 T 系噬菌体、λ 噬菌体及虹彩病毒科（*Iridoviridae*）的某些成员的毒粒中也发现了脂类的存在。

（四）病毒的糖类

因为核糖和脱氧核糖分别是 RNA 和 DNA 的组成成分，所以严格来说，所有病毒都含有一定量的糖类。此外，有些病毒（其中绝大多数是有包膜病毒）还有少量的糖类以寡糖侧链存在于病毒糖蛋白和糖脂中，或以黏多糖形式存在。除了有包膜病毒的糖蛋白突起外，某些复杂病毒的毒粒还含有内部糖蛋白或者糖基化的壳体蛋白。由于这些糖类通常是由细胞合成的，所以它们的组成与宿主细胞相关。

（五）其他组成

在有些病毒中还发现了多胺和金属。已经证实丁二胺（putrescine）、亚精胺（spermidine）、精胺（spermine）等阳离子化合物是某些病毒的组成部分。例如，T4 噬菌体等噬菌体和芜菁黄花病毒等植物病毒都含有多胺成分。在烟草花叶病毒等植物病毒中还发现有金属阳离子存在。

第四节　病毒的复制

病毒只能在活细胞内由宿主细胞供应原料、能量和复制场所进行增殖。病毒进入宿主细胞后，其感染性颗粒形式——病毒体消失，存在于细胞内的是其具有繁殖性的基因形式——病毒基因组。病毒感染细胞后，在病毒基因控制下合成病毒的核酸，然后在宿主细胞的细胞质或细胞核内装配成病毒颗粒，再以各种方式释放到细胞外，感染其他细胞，这种增殖方式叫做病毒的复制（replication）。

一、病毒的复制周期

（一）一步生长曲线

一步生长曲线（one-step growth curve）是研究病毒复制的一个实验，最初为研究噬菌体复制而建立，现已推广到动物病毒及植物病毒复制的研究中。具体操作是将适量病毒接种于高浓度敏感细胞培养物，待病毒吸附后，或高倍稀释病毒-细胞培养物，或以抗病毒血清处理病毒-细胞培养物以建立同步感染，然后继续培养，定时取样测定培养物中的病毒效价，以感染时间为横坐标，病毒的效价为纵坐标，绘制出的病毒特征曲线，即为一步生长曲线。一步生长曲线分为潜伏期、裂解期和平稳期（图 6-13）。

1. 潜伏期

潜伏期（latent period）是指病毒吸附于细胞到受染细胞释放出子代病毒所需的最短时间。不同病毒潜伏期长短不一，噬菌体一般为几分钟，动物病毒和植物病毒以小时或天计。

人为裂解病毒感染细胞，在潜伏期前一阶段受染细胞内检测不到感染性病毒，在后一阶段感染性病毒在受染细胞内数量急剧增加。病毒在感染细胞内消失到细胞内重新出现新的感染病毒的时期为隐蔽期（eclipse period）。

2. 裂解期

潜伏期后宿主细胞裂解释放出大量子代病毒的时期称为裂解期（rise phase）或成熟期。

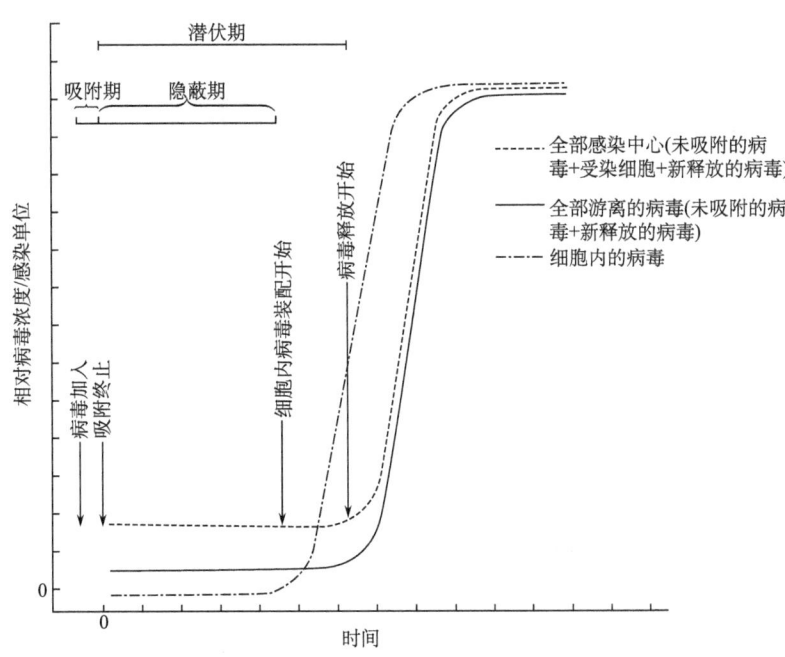

图 6-13　病毒繁殖的一步生长曲线示意图（引自：杨复华，1993）
（图中因并非具体病毒，纵、横轴均为相对值）

3. 平稳期

裂解期末，受染细胞将子代病毒粒子全部释放出来，病毒效价稳定在最高处的时期，称为平稳期（plateau phase）。裂解量（burst size）是指每个受染细胞产生的子代病毒粒子的平均数目，其值等于平稳期受染细胞释放的全部子代病毒粒子数除以潜伏期受染细胞的数目，即平稳期病毒效价与潜伏期病毒效价之比。裂解量取决于病毒和宿主细胞。不同病毒有不同的裂解量，噬菌体的裂解量一般几十到几百个，而植物病毒和动物病毒一般为几百到几万个。

（二）病毒的复制周期

大量研究已经基本揭示了病毒复制的过程。病毒感染时，首先是病毒吸附蛋白与敏感宿主细胞表面特异的受体结合，以一定方式进入细胞后脱壳释放出病毒基因组。然后，病毒基因组在细胞核或细胞质中进行病毒核酸的复制和转录，合成病毒的结构蛋白和非结构蛋白，最后装配成子代病毒。对于裸露病毒，装配成熟的核壳就是子代病毒颗粒，可以一定的方式释放到细胞外；若是有包膜的病毒，核壳还要在细胞质内，或通过与细胞膜的相互作用，以出芽方式释放，并获得包膜。这样一个自病毒颗粒吸附于宿主细胞开始，到释放出成熟的子代病毒颗粒的整个复制过程叫做复制周期（replicative cycle 或 replicative circle），也称为复制循环（图 6-14）。

为了研究和表述方便，通常依据病毒复制事件发生的顺序，人为将病毒的复制周期划分为以下 5 个阶段：①吸附；②侵入；③脱壳；④病毒大分子的合成（包括病毒基因组的表达与复制）；⑤装配与释放。实际上，以上各步骤是相互重叠和连续的，甚至有时是同时发生的。病毒的吸附、侵入和脱壳 3 个阶段一般又合称为病毒的初感染或病毒感染的起始。

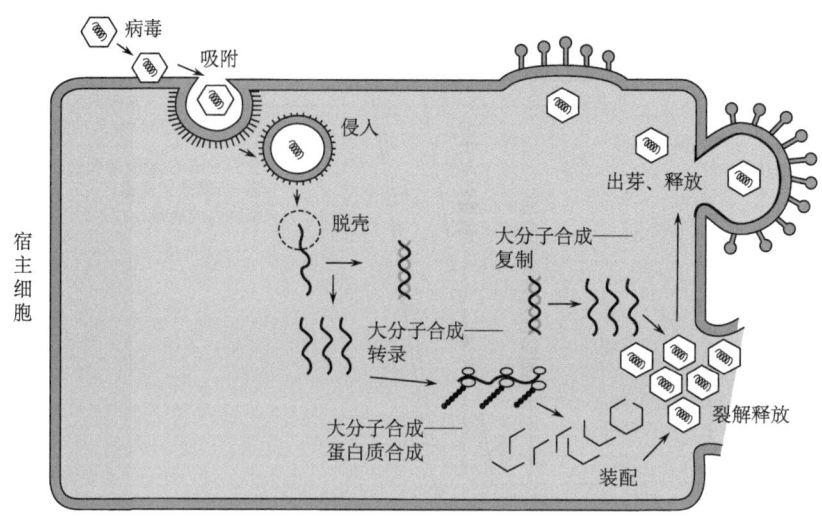

图 6-14 病毒的复制周期示意图（引自：Murray et al., 1990）

二、病毒感染的起始

（一）吸附

病毒表面蛋白与敏感宿主细胞受体特异性结合，从而使病毒附着于细胞表面，这一过程称为吸附（adsorption 或 attachment），是病毒复制的第一步，也是决定病毒感染成功与否的关键环节。

1. 病毒吸附蛋白

病毒吸附蛋白（VAP）一般由裸露病毒的衣壳蛋白组分或包膜病毒包膜上的糖蛋白突起充当。例如，T 偶数噬菌体的吸附蛋白是噬菌体尾部的尾丝蛋白。无包膜动物病毒，如腺病毒的吸附蛋白是二十面体壳体上的五邻体纤维，多瘤病毒的壳体蛋白有 VP1、VP2 和 VP3，其中 VP1 是该病毒的吸附蛋白。有包膜动物病毒的吸附蛋白是病毒包膜上的糖蛋白突起，如副粘病毒的 HN 糖蛋白、流感病毒的血凝素（HA）糖蛋白、HIV 的 gp120 糖蛋白等。

2. 病毒的细胞受体

所谓病毒细胞受体（cell receptor），是指能够与病毒吸附蛋白产生特异性结合，介导病毒特异性侵入细胞，启动病毒感染的特殊性细胞表面位点，通常也称为病毒受体（virus receptor）。病毒的细胞受体在很大程度上决定了病毒的宿主谱、组织亲和性，并影响病毒的致病性。研究表明，T2 和 T6 噬菌体的细胞受体是大肠杆菌细胞外壁层的脂蛋白，T3 和 T5 噬菌体的细胞受体都是细胞壁中层的脂多糖。噬菌体细胞受体有严格的种系特异性，因而噬菌体常有严格的宿主范围，此特性可以作为细菌分类鉴定的依据之一。

3. 病毒的吸附过程

在病毒吸附蛋白与细胞受体结合过程中存在有氢键、离子间静电引力、范德华氏力等的作用。根据病毒吸附蛋白与细胞受体相互识别、结合的过程，可以将病毒的吸附分为可逆性吸附和不可逆性吸附两个阶段。

可逆性吸附主要是由病毒粒子与细胞表面的静电引力引起的，易受环境 pH 影响。

病毒吸附的第二阶段属于不可逆性吸附，其实质是病毒的吸附蛋白和细胞表面受体之间发生了牢固的化学键反应，同时伴随有病毒粒子结构上的显著变化。这一阶段具有特异性、不可逆性。

病毒吸附的过程除了受病毒的吸附蛋白和特异性的细胞受体带电荷状态和分子结构影响外，还受温度、离子、pH 等因素的影响。

（二）侵入

侵入（penetration）是指病毒通过不同方式进入宿主细胞的过程，是病毒感染的第二阶段，发生在病毒不可逆吸附于宿主细胞受体之后，也称为进入（entry）。病毒侵入方式主要有注射式侵入、细胞内吞、膜融合以及其他特殊的侵入方式。

1. 注射式侵入

有尾噬菌体的侵入方式一般为注射（injection）。当有尾噬菌体侵入时，它往往通过其尾部收缩将衣壳内的 DNA 注入宿主细胞内，T2、T4 等 T 偶数噬菌体就是以这种方式进入宿主细胞的（图 6-15）。

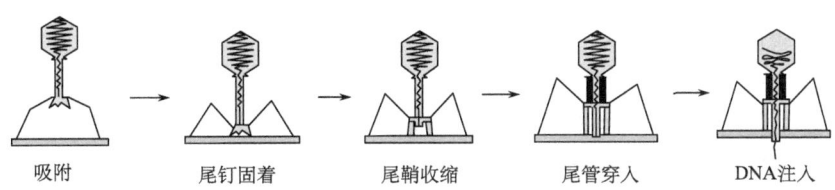

图 6-15　T4 噬菌体的注射式侵入过程示意图（引自：杨复华，1993，重绘）

还有一类感染大肠杆菌雄性菌株（F$^+$ 和 Hfr）的丝杆状噬菌体，如 f1、f2 也可采用注射式侵入细胞。

2. 细胞内吞

动物病毒多采用细胞内吞（endocytosis）的侵入方式，该方式又称为病毒入胞（viropexis）或胞饮作用（pinocytosis）。这一过程是细胞膜先将病毒粒子包裹，再经膜内陷形成吞噬泡，从而使病毒粒子进入细胞质中。流感病毒、痘病毒、腺病毒、多瘤病毒、呼肠孤病毒等，都能以这种方式侵入细胞。

病毒经细胞内吞作用进入细胞后，其含有病毒粒子的吞噬泡可以移向合适的细胞器，并与细胞器如溶酶体的膜相融合而释放出病毒粒子，再进一步脱壳释放出病毒核酸基因组（图 6-16）。

3. 膜融合

膜融合（plasma membrane fusion）主要出现在有包膜病毒的侵入过程中，如流感病毒、仙台病毒等有包膜病毒，借助病毒包膜和细胞膜脂质分子的相互作用，以及某些蛋白质因子的参与，使得病毒包膜和细胞膜发生融合，形成融合泡，继而病毒侵入细胞。在膜融合过程中，病毒包膜和细胞膜都会发生一定的变化，如细胞膜的流动性改变。

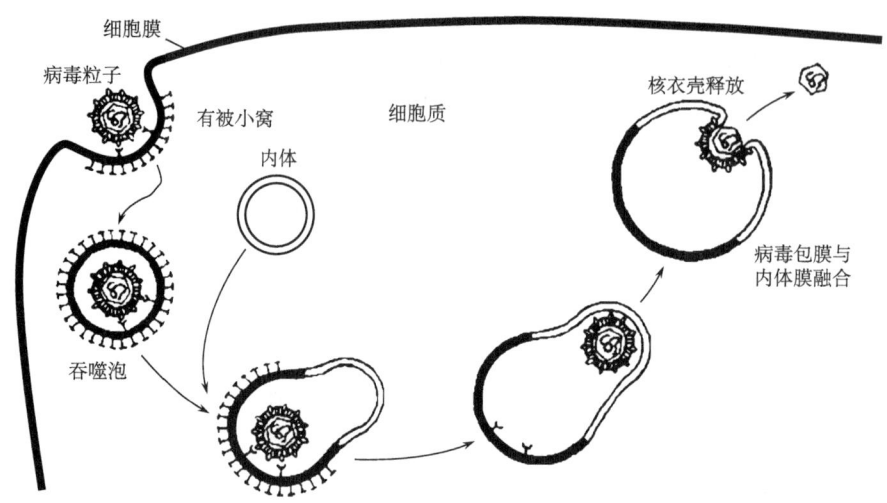

图 6-16 病毒通过细胞内吞进入细胞并与内体膜融合释放出病毒粒子的过程（引自：徐耀先等，2000）

4. 特殊侵入方式

部分病毒粒子可以完整病毒粒子直接侵入宿主细胞，如脊髓灰质炎病毒等，这种方式称为移位（translocation），其机理仍不明了。

5. 植物病毒的侵入

植物细胞结构上的特点是有坚硬的细胞壁，故而植物病毒的感染方式完全不同于上述情形。植物病毒一般无主动侵入细胞的能力，其感染方式有 3 种：①介体感染；②伤口感染，即带毒植物的嫁接、带毒花粉的花粉粒萌发、芽管侵入胚胎，均可使病毒进入细胞内；③通过胞外连丝和胞间连丝感染和传递。

（三）脱壳

病毒侵入细胞后，病毒的包膜和衣壳被除去而病毒核酸释放出来的过程称为脱壳（uncoating）。病毒脱壳后，病毒的颗粒形式从受体细胞内消失，存在于细胞内的是病毒的基因组。脱壳是病毒基因组进行功能表达所必需的。

1. 噬菌体的脱壳

T 偶数噬菌体的侵入和脱壳是同时发生的，噬菌体把核酸注入细胞中时就脱去了衣壳，并留在细胞外。

2. 动物病毒的脱壳

动物病毒因结构类型和侵入方式的不同，其脱壳过程也较多样。例如，一些无包膜病毒如小 RNA 病毒可以直接在细胞膜或细胞壁表面进行脱壳，其侵入和脱壳一次完成；而痘病毒的脱壳比较特殊，它由胞饮作用进入细胞后，先在吞噬泡内借助于溶酶体释放出来的酶除去外衣壳和部分蛋白质，然后由部分脱壳的病毒 DNA 转录酶作用下进行病毒基因组的转录，转录的 mRNA 翻译出一种脱壳酶，完成这种病毒的全部脱壳，病毒 DNA 释放入细胞中。有些在核内复制的病毒，如乳多空病毒、腺病毒和疱疹病毒等 DNA 病毒，可能是依赖细胞酶在细胞核内脱壳的。

3. 植物病毒的脱壳

有关植物病毒的脱壳尚缺乏了解。在用烟草花叶病毒接种原生质体，研究其一步生长曲线时，观察到 3～5h 延滞期，推测这可能是病毒脱壳的阶段。

三、病毒大分子的合成

病毒基因组一旦从衣壳中释放后，就利用宿主细胞合成核酸和蛋白质的原料、场所、机制、能量，完成病毒大分子的合成，或潜伏下来将核酸整合于细胞基因组成为前病毒，随细胞的分裂而传递（见本章第五节）。病毒大分子合成包括病毒核酸的复制和基因组的转录与翻译两大重要内容，这两个事件常常互相交叉，为阐述方便，以下分两方面讲解。

（一）病毒核酸的复制

病毒核酸的复制，因病毒的不同、核酸链各异，它们的复制过程也不同。任何一种病毒的复制策略，都与病毒基因组的性质密切相关，而且与基因组信息的表达密切相关。

1. 噬菌体的核酸复制

（1）dsDNA 噬菌体。以 T4 噬菌体为例。T4 DNA 复制有两个特点：一是由于 T4 DNA 中胞嘧啶被羟甲基胞嘧啶取代，所以在其 DNA 复制开始前，必须由噬菌体编码的酶合成羟甲基胞嘧啶，并且在 T4 DNA 合成后，羟甲基胞嘧啶被葡萄糖基化，以保护 T4 DNA 免遭大肠杆菌核酸酶降解。类似的例子也见于其他的噬菌体 DNA，如 λ 噬菌体 DNA 合成后腺嘌呤和胞嘧啶被甲基化；二是在 T4 DNA 复制过程中，由 6～8 个 DNA 拷贝结合形成非常长的 DNA 链，这些由数个单位长度 DNA 以相同方向连接形成的 DNA 复制分子称作多连体（concatemer）。T7 噬菌体 DNA 和 λ 噬菌体 DNA 复制时也有多连体形成。

（2）ssDNA 噬菌体。属于微病毒科的噬菌体 φX174 基因组为环状正链 DNA。φX174 DNA 进入细胞后，在宿主的 DNA 聚合酶作用下形成 dsDNA，这种病毒单链核酸复制产生的双链复制分子称作复制型（replicative form，RF），然后以复制型为模板进行复制和转录，产生更多的复制型、mRNA 和子代＋DNA 基因组（图 6-17）。

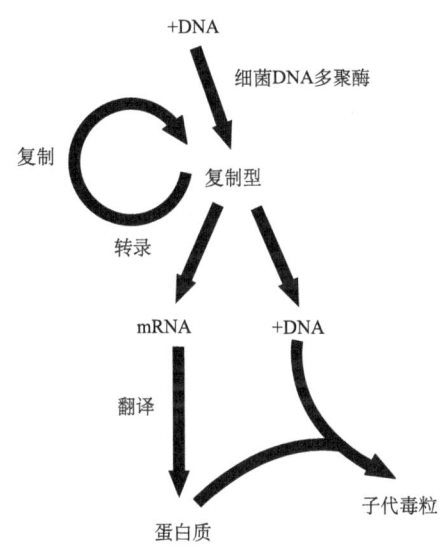

图 6-17　噬菌体 φX174 的复制
（引自：沈萍和陈向东，2006）

（3）RNA 噬菌体。大多数 RNA 噬菌体都是正链 RNA 噬菌体，属光亮病毒科，如噬菌体 Qβ、MS2、R17 等。其基因组 RNA 可作为 mRNA 指导噬菌体蛋白质的合成，其中一种蛋白质产物是病毒依赖于 RNA 的 RNA 聚合酶，即复制酶。在该酶的作用下，以基因组正链 RNA 为模板产生双链复制型，然后复制酶利用复制型的负链为模板，合成数千个正链 RNA 拷贝。这些正链 RNA 或是作为模板合成 RF，以进一步复制更多的正链 RNA；或是作为 mRNA 进行病毒蛋白质合成。最后新合成的正链 RNA 基因组结合于壳体中，产生成熟的病毒颗粒（图 6-18）。

2. 动物病毒的核酸复制

（1）dsDNA 病毒。基因组为双链 DNA，基因组较大，独立自主复制能力强，可编码复制所需的一切酶，如胸苷激酶、磷酸激酶、蛋白酶、DNA 聚合酶等。复制方式有复制叉、滚环复制、链置换等多种方式。

这一类病毒又分为两组。第一组包括乳多空病毒科（*Papovaviridae*）、腺病毒科（*Adenoviridae*）和疱疹病毒科（*Herpesviridae*），病毒仅在细胞核内进行复制，且这些病毒的复制需要细胞因子参与。第二组为痘病毒科（*Poxviridae*），病毒 DNA 复制完全在宿主细胞质中进行，病毒基因组可编码所有转录和复制所需的因子，不依赖于细胞因子（图 6-19）。

（2）ssDNA 病毒。这类病毒主要有细小病毒科（*Parvoviridae*）的自主性细小病毒，如小鼠细小病毒（MMV）和依赖性细小病毒如腺联病毒（*Adeno-associated virus*，AAV），还有微小噬菌体科（*Microviridae*）的 ϕX174、C4 和丝杆噬菌体科（*Inoviridae*）的 M13、fd 等。前者为线状单链 DNA 基因组，后者为环状单链 DNA 基因组。细小病毒基因组复制的特点是：病毒基因组在细胞核中以链置换方式进行复制；以 DNA 末端的反转发夹序列为复制引物；基因组编码的末端蛋白（terminal protein，TP）或 T 蛋白有特异的核酸酶活性，可切割复制中间体；病毒基因组复制需要宿主细胞提供 DNA 聚合酶和拓扑异构酶（图 6-19）。

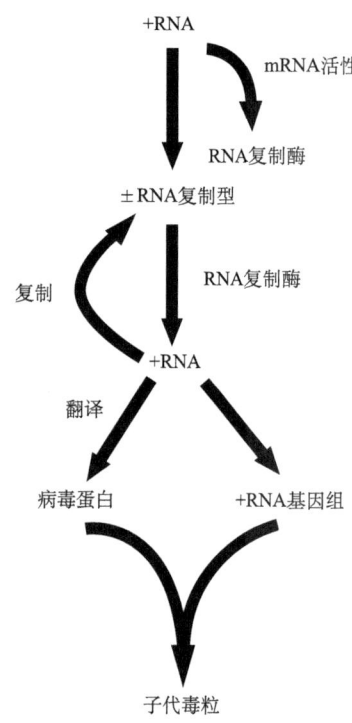

图 6-18　单链 RNA 噬菌体的繁殖
（引自：沈萍和陈向东，2006）

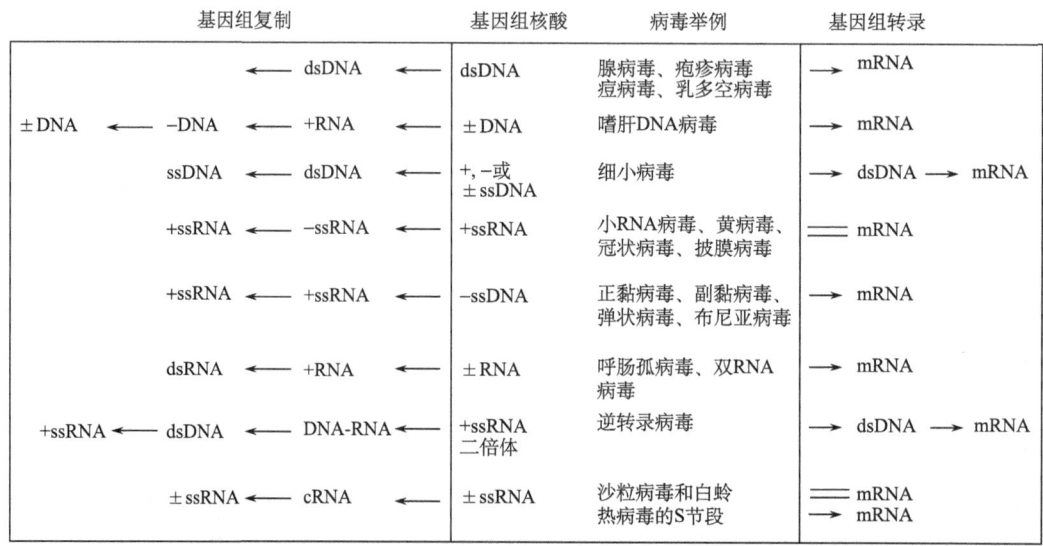

图 6-19　动物病毒基因组复制方式和表达策略（引自：沈萍和陈向东，2006）

（3）dsRNA 病毒。呼肠孤病毒科（*Reoviridae*）基因组为双链 RNA，其 dsRNA 基因组是分节段的，有 10～12 个，分为 L、M、S 3 个组。呼肠孤病毒粒子携带有病毒特异的依赖于 RNA 的 RNA 聚合酶，即转录/复制酶，病毒的复制过程始终在次病毒颗粒内，病毒 RNA 首先仅以－ssRNA 为模板转录生成 mRNA 或＋ssRNA，转录过程发生在病毒核心颗粒内，而且是全保留性的，以新生＋ssRNA为模板，合成－ssRNA（图6-19，图6-20）。

(4) ＋ssRNA病毒。基因组为单链正链RNA，这些病毒可分为两组。小RNA病毒科（*Picornaviridae*）、杯状病毒科（*Caliciviridae*）和黄病毒科（*Flaviviridae*）一组病毒具有多顺反子。例如，小RNA病毒科的脊髓灰质炎病毒整个复制过程发生在细胞质内，病毒RNA作为mRNA首先被转译成一个多聚蛋白产物，然后被逐步切割形成成熟的蛋白质，包括非结构蛋白和结构蛋白。进入细胞的病毒RNA也可作为合成子代RNA的模板，在病毒复制酶和宿主有关酶的参与下合成－ssRNA，再以新合成的－ssRNA为模板合成子代＋ssRNA。在其RNA 5′端有pUpUpA与VPg共价结合，3′端有poly(A)，均与病毒的复制有关

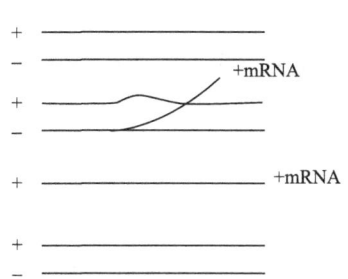

图6-20 呼肠孤病毒dsRNA的全保留复制模式示意图
（引自：杨复华，1993，重绘）

（图6-19）。另一组披盖病毒科（*Togaviridae*）和冠状病毒科（*Coronaviridae*）的转录过程复杂，它们的基因组在感染的初期只有部分编码序列（非结构基因）被直接用作mRNA去合成蛋白质或酶类。其中部分产物用于催化转录合成－RNA，并以－RNA为模板合成两类大小不等的＋RNA：第一类是相对分子质量较小的结构基因序列，它们在第一轮蛋白质合成中未被翻译；另一类是全长的＋RNA分子。第一类＋RNA翻译产生的结构蛋白与全长的＋RNA组装成子代病毒颗粒（图6-19）。

(5) －ssRNA病毒。正粘病毒科（*Orthomyxoviridae*）和副粘病毒科（*Paramyxoviridae*）等的基因组为单链负链RNA，其复制过程是首先以－ssRNA为模板复制形成＋ssRNA，再以新合成的＋ssRNA为模板合成子代－ssRNA，然后－ssRNA与病毒蛋白装配成子代病毒颗粒。这类病毒也可分为两组，一组为分段基因组，其－ssRNA基因组是由病毒粒子的RNA依赖的RNA聚合酶转录产生单顺反子mRNA，它也作为模板去启动基因组的复制；另一组为非分段的基因组，可从全长的基因组转录产生单顺反子mRNA（图6-19）。

(6) 具有DNA中间体的＋ssRNA病毒。逆转录病毒科（*Retroviridae*）基因组为＋ssRNA，但它们在复制时需要首先在病毒依赖RNA的DNA聚合酶（逆转录酶）作用下逆转录合成dsDNA，并插入到宿主的基因组，然后才能转录产生mRNA，进而进行翻译（图6-19）。

(7) 具有RNA中间体的dsDNA病毒。这类病毒包括嗜肝DNA病毒科（*Hepadnaviridae*），这些病毒的核酸复制发生在细胞质中，并且依赖于逆转录。与逆转录病毒不同的是，它们的逆转录过程是在成熟期时发生在病毒粒子内的。当病毒感染一个新的细胞时，首先是修复缺损的基因，然后再转录（图6-19）。

3. 植物病毒的核酸复制

以TMV为代表的大多数植物病毒都含有正链RNA基因组，病毒基因组正链RNA的复制与其他的正链RNA病毒类似，包括利用亲代RNA为模板复制负链，然后再以负链为模板合成子代正链这两个步骤。大多数植物都含有依赖于RNA的RNA聚合酶，并且这些正常的细胞酶可能参与病毒RNA复制。然而有证据表明芜菁黄花病毒（*Turnip yellow virus*，TYV）、豇豆花叶病毒（*Cowpea mosaic virus*，CMV）、烟草花叶病毒等可能都是依靠病毒特异性的RNA复制酶进行复制。

（二）病毒基因组的转录与翻译

病毒核酸的复制，是病毒增殖与感染的基础，但只有通过表达即转录与翻译的过程，才能真正体现病毒的表型症状。

为了保证合成的蛋白质在病毒的生命活动周期实践中准确发挥功能，病毒的基因组表达具有严格的时序性，表现为基因组转录的时间组织（temporal organization）。发生在病毒核酸复制以前的转录称为早期转录，所转录的基因称为早期基因，转录产物为早期 mRNA，由早期 mRNA 翻译产生的早期蛋白，往往是参与病毒核酸复制的蛋白质、调节病毒基因组表达以及参与改变或抑制宿主细胞大分子生物合成的蛋白质。在核酸复制开始或复制之后进行的转录称为晚期转录，所转录的基因称为晚期基因，转录产物为晚期 mRNA。由晚期 mRNA 翻译产生的晚期蛋白，主要是构成子代病毒的结构蛋白。在晚期蛋白中，也包含一些对病毒复制起调控作用的蛋白质。

1. 噬菌体基因组的转录与翻译

噬菌体的基因是原核基因，连续的，无内含子。它的 mRNA 与原核细胞的 mRNA 类似。

（1）转录。噬菌体基因组 mRNA 的秩序表达体现在转录的时间组织上。对于较大的噬菌体，如 T4 噬菌体基因组的转录可分成 4 个时期。立即早期（immediate early）和延迟早期（delayed early）基因最先被转录，产物是抑制宿主细胞大分子合成的蛋白质和参与噬菌体 DNA 复制的酶。准晚期（quasi-late）和晚期（late）基因是在转录酶和 DNA 模板都发生改变后被转录的，其产物是壳体蛋白，以及参与病毒装配成熟的功能蛋白和裂解细胞所需的溶菌酶等。

（2）翻译。DNA 噬菌体的蛋白质合成受转录时间控制的影响，病毒基因能决定早期基因 mRNA 翻译的持续时间以及特定的 mRNA 翻译速率，从而控制噬菌体蛋白质合成量的大小。由于转录和翻译的起始效率不同，各种蛋白质的合成量差异很大。例如，T4 噬菌体合成量最大的是构成头部壳体的晚期蛋白。

2. 动物病毒基因组的转录与翻译

动物病毒的基因组类型多样，每一种都有独特的表达策略。

（1）转录。DNA 动物病毒的转录一般在细胞核内进行，绝大多数病毒依赖于细胞的转录酶和有关因子。大多数哺乳动物 DNA 病毒基因组的转录需要 RNA 聚合酶Ⅱ，以识别 TATA 框或 INR（起始子 initiator）元件。腺病毒 VAⅠ和 VAⅡ基因的转录需要 RNA 聚合酶Ⅲ。但是痘病毒的基因组的复制与转录都发生在细胞质之中。

RNA 病毒基因组的复制与转录都在细胞质中进行，而正粘病毒基因组的复制在细胞核内进行，逆转录病毒基因组的复制在细胞质和细胞核中进行。

（2）翻译。通常动物病毒基因组的转录也有时相之分，除疱疹病毒外，大多数病毒在基因组复制前早期转录的基因所占比例较小，大量的基因是在晚期表达的。晚期蛋白通常是子代病毒的结构蛋白，其合成通常是过量的。

3. 植物病毒基因组的转录与翻译

（1）转录。大部分植物病毒的基因组是＋RNA，其基因组 RNA 具有 mRNA 活性，可直接进行翻译。

（2）翻译。不同的植物＋RNA 病毒发展了不同的基因组策略来促进和（或）调节基因的表达，这些策略包括合成亚基因组 mRNA（subgenomic mRNA）、翻译的通读（read through）和读框移动（frame shift）、产生聚蛋白以及多分基因组等。例如，豇豆花叶病毒基因组两个片段分别翻译产生两种聚蛋白，经过酶促切割后产生包括壳体蛋白在内的不同蛋白质。又如，烟草坏死病毒的多顺反子病毒 RNA 直接翻译成不同的蛋白质。大多数＋RNA 病毒，无论是单分基因组还是多分基因组，壳体蛋白基因所在的基因组 3′ 端部分往往不能直接表达，而是表现为沉默基因。壳体蛋白多是通过相应于基因组 3′ 端部分的亚基因组 mRNA 翻译产生（图 6-21）。

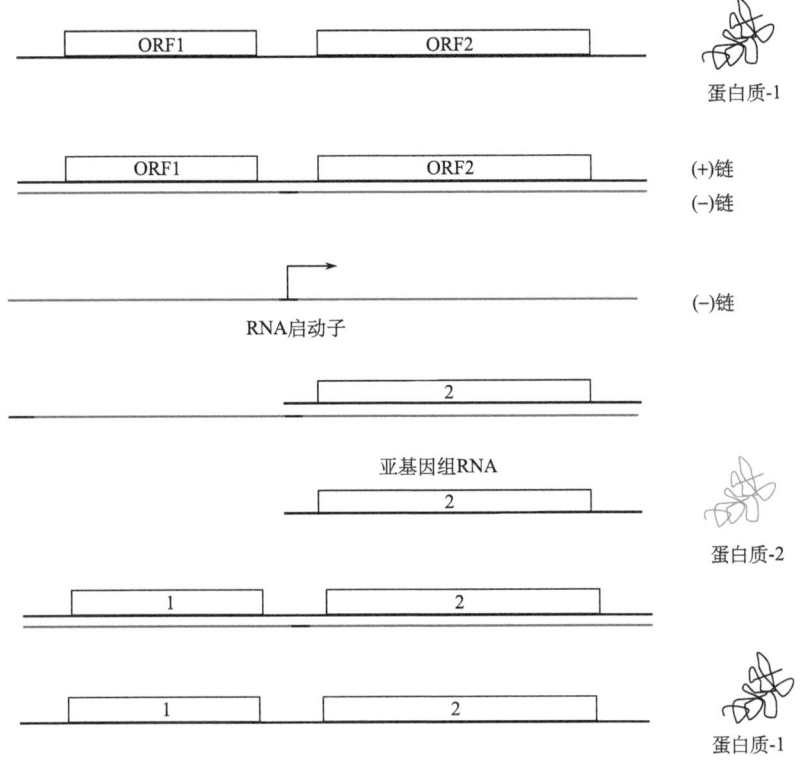

图 6-21　＋RNA 植物病毒表达 3′ 端壳体蛋白基因的亚基因组化策略示意图
（引自：http://www.dias.kvl.dk/Plantvirology/evirusgenes/evirsubgenomic.htm）

四、病毒的装配与释放

在病毒感染的细胞中，病毒大分子合成产生的结构组分能以一定方式结合，组装成完整的子代病毒颗粒，这一复制阶段称为装配（assembly），也称为成熟（maturation）或形态发生（morphogenesis）。大部分真核 DNA 病毒一般在细胞核中进行装配，而 RNA 病毒的装配一般在细胞质中进行。

有些病毒的壳体蛋白质能以类似结晶作用的方式自发地装配成病毒壳体。例如，烟草花叶病毒螺旋壳体就是以自我装配方式（self-assembly）进行的。另一种方式是指导装配（directed-assembly），在病毒壳体装配时有病毒基因组编码的非结构蛋白参加。例如，脚手架蛋白（scaffolding protein），或是具有水解切割作用的蛋白质，前者在装配中有瞬时功能，它不结合于病毒基因组中，装配完毕后，参与另一轮的病毒装配，或者被除去，后者在病毒装配过程中对前体蛋白进行切割加工,稳定装配步骤。

病毒粒子在细胞内装配完毕后,由细胞内转移到细胞外的过程叫做释放(release),这是病毒感染过程的最后阶段。当释放出来的子代病毒粒子再遇到适宜的敏感细胞时,又可以重新产生感染,并启动新一轮的复制循环。

(一) 噬菌体的装配与释放

T4噬菌体是一个结构复杂的病毒粒子,但其装配过程却是高度有序的自我装配的过程。这一过程包括4个完全独立的亚装配途径:无尾丝的尾部装配(基片、尾管和尾鞘的装配);头部的装配;尾部附着于头部,这种结合作用在体外和体内均可发生,而且不需要额外基因产物的加入;单独装配的尾丝与之前已装配好的颗粒相连——尾丝装配与噬菌体颗粒其余部分无关,尾丝必须在头与尾连接之后才能附着于基板上(图6-22)。

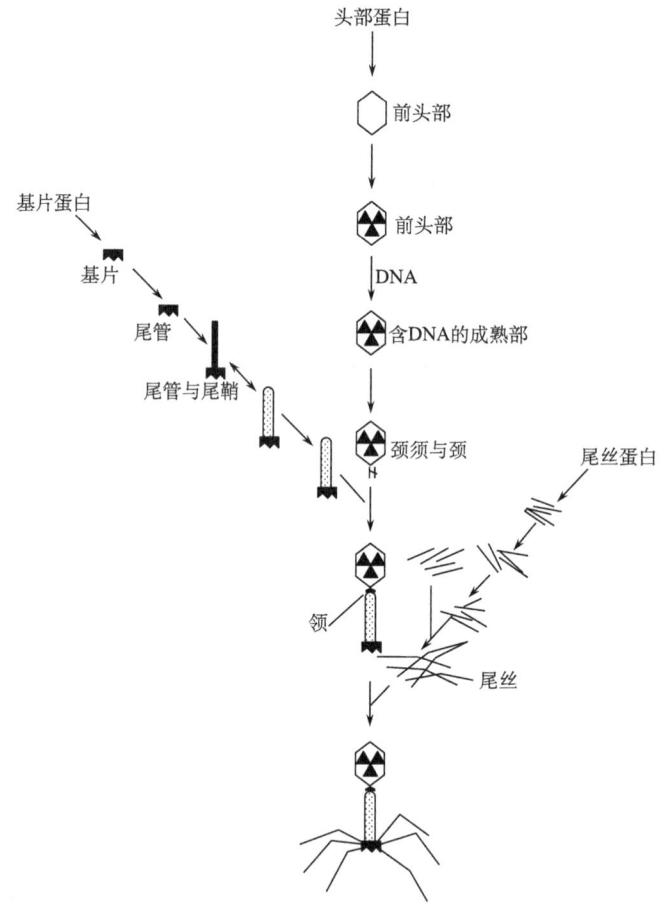

图6-22 T4噬菌体颗粒的装配过程示意图 (引自:徐耀先等,2000)

包括T4噬菌体、单链DNA噬菌体 φX174 等大多数噬菌体都是以裂解细胞方式(也称溶胞方式)释放的。

(二) 动物病毒的装配与释放

动物病毒有的裸露,有的有包膜,还有的如痘病毒的形态复杂,因而,它们的装配与释放过程各具特点,并且装配部位也不相同。

一般动物病毒的装配包括两个主要步骤:壳体的装配和壳体与病毒核酸的结合。

无外膜的球形或二十面体颗粒病毒的核酸与蛋白质在生物合成后,一般是按自体组装的过程组装成熟的。病毒组装完成后,一部分被缓慢释放(释放期可长达13~17h),但大多数子代病毒需待细胞自溶后才大量释放出来。

有包膜的病毒,其核衣壳的形成过程与前述的组装模式是相似的,但也有的病毒,如单纯疱疹病毒(HSV),在装配时有脚手架蛋白参与,属于指导装配。

有包膜的动物病毒往往是通过出芽生殖方式成熟的。病毒颗粒通过出芽而获得包膜大体有两种类型:一种类型是病毒颗粒通过在细胞膜出芽获得包膜(图6-23);另一种类型是在核内复制的DNA病毒,其包膜是通过核膜出芽而获得的(图6-24)。

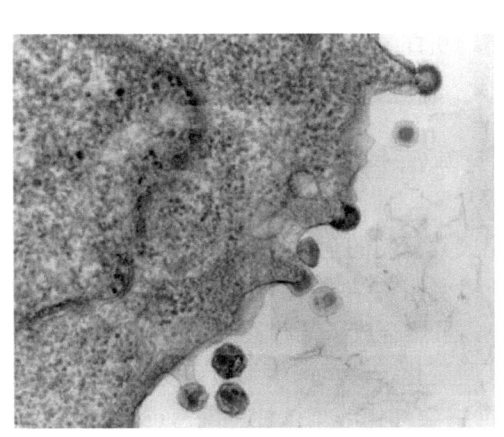

图6-23 HIV从人淋巴组织中出芽过程透射电镜照片(引自:http://faculty.ccbcmd.edu/courses/bio141/lecguide/unit3/viruses/dkhivbud.html)

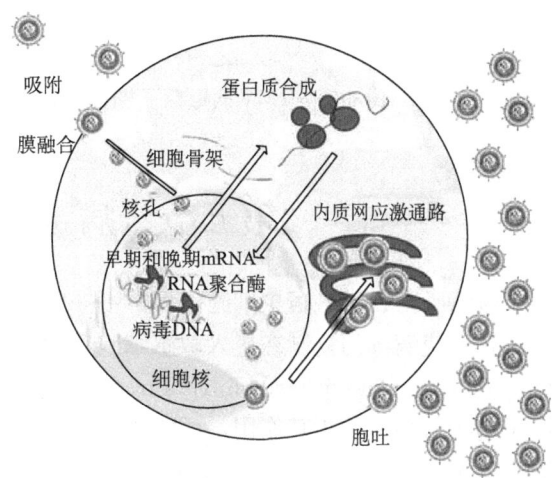

图6-24 单纯疱疹病毒(HSV)的复制周期(示出芽释放的方式)(引自:http://en.wikipedia.org/wiki/File:HSV_replication.png,重绘)

病毒以出芽方式释放并不立即导致感染细胞裂解和死亡,而且能够持续地使感染细胞释放出成熟的病毒粒子。

(三)植物病毒的装配与释放

绝大多数植物病毒都没有胞膜,结构比较简单,核壳大都以自我装配的方式成熟。烟草花叶病毒(TMV)的装配是病毒自我装配的经典范例。pH7,离子强度0.1~0.3时,34个TMV壳体蛋白质亚基首先聚集形成20S的双盘结构,然后与靠近TMV RNA基因组3′端的特异性装配起始部分结合,双盘结构结合而转变为螺旋结构,形成起始复合物。之后,TMV装配的延伸过程向两个方向进行,但螺旋体向5′端延伸的速度常快于3′端,因为5′端延伸利用的是双盘聚集体或单盘聚集体,而3′端延伸一般利用A蛋白(图6-25)。

植物病毒通过植物的维管进行长距离运动,它们在细胞之间的运动则通过胞间连丝进行,这一过程需要病毒编码的运动蛋白的参与。有些植物病毒的运动蛋白与胞间连丝结合可增大胞间连丝的孔径,以允许病毒颗粒或病毒核酸通过胞间连丝在细胞间扩散;有的植物病毒的运动蛋白可取代胞间连丝,形成利于病毒在细胞间扩散的管状结构。

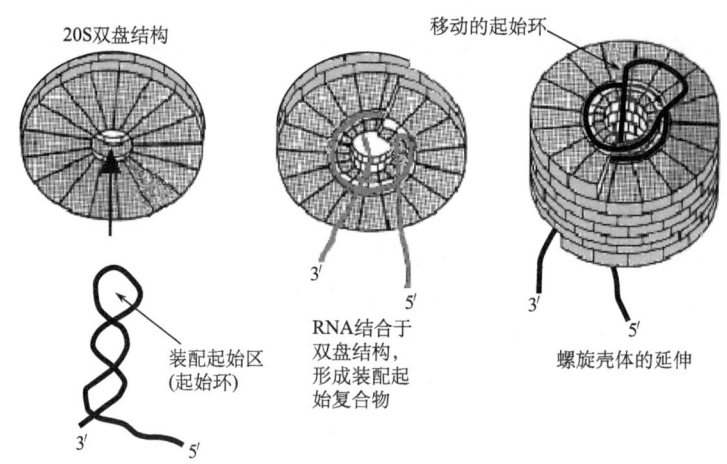

图 6-25 TMV 病毒粒子装配的移动环模型（引自：杨复华，1993，重绘）

第五节 病毒的非增殖性感染

病毒吸附、进入宿主细胞以后并不一定都能完成其复制的全过程，由于病毒或是细胞的原因，致使病毒的复制在进入敏感细胞后的某一阶段受阻，结果导致病毒感染的不完全循环（incomplete circle of virus infection）。在此过程中，虽然合成了某些甚至全部病毒成分，并由于病毒与细胞的相互作用，可能导致细胞发生某些变化，甚至产生细胞病变，但在受染细胞内，不产生有感染性的子代病毒颗粒。这类病毒感染称作非增殖性感染（non productive infection）。

与此相对应，如果感染发生在病毒能在其内完成复制循环的允许细胞（permissive cell）内，并有感染性子代病毒颗粒产生，则称为增殖性感染（productive infection）。

一、非增殖性感染的类型

病毒的非增殖性感染可以分为流产感染（abortive infection）、限制性感染（restrictive infection）和潜伏感染（latent infection）3 种类型。

（一）流产感染

流产感染是一类普遍发生的非增殖性感染，可分为依赖于细胞的流产感染（host-cell-dependent abortive infection）和依赖于病毒的流产感染（virus-dependent abortive infection）两类。

1. 依赖于细胞的流产感染

病毒感染非允许细胞（nonpermissive cell）后，在其中不能完成复制循环，导致流产感染。病毒在非允许细胞内通常能进入早期复制，但是，可能由于缺乏装配所需的酶、tRNA，或缺乏晚期基因的表达，缺乏参与表达成分转运、活化的细胞因子，有包膜病毒没有获得包膜等原因，而导致病毒不能完成复制过程。病毒的允许细胞与非允许细胞的划分是针对特定病毒而言的，一种病毒的允许细胞可能是另一种病毒的非允许细胞，反之亦然。例如，猴肾细胞是猴空泡病毒（SV40）的允许细胞，却是人腺病毒（HAdV）的非允许细胞。

2. 依赖于病毒的流产感染

缺损病毒（defective virus）的基因组不完整，有一个或多个病毒复制必需基因有缺损，丧失了其功能，所以它们无论是感染允许细胞还是非允许细胞，都不能完成复制循环，而导致流产感染。

（二）限制性感染

如果病毒感染的是瞬时允许性细胞，则只有在受染细胞处于允许细胞状态时，病毒才能完成其复制过程，否则病毒持续存在于受染细胞内不能复制，或是一个细胞群体中仅有少数细胞产生病毒子代。

（三）潜伏感染

这类感染的显著特征是在受染细胞内有病毒基因组持续存在，但并无感染性病毒颗粒产生，而且受染细胞也不会破坏。这种携带有病毒基因组但不产生有感染性病毒的细胞称作病毒基因性细胞（virogenic cell）。病毒基因性细胞在移植到适宜种类的动物，或与不同种细胞协同培养或融合时可产生有感染性的病毒颗粒。潜伏感染的另一个极端情况是由于病毒基因的功能表达导致宿主基因表达的改变，以致正常细胞转化为恶性细胞。

二、缺损病毒

缺损病毒（defective virus）是基因组有一个或多个为病毒自主复制所必需的基因丧失了功能，没有辅助病毒（helper virus）帮助就不能完成繁殖循环的病毒。

不同的缺损病毒的来源和基因组的缺损表现都不相同，而且病毒基因组往往可能因严重缺损而丧失全部生物学功能。有活性的缺损病毒包括干扰缺损颗粒、条件缺损病毒、假病毒体和整合的病毒基因组。

（一）干扰缺损颗粒

干扰缺损（defective interfering, DI）颗粒，简称 DI 颗粒，是病毒复制时产生的一类亚基因组的缺失突变体（subgenomic deletion mutant）。病毒在自然感染或实验感染时都可能产生相关的 DI 颗粒，尤其是在高感染复数（multiplicity of infection, m.o.i.）时，DI 颗粒产生频率较高。DI 颗粒在病毒持续性感染的形成中可能起着重要作用。

DI 颗粒因失去了其亲代病毒基因组中的复制必需片段，所以不能单独进行复制，而必须在其同型完全病毒的辅助下，由完全病毒为其提供 DI 颗粒已丧失的，但又为其复制所必需的基因功能才能复制。同时由于 DI 颗粒与完全病毒竞争复制所必需的基因产物，从而抑制感染性完全病毒的复制。DI 颗粒相关的完全病毒常称为标准病毒（standard virus, SV）。

（二）条件缺损病毒

条件缺损病毒是一类基因组发生了突变的病毒条件致死突变体，它们在允许条件下能够正常繁殖，在非允许条件或称限制条件下导致流产感染发生。

（三）假病毒体

假病毒体（pseudovirion）原来指由宿主细胞核酸完全取代了病毒基因组核酸的病毒颗

粒。由于具有相同的壳体，假病毒体与相关真正病毒在结构和行为等方面类似，但缺少许多重要特征，尤其是单独感染不能完成复制循环。普遍性转导噬菌体在细菌中增殖、裂解产生的子代中常有一定比例只含有宿主 DNA 序列。虽然假病毒体单独感染宿主细胞时不能完成复制循环，但可以把其包裹的原宿主基因转入其中。因此，假病毒体可以用作把外源基因引入宿主细胞的工具。

（四）整合的病毒基因组

温和噬菌体、动物的 DNA 肿瘤病毒和有缺损的 RNA 肿瘤病毒能引起一类特殊的非增殖性感染——整合感染（intergrated infection）。

这些病毒感染宿主细胞后，病毒的基因组部分或全部整合于宿主染色体上，随细胞基因组同步复制，并能遗传下去，给受染细胞带来具有重要生物学意义的影响。只有在一定的条件下，整合在宿主基因组上的病毒基因组才能转向合成产生完整的、有感染性的病毒颗粒。

1. 温和噬菌体的溶源性反应

感染宿主细胞后能在细胞内正常复制并最终杀死细胞，形成裂解循环（lytic cycle）的噬菌体称为烈性噬菌体（virulent phage）。感染宿主细胞后一般并不增殖，而是与宿主染色体整合或以质粒形式存在，只是在一定条件下启动裂解循环，产生成熟病毒颗粒的噬菌体称为温和噬菌体（temperate phage）。温和噬菌体基因组长期存在于宿主细胞内，不完成复制循环，也没有成熟噬菌体产生，这一现象称为溶源性（lysogeny）现象。温和噬菌体的这种存在状态称为溶源状态（lysogenic state），温和噬菌体因此也被称为溶源性噬菌体（lysogenic phage）。

在大多数情况下，温和噬菌体的基因组整合于宿主染色体中存在，如 λ 噬菌体，也有少数以质粒形成存在，如 P1 噬菌体。整合于细菌染色体或以质粒形成存在的温和噬菌体基因组称作原噬菌体（prophage）。λ 噬菌体 DNA 与宿主染色体 DNA 的整合是位点特异的。在原噬菌体阶段，噬菌体的复制被抑制，宿主细胞正常生长繁殖，而噬菌体基因组与宿主细菌染色体同步复制，并随细胞分裂而传递给子代细胞。细胞中含有以原噬菌体状态存在的温和噬菌体基因组的细菌称作溶源性细菌（lysogenic bacteria）。

噬菌体调节基因编码的阻遏蛋白阻止了噬菌体的裂解活性，但这种处于溶源性细菌细胞中的原噬菌体能自发地，或在某些诱导物的作用下从宿主染色体割离，转变为营养噬菌体，启动裂解循环，产生成熟的病毒颗粒。自然情况下的溶源性细菌裂解称为自发裂解（spontaneous lysis），一般频率低，裂解量较少。若经紫外线、氮芥、环氧化物等理化因子处理，可产生大量的裂解，且裂解频率较高，称为诱发裂解（inductive lysis）。图 6-26 为 λ 噬菌体的溶源生长和裂解生长循环示意图。

温和噬菌体不会因迅速杀死细胞而丧失传播的机会，因此，相比而言，溶源性反应比裂解反应更有利于病毒持续和传播。

2. 动物病毒的整合感染

在动物病毒中，许多 DNA 肿瘤病毒［如 SV40、乙型肝炎病毒（*Hepatitis B virus*，HBV）等］和 RNA 肿瘤病毒都能引起整合感染。在这些病毒感染的细胞中，病毒的基因组 DNA 或前病毒（provirus）DNA 整合入宿主细胞染色体中。除慢性 RNA 肿瘤病毒和非复制缺损型的急性 RNA 肿瘤病毒外，受染细胞内没有病毒繁殖。只有在一定条件下，整合在细胞染色体上的病毒基因组才能转入复制循环，产生子代病毒颗粒。

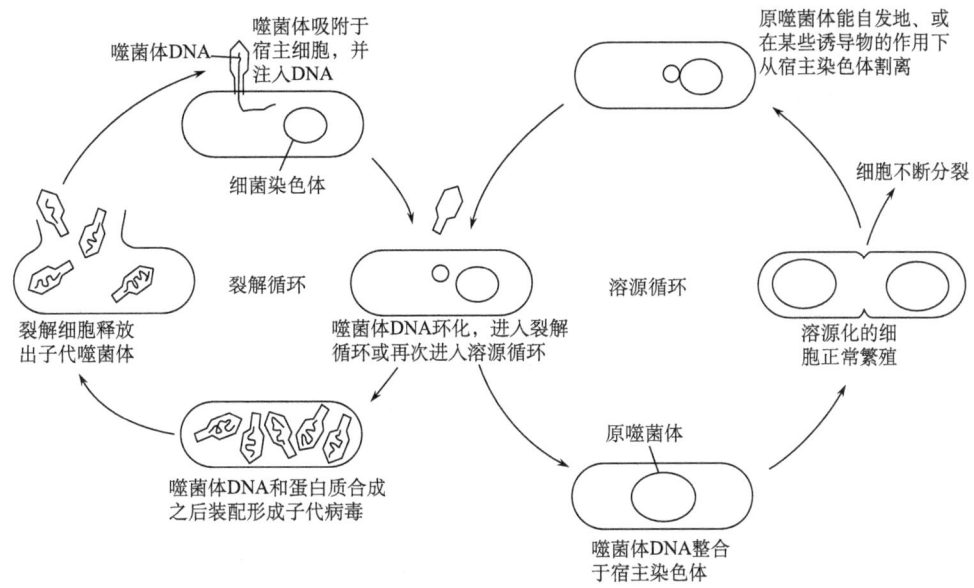

图 6-26　λ噬菌体的溶源生长和裂解生长循环示意图（引自：Campbell and Reece，2002，重绘）

存在于细胞 DNA 中，编码有产生病毒颗粒信息的基因序列称为病毒基因（virogene）；携带有部分或全部病毒基因组，但不产生感染性病毒颗粒的转化细胞常称为非产毒细胞（nonproducer cell）。

与 λ 噬菌体精确定位的整合不同，DNA 肿瘤病毒基因组的整合没有特殊的整合位点，宿主染色体 DNA 也没有病毒 DNA 特异性的单一插入位点。

RNA 肿瘤病毒基因组通过逆转录产生 DNA 中间体，即前病毒 DNA（provirus DNA），进而整合于宿主染色体 DNA，是病毒复制的必需阶段。

逆转录病毒诱导肿瘤形成与细胞转化同癌基因有关，其中携带有细胞来源的癌基因的病毒称为转导性逆转录病毒（transducing retrovirus）。转导性逆转录病毒基因组除了劳斯肉瘤病毒（*Rous sarcoma virus*，RSV）外，多为缺损性转化病毒，只有在辅助病毒的协助下才能进行复制。这些病毒一旦感染成功，则可高效诱发急性肿瘤。另外还有一类内源性病毒（endogenous virus），这类 RNA 肿瘤病毒的基因组普遍存在于许多动物的 DNA 中，但不转化细胞，也不产生病毒。内源性前病毒与原噬菌体类似，也可自发地或经诱导转入复制循环，产生有感染性的病毒。

腺联病毒（AAV）虽不是肿瘤病毒，但在没有辅助病毒存在时也能引起整合感染。病毒在细胞内潜伏，但不引起细胞转化。若有腺病毒协同感染，则整合在宿主细胞 DNA 中的 AAV 基因组进入循环。

第六节　病毒与宿主的相互作用

病毒一旦进入宿主细胞，就能利用宿主原有的大分子合成机器来复制自己。病毒作为宿主细胞的外来异物，一方面，宿主表现出对病毒感染的主动限制作用，保护宿主细胞免受病毒感染的侵犯；另一方面，病毒会主动地对宿主细胞的分子事件和某些蛋白质因子进行修饰，使宿主细胞能为病毒感染和复制提供必需的细胞机器。病毒与宿主细胞的相互作用关系必将引起宿主细胞基因表达谱的变化；同时，病毒感染细胞后，病毒的基因表达也呈现时间和空间上的程序性。研究病毒与宿主的相互作用，对于深入了解病毒致病的机理，从而寻找合适的病毒性疾病预防、诊断和治疗方案具有非常重要的理论意义和实际应用价值。

一、噬菌体与宿主细胞的相互作用

根据噬菌体和宿主菌之间的关系，噬菌体可分为两种主要类型：烈性噬菌体和温和性噬菌体（本章第五节）。烈性噬菌体可导致杀细胞感染（cytocidal infection）或裂解感染（lytic infection）。温和性噬菌体能够控制自身的复制和对宿主细胞的破坏，二者间能维持相对稳定，并在一定条件下转入裂解循环，导致噬菌体增殖、细胞裂解。此外，还有一些噬菌体的感染对宿主细胞的影响很小，受染细胞的生物学性质与未受感染的细胞几乎没有区别，这种感染称作非杀细胞感染（non-cytocidal infection），如丝杆噬菌体科的 fd、f1 等的感染。

（一）抑制宿主细胞大分子合成

噬菌体进入宿主细胞后，需要利用宿主的大分子合成机器和能量系统进行病毒蛋白质的合成和核酸的复制，这本身就会与宿主大分子合成形成竞争，并且许多噬菌体感染时都还能产生以不同的方式抑制宿主细胞的大分子合成的关闭蛋白（turn-off protein），主动抑制宿主的大分子合成。

1. 抑制宿主基因的转录

随噬菌体颗粒注入细胞的某些酶和噬菌体的某些早期、甚至中期蛋白质，可结合于宿主转录酶或引起宿主转录酶的磷酸化和腺苷化，改变其启动子识别特异性，使之由细胞 mRNA 合成转向噬菌体 mRNA 合成。

例如，T4 噬菌体编码的 ADP-核糖转移酶 Alt 和 Mod 在噬菌体感染的早期便可对宿主菌依赖 DNA 的 RNA 聚合酶（RNAP）的 α 亚基 C 端 Arg^{265} 进行 ADP-核糖基化，极大地降低了宿主菌 DNA 的转录活性，并导致可用于 T4 噬菌体转录的 RNAP 的量急剧上升（Tiemann et al., 2004）；AsiA 与 MotA 为 T4 中期转录激活物，可有效关闭宿主转录（Sharma et al., 2006）。

2. 抑制宿主蛋白质合成

除了因宿主转录的抑制间接影响其蛋白质合成外，有些噬菌体蛋白质能灭活细胞 tRNA，从而直接抑制宿主蛋白质合成，如 λ 噬菌体的肽酰-tRNA 水解酶参与抑制宿主细胞的蛋白质合成。

3. 宿主 DNA 合成的抑制

T 偶数噬菌体编码的内切核酸酶和外切核酸酶可逐步降解宿主染色体，使细胞 DNA 合成因缺乏模板而终止。研究发现，T4 噬菌体感染 10min 时已明显降解宿主 DNA；此外，T 偶数噬菌体也通过抑制细胞嘧啶核苷酸合成而改变宿主 DNA 合成代谢。大多数较为简单的噬菌体通常都不破坏细胞 DNA。

（二）宿主限制系统的改变

1. 破坏宿主限制系统

为了抵御宿主限制性酶系统对侵入的病毒 DNA 可能造成的损害，噬菌体编码的酶往往能破坏这些系统，使病毒 DNA 得到保护。例如，T3 噬菌体感染时 *ocr* 基因编码的酶能水解细胞内的 S-腺苷甲硫氨酸（SAM）而使某些宿主的依赖 SAM 的限制酶系统失效。T 偶数噬菌体的基因产物也可直接抑制宿主抗 T 偶数噬菌体的限制性核酸酶的活性。

2. 编码位点特异的甲基化酶

枯草芽孢杆菌噬菌体 SPβ 和 φ3T 可以编码位点特异的甲基化酶，使序列中 $BsuR\text{I}$ 识别为的 5′-GGCC-3′ 中间的 C 甲基化，从而避免宿主编码的 $BsuR\text{I}$ 限制酶的降解。

（三）噬菌体颗粒释放对细胞的影响

1. 裂解宿主细胞

以裂解方式释放的噬菌体晚期基因的产物能自动使细胞膜失去稳定，然后细胞壁的肽聚糖网状结构以不同的方式被破坏。例如，T4 噬菌体编码的溶菌酶能分解肽聚糖，λ 噬菌体产生的内溶菌素可断裂肽键。许多复杂的噬菌体的基因产物还能通过调节裂解酶的活性而控制裂解过程。

2. 宿主细胞生长速度降低，免疫学性质改变

fd、M13 等丝杆噬菌体颗粒以分泌方式释放时，病毒单链 DNA 穿过细胞膜时被壳体蛋白包裹形成杆状颗粒。由于壳体蛋白与细胞膜结合，细胞表面出现病毒特异性抗原，从而改变了受染细胞的免疫学性质。

3. 宿主蛋白质参与噬菌体释放

大肠杆菌 RNA 噬菌体 MS2 在 37℃ 以裂解方式释放，而在 30℃ 成熟释放时则不损伤宿主细胞，并且两种条件下均需要宿主合成的蛋白质的参与。

（四）溶源性感染对细胞的影响

溶源菌中的温和噬菌体基因组通常不影响细胞的繁殖功能，但它们可能引起其他细胞变化。这些变化不但对溶源菌，而且也可能对溶源菌的宿主机体产生深刻的生物学影响。

1. 免疫性

溶源性细菌对同类噬菌体及其近缘噬菌体的侵染具有"免疫性"，它们虽然可以再次感染该细胞，但不能增殖，也不能导致溶源性细菌裂解。

2. 溶源转变

溶源性细菌往往在形态和生理特性方面发生改变，如白喉杆菌，只有在含有特定类型的原噬菌体时才能产生白喉毒素，引起被感染机体发病。

原噬菌体引起的溶源性细菌除免疫性外的其他的表形改变，包括溶源菌细胞表面性质的改变和致病性转变被称为溶源转变（lysogenic conversion）。

（五）噬菌体和宿主之间的相互作用能导致宿主和噬菌体之间的共进化

研究人员通过对原绿球藻（*Prochlorococcus*）MED4 以及它的噬菌体 P-SSP7 进行的全基因组表达分析，发现这种噬藻体已经进化到可以利用宿主的高表达基因，使得这些基因稳定地存在于自己的基因组上，感染过程中所激发的宿主基因就导致了宿主与噬菌体的共同进化，有助于二者都获得生存优势（Lindell et al., 2007）。

（六）噬菌体对其宿主菌种群的影响

实验室中噬菌体可以裂解宿主细胞从而降低其种群密度，但是在自然环境中这种对宿主群体的破坏现象很少见，可能仅发生在宿主生长十分活跃的区域。

二、病毒与真核细胞的相互作用

真核细胞对病毒的感染可呈现不同的反应。多数病毒感染敏感细胞培养通常会引起细胞病变效应（CPE）（见本章第二节）。动物肿瘤病毒不具有致细胞病变效应或效应较弱，但肿瘤病毒还能够引起细胞转化。少数病毒感染后细胞无任何明显变化。相对于植物病毒而言，对于病毒感染动物细胞的过程了解更为详尽，所以主要以动物病毒为例介绍病毒感染对真核细胞的影响。

（一）病毒感染的致细胞病变效应

1. 杀细胞作用

病毒对细胞的损害作用，随不同病毒而有明显的区别。某些病毒如痘病毒、小 RNA 病毒和某些披膜病毒呈现高度的杀细胞作用，其病毒在感染细胞后迅速增殖，使宿主细胞因代谢障碍而死亡，同时释放出大量的成熟病毒粒子。

2. 细胞融合作用

一些具有融合活性的表面蛋白有包膜病毒，如仙台病毒、麻疹病毒等，可使细胞融合形成多核巨细胞。由病毒引起的细胞融合有两种类型：一种是从外部融合（fusion from without），这是病毒以高感染复数感染时，由毒粒表面具有融合活性的糖蛋白引起未受病毒感染细胞之间的融合；另一种融合是从内部融合（fusion from within），这是因受染细胞内表达的病毒糖蛋白结合于细胞表面而导致的受染细胞与相邻细胞的融合。

病毒诱发的细胞融合是对细胞生命活动的一种损害作用，因为融合的细胞大多丧失了功能，并且最后死亡。在动物体内，细胞融合可能也是病毒感染过程中发生病变的原因之一。

3. 导致红细胞凝集

正粘病毒和一些副粘病毒具有凝集红细胞的作用，这是因为这些病毒的包膜含有 HA 突起，经过 HA 突起与红细胞表面的唾液酸糖蛋白受体结合，形成红细胞-病毒-红细胞复合体，从而引起红细胞凝集。呼肠孤病毒以及大多数披膜病毒和某些痘病毒等也有凝集红细胞的作用，但是这些血凝性病毒的 HA 突起的血凝活性不尽相同。

4. 病毒对细胞骨架的影响

许多病毒的感染会导致细胞骨架纤维系统的瓦解。例如，水泡性口炎病毒、痘苗病毒、SV40、犬瘟热病毒（Canine distemper virus）、蛙病毒 3 型（Frog virus 3）等感染细胞都会引起含肌动蛋白的微丝减少。其中 HSV、犬瘟热病毒和蛙病毒 3 型等还能引起微管解聚。由于细胞骨架在维持细胞形态中起一定作用，所以病毒引起细胞骨架的改变是受染细胞结构变化的原因之一。

5. 包含体

病毒在感染宿主细胞后，其宿主细胞质或细胞核内有时会出现一种光学显微镜下可见的特殊染色区域，称为包含体或包涵体。病毒包含体常因不同病毒以及它所感染的细胞不同会有各自独特的形态、染色特性和存在部位。包含体是病毒核酸和病毒蛋白质在细胞内集中合成以及装配生成病毒粒子的场所。从某种意义上说，包含体是某些病毒感染宿主后产生的细胞病理学特征，这种特征具有一定程度的种属性，在病毒的实验诊断中具有一定意义。

6. 细胞凋亡

许多病毒能够诱发细胞凋亡（apoptosis）——由基因控制的自主性有序死亡，又称程序性细胞死亡（programmed cell death，PCD），其机制较为复杂且各不相同。宿主细胞的凋亡可以导致细胞的提前死亡或感染的终止，因此，细胞凋亡可以限制病毒在被感染机体中的扩散或限制感染机体的发病。此外，为了生长与繁衍，有些病毒进化获得凋亡抑制基因，它们在感染早期即开始表达，抑制宿主细胞凋亡，使病毒顺利完成复制周期。例如，苜蓿银纹夜蛾多核型多角体病（AcMNPV）不仅可以诱导宿主细胞凋亡，同时还含有抗细胞凋亡的基因 $p35$，该基因也是迄今所知最具广泛抗细胞凋亡活性的基因，具有抑制病毒诱导的细胞凋亡和恢复病毒复制能力的功能。

（二）病毒感染引起的细胞转化

细胞转化（cell transformation）是指具有正常生长特性的细胞转变为具有恶性肿瘤生长特性细胞的过程。一些动物肿瘤病毒可以引起细胞转化，这些被肿瘤病毒转化的细胞往往具有癌细胞的生物学特性和行为：无限增殖，成为永生化细胞；接触抑制现象丧失；细胞间黏着性减弱；易于被凝集素凝集；贴壁性下降；细胞骨架结构紊乱；产生新的膜抗原；对生长因子需要量降低；在半固体培养基上可形成克隆。

DNA 病毒中的乳多空病毒科、腺病毒科和疱疹病毒科中的某些成员及 RNA 病毒中的白血病病毒，是目前公认的致瘤病毒。它们可在试管内引起细胞转化，有的还可诱发机体内的肿瘤形成。

（三）稳定态感染

有些病毒在细胞内复制时并不严重影响细胞的生命活动。例如，淋巴细胞性脉络丛脑膜炎病毒（*Lymphocytic choriomeningitis virus*，LCMV）、禽类和鼠白血病病毒感染的细胞仍能增殖，并且病毒经常由亲代细胞传递给子代细胞，这些被感染细胞的基本代谢功能尚未受到严重破坏，其病毒粒子是以"出芽"的方式释放或者通过细胞分裂和增殖而进行传播的，病毒与细胞之间的这种相互关系称为稳定态感染（steady-state infection）。

（四）病毒感染对宿主大分子合成的影响

1. 病毒对宿主细胞转录的抑制

病毒感染宿主细胞后往往导致细胞转录作用的抑制，就一ssRNA 病毒和 dsRNA 病毒而言，它们不依赖于宿主 RNA 聚合酶进行转录，而是利用自身编码的 RNA 聚合酶，也许病毒编码的 RNA 聚合酶能够更高效地利用核苷三磷酸。DNA 病毒如腺病毒、SV40，除了降低宿主细胞对核苷三磷酸前体和转录因子的竞争能力外，还能竞争性地利用宿主聚合酶 II，转录形成病毒 mRNA。水疱性口炎病毒（*Vesicular stomatitis virus*，VSV）感染宿主细胞后，通过灭活宿主转录因子 II D 迅速抑制宿主基因的转录，病毒的基质蛋白也可抑制宿主基因的转录。

2. 病毒对宿主细胞翻译的抑制

不同病毒对宿主蛋白质合成的抑制程度和时序均不相同，有些病毒能很快地关闭宿主蛋白质的合成，它们包括大多数小 RNA 病毒、披膜病毒及某些副粘病毒和疱疹病毒。其他一些病毒，如痘病毒和腺病毒的抑制作用是渐进的，这些病毒往往随着病毒 mRNA 的合成增加,而逐渐取代了宿主 mRNA。病毒感染抑制宿主翻译的方式总体上可分为以下 3 种方式:①降解宿主的 mRNA;②因大量的病毒 mRNA 竞争有限的核糖体或病毒 mRNA 较细胞 mRNA 对核糖体有更高的亲和力,从而抑制细胞 mRNA 翻译;③改变宿主翻译装置的特异性。

3. 病毒对宿主细胞 DNA 复制的抑制

不同的动物病毒感染宿主细胞后,往往引起宿主 DNA 合成率下降,这可能是由于病毒在感染早期引起了宿主蛋白质或 RNA 合成的抑制,从而使宿主 DNA 复制所需的 DNA 聚合酶、其他相关蛋白质因子和 RNA 引物的合成减少,导致宿主 DNA 复制不能有效地起始和延伸。反过来,病毒对宿主细胞复制的抑制又可进一步干扰宿主 RNA 和蛋白质合成,最后以至于使整个细胞的生物合成作用完全停止。

(五) 宿主对病毒复制的限制作用

病毒感染后,宿主也常表现出对病毒感染的主动限制作用,以保护宿主细胞免受病毒感染的侵犯。例如,宿主细胞因子 CypA 能够与流感病毒的 M1 蛋白相互作用并抑制流感病毒的早期复制。宿主蛋白 CypA 能够在病毒复制过程中整合到流感病毒粒子中,作为一种限制性因子与流感病毒的 M1 蛋白发生相互作用,阻碍 M1 蛋白从细胞质输入到细胞核中,从而起到抑制病毒复制的作用 (Liu et al., 2009)。

三、机体的病毒感染

对于动物、植物的机体而言,病毒感染的意义与细胞的病毒感染有很大的区别,这是一个更为复杂且不断变化的过程,是病毒与机体相互作用所产生的各种现象的总和。

(一) 机体病毒感染的类型

机体的病毒感染可按不同的形式进行分类。根据感染症状的明显程度,可分为显性感染和隐性感染(非显性感染);根据感染过程、症状和病理变化发生的主要部位,可分为局部感染和系统感染;根据病毒在机体内存留时间的长短以及病毒与宿主相互作用的方式,可分为急性感染和持续性感染。

1. 显性感染与隐性感染

当病毒毒力强,数量多且宿主机体抗感染免疫力相对较弱时,机体被感染常受到严重损害,出现明显临床症状,这种感染称为**显性感染**(apparent infection)。

当机体抗感染免疫力较强或入侵的病毒数量不多、毒力较弱时,机体被感染后损害较轻,不出现或出现不明显的临床症状,这种感染称为**隐性感染**(inapparent infection)或亚临床感染(subclinical infection)。许多病毒性疾病流行时为此型感染,是机体获得特异性免疫的主要来源。例如,脊髓灰质炎流行时,隐性感染约占 99%,但隐性感染的人仍具有传染性。

2. 局部感染和系统感染

局部感染(local infection):病毒仅在入侵部位的组织细胞中繁殖,扩散到邻近细胞或直接通过细胞间桥从一个细胞进入另一个细胞。病毒没有远距离扩散的能力,限于局部表面感染,引起局部或全身症状,如流感病毒的感染。

系统感染(systemic infection):病毒从被感染的细胞释放出细胞外,再感染邻近细胞,并且往往通过血流传播至全身,如脊髓灰质炎病毒的感染。

3. 急性感染和持续性感染

临床所见的绝大多数病毒感染,如麻疹、流感、水痘等都为急性感染(acute infection)。病毒侵入机体内,在一种组织或多种组织中增殖,并经局部扩散,或经血流扩散到全身。经2~3d以至2~3周的潜伏期后,病毒繁殖到一定水平,由于局部或组织广泛损伤,引起临床感染。从潜伏期起,宿主动员了非特异性和特异性免疫,除致死性疾病外,宿主一般能在症状出现后1~3周内,消除体内的病毒。通常在症状出现前后的一段时间内及病后数天到两周,从组织或分泌物中能分离出病毒。

持续性感染(persistent infection)包括潜伏感染、慢性感染及慢发性感染。造成持续感染的原因有病毒本身的特性因素,如整合感染倾向、缺损干扰颗粒(DIP)形成、抗原性变异或无免疫原性;同时也与机体免疫应答异常有关,如免疫耐受、细胞免疫应答低下,抗体功能异常、干扰素产生低下等。

(二) 构成机体病毒感染的因素

机体内病毒感染的表现形式和结果由病毒、机体和环境条件三者的综合作用决定。

1. 病毒

病毒的致病性和毒力直接影响病毒感染的表现与结果,同时,机体的感染还依赖于一定的病毒数量和合适的侵入门户。病毒的致病性是指不同病毒所致疾病的严重程度,病毒的毒力一般指同一病毒不同毒株所致疾病的严重程度。病毒的毒力越强,引起机体感染的剂量越小,反之则越大。

2. 机体

病毒侵入机体后,病毒在细胞内的活性、病毒在体内的传播以及病毒感染的表现和结果还和机体的防御结构和防御功能状态密切相关。对病毒感染的免疫和抵抗是完整机体的一种生理功能,以保护机体免于感染或严重感染。此外,机体的年龄、激素分泌水平、生理状态、营养状况、中枢神经活动以及非免疫抵抗的遗传因素等一系列十分复杂的因素都影响机体的病毒感染过程。

虽然宿主具有多种针对病毒感染的保护机制,但有时对感染的免疫反应可直接导致组织损伤。例如高致病性禽流感 H5N1 感染可以造成广泛的病理损伤及严重的并发症。组织学及病理学研究表明,过度的宿主应答反应是介导病理损伤的主要原因之一。

此外,许多病毒能够抑制机体免疫反应,并因此克服或降低宿主防护。典型例子是 HIV 感染 $CD4^+$ 细胞破坏宿主特异性免疫系统。

3. 环境条件

机体生存所处的生态环境、气候条件中所可能存在的多种生物或非生物因子,以及诸如人的生活方式、动物的饲养管理方式和植物的栽培方式等因素,均能作用于病毒和(或)机体而间接影响病毒的感染过程。

第七节 亚病毒因子

典型意义的病毒仅有一种类型的核酸即 DNA 或 RNA,并与一种或几种结构蛋白构成病毒粒子,除了缺损病毒之外,它们的侵染和复制不依赖于辅助病毒。还有一类病毒,它们或者是一种生物分子，如小分子质量 RNA 和传染性蛋白质（朊病毒），或者是由小 RNA 分子与其自身编码的结构蛋白包被而成的小病毒粒子（卫星病毒），是一类不具有完整病毒结构或功能的分子生物，我们称之为亚病毒（subvirus）。这一概念 1981 年由法国科学家 Lwoff 提出。

目前经过 ICTV 批准的亚病毒有卫星（satellite）、类病毒（viroid）和朊病毒（prion）。

一、卫星

（一）卫星的定义

卫星是由核酸分子构成的、需要宿主细胞共同感染辅助病毒（helper virus）才能进行侵染复制的亚病毒因子。卫星核酸的序列明显区别于辅助病毒和宿主的基因组序列。如果卫星可以编码自身的衣壳蛋白，则称为卫星病毒（satellite virus）。

（二）卫星的发现

1969 年，Schneider 在烟草环斑病毒（*Tobacco ringspot nepovirus*，TRSV）的制备物中发现了一种低分子质量 RNA，没有独立侵染性，需要 TRSV RNA 的帮助才能复制和包装在衣壳内；同时这种小 RNA 分子没有 mRNA 活性，与 TRSV RNA 也没有同源性。Schneider 将这种低分子质量的 RNA 称为卫星 RNA（satellite RNA，satRNA）。1997 年，Dry 等又发现了番茄曲叶病毒卫星 DNA（*Tomato leaf curl virus* satellite DNA，TLCV satDNA）。病毒卫星 RNA 和卫星 DNA 统称为卫星核酸（satellite nucleic acid）。

在植物病毒中，有些病毒含有两种相关的病毒颗粒，一种是较大的病毒颗粒，另一种是较小的病毒颗粒，这两种病毒颗粒之间的抗原性完全不同，小病毒颗粒的 RNA 与大病毒颗粒的 RNA 的核苷酸序列也无同源性，但小病毒颗粒 RNA 的侵染与复制必须依赖于大病毒颗粒，因此，将这种小病毒颗粒称为卫星病毒，而将大病毒颗粒称为辅助病毒。米米病毒的噬病毒体（virophage）也属于卫星病毒，它可以抑制宿主的复制（La et al.，2008）。卫星病毒与缺损病毒相比，它在 RNA 序列上与辅助病毒基因组 RNA 完全无同源性。因此，卫星病毒不是一种缺损病毒，而是一种亚病毒。

（三）卫星的分类

在 ICTV 第 8 次病毒分类报告中，卫星分为卫星核酸和卫星病毒两组（group）。

卫星病毒分为慢性蜜蜂麻痹卫星病毒（*Chronic bee paralysis satellite virus*）和烟草坏死卫星病毒（*Tobacco necrosis satellite virus*）两个型（type），前者宿主是无脊椎动物，后者宿主是植物。

卫星核酸有 3 个型：单链卫星 DNA（single-stranded satellite DNA），目前发现并得到 ICTV 认可的只有番茄曲叶病毒卫星 DNA；双链卫星 RNA（double-stranded satellite RNA）；单链卫星 RNA（single-stranded satellite RNA），又分为 3 个亚组（subgroup），即大单链卫星 RNA 亚组、小线状单链卫星 RNA 亚组和环状单链卫星 RNA 亚组。除双链卫星 RNA 亚组的宿主是真菌外，其余两组的宿主均为植物（Fauquet et al.，2005）。

二、类病毒

(一) 类病毒的发现及其致病性

类病毒（viroid）是一类由一短串（少数几百个碱基）高度互补、环状、单链 RNA 构成的，没有衣壳蛋白和典型病毒特征的植物致病因子。

1971 年，Diener 发现严重影响马铃薯产量的马铃薯纺锤形块茎病（potato spindle tube disease，PSTD）是由马铃薯纺锤形块茎病类病毒（Potato spindle tuber viroid，PSTVd）导致的，这是最早发现的类病毒。类病毒经带毒叶片、种子以及媒介昆虫传播，可引起马铃薯、西红柿、苹果、柑橘、椰子等多种经济植物严重病害。

(二) 类病毒的分类

ICTV 第 8 次分类报告公布的类病毒有 27 种，分为 2 个科、7 个属。马铃薯纺锤形块茎类病毒科（Pospiviroidae）包括马铃薯纺锤形块茎类病毒属（Pospiviroid）8 种、啤酒花类病毒属（Hostuviroid）1 种、椰树死亡类病毒属（Cocadviroid）4 种、苹果疤类病毒属（Apscaviroid）8 种和彩叶草类病毒属（Coleviroid）3 种。鳄梨白斑类病毒科（Avsunviroidae）包括鳄梨白斑类病毒属（Avsunviroidae）1 种和桃潜隐花叶类病毒属（Pelamonviroid）2 种。此外还有些尚未确定的类病毒样 RNA（viroid-like RNA）。

(三) 类病毒的分子结构

类病毒是共价闭合的单链环状 RNA 分子，已定种的类病毒分子大小在 246～401nt。所有的类病毒 RNA 没有 mRNA 活性，不编码任何蛋白质。

类病毒 RNA 分子呈棒状结构，由一些碱基配对的双链区和不配对的单链环状区相间排列而成（图 6-27）。PSTVd 的棒状 RNA 可分为 5 个功能区。

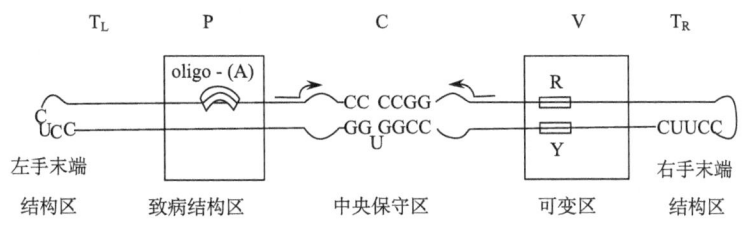

图 6-27 PSTVd 的二级结构（引自：徐耀先等，2000）

1. 末端区

末端区分为左末端区（T_L 区）和右末端区（T_R 区），分别位于类病毒棒状 RNA 分子的两端，其中的保守序列与类病毒的复制起始有关，这些保守序列有利于复制酶（DNA 依赖性 RNA 聚合酶 II）的结合。

2. 致病区

致病区（P 区）与类病毒所致的植物病害症状有关，该区由 15～17 个碱基组成，富含 A、P 区变可导致植物的温和症状、严重症状或死亡。

3. 中央保守区

中央保守区（C 区）的高度保守的 U 凸出螺旋区与一些蛋白质的结合位点极为相似，

可能是 RNA 聚合酶的结合位点或与负链 RNA 合成的起始有关。C 结构区两侧分别存在一个由 9 个核苷酸构成的反向重复序列，可形成一个杆状环圈结构，它可能是类病毒复制中间体，即多聚 RNA 分子加工称为单体 RNA 的结构信号。因此，C 区可能是类病毒复制的重要控制区。

4. 可变区

可变区（V 区）变异程度最大，即使很相近的类病毒，其 V 区的同源性也都小于 50%。该区也与致病性有关，但仅由 V 区碱基改变而导致植物病害症状变化的类病毒还尚未发现。

（四）类病毒的复制

类病毒 RNA 不具有 mRNA 活性，也不编码任何蛋白质，因此，类病毒的复制完全依赖于宿主的转录酶系统。但是，不同类病毒的复制可能依赖不同的 RNA 聚合酶。

研究发现，PSTVd 无论是从（＋）链类病毒 RNA 到（－）链复制中间体，还是从（－）链复制中间体到（＋）链复制中间体的转录过程，都是由宿主植物 RNA 聚合酶 II 催化的，柑橘裂皮类病毒（*Citrus exocortis viroid*，CEVd）复制则主要是由宿主的 RNA 聚合酶 III 催化的，而 ASBVd 的复制是由聚合酶 I 催化的。

不同类病毒的复制场所也不同，马铃薯纺锤形块茎类病毒科在细胞核中复制，而鳄梨白斑类病毒科在叶绿体中复制。

类病毒的复制采用基于 RNA 的滚环模式，包括以下 3 个步骤：①调用宿主依赖 DNA 的 RNA 聚合酶并使其以 RNA 为模板催化合成多个长度单位的链。②切割形成单位长度的链，这一过程在鳄梨白斑类病毒科是由锤头结构的核酶催化的。③通过 RNA 连接酶环化或自催化环化（Flores et al.，2008）。

（五）类病毒的致病机理

长期以来，一直令人困惑的是类病毒的序列不编码任何蛋白质，却能引起宿主植物病害。现在有足够证据表明 RNA 沉默（RNA silencing）参与了这一过程（Papaefthimiou et al.，2001；Wang et al.，2004）。

三、朊病毒

从 1730 年人们发现羊瘙痒症（scrapie syndrome of sheep）开始，克-雅氏症（Creutzfeldt-Jakob disease，CJD）、库鲁病（Kuru）、牛海绵状脑病（bovine spongiform encephalopathy，BSE）（疯牛病，mad cow diease）等一系列疾病随之出现。关于这类人和哺乳动物的亚急性海绵样脑病的致病本质，一直是神经生物学和分子病毒学领域研究的热点。在库鲁病的研究中，美国科学家 D. C. Gajdusek 发现其病原体不具有 DNA 或 RNA 特性，并因此获得了 1976 年的诺贝尔生理学或医学奖。1982 年，另一位美国科学家 Prusiner 首次提出了羊瘙痒因子是一种蛋白质侵染颗粒（proteinaceous infectious particle，prion）的概念，将它命名为朊病毒（virino）。他还提出了朊病毒病是由于蛋白质的错误构象引起的这一假说，并解释了错误构象蛋白形成类淀粉斑的基因和机制，因此，获得了 1997 年诺贝尔生理学或医学奖。

（一）朊病毒的性质

朊病毒在电镜下见不到病毒粒子的结构，经负染后可见聚集而成的棒状体，其大小为

(10~250)nm×(100~200)nm。根据朊病毒对物理因素、化学试剂与生化试剂的抗性及生物学特性，一般认为朊病毒本质上是具有感染性的蛋白质，并将此种蛋白质单体称为朊病毒蛋白（prion protein，PrP）（Prusiner，2001）。

（二）朊病毒的结构

朊病毒蛋白（PrP）是由一种分子质量为 33~35kDa 的正常细胞蛋白 PrP^c 或 PrP^c 33~35 发生构象转变形成的，由于它类似于羊瘙痒因子，故又称为 PrP^{Sc}。PrP^{Sc} 是 PrP^c 的异构体，二者的一级结构和相对分子质量大小完全相同，这样 PrP^{sc} 也常被称为 PrP^{Sc} 33~35。

PrP^{Sc} 在蛋白酶作用下切去 N 端序列，可生成 PrP27~30。PrP27~30 是一种蛋白酶抗性蛋白，该蛋白质能够聚合成电镜下可见的棒状淀粉样蛋白。在羊瘙痒因子感染的仓鼠脑中往往有大量的 PrP27~30 存在，而且 PrP27~30 的纯化程度与羊瘙痒因子传染性紧密相关，通常 PrP27~30 浓度甚至同传染性朊病毒的滴度成正比。因此，现在许多学者认为羊瘙痒因子或朊病毒就是 PrP^{Sc}，或者说朊病毒的传染性是由 PrP^{Sc} 决定的。

正常的 PrP^c 与 PrP^{sc} 之间在构象上的差异主要表现为 α 螺旋、β 折叠的含量不同。PrP^c 是一种细胞膜结合的糖蛋白，但它通过膜内陷可以进入到细胞内，通常位于细胞内的 PrP^c 是可溶性蛋白，对蛋白酶的作用敏感。PrP^c 含有 42% 的 α 螺旋和少量的 β 折叠（3%），而 PrP^{sc} 则表现为 β 折叠增加（45%），α 螺旋减少（30%）（图 6-28），尤其是 PrP^{Sc} N 端截短生成的 PrP27~30，其 β 折叠的含量更高，达到了 54%，α 螺旋则降到了 21%。一些研究还发现，高 β 折叠甚至可能是 PrP27~30 聚合生成淀粉样原纤维的最直接原因。

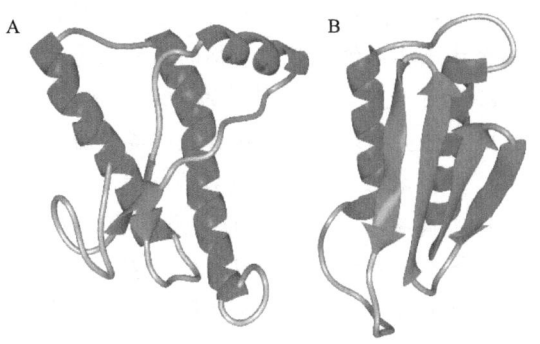

图 6-28 朊病毒蛋白不同构象的比较
（引自：http://bioquest.org/bedrock/problem_spaces/prion/background.php）
A. 正常构象（PrP^c）；B. 异常构象（PrP^{sc}）

（三）朊病毒的增殖

朊病毒增殖的机理是多年来该领域研究的热点之一，也一直存在争议。Prusiner 等（2001）认为朊病毒的增殖是一个指数增长的过程。PrP^{Sc} 首先与 PrP^c 结合形成一个 PrP^{Sc}-PrP^c 复合物，随后转变成 2 分子的 PrP^{Sc}。在下一周期 2 分子 PrP^{Sc} 与 PrP^c 结合，随后形成 4 分子 PrP^{Sc}，这是一个周而复始的循环过程。如此循环，当 PrP^{Sc} 累积到一定浓度后就会损害神经元。PrP^{Sc} 与 PrP^c 相互作用，从而复制出越来越多的 PrP^{Sc} 分子。朊病毒研究的大量实验证实了 Prusiner 的假说。

多数研究者认为朊病毒仅由蛋白质组成，编码朊病毒蛋白的基因是正常哺乳动物和人基因组的一部分。关于 PrP^c 和 PrP^{Sc} 构象转化聚集的机理有两种模型：成核聚合模型（nucleated polymerization model）和模板辅助转换模型（template-assisted conversion model）。这两个模型在关于朊病毒增殖过程中 PrP^{Sc} 聚合的作用方面截然不同。模板辅助转换模型认为 PrP^{Sc} 聚合对朊病毒的构象转化是不重要的，但是在成核聚合模型中这一过程对于朊病毒增殖是不可缺少的。

（四）PrP^{Sc}致病特点

研究发现 PrP^{Sc} 致病具有如下特点：①PrP^{Sc} 所导致的朊病毒病既是传染病，也是遗传病。PrP^{Sc} 作为致病因子，既可在同一种属间进行传播，也可跨种属屏障传播。②PrP^{Sc} 的扩增和致病与分子生物学的中心法则和蛋白质折叠的 Anfinsen 原理相抵触。③在病变的脑组织中不出现伴随的免疫细胞，也就是说，免疫系统不能识别与正常蛋白质具有相同序列但构象不同的朊病毒（Brown，2001）。

本 章 小 结

1. 病毒是一类比较原始的、有生命特征的、能够自我复制和严格细胞内寄生的非细胞生物。其主要特点是：不具有细胞结构，只含有一种类型的核酸作为遗传信息载体，以复制方式繁殖，不能在无生命的培养基中增殖，缺乏完整的酶系统和能量合成系统，不含有功能性核糖体或其他细胞器，严格的细胞内寄生。

2. 为了使病毒得到科学的命名和分类，ICTV 指定了病毒的命名和分类原则，国际上通行的病毒分类系统是国际病毒分类委员会的病毒分类报告。

3. 采用物理、化学和免疫学方法或根据病毒与宿主的相互作用可对病毒进行测定。

4. 病毒毒粒具有确定的形态结构、生物学特性和理化性质。毒粒的基本结构是核壳，毒粒的基本化学组成是核酸和蛋白质。核酸是病毒遗传和感染的物质基础，不同病毒的核酸常具有特定的结构特征，包括黏性末端、末端冗余、循环排列、倒转的末端重复、分段基因组等。病毒蛋白质包括结构蛋白和非结构蛋白两类。

5. 病毒的增殖方式是复制。病毒的复制周期包括吸附、侵入、脱壳、病毒大分子的合成和装配与释放等阶段。

6. 病毒的非增殖性感染包括流产感染、限制性感染和潜伏感染 3 种类型，非增殖性感染可因细胞或病毒原因导致。

7. 病毒感染宿主细胞后，一方面，宿主表现出对病毒感染的主动限制作用，保护宿主细胞免受病毒感染的侵犯；另一方面，病毒会主动地对宿主细胞的分子事件和某些蛋白质因子进行修饰，使宿主细胞能为病毒感染和复制提供必需的细胞机器。

8. 亚病毒是一类不具有完整病毒结构或功能的分子生物，包括卫星、类病毒和朊病毒。亚病毒研究不仅使人们弄清了一些重要动植物病害的病因，而且对探索生命起源与生命现象的本质有重要意义。

习题

1. 名词解释：病毒、病毒吸附蛋白、噬菌斑、蚀斑、病毒的测定、蛋白质亚基、形态单位、衣壳、核衣壳、包膜、结构蛋白、非结构蛋白、一步生长曲线、病毒的复制、复制周期、早期转录、晚期转录、非增殖性感染、缺损病毒、烈性噬菌体、温和噬菌体、溶源状态、显性感染、隐性感染、局部感染、系统感染、亚病毒。
2. 病毒区别于其他生物的特点是什么？根据你的理解，病毒应如何定义？
3. 病毒的分类原则和病毒命名规则最主要包括哪些？
4. 病毒学研究的基本方法有哪些？这些方法的基本原理分别是什么？
5. 病毒壳体结构有哪几种对称形式？毒粒的主要结构类型有哪些？

6. 病毒核酸有哪些类型和结构特征？各类病毒基因组的复制策略有何区别？
7. 何谓病毒的一步生长曲线？一步生长曲线各时期的特点是什么？
8. 病毒复制循环可分为哪几个阶段？各个阶段的主要过程如何？
9. 病毒的非增殖性感染有哪几类？引起病毒的非增殖性感染的原因是什么？
10. 噬菌体是如何感染宿主细胞的？叙述它与宿主细胞间的相互关系。
11. 亚病毒有哪几类？各自有何特点？

思考题
1. 试述病毒和宿主之间的相互作用关系及其研究意义。
2. 介绍用双层平板法测定噬菌体效价的方法及其优点。
3. 在发酵工业中如何判断噬菌体污染？
4. 试述各类病毒的侵入方式。
5. 阐述病毒为什么有宿主专一性。

（吕志堂）

第七章 微生物遗传变异和育种

【本章导读】 微生物遗传学是研究和揭示微生物遗传变异规律的一门自然科学，是遗传学的一个重要分支，发展十分迅速。本章首先揭示了微生物在"遗传的物质基础"这一重大学科问题上所做的贡献，随后介绍了微生物的基因组结构、质粒和转座因子、基因突变及修复、细菌基因转移和重组，以及各种微生物育种的方法和策略。本章还介绍了以酵母菌为代表的真核微生物的遗传特性，帮助学生了解和掌握微生物遗传学的理论及应用。

就微生物而言，其亲代与子代之间有性状相似性的现象称为遗传。遗传保证了微生物种的相对稳定性。自然界的微生物可通过多种途径进行水平方向的基因转移，并通过基因的重新组合以适应随时改变的环境以求生存，这种转移不仅发生在不同的微生物之间，而且也发生在微生物与高等动植物之间。细菌的基因转移和重组的方式主要包括转化、接合、转导、溶源性转换和原生质体融合等。研究细菌的遗传和变异，在细菌性疾病的诊断、治疗与预防、测定致癌物质、流行病学、基因工程中的应用中都有重要的实际意义。

第一节 遗传的物质基础

一、DNA 作为遗传物质

（一）Griffith 的转化实验

1928 年，英国的一位细菌学家 F.Griffith 利用肺炎链球菌感染小鼠的实验发现了转化（transformation）现象。

肺炎链球菌可以分为两种类型。一种是有毒的光滑类型，简称为 S（smooth）型；另一种是无毒的粗糙类型，简称为 R（rough）型。S 型的菌株有荚膜，可导致人得肺炎或小鼠得败血症。但在加热到致死程度后，S 型的细菌便失去致病能力。而 R 型细菌没有合成荚膜的能力，所以不能使人或小鼠致病。R 型细菌和 S 型细菌在一定条件下可以相互转化。

Griffith 将能使小鼠致死的 S 型菌株加热杀死，并注入小鼠体内后，小鼠没有死亡，而且也不能从小鼠体内重新分离到肺炎链球菌。但是当他们进一步将加热杀死、已无致病性的 S 型菌和少量活的非致病的 R 型细菌一起注入小鼠体内后，意外发现小鼠死亡，而且从死亡小鼠体内分离到活 S 型菌株，并非 R 型菌株（图 7-1）。显然，小鼠致死的原因正是由于这些 S 型菌株的毒性作用，那么这些 S 细菌从何而来呢？实验开始已经证明注入小鼠体内的 S 型菌株已经全部被杀死，因此不可能是 S 型菌株的残留者。其合理的解释是：活的、非致病性的 R 型菌株是从已被杀死的 SⅢ型菌株中获得了遗传物质，使其产生荚膜成为致病性的 S 型细菌，Griffith 将这种现象称为转化。

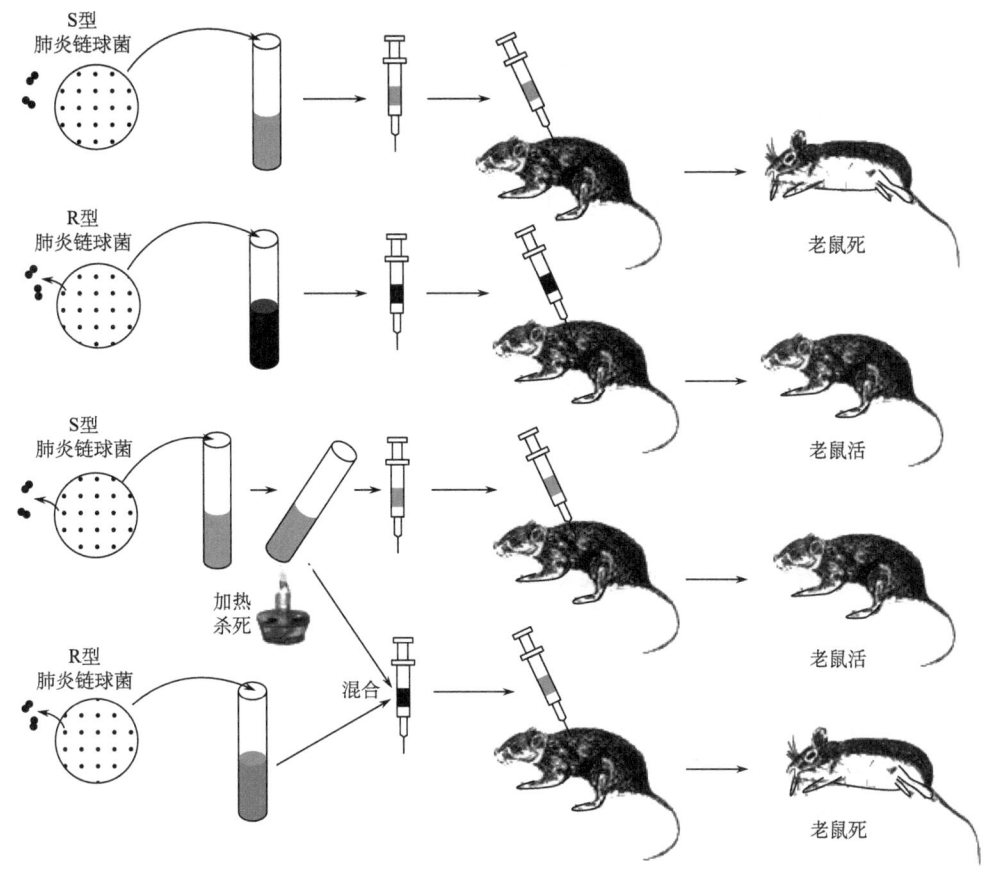

图 7-1　肺炎链球菌的转化实验（引自：吴庆余，2002）

（二）DNA 作为遗传物质的第一个实验证据

1944 年，美国科学家 Avery 和他的合作者 C. M. MacLeod 及 M. J. McCarty 在 Griffith 实验的基础上，从 S 型活细菌中提取出了 DNA、蛋白质和多糖等物质，然后将它们分别加入培养 R 型细菌的培养基中，结果发现只有加入 DNA 的 R 型细菌才能够转化为 S 型细菌，说明 DNA 是转化所必需的转化因子，并发表了他们的实验结果，为 Griffith 的转化因子是 DNA 而不是蛋白质提供了第一证据。为了消除"蛋白质论"者的怀疑，Avery 等将 DNA 抽提出来，进行不断纯化，直到 1949 年，作为转化因子的 DNA 已纯化到所含蛋白质只有 0.02%，这时的转化效果非但不减少反而增加，并随着 DNA 浓度的增加而增加。

（三）T2 噬菌体的感染实验

由于蛋白质分子含硫而不含磷，DNA 分子则恰恰与此相反，故可用放射性元素 ^{35}S 和 ^{32}P 去分别标记大肠杆菌的蛋白质和染色体，然后再用 T2 噬菌体感染，即可得到标记有 ^{35}S 或 ^{32}P 的 T2 噬菌体。1952 年，A. D. Hershey 和 M. Chase 为了证实 T2 噬菌体的 DNA 是遗传物质（图 7-2），分别将蛋白质标有 ^{35}S 的 T2 噬菌体和染色体标有 ^{32}P 的 T2 噬菌体和其宿主大肠杆菌混合。结果发现，用含有 ^{35}S 蛋白质的 T2 噬菌体感染大肠杆菌时，大多数放射性标记的蛋白质留在宿主细胞的外边，而用含有 ^{32}P DNA 的 T2 噬菌体与宿主细菌混合时，则发现

^{32}P DNA 注入宿主细胞，并产生噬菌体后代，这些 T2 噬菌体后代的蛋白质外壳的组成、形状大小等特性均与留在细胞外的蛋白质外壳一模一样，说明决定蛋白质外壳的遗传信息是在 DNA 上，DNA 携带有 T2 噬菌体的全部遗传信息。

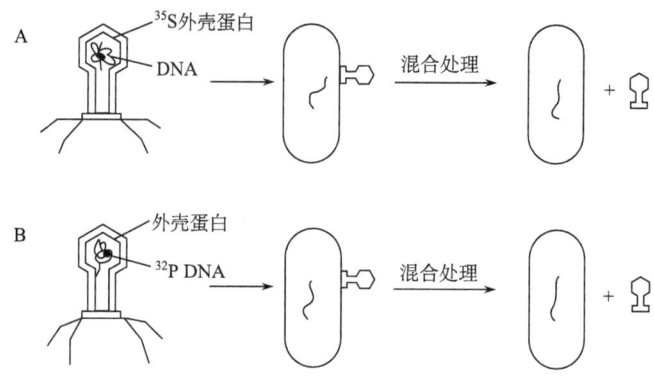

图 7-2　T2 噬菌体感染实验（引自：沈萍，2000）
A. 用 ^{35}S 标记蛋白质外壳的 T2 噬菌体感染大肠杆菌；B. 用 ^{32}P 标记 DNA 的 T2 噬菌体感染大肠杆菌，放射性大多在细菌内部

二、RNA 作为遗传物质

某些动物和植物病毒以及某些噬菌体仅由 RNA 和蛋白质组成。1956 年，H. Fraenkel-Conrat 通过烟草花叶病毒（*Tobacco mosaic virus*，TMV）的核酸和蛋白质的拆合和相互对换的巧妙实验，证明 RNA 也是遗传物质。图 7-3 显示其实验过程。

三、朊病毒的发现和思考

核酸作为遗传物质的基础已是无可辩驳的事实，但朊病毒的发现对生物学家提出了挑战。朊病毒本质上是具有感染性的蛋白质，其内至今为止未发现核酸。现在大量的事实已经证实，致病性的朊病毒蛋白（以 PrP^{Sc} 表示）是由正常的蛋白质 PrP^c 改变其折叠状态所致；而 PrP^c 仍是基因编码的一种糖蛋白，PrP^{Sc} 并不是遗传信息的携带者。值得注意的是，这种因蛋白质的折叠而导致致病性的事实已成为当今分子生物学研究的热点之一——由蛋白质的折叠与生物功能之间的关系的研究延伸至与疾病的致病因子之间的关系的研究，为治疗和根除 PrP^{Sc} 引起的疾病（有人称之为构象病）开辟新的途径。

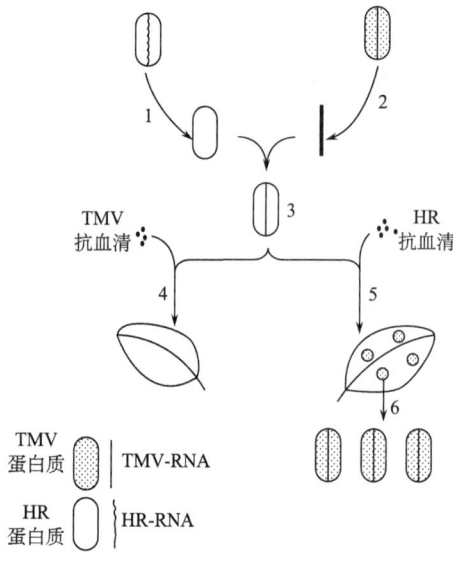

图 7-3　TMV 病毒拆分重建实验
（引自：沈萍和陈向东，2006）

1. 用表面活性剂处理标准 TMV，得到它的蛋白质；2. 通过弱碱处理从 TMV 的变种 HB（外壳蛋白的氨基酸组成与标准株存在 2 或 3 个氨基酸的差别）得到它的 RNA；3. 通过重建获得杂种病毒；4. 标准 TMV 抗血清使杂种病毒失活，HR 抗血清不能使它失活，证实杂种病毒的蛋白质外壳来自 TMV 标准株；5. 杂种病毒感染烟草产生 HR 所特有的病斑，说明杂种病毒的感染特性是由 HR 的 RNA 所决定，而不是二者的融合特征；6. 从病斑中一再分离得到的子代病毒的蛋白质外壳是 HR 蛋白质，而不是标准株的蛋白质外壳

第二节 微生物的基因组结构

基因组是指存在于细胞或病毒中的所有基因,是生物体内遗传信息的集合,是某个特定物种细胞内全部 DNA 分子的组合。就大多数细菌和噬菌体而言,它们的基因组是指单个染色体上所含的全部基因,即单倍体;而真核微生物通常有两套基因,又称二倍体。过去 10 年中,基因组计划已经使我们对微生物有更加深入的认识和理解,自 1995 年第一个微生物流感嗜血杆菌被测序以来,现在已经有将近 300 个原核生物被测序完成,而且大约还有 750 个物种正在进行全基因组测序。科学家在早期曾对 20~30 个代表性微生物的全基因组进行测序,测序结果反映出微生物在遗传和生物进化上的差异。一般来说,微生物的基因组都比较小(表 7-1),其中最小的大肠杆菌噬菌体 MS2 只有 3000bp,含 3 个基因,能进行独立生活的最小基因组的生殖道支原体只有 473bp。微生物基因组随不同类型(真细菌、古生菌、真核微生物)表现出多样性,下面分别以大肠杆菌、啤酒酵母和詹氏甲烷球菌为代表说明。

表 7-1 微生物与几种代表生物的基因组(引自:沈萍,2000)

生 物	基因数	基因组大小/bp
MS2 噬菌体(MS2 phage)	3	3×10^3
λ 噬菌体(λ phage)	50	5×10^4
T4 噬菌体(T4 phage)	150	2×10^5
生殖道支原体(Mycoplasma genitalium)	473	0.58×10^6
詹氏甲烷球菌(Methanococcus jannaschii)	1 682	1.66×10^6
幽门螺杆菌(Helicobacter pylori)	1 590	1.66×10^6
嗜热碱甲烷杆菌(Methanobacterium thermoautotrophicum)	1 855	1.75×10^6
流感嗜血菌(Haemophilus influenzae)	1 760	1.83×10^6
闪烁古生球菌(Archaeoglobus fulgidus)	2 436	2.18×10^6
枯草芽孢杆菌(Bacillus subtilis)	3 700	4.2×10^6
大肠杆菌(Escherichia coli)	4 100	4.7×10^6
黄色粘球菌(Myxococcus xanthus)	8 000	9.4×10^6
啤酒酵母(Saccharomyces cerevisiae)	5 800	13.5×10^6
脉孢菌属(Neurospora)	5 000	60×10^6
果蝇(Drosophila melanogaster)	12 000	165×10^6
小家鼠(Mus musculus)	70 000	$3 300 \times 10^6$
一种烟草 Nicotiana tobacum	43 000	$4 500 \times 10^6$
拟南芥菜(Arabidopsis thaliana)	16 000~33 000	$70 \times 10^6 \sim 145 \times 10^6$
人(human)	50 000~100 000	30×10^9

一、大肠杆菌的基因组

大肠杆菌(Escherichia coli)的基因组为环状双链的 DNA 分子,大小为 4.7×10^6 bp,以紧密缠绕成较致密的不规则小体形式存在于细胞中,该小体称为拟核(nuclide),其上结合有类组蛋白和少量 RNA 分子,使其压缩成一种脚手架形的(scaffold)致密结构(其DNA 分子长度比其菌体长度大 1000 倍,以一定形式存在于细胞中)。大肠杆菌的基因组是目前研究得最清楚的,于 1997 年由 Wisconsin 大学的 Blattner 等完成了其基因组测序工作。大肠杆菌的基因组结构特点如下。

1. 遗传信息的连续性

大肠杆菌的基因组 DNA 绝大多数用于编码蛋白质、RNA,只有非常小的一部分不转录。大部分原核生物不含内含子，遗传信息是连续而不中断的。

2. 功能相关的结构基因组成操纵子结构

操纵子（operator）是功能上相关的几个结构基因前后相连，利用一个共同的启动子和终止子组成的一段 DNA 序列。在大肠杆菌中，由几个结构基因及其操纵基因、启动基因组成操纵子结构。原核生物染色体上的许多基因是以操纵子的形式组织起来的，这是其基因组的一个特点，如乳糖操纵子、色氨酸操纵子等。此外，有些功能相关的 RNA 的基因也串联在一起。例如，构成核糖体的 3 种 RNA 的基因转录在同一个转录产物中，它们依次是 16S rRNA、23S rRNA 和 5S rRNA，这 3 种 RNA 的比例要保持在 1∶1∶1 才能实现其功能。

在大肠杆菌的基因组测序中推测出了 2192 个操纵子，其中 73% 只含有 1 个基因，16.6% 含有 2 个基因，4.6% 含有 3 个基因，剩余的 6% 含有 4 个或 4 个以上的基因。

（1）结构基因的单拷贝及 rRNA 基因的多拷贝。大多数情况下，基因组中的结构基因是单拷贝的，但是编码 rRNA 的 *rrn* 基因往往是多拷贝的。大肠杆菌的 7 个编码 rRNA 的操纵子称为 rrnA～rrnG，其中有 6 个分布在大肠杆菌 DNA 的双向复制起点 *oriC* 附近，而不是在复制终点附近，这样在复制起点处的基因表达量将大大超过处于复制终点处同样的基因，几乎为 2 倍左右，从而可以在较短时间内产生大量核糖体，有利于核糖体的快速装配。大肠杆菌及其他原核生物的这种特点也反映了它们的基因组经济而有效的结构。

（2）基因组的重复序列少而短。原核生物基因组中除了一些多拷贝基因，还存在一定数量的重复序列，但是数量上要比真核生物少得多，而且重复的序列比较短，一般为 4～40 个碱基，重复的程度有的是 10 多次，有的可达上千次。

二、啤酒酵母的基因组

啤酒酵母（*Saccharomyces cerevisiae*）是单细胞真核生物，这是真核生物中第一个被测序的生物。1997 年，由欧洲、美国、加拿大和日本的 633 位科学家完成了其基因组测序工作。啤酒酵母的单倍体细胞有 16 条染色体，总长度为 13.5×10^6 bp（表 7-2）。与其他真核细胞一样，其 DNA 也是与 4 种主要的组蛋白（H2A、H2B、H3、H4）结合形成核小体结构，进而形成染色质。染色体 DNA 上也有着丝粒（centromere）和端粒（telomere），没有明显的操纵子结构，有间隔区或内含子序列。高度重复是基因组最显著的特点。另一个特点就是有许多较高同源性的 DNA 重复序列，称为遗传丰余（genetic redundancy）。这显然是一种适应进化的策略，在自然不断的选择下，以合适的结构特征来完成其生命过程，适应复杂多变的环境，做到有备无患。

表 7-2　啤酒酵母的染色体（引自：沈萍，2000）

染色体	长度/kb	基因数	tRNA 基因数
Ⅰ	230	106	4
Ⅱ	813	423	13
Ⅲ	315	172	10
Ⅳ	1532	814	27
Ⅴ	577	292	13
Ⅵ	270	136	10
Ⅶ	1091	573	33
Ⅷ	563	291	11
Ⅸ	439	231	10
Ⅹ	745	387	24
Ⅺ	666	334	16
Ⅻ	1078	550	22
ⅩⅢ	924	487	21
ⅩⅣ	784	421	15
ⅩⅤ	1092	571	20
ⅩⅥ	948	499	17

三、詹氏甲烷球菌的基因组

詹氏甲烷球菌（*Methanococcus jannaschii*）属于古生菌，1982 年发现于 2600m 深、2.63×10^7 Pa（260 个大气压）、94℃的海底

火山口附近。在1996年,美国基因组研究所(TIGR)和其他5个单位共有40人完成了该菌的基因组测序工作,詹氏甲烷球菌共有1738个基因,其中人们从未见过的基因竟占了56%,这是第一个古生菌和自养型生物的基因组序列。詹氏甲烷球菌的DNA为$1.66×10^6$ bp的环状结构,功能相关的基因组成操纵子结构,有两个rRNA操纵子,37个tRNA基因,无核膜,基本无内含子等。从目前已知的詹氏甲烷球菌和其他古生菌的基因组全序列分析结果来看,几乎有一半的基因在现有的基因数据库中找不到同源序列。例如,詹氏甲烷球菌只有40%左右的基因与其他二界生物有同源性,其中有的类似于真细菌,有的则类似于真核生物,有的就是二者融合。一般而言,古生菌的基因组在结构上类似于细菌,在产能、细胞分裂、代谢等方面与细菌相近,而在转录、翻译和复制方面则与真核生物类似。特别是古生菌的转录起始系统基本上与真核生物一样,而与细菌的截然不同。

【知识窗——两种嗜热型真菌基因组被破解】

使用生物燃料替代石油和煤炭等化石燃料的想法,看上去很美,但落实起来困难很多。其中重要挑战之一是,至今没有找到经济的生物燃料制造方法。

从植物中提取生物燃料是当前的热门领域。一些国家已经把生物燃料的产量写入国策。例如,美国政府决定在2022年前美国生物燃料的年产量要达到360亿加仑[①](约1.36亿m^3)。

转化纤维素,需要生物催化剂——酶来帮忙,酶的来源是真菌。但问题是,目前所使用的真菌的活跃温度为40~50℃。在这个温度区间转化效率不高,结果是生物燃料的成本居高不下。

为此,不少国家的政府和公司正在联合开展一场科研竞赛,研究嗜热型真菌和其所产生的酶,以求尽快开辟一条高效制造生物燃料的道路。

据英国《自然——生物技术》杂志报道,由丹麦诺维信公司科学家兰迪·贝尔卡领导的一个国际科研团队近日破解了两种重要嗜热型真菌的基因组,为未来研究打下坚实基础。这两种真菌分别名为"太瑞斯梭孢壳霉"和"耐热性毁丝霉",其所产生的酶的活跃温度为70~80℃。基因测序结果表明,这两种真菌分别含有3870万和3690万个碱基对。

贝尔卡说:"这些嗜热真菌是提炼生物燃料的最佳场所,它们可以替代炼油厂,制造人类所需的燃料。"

第三节 质粒和转座因子

质粒(plasmid)和转座因子都是细胞中除染色体以外的另外两类遗传因子。其中质粒是一种独立于染色体外,能进行自主复制的细胞质遗传因子,主要存在于各种微生物细胞中;转座因子则是位于染色体或质粒上的一段能改变自身位置的DNA序列,广泛分布于原核细胞和真核细胞中。

---

① 1加仑(gal)=3.785 43L。

一、质粒的发现和命名

（一）质粒的发现

20 世纪 50 年代初，Hayes 和 Lederber 在研究细菌结合试验时，在 *E. coli* 中发现了能在供体菌和受体菌之间进行转移的 F 性因子，这是人们发现的最早的质粒。现在已经了解质粒广泛存在于革兰氏阳性菌和革兰氏阴性菌中。

（二）质粒的命名

1976 年 Novick 等提出的统一命名法是用小写字母 p 代表质粒，在 p 字母后用两个大写字母代表发现这一质粒的作者或者是实验室名称，然后加上质粒的编号，如 pMB1、pOP1。但一些早期使用的质粒名仍未改变，如 ColE1、RP1 等。

二、质粒的分子结构

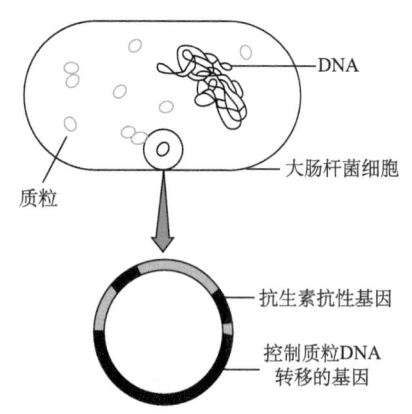

图 7-4　大肠杆菌细胞内闭合环状质粒示意图
（引自：Funnell and Phillips, 2009）

质粒通常以共价闭合环状（简称 CCC）的超螺旋双链 DNA 分子存在于细胞中，近年来也发现有线型双链 DNA 质粒和 RNA 质粒。质粒分子的大小范围为 1~1000kb（细菌质粒多在 10kb 以内）。图 7-4 为电子显微镜下观察到的完整的细菌染色体和质粒示意图（箭头所指处为质粒）。

从细胞中分离的质粒大多是 3 种构型，即 CCC 型、OC 型和 L 型（图 7-5）。细菌质粒的相对分子质量一般较小，为细菌染色体的 0.5%~3%。

根据质粒的分子大小和结构特征，通过超离心或琼脂糖凝胶电泳可将质粒与染色体 DNA 分开，从而分离得到质粒。琼脂糖凝胶电泳是根据相对分子质量大小和电泳呈现的带型将染色体 DNA 与质粒分开。前者因随机断裂成线形，且相对分子质量大，所以泳动速度慢，带型不整齐；后者相对分子质量小，大小均一，泳动速度快，带型整齐。利用这一特性很容易将二者区分进而分离质粒 DNA。

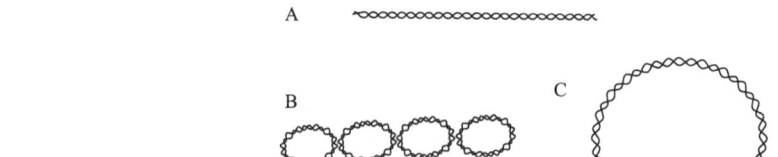

图 7-5　质粒构型示意图（引自：沈萍和陈向东，2006）
A. L 型；B. CCC 型；C. OC 型

三、质粒的主要类型

质粒所含的基因对宿主细胞一般是非必需的，只是在某些特殊条件下，质粒能赋予宿主细胞特殊的机能。例如，抗药性质粒和降解性质粒能使宿主细胞在具有相应药性和化学毒性的环境中生存，而且在细胞分裂时恒定地传给子代细胞。

根据质粒所编码的功能和赋予宿主的表型效应，可将其分为各种不同的类型。

1. 致育因子（F 因子）

致育因子又称 F 质粒，其大小约为 100kb，是最早发现的一种与大肠杆菌的有性生殖现象（接合作用）有关的质粒。携带 F 质粒的菌株称为 F^+ 菌株（相当于雄性），无 F 质粒的菌株称为 F^- 菌株（相当于雌性）。F 质粒整合到宿主细胞染色体上的菌株称为高频重组菌株（Hfr）。F 质粒在大肠杆菌的接合作用中起主要作用。当 Hfr 菌株上的 F 因子通过重组回复成自主状态时，有时可将其相邻的染色体基因一起切割下来，而成为携带某一染色体基因的 F 因子。因此，将这些携带不同基因的 F 因子统称为 F'，带有这些 F' 的菌株也常用 F' 表示。

2. 抗性因子（R 因子）

抗性因子（R 因子）是 1967 年日本痢疾流行时从痢疾患者的肠道细菌中首先分离到的一种质粒。抗性因子主要包括抗药性和抗重金属两大类，简称 R 质粒。抗性质粒在细菌间的传递是细菌产生抗药性的重要原因之一。抗药性质粒不仅可以在种间转移，也可以在大肠杆菌和痢疾志贺氏菌、变形杆菌和伤寒杆菌等各属细菌之间转移。带有抗药性因子的细菌有时对几种抗生素或其他药物呈现抗性。例如，R100 质粒（89kb）可使宿主对下列药物及重金属具有抗性：汞、四环素、链霉素、磺胺、氯霉素、夫西地酸，负责这些抗性的基因成簇地存在于抗性质粒上。

3. Col 质粒

Col 质粒是产细菌素的质粒，因这类质粒首先发现于大肠杆菌中而得名。许多细菌都能产生某些代谢产物，抑制或杀死其他近缘细菌或同种不同菌株，因为这些代谢产物是由质粒编码的蛋白质，不像抗生素那样具有很广的杀菌谱，所以称为细菌素。细菌素种类很多，都按其产生菌来命名，如大肠杆菌素、枯草杆菌素、乳酸菌素、根瘤菌素等。

细菌素结构基因、涉及细菌素运输及发挥作用的蛋白质的基因、赋予宿主对该细菌素具有"免疫力"的相关产物的基因，一般都位于质粒或转座子上，因此，细菌素可以杀死同种但不携带该质粒的菌株。

4. 毒性质粒

许多致病菌的致病性是由其所携带的质粒引起的，这些质粒具有编码毒素的基因，其产物对宿主（动物、植物）造成伤害。例如，产毒素大肠杆菌是引起人类和动物腹泻的主要病原菌之一，其中许多菌株含有一种或多种肠毒素的编码质粒。有些导致昆虫得病乃至死亡的细菌毒素也是由质粒编码的，如苏云金杆菌含有编码 δ-内毒素（伴孢晶体中）的质粒；根癌土壤杆菌所含 Ti 质粒是引起双子叶植物冠瘿瘤的致病因子。

5. 代谢质粒

这类质粒上携带有利于微生物生存的基因，如能降解某些基质的酶，进行共生固氮，或产生抗生素（某些放线菌）等。含有这类质粒的细菌，特别是假单胞菌，能将复杂的有机化合物降解成能被其作为碳源和能源利用的简单形式，另外含有分解甲苯的基因的 TOL 质粒和含分解樟脑辛烷基因的 CAM-OCT 质粒等，这些质粒在环境保护方面具有重要的意义。

6. 隐秘质粒

以上所讨论的质粒类型均具有某种可检测的遗传表型，但隐秘质粒不显示任何表型效应，它们的存在只有通过物理方法，如凝胶电泳检测细胞抽提液等方法才能发现。它们存在的生物学意目前几乎不了解。

除了根据质粒赋予宿主的一般表现型将质粒分成不同类型外，还可以根据质粒的拷贝数、宿主范围等将质粒分成不同类型。例如，根据质粒的拷贝数多少将质粒分为高拷贝数质粒（10个以上）和低拷贝数质粒（10个以下），前者又称为松弛型质粒，后者又称为严谨型质粒。在应用上，很多隐秘质粒被加以改造作为基因工程的载体（一般加上抗性基因）。

四、质粒的不亲和性

将一种类型的质粒通过接合或其他方式（如转化）导入某一合适的、但已含一种质粒的宿主细胞，只经少数几代后，大多数子细胞只含有其中一种质粒，那么这两种质粒便是不亲和的，它们不能共存于同一细胞中。质粒的这种特性称为不亲和性（图7-6）。

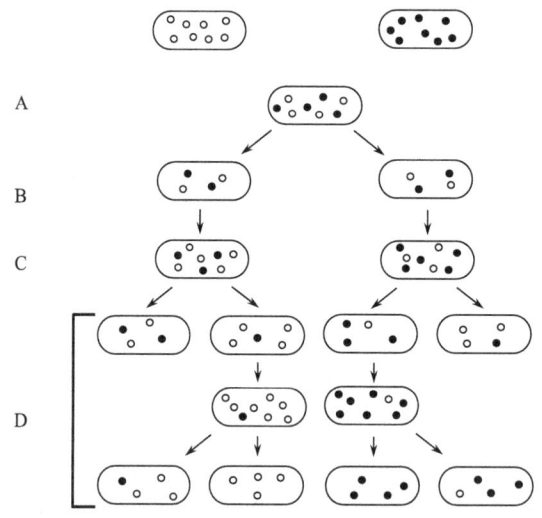

图7-6　质粒不亲和性现象图解（引自：吴乃虎，2005）

在具有两种质粒的大肠杆菌菌株中，由于复制控制体系之间的相互抑制作用，而导致质粒的分离形成只具一种质粒的细胞系。A. 在同一个细胞中含有两种不相容的质粒；B. 随着细胞的分裂，质粒分配到两个子细胞中去；C. 在下一次细胞分裂之前，质粒拷贝数加倍；D. 两种不相容质粒的拷贝数比例发生变化，最终产生出只含有一种类型质粒的子细胞

根据某些质粒在同一细菌中能否并存的情况，将质粒分成许多不亲和群，能在同一细菌中并存的质粒属于不同的不亲和群它们的DNA缺少同源性；而在同一细菌中不能并存的质粒属于同一不亲和群，它们的质粒DNA具有相当程度的同源性。质粒的不亲和现象主要与复制和分配有关，所以不能在同一细胞共存的质粒是因为它们共享一个或者多个共同的复制因子或相同的分配系统，因此，它们便属于同一不亲和群。只有那些具有不同的复制因子或不同分配系统的质粒才能共存于同一细胞中，所以它们必然属于不同的不亲和群。

细胞中由于质粒的复制受到抑制而染色体的复制并未明显受到影响，细胞可继续分裂的情况下发生的质粒丢失的现象叫做消除。质粒的消除可自发产生，也可通过人工处理提高消除率。

五、转座因子的类型和分子结构

转座因子是基因组中一段可移动的DNA序列，可以通过切割、重新整合等一系列过程从基因组的一个位置"跳跃"到另一个位置，是存在于染色体DNA上可自主复制和位移的基本单位，广泛存在于原核细胞和真核细胞中。1951年，美国遗传学家 Barbara McLintock 首先在玉米中发现了转座子的存在，并因此荣获了1983年的诺贝尔奖。图7-7为 Ac-Ds 转座元件结构示意图。

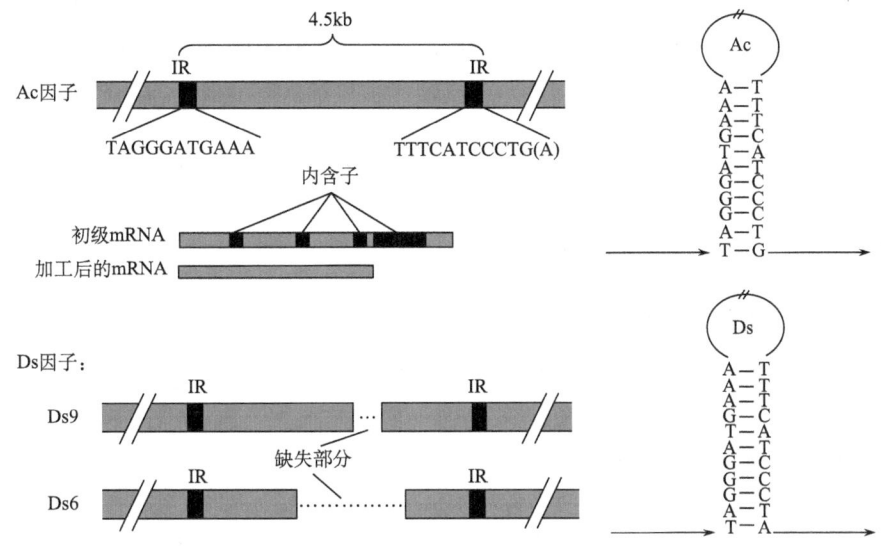

图7-7 Ac-Ds 转座元件结构示意图（引自：贺竹梅，2002）
右边示 Ac 及 Ds 元件的单链 DNA 末端反向重复配件对所形成的茎环结构，这种结构可能对转座有重要意义

原核生物中的转座因子可分为插入序列（IS因子）、转座子（Tn）和某些特殊病毒（如 Mu、D108）。IS 和 Tn 有两个共同特征：它们都携带有转座酶，该酶是转座所必需的；另一共同特征是它们的两端都有反向末端重复序列（ITR），该序列的长度为40bp（主要是 IS）至1000bp（某些 Tn）。表7-3 为原核和真核生物中的转座因子。

表7-3 原核生物和真核生物中的转座因子

原核生物	真核生物
插入顺序：IS	酵母菌：sigma
转座子：Tn	酵母菌：TY
病毒：Mu	果蝇：ccpia，P
	玉米：Ac
	逆转录病毒：劳氏肉瘤、人免疫缺陷病毒（HIV）

最简单的转座子不含有任何宿主基因，只含有编码转座所必需的转座酶的基因而常被称为插入序列（IS），它们是细菌染色体或质粒 DNA 的正常组成部分，分布在细菌的染色体、质粒以及某些噬菌体 DNA 上。

转座子是在细菌内发现的一种复合型转座因子，这种转座因子带有与转座无关的一些基因，如抗药性基因；它的两端就是 IS，构成了"左臂"和"右臂"。两个"臂"可以是正向重复，也可以是反向重复。这两端的重复序列可以作为 Tn 的一部分随同 Tn 转座，也可以单独作为 IS 而转座。Tn 两端的 IS 有的是完全相同的，有的则有差别。当两端的 IS 完全相同时，每一个 IS 都可使转座子转座；当两端是不同的 IS 时，则转座子的转座取决于其中的一个 IS。Tn 带有抗生素的抗性基因，Tn 很容易从细菌染色体转座到噬菌体基因组或是接合型的质粒，并很快地传播到其他细菌细胞，这是自然界中细菌产生抗药性的重要来源。

Mu 噬菌体是一种以大肠杆菌为宿主的温和噬菌体，以裂解生长和溶源生长两种方式交替繁衍。其基因组上除含有为噬菌体生长繁殖所必需的基因外，还有为转座所必需的基因，因此，它也是最大的转座因子，全长为 39kb。Mu 基因组的实际长度只有 37.2kb，因为该 DNA 分子的两端并不像 IS 和 Tn 那样的反向重复序列，而是宿主 DNA 序列。左端的宿主 DNA 为 50～150bp，右端的为 1～2kb，这也是 Mu 噬菌体不同于其他噬菌体的独特之处。两端的宿主 DNA 由于在进入裂解循环的 Mu DNA 进行外壳配装时，是从随机插入的 Mu 基因组 C 端及其相邻的 50～150bp 的宿主 DNA 开始，一直到与 N 端相邻接的 1～2kb 的宿主 DNA 为止，也就是 C 端 50～150bp 的宿主 DNA 加 38.2kb 的 Mu 基因组和 N 端 1～2kb 的宿主 DNA 被包装进外壳蛋白，而且由于 Mu 插入的位点不同，所以几乎每一个噬菌体颗粒结合着不同的宿主 DNA 序列。

六、转座的遗传学效应

转座因子的转座可引发多种遗传学效应。这些效应不仅在生物进化上有重要意义，而且已成为遗传学研究中的一种重要工具。

1. 转座引起插入突变

插入突变是转座最直接的效应。当各种 IS、Tn 等转座因子插入到某一基因中后，该基因的功能丧失，发生突变。如果插入位于某操纵子的前半部分，就有可能造成极性突变，导致该操纵子的后半部分结构基因表达失活。如果插入的是带有抗性（或其他）基因的转座子，则可获得带有新的基因标记的插入突变。另外，转座子插入靶序列后在受体 DNA 中形成 3～12bp 的正向重复序列，在切离后可能就给 DNA 留下一小段多余的靶位序列，从而导致编码的突变。

2. 转座产生染色体畸变

处在同一染色体上不同位置的两个拷贝之间可能发生同源重组，这种重组过程可导致 DNA 的缺失或者倒位，即染色体畸变。如果两个反向转座子配对并交换，在它们之间的部分染色体可能发生倒位；如果两个同向转座子配对并交换，在它们之间的部分染色体可能发生缺失。

3. 转座引起基因的移动和重排

由于转座作用，可能使一些原来在染色体上相距甚远的基因组合到一起，构建成一个操纵子或者表达单元，也可能产生一些具有新的生物学功能的基因和新的蛋白质分子，具有生物进化上的重要意义。如 Tn 上带有抗性基因，那么它不但造成一个基因的插入突变，同时在这一位点上出现一个新的抗药性基因。

第四节　基因突变及修复

突变是指遗传物质的数量、结构及组成发生了稳定的、可遗传的变化。广义的突变包括基因突变和染色体畸变两大类。前者只涉及一个或几个核苷酸碱基的替换、增加或缺失等，也称为点突变（point mutation）或狭义的突变；后者涉及大段即成百上千对核苷酸的改变，是指染色体较大范围结构的变化，如插入、缺失、重复、倒位、易位及染色体数目的变化等。

突变的概率一般很低（10^{-6}～10^{-9}）。从自然界分离到的菌株一般称野生型菌株（wild

type strain），简称野生型。野生型经突变后形成带有新性状的菌株，称为突变株（mutant），或突变体、突变型。

一、基因突变的类型及其分离

（一）碱基变化与遗传信息的改变

不同的碱基变化对遗传信息的改变是不同的，可分为 4 种类型（图 7-8）。

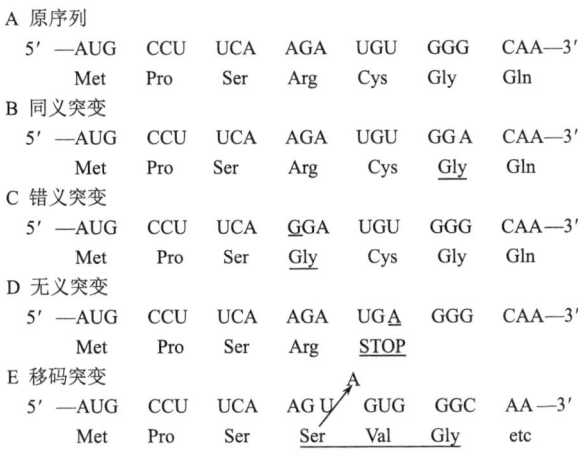

图 7-8 遗传信息的改变与突变类型（引自：沈萍，2000）

1. 同义突变（samesense mutation）

由于密码子的简并性，某个碱基的改变并没有引起原来的氨基酸的改变，对蛋白质活性没有影响，表型上也没有发生变异。例如，密码子 GGG 置换成 GGA 后，它们都是 Gly 的密码子。

2. 错义突变

错义突变（missense mutation）是指碱基的改变引起了原来编码的氨基酸的改变，使所合成的多肽链的相应位置上的氨基酸发生改变，有些错义突变严重影响蛋白质的活性，或使活性完全丧失，从而影响基因的表型甚至成为致死突变。

3. 无义突变

无义突变（nonsense mutation）是指某个碱基的改变，使代表某种氨基酸的密码子变为终止密码子（UAA、UAG、UGA），从而使蛋白质的合成提前终止，形成不完整的蛋白质。

4. 移码突变

移码突变（frameshift mutation）是由于 DNA 碱基序列中发生 1 或 2 个核苷酸的缺失或插入，使翻译的阅读框发生改变，从而导致从改变位置以后的氨基酸序列的完全变化。

（二）表型变化

表型（phenotype）和基因型（genetype）是遗传学中常用的两个概念，前者是指可观察或可检测到的个体性状或特征，是特定的基因型在一定环境条件下的表现；后者是指储存在遗传物质中的信息，也就是它的 DNA 碱基顺序。上述 4 种类型的突变，除了同义突变外，其他 3 种类型都可能导致表型的变化。下面主要介绍几种常用的表型变化的突变型及其分离。

1. 营养缺陷型

营养缺陷型（auxotroph）是指失去了自身合成其生存所必需的一种或几种生长因子的能力而不能在基本培养基上正常生长，必须从周围环境或培养基中获得这些营养物或其前体物才能生长的突变类型，其实质是由于基因突变而引起代谢过程中合成某种（些）酶能力的丧失。在遗传学、分子生物学、遗传工程和育种等研究中，营养缺陷型突变作为选择标记是极其重要的。

2. 抗药性突变型

由于基因突变使菌株对某种或某几种药物，特别是抗生素，产生抗性。抗药性突变普遍存在于各类细菌中，也是用来筛选重组子和进行其他遗传学研究的重要正选择标记。这类突变类型常用所抗药物的前3个小写斜体英文字母加上"r"或"s"表示，如 str^r 和 str^s 分别表示对链霉素的抗性和敏感性。在加有相应抗生素的平板上，只有抗性突变能生长，所以很容易分离得到抗药性突变型。

3. 条件致死突变型

条件致死突变型是指在某一条件下具有致死效应，而在另一条件下没有致死效应的突变型。这类突变型常被用来分离生长繁殖所必需的突变基因。因为这类基因一旦发生突变是致死的（如为DNA复制所必需的基因），因而也就不可能得到这些基因的突变。常用的条件致死突变是温度敏感突变，用 ts（temperature-sensitive）表示，这类突变在高温下（如42℃）是致死的，但可以在低温（如25～30℃）下得到这种突变。

4. 形态突变型

形态突变型是指细胞个体形态发生变化或引起菌落形态改变的突变类型。因为形态突变型和非突变型均同样生长在平板上，只能靠看得见的形态变化进行筛选。例如，细菌鞭毛、芽孢或荚膜的有无，菌落的大小，外形的光滑（S型）、粗糙（R型）和颜色等的变异；放线菌或真菌产孢子的多少、外形或颜色的变异；影响噬菌体的噬菌斑形态等。

二、基因突变的规律

整个生物界中，由于生物的遗传物质的本质是相同的，所以显示在遗传变异特性上都遵循着共同的规律，这在基因突变水平上尤为明显。基因突变一般有以下7个共同特点。

（1）自发性。由于自然界环境因素的影响和微生物内在的生理生化特点，在没有人为诱发因素的情况下，各种突变均可自发发生。

（2）随机性。就微生物的某一群体而言，基因突变的发生从时间、个体、位点和发生的表型变化等方面都带有比较明显的随机性。

（3）稀有性。指自发突变虽可随时发生，但其发生的频率较低，而且稳定，一般为 $10^{-9} \sim 10^{-6}$。突变率是指每一个细胞在每一世代中发生某一特定突变的概率，也用每单位群体在繁殖一代过程中所形成突变体的数目表示。例如，10^{-9} 的突变率即意味着 10^9 个细胞在分裂成 2×10^9 个细胞的过程中，平均形成一个突变体。

（4）独立性。引起各种性状改变的基因突变彼此是独立的，即某种细菌均可以一定的突变率产生不同的突变，一般互不干扰。

（5）可诱发性。通过理化因子等诱变剂的诱变作用可提高突变的频率，一般可提高 $10 \sim 10^5$ 倍，但不论是自发突变还是诱发突变得到的突变型，它们之间并无本质上的差别，诱变剂仅起到提高突变率的作用。

（6）可遗传性。基因突变的实质是遗传物质发生了稳定的改变，因此，基因突变后的新遗传性状是稳定的，也是可遗传的。

（7）可逆性。由野生型基因变为突变型基因的过程称为正向突变，相反的过程称为回复突变。实验证明，任何性状既可发生正向突变，也可发生回复突变，两者发生的频率基本相同。

三、基因突变的分子基础

基因突变分为自发突变和诱发突变两类。

（一）自发突变

自发突变是指生物体无外界诱变剂作用而自然发生的突变。引起自发突变的原因很多，一般有：①由背景辐射和环境因素引起，如天然的宇宙射线等；②由微生物自身有害代谢产物引起，如过氧化氢等；③DNA复制过程中，由DNA聚合酶产生的错误、DNA的物理损伤、重组和转座等引起。但是这些错误和损伤将会被细胞内大量的修复系统修复，使突变率降到最低限度。自发突变的一个最主要的原因是碱基能以互变异构体的不同形式存在，互变异构体能够形成不同的碱基配对，因此，在DNA复制时，当腺嘌呤以正常的氨基形式出现时，便与胸腺嘧啶进行正确配对（A-T）；如果以亚氨基形式（互变异构）出现时，则与胞嘧啶配对，这意味着C代替T插入到DNA分子中，如果在下一轮复制之前未被修复，那么DNA分子中的A-T碱基对就变成了G-C（图7-9）。

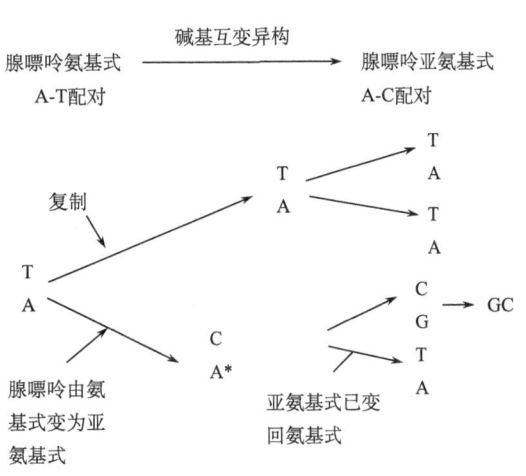

图 7-9 由腺嘌呤碱基互变异构导致的自发突变（AT→GC）（引自：沈萍和陈向东，2006）

同样，胸腺嘧啶也可因为由酮式到烯醇式的异构作用而将碱基配对由原来的A-T 变成 G-T，即鸟嘌呤取代了腺嘌呤，经复制后便导致 AT→GT 的转换。所谓转换 (transition) 是嘌呤到嘌呤或嘧啶到嘧啶的碱基置换，如果是嘌呤到嘧啶（如 AT→CG）或嘧啶到嘌呤的变化则称为颠换 (transversion)。

此外，在 DNA 复制时，在短的重复核苷酸序列发生的 DNA 链的滑动而导致一小段 DNA 的插入或缺失也是产生自发突变的原因。碱基偶尔会从核苷酸移出而留下一个称为脱嘌呤或脱嘧啶的缺口，该缺口在下一轮复制时不能进行正常的碱基配对，其原因被认为是胞嘧啶的自然脱氨基而形成了尿嘧啶所致，因为尿嘧啶不是 DNA 的正常碱基而将被 DNA 修复系统识别而被除去，结果留下一个脱嘧啶位点。自发突变还有一个很重要的原因，就是由能够随机插入基因组的转座因子引起的，而且如果在基因组上存在两个或多个拷贝，则会发生同源重组，进而导致缺失、重复和倒位。

(二) 诱发突变

自发突变的频率是很低的。诱发突变简称诱变，是指通过人为的方法，利用物理、化学或生物因素显著提高基因突变频率的手段。凡具有诱变效应的任何因素都可称为诱变剂。常用的诱变剂有下列几种。

1. 碱基类似物

如 5-溴尿嘧啶（胸腺嘧啶结构类似物）和 2-氨基嘌呤（腺嘌呤结构类似物），在 DNA 复制过程中能够整合入 DNA 分子中，但由于它们比正常碱基产生异构体的频率高，因此出现碱基错配的概率也高，从而提高突变频率。

2. 插入染料

这是一类具有 3 个苯环结构的化合物，在分子形态上类似于碱基对的扁平分子。它们插入 DNA 分子的碱基对之间使其分开，从而导致在复制过程中的一小段 DNA 插入和缺失的概率，使突变率增加，常引起移码突变。溴化乙锭和吖啶橙是这类诱变剂的代表。

3. 直接与 DNA 碱基起化学反应的诱变剂

这是一类可直接与核酸的碱基发生化学反应的化学诱变剂，在体内或离体条件下均有作用。最常见的有亚硝酸、羟胺和各种烷化剂等。它们可与一个或几个碱基发生生化反应，使 DNA 复制时发生转换。亚硝酸能引起含 NH_2 基的碱基（A、G、C）产生氧化脱氨反应，使氨基变为酮基，从而改变配对性质造成碱基置换突变。羟胺（NH_2OH）几乎只和胞嘧啶发生反应，因此只引起 GC→AT 的转换。甲磺酸乙酯（EMS）和亚硝基胍（NTG）都属于烷基化试剂，其烷基化位点主要在鸟嘌呤的 N-7 位和腺嘌呤 N-3 位上，烷基化后的碱基也像碱基结构类似物一样能引起碱基配对的错误。亚硝基胍是一种诱变作用特别强的诱变剂，因而有超诱变剂之称，它可以使一个群体中任何一个基因的突变率高达 1%，而且能引起多位点突变，主要集中在复制叉附近，随复制叉的移动，其作用位置也移动。此外，硫酸二乙酯（DES）、乙基磺酸乙酯（EES）以及二乙基亚硝酸胺（DEN）等也都是常用的诱变烷化剂。

4. 辐射和热

紫外线（UV）是实验室中常用的非电离辐射诱变因子，其作用机制也了解得比较清楚。一方面，由 UV 引起的主要损伤是使相邻碱基形成二聚体，阻碍碱基的正常配对而导致碱基置换突变。另一方面，当细胞用一种称之为 SOS 的倾向错误（error-prone）的修复系统（见后面）来修复损伤时，还会导致高频率的突变。X 射线、γ 射线、快中子等属于电离辐射，作用机理尚不十分清楚，与 UV 不同的是，电离辐射可通过玻璃和其他物质，穿透力强，能达到生殖细胞，因此常用于动物和植物的诱变育种。

短时间的热处理也可诱发突变，据认为热的作用是使胞嘧啶脱氨基而成为尿嘧啶，从而导致 GC→AT 的转换，另外，热也可以引起鸟嘌呤脱氧核糖键的移动，从而在 DNA 复制过程中出现包括两个鸟嘌呤的碱基配对，在再一次复制中，这一对碱基错配就会造成 GC→CG 颠换。

5. 生物诱变因子

转座因子也是实验室中常用的一种诱变因子，它们在基因组的任何部位插入，一旦插入某基因的编码序列，就引起该基因的失活而导致突变，而且由于转座因子 Tn、Mu 带有可选择标记（抗生素抗性等），因此可容易地分离到所需的突变基因。

四、DNA 损伤的修复

机体内部有相应的、针对各种 DNA 损伤的修复系统。例如，光复活作用可拆开嘧啶二聚体；碱基切除可修复碱基上的错误，核酸酶的切除作用可以修复那些错误的缺失、插入、交联、断键等。其中以切除修复为细胞内的主要修复途径。

1. 光复活作用

把经过紫外线照射后的微生物立即暴露于可见光下，可明显降低其死亡率的现象称为光复活作用，即光解酶 Phr 在黑暗中可以特异地与嘧啶二聚体结合，在可见光照射下，嘧啶二聚体即可分解为原来的单体，酶从 DNA 链上释放下来，就完成了修复。

2. 碱基切除修复

N-糖苷酶可以切除尿嘧啶，其他一些糖苷酶可以去掉黄嘌呤、3-甲基腺嘌呤，然后通过 DNA 复制系统以另一条未破坏的链为模板校正过来。

3. 内切酶打开缺口

在细胞中（如大肠杆菌）有一组内切酶专门对准 DNA 损伤部分"开刀"，将损伤部分 DNA 单链的磷酸二酯键断裂，形成 $3'$-OH 和 $5'$-磷酸的缺口，这种缺口显然能被 DNA 聚合酶 I 识别，以它的外切酶活性去掉错误部分，重新合成，再连接好。各种不同的内切酶各司其职，有的专切环丁二聚体，有的专切烷基化的嘌呤，有的专切失去碱基处，有的专切错误的碱基配对，在大肠杆菌中至少有 5 种这样的内切酶。

4. 外切酶切除错误的核苷酸

大肠杆菌中除了 DNA 聚合酶 I 中的 $5'\rightarrow 3'$ 外切酶具有校正作用外，还有外切酶Ⅷ、recBC 核酸酶起着修复作用。外切酶切除时不只切除一个核苷酸而是一段段地切除。例如，DNA 聚合酶 I 的外切酶活性可以切除 20 个核苷酸长度，有些突变株可以切除长达几百个核苷酸。

5. "SOS"修复系统

当正常修复系统来不及修复或无能力修复时，生物为了生存可以采取紧急的保护措施，宁可利用新诱导的 DNA 聚合酶，尽管它的出错率很高，但能顺利完成复制，以拯救生物整体。在大肠杆菌中由 recA 蛋白负责这种过程，当 DNA 受损或 DNA 复制受抑制时，都可以诱导出 recA 蛋白，有比平时高 1000 倍的力量，它保证了复制的进行而不管校正，这样容易产生突变株。

第五节　细菌基因转移和重组

一、细菌的接合作用

细菌的接合作用（conjugation）是指供体菌与受体菌的完整细胞直接接触时，供体菌的 DNA 分子（包括质粒）传递给受体菌而产生基因重组的现象。

（一）实验证据

细菌接合现象是美国微生物遗传学家 J. Lederberg 和美国生物化学家兼微生物遗传学家 E. L. Tatum 于 1946～1947 年在大肠杆菌 K-12 品系中发现并证实的（见微生物遗传学）。他们将大肠杆菌 K-12 品系的两种不同的三重营养缺陷型细胞各 10^8 个混合涂布在基本培养基上,经过培养后出现少数原养型菌落。而未混合的二亲菌均不能在基本培养基上生长。通过一系列实验排除了回复突变、转化和互养的可能性,从而证明这些原养型细胞是由两个不同基因型的大肠杆菌细胞相互接触而导致染色体 DNA 的转移和重组而产生的重组体。

(二) $F^+ \times F^-$ 杂交

英国微生物遗传学家 W. 海斯和美国微生物遗传学家莱德伯格等在 1952 年各自证明大肠杆菌细胞也有性别,这种性别与大肠杆菌细胞中是否存在称为 F 因子的质粒有关。这种质粒又称为性因子或致育因子。具有 F 因子的细菌(F^+)是染色体的供体(雄性)细菌,没有 F 因子的细菌(F^-)是染色体的受体(雌性)细菌。F 因子是环状的脱氧核糖核酸(DNA)分子,大约由 94 500 个碱基对组成,它上面存在着决定细菌细胞表面形成性菌毛的基因。

接合的一般过程如下。

(1) 接合时 F^+ 细胞与 F^- 细胞相遇,性菌毛与 F^- 细胞表面发生吸附而形成接合管。

(2) F^+ 细胞内,F 因子的一条 DNA 单链在特定的位点上发生断裂。

(3) 断裂后的单链逐步解开,同时以另一条留存的环状单链为模板,通过模板的滚动,一方面把解开的单链以 5′为先导通过性菌毛推入 F^- 细胞中;另一方面,在供体细胞内以滚动的环状模板重新合成一条互补的环状单链,以取代传递到 F^- 细胞中的那条单链。这种 DNA 复制机制称为滚环模型(rolling circle model)。

(4) 在 F^- 细胞中,以外来的供体 DNA 线状单链为模板合成一条互补单链,并随之恢复成环状双链 F 因子。

(5) 至此,原来的 F^- 菌株变成了 F^+ 菌株。原来的供体仍为 F^+ 菌株。

(三) $Hfr \times F^-$ 杂交

Hfr 即高频重组菌株,在 Hfr 菌株细胞中,因 F 因子在核染色体特定位点上整合(图 7-10),故 Hfr 菌株和 F^- 相接合可引导供体基因快速地传递给受体菌,从而使受体菌的重组频率大大提高,比 F^+ 与 F^- 接合后的重组频率高几百倍。

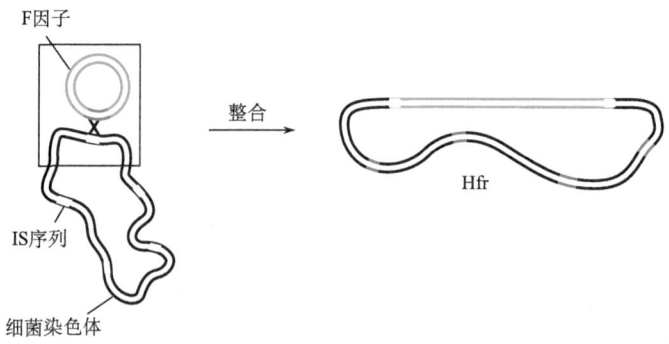

图 7-10 F 因子整合产生高频重组菌株(引自:贺竹梅,2002)

Hfr 菌株与 F^- 菌株接合时,Hfr 染色体双链中的一条单链在 F 因子处发生断裂,F 因子位于线状单链 DNA 的两端,整段单链线状染色体从 5′端开始等速进入 F^- 细胞,在没有外界干扰的情况下,全部转移过程的完成需要约 120min。由于种种原因 DNA 转移过程常会发生中断，所以越是前端的基因，进入 F⁻ 细胞的机会越大。F 因子位于线状 DNA 的末端，进入受体细胞的机会最小，故这种接合引起转性的频率最低，但可以出现各种重组子（图 7-11）。

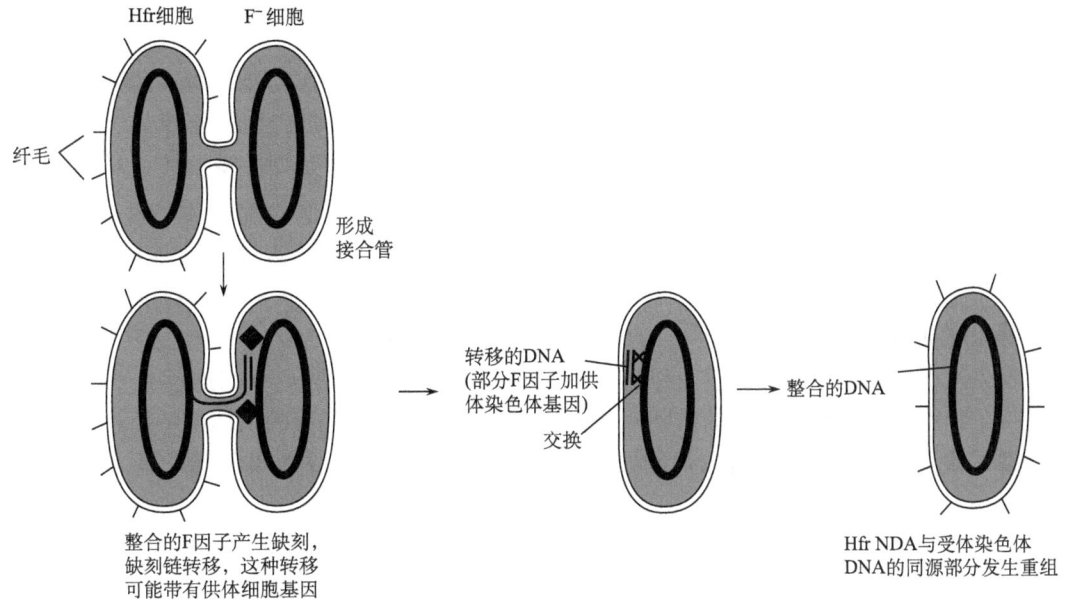

图 7-11　Hfr×F⁻ 杂交中供体菌基因的转移（引自：贺竹梅，2002）

（四）F′ 转导

F 因子转导（F-mediated transduction）：利用 F′ 菌株与 F⁻ 接合可将供体染色体 DNA 传入 F⁻ 菌株，从而使 F⁻ 既获得供体菌的若干遗传特性，又可获得 F 因子。这种接合方式叫做 F 因子转导，又称性导（sexduction）。F 因子可在细菌的染色体多位点整合，所以 F 因子转导可实现不同基因的转移和重组。

二、细菌的转导

通过缺陷噬菌体的媒介，把供体细胞的 DNA 片段携带到受体细胞中，从而使后者获得前者部分遗传性状的现象称为转导。

转导现象最早（1952 年）是在鼠伤寒沙门氏杆菌中发现的。转导可分为普遍性转导和局限性转导两种类型。在普遍性转导中，噬菌体可以转导供体染色体的任何部分到受体细胞中；而在局限性转导中，噬菌体总是携带同样的片段到受体细胞中。

$$
\text{转导} \begin{cases} \text{普遍性转导} \begin{cases} \text{完全普遍性转导} \\ \text{流产普遍性转导} \end{cases} \\ \text{局限性转导} \begin{cases} \text{低频转导} \\ \text{高频转导} \end{cases} \end{cases}
$$

（一）普遍转导

通过完全缺陷噬菌体对供体菌任何 DNA 小片段的"误包"而实现其遗传性状传递至受体菌的转导现象，称为普遍性转导（generalized transduction）。

鼠伤寒沙门氏菌的 P22 噬菌体，大肠杆菌 P1 噬菌体，枯草杆菌的 PBS1、PBS2、SP10 噬菌体都是普遍性转导噬菌体。由普遍性转导产生的转导子（接受了噬菌体传递的供体细胞基因的受体细胞）不具溶源性，说明转导噬菌体中不带有完整的噬菌体染色体，却带有噬菌体在繁殖过程中错误包装的供体细菌的基因。

(1) 完全（普遍性）转导（complete transduction）。1952 年发现在 Salmonella typhimurium 中存在转导现象。在它的完全普遍性转导实验中，以其野生型菌株作为供体菌，营养缺陷型菌株作为受体菌；P22 噬菌体作为转导媒介，对供体菌是烈性噬菌体，对受体菌是温和噬菌体。

(2) 流产普遍性转导（abortive transduction）。受体菌经转导获得的供体 DNA 片段在受体菌中不发生配对、交换和整合，也不迅速消失，而只是进行转录和转译（性状表达），这种现象就称为流产转导。

发生流产转导的细胞在其进行细胞分裂后，只能将这段外源 DNA 分配给一个子细胞，而另一子细胞仅获得供体基因的产物——酶，在表型上表现出轻微的供体菌特征，每经过一次分裂，就受到一次稀释。所以，能在选择性培养基平板上形成微小菌落就是流产转导的特点。

（二）局限性转导

局限性转导（specialized transduction）是通过部分缺陷的温和噬菌体把供体菌的少数特定基因携带到受体菌中，并获得表达的转导现象。其特点如下：①噬菌体对供体菌和受体菌都是温和噬菌体；②只能转导供体菌的个别特定基因（一般为噬菌体整合位点两侧的基因）；③该特定基因由部分缺陷的噬菌体携带；④缺陷噬菌体是由于其在形成过程中所发生的低频率（约 10^{-5}）"误切"，或由于双重溶源菌的裂解而形成（约形成 50% 缺陷噬菌体）。E. coli 的 λ 噬菌体和 φ80 噬菌体具有局限转导的能力。

1. 低频转导 (low frequency transduction, LFT)

一般的转导现象中，从宿主染色体上切离时发生不正常切离的频率极低，故这种裂解物中的部分缺陷噬菌体的比例是极低的（$10^{-4} \sim 10^{-6}$）。这种裂解物称为 LFT（低频转导）裂解物。

用 LFT 裂解物以低 m.o.i（感染复数）感染宿主，就可获得极少量的局限转导子，即低频转导。

2. 高频转导 (high frequency transduction, HFT)

用 LFT 裂解物以高 m.o.i 感染 E. coli gal⁻ （不发酵半乳糖的营养缺陷型）菌株时，凡是感染有 λdgal 噬菌体的任一细胞，几乎都同时感染有正常的 λ 噬菌体。这时，λ 与 λdgal 同时整合在一个受体菌的核染色体组上，从而使它成为一个双重溶源菌（double lysogen）。当双重溶源菌被紫外线等诱导时，其中的正常 λ 噬菌体的基因可补偿 λdgal 缺失的部分基因功能，因而两种噬菌体就同时获得复制的机会。所以，在双重溶源菌中的正常 λ 噬菌体被称为助体（或辅助）噬菌体（helper phage）。双重溶源菌的裂解物中含有等量的 λ 和 λdgal 粒子，称为 HFT（高频转导）裂解物。

用 HFT 裂解物以低 m.o.i 感染另一个 E. coli gal⁻ （不发酵半乳糖的营养缺陷型）受体菌，就可以高频率地把它转化为能发酵半乳糖的 E. coli gal⁺ 转导子。这种转导为高频转导。

转导现象在自然界中比较普遍，在低等生物的进化过程中，它可能是产生新的基因组合的一种方式。表 7-4 为普遍性转导和局限性转导的一个比较。

表 7-4　普遍性转导和局限性转导的比较

比较项目	普遍性转导	局限性转导
转导的基因	供体染色体或染色体外的任何基因	供体染色体上与原噬菌体紧密连锁的少数几个个别基因
噬菌体寄生的位置	不结合在寄主染色体特定位置上	结合在寄主染色体特定位置上
获得转导噬菌体的方法	通过敏感菌的裂解或溶源菌的诱导	紫外线诱导溶源菌
转导子的区别	一般稳定，非溶源性（不表现出任何噬菌体的性状，包括免疫性）	一般不稳定，呈缺陷溶源性（对同源噬菌体具有免疫性，但不表现出其他噬菌体的性状）

三、细菌的遗传转化

遗传转化（genetic transformation）是指同源或异源的游离 DNA 分子（质粒和染色体 DNA）被自然或人工感受态细胞摄取，并得到表达的水平方向的基因转移过程。根据感受态建立方式可以分为自然遗传转化（natural genetic transformation）和人工转化（artificial transformation）。前者感受态的出现是细胞一定生长阶段的生理特性；后者则是通过人为诱导的方法，使细胞具有摄取 DNA 的能力，或人为地将 DNA 导入细胞内。

转化发生的条件：①受体细胞要处于感受态，即受体细胞能从环境吸取外源 DNA 片段并实现其转化的一种生理状态；②供体 DNA 片段（转化因子）大小适宜，分子质量一般为 1×10^7 Da；③菌株间的亲缘关系密切。

（一）自然遗传转化（简称自然转化）

1. 转化因子

转化因子的本质是离体的 DNA 片段或质粒 DNA。转化因子进入细胞前还会被酶解成更小的片段，约 8kb。在不同的微生物中，转化因子的形式不同，有 dsDNA 和 ssDNA。革兰氏阴性的嗜血杆菌中，细胞只吸收 dsDNA 形式的转化因子，但进入细胞后需酶解为 ssDNA，才能与受体菌的基因组整合；革兰氏阳性的链球菌和芽孢杆菌中，dsDNA 的一条链必须在胞外降解，只有 ssDNA 形式的转化因子才能进入细胞。但不管何种情况，最易与细胞表面结合的仍是 dsDNA。

由于每个细胞表面能与转化因子相结合的位点有限（如肺炎链球菌约 10 个），因此，从外界加入无关的 dsDNA 就可竞争并干扰转化作用。质粒 DNA 也是良好的转化因子，但它们通常并不能与核染色体组发生重组。转化频率通常为 0.1%～1%，最高为 20%。

2. 转化过程

以 *S. pneumonia* str^r（肺炎链球菌抗链霉素菌株）为例，转化过程大致可分为 6 阶段（图 7-12）。

吸附：双链 DNA 片段与细胞表面的特定位点（主要在新形成细胞壁的赤道区）结合，此时，细胞膜上的胆碱可促进这一过程。在吸附过程的前阶段，如外界加入 DNA 酶，就会减少转化子的产生。稍后，DNA 酶即无影响，说明此时该转化因子已进入细胞。

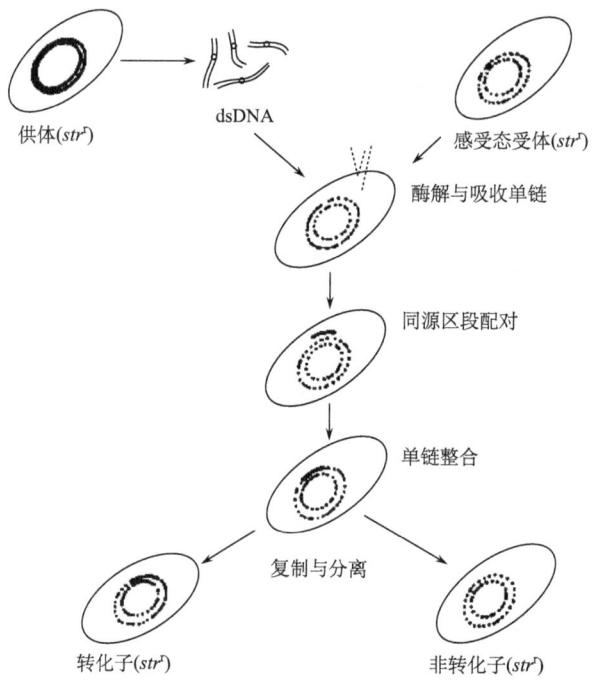

图 7-12 肺炎链球菌抗链霉素菌株的转化过程（引自：周德庆，2002）

切割：在吸附位点上的 DNA 被内切酶分解，形成平均相对分子质量为 $4\times10^6 \sim 5\times10^6$ 的 DNA 片段。

入胞：DNA 双链中的一条单链被膜上的另一种核酸酶切除，另一条单链逐步进入细胞，这是一个耗能的过程。相对分子质量小于 5×10^5 的 DNA 片段不能进入细胞。这时如用低浓度溶菌酶处理，可提高细胞壁的通透性，进而提高转化频率。

重组：来自供体菌的单链 DNA 片段在细胞内与受体细胞核染色体组上的同源区配对，接着受体染色体组上的相应单链片段被切除，并被外来的单链 DNA 交换、整合和取代，于是形成了一个杂合 DNA 区段（heterozygous region）。在这一过程中有核酸酶、DNA 聚合酶和 DNA 连接酶的参与。

复制：受体菌的染色体组进行复制，杂合区段分离成两个，其中之一获得了供体菌的转化基因，另一个未获得供体基因。

转化子形成：当细胞发生分裂后，一个子细胞含供体基因，这就是转化子；另一个细胞与原始受体菌一样。

(二) 人工转化

人工转化是在自然转化的基础上发展和建立的一项细菌基因重组手段，是基因工程的奠基石和基础技术，不由细菌自身的基因所控制。用 $CaCl_2$ 处理细胞，PEG 介导、电穿孔、基因枪法等是常用的人工转化手段（使细胞膜更易于 DNA 透过）。

质粒的转化效率高，不像线型 DNA 那样易于降解，而且还能在宿主中复制。任何来源的 DNA 将其连接到质粒上都能进入受体细胞。

> **【知识窗——转座因子】**
>
> 除了文中所述各种基因转移的方式外，还发现了一类能在质粒之间或质粒与染色体之间自行转移位置的核苷酸序列，称为转座因子（transposable element）。其中最简单的仅有1000bp。只具有编码转移决定子的基因称为插入顺序，还有一些相对分子质量较大的为转座子。一般转座的 DNA 链末端有互补及倒置重复序列，从而一条单链即可自己形成环状结构。转座子插入细菌染色体后，因在插入部位影响了细菌染色体 DNA 的正常结构，可致细菌失去某些功能，如耐药基因，产生细菌霉素或某些酶的基因等。转座子携带的这些基因在即使与受体菌无核酸同源性的情况下仍可传递转移。因此，转座子与质粒一样在构成致病性、耐药性菌中占有重要地位。

四、基因定位和基因组测序

基因定位是对基因于染色体上或其他载体上所在位置、线形排列顺序及距离的测定，并绘制出遗传图。基因定位对于研究基因的结构、功能和相互作用有重要意义，并可应用于基因工程中的重组体 DNA 操作。

（一）中断杂交

中断杂交（interrupted mating）技术是根据供体基因进入受体细胞的顺序和时间绘制连锁图的技术。将接合中的细菌按不同时间取样，并将样品放入搅拌器内猛烈搅拌，以打断细菌的接合管，终止接合。由于接合时间不同，不同长度的细菌染色体（基因组）从供体转移到受体，分析受体的基因型即可知细菌染色体的基因转移顺序，以确定细菌染色体上基因位置（包括基因顺序和距离）。

1957 年，沃尔曼（Wollman）和雅各布（Jacob）想了解 Hfr×F⁻ 交配中什么时候把基因转移给 F⁻ 细菌，设计了著名的中断杂交试验，即将 Hfr 菌株与 F 菌株混合培养：

Hfr 菌株：$str^s a^+ b^+ c^+ d^+$ 对链霉素敏感；

F⁻ 菌株：$str^r a^- b^- c^- d^-$ 抗链霉素。

不同时间取样→搅拌器中断杂交→稀释→含链霉素完全培养基→杀死 Hfr 细菌→抗 str 细菌菌落→影印培养法：鉴定 $a^+ b^+ c^+ d^+$ 各基因的转移时间。

利用供体基因进入受体细胞的顺序和时间可绘制出细菌的遗传学图，不过基因的距离单位是分钟。由于所转移的基因是连锁的，因而基因在染色体上以线性方式排列。根据中断杂交试验的结果可进行基因定位，目前已有 1000 多个基因被标定在大肠杆菌的染色体上，所以中断杂交试验是细菌等基因定位的一种重要实验方法。

（二）基因连锁

位于一对同源染色体上的两对（或两对以上）等位基因，在向下一代传递时，同一条染色体上的不同基因连在一起不相分离的现象叫做连锁。实验证明，在 37℃ 转移一条完整的大肠杆菌 K12 正好需要 100min，在时钟的 12/0 点作为图谱的 0 点（有时也写作 100/0），按顺时针方向将基因定位在 100min 以内，以 thr 位点为 0 点。

在转化中，从理论上讲，一个细菌可以同时收到被携带在两个 DNA 片段上的两个基因，但是有更大的可能性得到处于同一 DNA 片段的两个或多个基因。如果两个基因在染色体上是紧密连锁的，那么它们可以同时被转化，也称共转化（cotransformation）。连锁的两个基因距离越近，其共转化频率越高，反之则低。利用转化频率和连锁的两基因间的距离的反比关系也可以进行基因定位的工作。

此外，普遍性转导也可像转化一样获得基因连锁的信息，即通过测量共转导的频率进行基因定位。所谓共转导（cotransduction）是指两个处在同一个转导片段上的基因一起整合到受体染色体中。显然被共转导的两个基因之间的距离不能超过转导噬菌体所包装的 DNA 长度，而且越是紧密连锁的基因，其共转导频率越高。因此，普遍性转导也是用作基因定位的重要技术之一。

（三）遗传图谱

遗传图也称连锁图，是指基因或 DNA 标志在染色体上的相对位置与遗传距离，后者通常以基因或 DNA 片段在染色体交换过程中的分离频率厘摩（cM）来表示。通过遗传图分析，我们可以大致了解各个基因或 DNA 片段之间的相对距离与方向，了解哪个基因更靠近着丝粒，哪个更靠近端粒等。遗传距离是通过遗传连锁分析获得的，研究中所使用的 DNA 标记越多、越密集，所得到的遗传连锁图的分辨率就越高。

因中断杂交作图缺乏高度的分辨力，不能用于相隔很近的基因的定位，所以完整的遗传图谱是用几种作图技术绘制的。通常是将中断杂交数据和共转导、共转化研究结合起来，后者可对十分邻近的基因进行更精确的定位。

（四）基因组测序

基因组就是一个物种中所有基因的整体组成，其有两层意义——遗传物质和遗传信息。要揭开生命的奥秘，就需要从整体水平研究基因的存在、基因的结构与功能、基因之间的相互关系。

虽然我们可以从绘制的遗传图谱中获得某些信息，但大量认识还必须通过用其基因组的实际的核酸序列来与微生物的遗传图谱进行比较而获得。

第六节 真核微生物的遗传特性

真核微生物之所以可以进行有性繁殖，是因为 DNA 的转移和重组在许多方面是不同于原核生物的。真核生物具有复杂的核，其基因组是由许多染色体组成并且是线型的。因此，在基因的分配和分离方面都具有更复杂的调节机制。有关酵母菌的遗传学特性是真核微生物中了解得最为清楚的。丝状真菌虽然不如酵母菌研究得清楚，但也有其独特的遗传学特性。本节将以酿酒酵母和构巢曲霉为代表，讨论真核微生物的遗传学特性。

一、酵母菌的接合型遗传

酿酒酵母以单倍体或二倍体状态存在，单倍体细胞分别是 α 和 a 两种接合型，α 和 a 细胞融合便产生了二倍体细胞（α/a）。一个单倍体酵母菌细胞是 α 型还是 a 型是由其本身的遗传特性所决定的，具有稳定的遗传特征。但发现，一种接合型的单倍体细胞有时会发生转变，即由 α 型变成 a 型或再回到 α 型，这种转变现象经近年来通过基因的克隆及其结构功能的研究已逐步了解清楚。目前已知的机制：一个称为 MAT 的活性区具有重要的调控作用，在这个座位上，α或a基因都能被插入，并受 MAT 启动子的控制，因此，如果是基因α插入该座位，那么细胞就是接合型α；如果是a基因插入则是a型。在酵母菌基因组的其他位置有α和a基因的拷贝，它们是不表达的沉默基因，只在发生接合型转变时用作α或a基因插入的来源。当转变发生时，合适的基因α或a从它们的沉默位点拷贝，然后插入MAT座位，取代原来的基因，因此原来的基因从此座位被删除并丢弃，新的基因被插入。这个机制被称为"cassette mechanism"（图 7-13）。

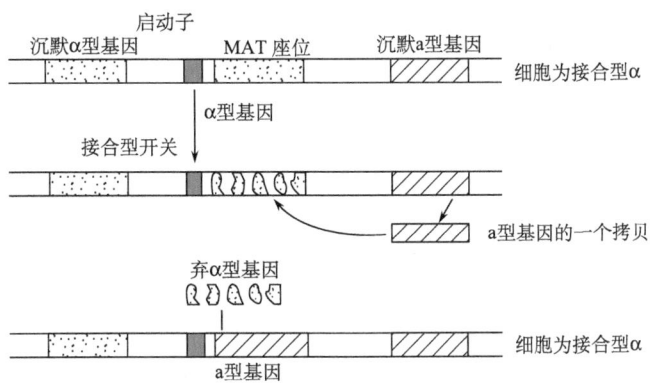

图 7-13 酵母菌的接合型调控机制（引自：沈萍和陈向东，2006）

二、酵母菌的质粒

酵母菌质粒是环状 DNA 分子，它的长度随品种而异，但以 $2\mu m$ 为最常见。$2\mu m$ 质粒存在于大多数酵母菌菌株中，是目前研究得比较深入且具有广泛应用价值的酵母菌质粒。虽然在不同的酵母菌菌株中观察到 $2\mu m$ DNA 有不同的限制性图谱，但它们的基本结构都具有以下特点。

(1) 它们是封闭环状的双链 DNA 分子，周长约 $2\mu m$（6kb 左右），以高拷贝数存在于酵母菌细胞中，每个单倍体基因组含 60~100 个拷贝，约占酵母菌细胞总 DNA 的 30%。

(2) 它们各含约 600bp 长的一对反向重复顺序。

(3) 由于反向重复顺序之间的相互重组，$2\mu m$ 质粒在细胞内以两种异构体（A 和 B）形式存在。

(4) 该质粒只携带与复制和重组有关的 4 个蛋白质基因（REP1、REP2、REP3 和 FLP），不赋予宿主任何遗传表型，属隐秘性质粒。

$2\mu m$ 质粒可作为酵母菌转化的有效载体，并由此组建"工程菌"，是应用于研究基因调控、染色体复制的理想系统。此外，$2\mu m$ 质粒也是酵母菌中进行分子克隆和基因工程研究的重要载体，因此以它为基础进行改建的克隆和表达载体已得到广泛的应用，因而对该质粒的研究日益重视（图 7-14）。

三、酵母菌的线粒体

线粒体（mitochondrion）是存在于大多数真核生物（包括植物、动物、真菌和原生生物）细胞中重要的细胞器，可看作是"细胞能量工厂"，其主要功能是将有机物氧化产生的

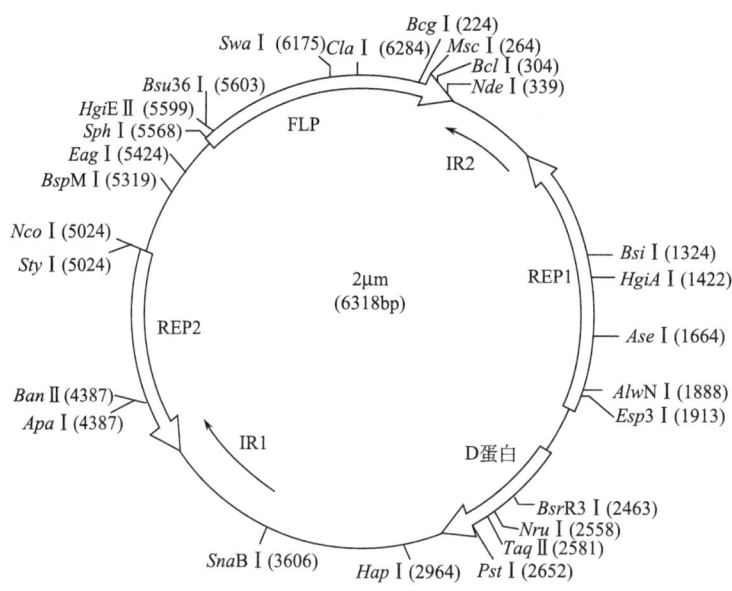

图 7-14 酵母菌 2μm 质粒（引自：龙敏南等，2010）

能量转化为 ATP，是有氧呼吸产生能量的主要场所。还参与脂肪酸和某些蛋白质的合成。每个酵母菌细胞含 10~50 个线粒体，分布于整个细胞质中。由于线粒体遗传特征的遗传发生在核外、有丝分裂和减数分裂过程以外，因此，它是一种细胞质遗传（cytoplasmic inheritance），有时也称之为非孟德尔遗传（non Mendelian inheritance）。

酿酒酵母的线粒体基因组是双链环状分子，长约 25μm（约 75Kb），其大小约为人的线粒体基因组的 5 倍（人的线粒体大小约为 16Kb）。酵母菌线粒体 DNA 只编码少数几种最基本的线粒体成分：细胞色素 b、细胞色素 c 氧化酶、ATP 酶以及一种核糖体蛋白。此外，酵母菌线粒体 RNA（mtRNA）还编码许多 tRNA 分子。酵母菌的 mtRNA 上存在许多非编码 A+T 丰富区，其功能目前尚不清楚，但是已知这些区域含有酵母菌线粒体基因组的多个复制原点。此外，大量的间插顺序或内含子存在于酵母菌的线粒体 DNA（mtDNA）上，其中许多内含子都被证明是非必需的，因此酵母菌的 mtDNA 的利用率要比高等动物低得多。酵母菌 mtDNA 基因组上所含的基因数与高等动物基本相同，但是高等动物中，除与 DNA 复制起始有关的区域外，整个 mtDNA 基因组上基因之间无间隔区或内含子，甚至有基因重叠现象，而酵母菌 mtDNA 中有很多非编码 DNA 并含有内含子，所以酵母菌的线粒体基因组相当大。

四、丝状真菌的准性生殖

研究丝状真菌的遗传主要是借助有性生殖过程和准性生殖过程，并通过遗传分析进行的，以粗糙脉孢菌（*Neurospora crassa*）和构巢曲霉（*Aspergillus nidulans*）为模式菌。准性生殖是具有不产生有性孢子的丝状真菌特有的遗传现象，下面做简要介绍。

所谓准性生殖（parasexual reproduction）是指不经过减数分裂就能导致基因重组的生殖过程（图 7-15）。准性生殖过程包括异核体的形成、二倍体的形成以及体细胞交换和单元化。在该过程中，染色体的交换和染色体的减少是不协调的，不像有性生殖那样有规律。异核体（heterocaryon）是指当带有不同遗传性状的两个单倍体细胞或菌丝相互融合时，会导致在一个细胞或菌丝中并存有两个以上不同遗传型的核，这种细胞或菌丝称为异核体，这种现象称为异核现象。真菌的菌丝相互接触时，通过菌丝间的连接，细胞核可混合在一起而形成异核体，并可以发生核融合而形成二倍体（或杂合二倍体），但是概率只有百万分之一。通过二倍体细胞同源染色体之间的交换使部分隐性基因纯合化，可以获得新的遗传性状。所谓单元化过程是指在一系列有丝分裂过程中一再发生的个别染色体减半（即染色体不分离而丢失），直至最后形成单倍体的过程。单元化过程会产生各种类型的非整倍体和单倍体分离子。

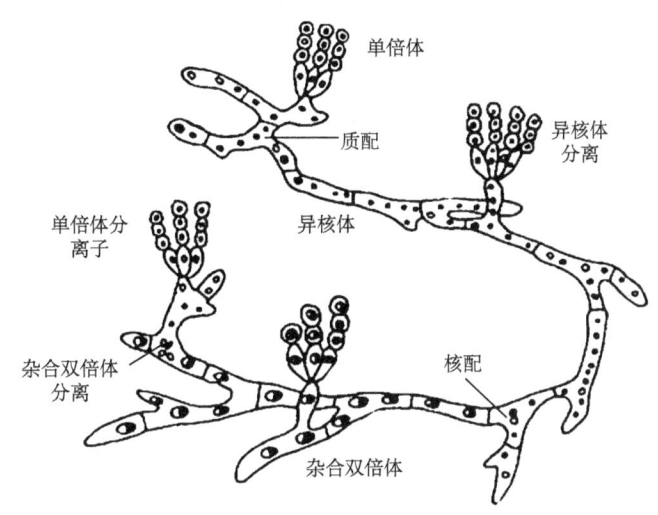

图 7-15　半知菌的准性生殖示意图（引自：沈萍和陈向东，2006）

在准性生殖过程中，细胞通过有丝分裂而发生性状分离，经准性生殖过程产生的分离子包括：①体细胞交换产生的重组二倍体；②染色体不分离产生的一系列非整倍体；③单元化最后产生的单倍体；④经体细胞交换和单元化产生的重组单倍体等。从准性生殖的过程可以看出，该过程可出现很多新的基因组合，因此可成为遗传育种的重要手段。其次，在遗传分析上也是十分有用的。例如，可利用有丝分裂过程中染色体发生交换导致的基因纯合化与着丝粒的距离的关系进行有丝分裂定位等。

第七节　微生物育种

一、诱变育种

诱变育种是在人为条件下，通过诱变剂处理提高菌种的突变概率，扩大变异幅度，从而选育出具有优良特性的变异菌株的过程。其具有速度快、收效大、方法简便等优点，是当前菌种选育的一种重要方法。但是诱发突变缺乏定向性，必须与大规模的筛选工作相配合才能收到良好的效果。

（一）常用诱变剂及使用方法

凡是可以诱使生物体基因产生突变的物质都可作为诱变剂。常用的诱变剂主要分为物理诱变剂、化学诱变剂和生物诱变剂 3 类（表 7-5）。

表 7-5 常用的诱变剂

物理诱变剂	紫外线、X 射线、γ 射线、快中子、微波、超声波、电磁波、激光射线和宇宙线等
化学诱变剂	碱基类似物：5-溴尿嘧啶（BU）为胸腺嘧啶（T）的类似物、2-氨基嘌呤（AP）为腺嘌呤（A）的类似物、马来酰肼（MH）为尿嘧啶（U）的异构体
	烷化剂：甲基磺酸乙酯（EMS）、硫酸二乙酯（DES）、亚硝基乙基脲（NEH）、N-亚硝基-N-乙基脲烷（NEU）、乙烯亚胺（EI）、氮芥类、硫芥类
	其他诱变剂：亚硝酸、叠氮化钠、秋水仙素和抗生素等
生物诱变剂	噬菌体、转座子等

下面以实验和生产中最常用的物理诱变剂——紫外线为例，简要地介绍一下诱变剂的使用方法。实验中一般采用 15~20W、波长为 253.7nm 左右的紫外线灯，灯管悬挂高度约 30cm。开启紫外灯 20~30min 对诱变箱进行灭菌，然后取 3~5ml 微生物细胞悬液置于培养皿中，放入诱变箱内的搅拌器上，开启搅拌器，边照射边搅拌。照射 1~3min 后，吸取一定量的菌液稀释后进行再培养，从中筛选出突变的目的菌株。

为了提高诱变效率，除了使用单一诱变剂以外，通常进行复合诱变。复合诱变既包括同一诱变剂的多次处理，还包括两种及以上的诱变剂同时处理和先后处理，如乙烯亚胺和紫外线。

（二）筛选策略

菌体细胞经诱变剂处理后，接下来就要从大量的变异菌株中，把一些具有优良性状的突变株挑选出来。通常采用随机筛选和目的性筛选这两种筛选方法。随机筛选是指菌种经诱变处理后，进行涂布平板，随机挑选单菌落，从中筛选高产菌株。目的性筛选是运用遗传学、生物化学的原理，根据产物已知的或可能的生物合成途径、代谢调控机制和产物分子结构来进行设计和采用一些筛选方法，以打破微生物原有的代谢调控机制，获得能大量形成发酵产物的高产突变株。

1. 营养缺陷型突变株

野生型菌株经过人工诱变或者自然突变失去合成某种营养（氨基酸、维生素、核酸等）的能力，只有在基本培养基中补充所缺乏的营养因子才能生长，称为营养缺陷型。营养缺陷型是一种生化突变株，它的出现是由基因突变引起的。营养缺陷型菌株的筛选一般包括诱发突变、淘汰野生型菌株、检出缺陷型、鉴别缺陷种类等步骤。

淘汰野生型菌株可通过抗生素法或菌丝过滤法实现，淘汰为数众多的野生型菌株。

检出缺陷型的具体方法有夹层培养法、限量补充培养法、逐个检出法和影印接种法。可根据实验要求和实验室具体条件加以选用。以影印平板法为例介绍一下检出缺陷型的方法（图 7-16）。将诱变剂处理后的细胞群涂布在一完全培养基平板上，培养长出许多菌落。用"印章"把此平板上的全部菌落转印到另一基本培养基平板上。经培养后，比较前后两个平板上长出的菌落。在前一培养基平板上的某一部位长有菌落，而在后一平板上的相应部位却呈空白，就是一个营养缺陷型突变株。

检出缺陷种类可借生长谱法进行。生长谱法指在混有供试菌的平板表面点加微量营养物，视某营养物的周围是否长菌来确定该供试菌的营养要求的一种快速、直观的方法。

2. 抗阻遏和抗反馈突变株

抗阻遏和抗反馈突变株是由于代谢失调造成的。通常此类型突变菌株通过抗结构类似物的方法筛选。结构类似物与末端产物结构相似，能与阻遏蛋白或变构酶相结合，引起反馈调

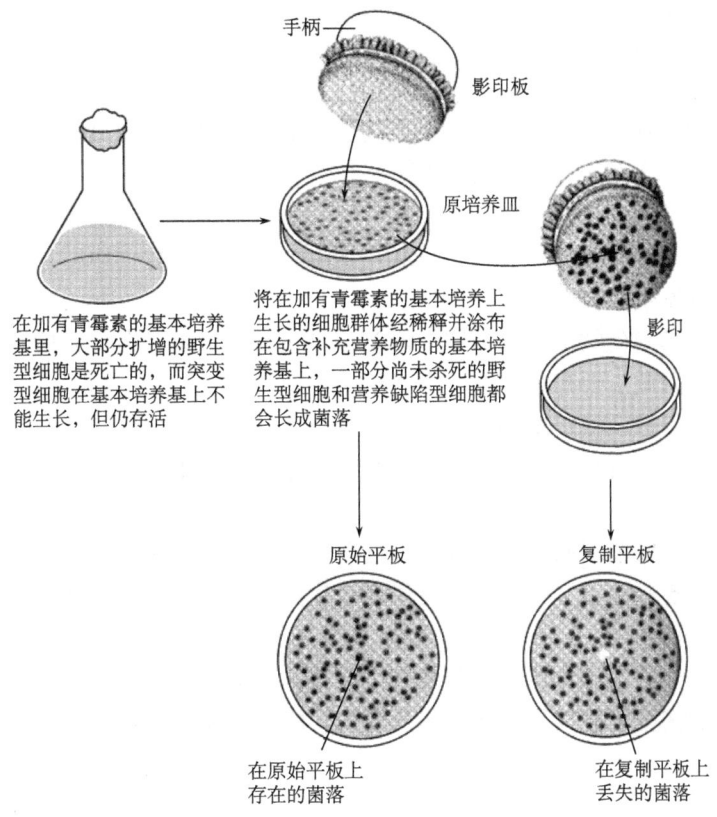

图 7-16 影印平板法（引自：贺竹梅，2002）

节。由于结构类似物不能代替末端产物，浓度不会降低，因此它们与阻遏蛋白或变构酶的结合是不可逆的，这会导致相关的酶不可逆地停止合成或抑制其催化活性，使得细菌不能合成代谢所需的物质。这时在含有类似物环境中仍能正常代谢生长的菌株即为抗性菌株。它的变构酶结构发生突变，结构类似物不能与其结合，不影响细菌正常代谢过程而使生长不受影响。另外，也可从营养缺陷型的回复突变菌株获得抗反馈突变株。

二、体内基因重组育种

把两个不同性状个体内的遗传基因转移在一起，重新组合形成新的遗传型个体的方式称为基因重组。

（一）原生质体技术

原生质体技术是指用脱壁酶处理将微生物细胞壁除去，制成原生质体，再用聚乙二醇促使原生质体发生融合，从而获得异核体或重组合子的过程。通过此项技术可将来自不同菌株的多种优良性状，通过遗传重组，组合到一个重组菌株里。

1. 原生质体制备

使用各种酶分别酶解两个出发菌株的细胞壁，使其细胞壁全部消化或部分破裂，释放出原生质体。为防止原生质体内部渗透压过高而破裂，必须将原生质体释放到高渗溶液中。对于细菌和放线菌，制备原生质体主要采用溶菌酶；对于酵母菌和霉菌，则一般采用蜗牛酶和纤维素酶。影响原生质体制备的因素有菌体的预处理和培养时间、脱壁酶的浓度、酶解的温度和时间、渗透压稳定剂等。

2. 原生质体诱变

原生质体易于受到诱变剂的作用，而成为较好的诱变对象，通过使用各种诱变剂对原生质体进行诱变处理，更易于得到目的菌株。

3. 原生质体融合和再生

把来自两个亲株的原生质体混合在一起，在融合剂聚乙二醇（PEG）和钙离子、镁离子作用下原生质体可发生融合。

原生质体尽管具有生物活性，但它们毕竟不是正常的细胞，在普通培养基平板上不能正常地生长、繁殖。因此，要想使原生质体恢复细胞原有的形态和功能，必须使用再生培养基，再生培养基由渗透压稳定剂和各种营养成分组成。另外，菌种的特性、原生质体制备条件、再生培养基成分、再生培养条件等都可影响原生质体再生。

4. 融合子的选择

融合子的选择主要依靠两个亲本的选择性遗传标记，在选择性培养基上，通过两个亲本的遗传标记互补而挑选出融合子。原生质体融合后产生两种情况，一种是真正的融合，即产生杂合二倍体或单倍重组体；另一种是细胞质发生了融合，而细胞核没有融合，形成异核体。以上两种融合子均可以在选择培养基上生长，一般前者较稳定，而后者不稳定，会分离成亲本类型，有的甚至可以以异核状态移接几代。因此，要获得真正融合子，必须在融合体再生后进行几代自然分离、选择才能确定。

（二）杂交育种

杂交育种一般指两个不同基因型的菌株通过接合或原生质体融合使遗传物质重新组合，再从中分离和筛选出具有新性状的菌株。杂交育种主要有常规的杂交育种和原生质体融合这两种方法。常规的杂交育种不需用脱壁酶处理，就能使细胞接合而发生遗传物质重新组合。杂交育种具有定向育种的性质，可以改变产品质量和产量，甚至形成新的品种。

三、基因组重排技术育种

（一）基因组重排技术的建立及意义

在DNA重排技术的研究基础上，Stemmer等于1998年提出了全基因组shuffling，通过定向进化技术使菌株基因组随机重排而达到选育目的。20世纪90年代，美国加州Maxgen公司的Cardayre等提出了基因组重排技术的概念。该技术是经典微生物诱变育种技术与原生质体融合技术的有机结合，在微生物经典诱变的基础上，通过原生质体融合，使多个带有正突变的亲本杂交，产生新的重组子。

基因组重排技术是一项对整个微生物全基因组进行重排的定向育种技术，可以用来改造微生物的基因组，实现表型的改良。虽然基因组重排技术与经典的杂交育种技术有一定的相似性，但经典杂交育种在每一代只有两个亲本进行重组，而重排技术则具有多亲本杂交的优势。对微生物群体进行重复的基因组重排可以有效构建新菌株的组合文库，如果将它应用到带表型筛选的微生物群体中，就会产生很多表型有显著改良的新菌株。虽然名称相近，但实际上基因组重排与DNA重排存在本质区别。正如前面所述，DNA重排是一种分子水平的体外定向进化技术，而基因组重排则可以看做是一种细胞水平的体内定向进化技术。

（二）基因组重排技术的操作过程

通过诱变处理筛选出多个不同优良性状的菌株作为基因组重排的亲本，进行递归原生质体融合［也称循环原生质体融合（recursive protoplast fusion）］。递归原生质体融合是这样进行的：各种亲本经去除细胞壁制成原生质体后，将这些原生质体混合，并让它们随机地发生融合，接着再生细胞壁，然后重复去壁—融合—再生的操作两次，最后从1000株随机选择的菌株中筛选出若干株产量最高的融合菌株，再进行第二轮循环原生质体融合。重复多轮递归原生质体融合的操作过程，不同亲本的基因组发生重排，从而获得理想的重组菌株。

（三）基因组重排技术的应用实例

基因组重排技术的一个应用实例是2002年美国科学家运用基因组重排技术提高了弗氏链霉菌（*Streptomyces fradiae*）合成泰乐菌素（tylosin）的能力。他们首先对自然分离得到的泰乐菌素产生菌SF1进行一次经典诱变育种，从22 000个菌株中筛选得到11个产量有所提高的菌株的亲本，进行两轮循环原生质体融合后，从1000株随机选择的菌株中筛选出7株产量明显高于11株融合亲本的、产量最高的菌株，进行第二轮循环原生质体融合。经两轮循环原生质体融合，得到高产重排菌株GS1和GS2，其生产能力分别达到8.1g/L和6.2g/L，与经过20轮经典育种所得到的高产菌株SF21的生产能力（6.2g/L）相当，比出发株SF1的生产能力（1.0g/L）提高了6倍。两轮基因组重排加上一次经典诱变育种，共筛选了24 000个菌株，历时1年，而20轮经典育种共筛选了100万菌株，需要20年，大大地提高了泰乐菌素的育种效率。与此同时，2002年斯特凡诺普罗斯（G. Stephanopoulos）在 *Nature Biotechnology* 上发表的另一例基因组重排实例是乳酸杆菌耐酸菌株的选育，该研究通过5轮循环原生质体融合得到的新菌株适合在出发菌株不能生长的低pH（pH3.5）培养环境中生长和分泌乳酸，因而大大提高了乳酸杆菌合成乳酸的能力。

基因组重排技术提出后的短短几年时间，已在菌种改进方面已经取得了很突出的成果，目前，已被国内外微生物育种工作者广泛采用，显示出了很好的应用前景。

四、分子育种

（一）分子育种的概念

分子育种是指利用分子生物学手段将供体带目的性状的遗传信息的DNA分子或其中的目的基因分离提取出来，导入待改良的受体细胞中，使之整合、表达和遗传。

（二）分子育种的流程

(1) 供体DNA的制备。含有目的基因的供体DNA有3种来源：①来源于表达目的基因的供体细胞中的DNA；②来源于由目的基因的mRNA经逆转录酶合成的DNA；③来源于用化学方法合成的特定目的基因的DNA。以上3种来源的DNA经分离提取获得以后，采用限制性内切核酸酶切割出黏性末端以利于和载体DNA重组。

(2) 载体DNA的制备。使用同一种限制性内切核酸酶对载体DNA进行切割。载体DNA通常为质粒或噬菌体的核酸。适合基因工程操作的载体应具有3种特性；①载体DNA

应具有能在受体细胞中大量复制的能力。这一特性有助于带有目的基因的重组载体在受体细胞表达较多的基因产物。②载体 DNA 应有一个限制性内切核酸酶的切割位点。这样有助于载体 DNA 和供体 DNA 的拼接。③载体 DNA 应具有选择性遗传标记。选择性遗传标记通常为抗药性突变或营养缺陷型,这样有助于筛选重组细胞。

(3) 重组载体的制备。将用同一种限制性内切核酸酶切割下来的目的 DNA 和载体 DNA 混合,在较低温度下"退火",使它们通过黏性末端拼接,再通过连接酶作用形成一个完整的重组载体。

(4) 将重组载体转入受体细胞。以转化或转染的方式将重组载体转移入受体细胞。受体细胞一般选择具有如下特性的微生物细胞:①便于培养发酵生产;②非致病菌;③遗传学上有较多的研究,便于基因工程操作。受体细胞常选用大肠杆菌、酵母菌等。

(5) 受体细胞表达目的基因产物。重组载体进入受体细胞后还需要根据载体的遗传标记选择出具有重组载体的受体细胞,再通过大量筛选和对培养条件控制选出能大量表达目的基因产物、遗传上稳定的"工程菌"。

(三) 分子育种技术应用

在微生物遗传学和分子生物学基础理论上发展起来的分子育种技术不仅是生命科学研究发展的里程碑,也使现代生物技术产业发生了革命性的变化。自从 1973 年第一个目的基因重组成功以来,已用微生物细胞表达和产生了许多重组基因产物。生长激素释放抑制因子原来需从羊脑提取,50 万只羊的脑组织只能提取 5mg,而用工程菌的 10L 发酵液就可获得同样的产量。分子育种技术生产的医药产品的作用日益显著,现在利用分子育种技术生产基因工程药物和基因工程疫苗不计其数,如胰岛素、干扰素、肿瘤坏死因子、白细胞介素、乙型肝炎疫苗、疱疹疫苗、狂犬病疫苗、霍乱疫苗、百日咳疫苗等。分子育种技术在医药工业中的成功应用,使人们有理由相信分子育种技术是高效表达生物界中几乎一切物种的优良遗传性状的最佳实验手段。

本 章 小 结

1. 遗传的物质基础是核酸,DNA 和 RNA 均可以作为微生物的遗传物质。F. Griffith 利用肺炎链球菌感染小鼠的实验发现了转化现象。随后 Avery 等通过实验进一步确认了 DNA 是遗传物质。此外,在病毒中 RNA 可以作为遗传物质。朊病毒的发现大大开阔了人们的视野,也对传统的理论提出了挑战,由于朊病毒不含核酸,因此蛋白质是它的遗传物质。

2. 微生物的基因组,分别以大肠杆菌、酿酒酵母、詹氏甲烷球菌和粘细菌为代表说明。其中主要介绍了大肠杆菌基因组的结构特点:遗传信息的连续性,功能相关的结构基因组成操纵子结构,结构基因的单拷贝及 rRNA 基因的多拷贝,基因组的重复序列少而短。质粒和转座因子都是细胞中除染色体以外的另外两类遗传因子,具有重要的生物学功能。

3. 基因突变及修复,突变类型分为同义突变、错义突变、移码突变、无义突变。基因突变一般有以下 7 个共同特点:自发性、随机性、稀有性、独立性、可诱发性、可逆性、可遗传性。突变分为自发突变和诱发突变,引起诱发突变的因素主要有碱基类似物、插入染料、直接与 DNA 碱基起化学反应的诱变剂、辐射和热、生物诱变因子。DNA 损伤修复的类型主要有5种：光复活作用、碱基切除修复、内切酶打开缺口、"SOS"修复系统、外切酶切除错误的核苷酸，其中以切除修复为细胞内的主要修复途径。基因突变是细菌最重要的变异，转化、转导、接合是细菌个体间交换遗传物质的天然方式，对细菌的变异有重要意义。

4. 酵母菌的单倍体具有两种接合型α和a，这是稳定的遗传学特征，但是有时也会发生互变。这种接合型转换是受MAT启动子控制的。酵母菌含有$2\mu m$的质粒，是其进行基因克隆和分子生物学研究的重要载体。酵母菌的mtDNA利用率较低，但密码子的非通用性首先在此发现。丝状真菌的准性生殖是育种和进行遗传分析的重要手段。

5. 微生物育种主要有体外诱变育种、体内基因重组育种和分子水平育种3种方式。诱变育种是通过使用诱变剂来提高菌种的突变概率的过程。由于突变缺乏定向性，所以经过诱变的微生物通常要使用一定的筛选策略来达到获得目的突变菌株的目的。体内基因重组育种过程发生在微生物体内。其中原生质体技术和杂交育种技术是微生物育种的重要手段。分子育种是在体外利用各种分子生物学手段对微生物的DNA分子进行改造，从而达到育种目的的一种育种手段。

习题

1. 名词解释：基因组、操纵子、持家基因、质粒、转座因子、基因突变、接合作用、转化、准性生殖、诱变育种。
2. 简述大肠杆菌基因组结构的特点。
3. 简述转座的遗传学效应。
4. 简述基因突变的特点。
5. 简述细菌转化的机制和人工转化的原理及意义。
6. 简述真核微生物的遗传特性。
7. 什么是诱变育种？诱变育种的方法有哪些？
8. 什么是诱变剂？常用的诱变剂有哪些？
9. 分子育种有哪几个环节？

思考题

1. 哪些物质可以作为遗传物质？它们是如何被发现的？
2. 大肠杆菌基因组结构中结构基因的单拷贝及rRNA基因的多拷贝有什么作用？
3. 在细菌细胞中，均以环状形式存在的染色体DNA和质粒DNA，在质粒提取过程中发生了什么变化？这种变化对质粒的检测和分离有什么利用价值？
4. 基因突变有哪几种类型？
5. 研究细菌生物学特性和变异及机制对细菌性疾病的诊断、治疗和预防有何重要意义？
6. 举例说明接合型遗传应用于哪些领域？
7. 在使用物理诱变剂紫外线进行微生物诱变育种时，微生物经照射后需要在暗中培养，为什么？

（赵宝华　鞠建松）

第八章 微生物的生态

【本章导读】 微生物在生态系统中的作用，微生物与生物地球化学循环；微生物在土壤、水体、空气、工农业产品和极端环境中的分布；生物体内外的正常菌群和病原微生物及病原微生物的传播；微生物间，微生物与其他生物间的互生、共生、寄生、拮抗和捕食关系；微生物与环境保护，包括微生物对污染物的降解与转化，污水、固体废弃物、气态污染物的微生物处理和环境污染的微生物检测。

生态学（ecology）是一门研究生命系统与其环境系统间相互作用规律的科学，微生物生态学是生态学的一个分支，它的研究对象是微生物群体与其周围生物和非生物环境条件间相互作用的规律。

研究微生物的生态规律有着重要的理论意义和实践价值。例如，研究微生物的分布规律有利于发掘丰富的菌种资源，推动进化、分类的研究和开发应用；研究微生物与他种生物间的相互关系，有助于开发新的微生物农药、微生物肥料和微生态制剂，并为发展混菌发酵、生态农业以及积极防治人和动、植物的病虫害提供理论依据；研究微生物在自然界物质循环中的作用，有助于阐明地质演变和生物进化中的许多机制，也可为探矿、冶金、提高土壤肥力、治理环境污染、开发生物能源和促进大自然的生态平衡等提供科学的基础。

第一节 微生物在生态系统中的地位与作用

一、微生物在生态系统中的作用

微生物个体虽小，却在自然界起着巨大的作用，因而促使人们去了解微生物在自然界所占的位置，而要了解这一点，就必须首先了解生态系统。所谓生态系统（ecosystem）是指生物群落与周围环境相互作用的功能系统，也就是地球表面的生物有机体和它所生活的非生物的物理、化学环境之间，以及与其他生物间都在相互作用，相互制约，并不断演变，处于一个有一定结构与功能的相对稳定的统一体中。所以，在一定程度上，这个系统有自我调节功能，并主要在生物的参与及作用下完成了自然界中物质和能量的循环、迁移、转化。按生物在生态系统中的作用，可划分为三大类群：生产者、消费者和分解者。微生物可以在多个方面但主要作为分解者在生态系统中起重要作用。

1. 微生物是有机物的主要分解者

微生物是自然界中许多有机物的分解者，它们分解生物圈内存在的动物和植物残体等复杂有机物质，并最后将其转化成最简单的无机物，再供初级生产者利用。微生物最大的价值在于其分解功能。

2. 微生物是物质循环中的重要成员

微生物参与所有的物质循环，大部分元素及其化合物都受到微生物的作用。在一些物质的循环中，微生物是主要成员，起主要作用；有一些过程只有微生物才能进行，起独特作用；而有的是循环中的关键过程，起关键作用。

3. 微生物是生态系统中的初级生产者

光能营养和化能营养微生物是生态系统的初级生产者,它们具有初级生产者所具有的两个明显特征,即可直接利用太阳能、无机物的化学能作为能量来源,其积累下来的能量又可以在食物链、食物网中流动。

4. 微生物是物质和能量的储存者

微生物和动物、植物一样也是由物质组成和由能量维持的生命有机体。在土壤、水体中有大量的微生物生物量,储存着大量的物质和能量。

5. 微生物是地球生物演化中的先锋种类

微生物是最早出现的生物体,并进化成后来的动、植物。藻类的产氧作用改变了大气圈中的化学组成,为后来动、植物的出现打下基础。

二、微生物与生物地球化学循环

生态系统的物质循环带有全球性,又称为生物地球化学循环(biogeochemical cycling),是指生物圈中的各种化学元素,经生物化学作用在生物圈中的转化和运动,是推动地球向更有利于生物生存繁衍方向演化的巨大动力,是地球化学循环的重要组成部分。地球上的大部分元素都以不同的循环速度参与生物地球化学循环。

大多数元素在一定程度上进入了生物地球化学循环,可以认为,那些对生命体最基本的元素,即所谓的生命必需元素,是有规律进行生物地球化学循环的。每种元素在生物地球化学循环中的速率与其在生物体中所占化学比例有关,因此 C、H、O、N、P 和 S 的循环速率最高,而 Mg、K、Na、Fe、Mn、Ca、Si 和卤素及微量元素 B、Co、Cr、Cu、Mo、Ni、Se、Sn、V 和 Zn 的循环速率相对较低。

(一)碳循环

碳元素是构成生物体最重要的元素之一,约占有机物质干重的 50%。而碳元素的主要来源依赖于大气 CO_2 和水中溶解的 CO_2。只有通过生物所推动的碳素循环(carbon cycle),特别是微生物进行的(矿化)作用,使不同形态的碳素相互转化,大气中的 CO_2 才不会消耗尽,生命活动才得以维持。自然界中碳循环如图 8-1 所示。植物和藻类,以及光合微生物,通过光合作用固定自然界中的 CO_2,合成有机碳化合物,进而转化成各种有机碳化合物。动物以植物为食物,经过生物氧化释放出 CO_2,动物、植物的尸体经微生物完全降解后,最终主要产物之一也是 CO_2。地下埋藏的煤炭、石油等,经过人类的开发、利用,如作为燃料,燃烧后也产生 CO_2,重新加入碳循环。通过这些生物和非生物过程产生的 CO_2,随后又被植物和光合微生物利用,开始新的碳素循环。由此可见,微生物在碳素循环中具有非

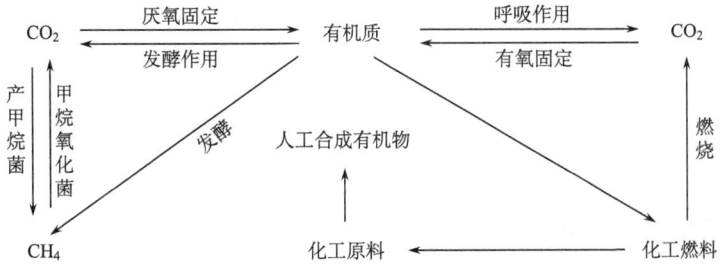

图 8-1 碳的生物地球化学循环

常重要的作用，体现在两个方面：通过光合作用固定 CO_2（还有少量化能自养微生物通过非光合作用形式固定 CO_2）和通过分解作用再生 CO_2。

（二）氮循环

氮是核酸和蛋白质等生物大分子的主要化学成分，是构成生物体的必需元素，因此氮素循环（nitrogen cycle）是重要的生物地球化学循环。氮的生物地球化学循环如图 8-2 所示。氮循环主要包括 6 种氮化合物的转化反应：固氮、硝化作用、氨化作用、铵盐同化作用、硝酸盐还原作用和反硝化作用。这种转化反应主要通过微生物进行，微生物是自然界氮素循环的核心生物。

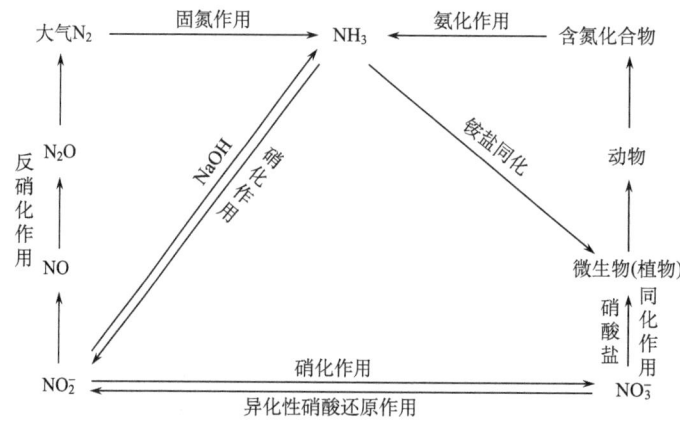

图 8-2　氮的生物地球化学循环

1. 固氮

固氮（nitrogen fixation）是大气中氮被转化成氨的生化过程。生物固氮是只有微生物或有微生物参与才能完成的生化过程，为地球上整个生物圈中一切生物提供了最重要的氮素营养来源。固氮菌、蓝细菌、根瘤菌、弗兰克氏菌等均具有固氮能力。

2. 硝化作用

硝化作用（nitrification）是氨态氮经硝化细菌的氧化，转变为硝酸盐的过程。能进行硝化作用的细菌称为硝化细菌，包括两类高度特化的、专性好氧的化能自养菌——亚硝化细菌和硝化细菌。

硝化作用分两步进行：第一步，氨氧化为亚硝酸，引起此反应的代表性菌属是亚硝化单胞菌属（*Nitrosomonas*）；第二步，亚硝酸盐氧化为硝酸，引起此反应的代表性菌属为硝化杆菌属（*Nitrobacter*）。土壤中的硝酸盐极易随雨水流失，硝化作用降低了肥料的利用率，对农业并无多大利益。

3. 氨化作用

氨化作用（ammonification）是微生物把复杂的有机氮化物分解为氨的过程。许多好氧菌（如多种芽孢杆菌、普通变形杆菌、荧光假单胞菌）和一些厌氧菌（如多种梭菌等）都具有强烈的氨化作用能力。氨化作用对提供农作物氮素营养十分重要。

4. 铵盐同化作用

由所有绿色植物和许多微生物进行的以铵盐作为营养，合成氨基酸、蛋白质、核酸和其他含氮有机物的作用，称为铵盐同化作用（assimilation of ammonium）。

5. 硝酸盐还原作用

硝酸盐还原作用（nitrate reduction）包括同化型硝酸盐还原作用（assimilatory nitrate reduction）和异化型硝酸盐还原作用（dissimilatory nitrate reduction）。同化型硝酸盐还原作用，指硝酸盐被生物体还原成铵盐并进一步合成各种含氮有机物的过程。所有绿色植物、多数真菌和部分原核生物都能进行同化型硝酸盐还原作用。异化型硝酸盐还原作用，指硝酸离子作为呼吸链的末端电子受体而被还原为亚硝酸的作用。

6. 反硝化作用

反硝化作用（denitrification）也称脱氮作用，是反硝化细菌在缺氧条件下，还原硝酸盐，释放出分子态氮（N_2）或一氧化二氮（N_2O）的过程。能进行反硝化作用的只有少数细菌，这个生理群称为反硝化菌。大部分反硝化细菌是异养菌，如脱氮小球菌、反硝化假单胞菌等，它们以有机物为氮源和能源，进行无氧呼吸。少数反硝化细菌为自养菌，如脱氮硫杆菌，它们氧化硫获得能量，同化二氧化碳，以硝酸盐为呼吸作用的最终电子受体。反硝化作用使硝酸盐还原成氮气，从而降低了土壤中氮素营养的含量，对农业生产不利。农业上常进行中耕松土，以防止反硝化作用。反硝化作用是氮素循环中不可缺少的环节，可使土壤中因淋溶而流入河流、海洋中的 NO_3^- 减少，消除因硝酸积累对生物的毒害作用。

（三）硫循环

自然界中的硫和硫化氢被微生物氧化成为硫酸盐，后者被植物和微生物同化成为有机硫化物，构成其自身组分；动物食用植物和微生物，将其转化成为动物有机硫化物，当动、植物的尸体被微生物分解时，含硫的有机质主要是蛋白质降解成为硫化氢，进入到环境中。此外，环境中的硫酸盐在缺氧条件下，能被微生物还原成为硫化氢。自然界中硫素循环（sulfur cycle）如图8-3所示。微生物在自然界的硫循环中，参与了各个过程：脱硫作用、硫化作用、硫酸盐还原作用。

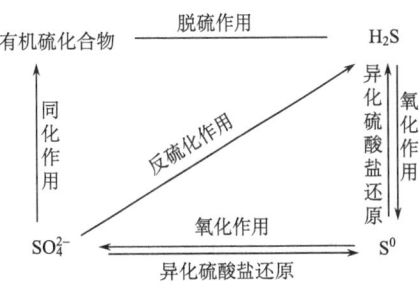

图 8-3 硫的生物地球化学循环

1. 脱硫作用

脱硫作用（desulfuration）指在无氧条件下，通过一些腐败微生物的作用，把生物体中蛋白质等含硫有机物中的硫分解成 H_2S 等含硫气体的作用。

2. 硫化作用

硫化作用（sulfur oxidation）即硫的氧化作用，指还原态的无机硫化物（如 H_2S、S 等）被微生物氧化成硫酸的过程。具有硫氧化能力的微生物主要包括好氧或微好氧的化能营养硫氧化菌和光营养硫细菌。

3. 硫酸盐还原作用

在硫酸盐还原菌的作用下，硫酸盐被还原成 H_2S。硫酸盐还原产物 H_2S 在胞内被结合到细胞组分中称为同化硫酸盐还原。硫酸盐作为末端电子受体还原成不被同化的 H_2S，称为异化硫酸盐还原，也称为反硫化作用。主要的硫酸盐（异化）还原菌包括脱硫杆菌和脱硫叶菌。在通气不良的土壤中发生硫酸盐还原时，产生的 H_2S 会引起水稻烂根等毒害，应予以防治。

(四) 磷循环

磷是包括微生物在内的所有生命体中不可缺少的元素。在生物大分子核酸、高能量化合物 ATP 以及生物体内糖代谢的某些中间体中都有磷的存在。在自然界中，磷素循环（phosphorus cycle）包括可溶性无机磷的同化、有机磷的矿化、不溶性磷的溶解等。可溶性的无机磷化物被微生物吸收后合成有机磷化物，成为生命物质结构组分（同化作用）。在土壤中，许多细菌、放线菌和霉菌等含有植酸酶和磷酸酶，能够将含磷的有机物分解（异化作用），产生的无机磷化物可被植物吸收利用。土壤中的磷酸或可溶性的磷酸盐与土壤中的一些盐基结合，形成不溶性的磷酸盐。在天然水体中，大部分的磷存在于水下的沉积物中。不过，生活在土壤和水体中的一些微生物，通过代谢产生的硝酸、硫酸和有机酸又可将不溶性的磷酸盐溶解，从而使自然界中的磷素循环周而复始地不断进行。应当指出，如果人类活动将含磷物质大量排放到水环境中，可溶性磷酸盐浓度过高会造成蓝细菌及其他藻类大量增殖，即常说的富营养化作用，从而破坏环境的生态平衡。

(五) 其他元素的循环

微生物除了参与及推动碳、氮、硫、磷元素的生物地球化学循环之外，还以多种方式进行着氢、氧、铁、钙、锰、硅等元素的同化代谢和异化代谢，与其他生物协同作用，完成这些元素的生物地球化学循环。微生物在这些元素的生物地球化学循环中所起的作用主要有有机物的分解作用、无机离子的固定作用或同化作用、无机离子和化合物的氧化作用、氧化态元素的还原作用。

第二节 微生物在自然界的分布

微生物广泛分布于自然环境中，地球上有动植物存在的地方都有微生物的存在，甚至在动植物不能存活的环境也有微生物的存在，如严寒、高盐碱、高温、高酸环境等，可以说微生物无处不在、随处可见。

一、土壤中的微生物

土壤是自然界微生物生长繁殖的自然基地，与其他环境相比，土壤中的微生物数量最大，种类也最多。可以说土壤是微生物的"大本营"，是最丰富的菌种资源库。

(一) 土壤是微生物生活的良好环境

土壤具备绝大多数微生物生长发育所需要的营养、水分、空气、酸碱度等条件，是微生物生活的良好环境。

土壤的矿物质成分提供微生物需要的矿质养料；土壤中的动植物残体，以及耕作土壤中有机肥料，源源不断地供给微生物碳素养料和氮素养料；土壤的持水性为微生物提供水分条件；土壤的孔隙度和土壤水分多少直接影响土壤的通气条件；土壤的 pH 为 3.5~10.5，多数为 5.5~8.5，这是大多数微生物活动最适宜的 pH；土壤有保温性，比地面空气温度变化小，也为微生物的生长提供了良好的条件。

（二）土壤中微生物的含量及分布

一般来说，在每克耕作层土壤中，各种微生物含量之比大体有一个10倍系列的递减规律：细菌（约10^8）＞放线菌（约10^7，孢子）＞霉菌（约10^6，孢子）＞酵母菌（约10^5）＞藻类（约10^4）＞原生动物（约10^3）。

土壤微生物的数量和分布主要受营养物、含水量、氧、pH等因子的影响，集中分布于土壤表层和土壤颗粒表面，主要以附着方式存在。

细菌在土壤中的分布以表层为最多，随着土层的加深而逐渐减少，但是厌气性细菌的含量比例，则在下层土壤中增高。放线菌多发育于耕作层土壤中，数量随着土壤深度而减少。真菌的菌丝发育在有机物残片或土壤团粒表面，向四周扩散，并蔓延于土壤孔隙中，产生孢子。土壤真菌大都是好气性的，在土壤表层中发育。藻类多发育于土面或近地面的表土层中，光照和水分是影响它们发育量的主要因素。土壤中的原生动物，包括纤毛虫、鞭毛虫和根足虫等，它们都是单细胞、能运动的微生物，形体大小差异很大，通常以分裂方式进行无性繁殖。

二、水体中的微生物

（一）不同水体中的微生物种类

水中溶解有或悬浮着多种无机和有机物质，能供给微生物营养而使其生长繁殖。自然界中水可以大致分为淡水和海水两大类型，包括湖泊、溪流、河流、滩湾和海洋。水体中微生物的数量和分布主要受营养水平、温度、光照、溶解氧、pH等因素的影响。在天然的陆地水中虽也存在着没有生物的水，但基本都能从其中发现很多绿藻、硅藻、蓝藻、光合细菌、无机化能营养细菌以及有机营养型的假单胞菌属、色杆菌属、黄杆菌属、微球菌属等细菌和原生动物。当水质从贫养变成富养，进而如城市废水那样含氮的有机物增多时，一些像变形菌属、大肠杆菌属和类链球菌那样的动物寄生性菌也就在其中繁殖起来。进而随着污染的加重，除上述菌类外，还可出现球衣细菌属（*Sphaerotilus*）的浮游球衣细菌（*S. natans*）、贝日阿托氏菌属和硫酸盐还原细菌等，细菌的种类和数量都会大大增加，呈现出复杂面貌。海水微生物与淡水的不同，多为嗜盐性，其种类与海中的物质循环具有相应的关系。

（二）水体的自净作用

水体有对有机或无机污染物的自净作用，其自净作用包括好氧菌对有机物的降解作用、原生动物对细菌的吞噬作用、噬菌体对宿主的裂解作用、藻类对无机元素的吸收作用，以及浮游动物和一系列后生动物通过食物链对有机物的摄取和浓缩作用等。

（三）饮用水的微生物学标准

水中微生物的含量和种类对该水源的饮用价值影响很大。在饮用水的微生物学检验中，不仅要检查其总菌数，还要检查其中所含的病原菌数。由于水中病原菌数比较少，所以通常采用与其有相同来源的大肠菌群的数量作为指标，来判断水源被人、畜粪便污染的程度。我国卫生部门规定的饮用水标准是：细菌总数≤100个/mL（37℃，培养24h）；大肠菌群≤3个/L（37℃，培养48h）。大肠菌群的测定主要有发酵法（MPN法）和滤膜法。

三、空气中的微生物

空气中缺乏微生物生长繁殖必需的营养物和水分等,同时空气中有较强的紫外辐射,所以,空气不适合微生物的生存。空气中所存在的少量的微生物,主要来自土壤、生物和水等其他微生物源。空气中的微生物的数量随人口及动物密度、空气流动程度等变化而变化。在人口密集的公共场所,如医院等地方的微生物数量较大,病原菌特别是耐药菌的种类多、数量大,对免疫力低下的人群十分有害。

四、工农业产品上的微生物

微生物可以不同程度地利用工农业产品进行生长,在大多数情况下,微生物对这些物质作用导致酸败、腐烂及霉腐。霉腐微生物通过产生各种酶系来分解工业产品中的相应组分,从而产生危害,如纤维素酶破坏棉、麻、竹、木等材料;蛋白酶分解革、毛、丝等产品;一些氧化酶和水解酶可破坏涂料、塑料、橡胶和黏合剂等合成材料。此外,微生物还可通过菌体的大量繁殖和代谢产物对工业产品产生危害,如霉腐微生物在矿物油中生长后,不仅因产生的大量菌体阻塞机件,而且其代谢产物还会腐蚀金属器件;硫细菌、铁细菌和硫酸盐还原菌会对金属制品、管道和船舰外壳等产生腐蚀,霉腐微生物的菌体和代谢产物属于电解质,对电讯、电机器材来说会危及其电学性能;有些霉菌分泌的有机酸会腐蚀玻璃,以致严重降低显微镜、望远镜等光学仪器的性能。

在粮食、饲料等农产品上的微生物以曲霉属、青霉属和镰孢霉属的一些种为主,其中以曲霉为害最大,青霉次之。有些真菌可产生真菌毒素,有的真菌毒素是致癌物,其中以部分黄曲霉菌株产生的黄曲霉毒素最为常见。黄曲霉毒素是一种强烈的致肝癌毒物,对热稳定(300℃时才能被破坏),对人、家畜、家禽的健康危害极大。

食品是用营养丰富的动植物原料经过人工加工后的制成品,其种类繁多,如面包、糕点、罐头、蜜饯等。由于在食品的加工、包装、运输和贮藏等过程中,都不可能进行严格的无菌操作,因此这些食品经常遭到细菌、霉菌、酵母菌等的污染,在适宜的温度、湿度条件下,微生物又会迅速繁殖。其中有的是病原微生物,有的能产生细菌毒素或真菌毒素,从而引起食物中毒或其他严重疾病的发生。

五、极端环境下的微生物

自然界中存在着一些可在绝大多数生物所不能生长的高温、低温、高酸、高碱、高盐、高压或高辐射强度等极端环境下生活的微生物,称为嗜极菌或极端微生物(extremophiles)。极端微生物由于长期生活在极端的环境条件下,为适应环境,在其细胞内形成了多种具有特殊功能的酶,这对人类的生产和生活都是十分有用的。了解极端环境下微生物的种类、遗传特性及适应机制,不仅可为生物进化、微生物分类积累资料,提供新的线索,还可利用它的特殊基因、特殊机能,培育更有用的新种。因此,研究极端环境中的微生物,在理论上和实践上都具有重要的意义。

(一)嗜热微生物

嗜热微生物(thermophiles)广泛分布在温泉、草堆、厩肥、煤堆、火山地、地热区土壤以及海底火山口附近等,简称嗜热菌,主要指嗜热细菌。嗜热菌可以分为耐热菌、兼性嗜热菌、专性嗜热菌、极端嗜热菌、超嗜热菌5类。耐热菌最高生长温度为45~55℃，最低生长温度<30℃；兼性嗜热菌最高生长温度为50~65℃，最低生长温度<30℃；专性嗜热菌最适生长温度为65~70℃，最低生长温度为40~42℃；极端嗜热菌最高生长温度>70℃，最适生长温度>65℃，最低生长温度>40℃；超嗜热菌最适生长温度为80~110℃或121℃，最低生长温度约55℃。前4类主要是真细菌，大部分超嗜热菌是古生菌。

嗜热微生物具有代谢快、酶促反应温度高、代时短等特点，在发酵工业、城市和农业废物处理等方面均具有特殊的作用。嗜热细菌耐高温DNA聚合酶为PCR技术的广泛应用提供了基础，但嗜热菌的良好抗热性也造成了食品保存上的困难。

（二）嗜冷微生物

嗜冷微生物（psychrophiles）分布在南北极地区、冰窖、高山、深海和土壤等的低温环境中，又称嗜冷菌。嗜冷菌可分为专性和兼性两种，专性嗜冷菌对20℃以下的低温环境有适应性，20℃以上即死亡，如分布在海洋深处、南北极及冰窖中的微生物；兼性嗜冷微生物易从不稳定的低温环境中分离到，其生长的温度范围较宽，最高生长温度甚至可达30℃。

嗜冷菌的嗜冷机制主要是细胞膜含有大量不饱和脂肪酸，以保证在低温下膜的流动性和通透性。嗜冷菌是导致低温保藏食品腐败的根源，但因其产生的酶在低温下具有较高活性，所以可开发低温下作用的酶制剂，如洗涤剂用的蛋白酶等，在日常生活和工业生产上具有应用价值。

（三）嗜酸微生物

嗜酸微生物（acidophilus）分布在酸性矿水、酸性热泉和酸性土壤等处，生长最适pH为3~4，中性条件下不能生长，又称嗜酸菌。例如，氧化硫杆菌的生长pH为0.9~4.5，最适pH为2.5，在pH 0.5下仍能存活，能氧化硫产生硫酸（浓度可高达5%~10%）。氧化亚铁硫杆菌为专性自养嗜酸杆菌，能将还原态的硫化物和金属硫化物氧化产生硫酸，还能把亚铁氧化成高铁，并从中获得能量。嗜酸菌已被广泛用于铜等金属的细菌沥滤及煤的脱硫中。

（四）嗜碱微生物

嗜碱微生物（alkaliphile）又称嗜碱菌，一般存在于碱性盐湖和碳酸盐含量高的土壤中。专性嗜碱菌可在pH 11~12的条件下生长，而在中性条件下却不能生长，如巴氏芽孢杆菌在pH 11时生长良好，最适pH为9.2，而pH低于9时生长困难；嗜碱芽孢杆菌在pH 10时生长活跃，pH 7时不生长。嗜碱菌产生的碱性酶可被用于洗涤剂或其他用途。

（五）嗜盐微生物

嗜盐微生物（halophile）是必须在高盐浓度下才能生长的微生物，因细菌、古生菌为嗜盐微生物的主体，故又称嗜盐菌。通常分布在晒盐场、腌制海产品、盐湖和著名的死海等处。根据对盐的不同需要，嗜盐微生物可分为弱嗜盐微生物、中度嗜盐微生物和极端嗜盐微生物。弱嗜盐微生物的最适生长盐浓度（NaCl浓度）为0.2~0.5mol/L，大多数海洋微生物都属于弱嗜盐微生物；中度嗜盐微生物的最适生长盐浓度为0.5~2.5mol/L；极端嗜盐微生物的最适生长盐浓度为2.5~5.2mol/L。可以在高盐浓度下生长，但最适生长盐浓度较低的称为耐盐微生物。嗜盐菌的紫膜具有质子泵和排盐的作用，目前正设法利用这种机制来制造生物能电池和海水淡化装置。

（六）嗜压微生物

嗜压微生物（barophiles）又称嗜压菌，嗜压菌仅分布在深海底部和深油井等少数地方。嗜压菌与耐压菌不同，它们必须生活在高静水压环境中，而不能在常压下生长。例如，从深海底部压力为101.325MPa处分离到一种嗜压的假单胞菌。据报道，有些嗜压菌甚至可在141.855MPa的压力下正常生长。由于研究嗜压菌需要特殊的加压设备，特别是不经减压作用，将大洋底部的水样或淤泥转移到高压容器内是非常困难的，于是对嗜压菌的研究工作受到一定限制，有关嗜压菌和耐压菌的耐压机制目前还不清楚。

六、生物体内外的微生物

（一）正常菌群

1. 人体及动物体的正常菌群

生活在健康人体和动物体各部位、数量大、种类较稳定且一般能发挥有益作用的微生物种群称为正常菌群。例如，在正常动物体的皮毛和与外界相通的器官上，存在着许多微生物，皮毛上经常有葡萄球菌、双球菌等，肠道中存在着大量的拟杆菌、大肠杆菌、双歧杆菌、乳杆菌、粪链球菌、产气荚膜梭菌、腐败梭菌和纤维素分解菌等。正常生理状态下，人体皮肤上存在着葡萄球菌、链球菌等；口腔中存在着乳酸杆菌、螺旋体；呼吸道和鼻咽腔中存在着类白喉杆菌、葡萄球菌、流感杆菌等。正常生理状态下，人体肠道内也含有大量的细菌，人的肠道内如果缺乏正常的微生物群落，如大肠杆菌、产气杆菌、乳酸杆菌等，人体就不能维持正常的生活，因为肠道细菌可以合成人体所需的硫胺素、核黄素、烟酸、维生素B_{12}等。此外，正常微生物群落的存在，还可以通过拮抗作用抑制或排斥病原微生物的生长。但是，所谓正常菌群，也是相对的、可变的和有条件的。当机体防御机能减弱时，如皮肤大面积烧伤、黏膜受损、机体受凉或过度疲劳时，一部分正常菌群会成为病原菌。另一些正常菌群由于其生长部位发生改变也可导致疾病的发生，如因外伤或手术等原因，大肠杆菌进入腹腔或泌尿生殖系统，可引起腹膜炎、肾炎或膀胱炎等炎症。还有一些正常菌群由于某种原因破坏了正常菌群内各种微生物之间的相互制约关系时，也能引起疾病，如长期服用广谱抗生素后，肠道内对药物敏感的细菌被抑制，而不敏感的白色假丝酵母或耐药性葡萄球菌则大量繁殖，从而引起病变。这就是通常所说的菌群失调症。因此在进行治疗时，除使用药物来抑制或杀灭致病菌外，还应考虑调整菌群恢复肠道正常菌群生态平衡的问题。

【知识窗——肠道菌群与人体健康关系研究】

来自上海交通大学系统生物医学研究院、浙江大学第一附属医院、英国帝国理工大学、国家人类基因组南方研究中心和中国科学院武汉物理与数学研究所5个科研和医疗机构的科学家们组成多学科交叉研究团队，经过近3年的联合攻关，在肠道菌群与人体健康关系的研究中取得了重要进展。研究人员对一个四世同堂的中国家庭7位成员的肠道微生物组成和人体代谢特征进行了详细分析，鉴定出肠道内参与了人体代谢过程的一些重要的细菌。其研究成果日前发表在国际权威学术杂志《美国国家科学院院刊》（PNAS）上。

生活在人体肠道内数以万亿的细菌被统称为肠道菌群，它们和人体有着密不可分的互利关系。研究发现，肠道菌群结构紊乱与许多诸如糖尿病、肥胖症等疾病有关。不同的人具有不同的肠道菌群组成结构，饮食、药物以及环境因素可以影响个体肠道菌群的组成。因此，科学家们认为可以通过发明一些以肠道细菌为靶点的药物，纠正紊乱的菌群结构从而达到治疗各种疾病的目的。

研究人员利用基于核磁共振的代谢组技术分析志愿者尿液中代谢物的组成，用以反映人体的整体代谢状况。通过比较志愿者肠道菌群组成变化与他们的代谢特性变化的关系，初步发现肠道内某些特定细菌与人体尿液中的某些代谢物呈显著的相关关系，提示这些肠道细菌对人体健康特别重要。例如，研究者发现人体肠道内共有的一种"友好"细菌——属于坚壁菌门（Firmicutes）梭菌科（Clostridiaceae）的普氏栖粪杆菌（*Faecalibacterium prausnitzii*）与8种人体的代谢物质有统计相关性，提示这种细菌在参与宿主多种代谢过程中有着很重要的作用。这项新的研究成果为将来充分认识不同的肠道细菌如何影响机体代谢过程，譬如如何将食物转化成能量、如何维持细胞存活等问题迈进了一大步。反之，也可以利用肠道菌群结构的分子标记，诊断人类代谢是否正常或偏差的程度，进而以这些特定的肠道细菌为靶点，通过改变它们与宿主之间的相互作用来开发治疗疾病的新方法。

2. 根际微生物和附生微生物

与动物体表面存在着大量正常菌群类似，在植物体表面也存在着正常微生物区系，最主要的有根际微生物（rhizosphere microorganism）和附生微生物（epibiotic microorganism 或 epibiont）两类。

根际微生物又称根圈微生物，是生活在根系邻近土壤，依赖根系的分泌物、外渗物和脱落细胞而生长，一般对植物发挥有益作用的正常菌群。根际微生物以无芽孢杆菌居多，如假单胞菌属（*Pseudomonas*）、土壤杆菌属（*Agrobacterium*）、无色杆菌属（*Achromobacter*）、色杆菌属（*Chromobacterium*）、节杆菌属（*Arthrobacter*）、肠杆菌属（*Enterobacter*）和分枝杆菌属（*Mycobacterium*）等。根际微生物可以改善植物的营养条件，分泌植物生长激素，分泌抗生素类物质，以利于植物避免土居性病原菌的侵染。但根际微生物有时也会对植物产生有害的影响。例如，当土壤中碳氮比例较高时，它们会与植物争夺碳、磷等营养；有时还会分泌一些有毒物质，抑制植物生长，等等。

附生微生物一般指生活在植物地上部分表面，主要借植物外渗物质或分泌物质为营养的微生物。叶面微生物是主要的附生微生物。一般每克新鲜叶表面约含 10^6 个细菌，也存在少数的酵母菌和霉菌，而放线菌则极少。叶面微生物与植物的生长发育和人类的实践有着一定的关系。例如，乳酸杆菌是广泛存在于叶面的微生物，在腌制泡菜、酸菜和青贮饲料过程中，存在于叶面的乳酸杆菌就成了天然接种剂。在各种成熟的浆果表面有大量糖质分泌物，因而存在着大量的酵母菌和其他附生微生物。在用葡萄等原料进行果酒酿造时，其表面的酵母菌也成了良好的天然接种剂。还有一些叶面微生物可以固氮，它们可直接或间接地向植物供应氮素营养。

(二) 病原微生物及其传播

病原微生物指能入侵宿主引起感染的微生物，有细菌、真菌、病毒等，又可称为病原菌。它们能产生致病物质，造成宿主感染；如果不产生致病物质，就是非病原菌。至于正常菌群，当与宿主处于生态平衡状态时，它们并不引起机体的感染，故属于非病原菌范畴。但是，在特定条件下，因为菌群失调、宿主免疫功能低下或菌群寄居部位改变造成了生态失调状态，正常菌群也能引起感染，这样它们又被看成病原菌。为此，将这些正常菌群称为条件性病原菌或机会性病原菌，意思是在特殊条件下或遇到合适机会时，它们也可以具有病原菌的特性，造成人类感染疾病。例如，霍乱弧菌、痢疾杆菌和大肠杆菌能产生分泌到细胞外面的肠毒素而引起患者腹泻；鼠疫杆菌分泌的鼠疫毒素作用于全身血管及淋巴使其出血和坏死；还有些细菌产生不分泌到菌体细胞外的毒素，如沙门氏菌。当我们不小心弄破了手足而伤口比较深时，或者被锈铁钉扎到肉中，必须到医院去注射预防针，预防由梭状芽孢杆菌破伤风梭菌引起的破伤风。破伤风梭菌来自土壤，是厌氧菌，它在氧气较少的深部伤口中繁殖，并产生一种能置人于死地的破伤风毒素。还有一种梭状芽孢杆菌肉毒菌，它们会产生肉毒素，若误食此毒素污染的食物，可发生肉毒中毒，引起特殊的神经中毒症状，病死率很高。

病原菌的致病物质可分为毒素和侵袭力两大类。毒素对宿主有毒，能直接破坏机体的结构和功能。侵袭力本身无毒性，但能突破宿主机体的生理防御屏障，并可在机体内生存下来（医学上称为定殖）、繁殖和扩散。如果把毒素当做"元凶"，那侵袭力就是"帮凶"。

1. 病原微生物通过水体的传播

由于水极易受人与动物粪便和各种排泄物的污染，所以致病性细菌如霍乱弧菌、伤寒沙门菌、痢疾志贺菌、钩端螺旋体等可以在水中生活，因而经常通过水引起各种传染病。水携带的病原微生物可以通过直接饮用、接触和吸入等多种途径进入人体。饮水不洁所造成的传染病在发展中国家十分普遍；接触污染水体会引起皮肤、眼睛疾病；吸入带有病原微生物的水珠会导致呼吸道传染病。

2. 病原微生物通过食物的传播

人们食用的食品种类繁多，通过食物所传播的病原微生物也各种各样，主要有细菌、病毒、真菌和原生动物。病原细菌主要有沙门氏菌、肉毒梭菌、金黄色葡萄球菌、弧菌、变形杆菌、产毒素大肠杆菌、梭菌等。例如，主要通过粪-口传播，可经过被污染的肉类、禽蛋类等食物或水传播给人；副溶血性弧菌多存在于海产食品中，在冷荤食品等卤菜中也极易生长繁殖；变形杆菌分普通变形杆菌和奇异变形杆菌等，其中奇异变形杆菌是引起细菌性食物中毒的常见病菌，人们若不慎吃了已被变形杆菌污染的食品，会在4～48h内出现食物中毒症状，主要为上吐下泻等急性胃肠炎样症状，伴有明显腹痛。病原病毒主要有脊髓灰质炎病毒、甲型肝炎病毒、诺沃克病毒等。病原真菌主要是各种可产生真菌毒素的真菌。通过食物传播疾病的病原菌中，细菌引起的发病率较高而病死率较低，有明显的季节性，最常见于每年的5～10月份。

3. 病原微生物通过土壤的传播

多数病原菌在土壤中很容易死亡，而有芽孢细菌，如炭疽芽孢杆菌、肉毒梭菌、破伤风梭菌、气性坏疽病原菌可长期存活。土壤中的厌氧芽孢杆菌在动物厌气性创伤感染中起着很大的作用。土壤中的病原微生物还可通过水源、饲料等途径传染给畜禽。

4. 病原微生物通过空气的传播

空气中的病原微生物来源于人畜呼吸道的飞沫及飘扬起来的尘埃。在人口密集、空气不流通的公共场所易被患者或带菌者污染，引起呼吸道传染病的传播。在未经消毒的医院病房里，甚至可能出现大量的病原微生物，如结核杆菌、白喉杆菌、葡萄球菌、溶血链球菌、麻疹病毒、流行性感冒病毒等。空气的传播能力很强，一旦病原菌进入其中，便有可能使空气成为传播媒介，造成这些传染病流行。例如，SARS病毒便是主要通过空气飞沫近距离传播的。

第三节 微生物与生物环境间的关系

微生物之间，微生物与其他生物之间存在着各种相互关系，包括互生、共生、寄生、拮抗和捕食。

一、互生

两种可单独生活的生物，当它们在一起时，通过各自的代谢活动而有利于对方，或偏利于一方的生活方式，称为互生（metabiosis），又称代谢共栖或半共生。这是一种"可分可合，合比分好"的"互利互惠"关系。

（一）微生物间的互生

例如，土壤中的自生固氮菌具有固定空气中氮气的能力，但不能利用纤维素作碳源和能源，而纤维素分解细菌分解纤维素产生有机酸对它本身的生长繁殖不利，但当两者生活在一起时，固氮菌固定的氮为纤维素分解菌提供氮源，纤维素分解菌产生的有机酸被固氮菌用作碳源和能源，也为纤维素分解菌解毒。

再如，阿拉伯糖乳杆菌不能自身合成苯丙氨酸，因此不能在缺少这种氨基酸的培养基上生长；粪链球菌自身不能合成叶酸，因而不能在缺少这种维生素的培养基中生长。把这两种菌混合培养在既无苯丙氨酸又无叶酸的培养基中，它们都能正常生长，因为它们能相互提供对方生长所必需的营养物质，一种菌产生的物质扩散到培养基内供另一种菌利用。

（二）微生物与植物间的互生

根际微生物与高等植物之间为互生关系。高等植物为微生物提供所需的营养物质，植物发达的根系改善了土壤结构、水分和空气条件，有利于微生物的生长。微生物为植物根提供养分和生长促进物质，维持根际环境的平衡。

（三）微生物与人及动物间的互生

人及动物与其正常菌群是互生关系。人及动物肠道为微生物提供了良好的生存空间，人及动物肠道分泌某些酶类有助于微生物对某些营养物的获得；微生物分解各种食物有利于人及动物的营养吸收，微生物与人及动物之间形成互生关系，微生物产生某些生长激素促进人及动物生长，或产生抗生素抑制病原菌，防止疾病。

二、共生

两种生物紧密生活在一起，彼此依赖，相互为对方创造有利条件，有的达到了难以分离的程度。其生理上相互分工，组织上形成了新的结构，彼此分离各自就不能很好地生活。

（一）微生物间的共生

藻类或蓝细菌与真菌共生所形成的地衣是共生关系的典型代表，藻类和蓝细菌通过光合作用向真菌提供有机养料，固氮蓝细菌还可以同时供给有机氮素营养，真菌则利用菌丝的吸收作用为藻类和蓝细菌提供水、矿质养料及某些生长素和在基质上牢固附着的条件，这一共生关系使地衣具有极强的适应性和生命力。

（二）微生物与植物间的共生

微生物与植物间的共生主要是种子植物和微生物间的共生现象，一般有两种类型——根瘤（root nodule）和菌根（mycorrhiza）。

1. 根瘤菌与植物间的共生

根瘤菌（rhizobia）和豆科植物的共生固氮作用是一种最具有实际经济意义的生物固氮类型，在土壤氮素平衡和培肥土壤中具有重大农业实践意义。根瘤菌由根毛侵入根的皮层内，一方面，根瘤菌在皮层细胞内迅速分裂繁殖；另一方面，受到根瘤菌侵入的皮层细胞，因根瘤分泌物的刺激也迅速分裂，产生大量新细胞，使皮层部分的体积膨大和凸出形成根瘤，根瘤最大的特点是具有固氮作用。

除了根瘤菌与豆科植物间的共生以外，还有弗兰克氏菌属放线菌与非豆科植物（杨梅属等）的共生。

2. 菌根菌与植物间的共生

一些真菌能在一些植物根上发育，菌丝体包围在根面或侵入根组织内，共同发育，建立共生关系，这种共生体称为菌根。菌根共生体可以促进磷、氮和其他矿物质的吸收，具有改善植物营养、调节植物代谢和增强植物抗病能力等功能。而植物根为真菌的生长提供能源。菌根菌为植物提供矿物质和水，产生的植物之间的抑制物质使生长植物对其他植物存在偏害关系，削弱外来者的竞争，以保持占据的生境。结合以后的共生体不同于单独的根和真菌，它们除保留原来各自的特点外，又产生了原来所没有的优点，体现了生物种间的协调性。

根据生物学特征，菌根可分为外生菌根和内生菌根两类。外生菌根的真菌在根外形成致密的鞘套，少量菌丝进入根皮层细胞的间隙中。此类菌根菌多属担子菌亚门；也有少数属子囊菌亚门和接合菌亚门。能形成此类菌根的林木主要有松科、桦树科和山毛榉等树种。内生菌根的菌丝体主要存在于根的皮层中，在根外较少。有些内生菌根真菌的菌丝侵入根组织的皮层细胞后，菌根末端在根组织细胞内反复分枝，形成类似寄生真菌吸器的丛状枝。少数丛枝状菌根菌的菌丝顶端常形成囊状的泡囊。因此，丛枝状菌根又称为泡囊-丛枝状菌根（vesilular-arbuscular mycorrhizae，VAM），简称 VA 菌根，分布很广，且对植物种类无严格的选择性，从只具有原始维管束的低等植物到高等植物都可形成。VA 菌根的菌根菌属藻状菌中的内囊霉科。

现在外生菌根中的某些菌根菌已可通过人工培养基扩大繁殖，但内生菌根的菌根菌和一部分外生菌根的菌根菌还不能在人工培养基上培养，而只能通过植物根部富集扩大。

（三）微生物与动物间的共生

1. 微生物与昆虫的共生

微生物与昆虫间的共生关系表现为多种形式并具有较高的特异性。例如，切叶蚁同丝状真菌的共生，它们将地面的树叶切碎带回并混以唾液和粪便等含氮物质，在巢室里专门培养丝状真菌使其生长，蚂蚁则以食取部分菌丝和孢子为营养。一些研究表明，切叶蚁同真菌的共生关系具有很高的特异性，它们培育的真菌几乎是纯培养体，为此而特称为蚁的"真菌园"。真菌与切叶蚁的共生对热带雨林地表的落叶转化为土壤有机质有重要意义。

2. 瘤胃微生物与反刍动物的共生

牛、羊、鹿、骆驼和长颈鹿等反刍动物与瘤胃微生物之间的关系，属于共生关系。草是反刍动物的主要饲料，但反刍动物本身没有分解纤维素的能力，而是靠瘤胃微生物帮助分解，使纤维素变成能被其吸收的糖类，提供菌体蛋白。反刍动物为微生物提供纤维素、无机盐、水分、合适的温度和pH，以及良好的搅拌和无氧环境。

3. 发光细菌与海洋鱼类的共生

海洋深处一些会发光的鱼是因为鱼体附有发光的细菌，如带鱼发光就是身体上的发光细菌引起的。这些发光细菌常和鱼类共生，如长尾鳕等动物会利用共生发光细菌发出的光来照明和寻食，而发光细菌则从动物体中获取营养来维持生命。

三、寄生

一种生物能侵入另一种生物体内吸取自己所需要的营养物质进行生长繁殖，在一定的条件下对后者造成损害或死亡的现象叫做寄生。前者称为寄生物（parasite），后者称为宿主或寄主（host）。

（一）微生物间的寄生

噬菌体与其宿主菌的关系是微生物间寄生的典型例子。另外，一种细菌可以寄生在另一种细菌体内，如蛭弧菌能寄生在大肠杆菌等许多G^-菌体内。一种真菌寄生在另一种真菌内较普遍，如食用菌与绿色木霉，寄生物先分泌毒素，引起寄主活力衰退，然后再缠绕致死。有些寄生真菌不分泌毒素，由菌丝将寄主的菌丝紧紧地缠绕起来，再由接触部位侵入寄主菌丝内吸收营养使之死亡。还有些寄生真菌将菌丝或吸器伸到寄主菌丝内或寄生菌丝与寄主菌丝接触，溶解寄主细胞膜，吸取其营养物质进行生长繁殖。

微生物间的寄生关系有时会给工农业生产带来巨大的损失。例如，苏云金芽孢杆菌的生产中常遇到噬菌体的危害而造成损失。但人们又能利用它们的寄生关系来杀死有害微生物，防治动植物病害。

（二）微生物与植物间的寄生

微生物对植物的寄生很普遍，这是植物发生病害的重要原因。能引起植物病害的微生物称为植物病原微生物。能引起植物病害的有真菌、细菌、病毒等。植物病害以真菌病害为主，占95%，细菌性植物病害占3%，已发现的植物病毒共有350多种。

（三）微生物与动物间的寄生

寄生于动物的微生物种类极多，包括各种病毒、细菌、真菌和原生动物等。寄生于有害动物尤其是多数昆虫的病原微生物（细菌、病毒、真菌等）可用于制成微生物杀虫剂（microbial pesticide）或生物农药（bio-pesticide），如用苏云金芽孢杆菌制成的细菌杀虫剂，用球孢白僵菌制成的真菌杀虫剂，以各种病毒多角体制成的病毒杀虫剂等。寄生于昆虫的真菌也有些可形成名贵中药，如冬虫夏草。

四、拮抗

两种微生物生活在一起时，其中一种微生物产生某种特殊的代谢产物或改变环境条件，从而抑制甚至杀死另一种微生物，又称抗生。可以将拮抗分为特异性拮抗和非特异性拮抗两种类型。

（一）非特异性拮抗作用

非特异性拮抗作用指一种微生物通过自身的代谢活动改变环境条件，非特异性地抑制其他微生物的作用。其作用方式包括产酸、产生乙醇、改变氧分压等。例如，在制造泡菜、青贮饲料时，乳酸杆菌产生大量乳酸，导致环境变酸，即 pH 下降，抑制了其他微生物的生长。

（二）特异性拮抗作用

特异性拮抗作用指一种微生物在代谢活动中专门产生的一些特殊次生代谢产物能在低浓度下有选择性地抑制或杀死另一种微生物的作用。例如，青霉菌产生的青霉素能抑制一些 G^+ 细菌，链霉菌产生的链霉素能抑制酵母菌和霉菌等。

五、捕食

捕食又称猎食，通常指一种大型的生物直接捕捉、吞食另一种小型生物以满足其营养需要的相互关系。例如，原生动物以水体和土壤中的细菌、放线菌、真菌的孢子及单细胞藻类为食，这是水体生态系统中食物链的基本环节，在污水净化中也有重要意义。又如，捕食性真菌 *Arthrobotrys oligospora*（少孢节丛孢菌）等捕食土壤线虫，该捕食作用对生物防治具有一定意义。

第四节　微生物与环境保护

随着社会高速发展，环境污染日益严重，微生物作为一种新型的污染处理材料，被应用在污水、废气的处理，以及土壤污染治理等方面。

生物处理（biotreatment）也叫做生化处理，是指利用处理系统中的生物，主要是微生物的代谢活动以及各种特性来相互处理各种废弃物的过程，主要是针对各种污染源和小范围的环境污染。生物整治是针对那些大面积环境如农田、河流、湖泊、海洋等污染的处理应运而生的生物工程技术。

一、微生物对污染物的降解与转化

微生物是地球生态系统中最重要的分解者，在环境污染物的降解转化方面发挥着极其重要的作用。微生物是一个具有多功能的化学反应的群体，通过氧化、还原、水解、脱酸、脱氨、酯化等各种化学反应，将大分子污染物降解为小分子化合物。对于降解困难的污染物，微生物具有联合降解的群体优势。通过一些微生物的共代谢机制，首先将污染物转化为可供另一些微生物利用的碳源和能源的化合物，然后再由另一些微生物将其彻底分解或转化掉。微生物还具有不断更新的降解能力。对于人类不断合成的新颖化合物，微生物表现出很大的适应能力，通过变异不断产生能够降解新污染物的新菌种。所以，微生物对于污染物的降解和转化显示出巨大的本领和美好的应用前景。

二、污染物的微生物处理

污染物的微生物处理包括固体、液体的各种废弃物和各种污染的微生物处理。

(一) 污水处理

水体污染是危害最大、最广的环境污染。水体的污染程度常用以下指标来表示。

COD（化学需氧量）：使用强氧化剂（高锰酸钾、重铬酸钾）使 1L 污水中的有机物进行化学氧化时所消耗的氧的毫克数，单位为 mg/L。这个指标在较短的时间内测得，对指导生产比较方便。

BOD_5（五日生化需氧量）：20℃时，每升废水所含有机物在 5d 内进行微生物氧化时所消耗的氧量，单位为 mg/L。

TOD（总需氧量）：指有机物完全被氧化的需氧量。

TOC（总有机碳含量）：表示水体中有机物的总含碳量。目前，在我国将 TOC 测定后，需用公式将 TOC 的值转换为 COD 的值。

DO（溶解氧量）：溶于水体中的分子态氧。由于水被污染，有机腐败物质和其他还原性物质的存在，溶解氧就被消耗，所以越干净的水，所含溶解氧越多；水污染越厉害，溶解氧就越少。

根据微生物呼吸类型的不同，把污水的微生物处理主要划分为好氧处理和厌氧处理。

1. 好氧处理

微生物在有氧条件下，吸附环境中的有机物，并将有机物氧化分解成无机物，使污水得到净化，同时合成细胞物质。微生物对污水的好氧处理，主要分为活性污泥法、生物膜法和氧化塘法 3 种。

(1) 活性污泥法（activated sludge process），又称曝气法，是利用含有好氧微生物的活性污泥，在通气条件下，使污水净化的生物学方法。该法是现今处理有机废水的最主要的方法。所谓活性污泥是指由菌胶团形成菌、原生动物、有机和无机胶体及悬浮物组成的絮状体。在污水处理过程中，它具有很强的吸附、氧化分解有机物或毒物的能力。在静止状态时，又具有良好沉降性能。活性污泥中的微生物主要是细菌，占微生物总数的 90%～95%，并多以菌胶团的形式存在，具有很强的去除有机物的能力，原生动物起间接净化作用。

活性污泥法根据曝气方式不同，分多种方法，目前最常用的是完全混合曝气法，即表面加速曝气法。将污水与一定量的回流污泥混合后流入曝气池，在通气翼轮的不断充气、搅拌下，与池内正在处理的污水充分混合并得到较好的稀释，于是污水中的有机物和其他毒物被活性污泥中的好氧性微生物区系所降解、氧化或吸附，而微生物群体也同时获得了营养并充分繁殖。经一定时间后，多余的水经溢流而进入沉淀池。在沉淀池内，由于没有通气和搅拌，故在处理后的清水不断流出沉淀池的同时，活性污泥重新沉入池底，除取出其中一部分作为新流入污水的"菌种"外，多余部分一般做厌氧消化处理。整个过程及其装置的基本原理如图 8-4 所示。

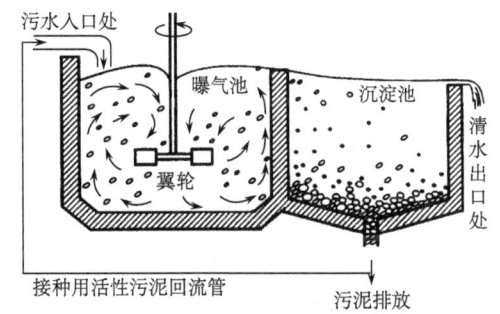

图 8-4 完全混合曝气法处理污水的装置
（引自：周德庆，2002）

上述用活性污泥法处理污水,实际上也像一种连续培养装置,所不同的是所用菌种为活性污泥中的自然混合菌种,而且不怕杂菌污染。与连续培养相似之处是这一污水处理还应维持合适的微生物生长温度(20~40℃)和合理的营养物浓度(一般 BOD_5:N:P=100:5:1)。因此,为使对特殊污染物具有较强的分解效果,还应人为地补充一些有机氮源和磷素营养,并培育、接种入相应的优良分解微生物。例如,接入镰刀霉属和诺卡氏菌属的一些菌种就能更好地分解氰化物;接入能生长在 0.2%酚溶液中的几种假单胞菌,如食酚假单胞菌(*Pseudomonas phenolphagum*)和解酚假单胞菌(*P. phenolicum*),就能更好地分解污水中的酚,等等。

(2) 生物膜法(biofilm process)。利用微生物群体附着在固体填料表面形成的生物膜来处理污水的一种方法。生物膜是指生长在潮湿、通气的固体表面上的一层由多种活微生物构成的黏滑、暗色菌膜,能氧化、分解污水中的有机物或某些有毒物质。生物膜的功能和活性污泥法中的活性污泥相同,其微生物的组成也类似。净化污水的主要原理是附着在载体表面的生物膜对污水中有机物的吸附与氧化分解作用。生物膜法根据介质与水接触方式不同有生物转盘法(图 8-5)、塔式生物滤池法(图 8-6)等。

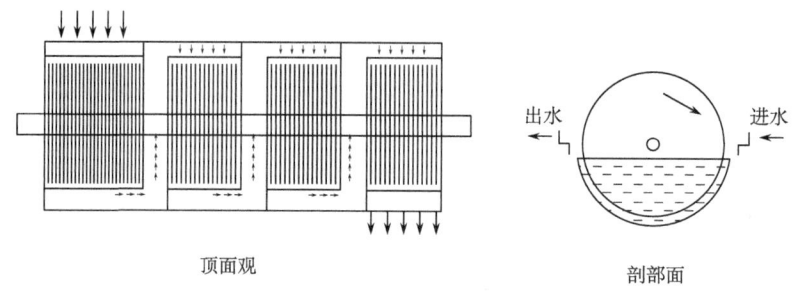

图 8-5 生物转盘法构造示意图(引自:周德庆,2002)

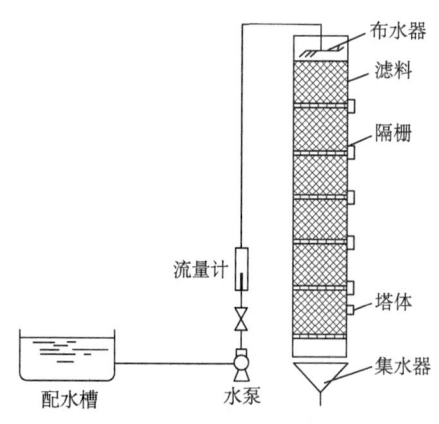

图 8-6 塔式生物滤池法构造示意图
(引自:黄秀梨,1998)

(3) 氧化塘法(oxidation pond 或 lagoon)。是近年来一种利用自然生态系统净化污水并具有良好节能效果的方法。氧化塘是一个面积大、能接受阳光照射的浅池,污水从一端流入,从另一端溢流而出。在氧化塘中存在着 3 种作用:有机物的好氧性分解和厌氧消化,前者主要由好氧细菌进行,后者则主要由厌氧菌进行;光合作用,主要由藻类和水生植物进行;藻类细胞的消除,由各种动物进行。所以氧化塘法实际上是一个菌藻共生的生态系统。水中的有机污染物被好氧细菌所分解,其所需的氧除来源于大气扩散外,有很大一部分是由藻类在光合作用过程中所释放的。细菌在分解有机物质的同时,除合成自身的原生质外,还产生藻类光合作用所需要的 CO_2 和无机盐类。藻类细胞既可被细菌所分解,也可被动物所吞食,从而使藻体不至过多累积。氧化塘的底部处于厌氧环境,故有利于使过多的无机氮化物通过反硝化作用以氮气的形式而消失,有利于避免氧化塘的富营养化。效果良好的氧化塘,能将污水中的 80%~90%的 BOD_5 去除。总之,氧化塘的优点是投资少、设备简单、操作容易,缺点是它所占据的土地面积大。

2. 厌氧处理

厌氧处理系统用来处理高浓度有机污水，当污水中有机物浓度较高时，由于受到氧传递速率的限制，好氧微生物生长受到影响，从而影响污水的净化效率，因此不宜采用好氧处理。厌氧处理过程杀死各种病原微生物，去除有机物，并获得大量的沼气作为能源，因此也称为沼气发酵。沼气发酵的生物化学本质是：产甲烷菌在厌氧条件下，利用 H_2 还原 CO_2 等碳源营养物以产生细胞物质、能量和代谢废物——CH_4 的过程。CH_4 形成可分 3 个阶段。

（1）水解阶段。多种厌氧或兼性厌氧的水解性或发酵性细菌把纤维素、淀粉等糖类水解成单糖，并进而形成丙酮酸；把脂类水解成甘油和脂肪酸，并进而形成丙酸、乙酸、丁酸、琥珀酸、乙醇、H_2 和 CO_2。本阶段的水解性细菌主要包括梭菌属（*Clostridium*）、拟杆菌属（*Bacteroides*）、丁酸弧菌属（*Butyrivibrio*）、真杆菌属（*Eubacterium*）、双歧杆菌属（*Bifidobacterium*）等专性厌氧细菌和链球菌属（*Streptococcus*）、一些肠道杆菌等兼性厌氧菌。

（2）产酸阶段。厌氧的产氢产乙酸细菌群把第一阶段产生的各种有机酸分解成乙酸、H_2 和 CO_2。该阶段主要的微生物有互营单胞菌属（*Syntrophomonas*）、互营杆菌属（*Syntrophobacter*）、暗杆菌属（*Pelobacter*）和梭菌属等。

（3）产气阶段。严格厌氧的产甲烷菌群（methanogen）利用一碳化合物（CO_2、甲醇、甲基胺或 CO）、二碳化合物（乙酸）和 H_2 产生甲烷。该阶段主要的微生物有甲烷杆菌属（*Methanobacterium*）、甲烷球菌属（*Methanococcus*）和甲烷八叠球菌属（*Methanosarcina*）等。

在甲烷发酵的 3 个阶段中，产甲烷菌形成甲烷是关键所在；产甲烷菌也是自然界碳素循环中厌氧生物链的最后一个成员，对自然界物质循环起着重要的作用。

（二）固体废弃物处理与资源化技术

利用微生物处理可降解固体废弃物的技术。微生物处理固体废弃物，使之稳定化、无害化、减量化和资源化。主要的处理方法有堆肥、卫生填埋、生态工程处理等。

1. 堆肥处理

堆肥处理是利用自然界广泛存在的微生物，在人为控制的条件下，使废物中的有机物经过生物化学反应降解转化为一定肥效的腐殖质或土壤改良剂。堆肥处理可分为好氧堆肥和厌氧堆肥两种。

好氧堆肥法是在有氧条件下，通过好氧微生物的作用，使有机废弃物达到稳定化，并转变为有利于土壤性状改良、作物容易吸收的有机物的方法。稳定化是指病原性生物的失活、有机物的分解和腐殖质的生成。堆肥堆制后，其中的微生物开始生长繁殖，释放热量，促进堆肥内部温度上升，短时间内可达到 60~70℃ 甚至 80℃，然后逐渐降温并达到腐熟。在这过程中，堆肥中的无机物、有机物发生复杂的分解和合成的变化，微生物的种群组成也随之发生相应的变化。好氧堆肥大体上可分为中温需氧微生物为主的中温阶段（产热阶段）、嗜热微生物为主的高温阶段和嗜温微生物（最适温度为中温，能耐受高温）为主的降温阶段。

厌氧堆肥法是在不通气的条件下，将有机废弃物堆积，进行厌氧发酵，使其达到无害化处理，制成有机肥料。堆肥方式与好氧堆肥法相同，但堆内不设通气系统。厌氧堆肥堆温低，因此腐熟和无害化时间长，但堆法简便，节省工时。厌氧堆肥法也有 3 个相似的阶段，最后可产生甲烷、CO_2 等产物。该技术在城市下水道污泥、农业固体废弃物（农作物秸秆等）和粪便处理中得到广泛应用。

2. 卫生填埋

卫生填埋是将垃圾在填埋场内分区分层进行填埋，每天运到填埋场的垃圾，在限定的范围内铺散为 40～75cm 的薄层，然后压实，一般垃圾层厚度应为 2.5～3m。一次性填埋处理垃圾层最大厚度为 9m，每层垃圾压实后必须覆土 20～30cm。废物层和土壤覆盖层共同构成一个单元，即填埋单元，一般一天的垃圾，当天压实覆土，成为一个填埋单元。具有同样高度的一系列相互衔接的填埋单元构成一个填埋层。完成的卫生填埋场由一个或几个填埋层组成。当填埋到最终的设计高度以后，再在该填埋层上层盖一层 90～120cm 的土壤，压实后就得到一个完整的卫生填埋场。填埋场中微生物的活动过程包括好氧分解阶段、厌氧分解不产甲烷阶段、厌氧分解产甲烷阶段和稳定产气阶段。

3. 生态工程处理方法

利用适当的防渗和阻断材料，将垃圾堆进行物理隔离，然后在隔离的垃圾堆上重建以植物为主的土壤-植物生态系统，同时辅以适当的景观建筑、园林小品等。将原来的垃圾山重新利用。

4. 其他处理方法

除了前面 3 种方法外，还有一些针对性的固体废弃物的处理方法，如废纤维糖化技术和废纤维饲料化——生产单细胞蛋白技术等。

（三）气态污染物的生物处理

利用微生物的生物化学作用，使气态污染物分解，转化为无害或减少危害的技术。处理过程经过两个阶段：一是污染物由气相转入液相或固相表面的液膜中；二是污染物在液相或固相表面被微生物降解。可用于微生物对无机和有机废气的处理。利用微生物处理气态污染物的方法主要有生物吸收法和生物过滤法。

三、环境污染的微生物检测

由于微生物细胞与环境接触的直接性以及微生物对其反应的多样性和敏感性，微生物成为环境污染监测中重要的指示物。

（一）粪便污染指示菌

水体中的病原微生物因数量较少而难以检出，同时检出手续也很复杂。所以，在实际工作中常借用检查水体中有无"指示菌"存在及其数量多少来判定水质是否被污染。这在水的卫生学检查方面有较重要意义。一般将大肠菌群、粪链球菌、产气荚膜杆菌、铜绿假单胞菌、金黄色葡萄球菌等作为粪便污染指示菌，其中以大肠菌群指数（又称大肠杆菌指数）最常使用。大肠菌指数常用于饮用水、食品、饮料等的卫生检测中。常用的大肠菌群测定方法有发酵法（MPN法）和滤膜法。

（二）致突变物的微生物检测

微生物在环境中的遗传变异特性可以用来快速检测和判断污染物的致突变性。现在广泛使用的是 Ames 试验法。

Ames 试验，全称沙门氏菌/哺乳动物微粒体试验，又称沙门氏菌/Ames 试验，是美国 Ames 教授于 1975 年研究与发表的致突变试验法。其原理是利用鼠伤寒沙门氏菌组氨酸营养缺陷型菌株发生回复突变的性能，来检测物质的致突变性。在不含组氨酸的培养基上，它们不能生长。但当受到某致突变物作用时，因菌体 DNA 受到损伤，特定部位基因突变，由缺陷型回复到野生型，在不含组氨酸的培养基上也能生长。

Ames 试验常用纸片法和平板掺入法。

Ames 试验准确性较高、周期短、方法简便，可反应多种污染物联合作用的总效应。对亚硝胺类、多环芳烃、芳香胺、硝基呋喃类、联苯胺、黄曲霉毒素等 175 种已知致癌物进行 Ames 试验，结果阳性吻合率为 90%；用 108 种非致癌物进行测定，其阴性吻合率为 87%。有人将 180 种物质进行 Ames 试验，其中已知致癌物有 26 种，经 Ames 试验测得 25 种为阳性，其吻合率达 95%。人们称该法是一种良好的潜在致突变物与致癌物的初筛报警手段。

（三）发光细菌检测法

发光细菌是一类非致病的革兰氏阴性兼性厌氧细菌，在适宜条件下培养会发射出蓝绿色的可见光。这类菌在生长对数期发光能力极强。当环境条件不良或有毒物质存在时，发光能力受到影响而减弱，其减弱程度与毒物的毒性大小和浓度成一定的比例关系，其发光强度变化可用检测仪测定出来。发光细菌应用最多的是明亮发光杆菌（*Photobocterium phosphoreum*）。用发光细菌可以监测各种水体，对于气体中可溶性有毒物质，可通过把它吸收、溶解在溶液中，然后观察其对发光细菌的影响。

（四）硝化细菌的相对代谢率试验

硝化细菌所进行的把铵离子（NH_4^+）在好氧条件下氧化成硝酸（NO_3^-）的硝化作用在生态系统的氮循环中有重要作用，这个过程只有微生物才能进行。用测定硝化细菌相对代谢率的方法检测水及土壤中的有毒物，并以此评判水体、土壤环境及环境污染物的生物毒性，对于宏观生态环境健康程度的评价有重要意义。

本 章 小 结

1. 微生物可以在多个方面，但主要作为分解者在生态系统中起重要作用。

2. 微生物在自然界物质的转化过程中起着重要的作用，了解微生物在碳素、氮素、硫素等生物地球化学循环中的作用，可以更好地运用于生产实践。

3. 微生物广泛分布于自然界。土壤具有微生物所需的各种因素，其中微生物的数量和种类是最多的。水体中微生物的种类和数量与水体的有机质含量、含盐量等有关；水中微生物的种类和数量是评定饮用水质量高低的主要标准。空气中所存的少量的微生物主要来自土壤、生物和水等其他微生物源。微生物可以不同程度地利用工农业产品进行生长，在大多数情况下，微生物对这些物质作用导致酸败、腐烂及霉腐。在各种极端环境下生存着相应的嗜极菌，它们多数属于古生菌类，在理论上和实践上都具有重要的意义。

4. 微生物之间、微生物与其他生物之间存在着各种相互关系，包括互生、共生、寄生、拮抗和捕食。研究微生物与生物环境之间的关系，为人类抑制和消除有害微生物，利用有益微生物提供了重要依据。

5. 微生物在环境污染物的降解转化方面发挥着极其重要的作用，在环境保护中占有重要地位。采用微生物学方法是治理环境污染和解决这些问题的最有效手段。污染物的微生物处理，包括固体、液体的各种废弃物和各种污染。污水的微生物处理主要分为好氧处理（活性污泥法、生物膜法、氧化塘法）和厌氧处理（沼气发酵）；微生物处理固体废弃物的方法有堆肥、卫生填埋等。

6. 微生物在环境监测中具有特殊作用，是环境污染监测中重要的指示物。

习题

1. 名词解释：根际微生物、附生微生物、互生、共生、拮抗、寄生、非特异性拮抗作用、特异性拮抗作用、BOD_5、COD、活性污泥。
2. 简述微生物作为重要成员在生态系统中所起到的作用。
3. 解释微生物在地球物质化学循环中的作用。
4. 为什么说土壤是人类最丰富的"菌种资源库"？
5. 简述研究极端微生物的意义。
6. 检验饮用水的质量时，选用什么菌群数作为主要指标？我国卫生部门对此有何规定？
7. 试各举一例，说明微生物之间或微生物与其他生物之间的相互关系。
8. 从病原微生物的传播途径说明人类预防传染病的基本方法。
9. 活性污泥法处理污水的过程非常类似于恒浊的连续培养，那么两者是如何实现恒浊的？其不同点在哪里？
10. 产甲烷的生物反应大致可以分为哪3个阶段？

思考题

1. 下述微生物的生境如何？请设想如何分离它们？（嗜热菌、嗜盐菌、厌氧菌、产甲烷菌、高渗酵母菌、石油微生物、自生固氮菌、共生固氮菌、发光细菌、乳酸菌、纤维素分解菌、光合细菌、瘤胃微生物、氧化铁硫杆菌、金黄色葡萄球菌、梭菌、拟杆菌、嗜压菌）
2. 研究极端微生物有什么意义？
3. 微生物与动、植物相互关系中益害共存，怎样才能增益减害？
4. 为什么说在治理污水中，最根本、最有效的手段是微生物处理法？
5. 试述微生物在环境保护中的作用和地位。

（李云玲）

第九章 微生物的系统分类

【本章导读】 本章主要讲述微生物系统分类学的相关概念及微生物命名、学名的书写、命名模式的指定及新名称的发表。了解国际上广泛采用的原核微生物的分类系统和真核微生物的分类系统；掌握原核微生物分类和真核微生物分类的依据；掌握微生物系统分类学的研究内容和思维方法。

漫长的生物进化的历史过程中演化形成了生物种类和类群的多样性，达尔文进化论的创立使人们逐渐认识到世界上形形色色的生物种类都是历史的产物，且物种间有着或近或远的亲缘关系。由于绝大部分微生物的个体微小，形态结构简单，易受外界环境的影响而发生变异，而且它们缺乏化石材料，所以各类微生物的分类比高等动植物困难。因此，对微生物进行系统的分类，分析研究各种微生物的历史渊源，建立能反映不同微生物类群间的进化关系或生物的系统发育关系的自然分类系统，便成为微生物分类学工作者一直追求的目标。

Woese 根据 16S rRNA 序列比较，把生命区分为古菌域 (Archaea)、细菌域 (Bacteria) 和真核生物域 (Eukarya)；Balows 等在 Woese 所进行的 RNA 序列同源性分析的基础上，按照原核生物系统发育的顺序，描述了细菌的属或更高的分类单元，从而为原核生物建立了系统发育树。16S rRNA 序列比较也为微生物系统发育研究提供了有效分子标记，为现代微生物分类学的研究增添了新的依据，使在生命系统进化的研究首次包括了所有的细胞生物。

微生物分类学 (microbial taxonomy) 是对微生物进行鉴定、分群归类、按分类学准则排列成分类系统，并对已确定的分类单元进行科学命名的学科，其主要内容是研究微生物分类理论和方法。微生物分类学包括分类 (classification)、命名 (nomenclature) 和鉴定 (identification) 3 个独立而又相关的部分。

分类 (classification) 是以特征相似性或系统发育相关性为基础对微生物进行分群归类，按一定的原则将它们排列成系统，并对分类单元 (taxon，复数 taxa) 或分类群进行描述。命名 (nomenclature) 是根据细菌命名法规，给每个微生物分类单元一个专门的名称。鉴定 (identification 或 determination) 是借助于已有的分类系统，通过特征测定，确定未知的或新分离的微生物所应归属的分类单元。

对微生物进行分类，以及对分类原则、分类依据和分类方法的研究，是微生物分类学的主要任务，命名法规的建立、完善和应用等研究，未知物种的鉴定和鉴定的技术与方法的研究也是微生物分类学的重要任务。

现代微生物分类学有两个目的。一是为了实用需要，建立各种微生物的信息存取系统，以便人们查考、认识和利用各种微生物。这种为实用需要，任意选择标准的分类，称为实用的 (applied) 或人为的 (artificial) 分类。二是为了探讨微生物的系统发育关系，建立反映微生物进化关系的自然分类系统，以揭示各种微生物的本质特征及其内在联系和区别。这种反映生物系统发育的分类又称为自然 (natural) 分类或系统 (systemic) 分类。所以，分类学 (taxonomy) 也常称为系统学 (systematics)，两词往往可以通用。

分类学的这两个目的有区别而又是统一的。我们通过对某一种菌株的鉴定，不仅了解它属于什么微生物类群，确定其分类地位，同时将会获得有关这种菌株的大量信息，并准确预测该菌株的应用价值。因此，一个科学的分类体系，不仅具有贮存信息的功能，而且应该具有预见性。越是接近于自然的分类体系，越能揭示微生物的本质特征，就越有预见性，也就能为人们认识、开发利用微生物资源，或对有害微生物实施有效的控制提供更多的信息。

第一节　微生物的分类单元和命名

微生物分类是在特征相似性或系统发育相关性的基础上，对微生物进行分群归类，给每一个类群（分类单元）一个恰当的名称，并按照一定的等级顺序将分类单元排列成系统；当获得未知微生物时，可利用已建立的分类系统进行鉴定，确定它所应归属的分类单元。因此，微生物分类需要有一个公认的分类单元的等级系统和分类单元的命名法规。

一、微生物分类单元的等级

分类单元（taxon，复数 taxa）是指具体的分类群，如原核生物界（Procaryotae）、肠杆菌科（Enterobacteriaceae）、枯草芽孢杆菌（*Bacillus subtilis*）等都分别代表一个分类单元。

由于分类是按照一定准则对生物体分群归类，再根据各类群之间的亲缘关系的异同程度排列成一个互相联系的等级阶梯，以反映各类群的物种在生物界中的位置，这就需要建立一个共同的分类等级系统。微生物的分类单元分为 7 个基本的分类等级（rank 或 category）或分类阶元，表示物种在生物界中的位置，由上而下依次是界（kingdom）、门（phylum）、纲（class）、目（order）、科（family）、属（genus）、种（species）。若这些分类单元的等级不足以反映某些分类单元之间的差异时，也可以增加"亚等级"，即亚界（subkingdom）、亚门（subdivision）…、亚种（subspecies），还可以在科和属之间增加族（tribe）和亚族（subtribe）等级，但这些亚分类等级一般很少使用。1990 年伍斯建立了"域"的分类等级。

下面以细菌中的豌豆根瘤菌为例表示其分类地位（表 9-1）。

表 9-1　原核微生物分类的等级系统及分类单元学名的词尾

分类等级				分类单元	
中文名称	英文名称	拉丁语名称	缩写词	学名词尾	举例（依据《伯杰氏系统学手册第二版》）
界	Kingdom	Regnum			Procaryotae（原核生物界）
亚界	Subkingdom	Subregnum			
域	Domain				Bacteria（细菌域）
门	phylum	Divisio	Phy.		Proteobacteria（变形杆菌门）
亚门	Subdivision	Subdivisio			
纲	Class	Classis	Class.		Alphaproteobacteria（α-变形杆菌纲）
亚纲	Subclass	Subclassis	Subclass.		
目	Order	Ordo	Ord.	-ales	Rhizobiales（根瘤菌目）
亚目	Suborder	Subordo	Subord.	-ineae	
科	Family	Familia	Fam.	-aceae	Rhizobiaceae（根瘤菌科）
亚科	Subfamily	Subfamilia	Subfam.	-oideae	
（族）	Tribe	Tribus		-eae	
（亚族）	Subtribe	Subtribus		-inae	
属	Genus	Genus	Gen.		*Rhizobium*（根瘤菌属）
（亚属）	Subgenus	Subgenus			
种	Species	Species	Sp.		*Rhizobium leguminosarum*（豌豆根瘤菌）
亚种	Subspecies	Subspecies	Subsp.		

在上述分类单元中，种是基本和最重要的单元，也是分类和鉴定中最常用的单元。种以下的亚种（subspecies）和亚种以下的等级则是单一属性和具有特定目的的分类单元。

在真核微生物分类中所应用的分类单位和其他生物中应用的一样，即界、门、亚门、纲、亚纲、目、亚目、科、亚科、属、种等，属以上的单位都有一定的词尾，属以下一般没有固定的词尾。种以下又分为亚种、变种、亚型、专化型和生理小种等区分。

现以禾柄锈菌为例，说明它在菌物界的地位（表9-2）。

表 9-2　真核微生物分类的等级系统及分类单元学名的词尾（引自：Hawksworth et al.，1995）

分类等级			分类单元	
中文名称	英文名称	拉丁语名称	学名词尾	举例（依据《菌物字典》1995）
界	Kingdom	Regnum		Fungi（菌物界）
亚界	Subkingdom	Subregnum		
门	Phylum	Divisio	-mycota	Basidiomycota（担子菌门）
亚门	Subdivision	Subdivisio	-mycotina	
纲	Class	Classis	-mycetes	Teliomycetes（冬孢菌纲）
亚纲	Subclass	Subclassis	-mycetidae	
目	Order	Ordo	-ales	Uredinales（锈菌目）
亚目	Suborder	Subordo	-ineae	
科	Family	Familia	-aceae	Pucciniaceae（柄锈菌科）
亚科	Subfamily	Subfamilia	-oideae	
（族）	Tribe	Tribus	-eae	
（亚族）	Subtribe	Subtribus	-inae	
属	Genus	Genus		*Puccinia*（柄锈菌属）
（亚属）	Subgenus	Subgenus		
种	Species	Species		*Graminis*（禾谷种） *Puccinia graminis* Pers.（禾柄锈菌）
亚种	Subspecies	Subspecies	Subsp.	

二、微生物的分类单元的划分

除上述国际公认的分类单元的等级外，在细菌分类中，还常常使用一些非正式的类群术语。例如，亚种以下常用培养物、菌株、居群和型；种以上常使用群、组、系等类群名称。下面简要介绍一些常用的类群术语。

<u>培养物</u>（culture），是指一定时间、一定空间内微生物的细胞群或生长物，如微生物的斜面培养物、摇瓶培养物等。如果某一培养物是由单一微生物细胞繁殖产生的，就称之为该微生物的<u>纯培养物</u>（pure culture）。

<u>菌株</u>（strain），从自然界分离纯化所得到的任何一种微生物的纯培养物都可以称为一个菌株，经过鉴定属于某一个种。菌株是微生物分类和研究中最基本的操作实体。来自不同的地区、土壤和其他生活环境，属于同一个种的不同菌株总会出现一些细小的性状差异；用诱变等实验方法获得的某一菌株的变异型，也可以称为一个新的菌株，以便与原来的菌株相区别。属于同一个种或同一个亚种的不同菌株，除存在用于分类鉴定的可鉴别的性状差异外，可能存在对生产和研究十分重要的某些非鉴别特征。因此，在实际工作中，不仅要注意正确使用菌株的种名，还要注意菌株的名称。为了方便起见，菌株名称常用个人姓名、地点或数目表示。例如，枯草杆菌 AS1.398（*Bacillus subtilis* AS1.398）和枯草杆菌 BF7658（*Ba-*

cillus subtilis BF7658),分别代表枯草杆菌的两个菌株（AS1.398 和 BF7658 分别为菌株的编号），这两个菌株，前者可用于生产蛋白酶，后者则可用于生产 α-淀粉酶。

居群（population），"population"一词也有人译为群体、种群或群丛等，是指一定空间中同种个体的组合。每一个物种在自然界中的存在都有一定的空间结构，在其分散的、不连续的居住场所或分布区域内，形成不同的群体单元，这些群体单元就称居群。

亚种以下的等级，亚种以下的分类单元是具有相同或相似特性的菌株类群，并作为一个分类类群看待，但不是正式的分类等级，而是习惯使用的术语或推荐使用的辅助用语，经常有一定的实际用途。

表 9-3　常用型的术语及其含义（引自：沈萍，2000）

中文译名	推荐使用的名称	以前使用的同义词	应用于只有下列性状的菌株
生物型	Biovar	Biotype	特殊的生理生化性状
血清型	Serovar	Serotype	不同的抗原特征
致病型	Pathovar	Pathotype	对宿主致病性的差异
噬菌型	Phagovar	Phagotype lysotype	对噬菌体溶解反应的差异
形态型	morphovar	morphotype	特殊的形态学特征

亚种。在种内，有些菌株如果在遗传特征上关系密切，而且在表型上存在较小的某些差异，一个种可分为两个或两个以上小的分类单元，这样的小的分类单元被称为亚种。亚种是细菌分类中具有正式分类地位的最低等级，有些证据表明，亚种的概念在系统发育上是有效的，而且能与亚种以下的等级概念相区别，亚种以下的等级仅是依据所选择的"实用"属性而决定的，并不被 DNA 杂交所证明。

变种。变种是亚种的同义词。在《国际细菌命名法规》（1976 年修订本）发表以前，变种是种的亚等级，因"变种"一词易引起词义上的混淆，1976 年后，细菌种的亚等级一律采用亚种，而不再使用变种。

种。由于原核微生物不能进行有性生殖，所以其种的概念没有高等动植物那样明确。原核微生物的种必须通过其表型和基因型的差异来确定。目前认为，原核生物的种是由一群具有许多稳定特征的菌株组成的，并与其他类群的菌株存在明显的差异。但这个定义没有量化的标准，而且能有不同的解释。因此，国际细菌分类委员会的细菌分类学家提出了更精确的定义，即细菌的种是一群具有相似的 DNA 碱基组成和 DNA 同源性大于或等于 70%，而且其 T_m 值小于或等于 5℃的菌株。但是，这些量化的标准还应与该菌群的表型特征相一致。

应该指出，尽管人们对于种的概念认识尚不够完整和清楚，并因而产生分歧，但是菌株是分类学中的客观存在的实体，而分类学中的其他分类单位（如属、科、目等）则是人们拟定的，是为了排列成分类系统而提出的。

属。属是介于种（或亚种）与科之间的分类等级，也是生物分类中的基本分类单元。通常是把具有某些共同特征或密切相关的种归为一个高一级的分类单元，称之为属。在系统分类中，任何一个已命名的种都归属于某一个属。当某一个种与其他相关属的种具有重要的区别时，也可以鉴定为只有一个种的属。就一般而言，微生物属间的差异比较明显，但属的划分也没有客观标准。因此，属的水平上的分类也会随着分类学的发展而变化，属内所含种的数目也会由于新种的发现或种的分类地位的改变而变化。

属以上等级分类单元，像属的划分一样，系统分类中，把具有某些共同特征或相关的属归为更高一级的分类单元称为科，再把科归为目，……以此类推。值得提出的是：在一个完整的分类系统中，每一个已命名的种都应该归属到某一个属、科、目、纲、门、界中。但某个属的微生物其科、目等级的分类学关系还不明确时，未能归入相应的科目中，则作为未定位的属存在。

对于纲、门、界的划分，迄今仍处在积累资料的探讨阶段，还没有一个明确的区分高等级分类单元的标准，如16S rRNA序列、生境、代谢类型等特征已被用于原核生物高级分类单元的鉴定。所以，原核生物的自然分类，还有待于一个使各种细菌在各个分类等级水平上都有明确的分类位置的完整的分类系统建立。

在真菌分类中，亚种以下的等级常用型（form）、专化型（special form，常用 sp. f. 表示）和生理小种（physiological race）表示。其中，专化型指的是寄生于特定寄主的真菌的种，而生理小种则为种内根据生理特性或寄主性而划分的类型。

三、微生物分类单元的命名

生物的名称分两类，一类是区域性俗名，另一类是国际上统一使用的名称，即学名。在科学地对生物命名以前，任何民族或部落都用其本民族的语言给所见的生物以名称，我国很早就有了松、榆、马、虎等生物名称。这类名称常因各个民族语言不同，甚至方言的区别而使同一种生物具有多种叫法，这就是俗名（popular name，local name）。俗名的优点是在一定的区域内通俗易懂，便于记忆，但俗名有局限性，尤其是不便于国际间的交流。所以，为了使各分类单元的名称能在国际间通用，每一生物分类单元都应有一个国际上统一的名称，即按照生物的国际命名法规命名的名称，还要依据国际命名法规来管理生物分类单元的命名，以保证生物名称的统一性、科学性和实用性。在细菌分类学发展的早期，由于细菌归属植物界，许多细菌学工作者曾经遵循植物命名法规，有些学者曾经遵循动物命名法规。但是，由于细菌的特殊性，使人们感到这些规则不能很好地满足研究者在命名上的需要，有必要制订与植物、动物命名法规平行的、独立的细菌命名法规。

（一）原核微生物分类单元的命名

目前，原核生物的命名依据的命名法规是现行实施的1990年修订本的《国际细菌命名法规》（*International Code of Nomenclature of Bacteria*；Bacteriological Code，1990 Revision），该修订本于1992年在华盛顿出版发行。根据追溯既往的原则，从法规新的版本发表和正式生效之日起，法规所有以前的版本及其译本一律作废，法规一切内容均以新版本为准。《国际细菌命名法规》对细菌分类单元的等级、分类单元命名的目的要求、命名方法、新名称的发表及名称优先权等做了详细的阐述和规定。

《国际细菌命名法规》规定所有正式分类单元（包括亚种和亚种以上等级的分类单元）的科学名称（学名），必须用拉丁词或其他词源经拉丁化的词命名，下面介绍细菌命名的基础知识。

1. 属名

属名用一个单数主格名词，或用作名词的形容词来表示；可以是阳性、阴性或中性；首字母要大写。

（1）拉丁词或拉丁词根构成的属名。

Bacillus（芽孢杆菌属）（阳性），原意为"小杆菌"。

Lactobacillus（乳杆菌属）（阳性），意为"乳小杆菌"。

(2) 源于希腊词或希腊词根构成的、按现代拉丁语处理的属名。

Clostridium（梭菌属）（中性），意为"纺锤状菌"。

Micrococcus（微球菌属）（阳性），原意为"小的颗粒状菌"。

(3) 用拉丁化的人名来命名的属名，在这种情况下，无论所纪念的人是男性或女性均用阴性形式。

Erwinia（欧文氏菌属）（阴性），Erwin F. Smith（美国植物病理学家）。

Salmonella（沙门氏菌属）（阴性），D. E. Salmon（美国细菌学家）。

亚属分类单元的命名与属名的命名相同。当一个属被分成不同的亚属时，若要反映该属内的种所归属的亚属，则把亚属名放在属名和种名加词之间的括号内。例如，腔隙莫拉氏菌的学名 *Moraxella*（*Moraxella*）*lacunata* 中，括号内的 *Moraxella* 是亚属名（莫拉氏菌亚属），表示腔隙莫拉氏菌归属于莫拉氏菌属内的莫拉氏菌亚属。黏膜炎莫拉氏菌的学名 *Moraxella*（*Branhamella*）*catarrhalis* 中，括号内的 *Branhamella* 是亚属名（布兰汉氏菌亚属），表示该菌属于莫拉氏菌属内的布兰汉氏菌亚属。

2. 种名

原核生物和高等生物一样，每一种原核生物也都采用林奈（Linnaeus）的"双名制"（binomial nomenclature）的方法来命名。双名法规定种的学名由属名和一个种名加词组合而成，第一个词是属名，首字母要大写；第二个词是种名加词。在细菌分类单元名称的后面可以附上命名人的姓氏，有时还可以附命名年代。

$$学名 = \frac{属名 + 种名}{必要，用斜体表示} + \frac{定名人 + 定名年份}{可省略，用正体字}$$

例如，惊奇快捷弧菌 *Micavibrio admirandus* Limbin et al. 1989

若该菌以前曾被其他人命名过，则把原命名人姓氏写在括号内。

$$学名 = \frac{属名 + 种名}{必要，用斜体表示} + \frac{（首次定名人）+ 现定名人 + 定名年份}{可省略，用正体字}$$

例如，*Bacillus subtilis*（Ehrenberg）Cohn 1872（枯草芽孢杆菌）

这一表述说明该名称是 Cohn 氏 1872 年命名的，而在 Cohn 氏命名之前 Ehrenberg 曾将该菌放在一个不恰当的属中（1835 年 Ehrenberg 将枯草芽孢杆菌命名为 *Vibrio subtilis* 枯草弧菌）。*Streptomyces exfoliates*（Waksman and Curtis 1916）Waksman and Henrici 1948（脱叶链霉菌），说明原作者两人在 1916 年提出种名 *Actinomyces exfoliates*。而在 Waksman 和 Henrici 提出新属 *Streptomyces* 后，于 1948 年将许多原来归入 *Actinomyces* 的种归入 *Streptomyces*，包括 *S. exfoliates*。

根据词源学的规定，种名加词常常是形容词（与属名性别一致），可以是人名、地名、病名或其他名词（名词要用主格或所属格形式），种名加词首字母不大写。例如，铜绿色假单胞菌的学名是 *Pseudomonas aeruginosa*，其中 *Pseudomonas* 是属名（假单胞菌属）（阴性）；*aeruginosa* 是种名加词，是拉丁语阴性单数主格形容词，意为"铜绿色的"。

结核分枝杆菌的学名是 *Mycobacterium tuberculosis*。其中 *Mycobacterium* 是属名（分枝杆菌属），系希腊词源的复合词现代拉丁语形式（中性）；*tuberculosis* 是种名加词，是拉丁词根和希腊后缀词组成的现代拉丁名词所属格，意为"结核病的"。

脲微球菌的学名是 *Micrococcus ureae*，其中 *ureae* 是种名加词，是拉丁语阴性名词 urea（尿素）的所属格形式。

巴氏芽孢杆菌的学名是 *Bacillus pasteurii*，其中 *pasteurii* 是种名加，加是 L. Pasteur（巴斯德）姓氏的拉丁语所属格。

苏云金芽孢杆菌的学名是 *Bacillus thuringiensis*，其中 *thuringiensis* 种名加词是德国地名 Thuringia 的拉丁语所属格。

当泛指某一属细菌而不是特指属中某一个种（或没有种名）时，属名后加 sp. 或 spp.（分别代表 species 缩写的单数或复数），用正体，右下角加实心的点。例如，*Streptomyces* sp. 表示某一种链霉菌，*Vibrio* spp. 表示弧菌属的一些种。

3. 亚种名

亚种名由三名组合而成，即由属名、种名加词、亚种名加词（包括亚种词的缩写和亚种名加词）构成。亚种名加词与种名加词构成方式相同。

$$亚种名 = \frac{属名+种名加词}{必要，用斜体表示} + \frac{subsp.}{用正体字} + \frac{亚种名加词}{必要，用斜体表示} + \frac{定名人+定名年份}{可省略，用正体字}$$

例如，反硝化产碱菌氧化木糖亚种的学名是 *Alcaligenes denitrificans* subsp. *xylosoxydans*，其中 *Alcaligenes* 为属名（产碱菌属），*denitrificans* 为种名加词（意为反硝化的），subsp. 是 subspecies（亚种）的缩写，*xylosoxydans* 是亚种名加词（意为"氧化木糖的"）。

值得注意的是，属、种和亚种等级的分类单元的学名在正式出版物中应用斜体字印刷，以便识别。使用者在书写这些分类单元时，也应使用斜体。

4. 属级以上分类单元的名称

属级以上分类等级的分类单元名称是一个阴性复数的拉丁名词，或其他词源拉丁化的名词，或用作名词的形容词，首字母要大写，其中目、亚目、科、亚科、族和亚族分类等级的分类单元名称都有固定的词尾（后缀），其名称常由模式属的词干加上相应的后缀组成。

5. 命名模式及其指定

微生物分类中，由于各个分类单元都缺少客观的定义，所以，如何界定一个细菌的分类单元，没有一个统一的标准。为减少分类学工作者采用不同的标准来界定一个分类单元的情况，《国际细菌命名法规》的一项重要的内容就是规定正式命名的分类单元，应指定一个命名模式（简称模式），作为该分类单元命名的依据。模式是一个生物名称有一特定的可观察的生物或化石标本实体，对于植物，一个种名模式的描述是根据该种的蜡叶标本，称为模式标本。对于细菌，种的模式称为模式菌株（type strain），并且是活的培养物。模式的作用是使人们对该名称所代表的生物的认识不仅靠命名人的描述，而且有可供观察的实物或标本。

根据命名法规的要求，在细菌分类中迄今仍采用"模式概念"。例如，亚种和种指定模式菌株，它是保藏在永久性的、为公众开放的菌种保藏机构中活的培养物。因此，当命名一个新种或亚种时，应指定命名所依据的一个菌株作为模式菌株，并妥为保存，通常送交菌种保藏机构保藏，以备查考。当建立一个新属或亚属时，应指定该亚属或属的模式种（type species）；如果其中只有一个种，那么这个种就定为该属的模式种；如果其中包括几个种，则应指定其中最能代表该属特征的一个种作为模式种。亚族至目等级的分类单元，通常以它命名所依据的属作为模式，称为模式属（type genus）。

6. 新名称和（或）新组合被国际学术界所承认的一般要求

依细菌新名称和（或）新组合发表的形式和场所的不同，《国际细菌命名法规》中规则 25 和 27 将新名称和（或）新组合的发表分为如下两类，即有效发表和合格发表。

有效发表（effective publication）：细菌新名称和（或）新组合的有效发表是指在科学界一般可以得到公开发行刊物上发表。《法规》中明确规定下列形式的发表均不是有效发表：①在会议上、会议记录中或1950年以后在会议上提出的论文摘要中的新名称；②存放在菌种库标本上的名称或菌种库的名录或目录上的名称；③缩微片、缩微卡或类似方法复制而散发的材料；④在1900年以后不连续发行的刊物、通讯、报纸上的报道或非科学的期刊；⑤包括在一个公布的专利申请或颁发的专利说明书中的细菌新分类单元。

合格发表（valid publication）：细菌新名称和（或）新组合要得到国际学术界的承认，必须是合格发表。只有在国际系统细菌学委员会（ICSB）的机关刊物，国际系统细菌学杂志（*International Journal of Systematic Bacteriology*，IJSB，现改版为国际系统进化微生物学杂志 *International Journal of Systematic and Evolutionary Microbiology*，IJSEM）上发表，方被认为是合格发表。按《国际细菌命名法规》规则27的条文和IJSB前主编Lessel代表IJSB编委发表过的一份声明，合格发表的具体标准如下。

（1）新名称和（或）新组合发表在国际系统细菌学杂志（IJSB）上。

（2）发表在IJSB以外（有效发表的）新名称和（或）新组合必须在IJSB上合格化。

有效发表的合格化。Krieg在《伯杰氏系统细菌学手册》第一版的使用说明中明确表示：书中标有引号（""）的细菌名称由于在该手册该版本的编写时尚没有合格化，即使为该书引用，但其名称仍只是有效发表，而不能视为合格发表。因此，该名称在命名上没有地位。由此可见，有效发表明显不同于合格发表。合格发表或有效发表的合格化是细菌新名称和（或）新组合得到国际学术界确认的必需形式。

如前所述，合格发表的另一形式是合格化。而这种合格化必须是有效发表的合格化，即发表在IJSB或IJSEM以外正式定期学术刊物上的细菌新名称和（或）新组合在IJSB或IJSEM上合格化。

7. 新分类单元的缩写词

当发表新分类单元名称时，要在新名称后加上新分类单元的缩写词，新目为"ord. nov."，新科为"fam. nov."，新属为"gen. nov."，新种为"sp. nov."，新组合为"comb. nov."等，使用正体书写，如 *Nocardiopsis ganjiahuensis* sp. nov.（甘家湖拟诺卡氏菌），Sulfolobales ord. nov.（硫化叶菌目）等。

8. 细菌名称发表的优先权

关于细菌名称的优先权，《国际细菌命名法规》规定为：种以上至目（order）包括目的各分类单元都具有一定的界限（circumscription）、位置（position）和等级（rank）。每个分类单元中只能有一个正确名称，那就是符合《国际细菌命名法规》诸规则最早的那个名称。种名是属名和种加词的双名，在一定的分类位置中，一个种只能有一个正确的加词，即符合《国际细菌命名法规》诸规则最早的那个加词。

（二）真核微生物分类单元的命名

与原核微生物一样，为了便于认识、掌握和利用不同的真菌，常常给不同种类的真菌起不同的名称，并借助名称来区别它们。由于真菌种类繁多，而且分布于世界各地，所以，各地区和民族对于生物都有它们自己的通俗名称，除具有局限性的缺点外，俗名的另一个缺点就是比较含糊，有时一个名称不是指一个种，而是指一群。为了避免混乱，世界各国从事真菌分类鉴定的研究者也都采用林奈的"双名制"的方法给真菌命名。

国际命名法规中还规定了一种真菌只能有一个属名和种名。如果一种菌的生活史中有有性阶段和无性阶段，按有性阶段所起的名称是合法的。因为半知菌类只知道其无性阶段，因而它们的命名都是根据无性阶段的特征而定的，如果发现其有有性阶段，正规的名称应该是有性阶段的名称，但有些半知菌在整个生活史中以无性阶段为主，偶尔也产生有性阶段，因此仍用其无性阶段的名称，如曲霉属（*Aspergillus*）即无性阶段的名称。

四、微生物的分类系统

微生物分类所涉及的分类特征是十分广泛的，由于迄今为止尚未能真正做到按照微生物在系统发生上的亲缘关系进行全面的系统分类，也没有一个统一的标准对原核微生物进行表型分类，因而就存在分类特征的选择问题。不同的分类学家或者在不同的时期，就可能会根据不同的特征对微生物进行分类，于是就产生了不同的分类系统。在不同的分类系统中，分类依据、分类单元的划分、对各类细菌的命名以及所使用名称的含义等都会有差异，甚至是重大的差异。所以，在进行微生物鉴定和其他有关的工作时，也必定面临选择哪个分类系统的问题，下面分别介绍国际上主流的分类系统。

（一）原核微生物的分类系统

20 世纪 50 年代至今，国际上全面讨论细菌分类并有较大影响的分类系统主要有 3 个：《伯杰氏手册》系统、前苏联克拉西里尼柯夫系统和法国普雷沃（Prevot）系统。在 20 世纪 70 年代以后，《伯杰氏手册》系统的影响最大，已成为当前在世界上最有权威和广泛使用的原核微生物分类系统。

《伯杰氏鉴定细菌学手册》（*Bergey's Manual of Determinative Bacteriology*）是由美国细菌学家协会（现在的美国微生物学会）发起编写的，最初指定 David H. Bergey 作为编委会主席，于 1923 年出版了手册的第一版。随着细菌分类学研究的深入发展，相继在 1925 年、1930 年、1934 年、1939 年、1948 年、1957 年、1974 年和 1994 年出版了第 2~9 版。经过几十年的修订和补充，该手册已为国际上细菌学家普遍接受和采用。

1984~1989 年出版了《伯杰氏系统细菌学手册》（*Bergey's Manual of Systematic Bacteriology*）第一版共 4 卷。这本书在分类系统中增加了许多新的分类单元，而且在表型分类的基础上，在各级分类单元中广泛采用细胞化学分析、数值分类方法和核酸技术，尤其是 16S rRNA 核酸序列分析技术，以阐明原核微生物的亲缘关系。该手册的内容包括较多的细菌系统分类的资料，而且对个别类群进行了初步的系统分类，试图反映原核微生物分类从人为的分类体系向自然的分类体系所发生的变化。在第一版中主要根据表型特征，将所有原核微生物分成 33 组，并进行分类和描述，各卷的内容如下。

第一卷是关于一般常见的医学或工业方面重要的革兰氏阴性菌（11 个组）；第二卷是关于放线菌以外的革兰氏阳性菌（6 个组）；第三卷是关于古细菌、蓝细菌和其他革兰氏阴性菌（8 个组）；第四卷是关于放线菌（8 个组）。第一版除了提供所有合格发表的原核生物的种外，还表述了它们的生态学信息。

自从 1984 年《伯杰氏系统细菌学手册》第一版开始发行以来，细菌分类学取得了很大的进展，新描述的属和新定名的种数量呈暴发性增长，特别是 rRNA、DNA 和蛋白质的序列测定为原核微生物的系统发育分析提供了可靠的资料，也为《伯杰氏系统细菌学手册》第二版的出版积累了大量的系统发育学方面的资料。第二版分为5卷，分别于2001年、2005年、2009年、2010年和2011年出版。各卷的内容如下。

第一卷是关于古菌、蓝细菌、光合细菌和位于古老进化分支的细菌群；第二卷是关于革兰氏阴性的变形杆菌门；第三卷是关于低GC含量的革兰氏阳性细菌；第四卷是关于浮霉状菌、螺旋体、拟杆菌和梭杆菌；第五卷是关于高GC含量的革兰氏阳性的放线菌门。

《伯杰氏系统细菌学手册》第二版的一个重要目的是帮助对原核微生物进行鉴定，制订了鉴定的大纲和路线图；另一个同样重要的目的是展示所有原核微生物类群之间的关系。该手册对原核微生物的归群和分类系统完全按照这些微生物的16S rRNA系统发育树进行编排，并将所有原微核生物的种划分为两个域，31个门。包括古菌（archaea）和细菌（bacteria）两个域，每个域进一步分为门，门代表了原核生物的主要分支，并作为该手册的主要组成单元。除了蓝细菌门和放线杆菌门外，门被进一步分为纲、目和科；而蓝细菌门中，用"亚部"（subsection）代替了"科"，并分为亚群，而且"种"一般不以实体出现，而是对菌株的描述。放线杆菌门中还包括了"亚纲"和"亚目"的分类阶元。

（二）真核微生物的分类系统

自1973年Ainsworth系统发表后，陆续有近10个重要的菌物分类系统相继发表。在这些分类系统中，还是以生态环境、形态特征、细胞结构和生殖特点为主要依据，结合系统发育的规律来分类。以分子生物学方法研究菌物各类群之间的亲缘关系，揭示不同类群之间系统发育的本质和进化关系，是近年来真核微生物分类学发展的一个方向，该分类系统曾经是多数学者普遍认可并沿用的重要分类系统。

国际菌物学研究的权威机构——英国国际菌物研究所（International Mycological Institute）1995年出版的《菌物字典》第八版中，真核微生物中门的分类依据主要是根据有性繁殖结构进行划分，将原来的菌物界划分为原生生物界、藻界和菌物界，将粘菌门和原鞭毛菌亚门中的根肿菌纲及卵菌纲等独立成门，而菌物界仅包括壶菌门、接合菌门、子囊菌门和担子菌门。担子菌分为3纲、41目、165科、1428属，约22 244种。冬孢菌纲的黑粉菌目和锈菌目升为纲，其他层菌纲和腹菌纲合并为担子菌纲（Basidiomycetes）。

2001年出版的《菌物词典》第九版分类系统，根据rDNA测序等技术对第八版分类系统进行了修订。将子囊菌门分成6个纲、55个目、291个科；担子菌门原有的32个目合并为16个目；担子菌类酵母菌划分到3个不同类群中。

2008年出版的《菌物词典》第十版分类系统，对第九版的分类系统做了很大的调整，收录了2001~2008年间的研究成果。该版将菌物界划分为8个门，共分36纲、140目、560科、8283属、97 861种。

《菌物词典》第十版和Index Fungorum、Mycobank等的新系统包括8个门：壶菌门（Chytridiomycota）、芽枝霉门（Blastocladiomycota）、新丽鞭毛菌门（Neocallimastigomycota）、球囊菌门（Glomeromycota，或译为小丛壳菌门）、接合菌门（Zygomycota）、子囊菌门（Ascomycota）、担子菌门（Basidiomycota），以及动物学家研究的真核生物——微孢虫门（Microsporidia）也划入到了菌物中。

表9-4摘录了1983年、1995年和2008年出版的《菌物字典》以及1996年出版的《菌物学概论》中列举的几个重要的菌物分类系统，以供参考。

表 9-4　菌物的分类系统（引自：邢来君等，1999，并补充）

Ainsworth et al. (1973)	V. Arx (1981)	《菌物字典》(1983)	Kendrick (1992)	《菌物字典》(1995)	Alexopouos & Mins (1996)	《菌物字典》(2008)
菌物界	菌物界	菌物界	原生菌物	原生动物界	菌物界	菌物界
粘菌门	粘菌门	粘菌门	粘菌纲	集胞菌门	壶菌门	壶菌门
集胞菌纲	集胞菌纲	鹅绒菌纲	网柄菌纲	网柄菌纲	接合菌门	壶菌纲
［网粘菌纲］	根肿菌纲	网柄菌纲	网粘菌纲	网粘菌纲	接合菌纲	单毛壶菌纲
粘菌纲	网粘菌纲	集胞菌纲	根肿菌纲	粘菌纲	毛菌纲	芽枝霉门
根肿菌纲	卵菌门	粘菌纲	壶菌门	原柄菌纲	子囊菌门	芽枝霉纲
菌物门	卵菌纲	根肿菌纲	丝壶菌门	根肿菌门	半知菌	新丽鞭毛菌门
鞭毛亚门	丝壶菌纲	网粘菌纲	卵菌门	藻界	（无性子囊菌）	新丽鞭毛菌纲
壶菌纲	壶菌门	菌物门	菌物	丝壶菌门	古生子囊菌	球囊菌门（小丛壳菌门）
丝壶菌纲	壶菌纲	鞭毛亚门	双核菌门	网粘菌门	丝状子囊菌	球囊菌纲
卵菌纲	菌物门	壶菌纲	子囊菌亚门	卵菌门	担子菌门	接合菌门
接合菌亚门	接合菌纲	丝壶菌纲	子囊菌亚门	菌物界	担子菌类	虫霉菌亚门
接合菌纲	内孢霉纲	卵菌纲	接合菌	子囊菌门	腹菌类	梳霉亚门
毛菌纲	黑粉菌纲	接合菌亚门		担子菌门	卵菌门	毛霉亚门
子囊菌亚门	子囊菌纲	接合菌纲		担子菌纲	丝壶菌门	接合菌纲
半子囊菌纲	担子菌纲	毛菌纲		冬孢菌纲	网黏菌门	捕虫霉亚门
不整囊菌纲	半知菌纲	子囊菌亚门		黑粉菌纲	根肿菌门	子囊菌门
核菌纲		（不分纲）		壶菌门	网柄菌门	盘菌亚门
盘菌纲		担子菌亚门		接合菌门	集胞菌门	（=子囊菌亚门）
腔菌纲		层菌纲		毛菌纲	粘菌门	星裂菌纲
虫囊菌纲		腹菌纲		接合菌纲		座囊菌纲
担子菌亚门		锈菌纲				散囊菌纲
冬孢菌纲		黑粉菌纲				虫囊菌纲
层菌纲		半知菌亚门				茶渍菌纲
腹菌纲		腔孢纲				锤舌菌纲
半知菌亚门		丝孢纲				盘菌纲
芽孢纲						酵母菌亚门
丝孢纲						外囊菌亚门
腔孢纲						新盘菌纲
						肺炎菌纲
						裂殖酵母菌纲
						外囊菌纲
						担子菌门
						伞菌亚门
						伞菌纲
						花耳纲
						银耳纲
						柄锈菌亚门
						伞型束梗孢菌纲
						小纺锤菌纲
						Classiculomycetes
						隐菌寄生菌纲
						囊担子菌纲
						小葡萄菌纲
						混合菌纲
						柄锈菌纲
						黑粉菌亚门
						黑粉菌纲
						地位未定的
						Incertae sedis（亚门）
						节担菌纲
						微孢虫门

第二节 微生物系统分类的依据

微生物系统分类的依据是指根据什么标准，或选择哪些性状或特征来进行微生物的分类。实现自然分类，使分类系统真正成为总结生物进化历史的生物系谱，需要系统的古生物资料来阐明生物之间的共祖、分枝和年代关系。但是，目前对微生物来说这几乎接近于空白。因此，分类特征都只能从现存细菌所具有的各种性状中选择，任何能表明微生物种类间明显差别的资料都有分类学意义，都被作为微生物系统分类的依据。

传统的微生物分类的主要依据是形态学、生理学和生态学特征。为实现自然分类的目标，现代微生物分类学家一直在积极地寻找和研究新的分类特征，化学分类、遗传学分类的新方法得到了广泛的应用，使人们对微生物的分类表型的细胞水平深入到了分子水平，从而向自然分类迈进。

"分类"和"鉴定"是分类学中的两个不相同而又密切关联的概念，但微生物分类的特征，特别是表型特征，一般也可用作微生物鉴定和物种性状描述特征。

一、原核微生物的分类依据及方法

（一）形态学的分类依据

1. 群体形态特征

群体形态特征又叫做培养特征，是指原核微生物在培养基上生长后所表现出来的、通常肉眼可见的特征，这些特征是其细胞的结构、排列方式、代谢产物、好氧性和运动性等的反映。依培养基质的不同，培养特征可分为固体培养特征、液体培养特征和半固体培养特征。

固体培养特征：最重要的固体培养特征是表面菌落的形态，不同原核微生物培养特征的差异，往往突出地表现在表面菌落形态的差别上（图 9-1）。观察时要选择稀疏分散的单个菌落，并注意菌落以下特征：大小、形状、颜色、隆起情况、边缘、表面状况、质地（指黏稠性、易迁移性、分散性等）、透明度（可分透明、不透明、半透明）、光泽以及产生水溶性色素等。

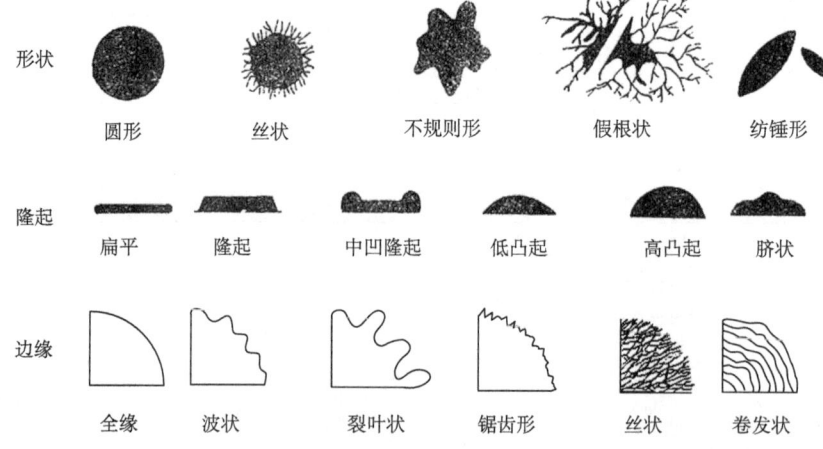

图 9-1 细菌表面菌落的形态（引自：卢振祖，1994）

细菌还可在固体培养基内形成深层菌落。在琼脂培养基内的菌落可分两类：一是大多数不能液化琼脂的细菌所形成的单一或复合双凸透镜形菌落；二是少数产生半乳聚糖酶、能液化琼脂的细菌所产生的不规则形菌落。细菌斜面菌苔的形态也表现出种类特异性，通常用划直线接种培养的斜面进行观察，观察内容包括生长量以及其他特征，与观察表面菌落相似。

液体培养特征：不同种类原核微生物液体培养特征的差别，主要表现在培养液是否变得混浊，有无沉淀及沉淀物的形态，表面有无菌膜以及菌膜的形态和性质，培养液的颜色和气味等方面。

半固体培养特征：用半固体培养基经穿刺接种培养后观察，要注意原核微生物生长的部位及其形态特征，并借以鉴别原核微生物的好氧性和运动性。在好氧培养条件下，好氧菌仅表面生长或者还能在靠近表面的上部培养基内弱生长，运动的好氧菌可向靠近表面的培养基内扩散，因而培养基可能出现明显或不明显的混浊；兼性厌氧菌则可沿着整个穿刺线生长，生长状况依原核微生物种类的不同而异，有线状、乳头状、念珠状、绒毛状（试管刷状）、假根状等，可运动的兼性厌氧菌可扩散生长，使穿刺线以外的培养基变得比较混浊，而没有运动性的原核微生物的生长则局限在穿刺线的一定部位。严格厌氧的原核微生物只有在培养基内含有适当的还原剂除氧，或在厌氧条件下培养，才能生长并表现出一定的特征。

在一定的培养条件下，各种原核微生物的培养特征有一定的稳定性和专一性，对原核微生物的分类鉴定有一定的参考价值，有的还可以作为分类鉴定的依据。

2. 个体形态特征

原核微生物的个体形态特征受大量基因控制，个别基因突变不会导致个体形态的明显变化。在一定的培养条件下，不同原核微生物的个体形态有相对稳定性和特异性，加上个体形态易于鉴定，所以，一向受分类学家的重视而被作为原核微生物分类鉴定（特别是较高级分类单元的划分）的主要依据之一，作为识别菌种、鉴别污染的重要根据。

常用于原核微生物分类的个体形态特征可归纳为形状、大小和排列、细胞结构和染色反应。根据形状可把原核微生物分为球菌、杆菌、弧形和螺旋形菌、丝状菌。还有一些原核微生物形状较特殊，如呈三角形、方形、盘形及各种不规则的形态，个体形态特征是划分科属的根据之一。

值得注意的是，虽然在一定的培养条件下，各种原核微生物的形状、大小和排列相对稳定，有重要的分类学意义，但当培养条件改变时，原核微生物的形态也可能发生一些变化，不过这种变化通常不是遗传性的，当恢复原来的培养条件时，即可恢复原来的形态。原核微生物的形态还可能随发育时期的不同而有所变化，一般幼龄培养物形态较一致，老培养物形态往往不大一致，甚至可能出现一些异常细胞形态（衰残型）。此外，还要注意某些原核微生物的多形性。有的原核微生物的多形性具有周期性；有些原核微生物的多形性是非周期性的，在同一生长期内也可能出现差别很大，甚至完全不同的细胞形态。所以，进行形态特征的观察，不仅要注意使用的培养基，还特别要注意培养时间，有些物种还需要进行生活周期的连续观察。

3. 细胞特殊结构

有些原核微生物具有特殊的细胞结构，这些结构便成为鉴别它们的特征。在原核微生物分类鉴定中比较重要的细胞结构有荚膜、鞭毛、芽孢和孢子，以及其他某些具种属特异性的特殊结构。

不少原核微生物产生一些具有种属特异性的特殊结构。例如，有些原核微生物细胞延伸形成附属物（如菌丝、突柄）；有的可由细胞分泌物形成非细胞的附属物，如柄、鞘、固着器等；粘细菌形成子实体；某些蓝细菌形成异形胞、连锁体等。这些特殊结构及其形态学特征对有关类群原核微生物的分类鉴定常常具有十分重要的意义。

有些原核微生物的细胞质内常含有一些特征性内含物，可作为这些原核微生物分类鉴定的特征之一，如异染颗粒、聚-β-羟基丁酸颗粒、细胞内外沉积的硫颗粒、伴胞晶体、气泡、细胞内含有的碳酸钙、肝糖、淀粉颗粒等，这些特征对这些细菌的科属的分类鉴定有一定意义。

由于电子显微技术的发展和普及，在原核微生物分类中越来越多地利用细胞超微结构特征作为分类依据。原核生物界的建立及界下门的划分，在很大程度上是根据电子显微技术所获得的资料；硝化细菌和光合细菌的细胞内膜结构特征也往往具有科属的特异性；在电子显微镜下，放线菌的孢子表面显示了不同的特征，可能是光滑的、疣状的或长、短、粗、细有别刺状物，还有些是毛发状或鳞片状等，这些特征有助于放线菌种的划分。由此可见，微生物细胞超微结构特征作为依据之一，有利于更为深入地进行形态学分类。

4. 染色反应

由于原核微生物细胞壁结构和组成的差异，用某些染料对原核微生物进行染色处理时，往往出现不同的特征性反应，所以染色反应也是原核微生物分类鉴定的依据之一。目前最常用的鉴别染色法有革兰氏染色和抗酸性染色。

（1）革兰氏染色。革兰氏染色法是应用最广泛的鉴别染色法，借此方法将原核微生物区分为革兰氏阴性菌和革兰氏阳性菌两大类。在原核微生物鉴定工作中，通过革兰氏染色确定未知原核微生物属于革兰氏阳性菌或阴性菌之后，可使后面的鉴定工作大为简化。

（2）抗酸性染色。抗酸性染色法是先用石碳酸复红染色后，用酸性酒精脱色，再用吕氏美蓝染液复染。如果菌体保留复红染料的红色，则该菌具有抗酸性，即为抗酸性染色阳性；若菌体被染上美蓝的蓝色，那么该菌就无抗酸性。抗酸性染色主要用于分枝杆菌、棒状杆菌和诺卡氏菌等类群的鉴别。这些类群细菌的细胞壁含有大量的类脂化合物，当用石碳酸复红染色后不易被酸性酒精洗脱而表现为抗酸性染色特征。

（二）生理生化特征

不同的原核微生物具有不同的酶系统，因而它们对营养物质的需求、分解和利用的能力，代谢途径以及代谢产物就可能存在这样或那样的差别。通常，原核微生物的很多生理学、生物化学特征也比较稳定，所以可作为原核微生物分类鉴定的重要依据。尤其是对于大多数原核微生物的属和属以下分类单元来说，形态学特征的差别往往十分有限，这样，生理生化特征就具有更为普遍的分类学意义。下面简要介绍这些特征及其在原核微生物分类鉴定中的作用。

1. 营养类型

根据能源和碳源的不同，一般将原核微生物分为4个基本营养类型：光能自养菌、光能异养菌、化能自养菌和化能异养菌。

营养类型的划分不是绝对的，有很多原核微生物属于兼性营养型。营养类型是原核微生物基本的分类特征，当对未知菌株进行分类鉴定时，必须先弄清其营养类型，然后再进一步鉴定。

2. 对营养物质的需求、分解和利用能力

原核微生物的生存与繁衍需要从环境中获得各种营养物质。地球上几乎所有的物质都能被原核微生物分解利用，但不同的原核微生物对营养物质的需求是不同的，某一种原核微生物只能分解利用某些物质。所以，对营养物质的需求和分解利用各种营养物质的能力的差别可以作为原核微生物鉴定的依据。

常用于原核微生物分类鉴定的营养物质可分为以下 4 类。

（1）含碳化合物。①糖类，包括单糖、双糖和多糖；②醇类；③其他，包括某些有机酸及其盐类、糖苷类、脂类、碳氢化物、CO_2 等。

（2）含氮化合物。包括蛋白质、蛋白胨、氨基酸、胺类、嘌呤、嘧啶，以及硝酸盐、铵盐、尿素和 N_2 等，都能为不同的原核微生物所利用，可以作为鉴定种或属的依据或参考。例如，能利用 N_2 就是固氮菌属（*Azotobacter*）定属的依据之一。

（3）矿质元素。有鉴别意义的矿质元素主要有无机的含硫和含铁化合物，通常用于某些化能自养菌和光合细菌的鉴定。

（4）生长因子。有些原核微生物的生长需要某些生长因子，这也可以作为这些原核微生物分类鉴定的依据或参考。

3. 代谢途径

原核微生物生理生化特征的多样性还可能表现在代谢途径方面的差异，代谢途径不同也可以作为原核微生物的一个分类特征，但由于确定一种原核微生物的代谢途径比较复杂，在原核微生物鉴定中一般不采用。

4. 代谢产物

原核微生物具有丰富的遗传多样性，这决定了不同类群的原核微生物可能具有不同的酶系、代谢途径和分解方式，各种原核微生物即使都分解同一种营养物质，它们的代谢产物也可能存在重要的差别。例如，不同种类的细菌同样是发酵葡萄糖，但其发酵终产物却存在很大的差别。大肠埃希氏菌（*E. coli*）的主要终产物为乳酸、乙醇、乙酸、琥珀酸、CO_2、H_2 和少量甲酸，酸性产物和中性产物之比约为 4∶1；产气肠杆菌（*Enterobacter aerogenes*）的主要终产物为乙醇、2,3-丁二醇（中间产物是乙酰甲基甲醇）、CO_2、H_2，以及少量的甲酸、乳酸和乙酸，酸性产物和中性产物之比约为 1∶6。利用甲基红和乙酰甲基甲醇生化试验就可鉴别大肠埃希氏菌和产气肠杆菌。在很多专性厌氧细菌分类中，代谢产物的不同常常是划分属和种的重要依据。

5. 生理特征

在原核微生物分类鉴定中还常常采用一些生理特征作为分类鉴定的依据或参考。

（1）生长温度。温度是影响原核微生物生长和生存的重要因素，不同的原核微生物生长温度及其对温度的耐受性有很大的差别，生长温度范围和最适生长温度是原核微生物的一项基本特征。通常根据最高生长温度，把原核微生物区分为嗜冷菌、嗜温菌和嗜热菌，因而，生长温度对于嗜热菌和嗜冷菌的分类鉴定有着重要意义，且有时根据其热死温度的不同来鉴定某些原核微生物。极端的生长温度常出现在高等级的分类单元鉴别中，中度嗜热或极度嗜热是位于细菌系统进化树根部的产液菌门（Aquificae）的主要分类鉴定的依据之一，该门所有菌株的最适生长温度在 70℃ 或更高，它们主要栖息在陆地或浅海温泉，是迄今为止生长温度最高的细菌之一。

（2）与氧气的关系。游离氧对原核微生物的生长繁殖和生存都有很大影响。与氧的关系是原核微生物的基本生物学特征，也是原核微生物分类鉴定的重要依据之一。在《伯杰氏系统细菌学手册》第一版中，需氧性是划分第33组的主要特征之一。与氧气的关系对原核微生物科、属的划分也有重要意义。

(3) 生长pH范围。很多常见原核微生物都适于在中性或弱碱性条件下生长，当pH过高或过低时，生长就会受到抑制，甚至导致死亡。但也有一些原核微生物，适于或者只能在酸性或碱性条件下生长，所以生长pH范围是某些嗜酸性或嗜碱性原核微生物分类鉴定的重要依据或者参考特征。

(4) 生长的盐浓度范围。一般原核微生物生长的最适盐浓度在0.2mol/L以下，而耐盐菌海洋生境的微生物和极端嗜盐菌均有其各自的最适生长盐浓度范围。由此可见，能否在一定的盐浓度下生长，或者生长是否需要较高浓度的盐，是某些原核微生物的一项鉴别性特征。

(5) 对化学物质的敏感性。能否在含有氰化钾、某些抗生素、弧菌抑制剂、胆汁或某些染料等抑（抗）菌物质的培养基中生长，也常作为鉴别某些原核微生物的一项特征。

总而言之，原核微生物不同类群的生理学和生物化学特征的多样性是进行原核微生物生理生化分类的根据。据此，微生物分类学家们设计了各种生理生化特征的测定方法，这些试验方法不仅对原核微生物分类有重要意义，而且在临床和流行病学的调查及预测预报等所进行的原核微生物鉴定和诊检工作中发挥了重要作用，也是微生物多样性研究和一个新种命名时必须描述的一部分生物学特征。

(三) 细胞化学的分类特征

20世纪60年代之前，原核微生物的分类都是以形态作为主要特征。60年代初期，Lechevalier等放线菌分类学家开始了放线菌化学分类学的研究，建立了一整套细胞化学分析方法，使微生物分类学的内容从表观水平深入到了细胞水平。到20世纪70年代，这些化学分类技术开始被各国放线菌分类学家普遍采纳。1981年，Lechevalier发表了主要依据化学特征的放线菌的分类系统，从此细胞化学分析方法也被不同类群的原核微生物分类鉴定所使用。

原核微生物细胞化学组分分析主要包括细胞壁化学组分分析、醌组分分析、磷酸类脂分析、枝菌酸、全细胞脂肪酸分析和全细胞可溶性蛋白分析等。

1. 细胞壁化学组分分析

在化学分类中，细胞壁中的肽聚糖和脂多糖具有较重要的价值，胞外多糖和细胞壁中的蛋白质也可提供一些分类信息。在许多原核微生物的细胞壁中含有特征性的肽聚糖，但是古菌没有典型的肽聚糖、胞壁酸、D-氨基酸特征，革兰氏阳性古菌细胞壁中有各种复杂的多聚体。因此，肽聚糖的分析比较，可将细菌和古菌区分开。

细菌细胞壁中肽聚糖的四肽链的氨基酸顺序、第三位上二氨基氨基酸的种类和糖种类，成为原核微生物分类的重要指标，对于放线菌属的鉴定是不可缺少的。Lechevalier夫妇根据放线菌细胞壁的化学组分和全细胞水解液糖型，将放线菌归纳为9个主要类群（表9-5）和4个糖型（表9-6），并提出了以化学和形态相结合划分属的观点。1994年，Stackebrandt发现灰绿链孢囊（*Streptosporangium viridogriseum*）等的全细胞水解物只含半乳糖，定为E型。

表 9-5　放线菌细胞壁的主要构成（引自：Lechevalier et al.，1981）

胞壁类型	主要组成*	代表属
I	L，L-DAP，甘氨酸	*Streptomycetes*
II	meso-DAP，甘氨酸	*Micromonospora*
III	meso-DAP	*Actinomadura*
IV	meso-DAP，阿拉伯糖，半乳糖	*Nocardia*
V	赖氨酸，鸟氨酸	*Actinomycetes*
VI	赖氨酸［天（门）冬氨酸，半乳糖］	*Oerskovia*
VII	DAB，甘氨酸	*Agromycetes*
VIII	鸟氨酸	*Bifidobacterium*
IX	meso-DAP，多种氨基酸	*Mycoplana*

*DAB：1,4-二羟基丁酸；L，L-DAP：L，L-二氨基庚二酸；meso-DAP：内消旋二氨基庚二酸。所有细胞均含有丙氨酸、谷氨酸、胞壁酸和葡萄糖胺。

表 9-6　放线菌全细胞的主要糖型（引自：Lechevalier et al.，1981）

糖型	主要组分	代表属
A	阿拉伯糖，半乳糖	*Nocardia*
B	马杜拉糖	*Actinomadura*
C	无	*Thermoactinomycetes*
D	木糖，阿拉伯糖	*Micromonospora*
E	半乳糖	*Streptosporangium viridogriseum*

2. 醌组分分析

醌是细胞膜上的组分，在电子传递和氧化磷酸化中起重要作用，是非极性类脂。微生物的醌有泛醌（ubiquinone，CoQ）和甲基萘醌（menaquinone，MK）。甲基萘醌分子的侧链由不同长度的异戊烯单位构成，其第三位碳原子上多烯侧链长度和多烯侧链的氢饱和度具有分类学意义，是放线菌等类群的微生物分属依据。将冷冻干燥的菌体细胞用有机溶剂抽提后，经薄层层析纯化得到甲基萘醌的混合物，用高效液相色谱仪分析样品中所含甲基萘醌组分。

3. 磷酸类脂分析

磷酸类脂是位于微生物细胞膜的极性类脂。不同的放线菌所含有的磷酸类脂组分不同，这是鉴别属的重要依据之一。具有分类意义的磷酸类脂有磷脂酰乙醇胺（PE）、磷脂酰甲基乙醇胺（PME）、磷脂酰胆碱（PC）、磷酸甘油（PG）及含有葡萄糖胺未知结构的磷酸类脂（GluNus）。Lechevalier 夫妇分析了 48 个属典型的磷酸类脂，将放线菌分为 5 种磷酸类脂类型（表 9-7），磷脂化学组成和结构特征可用纸层析和薄板层析法进行测定。

表 9-7　好气放线菌的磷酸类脂类型（引自：Lechevalier et al.，1981）

磷酸类脂类型	特征性磷酸类脂				
	PE	PME	PC	GluNus	PG
P I	−	−	−	−	v
P II	+	−	−	−	−
P III	v	v	+	−	v
P IV	v	v	−	+	v
P V	−	−	−	+	+

注：−为不存在；+为存在；v 为可变。

4. 枝菌酸

枝菌酸是具有 α 侧链和 β-羟基的脂肪酸，是棒状杆菌属（Corynebacterium）、分枝杆菌属（Mycobacterium）、诺卡氏菌属（Nocardia）等少数细胞壁Ⅳ型的革兰氏阳性细菌细胞所含有的特征性组分。枝菌酸的发现进一步证实了这些细菌间具有密切亲缘关系，枝菌酸结构的分析结果证明，细胞壁Ⅳ型的不同属细菌枝菌酸的结构是不同的，如分枝杆菌属的枝菌酸约含 80 个碳原子，诺卡氏菌属的枝菌酸约含 50 个碳原子，而棒状杆菌属的枝菌酸仅含约 30 个碳原子。所以，枝菌酸不仅是细胞壁Ⅳ型细菌的一个分类标记，而且还可以通过枝菌酸结构的分析对这些微生物进行鉴别。因此，枝菌酸的分子结构特征已成为细胞壁Ⅳ型细菌的一项分类指标，枝菌酸的测定可采用气质联用的方法。

5. 全细胞脂肪酸分析

脂肪酸通常以极性类脂的形式存在，是一项重要的微生物分类特征。脂肪酸组分一般较为复杂，可分 3 种类型，即直链、分枝和复杂形式的脂肪酸。脂肪酸的链长、双键位置和数量及取代基团的种类在原核微生物中具有分类学意义。全细胞脂肪酸成分经过抽提、纯化后，可以采用液相色谱仪进行组分分析；在高度标准化的培养条件下细胞的脂肪酸甲基酯（FAME）组分是一较稳定的分类学特征。放线菌的脂肪酸可分为 6 大类，其侧链长度在不同的物种中是不同的；也可以用气相色谱仪测定各种脂肪酸的百分含量，直接进行比较，而不再将它们分型。脂肪酸分析具有快速方便、自动化程度高等优点，适用于大量菌株的快速分析。脂肪酸定性分析结果限于属和属以上的分类；脂肪酸定量分析结果可为种和亚种分类提供有用的基本资料。

6. 蛋白质图谱的比较

蛋白质的氨基酸序列顺序是 mRNA 的序列直接反映，并与编码蛋白质合成的基因结构密切相关。因此，比较不同微生物的蛋白质序列的差别，可以间接揭示微生物的系统发育关系，具有分类学的意义。

比较蛋白质的方法有多种。其中，最直接的方法是测定具有相同功能的蛋白质的氨基酸序列。由于具有不同功能的蛋白质的序列常以不同的速率发生变化，有些序列变化的速率快，而有些则相当稳定。如果具有相同功能的蛋白质的序列是相似的，说明它们可能具有密切的关系。据此，某些蛋白质的序列可用于微生物的分类研究。

（四）生态学特征

根据原核微生物在自然界中的存在及其与其他生物的相互关系，可将原核微生物与其他生物共生、寄生的相互关系及其致病性，原核微生物对噬菌体的敏感性，以及原核微生物在自然界中的分布 3 方面的特征作为原核微生物的生态学特征，这些特征也是原核微生物分类鉴定的依据或参考特征。

1. 共生、寄生及致病性

某些原核微生物与其他生物存在共生或寄生关系，这常作为科属划分的重要特征。由于共生或寄生细菌都有一定的宿主范围，宿主的特异性也可作为这些细菌分群、分种或分型时的依据或参考。因此，共生或寄生是这些细菌的一个重要分类特征。

致病性是指细菌的寄生造成对宿主的危害，并使宿主表现出一定症状的特性。细菌有无致病性及其传播媒介，常作为一项分类特征，在医学细菌的分类鉴定中尤为重要。共生、寄主和有致病性的细菌的分类鉴定，往往需要通过敏感宿主的感染试验才能最后确定。

2. 对噬菌体的敏感性

在细菌中已普遍发现有相应种类的噬菌体，噬菌体对宿主细胞的感染和裂解常具有高度的特异性，通常一种噬菌体只能感染和裂解某种细菌，甚至是某种细菌的某些菌株，这是由存在于细菌表面的噬菌体特异性受体所决定的。所以，根据噬菌体的宿主范围可将细菌分为不同的噬菌型，利用噬菌体裂解作用的特异性进行细菌的鉴定。

3. 在自然界中的分布

虽然原核微生物的分布易受风和流水等因素的影响，但就生长环境而言，很多原核微生物类群的生理学特征决定了它们在自然界中的分布具有一定的规律和范围。例如，很多专性寄生或严格共生的原核微生物主要存在于特定宿主的一定部位；极端嗜盐菌主要见于盐湖死海及盐卤制品等高盐环境；极端嗜酸、嗜热菌则存在于自然界的酸或热环境中。如果知道一株菌的来源，则将有助于分析判断它可能的归属，以便更快地对它做出鉴定。

（五）抗原特征

细菌细胞及其产物含有各种蛋白质、脂多糖、脂蛋白、多糖体或多肽等，这些物质都具有抗原性。不同细菌的物质组成和结构可能有相似性，也可能含有独特组分，这些相同和相异的组分就是不同细菌具有共同抗原和特异抗原的基础。一株细菌的抗原除了能与其相应的抗体发生特异性反应外，如果它与其他菌株的抗原完全相同或部分相同，它们之间就会发生交叉反应。所以，细菌的抗原特征也是细菌分类鉴定的依据之一。血清学分类就是通过在体外进行抗原抗体反应（血清学反应）来分析比较细菌之间的抗原特性，进行细菌分类鉴定的一种方法。

根据细菌物质组成与结构的多样性，可以对细菌的各种抗原物质进行分析。目前应用较广泛的是各种复合抗原（结构抗原），包括菌体抗原（O抗原）、鞭毛抗原（H抗原）、表面（荚膜或黏液层）抗原；有时也分析细胞壁、细胞质、菌毛和芽孢抗原等；此外，还分离纯化各种同工酶的蛋白质作为抗原。所采用的分析方法，除传统的凝集反应、沉淀反应和补体结合反应外，免疫电泳、凝胶扩散、酶联免疫、放射免疫、微量补体结合、荧光抗体等新技术方法也被采用，使血清学技术为细菌分类和鉴定提供了很多有价值的信息。

在细菌分类中，血清学反应广泛用于血清型的划分。由于同种或同属内不同菌株的抗原特征不同，因而可将它们分成不同的血清型。血清学反应具有特异性强、灵敏度高、简便快速等优点，所以，在细菌鉴定中，无论是用已知细菌抗体来鉴定未知的细菌抗原，还是用已知细菌抗原检测未知的细菌抗体，对细菌菌株的快速鉴定和细菌性疾病的快速诊断都有一定的意义。

抗原特性在细菌分类中的应用也有其局限性。目前的研究表明，它主要适用于抗原物质结构同源性程度较高的细菌种内不同菌株之间的分析。但已发现肠杆菌科的几乎所有的细菌都具有肠杆菌共同抗原（ECA），而在非肠道菌中，除个别有关属外，一般不具有这种抗原，因而，ECA的有无对肠杆菌科细菌的分类和鉴定有一定作用。

（六）遗传学分类依据

传统的原核微生物分类是基于不同物种间形态学、生理生化学、生态学等表型特征的相似性进行的。但是，随着研究工作的不断深入，常需要将原有的某些分类单元做较大的变动，以至在原核微生物分类中出现一些混乱现象，反映原核微生物进化关系的分类系统也难以建立。在很多原核微生物类群中，仅仅根据表型特征来分析它们之间的系统发育常常是不够准确的，20 世纪 60 年代前后，微生物分类学家开始从遗传学的角度，通过基因组的分析比较，进行原核微生物的分类和探讨原核微生物的系统发育。20 世纪 70 年代后，以遗传学特征作为分类依据在原核微生物分类中起着越来越重要的作用。下面简要介绍用这些方法所获得的遗传学特征在原核微生物分类中的应用。

1. DNA 碱基组成比例（G+C mol%）的测定

每个有机体的 DNA G+C mol% 具有较稳定的值，而且原核微生物的 G+C 含量变化范围较大，为 20%～80%，比真核生物大得多，所以能够应用于原核微生物的分类鉴定。在《伯杰氏系统细菌学手册》第二版中，根据 DNA G+C mol% 将含量在 50% 以上的革兰氏阳性菌归于高 GC 含量的放线菌门。大量的实验证明，原核微生物的 G+C mol% 在种内差异不超过 3%，在属内不超过 10%。G+C mol% 在不同生物中都是比较恒定的，常作为分类鉴定标准之一，主要用于对表型特征难区分的原核微生物做出鉴定，检验表型特征分类的合理性，验证已有的分类关系是否正确，通常以 DNA 的 G+C mol% 的显著差异来纠正错误的种属划分，从分子水平上判断物种的亲缘关系。

目前测定 DNA G+C mol% 的方法主要有热变性法（T_m 值法）、浮力密度法、高压液相色谱法等，由于各种测定方法间存在一定的误差，故在使用该分类指征时，应标明测定方法。在分类鉴定中，DNA 碱基组成的测定必须与其他分类特征的比较结合使用，作为判定细菌科属间亲缘关系的参考标准。

2. DNA-DNA 分子杂交

DNA-DNA 分子杂交通常用于描述种的同源性。DNA 结合百分比或 DNA 杂交值或相关结合比例都是两个全基因组之间比较序列相似性的间接参数。DNA 的杂交值可以反映出两基因组间序列的相似性。1987 年，国际系统细菌学委员会（International Committee on Systematic Bacteriology, ICSB）规定，DNA 同源性 ≥70%，杂交分子的热解链温度差 $\Delta T_m \leq 5℃$ 为细菌种的界限。

DNA-DNA 分子杂交的方法也很多，按反应所处的环境可分为固相滤膜法、羟基磷灰石吸附法、液相复性速率法（光学测量法）、S1 核酸酶法等。其中液相复性速率法的优点是 DNA 不需要标记，DNA 同源性低于 30% 则在分类学上无较大意义。杂交的最佳温度范围一般较宽（约 5℃），复性或杂交需要的温度范围为低于熔点 22～26℃。这些方法需要大量的 DNA 且耗费时间较长，快速而节省 DNA 样品的 DNA 杂交的新方法也已出现并用于原核微生物分类研究中，如同位素标记或非同位素标记的膜杂交方法等。

3. 系统发育分析

微生物体内的蛋白质、RNA 和 DNA 等生物大分子都可以提供生物进化的信息，但并不一定都适用于微生物系统发育的研究。大量的实验研究表明：在众多的生物大分子中，最适合于揭示各类生物亲缘关系的是 rRNA，尤其是 16S rRNA。在漫长的历史进化过程中，16S rRNA 生物功能稳定；高度保守的序列区域、中度保守和高度变化的序列区域间隔排列，各自独立进化的特殊结构，适用于进化距离不同的各类生物亲缘关系的研究；与其他 rRNA 相比，其相对分子质量大小适中，便于序列分析；最重要的是，16S rRNA 普遍存在于原核生物（18S rRNA 是真核生物）中，所以，被普遍公认是可以作为测量各类生物进化的一把"分子标尺"。自 1987 年 Woese 首次运用 rRNA 分析技术以来，16S rRNA 序列的数据资料快速增长，成为原核微生物多样性、进化、系统发育研究广泛采用的材料。

16S rRNA 序列分析主要有两种方法：一种是将 16S rRNA 提纯后，利用反转录酶和保守引物进行测序，一般采用双脱氧链终止法；另一种是通过正反向双引物对总 DNA 进行 16S rDNA 特异性扩增，扩增片段纯化后，与特定的质粒载体连接，进行克隆，筛选出阳性转化子，提取并纯化带有 16S rDNA 片段的重组质粒，用通用引物测序或用 16S rDNA-PCR 产物直接进行测序。对 16S rDNA 序列采用聚类分析（cluster analysis）方法进行数据处理，构建进化树，可进行系统发育和进化关系的研究。

但是，在种、属的水平上，16S rRNA/rDNA 相似性在多大程度才比较妥当至今尚无公认的标准。16S rDNA 序列和 DNA-DNA 杂交比较的结果显示：70% 的 DNA-DNA 匹配性对应于约 97% 的 16S rDNA 相似性。16S rDNA 只占原核微生物总 DNA 的一小部分，在用于区分关系较近的种和（或）菌株差异时，其作用是非常有限的，有时两株菌的 16S rDNA 同源性超过 99%，但总 DNA 的杂交却显示很低的同源性。16S rDNA 的运用类似 DNA 的 G+C mol%，主要作用是验证。当两株菌的 16S rDNA 序列相似性相差 3% 以上时，可以认为它们不是同种，若小于 3%，则不能肯定，需要结合 DNA-DNA 杂交等其他方法来确认。

4. 数值分类法

数值分类（numberical taxonomy）是一种分类的方法而并不是分类依据。数值分类是 Adanson 首先提出的，1957 年，Sneath 将这个方法用于原核微生物分类。所谓数值分类法，就是用数理统计方法借助于电子计算机，来处理原核微生物的各种分类特征，求出相似值，以其相似性的大小决定原核微生物在分类学的关系，并把它们分为各个类群。数值分类法虽然也主要采用表型特征，但与传统分类法有显著的不同，它的特点是采用大量特征，并根据"等重原则"，对各分类特征不分主次，均同等对待。这种方法减少了传统分类法界定分类单元的主观性。

数值分类法是传统分类法的延续和发展，是现代原核微生物分类的一种基本方法。其优越性在于它是以分析大量分类特征为基础的，对于类群的划分比较客观和稳定，而且促进对原核微生物类群的全面考查和观察，为原核微生物的分类鉴定提供了大量表型信息，积累了大量资料。有不少原核微生物的数值分类结果与传统分类法相吻合，如肠道细菌和放线菌等。不过，在使用数值分类法只能对被试菌株进行分群，还应测定有关菌株的 DNA G+C mol%、DNA 同源性和 16S rDNA 全序列，以进一步确证系统分类地位。

二、真核微生物分类依据

菌物的分类依据也包括形态学、生理生化特征及生态特征等。但与原核微生物不同，真核微生物通常以孢子形态和子实体特征为主要分类依据，也参照菌丝的细胞结构及生理生化和生态特征。不同的菌物学家对菌物分类的问题意见不同，各自选择的分类依据也存在着差别，特别是在进入分子生物学时期后，分类学的研究呈现出异常活跃的状态。菌物的形态特征复杂，而且有些形态特征和生理生化指标随着环境的变化而不稳定，很容易产生错误的判断。近年来，分子生物学的内容被引入了菌物分类学研究，从遗传进化的角度来阐明菌物种群间的内在关系，按其亲缘关系客观地反映系统发育规律。虽然分子生物学方法具有特异性高、操作简便和准确性高等特点，但不可能完全替代常规的菌物鉴定方法，因此，采用传统分类依据与现代的分子生物学特征相结合的方法，更有利于客观的认识真核微生物之间的系统进化关系。

菌物个体形态特征，包括细胞或菌丝结构、无性和有性生殖结构特点、孢子形状及其颜色等，可通过普通光学显微镜或电子显微镜的观察来描述，而群体特征可根据菌落的质地、产生的色素等基本特点来描述。目前，主要的分类指标仍是以形态特征为依据。下面简要地介绍几种在菌物分类研究中所采用的分子生物学方法。

（一）菌物核型分析

菌物核型分析的主要技术是脉冲电场凝胶电泳分析，该方法是一种 DNA 分离技术，其分离范围可达到 10Mb。脉冲场凝胶电泳（pulsed field gel electrophoresis）使 DNA 分子在凝胶中始终处于有规律变化方向的电场中，依靠电场方向的变化，使大分子 DNA 得以分离。电泳仪的两个电极分别按设定的时间交替工作，使得 DNA 分子则随着电场的变化而有规律地改变泳动的方向，最终可获得染色体的数目和大小等基因组结构的基本数据，并可直接进行不同菌株核型的比较。

（二）核糖体小亚基序列及核糖体间隔区分析

在真核微生物的系统分类研究中，除 18S rDNA 全序列系统发育分析外，核糖体 rDNA 间隔区序列也已被广泛使用。由于在真核生物中，18S rDNA、ITS1、5.8S rDNA、ITS2 和 28S rDNA 形成串联结构，rDNA 经转录形成 rRNA，进行剪切加工后产生 18S rRNA、5.8S rRNA 和 28S rRNA。这些核酸序列与核糖体蛋白质组成核糖体，是合成蛋白质的场所，该区域的序列比较保守，可用于不同物种之间亲缘关系远近的比较。由于转录间隔区序列在不同种间变化较大，其多态性常用于菌物种间或种以下水平的比较。

随机引物扩增多态性 DNA（RAPD）技术、限制性片段长度多态性（RFLP）分析也常用于菌物的鉴定和分类研究中，RFLP 技术针对的靶基因一般都是特定的基因序列或片段，如线粒体 DNA、18S rDNA 或核糖体间隔区序列 ITS 等。

第三节　微生物的系统分类和主要的属

一、原核微生物的系统分类和主要的属

《伯杰氏系统细菌学手册》第二版中各门、纲和代表属的名称如下。

（一）古菌域（Archaea）

AⅠ——泉古菌门（Crenarchaeota）
　热变形细菌纲（Thermoprotei）
　　热变形菌属（*Thermoproteus*），硫化叶菌属（*Sulfolobus*），热网菌属（*Pyrodictium*）

AⅡ——广古菌门（Euryarchaeota）
　甲烷杆菌纲（Methanobacteria）
　　甲烷杆菌属（*Methanobacterium*），甲烷短杆菌属（*Methanobrevibacter*），甲烷球形菌属（*Methanosphaera*），甲烷嗜热杆菌属（*Methanothermobacter*）
　甲烷球菌纲（Methanococci）
　　甲烷球菌属（*Methanococcus*），甲烷嗜热球菌属（*Methanothermococcus*）
　盐杆菌纲（Halobacteria）

盐杆菌属（*Halobacterium*），盐盒菌属（*Haloarcula*），盐棒杆菌属（*Halobaculum*），盐球菌属（*Halococcus*）

热原体纲（Thermoplasmata）
  热原体属（*Themoplasma*），嗜酸古菌属（*Picrophilus*），铁原体属（*Ferroplasma*）

热球菌纲（Thermococci）
  嗜热球菌属（*Thermococcus*），古代球菌属（*Palaeococcus*），热球菌属（*Pyrococcus*）

古生球菌纲（Archaeoglobi）
  古生球菌属（*Archaeoglobus*），铁球菌属（*Ferroglobus*）

甲烷高温热菌纲（Methanopyri）
  甲烷高温热菌属（*Methanopyrus*）

甲烷微菌纲（Methanomicrobia）
  甲烷胞菌属（*Methanocella*），甲烷粒菌属（*Methanocorpusculum*），甲烷微菌属（*Methanomicrobium*），甲烷螺菌属（*Methanospirillum*），甲烷线菌属（*Methanolinea*）

AⅢ——初古菌门（Korarchaeota）
  "Candidatus Korarchaeum"

AⅣ——纳古菌门（Nanoarchaeota）
  纳古菌属（*Nanoarchaeum*）

AⅤ——Phylum "Thaumarchaeota"
  餐古菌属（*Cenarchaeum*）

（二）细菌域（Bacteria）

BⅠ门——产液菌门（Aquificae）

产液菌纲（Aquificae）
  产液菌属（*Aguifex*），热杆菌属（*Calderobacterium*），氢杆菌属（*Hydrogenobacter*）

BⅡ门——热袍菌门（Thermotogae）

栖热袍菌纲（Thermotogae）
  热袍菌属（*Thermotoga*），闪烁杆菌属（*Fervidobacterium*），地袍菌属（*Geotoga*），石袍菌属（*Petrotoga*），栖热腔菌属（*Thermosipho*）

BⅢ门——热脱硫杆菌门（Thermodesulfobacteria）

热脱硫杆菌纲（Thermodesulfobacteria）
  热脱硫杆菌属（*Thermodesulfobacterium*）

BⅣ门——异常球菌-栖热菌门（"Deinococcus-Thermus"）

异常球菌纲（Deinococci）
  异常球菌属（*Deinococcus*），栖热菌属（*Thermus*）

BⅤ门——金矿菌门（Chrysiogenetes）

金矿菌纲（Chrysiogenetes）
  金矿菌属（*Chrisiogenes*）

BⅥ门——绿屈挠菌门（Chloroflexi）

绿屈挠菌纲（Chloroflexi）
  绿屈挠菌属（*Chloroflexus*），绿丝菌属（*Chloronema*），螺丝菌属（*Heliothrix*），绿颤细菌属（*Oscillochloris*），滑柱菌属（*Herpetosiphon*）

BⅦ门——热微菌门（Thermomicrobia）

热微菌纲（Thermomicrobia）
  热微菌属（*Thermomicrobium*）

BⅧ门——硝化螺菌门（Nitrospira）
  硝化螺菌纲（Nitrospira）
    硝化螺菌属（*Nitrospira*）

BⅨ门——铁还原杆菌门（Deferribacteres）
  铁还原杆菌纲（Deferribacteres）
    铁还原杆菌属（*Deferribacter*），脱氮弧菌属（*Denitrovibrio*），弯枝菌属（*Flexistipes*），地弧菌（*Geovibrio*）

BⅩ门——蓝细菌门（Cyanobacteria）
  蓝细菌纲（Cyanobacteria）
    管孢蓝细菌属（*Chamaesiphon*），色球蓝细菌属（*Chroococcus*），蓝细菌属（*Cyanobacterium*），原绿蓝细菌属（*Prochloron*），聚球蓝细菌属（*Synechococcus*），颤蓝细菌属（*Oscillatoria*），鱼腥蓝细菌属（*Anabaena*），念珠蓝细菌属（*Nostoc*），真枝蓝细菌属（*Stigonema*），宽球蓝细菌属（*Pleurocapsa*），螺旋蓝细菌属（*Spirulina*）

BⅪ门——绿菌门（Chlorobi）
  绿细菌纲（Chlorobia）
    绿菌属（*Chlorobium*），绿臂菌属（*Ancalochloris*），绿滑菌属（*Chloroherpeton*），暗网菌属（*Pelodictyon*），突柄菌属（*Prosthecochloris*）

BⅫ门——变形杆菌门（Proteobacteria）
  α-变形杆菌纲（Alphaproteobacteria）
    红螺菌属（*Rhodospirillum*），立克次氏体属（*Rickettsia*），柄杆菌属（*Caulobacter*），根瘤菌属（*Rhizobium*），布鲁氏菌属（*Brucella*），硝化杆菌属（*Nitrobacter*），甲基杆菌属（*Methylobacterium*），拜叶林克氏菌属（*Beijerinckia*），生丝微菌属（*Hyphomicrobium*）
  β-变形杆菌纲（Betaproteobacteria）
    奈瑟氏菌属（*Neisseria*），伯克霍尔德氏菌属（*Burkholderia*），产碱杆菌属（*Alcaligenes*），丛毛单胞菌属（*Comamonas*），亚硝化单胞菌属（*Nitrosomonas*），嗜甲基菌属（*Methylophilus*），硫杆菌属（*Thiobacillus*）
  γ-变形杆菌纲（Gammaproteobacteria）
    着色菌属（*Chromatium*），亮发菌属（*Leucothrix*），军团菌属（*Legionella*），假单胞菌属（*Pseudomonas*），固氮菌属（*Azotobacter*），弧菌属（*Vibrio*），埃希氏菌属（*Escherichia*），克雷伯氏菌属（*Klebsiella*），变形杆菌属（*Proteus*），沙门氏菌属（*Salmonella*），志贺氏菌属（*Shigella*），耶尔森氏菌属（*Yersinia*），嗜血杆菌属（*Haemophilus*）
  δ-变形杆菌纲（Deltaproteobacteria）
    脱硫弧菌属（*Desulfovibrio*），蛭弧菌属（*Bdellovibrio*），黏球菌属（*Myxococcus*），多囊菌属（*Polyangium*）
  ε-变形杆菌纲（Epsilonproteobacteria）
    弯曲杆菌属（*Campylobacter*），螺杆菌属（*Helicobacter*）

BⅩⅢ门——坚壁菌门（Firmicutes）
  梭菌纲（Clostridia）
    梭菌属（*Clostridium*），消化链球菌属（*Peptostreptococcus*），真杆菌属（*Eubacterium*），脱硫肠状菌属（*Desulfotomaculum*），螺旋杆菌属（*Heliobacterium*），韦荣氏菌属（*Veillonella*）
  芽孢杆菌纲（Bacilli）
    芽孢杆菌属（*Bacillus*），显核菌属（*Caryophanon*），类芽孢杆菌属（*Paenibacillus*），高温放线菌属（*Thermoactinomyces*），乳酸菌属（*Lactobacillus*），链球菌属（*Streptococcus*），肠球菌属（*Enterococcus*），利斯特氏菌属（*Listeria*），明串珠菌属（*Leuconostoc*），葡萄球菌属（*Staphylococcus*）

BXⅣ门——放线菌门（**Actinobacteria**）

放线菌纲（Actinobacteria）

醋微菌属（*Acidimicrobium* VP），放线菌属（*Actinomyces*），微球菌属（*Micrococcus*），节杆菌属（*Arthrobacter*），棒杆菌属（*Corynebacterium*），分枝杆菌属（*Mycobacterium*），诺卡氏菌属（*Norcadia*），游动放线菌属（*Actinoplanes*），丙酸杆菌属（*Propionibacterium*），链霉菌属（*Streptomyces*），拟诺卡菌属（*Nocardiopsis*），小单孢菌属（*Micromonospora*），高温单胞菌属（*Thermomonospora*），弗兰克氏菌属（*Frankia*），马杜拉放线菌属（*Actinomadura*），双歧杆菌属（*Bifidobacterium*）

BXⅤ门——浮霉状菌门（**Planctomycetes**）

浮霉状菌纲（Planctomycetacia）

浮霉状菌属（*Planctomyces*），出芽菌属（*Gemmata*），等球菌属（*Isosphaera*），小梨形菌属（*Pirellula*）

BXⅥ门——衣原体门（**Chlamydiae**）

衣原体属（*Chlamydia*），嗜衣原体属（*Chlamydophila*）

BXⅦ门——螺旋体门（**Spirochaetes**）

螺旋体纲（Spirochaetes）

螺旋体属（*Spirochaeta*），疏螺旋体属（*Borrelia*），密螺旋体属（*Treponema*），钩端螺旋体属（*Leptospira*）

BXⅧ门——丝状杆菌门（**Fibrobacteres**）

丝状杆菌纲（Fibrobacteres）

丝状杆菌属（*Fibrobacter*）

BXⅨ门——酸杆菌门（**Acidobacteria**）

酸杆菌纲（Acidobacteria）

酸杆菌属（*Acidobacterium*）

BXX门——拟杆菌门（**Bacteroidetes**）

拟杆菌纲（Bacteroidetes）

拟杆菌属（*Bacteroides*），卟啉单胞菌属（*Porphyromonas*），普雷沃氏菌属（*Prevotella*），黄杆菌属（*Flavobacterium*），鞘氨醇杆菌属（*Sphingobacterium*），屈挠杆菌属（*Flexibacter*），噬纤维菌属（*Cytophaga*）

BXXⅠ门——梭杆菌门（**Fusobacteria**）

梭形菌纲（Fusobacteria）

梭杆菌属（*Fusobacterium*），产丙酸菌属（*Propionigenium*）

BXXⅡ门——疣微菌门（**Verrucomicrobia**）

疣微菌纲（Verrucomicrobiae）

疣微菌属（*Verrucomicrobium*），突柄杆菌属（*Prosthecobacter*），剑线虫杆菌属（*Xiphinematobacter*）

BXXⅢ门——网状球菌门（**Dictyoglomi**）

"网状球菌纲"（"Dictyoglomia"）注：标有引号（" "）的细菌名称为有效发表。

网状球菌属（*Dictyoglomus*）

BXXⅣ门——出芽单胞菌门（**Gemmatimonadetes**）

出芽单胞菌纲（Gemmatimonadetes）

出芽单胞菌属（*Gemmatimonas*）

BXXⅤ门——黏结球形菌门（**Lentisphaerae**）

黏结球形菌纲（Lentisphaeria）

黏结球形菌属（*Lentisphaera*），食谷菌属（*Victivallis*）

BXXⅥ门——互养菌（互生菌）门（***Synergistetes***）

互养菌（互生菌）纲（Synergistia）

嗜胺菌属（*Aminiphilus*），氨基酸杆状菌属（*Aminobacterium*），胺单胞菌属（*Aminomonas*），厌氧小杆菌属（*Anaerobaculum*），下水道菌属（*Cloacibacillus*），脱硫代硫酸盐弧菌属（*Dethiosulfovibrio*），容凯氏菌属（*Jonquetella*），互养菌（互生菌）属（*Synergistes*），热厌氧弧菌属（*Thermanaerovibrio*），热棍杆菌属（*Thermovirga*）

BⅩⅩⅦ门——盔甲单胞菌门（Armatimonadetes）

盔甲单胞菌纲（Armatimonadia）

盔甲单胞菌属（*Armatimonas*）

陆地单胞菌纲（Chthonomonadetes）

陆地单胞菌属（*Chthonomonas*）

BⅩⅩⅧ门——热丝菌门（Caldiserica）

热丝菌纲（Caldisericia）

热丝菌属（*Caldisericum*）

BⅩⅩⅨ门——逃避微菌门（Elusimicrobia）

逃避微菌纲（Elusimicrobia）

逃避微菌属（*Elusimicrobium*）

BⅩⅩⅩ门——柔膜菌门（Tenericutes）

柔膜菌纲（Mollicutes）

无胆甾原体属（*Acholeplasma*），厌氧原体属（*Anaeroplasma*），无甾醇原体属（*Asteroleplasma*），虫原体属（*Entomoplasma*），中间原体属（*Mesoplasma*），螺原体属（*Spiroplasma*），盐原体属（*Haloplasma*），血虫属（*Eperythrozoon*），血巴尔通氏体属（*Haemobartonella*），支原体属（*Mycoplasma*），脲原体属（*Ureaplasma*）

【知识窗——原核微生物系统分类学研究的重要参考资源简介】

截止到2012年2月合格发表的原核生物已达35个门、1947个属、10 642个种。其中古菌域5个门、111个属、412个种；细菌域30个门、1836个属、10 230个种。

除了上述两版《伯杰氏系统细菌学手册》外，还有一部重要的原核微生物分类书籍，称为《原核生物》（*Procaryote*）。该书的第二版（1992年）完全遵照原核生物系统发育的顺序，描述了每个分支中的原核微生物属或更高的分类单元，以反映原核生物分类和系统发育的最新进展。目前，《伯杰氏系统细菌学手册》和《原核生物》正在为广大的微生物学工作者提供微生物分类和系统发育的基础理论和详细的资料。

国际上重要的涉及原核生物的网站：美国国家生物技术信息中心（National Center of Biotechnology Information，NCBI）。例如，欲拟检索一个细菌某分类单元的分类现状，只要登录NCBI的分类学主页（NCBI Taxonomy Homepage，网址为：http://www.ncbi.nlm.nih.gov/Taxonomy/taxonomyhome.html），输入关键词、菌种名称的拉丁文，点击弹出检索结果，其给出的结果虽然是非权威性的，有时可能是不完全的，但确实能快速地给用户该问题基本的答案，并可由此追踪文献，扩大检索范围，争取得到满意的结果。从网站NCBI的分类学主页面上可以查寻以下信息，其链接的网站又可进一步了解信息在深层次方面的内容。

网站LPSN（http://www.bacterio.cict.fr/）是"具有分类学地位的细菌名称的名录"（List of Procaryote names with Standing in Nomenclature）的英文缩写词。在网站LPSN的首页也可以打开如下的网页：原核生物所有属的名录、细菌的所有分类单元的名录、古菌所有分类单元的名录、细菌名称确认名录、所有在合格化名录中发表过的名称和所有合格发表的名称。

二、真核微生物的系统分类和主要的属

2008年出版的《菌物词典》第十版的分类系统中的各门、纲和代表属的名称如下。

门1 壶菌门（Chytridiomycota）

分2纲、4目、14科、105属、706种。包括：壶菌纲（Chytridiomycetes）：壶菌目（Chytridiales），根囊壶菌目（Rhizophydiales），螺旋壶菌目（Spizellomycetales）；单毛壶菌纲（新）（Monoblepharidimycetes）：单毛壶菌目（Monoblepharidales）。

重要的科有：壶菌目的壶菌科（Chytridiaceae）、歧壶菌科（Cladochytriaceae）、内囊壶菌科（Endochytridiaceae）、集壶菌科（Synchytriaceae）。例如，油壶菌属（*Olpidium*）、根生壶菌属（*Rhizophydium*）、集壶菌属（*Synchytrium*）、接壶菌属（*Zygochytrium*）；歧壶菌属（*Cladochytrium*）等。单毛壶菌纲：角壶菌科（Gonapodyaceae）、钩壶菌科（Harpochytriaceae）、单毛壶菌科（Monoblepharidaceae）、瘤壶菌科（Oedogoniomycetaceae），如单毛壶菌属（*Monoblepharis*）。

门2 芽枝霉门（Blastocladiomycota）

分1纲、1目、5科、14属、179种。芽枝霉纲（Blastocladiomycetes），芽枝霉目（Blastocladiales），芽枝霉科（Blastocladiaceae）、链枝菌科（Catenariaceae）、雕蚀菌科（Coelomomycetaceae）、节壶菌科（Physodermataeceae）、聚壶菌科（Sorochytriaceae）。例如，节壶菌属（*Physoderma*）、异水霉属（*Allomyces*）、小芽枝霉属（*Blastocladiella*）、雕蚀菌属（*Coelomomyces*）、节壶菌属（*Physoderma*）。

门3 新丽鞭毛菌门（Neocallimastigomycota）

分1纲、1目、1科、6属、20种。新丽鞭毛菌纲（Neocallimastigomycetes），新丽鞭毛菌目（Neocallimastigales），新丽鞭毛菌科（Neocallimastigaceae），新丽鞭毛菌属（*Neocallimastix*）、*Anaeromyces*、*Caecomyces*、*Cyllamyces*、*Orpinomyces*、*Piromyces*。

门4 球囊菌门（Glomeromycota）

分1纲，4目，9科，12属，169种。球囊菌纲（Glomeromycetes）：原始孢菌目（Archaeosporales）、叉孢菌目（Diversisporales）、小丛壳菌目（Glomerales）、假小丛壳菌目（Paraglomerales）。

门5 接合菌门（Zygomycota）

分4亚门，10目，27科，168属，1065种。

虫霉菌亚门（Entomophthoromycotina），虫霉菌目（Entomophthorales）。

梳霉菌亚门（Kickxellomycotina），梳霉属（*Kickxella*）。

毛霉菌亚门（Mucoromycotina），毛霉目（Mucorales）：根霉属（*Rhizopus*），毛霉属（*Mucor*），笄霉属（*Choanephona*）。

捕虫霉菌亚门（Zoopagomycotina），捕虫霉菌目（Zoopagales）。

亚门未划定的：蛙粪霉目（Basidiobolales）。

门6 子囊菌门（Ascomycota）

分3亚门，15纲，68目，327科，6355属，64 163种。废弃了原来的亚门名称，重新设立了3个亚门：盘菌亚门（Pezizomycotina＝Ascomycotina 子囊菌亚门）、酵母菌亚门（Saccharomycotina）、外囊菌亚门（Taphrinomycotina）。

盘菌亚门（Pezizomycotina）（＝子囊菌亚门 Ascomycotina）

星裂菌纲（Arthoniomycetes），星裂菌科（Arthoniaceae）、Chrysotrichaceae、Melaspileaceae、Roccellaceae 4科。

座囊菌纲（Dothideomycetes），假黑粉霉属（*Sirodesmium*）。

散囊菌纲（Eurotiomycetes），小孢癣菌属（*Microsporum*）。

虫囊菌纲（Laboulbeniomycetes），囊菌目（Laboulbeniales）、盖柄菌目（Pyxidiophorales）。

茶渍菌纲（Lecanoromycetes），微孢子菌目（Acarosporales）、茶渍菌目（Lecanorales）、地卷菌目（Peltigerales）、黄枝衣菌目（Teloschistales）、Agyriales、Baeomycetales、厚顶盘菌目（Ostropales）、孔鸡

皮菌目（Pertusariales）、Candelariales、Umbiliacariales。

锤舌菌纲（Leotiomycetes），核盘菌属（*Sclerotinia*）、胶陀螺属（*Bulgaria*）。

异极菌纲（Lichinomycetes），异极菌目（Lichinales）。

圆盘菌纲（Orbiliomycetes），圆盘菌科（Orbiliaceae）。

盘菌纲（Pezizomycetes），腔地菇属（*Hydnotrya*）、马鞍菌属（*Helvella*）、钟柄菌属（*Mitrophora*）、羊肚菌属（*Morchella*）、钟菌属（*Verpa*）、马蒂奥洛菌属（*Mattirolomyces*）、盘菌属（*Peziza*）、星裂盘菌属（*Sarcosphaera*）、地菇属（*Terfezia*）、网孢盘菌属（*Aleuria*）、杯盘菌属（*Tarzetta*）、丛耳菌属（*Wynnea*）、肉盘菌属（*Sarcosoma*）、块菌属（*Tuber*）。

粪壳菌纲（Sordariomycetes），绿僵虫草属（*Metacordyceps*）、虫草属（*Cordyceps*）、肉棒菌属（*Podostroma*）、团囊虫草属（*Elaphocordyceps*）、线虫草属（*Ophiocordyceps*）。

酵母菌亚门（Saccharomycotina）

酵母菌纲（Saccharomycetes），酵母菌目（Saccharomycetales）。

外囊菌亚门（Taphrinomycotina）

新盘菌纲（Neolectomycetes），新盘菌属（*Neolecta*）。

肺炎菌纲（Pneumocystidomycetes），肺炎菌属（*Pneumocystis*）。

裂殖酵母菌纲（Schizosaccharomycetes），裂殖酵母菌科（Schizosaccharomycetaceae）。

外囊菌纲（Taphrinomycetes），外囊菌目（Taphrinales）。

门 7　担子菌门（Basidiomycota）

分 3 亚门，16 纲，52 目，177 科，1589 属，31 515 种；纲的地位未划定的 6 目。废弃原来的亚门名称，新设立的 3 个亚门：伞菌亚门（Agaricomycotina），柄锈菌亚门（Pucciniomycotina），黑粉菌亚门（Ustilaginomycotina）。

伞菌亚门（Agaricomycotina）

伞菌纲（Agaricomycetes）

伞菌亚纲（Agaricomycetidae）：伞菌目（Agaricales），艾塞里亚菌目（Atheliales），牛肝菌目（Boletales）。

鬼笔亚纲（Phallomycetidae）：地星目（Geastrales），钉菇目（Gomphales），辐片包菌目（Hysterangiales），（Phallales）鬼笔目。

亚纲未确定的目：木耳目（Auriculariales），鸡油菌目（Cantharellales），伏革菌目（Corticiales），黏褶菌目（Gloeophyllales），刺革菌目（Hymenochaetales），多孔菌目（Polyporales），红菇（Russulales），蜡壳菌目（Sebacinales），革菌目（Thelephorales），糙孢伏革菌目（Trechisporales）。

花耳纲（Dacrymycetes）：胶角耳属（*Calocera*）、片花耳属（*Cerinomyces*）、*Cerinosterus*、花耳属（*Dacrymyces*）、*Dacryonaema*、假花耳属（*Dacryopinax*）、*Dacryoscyphus*、韧钉耳属（*Ditiola*）、胶盘耳属（*Guepiniopsis*）。

银耳纲（Tremellomycetes）：银耳属（*Tremella*）。

柄锈菌亚门（Pucciniomycotina）

伞型束梗孢菌纲（Agaricostilbomycetes）：伞型束梗孔菌属（*Agaricostilbum*）、本森顿酵母属（*Bensingtonia*）、*Sterigmatomyces*、*Chionosphaera*、克氏担孢酵母属（*Kurtzmanomyces*）、*Mycogloea*、束梗孢属（*Stilbum*）、本森顿酵母属（*Bensingtonia*）、*Kondoa*、*Mycogloea*、*Spiculogloea*、掷孢酵母属（*Sporobolomyces*）。

小纺锤菌纲（Atractiellomycetes）：小纺锤菌属（*Atractogloea*）、*Atractiella*、*Basidiopycnides*、*Basidiopycnis*、卷胶耳属（*Helicogloea*）、锤耳属（*Phleogena*）、*Proceropycnis*。

Classiculomycetes 纲：*Classicula*。

隐菌寄生菌纲（Cryptomycocolacomyctes）：*Cryptomycocolax*。

囊担子菌纲（Cystobasidiomycetes）：*Occultifer*、红酵母属（*Rhodotorula*）、囊担菌属（*Cystobasidi-*

um)、*Bannoa*、担孢酵母属（*Erythrobasidium*）、红酵母属（*Rhodotorula*）、掷孢酵母属（*Sporobolomyces*）。

小葡萄菌纲（Microbotryomycetes）：异腹菌目（Heterogastridiales）、白锁掷孢酵母菌目（Leucosporidiales）、小葡萄菌目（Microbotryales）、锁掷孢酵母菌目（Sporidiobolales）。

混合菌纲（Mixiomycetes）：只有一个属，即混合菌属（*Mixia*）。

柄锈菌纲（Pucciniomycetes）：柄锈菌属（*Puccinia*），单胞锈菌属（*Uromyces*）等。

黑粉菌亚门（Ustilaginomycotina）。

黑粉菌纲（Ustilaginomycetes）：黑粉菌属（*Ustilago*）、轴黑粉菌属（*Sphacelotheca*）、腥黑粉菌属（*Tilletia*）等。

地位未定 Incertae sedis（亚门）

节担菌纲（Wallemiomycetes）：节担菌属（*Wallemia*）。

门8　微孢虫门（**Microsporidia**）（略）

【知识窗——菌物系统分类学研究的重要参考资源简介】

1. 菌物索引网站 www.indexfungorum.org

菌物索引 Index Fungorum 是由 CABI（英联邦农业局国际）、CBS（荷兰皇家艺术与科学学院的科研中心的菌物培养物中央统计局菌物多样性中心）和 Landcare Research（新西兰皇家研究院的土地保护研究所）3 个官方机构合作开办的菌物公共资源网站，全球的菌物学家共同参与编辑。该网站包括了所有菌物学名和分类学地位的信息，随时进行更新，目前已经有 467 309 条内容。在该网站可以查询任何一个菌物物种的分类地位信息，只要输入物种的拉丁学名，就可以检索到该物种的正确拉丁学名、所有的同物异名、分类地位、发表该物种的原始文献等信息。方法是在 Index Fungorum 主页的搜索框内输入任何要查询的物种学名、或属名、或科名、或更高级的分类单元进行搜索即可。

2. 菌物银行 MycoBank

MycoBank 是一个在线的数据库，记录了所有已经命名的菌物的拉丁学名和相关的数据，包括分类学地位、形态特征描述、子实体形态插图或照片、菌丝和孢子形态图等。国际菌物学会规定任何新发表的物种都必须在该网站登记，所以你可以查询到任何新发表的物种的全部信息。在该网站可以查询到任何一个分类单元及其以下的所有菌物物种的全部信息。该网站与 Index Fungorum 的内容基本一致。

3. 维基百科 Wikipedia

维基百科囊括了所有的生物学特别是已知生物的分类学信息，该网站可以搜索到任何一个分类单元及其以下物种的相关信息。该网站列出了所有的已知菌物的物种清单、图片、形态特征、生态环境、利用价值和其他相关内容、各种重要的参考文献目录等。但因网站编辑的更新速度不快，有些内容与 Index Fungorum 和 Mycobank 有差异。

4. GenBank

GenBank 是美国国家生物技术信息中心（National Center for Biotechnology Information, NCBI）建立的 DNA 序列数据库，从公共资源中获取序列数据，主要是科研人员直接提供或来源于大规模基因组测序计划。该网站上可以查询到大多数物种的 DNA 分子数据，但并不是所有的菌物分子生物学家都懂得经典的菌物分类学，他们提供的 DNA 碱基序列数据可能与经典物种本身不能够一一对应，需要我们自己加以甄别。

本章小结

1. 根据 16S rRNA 基因序列比较，把生命区分为古菌域、细菌域和真核生物域。

2. 微生物分类学包括分类、命名和鉴定 3 个独立而相关的部分，反映生物系统发育的分类又称为自然分类或系统分类。微生物分类学主要内容是研究微生物分类理论和方法，对微生物进行分类，以及对分类原则、分类依据和分类方法的研究，命名法规的建立、完善和应用等研究，未知物种的鉴定和鉴定的技术与方法的研究等。

3. 微生物的分类单元用 7 个基本的分类等级表示物种在生物界中的位置，由上而下依次是界、门、纲、目、科、属、种。若这些分类单元的等级不足以反映某些分类单元之间的差异时也可以增加"亚等级"。在真核微生物分类中，种以又分为亚种、变种、亚型、专化型和生理小种等。

4. 原核微生物的种是一群具有相似的 DNA 碱基组成和 DNA 同源性大于或等于 70%，而且其 T_m 值小于或等于 5℃的菌株。但是，这些量化的标准还应与该菌群的表型特征相一致。在一个完整的分类系统中，每一个已命名的种都应该归属到某一个属、科、目、纲、门、界中。

5. 生物的名称分为区域性俗名和国际上统一使用的学名。《国际细菌命名法规》规定所有正式分类单元的学名必须用拉丁词或其他词源经拉丁化的词命名，微生物也都采用林奈的双名法来命名。双名法规定种的学名由属名和一个种名加词组合而成，第一个词是属名，首字母要大写；第二个词是种名加词。原核微生物正式命名的分类单元，应指定一个命名模式作为该分类单元命名的依据。新名称发表在 IJSB (IJSEM) 上是合格发表，并获得学名优先权的保护。

6. 《伯杰氏手册》为国际上细菌学家普遍接受和采用的原核微生物的分类系统。《伯杰氏系统细菌学手册》第二版的第一卷是关于古菌、蓝细菌、光合细菌和位于古老进化分支的细菌群；第二卷是关于革兰氏阴性的变形杆菌门；第三卷是关于低 GC 含量的革兰氏阳性细菌；第四卷是关于浮霉状菌、螺旋体、拟杆菌和梭杆菌；第五卷是关于高 GC 含量的革兰氏阳性的放线杆菌门。

7. 英国国际菌物研究所在 2008 年出版的《菌物字典》第十版为国际菌物学家普遍采用，将原来的菌物界划分为原生生物界、藻界和菌物界，将黏菌门和原鞭毛菌亚门中的根肿菌纲及卵菌纲等独立成门，而菌物界仅包括壶菌门、芽枝霉门、新丽鞭毛菌门、球囊菌门、接合菌门、子囊菌门、担子菌门和微孢虫门。

8. 原核微生物的分类依据主要包括形态学、生理生化、细胞化学组成、生态学、抗原性和遗传学等特征；真核微生物的分类主要依据形态学、生理生化、遗传学等特征。

9. 在真核微生物分类中所应用的分类单位和其他生物中应用的一样，即界、门、亚门、纲、亚纲、目、亚目、科、亚科、属、种等，属以上的单位都有一定的词尾，属以下一般没有固定的词尾。种以下又分为亚种、变种、亚型、专化型和生理小种等区分。

习题

1. 名词解释：分类、命名、鉴定、培养物、纯培养物、菌株、居群、亚种、变种、种、属、模式菌株、模式种、模式属、培养特征、革兰氏染色法、抗酸性染色法、血清学分类。
2. 分类学的目的是什么？

3. 原核生物是如何区分为两个域的？
4. 原核生物的种概念是什么？与真核微生物的种概念有何主要区别？
5. 原核生物的亚种以下的分类单元的含义是什么？包括哪些类型？
6. 原微核生物与真核微生物各采用哪些分类依据？
7. 原核生物的学名如何表示？
8. 目前在国际上最有影响力的原核生物分类系统和真核微生物的分类系统有哪些？
9. 试熟记本章所介绍的常见原核微生物和真核微生物属、种的拉丁文学名。

思考题
1. 微生物经典鉴定指标中的形态、生理和生化反应、生态习性分别主要包括哪些内容？
2. 为何通常选用 16S rRNA 或 18S rRNA 作为生物系统进化和分类鉴定的指标？

[张利平（原核微生物部分） 贺新生（真核微生物部分）]

第十章 感染与免疫

【本章导读】 本章主要介绍细菌性传染机制和人体（宿主）的免疫系统。重点在人体（宿主）的特异性免疫及免疫学的实际应用，使学生了解传染与免疫的基本理论和基本知识。

第一节 感染的一般概念

一、传染与传染病

生物体在一定条件下，由致病因素所引起的一种复杂而有一定表现形式的病理状态，称为疾病。按病因来分，疾病可分非传染性疾病和传染性疾病两大类。

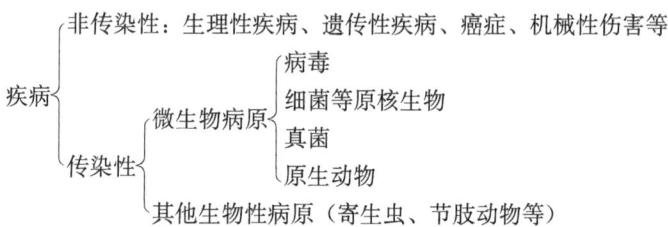

凡能引起人类（动物）传染病的各种生物称为病原体（pathogen），主要包括微生物和寄生虫，其中微生物占绝大多数，故又将其称为致病微生物（致病菌）或病原菌（pathogenic microorganism）。能感染人的微生物超过 400 种，包括病毒、衣原体、立克次体、支原体、细菌、螺旋体和真菌，其中以细菌、病毒和真菌最普遍，在各类病原体引起的传染病中约有 200 种属于人畜（禽）共患病。

传染（infection）是指寄生物和宿主间发生相互关系的一个过程。具体内容是：当外源或内源的少量寄生物突破其宿主的"三道防线"（指机械防御、非特异性免疫和特异性免疫）后，在宿主的一定部位生长繁殖，并引起一系列病理生理的过程。

二、决定传染结局的 3 个因素

病原菌、宿主和环境是决定传染结局的 3 个因素，现分述如下。

（一）病原菌

病原菌（pathogen）能否引起宿主患传染病，取决于它的毒力、侵入数量和侵入门径。

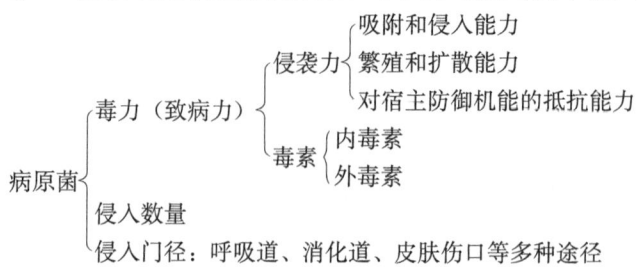

1. 毒力

毒力（virulence）又称致病力（pathogenicity），表示病原体致病能力的大小。

细菌的致病性是对特定宿主而言，能使宿主致病的为致病菌，反之为非致病菌，但两者并无绝对界限。有些细菌在一般情况下不致病，但在某些条件改变的特殊情况下也可致病，称为条件致病菌（opportunistic pathogen）或机会致病菌。

对细菌性病原体来说，其毒力就是菌体对宿主体表的吸附，向体内侵入，在体内定居、生长和繁殖，向周围的扩散蔓延，对宿主防御机能的抵抗，以及产生损害宿主的毒素等一系列能力的总和。构成毒力的诸因素可以归结为侵袭力和毒素两方面来讨论。

（1）侵袭力（invasiveness）。指病原菌突破宿主防御机能，以在其中进行生长繁殖和实现蔓延扩散的能力，它由 3 个方面组成。

1）吸附和侵入能力：除少数病原菌是因昆虫叮咬或外伤而进入宿主引起其感染外，多数是通过吸附于宿主的上皮细胞表面而实现的。例如，变异链球菌（*Streptococcus mutans*）能用蔗糖合成葡聚糖，促使细菌与牙齿表面粘连成"菌斑"，而若干乳杆菌属（*Lactobacillus*）的代表则可在"菌斑"上进一步发酵蔗糖产生大量有机酸（pH 降至 4.5 左右），两者共同作用，导致牙釉质及牙质脱钙，造成龋齿。

病原菌吸附于宿主细胞表面后，有的不再侵入，仅在原处生长繁殖并引起疾病，如霍乱弧菌（*Vibrio cholerae*）；有的侵入细胞内生长繁殖并产生毒素，使细胞死亡，造成溃疡，如痢疾志贺氏菌（*Shigella dysenteriae*）；有的则通过黏膜上皮细胞或细胞间质侵入表层下部组织或血液中进一步扩散，如溶血链球菌（*Streptococcus haemolyticus*）引起的化脓性感染等。

2）繁殖与扩散能力：这是病原菌引起宿主患传染病的重要条件，不同的病原菌有其特有的在宿主体内繁殖与扩散的能力。

透明质酸酶（hyaluronidase）：旧称扩散因子（spreading factor），可水解机体结缔组织中的透明质酸，从而使该组织疏松、通透性增加，有利于病原菌迅速扩散，引起全身性感染。链球菌属（*Streptococcus*）、葡萄球菌属（*Staphylococcus*）、梭菌属（*Clostridium*）和肺炎球菌属（*Pneumococcus*）的若干种可产此酶。

3）对宿主防御机能的抵抗力：有毒力的病原菌可通过不同方式抵御宿主吞噬细胞的吞噬。例如，一些链球菌可产生溶血素，以抑制白细胞的趋化作用；一些致病性葡萄球菌可产生 A 蛋白，它与调理素（抗体 IgG）相结合后，能抑制已被调理的细菌被吞噬；肺炎链球菌的荚膜多糖、链球菌细胞壁上的 M 蛋白和许多革兰氏阴性细菌细胞壁表面的脂多糖（LPS）复合物都有抗吞噬细胞的作用。

此外，许多病原菌还能产生不同物质，以抵抗宿主组织和体液中的各种抗菌物质。例如，炭疽芽孢杆菌（*Bacillus anthracis*）可产生一种称为攻击素（aggresin）的聚谷氨酸，以抵抗正常血清中的一些天然抗菌因子。

（2）毒素（toxin）。细菌毒素按其来源、性质和作用的不同，分为外毒素和内毒素。

外毒素（exotoxin）是细菌在生长过程中不断分泌到菌体外的毒性蛋白质，如破伤风痉挛毒素、白喉毒素等；也有存于胞内当细菌溶解后才释放的，如痢疾志贺菌的肠毒素。外毒素通常为蛋白质，可选择作用于各自特定的组织器官，其毒性作用强。

内毒素（endotoxin）即革兰氏阴性菌细胞壁脂多糖（LPS），于菌体裂解时释放，作用于白细胞、血小板、补体系统、凝血系统等多种细胞和体液系统，引起发热、白细胞增多、血压下降及微循环障碍，有多方面复杂作用，但相对毒性较弱。各种革兰氏阴性菌的内毒素作用相似，且没有器官特异性。内毒素和外毒素的区别见表10-1。

表10-1 内毒素和外毒素的区别（引自：周德庆，2002）

项　目	外毒素	内毒素
产生菌	革兰氏阳性菌为主	革兰氏阴性菌
化学成分	蛋白质	脂多糖（LPS）
释放时间	活菌随时分泌	死菌溶解后释放
致病类型	不同外毒素不同	不同病原菌的内毒素作用基本相同
抗原性	完全抗原，抗原性强	不完全抗原，抗原性弱或无
毒性	强*	弱
制成类毒素	能	不能
热稳定性	60～100℃半小时即破坏	耐热性强
存在状态	细胞外，游离态	结合在细胞壁上
举例	破伤风毒素、白喉毒素、肉毒毒素、葡萄球菌肠毒素、霍乱弧菌肠毒素等	沙门氏菌、志贺氏菌、奈瑟氏球菌和大肠杆菌等革兰氏阴性菌所产生的内毒素

* 1mg 肉毒毒素纯品可杀死 2000 万只小鼠，中毒的死亡率几近 100%，但及时注射抗毒素（antitoxin）及对症治疗可使之降低。1mg 破伤风毒素可杀死 100 万只小鼠，1mg 白喉毒素可杀死 1000 只豚鼠。

类毒素（toxoid）是细菌的外毒素用 0.3%～0.4% 甲醛进行化学脱毒后仍保留着原有抗原性的生物制品，将其注射入机体后，具有免疫功能。常用的类毒素有白喉类毒素、破伤风类毒素和肉毒类毒素等。

$$\text{外毒素（极毒抗原）} \xrightarrow[(0.3\%\sim0.4\%\text{甲醛})]{\text{脱毒}} \text{类毒素（无毒抗原）} \xrightarrow{\text{免疫动物}} \text{抗毒素（抗毒抗体）}$$

2. 侵入的病原菌数量

不同的病原菌有不同的致病剂量。例如，伤寒沙门氏菌（*Salmonella typhi*）引起伤寒症须摄入几亿至十亿个细菌；霍乱弧菌引起霍乱症还要比它多许多倍；毒力完全的痢疾志贺氏菌只要 7 个菌即可致痢疾；而鼠疫耶尔森氏菌（*Yersinia pestis*，旧称"鼠疫巴氏杆菌"）也只要几个细胞即可引起易感宿主患鼠疫。

3. 侵入门径

除了病原菌的毒力和数量之外，要完成对宿主的传染并引起疾病，还必须有一个合适的侵入门径。这是因为宿主的不同部位、不同组织对不同微生物的敏感性是不同的。

（1）消化道。易侵入消化道的病原菌有伤寒沙门氏菌、痢疾志贺氏菌、霍乱弧菌、空肠弯曲菌（*Campylobacter jujuni*）以及若干引起食物中毒的病原菌和肝炎病毒等。凡通过消化道传染的病原体都具有抗唾液和其他消化液中不同酶的作用，而且能耐胃内的高酸度。

（2）呼吸道。对呼吸道有特异亲和力的病原菌有结核分枝杆菌（*Mycobacterium tuberculosis*）、嗜肺军团菌（*Legionella pneumophila*）、肺炎肺炎球菌（*Pneumococcus pneumoniae*）、白喉棒杆菌（*Corynebacterium diphtheriae*）、百日咳博德特氏菌（*Bordetella pertussis*）、脑膜炎奈瑟氏球菌（*Neisseria meningitidis*）及若干呼吸道病毒等。

（3）皮肤伤口。通过皮肤伤口侵入的病原菌有多种。例如，经浅部皮肤伤口侵入的有金黄色葡萄球菌（*Staphylococcus aureus*）；经深部损伤而侵入的有破伤风梭菌（*Clostridium tetani*）；此外，炭疽芽孢杆菌可通过皮肤侵入，然后经循环系统的运转而在体内扩散；立氏立克次氏体（*Rickettsia rickettsii*，落基山斑疹伤寒的病原体）是通过蜱类叮咬而由皮肤侵入的；狂犬病毒则是由狂犬或其他动物咬伤人时从伤口带入体内的。

(4) 泌尿生殖道。淋病奈瑟氏球菌（*Neisseria gonorrhoeae*）和苍白密螺旋体（*Treponema pallidum*，"梅毒密螺旋体"）等引起性病的病原菌通常是通过泌尿生殖道侵害人体的。近年来，性病病原体的范围有所扩大，侵入门径也相应扩大，故已把原来的"性病"改为"性传播疾病"（STD），尤其是近些年出现的艾滋病［AIDS，其病原体应称作"人类免疫缺损病毒"，*Human immunodeficiency virus*，HIV］、生殖器念珠菌病、阴道棒状杆菌病和嗜血杆菌性阴道炎等多种"第二代性病"，其危害极大，应注意防治。

(5) 多种途径。有些病原菌可通过多种途径侵害其宿主，如结核分枝杆菌和炭疽芽孢杆菌等，可通过呼吸道、消化道和皮肤等多种途径侵害宿主，并引起相应部位或全身性的疾病。

(二) 宿主的免疫力

免疫或称免疫性、免疫力（immunity），经典的概念是指机体免除传染性疾病的能力。随着免疫学的飞速发展，免疫的概念已变得更为丰富和全面了。现代免疫概念认为，免疫是机体识别和排除抗原性异物的一种保护性功能。在正常条件下，它对机体有利，在异常条件下也可损害机体。具体地说，免疫功能包括：①免疫防御（immunologic defence）；②免疫稳定（immunologic homeostasis）；③免疫监视（immunologic serveillance）。

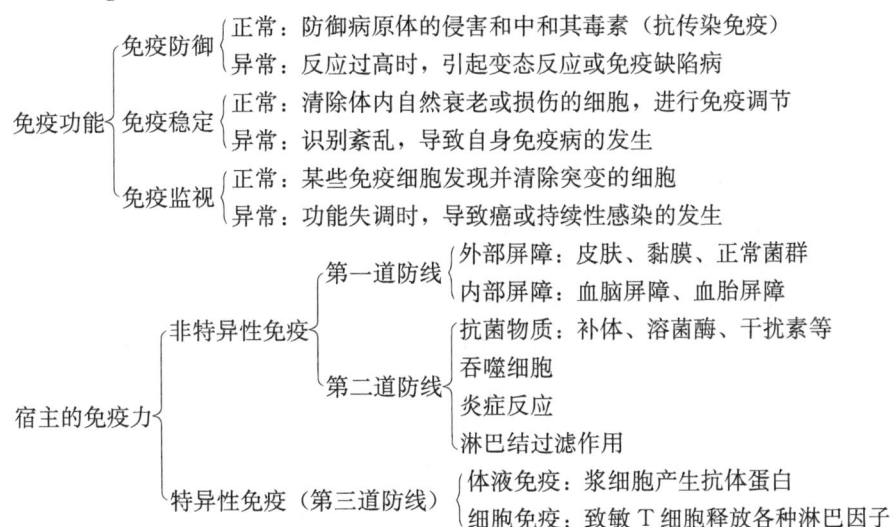

(三) 环境因素

传染的发生与发展除取决于上述病原菌的毒力、数量、侵入门径和宿主的免疫力外，还取决于对以上因素都有影响的环境因素。良好的环境因素有助于提高机体的免疫力，也有助于限制、消灭自然疫源和控制病原体的传播，因而可以防止传染病的发生或流行。现把环境因素做表解如下。

三、传染的 3 种可能结局

病原菌侵入其宿主后，按病原菌、宿主与环境三方面力量的对比或影响的大小决定着传染的结局。结局不外乎有下列 3 种。

（一）隐性传染

如果宿主的免疫力很强，而病原菌的毒力相对较弱，数量又较少，传染后只引起宿主的轻微损害，且很快就将病原体彻底消灭，因而基本上不出现临床症状者，称为隐性传染（inapparent infection）。

（二）带菌状态

如果病原菌与宿主双方都有一定的优势，但病原菌仅被限制于某一局部且无法大量繁殖，两者长期处于相持的状态，就称为带菌状态（carrier state）。这种长期处于带菌状态的宿主，称为带菌者（carrier）。在隐性传染或传染病痊愈后，宿主常会成为带菌者，如不注意，就成为该传染病的传染源，十分危险。这种情况在伤寒、白喉等传染病中时有发生。"伤寒玛丽"的历史必须引以为戒。"伤寒玛丽"真名 Mary Mallon，是美国的一位女厨师，1906 年，受雇于一名将军家做厨师，不到 3 个星期就使全家包括保姆在内的 11 人中的 6 人患了伤寒，而此前当地却没有任何人患该病。经检验，她是一个健康的带菌者，在粪便中连续排出沙门氏菌（*Salmonella*）。后经仔细研究，证实以往在美国有 7 个地区多达 1500 个伤寒患者都是由她传染的。

（三）显性传染

如果宿主的免疫力较低，或入侵病原菌的毒力较强、数量较多，病原菌很快在体内繁殖并产生大量有毒产物，使宿主的细胞和组织蒙受严重损害，生理功能异常，于是就出现了一系列临床症状，这就是显性传染（apparent infection）或传染病。

按发病时间的长短可把显性传染分为急性传染（acute infection）和慢性传染（chronic infection）两种。前者的病程仅数日至数周，如流行性脑膜炎和霍乱等；后者的病程往往长达数月至数年，如结核病和麻风病等。

按发病部位的不同，显性传染又被分为局部感染（local infection）和全身感染（systemic infection）两种。全身感染按其性质和严重性的不同，大体可分 4 种类型：①毒血症（toxemia），②菌血症（bacteremia），③败血症（septicemia），④脓毒血症（pyemia）。

第二节　非特异性免疫

凡在生物进化过程中形成的，天生即有、相对稳定、无特殊针对性的，对病原微生物的天然抵抗力，称为非特异性免疫（nonspecific immunity）或先天免疫（innate immunity）。对人和高等动物来说，非特异性免疫主要包括生理屏障、细胞因素和体液因素等。

一、生理屏障

（一）皮肤与黏膜

皮肤与黏膜是宿主对付病原菌的"第一道防线"，它们对于病原微生物具有以下 3 种作用。

1. 机械的阻挡和排除作用

完整和健康的皮肤与黏膜能有效阻挡各种病原体的侵入。

2. 分泌液中所含化学物质有局部抗菌作用

汗腺可以分泌乳酸，皮脂腺可分泌脂肪酸，胃黏膜能分泌胃酸，阴道黏膜能分泌酸性物质，前列腺可以分泌精胺，泪腺、唾液腺、乳腺和呼吸道黏膜均可分泌溶菌酶。这些成分均有一定的制菌作用。例如，胃酸可杀死伤寒沙门氏菌、痢疾志贺氏菌和霍乱弧菌等。

3. 正常菌群的拮抗作用

人体的皮肤和黏膜上生存的大量正常菌群，常常由于它们的数量大和产生特殊代谢产物而抑制周围病原菌的侵入。例如，皮肤上痤疮丙酸杆菌（Propionibacterium acnes）产生的脂类能抑制金黄色葡萄球菌和酿脓链球菌（Streptococcus pyogenes）的生长；肠道中一些厌氧菌产生的脂肪酸能阻止沙门氏菌的生存；肠道中大肠杆菌（Escherichia coli）产生的大肠菌素（colicin）和其他酸性产物能抑制痢疾志贺氏菌和金黄色葡萄球菌等。

（二）屏障结构

1. 血脑屏障

血脑屏障主要由软脑膜、脉络丛、脑血管及星状胶质细胞等组成。其组织学部位主要是脑毛细血管的内皮细胞层，它具有细胞间连接紧密、胞饮作用微弱的特点，可阻挡病原体及其有毒产物从血流透入脑组织或脑脊液，从而保护了中枢神经系统。婴幼儿因其血脑屏障还未发育完善，故易患脑膜炎或流行性乙型脑炎等传染病。

2. 血胎屏障

血胎屏障是由母体子宫内膜的底蜕膜和胎儿的绒毛膜共同组成。当它发育成熟（一般在妊娠3个月后）后，不妨碍母子间的物质交换，但具有防止母体内的病原体进入胎儿的功能。

二、细胞因素

（一）吞噬细胞

吞噬细胞（phagocyte）是一类存在于血液、体液或组织中，能进行变形虫运动，并能识别、吞噬、杀死和消化病原微生物及其产物等异常抗原的白细胞（图10-1）。根据大小可将吞噬细胞分为两类：一类是大吞噬细胞，包括单核细胞和巨噬细胞；另一类是小吞噬细胞，即粒细胞，主要存在于血液内。根据粒细胞对染料的亲和性可分为嗜中性粒细胞、嗜酸性粒细胞和嗜碱性粒细胞3种，其中主要是嗜中性粒细胞，它们具有高度的吞噬能力，担任着各种免疫功能。

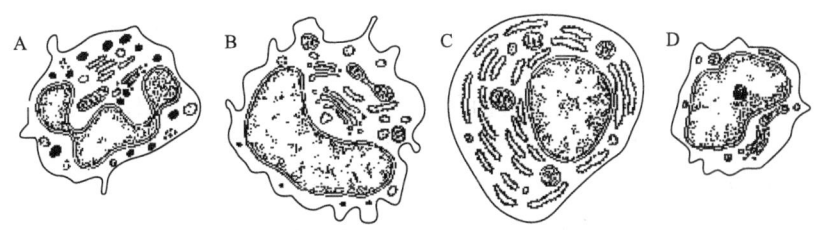

图10-1 各种白细胞形态的模式切片（引自：周德庆，2002）
A. 嗜中性粒细胞；B. 单核细胞；C. 浆细胞；D. 淋巴细胞

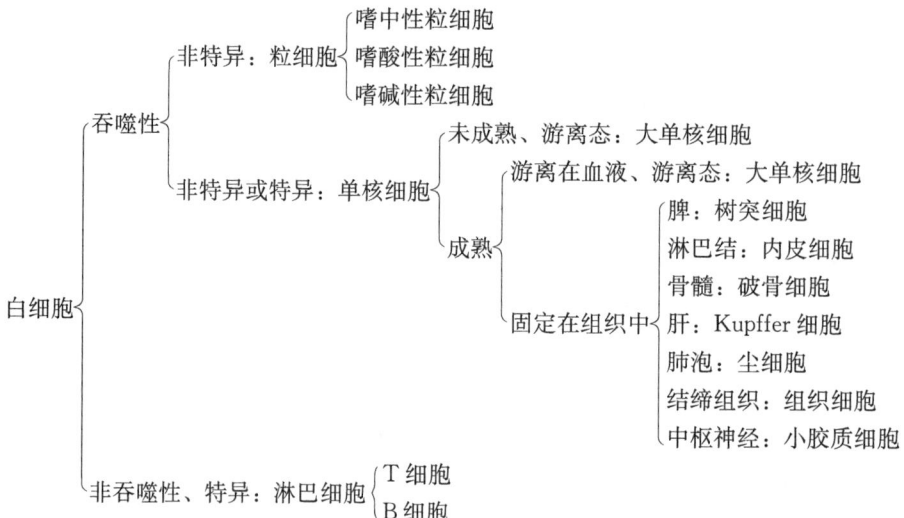

1. 嗜中性粒细胞的吞噬功能

嗜中性粒细胞（neutrophil）是一种数量最多的小吞噬细胞。它们从骨髓中成熟并释放至血液中，其半衰期为6～7h。当急性感染时，嗜中性粒细胞急剧增加，它们可以穿越血管壁，发挥其吞噬功能。其过程有以下4个阶段（图10-2）。

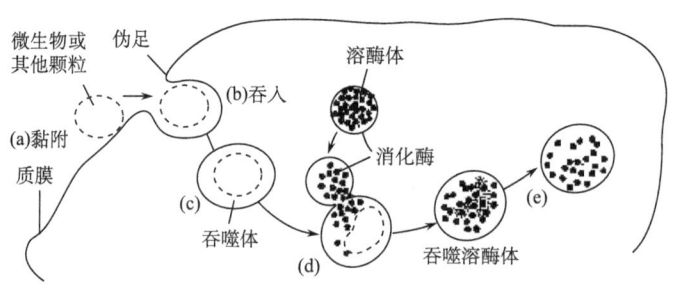

图10-2 多形核粒细胞的吞噬作用（引自：周德庆，2002）
(a) 黏附；(b) 吞入；(c) 形成吞噬体；(d) 溶酶体吸附；(e) 消化酶消化吞噬体内的微生物或其他颗粒

(1) 趋化作用（chemotaxis）。许多病原菌（如肺炎球菌、链球菌、炭疽芽孢杆菌和白喉棒杆菌等）都可产生趋化因子，它们可与嗜中性粒细胞表面的受体结合，激活其酯酶和HMP途径，使细胞内Ca^{2+}大量流失，导致微丝和微管装置推动细胞向病原菌的方向迅速移动。

(2) 调理作用。调理作用是指宿主体液中的抗体与补体等物质结合或覆盖于病原体的表面，使其更易被吞噬细胞所吞噬。凡有调理作用的特异抗体即称调理素。它们与病原体结合后，再通过抗体分子上游离的Fc端（详见后文）与吞噬细胞膜上的Fc受体作用，从而把病原体吸附到细胞表面。

(3) 吞入作用。嗜中性粒细胞伸出伪足将经调理后的病原体包围，形成吞噬体（phagosome）。随后嗜中性粒细胞产生多种高活性的杀菌物质，如超氧阴离子自由基（O^{2-}）、H_2O_2，产能代谢由EMP途径转向HMP途径，耗氧量增高。接着，原先充满在细胞中的各种颗粒迅速向吞噬体移动，两者融合后形成吞噬溶酶体（phagolysosome），于是细胞中的颗粒体消失。在嗜中性粒细胞中的大量颗粒体又称溶酶体，可分为3种类型：①含有大量水解酶、髓过氧化物酶（myeloperoxidase，MPO）、溶菌酶、弹性蛋白酶、碱性多肽［如吞噬细胞杀菌素

(phagocytin) 和白细胞素（leukin）] 等的嗜天青颗粒；②数量较多的含乳铁蛋白（lactoferrin）和溶菌酶（lysozyme）的特殊颗粒；③含酸性磷酸酶但抗病原体功能尚不清楚的颗粒。

(4) 杀灭作用。通过上述 3 类溶酶体释放的酶和有关物质对吞噬溶酶体中病原体的作用，达到了对外来病原体的杀灭和消化作用。

2. 巨噬细胞及其功能

巨噬细胞（macrophage，Mf）由单核细胞发育而成，成熟后体积较大（人类巨噬细胞的直径可达 20~80μm）。游离于血液中与固定在不同组织中的巨噬细胞的形态与名称不同（见前表解）。在光学显微镜下，可见有圆形或其他形状的核，染色质较浓缩，经特殊染色还可见到线粒体、高尔基体和中心体等。在电子显微镜下，还可进一步看到内质网、溶酶体、微丝、微管和吞噬体等。

巨噬细胞在免疫过程中主要有以下几种功能。

(1) 吞噬作用。巨噬细胞的吞噬作用与上述嗜中性粒细胞相仿，也经过趋化、调理、吞入和杀灭 4 个阶段。

(2) 抗癌作用。在动物实验中，已肯定巨噬细胞有明显的抗癌作用。它对癌细胞的杀伤可通过吞噬、抑制或溶解等方式。卡介苗、小棒杆菌（*Corynebacterium parvum*）、若干多糖类物质和中药等可提高巨噬细胞的数量和吞噬力，能促进抗癌作用。

(3) 参与免疫应答。巨噬细胞可通过吞噬、处理及传递 3 个步骤对外来抗原物质进行加工，以适应激活淋巴细胞的需要。

(4) 分泌可溶性活性物质。巨噬细胞除通过细胞参与的加工、处理抗原外，还可因受外来刺激而分泌多种可溶性活性物质，借此来调节免疫功能，包括激活淋巴细胞、杀伤肿瘤细胞、促进炎症反应或加强吞噬细胞的吞噬、消化作用等。这些活性物质包括淋巴细胞激活因子（LAF）、遗传相关巨噬细胞因子（GRF）、非特异巨噬细胞因子（NMF）、绵羊红细胞溶解因子、肿瘤抗原识别因子（RF）、干扰素（IFN）、前列腺素 E（PGE）、肿瘤坏死因子（TNF）、酸性水解酶类、中性蛋白酶类及溶菌酶等。

（二）NK 细胞

NK 细胞即自然杀伤细胞（natural killer cell），主要分布于外周血和脾脏，因在其细胞质中有嗜天青颗粒且细胞较大，故也称大颗粒性淋巴细胞（largegranularlymphocyte，LGL）。它可在无抗体或无抗原致敏的情况下，通过释放穿孔素（perforin）和颗粒酶造成靶细胞死亡，也可通过释放肿瘤坏死因子（TNF）去杀伤某些肿瘤细胞或被病毒感染的细胞，而且 NK 细胞活性较其他杀伤细胞更早出现，因此，在抗肿瘤、抗感染特别是病毒感染中起重要作用。

三、体液因素

在正常的体液和组织中含有多种抗菌物质，如补体、干扰素、溶菌酶、β-溶解素（β-lysin）、转铁蛋白、血浆铜蓝蛋白、C 反应蛋白等，它们一般不是直接杀灭病原体，但却能配合免疫细胞、抗体或其他防御因子，使它们发挥较强的免疫功能。

（一）补体系统（complement system）

补体是存在于正常人体或动物血清中的一组非特异性血清蛋白，主要是 β 及 γ 球蛋白，它是一类酶原,能被任何抗原与抗体的复合物所激活。由于它在抗原-抗体反应中有补充抗体作用的功能,故称补体。至今已知补体约有 30 种成分,但其中最主要的有 9 种,分别标以C1～C9 (C 为补体 complement 的缩写)。补体的本质是一类酶原,能被任何抗原-抗体的复合物激活,具有溶解细胞膜、杀灭病毒、促进吞噬细胞的吞噬和释放组胺等多种功能。补体性质不稳定,一般在室温下放置数天或 56℃下 30min 即可失活。补体由巨噬细胞、肠道上皮细胞及肝、脾细胞所产生。

(二) 干扰素

干扰素 (interferon,IFN) 是由干扰素诱导剂作用于活细胞后,由活细胞产生的一种糖蛋白,它再作用于其他细胞时,该细胞即可获得抗病毒和抗肿瘤等方面的免疫力。

干扰素是分子质量为 $2.0\times10^4 \sim 1.0\times10^6$ Da 的糖蛋白,分为 α、β、γ 3 种,α、β 干扰素分别由白细胞、成纤维细胞产生,属 I 型干扰素,主要以抗病毒活性为主;γ 干扰素主要由 T 淋巴细胞产生,称 II 型干扰素或免疫干扰素,其抗病毒活性较弱,但免疫调节作用很强。

干扰素理化性质比较稳定,60℃下 1h 不被破坏,在 pH 2～11 内不变性。干扰素的作用没有特异性,由一种诱导剂刺激产生的干扰素可抑制多种病毒的复制,是一种广谱的抗病毒物质,但产生干扰素的动物和被保护的动物之间有种属特异性。例如,鸡产生的干扰素只能保护鸡而不能保护兔对抗病毒的感染;也有交叉保护现象,如猴与人之间、兔与人之间均有交叉保护作用。

干扰素有抑制病毒复制的作用,正常细胞与干扰素结合后使其产生一种抗病毒蛋白(AVP),这种蛋白质干扰了病毒 mRNA 的翻译,从而抑制了新病毒的合成(图 10-3)。另外,干扰素对病毒诱生的肿瘤和非病毒诱生的肿瘤均有抑制作用。

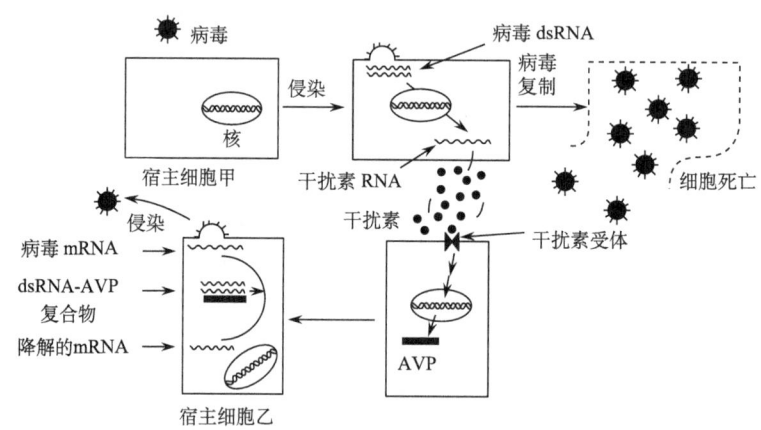

图 10-3 干扰素的诱生及其作用示意图 (引自:周德庆,2002)

第三节 特异性免疫

特异性免疫 (specific immunity) 这一名词是相对于非特异性免疫而来的。其特点是:①生物个体在其后天活动中接触了相应的抗原后而获得的,故又称获得的特异性免疫 (acquired specific immunity）；②其产物与相应的刺激物（即抗原）之间是有针对性的（即特异的）；③包括体液免疫（humoral immunity）和细胞免疫[cellular immunity，即细胞介导免疫（cell-mediated immunity）]；④特异性免疫力在同种生物的不同个体间或同一个体在不同条件下有很大的差别。

特异性免疫力可通过以下两种方式获得。

（1）自动获得。这是一类通过临床（出现症状的）或亚临床（无症状的）感染后获得，也可通过人工接种后获得特异性免疫力的方式。某些传染病如白喉、天花和流行性腮腺炎等可诱导长期的免疫力，而另一些传染病如流行性感冒等只能引起短期的免疫力。

（2）被动获得。这是一类通过输血、输入淋巴细胞或注射血清组分（丙种球蛋白等）使获得免疫力的方式。例如，为不慎外伤者注射破伤风抗毒素。

$$\text{特异性免疫}\begin{cases}\text{自动获得}\begin{cases}\text{天然的：患传染病或隐性感染}\\\text{人工的：人工注射抗原物质，如疫苗、类毒素等}\end{cases}\\\text{被动获得}\begin{cases}\text{天然的：胎儿从母体获得 IgG，初生儿从初乳中获得}\\\text{人工的：人工注射抗体，如抗毒素、丙种球蛋白等或淋巴细胞获得}\end{cases}\end{cases}$$

一、免疫系统

特异性免疫是由免疫系统来执行功能的。免疫系统主要包括免疫器官、免疫细胞和免疫分子三部分。

（一）免疫器官

免疫器官（immune organ）可按其功能不同而分为中枢免疫器官（central immune organ）和外周免疫器官（peripheral immune organ）两大类。中枢免疫器官是免疫细胞发生和分化的场所，包括骨髓、胸腺和鸟类的法氏囊。骨髓是成血干细胞（包括免疫祖细胞）发生的场所，胸腺是 T 淋巴细胞发育的场所，法氏囊是鸟类 B 淋巴细胞发育的场所。哺乳动物有类囊器官，人的类囊器官是骨髓。外周免疫器官是免疫细胞居住和发生免疫应答的场所，包括淋巴结、脾脏和黏膜相关淋巴组织。黏膜相关淋巴组织分布于呼吸道、消化道、泌尿生殖道黏膜，主要有扁桃体、阑尾和肠系膜淋巴结（Peyer 氏结）（图 10-4）。

（二）免疫细胞

免疫细胞（immunocyte）的含义很广，包括各类淋巴细胞（T、B 和 NK 等细胞）、单核细胞、巨噬细胞和粒细胞等一切与免疫有关的细胞。而免疫活性细胞（immunologically competent cell）则仅指能特异性识别抗原，即能接受抗原刺激，并随后进行分化、增殖和产生抗体或淋巴因子，以发挥特异性免疫应答的一类细胞群。T 淋巴细胞和 B 淋巴细胞是最主要的免疫活性细胞。此外，由于单核吞噬细胞既参与非特异性免疫，又在特异性免疫的形成过程中发挥重要的作用，因此，也有人将它列入免疫活性细胞的范围。

免疫活性细胞均来源于多能干细胞（multipotenial stem cell），即造血干细胞（hemopoietic stem cell）。在人或哺乳动物个体发育的胚胎期，干细胞最早（第 3 周）出现在卵黄囊的血岛内，以后（第 6 周至出生前）出现在肝脏中，最后（5 个月后直至成年）则主要存在于骨髓内。多能干细胞分化成各种血细胞尤其是免疫活性细胞的情况如图 10-5 所示。

1. T 细胞

来自于骨髓的淋巴干细胞，进入胸腺分化成熟的淋巴细胞，称为胸腺依赖性淋巴细胞

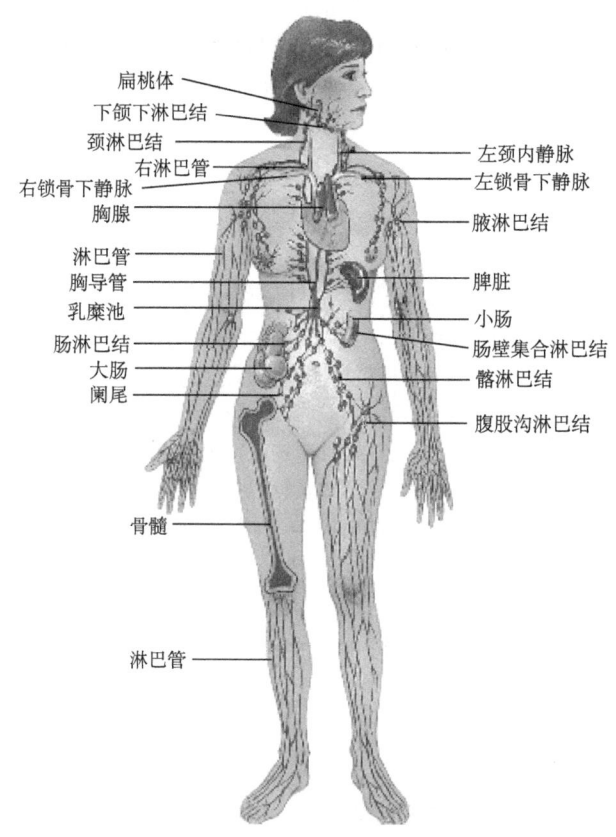

图 10-4　淋巴组织在全身的分布（引自：http://www.czxxjs.com.cn）

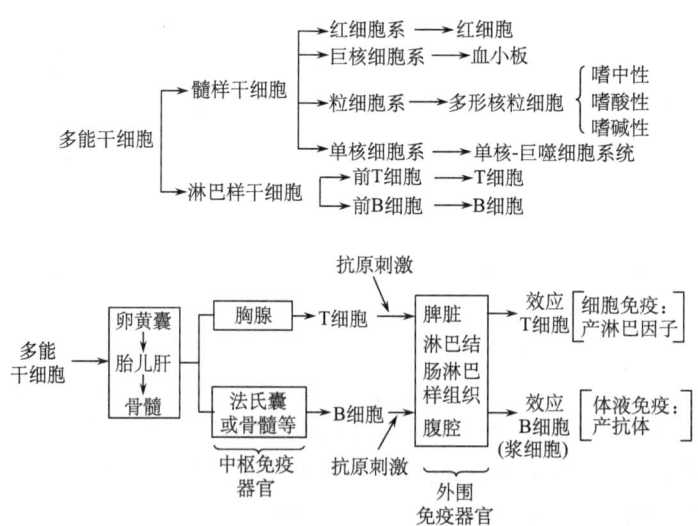

图 10-5　T 和 B 淋巴细胞的来源及其功能（引自：周德庆，2002）

(thymus dependent lymphocyte)，简称为 T 细胞。主要执行细胞免疫功能。T 细胞占外周血液淋巴细胞总数的 75%～80%。

根据 T 细胞的发育阶段、表面标志或功能，可把 T 细胞分成若干亚群。根据 T 细胞表面带有 CD4 或 CD8 分子分为 $CD4^+$ T 细胞和 $CD8^+$ T 细胞两个亚类。根据 T 细胞的生理功能可再分为 3 个亚群：$CD4^+$ T 细胞主要具有辅助及炎症功能，称为辅助性 T 细胞（helper cell，Th 细胞）、$CD8^+$ T 细胞包括抑制性 T 细胞（suppressor T cell，Ts 细胞）和细胞毒性 T 细胞（cytotoxic T cell，Tc 细胞）。细胞毒性 T 细胞又称杀伤性 T 细胞（CTL 细胞）。Th 细胞，即 $CD4^+$ T 细胞，占 T 细胞总数的 65% 左右。Th 细胞能识别抗原，分泌多种淋巴因子，既能辅助 B 细胞活化，产生抗体增强体液免疫应答，又能辅助 T 细胞产生细胞免疫应答。Ts 细胞：占 T 细胞总数的 10% 左右。Ts 细胞能识别可溶性抗原，分泌抑制因子，减弱或抑制免疫应答。Tc 细胞（细胞毒性 T 细胞）：占 T 细胞总数的 20%～30%，在抗原刺激下，可增殖产生大量效应性 Tc 细胞，Tc 效应细胞与靶细胞结合，释放穿孔蛋白导致靶细胞膜损伤，杀伤靶细胞。

2. B 细胞

B 细胞即 B 淋巴细胞。骨髓中的多能干细胞通过淋巴干细胞再分化为前 B 细胞。前 B 细胞在哺乳动物的骨髓中或鸟类的腔上囊中再分化成熟为 B 细胞，因而，B 细胞又称骨髓依赖性淋巴细胞（bone marrow dependent lymphocyte）或囊依赖性淋巴细胞（bursa dependent lymphocyte），占血中淋巴细胞总数的 10%～15%。抗原刺激 B 细胞活化，最终发展成为效应 B 细胞并产生大量抗体（免疫球蛋白），主要介导体液免疫。根据是否表达 CD5 抗原将 B 细胞分为 B1 细胞（$CD5^+$）和 B2 细胞（$CD5^-$）。

（三）免疫分子

免疫分子是免疫执行功能的基础。参与的分子很多，可分为膜表面免疫分子和体液免疫分子两大类。膜表面免疫分子主要包括膜表面抗原受体、主要组织相容性抗原、白细胞分化抗原和黏附分子。体液免疫分子主要包括抗体、补体和细胞因子。

二、抗原和抗体

（一）抗原

1. 基本概念

按照现代免疫学的观点，抗原（antigen，Ag）是能与机体中相应克隆的淋巴细胞上的独特抗原受体发生特异性结合，从而诱导该淋巴细胞发生免疫应答，并能与相应的抗体在体内发生特异性结合反应的一类物质。抗原又称免疫原（immunogen）。因此，抗原物质一般应同时具备免疫原性（immunogenicity）和免疫反应性（immunoreactivity）两个特性。前者指具有刺激机体产生免疫应答能力的特性，习惯上又称抗原性（antigenicity）；后者则指具有与免疫应答的产物发生相互反应的特性。凡同时具备上述两个特性的抗原称为完全抗原（complete antigen），大多数常见的抗原都是完全抗原，如大多数蛋白质、细菌细胞、细菌外毒素、病毒和动物血清等。只具有免疫反应性而无免疫原性的物质，称为半抗原（hapten）或不完全抗原（incomplete antigen）。有些分子质量小于 4000Da 的简单有机分子（如大多数多糖、类脂、核酸及其降解物以及部分药物等）是半抗原，因它们无免疫原性，故不能刺激机体产生免疫应答。但它与蛋白质载体（carrier）结合后，就具备了免疫原性，由此刺激机体产生抗体，就可与该半抗原发生特异结合（图 10-6）。

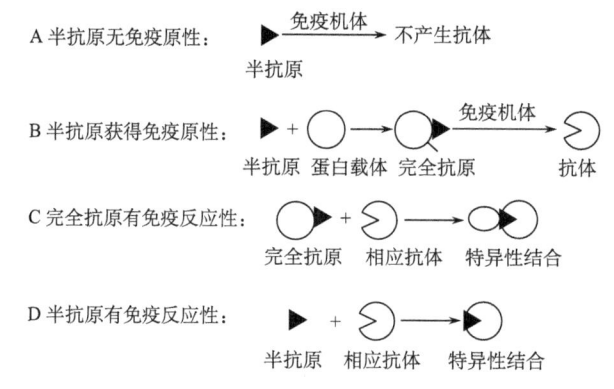

图 10-6 半抗原免疫原性的获得及其免疫反应性（引自：周德庆，2002）

抗原决定簇（antigen determinant），又称表位（epitope），是指抗原物质上能够刺激淋巴细胞产生免疫应答并与其产物特异反应的化学基团。抗原决定簇是抗原特异性的物质基础。

一个抗原的表面可以有一种或多种不同的抗原决定簇。每一种抗原决定簇决定着相应的特异性。抗原决定簇的分子很小，大体相当于相应抗体的结合部位，一般由 5~7 个氨基酸、单糖或核苷酸残基所组成，抗原所携抗原决定簇的数目称为抗原价，一般天然颗粒抗原及复杂大分子（蛋白质）是多价，而简单小分子可能是单价抗原。例如，甲状腺球蛋白有 40 个抗原决定簇，牛血清白蛋白有 18 个，鸡蛋清分子有 10 个。而另一些则是单价的，如肺炎链球菌荚膜多糖水解后的简单半抗原。

2. 影响抗原性的因素

（1）异物性（foreignness）。指某抗原的理化性质与其所刺激的机体的自身物质间的差异程度。在正常情况下，机体的自身物质或细胞不能刺激自体的免疫系统发生免疫应答。因此，一般的抗原都必须是异种的或异体的物质。种族关系越远，组织结构间差异越大，则抗原性越强；反之，抗原性就越弱。例如，细菌、病毒等各种病原微生物对高等动物来说都是异己物质，有很强的抗原性；鸭的蛋白质对鸡是比较弱的抗原，而对家兔是良好的抗原，此类抗原称为异种抗原。

同种生物不同个体之间，其组织细胞成分也有遗传控制下的细微差别，这种差别表现为抗原性的不同。例如，人类的红细胞表面可有血型抗原的差异，称为同种异型抗原。但是，异物性并不是只有体外的物质才有的。如果某一物质（如晶状体蛋白）是自身的淋巴细胞所从未接触过的物质，或自身物质由于受外伤、感染、电离辐射或药物的影响而发生变化，也成了"异己"物质或称自身抗原（autoantigen），也可引起自身免疫系统发生免疫应答，从而导致自身免疫病。

对异物的识别机能是高等动物在发育过程中通过淋巴细胞与抗原的接触而形成的一种"非己即异"的免疫识别机能。凡淋巴细胞在胚胎期接触过的物质即"自身"物质，反之，如从未接触过的即为"异己"物质。

（2）理化性质。通常相对分子质量越大、结构越复杂的物质含有较多的抗原决定簇，其免疫原性越强。聚集状态较可溶性抗原的免疫原性为强，因此，细菌比起血清蛋白是更好的免疫原。

此外，对于同一种抗原，不同物种、不同品系的动物产生免疫应答的能力不同，这是由遗传决定的。抗原进入机体的途径与剂量也有一定影响。

3. 抗原的种类

自然界存在的抗原及人工抗原极为繁多，可以依据不同的原则予以分类。

（1）根据刺激机体 B 细胞产生抗体时是否需要 T 细胞辅助，分为胸腺依赖性抗原（TDAg）和非胸腺依赖性抗原（TIAg）。绝大多数天然抗原属于 TD 抗原。

（2）根据抗原的化学性质可分为蛋白质抗原、多糖抗原、脂抗原、核酸抗原等。通常蛋白质是良好的完全抗原，而类脂质、寡糖、核酸的免疫原性很弱，只能成为半抗原。

（3）根据抗原与机体的亲缘关系可分为异种抗原、同种异型抗原和自身抗原。

（4）根据抗原的不同来源可分为天然抗原和人工合成抗原。天然抗原又可具体分为组织抗原、细菌抗原、病毒抗原等。各种病原微生物均为良好的天然抗原。

通常，普通蛋白质抗原可激活机体总 T 细胞库中万分之一至百万分之一的 T 细胞。但某些抗原物质只需极少剂量即可激活 2‰～20％的 T 细胞克隆，诱导最大免疫效应，这类抗原称为超抗原（supper antigen）。超抗原是一类由细菌外毒素和逆转录病毒蛋白构成的抗原性物质。

4. 细菌的抗原

细菌是一类重要的病原体，其化学成分极其复杂，故每种细菌都是一个由多种抗原组成的复合体（图 10-7）。

（1）表面抗原。指包围在细菌细胞壁外面的抗原，主要是荚膜抗原或微荚膜抗原。根据菌种或结构的不同，表面抗原在习惯上常可有不同的名称。例如，肺炎链球菌（*Streptococcus pneumoniae*）的表面抗原称为荚膜抗原；而伤寒沙门氏菌（*Salmonella typhi*）等的表面抗原则称为 Vi 抗原。

（2）菌体抗原。包括存在于细胞壁、细胞膜与细胞质上的抗原。当具有鞭毛的细菌在丧失鞭毛后，菌体无法运动，菌落不能蔓延，于是菌体抗原又称O抗原（O 即德文"ohnehauch"，指缺失鞭毛、不能运动蔓延的意思）。

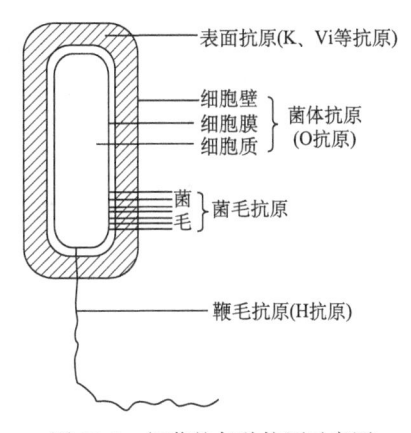

图 10-7 细菌的各种抗原示意图
（引自：周德庆，2002）

（3）鞭毛抗原。存在于鞭毛上的抗原，又称 H 抗原（H 为德文的 hauch，意为菌落在培养基表面呈蔓延状态，又指该菌株是有鞭毛的）。

（4）菌毛抗原。存在于细菌菌毛上的抗原。

（5）外毒素和类毒素。细菌的外毒素是蛋白质，具有极强的抗原性。而类毒素是外毒素经 0.3％～0.4％甲醛脱毒后的蛋白质，对动物无毒，但仍有极强的抗原性，故可免疫动物以制取相应的抗体——抗毒素，用以治疗有关细菌中毒症（如白喉、破伤风等）。

（二）抗体

抗体（antibody，Ab）是由抗原进入机体刺激 B 细胞增殖分化为浆细胞而合成并分泌的一类能与相应抗原发生特异性结合并产生免疫效应的含有糖基的球蛋白。抗体分布于体液（血液、淋巴液、组织液及黏膜的外分泌液）中，主要存在于血清内。

1964年世界卫生组织召开会议，将具有抗体活性及化学结构与抗体相似的球蛋白统称为免疫球蛋白（immunoglobulin, Ig）。免疫球蛋白除分布于体液中之外，还可存在于B细胞膜上。

现代免疫学认为，抗体与免疫球蛋白是等同的概念；只是抗体侧重于其生物学活性的描述，而免疫球蛋白侧重强调其化学结构。

1. Ig的基本结构和种类

（1）基本结构。Ig分子由两两对称的4条多肽链借二硫链和非共价键连接而成。其中，两条长的多肽链称为重链（heavy chain, H链），短的两条多肽链称为轻链（light chain, L链），H链与L链、H链与H链之间均由二硫键相连。Ig每条肽链的基本结构是由约100个氨基酸长的肽段经β折叠由链内二硫键拉近连成的环状构型，称为功能区。轻链由两个功能区组成，N端区氨基酸序列多变，称为可变区（V_L），C端区氨基酸序列比较保守，称为稳定区（C_L）。重链由一个V区和3或4个稳定区组成。轻链的V区和重链的V区共同组成了抗体的抗原结合部位，一个Ig单体有两个抗原结合部位，称为两价。

重链间二硫键附近区域称为绞链区，坚韧有柔曲性，且是多种蛋白酶作用部位。IgG的模式结构见图10-8。

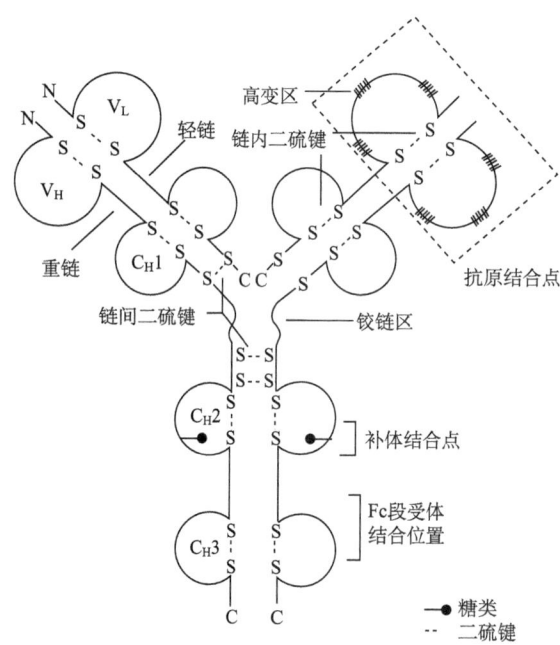

图10-8 IgG的模式结构（引自：沈萍和陈向东，2006）

（2）类别（classes）和亚类（subclasses）。根据重链的血清学类型、相对分子质量大小（亚基数目）和糖含量等的不同，可把抗体分成几类。例如，人的抗体已知有5类——IgG、IgA、IgM、IgD和IgE。这是因为，它们的重链如按血清学的类型来分，可分别列为γ、μ、α、δ和ε 5种类型。

在上述每一类别中，按其重链构造上的变异又可分为几个亚类。例如，人类的IgG又可分为4个亚类，即IgG1、IgG2、IgG3和IgG4。它们除了重链的抗原性不同（分别为γ1、γ2、γ3和γ4）外，其重链间的二硫键数目和位置也有所不同（见下）。另外，IgA和IgM的重链也至少存在两个亚类。决定亚类血清学专一性的抗原决定簇都位于Ig重链不变区的Fc片段上。从量上来说，IgG是最重要的血清免疫球蛋白，其中IgG1占IgG总量的70%，IgG2为16%，IgG3为10%，IgG4为4%。

Ig的型别。这里的型别（type）是指按轻链的抗原性来区分的Ig类型。5类免疫球蛋白的轻链只有λ和κ两种型别。因此，同一物种的各类抗体又可因其所含轻链的型别而分为两型。例如，在人类IgG的轻链中，一般κ型为70%，λ型为30%。如果按轻链的可变区氨基酸顺序的差异的不同，还可把这两个型别进一步分为亚型（subtype）。例如，人类的κ链有3个亚型，λ链有5个亚型，等等。

(3) IgG 的酶解片段（图 10-9）。

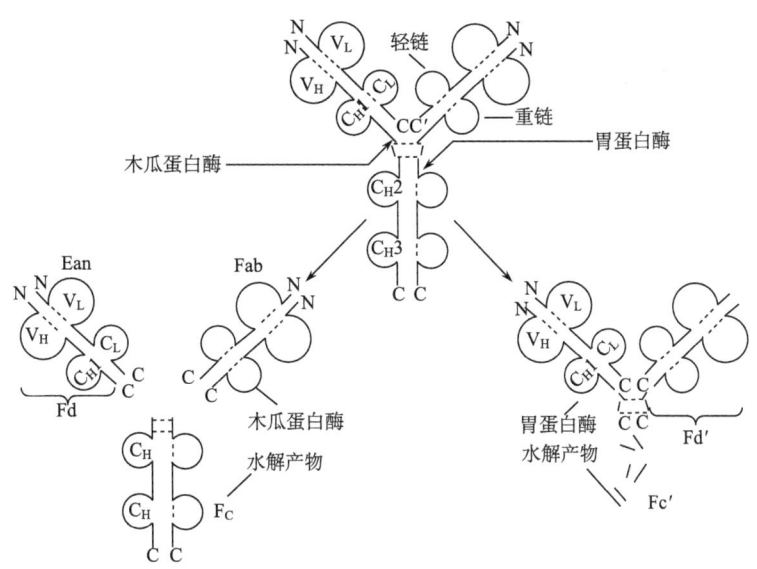

图 10-9　IgG 的酶解片段（引自：沈萍和陈向东，2006）

1）木瓜蛋白酶（papain）的酶解片段：通过木瓜蛋白酶的水解，IgG 可产生两个相同的 Fab（antigenbindingfragment）片段，即抗原结合片段，一个 Fc（fragmentcrystalisable）片段即可结晶片段。Fc 上结合有糖基。据研究，Fc 具有固定补体的作用。

2）胃蛋白酶的酶解片段：利用胃蛋白酶的水解作用，可将 IgG 水解成大小不同的两个片段。大的片段是带有连接重链的两个二硫键的 Fab 双体，故称为 F（ab′）$_2$，它具有 Fab 的功能，即能与相应的抗原特异性结合，不同之处是它为二价，且肽链稍长。另一个小的片段是与 Fc 相似的片段，不过在胃蛋白酶的作用下，再进一步水解成 pFc′ 片段和另一段多肽。

(4) 二硫键及其数目。IgG 分子上有 12～16 个链内二硫键（每条轻链上有 2 或 3 个，重链上有 4 或 5 个），以及 3～7 个链间二硫键。在人和动物的 IgG 的不同亚类中，其链间二硫键的数目和位置均不同（图 10-10）。

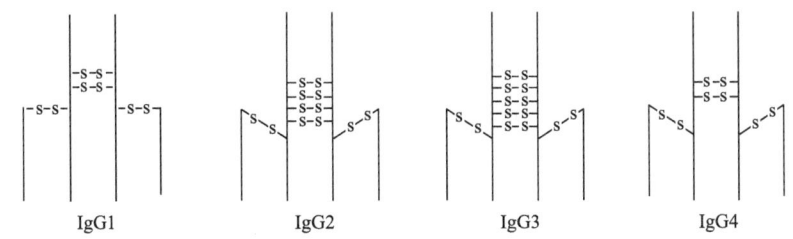

图 10-10　人的 IgG 不同亚类中链间二硫键的数目和位置（引自：周德庆，2002）

(5) 单体、双体、三体和五体。

1）单体：由一个"Y"形分子组成的 Ig，称为单体。IgG、IgD 和 IgE 都是以单体形式存在的。

2）双体和三体：由两个"Y"形分子组成的 Ig，称为双体，3 个则称三体。例如，IgA

在人的血清中主要以单体形式存在，称为血清型 IgA 或 7SIgA。而在分泌液中则以双体占优势，故双体 IgA 又称分泌型 IgA 或 11SIgA。双体 IgA 是由两个单体通过 J 链（joinning chain），即连接链相连接的。J 链是一种酸性糖蛋白，分子质量为 15 000Da，其作用主要是促使单体聚合。双体尚有一糖蛋白构成的分泌片（secretory piece），其分子质量为 60 000Da，由上皮细胞产生，其功能是保护 IgA 免受分泌液中所含的蛋白酶水解。分泌片以非共价键形式与 IgA 连接，也可以游离状态存在。

3）五体：由 5 个"Y"形分子组成的星状 Ig，称为五体或五聚体。IgM 即为五体，其相对分子质量高达 900 000，故又称巨球蛋白。它的 5 个单体间也是通过 J 链连接起来的。

有关单体、双体和五体的模式结构如图 10-11 所示。

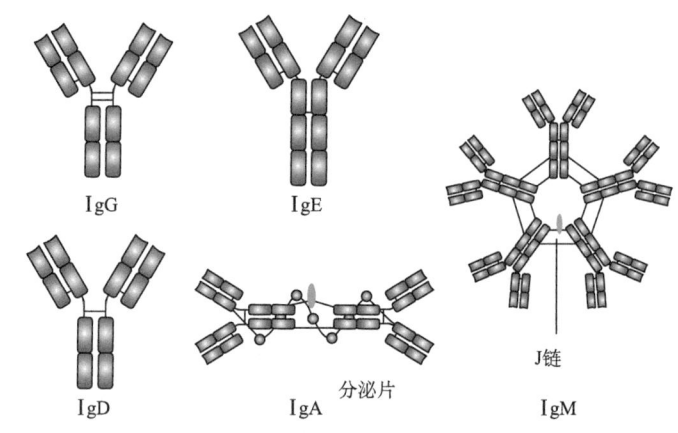

图 10-11　5 类免疫球蛋白结构示意图
（引自：http://www.mdjmu.cn/jcb/bingyuan/kejian/mianyililun/04.ppt）

（6）Ig 的抗原结合价。抗原结合价（valency）即每一 Ig 分子上能与抗原决定簇相结合部位的数目。由一个轻链的可变区和一个重链可变区可组成一个抗原结合价。因此，Fab 是一价的，$F(ab')_2$ 是二价的，Fd、Fd′或 Fc 等是零价的，Ig 的单体是二价的，双体是四价的，三体是六价的。IgM 是五体，理论上应是十价的，然而经过测定，却往往只有五价（对小分子抗原及半抗原仍可为十价）。可能的解释是，当 IgM 与大分子抗原相结合时，由于空间上过分拥挤，每一对结合位点只能发挥一半的作用。

（7）Ig 的功能区（domain）。功能区又称辖区，是 Ig 的结构单元，它们一般呈成对排列。Ig 分子可看做是一个较松散连接的结构单元群。一个 Fab 片段有两对功能区，Fc 片段则有 2 或 3 对功能区。

Fab 片段的 C_L 和 V_L 功能区来自一条完整的轻链，而 C_H1 和 V_H 则来自 N 端起的半条重链。这 4 个功能区共同组成一个抗原结合部位。不同抗体的 V_L 与 V_H 的特殊部位（如 N 端起的第 20、50 和 90 位）即"高变区"上的氨基酸种类变化极大，从而使不同抗体有可能与成千上万种的抗原进行特异结合。

2. 5 类免疫球蛋白的结构和特性

（1）IgG。在 5 类 Ig 中含量最高，占抗体总量的 80%～85%。分子质量约 15 万 Da，分子式是 $\gamma_2\lambda_2$（两条重链的抗原型属 γ 类，两条轻链的抗原型属 λ 型，下同）或 $\gamma_2\kappa_2$。每条重链含 420～440 个氨基酸残基，每条轻链含 210～230 个氨基酸残基，其具体氨基酸残基数是依其来源的不同而异的。IgG 的含糖量达 2.9%。IgG 类抗体对机体的免疫力发挥了最主要的作用。

(2) IgA。含量仅次于 IgG，在人血清中约占抗体总量的 10%，分子质量为 18 万～50 万 Da，含糖量为 7.5%。其单体的分子式是 $α_2λ_2$ 或 $α_2κ_2$，常以二倍体 $(α_2λ_2)_2$ 或 $(α_2κ_2)_2$ 的形式存在于眼泪、鼻黏液、唾液、胃肠液、乳汁（尤其是初乳）和尿液等外分泌液中。有些动物母体的 IgG 不能通过胎盘进入胎儿血流，IgA 也不能进入，因此，从母乳中摄入 IgA 对提高婴儿的免疫能力就显得特别重要。IgA 是少数在消化道中不被消化的蛋白质之一。

(3) IgM。占抗体总量的 5%～10%，因其分子质量极大（95 万 Da），故仅局限在血管内运行。IgM 是一种五体结构，分子式为 $(μ_2λ_2)_5$ 或 $(μ_2κ_2)_5$，含糖量约 11.8%。通常经免疫后的动物，在其血液中最先出现的抗体是 IgM，若用细菌等颗粒性抗原进行免疫时更是如此。在 IgM 后出现的是 IgG 和 IgA。

(4) IgD。约占血清中抗体总量的 1%。分子质量为 17.5 万 Da。其分子式是 $δ_2λ_2$ 或 $δ_2κ_2$。对其功能了解很少，可能与某些变态反应性疾病有关，也可以存在于 B 细胞膜上起抗原受体的作用。

(5) IgE。在血清中的浓度极低（<0.01% 总抗体量）。其分子式是 $ε_2λ_2$ 或 $ε_2κ_2$，分子质量为 19.6 万 Da，含糖量为 10.7%。它能与人体组织中的肥大细胞（mast cell）和血流中的嗜碱性多形核粒细胞结合。当再次与特异性抗原在体内接触时，结合在细胞上的 IgE 可再与该抗原结合，促进细胞脱颗粒、释放组胺，从而引起某些变态反应。

3. Ig 的主要生理功能

(1) 与抗原特异结合。Ig 的首要功能是识别抗原。膜表面 Ig 是 B 细胞的特异性抗原识别受体，当其与特异抗原结合后，触发机体免疫应答。体液中的 Ig 与相应抗原结合后，可发挥阻抑作用。如特异 Ig 与病毒结合干扰其对细胞的黏附，称为中和抗体；如与细菌毒素结合阻断其毒性，称为抗毒素。同时，通过其 Fc 段发挥各种针对抗原的生物学活性。

(2) 激活补体。IgM、IgG 与相应抗原结合后，Fc 段变构，暴露其重链 C 区的补体 C1 结合位点，通过经典途径活化补体。IgA 和 IgG4 不能激活补体经典途径，但其凝聚形式可通过旁路途径活化补体，继而由补体系统发挥其重要的抗感染功能。

(3) 结合细胞。多种细胞表面有 IgFc 段的受体，当 Ig 通过其 Fc 段与相应受体结合后，可进一步通过受体细胞发挥各种不同的作用。IgG 结合于吞噬细胞表面的 FcγR 后，可大大增强其吞噬功能，称为抗体的调理作用，也可结合于 NK 细胞、巨噬细胞表面的 FcγR，介导其对相应抗原靶细胞的特异杀伤。IgG 约占人类血清 Ig 总量的 3/4，有多方面作用，是人类的主要抗体。IgE 的 Fc 段与肥大细胞、嗜碱性粒细胞、血小板等表面的 FcεR 结合，可引起 I 型变态反应。

(4) 通过胎盘。怀孕母体的 IgG 能通过胎盘到达胎儿的血流中，形成新生儿的自然被动免疫，对保护婴儿抵御感染起重要作用。

4. 特异性免疫应答过程

免疫淋巴细胞对抗原的识别及自身活化、增殖、分化并产生免疫效应的过程称免疫应答。

免疫活性细胞在抗原刺激下，可诱发细胞免疫和体液免疫，其反应过程可分为 3 个阶段。

(1) 感应阶段。抗原物质进入机体后，大多数种类的抗原通过巨噬细胞处理或携带，传递给T细胞，再由T细胞传递给B细胞。这类抗原称为T细胞依赖性抗原。少数可溶性抗原（如荚膜多糖、脂多糖等）可直接激发B细胞，这类抗原称为T细胞非依赖性抗原。在此过程中，辅助T细胞和抑制T细胞起着协助和调节B细胞活性的作用。所以，感应阶段是巨噬细胞处理抗原和淋巴细胞识别抗原的阶段。

具有提呈抗原功能的细胞统称为抗原提呈细胞（antigen presenting cell，APC）。除了巨噬细胞外，树突细胞等细胞也能提呈抗原。

（2）反应阶段。T细胞和B细胞表面受体与抗原决定簇结合后，受体由于膜流动而集聚一侧，形成帽状，经胞饮而将抗原摄入细胞内，T细胞和B细胞受抗原刺激后，开始增殖分化为致敏淋巴细胞和浆细胞，并分别合成淋巴因子和抗体。其中小部分T细胞和B细胞中途停止分化，将抗原信息储存在胞内，转化为免疫记忆细胞，这类细胞能存活数月或数年，当再次接受同样抗原刺激时，能迅速增殖分化，加速免疫反应。所以，反应阶段就是T细胞和B细胞增殖分化阶段。

（3）效应阶段。各类效应T细胞（如TDTH、Tc等）和抗体发挥免疫效应作用。致敏T淋巴细胞如果再与同样抗原接触，就会产生各种淋巴因子或直接杀伤靶细胞（抗原），发生细胞免疫反应；此时浆细胞合成并分泌抗体进入淋巴液、血液、组织液或黏膜表面，中和毒素，或在巨噬细胞和补体参与下，杀伤或破坏抗原性物质，发挥体液免疫效应。

由B细胞分泌抗体介导的免疫应答称为体液免疫。B细胞应答又分为依赖于T细胞和不依赖于T细胞两类——依赖于T细胞的体液免疫和T非依赖性体液免疫应答。

由活化T细胞产生的特异杀伤或免疫炎症称为细胞免疫。

1）TDTH的作用：能够诱导免疫炎症的T细胞称为迟发型超敏反应T细胞（TDTH），TDTH细胞分泌的淋巴因子可调节免疫细胞分化成熟，或直接作用于靶细胞而杀伤靶细胞。

2）Tc（细胞毒性T细胞）的作用：可直接杀伤带有抗原的靶细胞。

5. 机体产生抗体的一般规律

凡能产生抗体的动物，当用抗原物质进行免疫时，抗体产生都有其共同特征，即初次应答和再次应答现象。若首次用适量抗原免疫动物时，须经一定的潜伏期（免疫活性细胞进行增殖、分化）才能在血流中检出抗体，且滴度（效价）低、维持时间短，并会很快下降，这一现象就称初次应答（primary response）。初次应答所产生的抗体主要为IgM，对抗原结合力低，属低亲和性抗体。如在抗体下降期再次注射同种抗原进行免疫，则发现这次的潜伏期明显缩短，抗体滴度会大幅度上升，且维持期延长，这就是再次应答（secondary response），也称免疫记忆（immunological memory）或回忆应答（anamnestic response）。再次应答时所产生的抗体主要为IgG，属高亲和性抗体（图10-12）。

（1）B细胞对TD抗原的应答。单纯TD抗原的刺激不能使B细胞活化，只有在MF、T和B（B2）细胞参与下，才能使B细胞活化。活化后的B细胞才可进一步分化成能分泌抗体的浆细胞（plasma cell，PC）和记忆B细胞（memory B cell，Bm）。

（2）B细胞对TI抗原的应答。在TI抗原的刺激下，B细胞（B1细胞）即使没有T细胞的协同也能活化并产生抗体。在一般情况下，对TI抗原的应答也不必有MF参与。与上述TD抗原不同的是，TI抗原所应答的B1细胞主要产生IgM，且不形成记忆B细胞，故不表现再次应答。

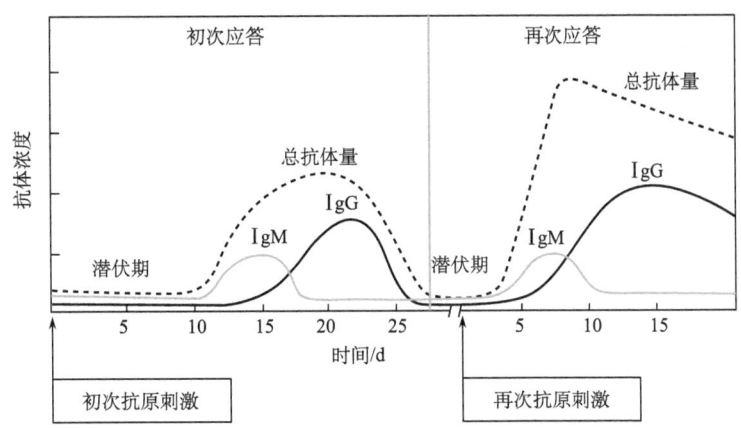

图 10-12 抗体产生的初次应答和再次应答（引自：http://class.htu.cn/mianyixue/wlkch9_3.htm）

第四节 免疫学的实际应用

一、抗体的制备及应用

（一）血清抗体

制备抗体的传统方法是用纯制的抗原多次接种于适当的成年健康动物，刺激其产生免疫应答，血清中含有大量特异性抗体，又称抗血清或免疫血清。可以直接取用也可将血清抗体提纯为精制免疫球蛋白。该方法技术和原理简单，故至今仍被广泛采用。但天然抗原含有多种互不相同的抗原决定簇，因此，血清抗体是具不同特异性的多克隆抗体混合物。

（二）单克隆抗体

单克隆抗体（monoclonal antibody，McAb）是由单个 B 细胞增殖所产生的抗体，其遗传背景完全一致，因此，抗体分子的氨基酸序列、类型、抗原特异性等生物学性状均相同。其制备原理是将肿瘤细胞的体外无限增殖能力与 B 细胞的分泌抗体能力相结合。

1. 基本程序

（1）选择亲本细胞株。第一种亲本细胞——骨髓瘤细胞必须事先选择 HGPRT 酶缺陷型细胞或 TK 酶（thymidine kinase，胸苷激酶）缺陷型细胞，因前者不能利用外源性次黄嘌呤来合成本身核酸中所需要的嘌呤，而内源性嘌呤和嘧啶的合成，又被 Apr（氨基蝶呤）所阻断，故在 HAT 培养基上会死亡；而后者可阻断 dTMP 的合成，故也可使亲本骨髓瘤细胞因不能在 HAT 上合成核酸而死亡。第二种亲本细胞——B 淋巴细胞是用 SRBC 先免疫小白鼠，待其在脾内形成激活的 B 淋巴细胞后，取出脾脏，制成 B 淋巴细胞悬液。

（2）将 B 淋巴细胞与骨髓瘤细胞以 2∶1 至 10∶1 的比例混合。

（3）促进细胞融合。早期用仙台病毒，近年来用分子质量为 1000～4000Da 的 PEG 作融合剂。

（4）淘汰未融合的亲本细胞。把经融合剂处理后的细胞分装到塑料板孔内，在 HAT 选择性培养液中培养两周左右，未经融合的亲本细胞因无法合成核酸而死亡。杂交后的融合子经过产物的鉴定，选出优良的 McAb 产生株。

(5) 优良淋巴细胞杂交瘤细胞株的大量培养。可将它们注射到动物体内去增殖，也可在组织培养瓶或新型的细胞培养罐（cytostat）中进行大量培养。

除 B 淋巴细胞杂交瘤外，有关 T 细胞或 Mf 的杂交瘤研究也在积极进行，但难度较大。

2. 单克隆抗体的生产

(1) 体内-体外混合法。将体外的杂交瘤培养室与小牛的胸导管相连，不断供氧并使之循环，可达到每头牛每天生产 5g McAb 的水平。

(2) 体外法。可利用新型的装有搅拌器或气泡搅拌装置的 1000L 细胞培养罐或中空纤维的超滤系统（在纤维管内通血清，在其外培养杂交瘤细胞）等大量培养装置生产 McAb。

3. 单克隆抗体的应用

(1) 在基础研究中的应用。McAb 的获得为研究有特异性抗体的一级和高级结构提供了可靠的材料；为研究 Ig 生物合成的遗传机制和细胞调节提供了必要的条件；为研究抗原与抗体间的结合和反应机理提供了科学的保证。

(2) 在实践中的应用。McAb 可用于精确地诊断疾病；提供高效的治疗剂（如抗病毒抗体）；用其制成的固相系统可提纯相应的抗原；用其制成"药物导弹"可用于治疗深层的肿瘤。目前正在研究的"药物导弹"又称"生物导弹"或免疫毒素，是一种导向性极强的药物，其运载体是 McAb，而其"弹头"则是对肿瘤细胞有巨大杀伤力的药物，如白喉毒素、绿脓杆菌外毒素、蓖麻毒蛋白（ricin）、蛇毒蛋白或相思子毒蛋白（abrin）等。蓖麻毒蛋白和相思子毒蛋白都是具有高度毒性的毒蛋白，前者对小白鼠的 LD_{50} 为 $0.32\mu g$；后者对小白鼠 LD_{50} 为 $0.07\mu g$，注入人体不到 1mg 即可致死。当它们被制成"药物导弹"后，既可大大减少用药剂量，又有极强的定向性，因而在治疗肝癌等恶性肿瘤方面具有广阔的发展前景。

(三) 基因工程抗体

单克隆抗体技术与现代分子生物学基因工程技术相结合，可以制造出自然界不存在的更符合人类要求的新型抗体。

(1) 嵌合抗体。目前所能得到的单克隆抗体（McAb）多来自小鼠，当应用于临床治疗时，会因人体产生抗鼠蛋白的抗体而影响使用。为解决鼠源 McAb 的问题，将小鼠 Ig 的 V 区基因与人 Ig 的 C 区基因拼接后于人工表达体系中表达。此类抗体具有小鼠 V 区带来的抗原结合特异性而具有人类 Ig 的 C 区，称为嵌合抗体。进一步地，可以使用小鼠 Ig 的 Fab 片段基因代入人 Ig 基因，甚至仅将其高变区基因代入人 Ig 基因，后者表达所获产物与人 Ig 非常接近，称为人源化抗体。

(2) 单链抗体。将 V_H 片段和 V_L 片段中间连以 14 或 15 个氨基酸的短肽（多肽接头），经正确折叠后，V_H 与 V_L 共同组成抗原结合部位，称为单链抗体。单链抗体相对分子质量小，抗原性弱，易于穿透组织和清除，制作方便。但目前得到的单链抗体的亲和力低于完整抗体。

(3) 重组抗体。将 Ig 的 V 区基因与非 Ig 基因拼接得到的重组抗体，既有 V 区的抗原结合特异性，又有其非 Ig 拼接基因的生物学活性。如拼接毒素基因，即能获得免疫毒素；如拼接酶基因，则将于指定部位发生所希望的酶反应。重组抗体的多方面潜能，将有巨大应用前景。

(4) 抗体库与噬菌体抗体。将 Ig 的重链和轻链基因片段随机配对克隆入适当的人工载体，称抗体基因库，简称抗体库。当用某些噬菌体基因作为载体时，抗体可表达于噬菌体表面，大大简化了筛选富集手续，称为噬菌体抗体，是抗体库技术的一个新突破。抗体库的筛选范围远大于单克隆抗体且彻底解决人源抗体问题，被称为第三代抗体。

二、免疫学技术

基于免疫学反应的免疫学技术，由于其高的精确度、灵敏性和特异性而在医学、生物学等领域得到广泛应用。在临床医学主要用于疾病诊断，又称为免疫诊断学。

（一）血清学技术

抗原抗体可于体外特异性结合，出现凝集、沉淀等可观察现象，反应迅速、简便易行。既可用已知抗原检出抗体，又可用已知抗体检出抗原，既可定量又可定性还可定位。因早期实验采用血清抗体，习惯称为血清学技术。抗原抗体由分子间作用力按一定比例结合，其反应是可逆的，受电解质、温度及 pH 影响。

1. 凝集反应

颗粒性抗原（完整的细菌细胞或红细胞等）与其相应的抗体在合适条件下反应并出现凝集团的现象，称为凝集反应（agglutination），又称直接凝集反应（direct agglutination）。用于凝集反应中的抗原又称凝集原（agglutinogen），抗体又称凝集素（agglutinin）。

在做凝集反应时，由于抗原体积大，抗原结合价相对较少，所以为使抗原和抗体间比例合适，一般都应稀释抗体（抗血清）。

凝集反应的方法很多：①直接法。有玻片法和试管法等，如诊断伤寒或副伤寒的肥达氏试验（Widal's test），菌种鉴定（包括定型）中的玻片凝集试验等。②间接法。典型的间接凝集试验（indirect agglutination）或称被动凝集反应（passive agglutination）的基本原理是将可溶性抗原吸附在适当的载体上，使其形成"颗粒性抗原"，从而可使用凝集反应加以肉眼检出（图 10-13）。可用作载体的材料有人或动物的红细胞、活性炭或白陶土颗粒，以及聚苯乙烯乳胶微球等。可测定的可溶性抗原有抗细菌抗体、病毒抗体、钩端螺旋体抗体以及梅毒螺旋体抗体等。

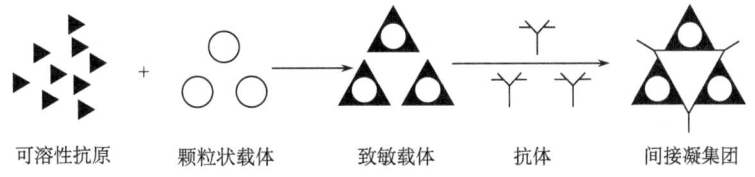

可溶性抗原　　颗粒状载体　　致敏载体　　抗体　　间接凝集团

图 10-13　间接凝集试验示意图（引自：周德庆，2002）

2. 沉淀反应

可溶性抗原（蛋白质、多糖或类脂溶液，血清，细菌抽提液，组织浸出液等）与其相应的抗体在合适条件下反应并出现沉淀物的现象称为沉淀反应（precipitation）。用于沉淀反应中的抗原又称沉淀原（precipitinogen），抗体又称沉淀素（precipitin）。

与做凝集反应时恰恰相反，由于沉淀原的分子小，表面的抗原决定簇相对较多，因此一般先要稀释抗原才能获得产生沉淀反应所需要的合适的抗原与抗体比例。

(1) 环状沉淀反应（ring precipitation）。又称环状试验（ring test），是一种试管法。先在小口径的试管内加入已知抗血清，然后仔细将待检抗原加在血清层之上，使两层界限分明。凡数分钟后在界面上出现白色沉淀环者，为阳性。该法可用于抗原的定性，如法医学上鉴定血迹，食品卫生上鉴定肉的种类，以及做病畜炭疽检验的 Ascoli 氏试验或媒介昆虫的嗜血性检验等。

(2) 絮状沉淀反应（flocculation precipitation）。又称絮状反应。将抗原与相应抗体在试管内或凹玻片上混匀，经一段时间即可出现肉眼可见的絮状沉淀颗粒，此即阳性反应。诊断梅毒的康氏试验（Kahn test）和测定抗毒素的絮状沉淀单位都用该法。

沉淀反应的用途极广，各种新方法也层出不穷。例如，将抗原溶液滴在混有抗体的琼脂介质中以进行抗原定量的单向琼脂扩散法（simple agar diffusion）；将抗原抗体滴在琼脂介质的不同小孔中做相对方向扩散的双向琼脂扩散法（double agar diffusion）；把双向琼脂扩散法与电泳技术相结合的对流免疫电泳法（counter immuno-electrophoresis，CIE），该法具有速度快、灵敏度高等优点，可用于乙型肝炎表面抗原（HBsAg）和甲种胎儿蛋白（AFP）的检出；将单向琼脂扩散与电泳技术相结合的火箭电泳法（rocket electrophoresis）；以及先使抗原在琼脂平板上电泳然后再进行双向扩散的免疫电泳法（immuno-electrophoresis）等。

（二）免疫标记技术

免疫标记技术（immunolabelling technique）是指将抗原或抗体用荧光素、酶、放射性同位素或电子致密物质等加以标记，借以提高其灵敏度的一类新技术，其优点是特异性强，灵敏度高，应用范围广，反应速度快，容易观察，能定性、定量甚至定位。

1. 免疫荧光技术

将结合有荧光素的荧光抗体进行抗原抗体反应的技术称为免疫荧光技术（immunofluorescence technique）或荧光抗体法（fluorescent antibody technique，FAT）。常用的荧光素有异硫氰酸荧光素（fluorescein isothiocyanate，FITC）和罗丹明（rhodamine B200，RB200）等。它们可与抗体球蛋白中赖氨酸的氨基结合，在蓝紫光激发下，可分别出现鲜明的黄绿色及玫瑰红色。由于荧光抗体与相应抗原结合后仍能发出荧光，故能提高灵敏度和便于显微镜观察。

2. 酶免疫测定

用酶标记的抗体或抗抗体来进行的抗原抗体反应称为酶免疫测定（enzyme immunoassay，EIA）或免疫酶技术（immunoenzymatic technique）。该法由 Engvall 等于 1971 年提出。其原理类似于上述的免疫荧光技术，所不同的只是用酶代替荧光素作标记物以及显示酶标记抗体的方法是用酶的特殊底物来处理标本。由于酶的催化作用，可使原来无色的底物通过水解、氧化或还原反应而显示颜色。

免疫酶测定的优点是：①由于反应的结果产生颜色，故可用普通光学显微镜观察结果；②标本经酶标抗体染色后，还可用其他染料复染，以显示细胞的形态构造；③标本可长久保存，随时备查；④特异性强；⑤灵敏度高。

用于该法中的标记酶应具备：①纯度高、溶性高、特异性强、稳定性高；②测定方法应简单、敏感、快速；③与底物作用后会呈现颜色；④与抗体交联后，仍保持酶的活性。最常用的是辣根过氧化物酶（horseradish peroxidase，HRP），它广泛存在于植物界，辣根中的含量尤高。HRP 是一种糖蛋白，由酶蛋白和铁卟啉结合而成，相对分子质量为 40 000，其底物是二氨基联苯胺（DAB）。DAB 经酶解可产生棕褐色沉淀物，因而可用目测或用比色法测定。此外，还有碱性磷酸酶、酸性磷酸酶、苹果酸脱氢酶、葡萄糖氧化酶和 β-D-半乳糖苷酶等可供应用。

酶免疫测定的具体方法很多，近年来发展很快的是酶联免疫吸附试验法（enzyme linked immunosorbent assay，ELISA），又称酶标法，已被广泛用于各种抗原和抗体的检测中。常用的双抗体夹心法（double antibody sandwich method）和间接免疫吸附测定法（indirect immunosorbent assay）如图 10-14 所示。双抗体夹心法的步骤为：①将含已知抗体的抗血清吸附在微量滴定板（microtiter plate，聚苯乙烯酶标板，有 96 孔）上的小孔内，洗涤一次；②加待测抗原，如两者是特异的，则发生结合，然后把多余抗体洗除；③加入与待测抗原呈特异的酶联抗体（或称第二抗），使形成"夹心"；④加入该酶的底物（图 10-14 的小方块）后，若见到有色酶解产物（黑圆点）产生，则说明在孔壁上存在相应的抗原。间接免

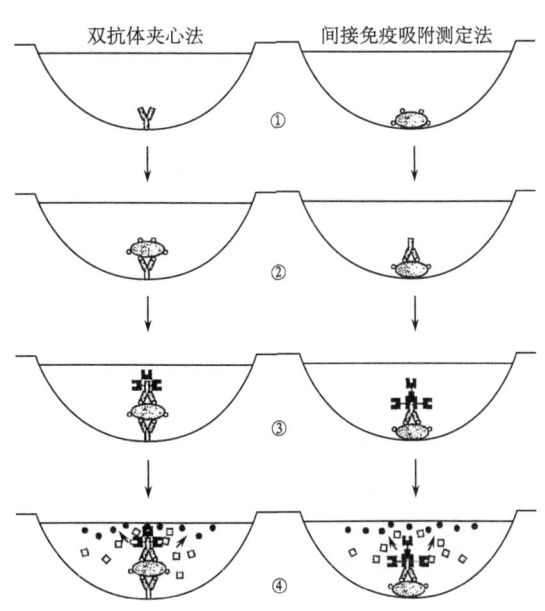

图 10-14 两种酶联免疫吸附试验示意图
（引自：周德庆，2002）

疫吸附测定法的步骤为：①将已知抗原吸附在微量滴定板的小孔内，用缓冲液洗涤 3 次；②加待检抗血清，如其中含特异抗体，则与抗原发生特异结合，随即用缓冲液洗涤 3 次，洗去多余抗体；③加入酶联抗抗体（抗人 γ 球蛋白抗体），使它与已吸附的抗原和抗体的复合物相结合，再洗 3 次，以除去未吸附的酶联抗抗体；④加入该酶的底物，使底物分解并产生颜色，待终止反应后，依底物颜色深浅，即可知样品中的抗体含量。

3. 放射免疫测定法

由 Berson 和 Yalow（1959）提出的应用同位素标记技术（isotope labelling technique）来检测抗原抗体反应的高灵敏度方法称为放射免疫测定法（radioimmuno-assay，RIA）。该法兼有放射性同位素标记物所显示的高灵敏度（达到纳克和皮克水平）和血清学反应的高特异性的优点。其缺点是需特殊的仪器设备并可能使实验人员受到放射性的影响。

4. 免疫电镜技术

用电子显微镜检查用电子致密物质标记的抗体与其对应抗原反应的技术称为免疫电镜技术（immuno-electron microscopy，IEM）。用于标记抗体的电子致密物质有辣根过氧化物酶和铁蛋白等。标记后的抗体可与细菌、病毒或组织的超薄切片上的相应抗原发生特异结合，然后可在电镜下观察。免疫电镜技术可对有关抗原进行鉴定、检测和定位，是一种亚细胞水平上的重要研究方法。

5. 发光免疫测定法

将化学发光反应与免疫测定法结合起来的新型技术称为发光免疫测定法（luminescent immuno-assay，LIA）。属化学发光的反应一般均为氧化反应。发光物质既可直接用作抗原或抗体的标记物，也可以游离形式参与酶或辅因子（NAD，ATP）标记的抗原或抗体的发光反应。该法的优点是：①可定量检测抗原或抗体；②灵敏度高，约比酶免疫技术高 1000

倍；③试剂稳定、无毒；④检测操作简便、快速（半小时至数小时）。常用的发光试剂有鲁米诺（luminol）和光泽精［双-N-甲基吖啶硝酸盐（lucigenin）］等。

【知识窗——免疫毒素】

　　免疫毒素（immunotoxin）是近年来新兴的一种肿瘤导向治疗方法。它利用抗肿瘤单抗与肿瘤细胞的特异性结合，将生物毒蛋白与抗体偶联，去定向攻击肿瘤细胞，而其对正常组织的杀伤较小，故被形象地称为"生物导弹"。免疫毒素由"弹头"和"载体"以一定的连接方法偶联而成。其"弹头"部分即生物毒蛋白，来自植物或微生物，为酶催化型毒素，效率很高，理论上一个分子进入胞浆即能杀死细胞。目前，单克隆抗体是主要的导向分子。

　　免疫毒素应用于人体的一个重要限制因素，是机体对鼠源抗体会产生中和抗体，严重的会出现免疫反应。新一代免疫毒素的制备离不开对抗体的改造。近年来，分子生物学技术的飞速发展大大地推动了抗体的研究。通过克隆改造毒素基因，再和编码与细胞表面受体或抗原特异性结合的某些配基基因或抗体基因片段重组后表达产生出新一代免疫毒素，即基因工程免疫毒素，这创造出了更理想的治疗分子，即保留（或增加）天然抗体的特异性和主要生物活性，又去除（或减少或替代）无关结构，使得用相对分子质量更小、免疫原性更低的抗体片段甚至完完全全的人源单抗作为载体分子成为现实。

　　免疫毒素经多年的研究和发展，已在乳腺癌、黑色素瘤、白血病治疗和体外骨髓移植等方面获得了一定的进展，有不少用于实体瘤治疗的制剂进入临床Ⅰ、Ⅱ期试验阶段。免疫毒素的临床治疗前景更为广阔。

三、免疫预防

　　人为地给机体输入抗原以调动机体的免疫系统，或直接输入免疫细胞及分子，使获得某种特殊抵抗力，用以预防或治疗某些疾病，称为人工免疫。人工免疫用于预防传染病时即为免疫预防。

　　在人工免疫中，可用于预防、治疗和诊断用的来自生物的各种制剂都称生物制品（biologics 或 biological product）。生物制品可以是特异性的抗原（疫苗、菌苗、类毒素）、抗体（免疫血清、诊断血清）、细胞免疫制剂，也可以是非特异性的免疫调节剂（immunoregulative preparation）。

　　如前所述，人工免疫有人工自动免疫（artificial active immunization）和人工被动免疫（artificial passive immunization）两种（表10-2）。现根据这两类来介绍生物制品及其应用。

表 10-2　人工自动免疫和人工被动免疫的比较

项　目	人工自动免疫	人工被动免疫
接种物	抗原（疫苗、类毒素等）	抗体
接种次数	1～3次	多数1次
开始有效时间	1～4周后（慢）	立即生效（快）
维持时间	几个月至数年（长）	2～3周（短）
用途	预防	用于治疗或紧急预防

(一) 人工自动免疫生物制品

人工自动免疫是给机体输入抗原物质，使免疫系统因抗原刺激而发生类似感染时所发生的应答过程，从而产生特异免疫力，又称预防接种。用于预防接种的抗原制剂称为疫苗。

1. 常规疫苗

广义的疫苗（vaccine）包括菌苗和疫苗两类制剂。狭义的疫苗仅指用病毒、立克次氏体或螺旋体等微生物制成的生物制品，而菌苗则仅指用细菌制成的生物制品。疫苗可分活疫苗与死疫苗两类。

(1) 活疫苗（live vaccine）。指用人工变异的方法使病原体减毒或从自然界筛选病原菌的无毒株或微毒株所制成的活微生物制剂，有时也称减毒活疫苗（attenuated vaccine），如卡介苗（Bacill Calmette-Guéinn, BCG）、鼠疫菌苗、脊髓灰质炎疫苗和麻疹疫苗等。活疫苗进入机体后能继续繁殖，故一般接种剂量低，只要接种一次即可获持久（一般3~5年）、可靠的免疫效果。其缺点是不易保存。

(2) 死疫苗（dead vaccine）。用物理或化学方法将病原微生物杀死，但仍保留原有的免疫原性的疫苗，称死疫苗，如百日咳、伤寒、霍乱、流行性脑脊髓膜炎、流行性乙型脑炎、森林脑炎、钩端螺旋体、斑疹伤寒和狂犬病疫苗等。死疫苗的用量较大，须多次接种，持续时间短（数月至一年），有时还会引起机体发热、全身或局部肿痛等反应。

2. 类毒素

类毒素（toxoid）是细菌的外毒素经甲醛脱毒后仍保留原有的免疫原性的生物制品。目前应用的精制吸附类毒素是将类毒素吸附在明矾或磷酸铝等佐剂上，以延缓它在体内的吸收、延长作用时间和增强免疫效果。常用的类毒素有破伤风类毒素和白喉类毒素等。

3. 自身疫苗

自身疫苗又称自体疫苗（autovaccine 或 autogenous vaccine），即用从患者自身病灶中分离出来的病原微生物所制成的死疫苗。例如，由葡萄球菌引起的反复发作的慢性化脓性感染或是由大肠杆菌引起的尿路感染等，当用抗生素治疗无效时，就可设法从其自身病灶中分离病原菌，待制成死疫苗并做多次皮下注射后，有可能治愈该病。

4. 新型疫苗

(1) 亚单位疫苗。去除病原体中不能激发机体保护性免疫，甚至对其有害的成分，但仍保留其有效免疫原成分的疫苗，称为亚单位疫苗。例如，流感病毒用化学试剂裂解后，可提取其血凝素、神经氨酸酶而制成流感亚单位疫苗；去除腺病毒中的核酸后，可制成腺病毒衣壳亚单位疫苗；用乙型肝炎病毒表面抗原制成的亚单位疫苗；用大肠杆菌菌毛制成的亚单位疫苗；霍乱毒素B亚单位疫苗；用狂犬病病毒的主要抗原蛋白黏附在脂质体膜上制成狂犬病病毒免疫体（immunosome）亚单位疫苗；以及麻疹病毒的亚单位疫苗等。

(2) 化学疫苗。用化学方法提取微生物体中有效免疫成分而制成的疫苗，其成分一般比亚单位疫苗更为简单。例如，肺炎链球菌的荚膜多糖或脑膜炎球菌的荚膜多糖都可制成多糖化学疫苗。

(3) 合成疫苗。用人工合成的肽抗原与适当载体和佐剂配合而成的疫苗称为合成疫苗。例如，乙型肝炎表面抗原（hepatitis B surface antigen, HBsAg）的各种合成类似物，人工合成的白喉毒素的14肽，以及流感病毒血凝素的18肽等，在加上适当的载体和佐剂后，都可制成合成疫苗。

(4) 基因工程疫苗。这是一类通过 DNA 重组技术所获得的新型疫苗，又称 DNA 重组疫苗。利用基因工程的新技术已获得了一系列有实用价值的疫苗。例如，第一个成功地保留免疫原性的病毒蛋白——口蹄疫病毒疫苗；编码 HBsAg 基因插入酿酒酵母（*Saccharomyces cerevisiae*）基因组中表达成功的 DNA 重组乙型肝炎疫苗；把 HBsAg、流感病毒血凝素或单纯疱疹病毒基因插入牛痘苗基因组中，已能制得可用简单针刺法接种的多价疫苗；将宋内氏志贺氏菌（*Shigella sonnei*）、痢疾志贺氏菌（*Shigella dysenteriae*）编码抗原的基因质粒转移到伤寒沙门氏菌（*Salmonella typhi*）Tyzla 减毒株中后，已制备出抗伤寒、痢疾的二价减毒疫苗等。

(5) 核酸疫苗。用病原体一段具有保护效应的核酸片段导入体内，通过在体内的表达激发机体产生抗感染免疫，称为核酸疫苗。核酸疫苗比传统疫苗安全，比亚单位疫苗操作简单、造价低廉，将是今后疫苗研制的重点之一。

(6) 抗独特型疫苗。抗体分子作为糖蛋白，自身也是良好的抗原。定位于抗体分子可变区中高变区的抗原决定簇称为独特型决定簇，是一个抗体分子的遗传特征。当抗体分子（Ab1）作为抗原时可产生抗 Ab1，称为抗抗体或 Ab2，若此 Ab2 是针对 Ab1 的独特型决定簇，则称为抗独特型抗体。抗独特型抗体可能在构象上模拟原始抗原，因此，可作为原始抗原的替代物，刺激机体产生抗原始抗原的免疫应答，而又避免了原始抗原所可能有的致病性。

(二) 人工被动免疫生物制品

输入免疫血清（含特异性抗体）或致敏淋巴细胞及其制剂或细胞因子，使机体获得一定免疫力，以达到防治某些疾病的目的，称为人工被动免疫，其中输入免疫细胞或细胞制剂，又称过继转移。输入特异性抗体可立即发挥其免疫作用，但维持时间较短，主要用于治疗某些外毒素引起的疾病，或作为与某些传染病患者接触后的应急预防措施。

1. 特异性免疫治疗剂

(1) 抗毒素。用类毒素多次注射马等实验动物，待其产生大量特异性抗体后，经采血、分离血清并经浓缩纯化后的制品，即称抗毒素。抗毒素主要用于治疗因细菌外毒素而致的疾病，也可用于应急预防。常用的有破伤风精制抗毒素、白喉精制抗毒素。毒蛇咬伤也可用蛇毒抗毒素来治疗。此外，还有肉毒抗毒素和气性坏疽多价抗毒素等。

(2) 抗病毒血清。用病毒免疫动物，取其血清并制成的精制品称为抗病毒血清（antiviral serum）。由于当前还缺乏治疗病毒病的有效药物，故在某些病毒感染的早期或潜伏期，可采用抗病毒血清来治疗。例如，抗病毒 3、7 型血清可用于早期治疗婴幼儿的腺病毒肺炎，抗狂犬病病毒血清可用于治疗被狂犬严重咬伤的患者，此外，还有抗乙型脑炎病毒血清等。

(3) 抗菌血清。在 20 世纪 40 年代发明磺胺药和发现青霉素等抗生素以前，抗菌血清（antibacterial serum）曾被用于治疗肺炎、鼠疫、百日咳和炭疽等细菌性传染病。目前除在极少数细菌如由铜绿假单胞菌（*Pseudomonas aeruginosa*，俗称"绿脓杆菌"）耐药菌株引起的传染病治疗中尚有使用外，抗菌血清早已被淘汰。

(4) 免疫球蛋白制品。血浆丙种球蛋白又称 γ 球蛋白，是从正常人的血浆中提取到的丙种球蛋白，内含 IgG 和 IgM。它们含多价抗体，可抗多种病原体及其毒产物，可用于麻疹、脊髓灰质炎和甲型肝炎等病毒感染的潜伏期治疗或应急预防。

胎盘球蛋白是从健康产妇的胎盘血中提取的免疫球蛋白制品，主要含有 IgG。其作用与血浆丙种球蛋白相同。

(5) 免疫核糖核酸（immuneRNA，iRNA）。iRNA 是一类特异性的免疫触发剂，它可使机体的正常淋巴细胞转化为致敏淋巴细胞而发挥其免疫作用。iRNA 可以从自痊愈的肿瘤患者的淋巴细胞中提取，也可用人的肿瘤细胞（自身或他人同种肿瘤）或微生物细胞等作抗原去免疫动物，然后从其脾或淋巴结等分离淋巴细胞，提取其中的 iRNA。iRNA 没有明显的种属特异性，因此，可从免疫过的动物体中提取而用于人体中。目前已试用于治疗某些病毒、真菌或细菌性的慢性传染病及若干恶性肿瘤。

2. 非特异性的免疫治疗剂——免疫调节剂

能增强、促进和调节免疫功能的非特异性生物制品称为免疫调节剂（immunoregulative preparation）。它在治疗免疫功能低下、某些继发性免疫缺陷症和某些恶性肿瘤等疾病中具有一定的作用，一般对免疫功能正常的人却不起作用。其主要功能或是通过非特异性的方式增强 T、B 细胞的反应，或是促进巨噬细胞活性，也可通过激活补体或诱导干扰素的产生。一些常见的免疫调节剂，如转移因子（transferfactor，TF）、白细胞介素 2（interleukin2，IL-2）、胸腺素、卡介苗（BCG）、小棒杆菌（*Corynebacterium parvum*）、干扰素等。

本 章 小 结

由各类病原体引起的传染病，对人类的健康和社会发展危害极大。人体和高等动物在与病原菌的长期斗争中，已发展出几种完善的免疫防御系统。其中属于非特异性的免疫系统有各种屏障结构、化学防御、吞噬作用和炎症反应等；属于特异性的免疫系统则有体液免疫系统和细胞免疫系统。

特异性免疫是通过复杂的免疫应答系统而实现的。该系统由免疫器官、免疫细胞和免疫分子构成。其中，免疫细胞主要由执行细胞免疫的 T 淋巴细胞、执行体液免疫的 B 淋巴细胞及执行吞噬和递呈抗原的巨噬细胞等组成。免疫分子种类很多，研究进展极快，主要有抗原、抗体、抗原受体、补体和细胞因子等。

免疫学技术也获得了飞速发展和广泛的应用，包括经典的凝集反应和沉淀反应等技术，以及各种现代的免疫标记技术。此外，根据免疫学理论和技术研制的传统疫苗、菌苗、类毒素等生物制品及其现代发展的各种新型高效疫苗也正在为人类健康事业做出越来越大的贡献。

习题

1. 名词解释：传染、免疫、特异性免疫、非特异性免疫、抗原、抗原决定簇、抗体、单克隆抗体、疫苗、免疫调节剂。
2. 从组织学和理论上区别特异性免疫系统与非特异性免疫系统。
3. 抗体的产生需要有几种免疫活性细胞的参与？分别说出其功能。
4. 免疫球蛋白有哪几类？绘图表示其基本结构，并说明各部分功能。
5. 什么是抗原？抗原物质应具备哪些条件？

思考题

1. 试述巨噬细胞在非特异性免疫和特异性免疫中的作用。
2. 试述免疫学的实际应用。

（李彦芹）

第十一章 微生物的应用和产品

【本章导读】 微生物在我们的生活中起着不可缺少的作用,其被广泛地应用于食品、农业、医药、轻工业、环保、石油、冶金等方面,形成了第三大生物产业——微生物产业。本章对工业生产菌株、发酵特征、发酵方式等进行了详细的描述,并介绍了由微生物发酵生产的各种各样的产品,帮助学生更好地了解微生物产业。

第一节 工业发酵的菌种和发酵特征

一、生产菌种的要求和来源

（一）生产菌种的要求

发酵所用的微生物称为菌种。微生物多种多样,但并不是所有微生物都可作为生产菌种使用。菌种作为大规模生产所用,需满足以下几项要求。

（1）菌种应生长迅速且目标产物产量高。菌种发酵产生的最终产品量,发酵按所用培养基的单位体积或质量所产生的数量计算,应该越高越好。

（2）发酵菌种所需培养基应价格低廉、来源充足、转化效率高。许多发酵工业都是用农副产品配制成发酵培养基,不仅能满足菌种发酵所要求的营养成分,转化率高,而且发酵原料易获得,价格低廉。

（3）菌种培养条件应易于控制、酶活性高、发酵周期较短。

（4）抗杂菌和噬菌体能力强。

（5）菌种遗传稳定性较强、不易变异和退化、易于进行基因操作。

（6）菌种在发酵过程中不产生或少产生与目的产物性质相近的副产物或其他产物,并且目的产物易分离。

（7）菌种及发酵产物不会对人、动植物、环境造成直接危害,也不存在潜在的、长期的危害。

（二）生产菌种的来源

微生物工业要获得达到上述基本要求的菌种,主要有以下几个来源。

1. 自然环境

工业生产所用菌种的根本来源是自然环境,如土壤、空气、水、动物、植物等。但来自自然环境的微生物需经过筛选分离和培育改良才能成为工业生产所需菌种。

2. 菌种筛选

人类通过长期的知识积累和科学研究,已发明了许多行之有效的菌种筛选方法。通常的菌种筛选过程为:样品采集、样品材料的预处理、富集培养、菌种初筛、菌种复筛、性能鉴定、菌种保藏。以上许多步骤都可人为引入选择压力以提高筛选效率,只有经一系列实验证明符合生产菌种要求的菌株才能成为生产菌种。

3. 购置生产菌种

发酵工业所用的生产菌种一般都是购置的专利菌种，或向生产单位购置的产量高的菌种。购置的菌种如果符合生产菌种的要求，可直接用于发酵生产。许多专利法，包括我国专利法在内，对专利发明中的微生物菌种本身也实行保护，同样要送到指定的保藏机构保藏。

国际上承认的具有法律效力的权威保藏单位目前为 28 个，其中包括武汉大学的中国典型培养物保藏中心（China Center for Type Culture Collection，CCTCC）、中国科学院微生物研究所的中国普通微生物菌种保藏管理中心（China General Microbiological Culture Collection Center，CGMCC）、美国典型培养物保藏中心（简称 ATCC）。表 11-1 列举了部分国际承认的具有法律效力的权威保藏单位。

表 11-1 部分国际承认的具有法律效力的权威保藏单位

菌种保藏中心名称	简　介
ATCC（American Type Culture Collection）美国典型培养物保藏中心	ATCC 主要从事农业、遗传学、应用微生物、免疫学、细胞生物学、工业微生物学、菌种保藏方法、医学微生物学、分子生物学、植物病理学、普通微生物学、分类学、食品科学等的研究 另外，该中心还提供菌种的分离、鉴定及保藏服务。该中心保藏的菌种可出售
NBRC（NITE Biological Resource Center）日本技术评价研究所生物资源中心	NBRC（IFO）是由日本经济部、商业部、工业部支持的半政府性质菌种保藏中心。主要从事农业、应用微生物、菌种保藏方法、环境保护、工业微生物、普通微生物、分子生物学等的研究
NRRL（Agricultural Research Service Culture Collection）美国农业研究菌种保藏中心	NRRL 是由美国农业部农业研究中心支持的政府性质的菌种保藏中心。主要从事农业、应用微生物、基因工程、工业微生物、菌种保藏方法、环境保护、分子生物学、食品安全、普通微生物、分类学的研究。另外，该中心还提供细菌、真菌、酵母菌的鉴定服务
CBS（Centraal Bureau voor Schimmelcultures）荷兰微生物菌种保藏中心	CBS 是半政府性质的主要保藏真菌、酵母菌种的保藏中心。该中心主要从事菌种保藏方法、分类学、分子生物学、医学微生物学等的研究
KCTC（Korean Collection for Type Cultures）韩国典型菌种保藏中心	KCTC 是由政府科学技术部门支持的半政府性质的菌种保藏中心。主要从事应用微生物、基因工程、工业微生物、菌种保藏、发酵、分子生物学、分类学等的研究
DSMZ（Deutsche Sammlung von Mikroorganismen und Zellkulturen）德国微生物菌种保藏中心	DSMZ 成立于 1969 年，是德国的国家菌种保藏中心。该中心一直致力于细菌、真菌、质粒、抗生素、人体和动物细胞、植物病毒等的分类、鉴定和保藏工作。该中心是欧洲规模最大的生物资源中心，该中心还提供菌种的分离、鉴定和保藏服务
UKNCC（The United Kingdom National Culture Collection）英国国家菌种保藏中心	UKNCC 是英国国家菌种的保藏中心菌。该中心提供菌种和细胞服务，保藏的菌种包括放线菌、藻类、动物细胞、细菌、丝状真菌、原生动物、支原体和酵母菌。该中心保藏的菌种可出售
NCIMB（National Collections of Industrial，Food and Marine Bacterial）英国食品工业与海洋细菌菌种保藏中心	NCIMB 主要从事分类学、分子生物学的研究和采用冷冻干燥方法保藏菌种
BCRC（Bioresource Collection and Research Center）台湾生物资源保存及研究中心（食品工业发展研究所）	BCRC 主要从事农业、应用微生物、细胞生物技术、基因工程、菌种保藏方法、工业微生物、食品科学、发酵、分子生物学等方面的研究

二、大规模发酵的特征

大规模发酵既不同于实验室的摇瓶或小发酵罐的发酵，也不同于实验工厂的实验发酵罐的发酵，其特征一般认为是：规模大，即所用的设备庞大，占用场地大，人力、物力投入的规模大；消耗的原料、能源多；菌种符合生产菌种的要求，其生长代谢特性与大规模发酵相适应；需进行成本核算等。

(一) 大规模发酵的种类及过程

按产品的来源和特性划分，大规模发酵可分为下列类型。

1. 微生物菌体发酵

其产品包括用于焙烤工业的面包酵母、作为食品蛋白来源的单细胞蛋白、担子菌如蘑菇等食用菌以及作为生物防治剂的微生物农药，如苏云金杆菌杀虫剂等。

2. 微生物酶（蛋白质）发酵

目前工业应用的酶大都来自微生物发酵，其产品包括食品和轻工业中常用的淀粉酶、蛋白酶和糖化酶等；医药生产和医疗检测用的各种酶制剂，如青霉素酰化酶、胆固醇氧化酶和葡萄糖氧化酶等。

3. 微生物转化发酵

微生物转化就是利用微生物细胞的一种或多种酶把一种化学物质转变成结构相关的更有经济价值产物的生化反应。生长细胞、静止营养细胞、孢子或干细胞均可进行转化反应。可进行的转化反应包括脱氢反应、氧化反应、脱水反应、缩合反应、脱羧反应、氨化反应、脱氨反应和异构化反应等。

4. 新型微生物发酵

所谓新型微生物发酵是指利用生物技术方法所获得的特殊的微生物细胞，如 DNA 重组的"工程菌"、细胞融合所得的"杂交"细胞等而进行的发酵。通过新型微生物发酵，可以生产出更多更好的化工产品。

大规模发酵常因菌种和产品不同而有所不同，但一般过程都基本相同，通常包括菌种制备、原料处理、接种培养、发酵控制和产品提取等环节。

(1) 菌种制备。菌种一般分保藏菌种、摇瓶（茄子瓶等）菌种和种子罐菌种。保藏菌种是发酵生产的备用菌种，一般放在低温干燥状态下保存。保藏菌种进入生产接种之前，首先接入斜面进行活化，使菌种从休眠状态转为正常代谢状态。用于活化的培养基一般营养丰富、易于吸收，有利于菌种的生长繁殖。活化后的菌种再进行扩大，将其接入摇瓶（茄子瓶等）中进行培养，此时所用的培养基比保藏菌种用的培养基更粗放、更经济。摇瓶种子进一步扩大，接入种子罐进行培养。种子罐培养基比较接近发酵罐所用培养基成分，目的是让菌种进一步适应发酵培养基的环境。种子罐种子培养好以后可适时进行大罐（通风曲室）接种。

(2) 原料处理。发酵原料一般要经过筛选、粉碎、蒸煮或水解后，再加上其他有关物质配制成发酵培养基。

(3) 接种培养。发酵培养基配制好以后，进行灭菌。待其冷却后，适时进行接种。接种要保证在无菌条件下进行，以防污染。无菌接种是发酵成败的关键。

(4) 发酵控制。菌种接好后，提供必要的生长条件，包括培养温度、氧气需求、pH 指标、营养成分补充和泡沫消除等。所有这些条件要经常观察、记录、分析、改进，以保证发酵生产正常进行。在发酵过程中，还要经常观察菌体的形态变化，测定代谢产物的积累情况，以决定放罐的最佳时间，进行收获。

(5) 产品提取。发酵过程一旦完成，及时进行产品提取。提取的方法一般有物理法（过滤、离心、干燥等）、化学法（吸附、蒸馏、层析、离子交换等）和生物法等。

(二) 大型发酵罐的结构和应用

发酵工业的发酵罐，其容积大小变化很大，小至 1~10L，大到 500 000~1 500 000L，发酵罐的大小取决于生产需要和怎样进行操作。例如，分批进行操作的生产就比连续或半连续操作的生产需要较大的发酵罐。大型发酵罐一般容积在几十吨以上，用普通钢材或不锈钢材构造，是顶端和底部密封的大圆柱体，在其内外装配着各种各样的管道、阀门和仪表。图 11-1 是具代表性的一种搅拌式大型发酵罐模式图。

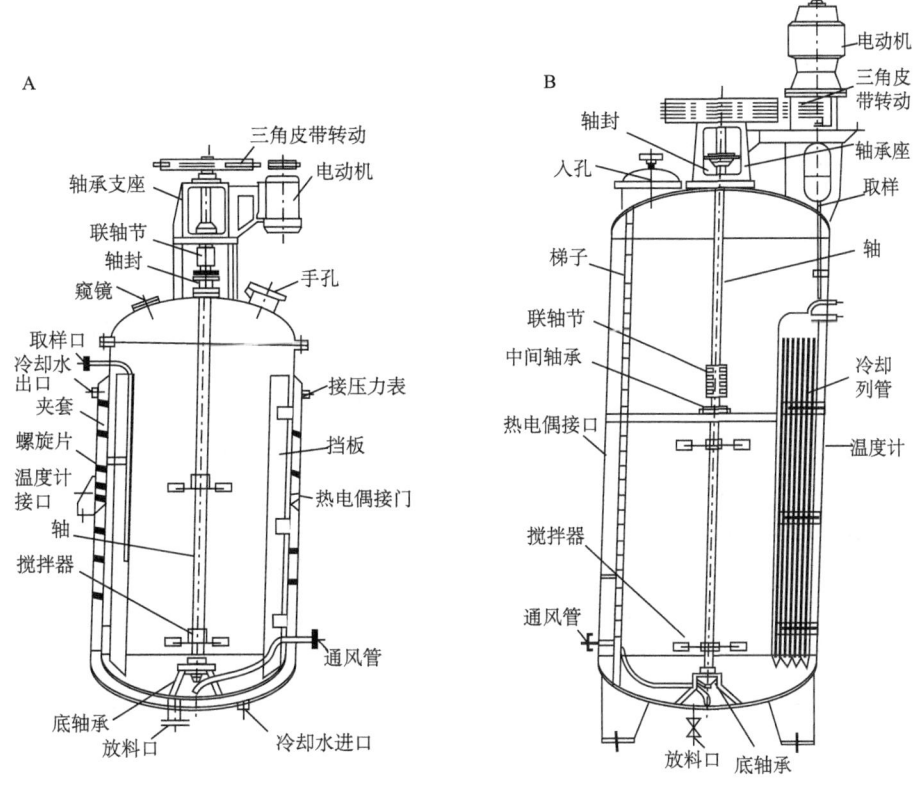

图 11-1　通用式发酵罐（引自：刘如林，1995）
A. 夹套传热；B. 蛇管传热

工业发酵罐发酵过程中必须精心监视并加以控制，因而发酵罐有观察孔，溶解氧监测器，温度监测仪，搅拌速度控制器，pH 检测和控制器，酸、碱添加泵，泡沫破碎叶片，营养物的添加管道等设备和仪器，监测发酵时氧浓度、温度、搅拌速度、pH、泡沫状态、营养物的消耗情况、菌生长状况和产品形成等，需及时控制，达到最佳发酵条件，获得优质、高产、低成本的产品。大型好氧发酵罐还必须配备与它相适应的各种设备或系统，如菌种扩大培养系统、无菌空气供应系统、动力系统、培养基配制罐、储液罐、后处理设备等。

厌氧菌大型发酵罐与好氧菌发酵罐相比则较为简单，因为省去了无菌空气供应的装置和系统，发酵罐用钢材或钢筋混凝土或木料构成。大型发酵罐除好氧类型的搅拌式外，还有借气体上升力搅拌的气升式发酵罐、氧利用率高的卧式发酵罐、用于啤酒连续发酵的发酵罐等各种各样的发酵罐。

（三）发酵过程的优化及后处理

发酵过程的优化是指控制发酵过程的最佳方案或发酵过程中主要控制的项目和方法。其目的是使细胞生理调节、细胞环境、反应器特性、工艺操作条件与反应器之间这种复杂的相互关系尽可能地简化，并对这些条件和相互关系进行优化，使之最适于特定发酵过程的进行。

目前，发酵过程的优化与控制主要涉及如下 4 个方面的研究内容。

（1）微生物细胞生长过程。细胞生长反应过程的研究是发酵过程优化的重要基础内容。研究细胞的生长反应，不仅要清楚地了解微生物从培养基中摄取营养物质的情况和营养物质通过代谢途经转化后的去向，还要确定不同环境下微生物代谢的分布。

（2）微生物反应的化学计量。微生物利用底物进行生长，同时合成代谢产物。运用基于化学计算关系的代谢通量分析方法，可提出微生物代谢途径的可能改善方向，为过程优化奠定良好的基础。

（3）生物反应动力学。生物反应动力学是发酵过程优化研究的核心内容，主要研究生物反应速率及其影响因素，在此基础上建立动力学模型，进而确定发酵过程的最佳生产条件。

（4）生物反应器工程。包括生物反应过程的参数检测与控制。生物反应器的形式结构、操作方式、物料的流动与混合状况、传递过程特征等是影响生物反应器宏观动力学的主要因素。在工程设计中，化学计量式、微生物反应和传递现象都是需要解决的问题。参数检测与控制是发酵过程优化最基本的手段，只有及时检测各种反应组分浓度的变化，才有可能对发酵过程进行优化，使微生物发酵工程在最佳状态下进行。

后处理指的是大规模发酵后直到产品形成的整个工艺过程。它决定着产品的质量和安全性，也决定着产品的收率和成本。据统计整个发酵产品的后处理费用已占产品成本的 60% 左右，虽然有的产品较低，有的较高，但其重要性已引起越来越多的科学技术工作者的重视，后处理的研究开发已逐步形成一个新的科技领域和产业。通常后处理的主要步骤、技术设备和产品的浓度及质量如表 11-2 所示。

表 11-2　通常后处理的主要步骤、技术和产品质量（引自：沈萍和陈向东，2006）

主要步骤	主要的技术设备	产品浓度/(g/L)	产品纯度/%
发酵液收集	收集罐、贮放罐	0.1~80	0.1~5
过滤	各种过滤装置、离心机	0.1~90	0.1~10
初步分离	沉淀、溶解、膜分离	5~200	1~20
产品提纯	层析、电泳	50~500	50~90
干燥、结晶	各种干燥设备、冷冻干燥		90~100

（四）发酵的逐级放大

由实验室小型设备到试验工厂小规模设备的试验发酵，再转为大规模设备的工业发酵生产，此过程称为发酵的逐级放大。通俗地将逐级放大分为小试（小型试验）、中试（中间试验）和大试（大规模工业性试验）3 个阶段。

1. 小试

小试一般指采用实验室的小型设备，包括三角玻璃瓶、1~50L 发酵罐、实验室其他常规设备等进行的试验。该阶段要求对培养基的成分和配比、pH、培养温度、通气量的大小等发酵条件进行大量试验，获得众多数据资料，得出小试中的发酵最佳条件，从而结合小试阶段对产物初步的功能性、安全性、结构分析等实验结果，达到小试的目标——初步评估出所发酵的产物是否具有效益和生产的可能性。

2. 中试

中试一般指采用试验工厂或车间的小规模设备，如100～5000L发酵罐，与其相适应的分离、过滤、提取、精制等设备，根据小试阶段获得的最佳发酵条件进行放大试验。该阶段要求对小试中的最佳发酵条件进行验证、改进，使最佳发酵条件更接近大规模生产，并初步核算生成成本，为工业生产提供各种参数，还要提供足够量的产物，进行正式的功能性、安全性、质量分析鉴定等试验，从而达到中试的目标——基本确定发酵产物能否进行工业性大规模生产，初步确定生产该产品的必要性和可行性。

3. 大试

大试也可称为试验性生产或工程性试验研究，是指用工业性大规模设备，包括大型发酵罐，分离、过滤、提取、纯化等大型设备，根据中试阶段获得的最佳发酵条件的参数进行试验性生产。该阶段要求对中试中的最佳发酵条件进行验证、改进，生产出质量合格、具经济价值的商业性产品，并核算成本、制定生产规程等，取得具法律效力的生产许可证等有关证书，从而达到大试的目标——确定发酵产物能否进行工业性大规模生产，生产该产品的必要性和可行性。

发酵的逐级放大，几乎是发酵工业新产品或改良产品或工艺改造的必由之路，但现代生物技术的产品的产量是以千克级、克单位，甚至更小的单位计算的，具有很高的商业价值，能满足市场需要，这类产品从研究开发到生产，虽然也要经过逐级放大，经历的过程和试验的项目甚至更长和更多，但小试、中试和大试各阶段所采用的设备、仪器的差异不是很大，有的在实验室内就能完成放大的全过程，进行商业性生产，取得高额利润。值得强调的是，一个新产品的开发成功，是非常艰难的，如微生物新药，从小试到大试，成为产品上市，大约需要10年时间，国外耗资约1亿美元。而且在逐步放大期间，因工艺或临床试验等原因被淘汰的还占多数。

第二节 工业发酵的方式

一、发酵方式

根据发酵过程的操作方式不同可将工业发酵分为3种模式，即分批发酵、补料分批发酵和连续发酵。

（一）分批发酵

分批发酵也称间歇发酵或批式发酵，是最常见和最简单的工业发酵操作方式。首先将发酵罐和培养基灭菌，再向发酵罐中接入种子开始进行发酵。这种发酵方式在发酵过程中，除了气体进出外，一般不与外界发生其他物质交换。在一些情况下，根据发酵体系的要求，特别需要对发酵过程的pH进行控制。发酵结束后，整批放罐。这种操作方式的优点是操作简单、投资低、不易染菌；主要缺点是生产效率低、劳动强度大、繁琐，而且每批发酵的结果都不完全一样，对后续产物分离造成了一定的困难。

（二）补料分批发酵

1. 补料分批发酵简述

补料分批发酵是指在分批发酵的过程中，由于到了中后期，养料快要消耗殆尽，菌体慢慢走向衰老自溶，代谢产物不能继续产生。为了延长中期代谢活动，维持较高的发酵产物的增长，需要给发酵罐补加新鲜培养基的发酵方式，又称半连续培养或半连续发酵，是介于分批发酵过程与连续发酵过程之间的一种过渡培养方式。

2. 补料分批发酵的类型

补料分批发酵可以分为两种类型——单一补料分批发酵和反复补料分批发酵。在开始时投入一定量的基本培养基，到发酵过程的适当时期，开始连续补加碳源或氮源或其他必需基质，直到发酵液体积达到发酵罐最大操作容积后，停止补料，最后将发酵液一次全部放出。这种操作方式称为单一补料分批发酵。该操作方式受发酵罐操作容积的限制，发酵周期只能控制在较短的范围内。反复补料分批发酵是在单一补料分批发酵的基础上，每隔一定时间按一定比例放出一部分发酵液，使发酵液体积始终不超过发酵罐的最大操作容积，从而在理论上可以延长发酵周期，直至发酵产率明显下降，才最终将发酵液全部放出。采用这种培养方式，培养液体积稀释率、比生长速率以及其他与代谢有关的参数都将发生周期性变化。两种补料分批发酵方式的比较见表11-3。

表11-3 连续补料发酵和补料分批发酵的比较（引自：贺小贤，2008）

项目	连续补料法	分批补料法	项目	连续补料法	分批补料法
批数	4	4	发酵时间/h	23.0	27.0
加糖总量/g	190±3	189±4	最终谷氨酸的浓度/(mmol/L)	95.2	90.8
残糖（以最终体积计)/(g/L)	23.3	24.6	糖转化率/(g/g)	0.504	0.479

3. 补料分批发酵的特点

补料分批发酵是介于分批发酵与连续发酵之间的一种微生物细胞的培养方式，它兼有两种培养方式的优点，并在某种程度上克服了它们所存在的缺点。表11-4说明补料分批发酵的一些优点。

表11-4 补料分批发酵的优点（引自：贺小贤，2008）

与分批培养方式比较	与连续培养方式比较
1. 可以解除培养过程中的底物抑制、产物的反馈抑制和葡萄糖的分解阻遏效应 2. 对于好氧过程，可以避免在分批培养过程中因一次性投糖过多造成细胞大量生长、耗氧过多以致通风搅拌设备不能匹配的状况 3. 微生物细胞可以被控制在一系列的过渡态阶段，可用来控制细胞的质量；并可重复某个时期细胞培养的过渡态，可用于理论研究	1. 不需要严格的无菌条件 2. 不会产生微生物菌种的老化和变异 3. 最终产物浓度较高，有利于产物的分离 4. 使用范围广

目前，补料分批发酵已在发酵工业上普遍被用于生产氨基酸、抗生素、维生素、核苷酸、酶制剂、单细胞蛋白、有机酸以及有机溶剂等，几乎遍及整个发酵工程行业。它不仅广泛用于液体发酵中，在固体发酵及混合发酵中也有应用。

（三）连续发酵

连续发酵，是指以一定的速度向发酵罐内添加新鲜培养基，同时以相同的速度流出培养液，从而使发酵罐内的液量维持恒定，微生物在稳定状态下生长。在稳定状态下，微生物所处的环境条件，如营养物浓度、产物浓度、pH 等都能保持恒定，微生物细胞的浓度及其比生长速率也可维持不变，甚至还可以根据需要来调节生长速度。稳定状态可以有效地延长分批培养中的对数期。

连续发酵使用的反应器可以大致分为搅拌罐式反应器和管式反应器。在罐式反应器中，即使加入的物料中不含有菌体，只要反应器内含有一定量的菌体，在一定进料流量范围内，就可实现稳态操作。罐式连续发酵的设备与分批发酵设备无根本差别，一般可采用原有发酵罐改装。根据所用罐数，罐式连续发酵系统又可分单罐连续发酵（图 11-2）和多罐连续发酵（图 11-3）。

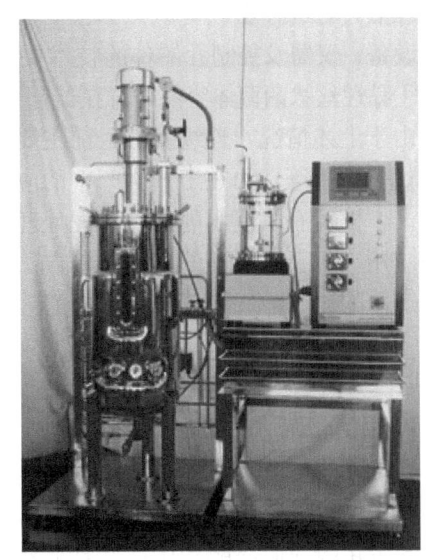

图 11-2　单罐连续发酵（引自：http://biobar.hbhcgz.cn/article/showarticle.asp?articleid=1348）

图 11-3　多罐连续发酵（引自：http://biobar.hbhcgz.cn/article/showarticle.asp?articleid=1348）

与分批发酵相比，连续发酵具有以下优点：①能够更有效地实现机械化和自动化，降低劳动强度，减少操作人员与病原微生物和毒性产物接触的机会；②可以维持稳定的操作条件，有利于微生物的生长代谢，从而使产率和产品质量也相应保持稳定；③由于灭菌次数减少，使测量仪器探头的寿命得以延长；④减少设备清洗、准备和灭菌等非生产占用时间，提高设备利用率，节省劳动力和工时；⑤容易对过程进行优化，有效地提高发酵产率。

当然，它也存在一些缺点：①由于是开放系统，加上发酵周期长，容易造成杂菌污染；②对设备、仪器及控制元器件的技术要求较高；③在长周期连续发酵中，微生物容易发生变异；④黏性丝状菌菌体容易附着在器壁上生长和在发酵液内结团，给连续发酵操作带来困难。

由于上述情况，连续发酵目前主要用于研究工作中，如发酵动力学参数的测定、过程条件的优化试验等，而在工业生产中的应用还不多。连续培养方法可用于面包酵母和饲料酵母的生产，以及有机废水的活性污泥处理。另外，酒精连续发酵生产技术在前苏联也已获得成功的应用。而新近发展的一种培养方法则是把固定化细胞技术和连续培养方法结合起来，用于生产丙酮、丁醇、正丁醇、异丙醇等重要工业溶剂。

二、固定化酶和固定化细胞

1. 固定化酶

固定化酶（immobilized enzyme）是指在一定空间内成闭锁状态存在的酶，能连续地进行反应，反应后的酶可以回收重复利用。

固定化酶与游离酶相比，具有下列优点：①酶的稳定性得到改进；②具有专选性用途的催化剂可以"缝制"；③酶可以再生利用；④连续化操作可得以实践；⑤反应所需的空间小；⑥反应的最优化控制成为可能；⑦可得到高纯度、高产量的产品；⑧资源方便，减少污染。

固定化酶在具有以上优点的同时，也具有一些不足之处：①固定化过程中往往会引起酶的失活；②固定化酶由于固定化方法不同，有些固定不牢固，对大分子底物有一定的空间位阻，还可能由于共价结合而影响酶的空间构象，因此有些固定化酶比游离酶的活性低，专一性可能改变，与底物的亲和力较小；③固定化酶所用载体与试剂较贵，成本高，工厂投资大，酶活力回收率低，如果用胞内酶进行固定化，还要增加酶的分离成本；④固定化酶在长期使用当中，会发生染杂菌、载体降解、酶的渗漏等问题；⑤固定化酶一般只适用于水溶性的小分子底物，底物参与反应受扩散因素的限制。

2. 固定化细胞

固定化细胞（immobilized cell）就是被限制自由移动的细胞，即细胞受到物理化学等因素约束或限制在一定的空间界限内，但细胞仍保留催化活性并能反复或连续使用。

固定化细胞的主要优点如下：①省去酶的分离过程及费用；②属于多酶系统，无需辅酶再生；③细胞生长停滞时间短；④固定化细胞可以重复或长期使用，简化游离细胞培养过程，还减少了营养基质的浪费；⑤保持酶的原始状态，提高酶的稳定性；⑥使用固定化细胞反应塔连续发酵，可以避免反馈抑制和产物的消耗。

固定化细胞的缺点包括：①必须保持菌株的完整；②必须防止细胞内蛋白酶对所需酶的分解，同时抑制其他酶的活性，以防止副产物的生成；③细胞壁和膜阻碍底物和产物的渗透和扩散。

固定化的方式主要有：吸附固定化、包埋固定化、共价结合法、交联固定化和微囊固定化。

【知识窗——酶的固定化技术】

酶的固定化技术：酶固定化技术是通过物理或化学的方法将酶连接在一定的固相载体上成为固定化酶，从而发挥催化作用。固定化后的酶在保持原有催化活性的同时，又可以同一般催化剂一样能回收和反复使用，可在生产工艺上实现连续化和自动化，更适应工业化生产的需要。

三、固态发酵

固态发酵（solid state fermentation，SSF）是一种培养基呈固态、培养基中没有或几乎没有自由流动水、利用自然底物作为碳源和能源或利用惰性底物作为支持物的发酵过程，也是人们利用微生物生产所需产品的悠久技术之一。与其他发酵方式相比，固态发酵主要具有以下优点。

(1) 原料成本低，多为天然基质或工业生产的副产物，来源广泛。

(2) 工艺相对简单，基质的含水量低，可减小反应器的体积。同时，无废水和废气产生，不对环境造成污染。

(3) 发酵过程中不需要严格执行无菌操作。固体颗粒间隙中存在的空气可为微生物生长提供氧气，通风量小，不需要无菌空气。

(一) 工艺控制参数

固态发酵最明显的特征就是传质和传热过程的不均匀性，这使得固态发酵的自动化控制和在线检测非常困难。目前尚没有比较完善的数学模型来描述固态发酵过程，生产过程中还是以经验指导为主。在固态发酵中，控制的工艺参数主要有温度、pH、物料或培养基的含水量等。

(二) 固态发酵设备

近年来，法国、日本、美国等国家竞相对固态发酵的关键设备进行研究，迄今为止已有许多类型的固态发酵反应器问世（包括实验室、中试）。B. Lonsane 在其研究中归纳出 9 种不同形式的 SSF 工业规模固态反应器：转鼓式、木盒式、加盖盘式、垂直培养盘式、倾斜接种盒式、浅盘式、传送带式、圆盘式、混合式。按基质的运动情况则可以分为两种：①静态固态反应器，包括浅盘式和塔柱式反应器；②动态固态发酵反应器，包括机械搅拌的筒式、柱式、转筒式反应器等。

(三) 固态发酵的应用

1. 在环境资源上的应用

20 世纪 90 年代以来，随着能源危机与环境污染问题的日益严重，固态发酵技术以其特有的优点（如无"三废"排放）引起了人们的兴趣。固态发酵领域的研究及其在环境资源上的应用已取得了很大的进展，主要表现在生物燃料、生物农药、生物生长剂、生物肥料、生物转化、工业废弃物生物解毒及对危险复合物进行生物修复和降解等方面的应用。

2. 在提高产品附加值上的应用

固态发酵可对营养丰富的农作物或农作物残余物进行生物转化，用于发酵食品、酶、色素、颜料、生物农药、有机酸和风味化合物等的生产。至今工业用酶大多数采用深层液体发酵的方法，成本很高，使酶的应用受到限制，固态发酵生产酶是降低成本的好方法。例如，蛋白酶的固态发酵应用较广，可替代液态深层发酵。

四、混合发酵

混合发酵（mixed fermentation）一般是指两种或两种以上的微生物发酵，最常见的是利用纤维素进行发酵,又称为同时糖化-发酵法(simultaneous saccharification and fermentation,SSF)或水解-发酵并行法(combined hydrolysis and fermentation,CHF)。其底物常采用自然界中存在的纤维素类物质,如玉米秸秆、糠类、酒糟等废弃物,产物则一般是饲料蛋白、食品和一些化合物,如乙醇、氨基酸等。

混合发酵中涉及的微生物组成种类繁多,可以分为细菌与细菌、细菌与真菌、真菌与真菌等几种方式。这几种组成的应用方向大致相同,主要有利用纤维素、降解环境污染物、生产单细胞蛋白等方面,具体组成和应用见表 11-5。

表 11-5　混合发酵中涉及的微生物种类组成和应用(选自:李春笋,2004)

微生物组成	应用
Arthrobacter,*Streptomyces*	降解 Diazinon
Pseudomonas stutzeri,*Pseudomonas aeruginosa*	降解对硫磷
Penecillium piscarium,*Geotrichum candidum*	降解偶氮染料
Lactobacillus delbrueckii,*Alcaligenes eutrophus*	生产 PHA
Lactococcus lactis,*Alcaligenes eutrophus*	生产 PHA
Penicillium sp.,*Aureobasidium terreus*	生产纤维素酶,木聚糖酶
Penicillium expansum,*Phanerochaete chrysosporium*	生产展青霉素,生物降解
Lactococcus lactis subsp.,*Kluyveromyces marxianus*	生产乳链菌肽
Gluconobacter oxydans,*Bacillus megaterium*	生产 Vc 前提 2-KLG
Gluconobacter oxydans,*Gluconobacter* sp.	生产 Vc 前提 2-KLG
Arthrobacter,*Streptomyces roseochromogene*	甾体转化
Nocardia sp.,*Arthrobacter simplex*	甾体转化
Micrococcus candidus,*Aeromonas fomicans*	生产赖氨酸
Corymebacterium glutamicum,*E. coli*	生产组氨酸
Seratia macescens,*E. coli*	生产缬氨酸
Propionibacterium shermanii,*Bacillus mesemteriucs*/*E. coli*	生产维生素 B_{12}
Rhizopus arrhizus,*Proteus vulgaris*	生产苹果酸
Methanobacterium omelianskii,*Desulfovibrio*,*Methanosarcina barkeri*	生产甲烷
Neocallimastix frontalis,*Methanogens*	生产甲烷
Thiobacillus ferrooxidans,*Thiobacillus organoparus*	湿法冶金
Clostridium thermocellum,*Clostridium thermosaccharolyticum*	降解纤维素
Bacteroides cellulosolvens,*Clostridium saccharolyticum*	降解纤维素
Xanthomonas sp.,*Plesiomonas* sp.	降解直链烷基磺酸钠
Pseudomonas sp.,*Alealigenes* sp.	降解聚乙烯醇(PVA)
Aspergillus niger,*Saccharomyces cerevisiae*	生产乙醇
Rhizoctonia solani,*Saccharomyces cerevisiae*	生产乙醇
Clostridium thermocellum,*Acetogenium kivui*	生产乙酸

第三节　微生物发酵的主要产品

一、食品和饮料

(一)发酵食品

发酵食品是农副产品利用微生物发酵加工而成的,也就是利用微生物的分解和合成代谢，产生了独特的风味物质，变成了美味食品。发酵食品既是风味食品，又是很好的保健食品。发酵食品有：①酒类，如啤酒、黄酒、白酒和葡萄酒；②氨基酸类，如味精（其主要成分为谷氨酸）；③有机酸类，如柠檬酸；④蛋白质水解类，大部分为传统酿制产品，如酱油、腐乳等都属于此类；⑤酶制剂，主要用于工业生产。

发酵食品的发酵形式主要有液态或固态发酵和自然或纯种发酵（表11-6）。

表11-6　发酵食品的发酵形式（引自：王文芹和孔玉函，2007）

产品	原产地	发酵形式
发酵蔬菜	中国	液态或固态自然发酵
酱油	中国	固态自然发酵
豆豉	中国	固态自然发酵
腐乳	中国	固态自然发酵
发酵鱼制品	东南亚	固态自然发酵
纳豆	日本	固态自然发酵
思乌阿那奥	泰国	固态自然发酵
达盖	印尼	固态自然发酵
发酵香肠	意大利、德国	固态自然发酵
风干肠	中国	固态自然发酵
开菲尔奶	中亚、中东欧	液态自然发酵
嗜酸菌乳	美国	液态自然发酵
保加利亚酸乳	保加利亚	液态自然发酵

用于传统发酵食品的微生物有酵母菌、霉菌、多种细菌（表11-7）。

表11-7　传统发酵食品生产所采用的微生物和酶（引自：王文芹和孔玉函，2007）

产品	原产地	微生物和酶
大曲酒	中国	大曲
小曲酒	中国	小曲
黄酒	中国	毛霉、根霉、酵母菌
酱油	中国	米曲霉、酵母菌、乳酸菌
日本豆酱	日本	米曲霉类霉菌、酵母菌、细菌
达喜	印度	链球菌、乳酸杆菌、发酵乳糖的酵母菌
威士忌	英国	酵母菌
伏特加	俄罗斯	酵母菌
白兰地	法国	酵母菌
牛奶酒	中国	乳酸杆菌、酵母菌
马奶酒	俄罗斯、中国	乳酸杆菌、酵母菌
开菲尔乳	中亚、中东欧	乳酸菌、酵母菌、醋酸菌
酸性稀奶油	美国	乳酸菌
干酪	欧洲	乳酸链球菌、乳酸杆菌
马拉米香肠	意大利	乳酸杆菌、霉菌
图林根香肠	德国	片球菌
风干肠	中国	乳酸杆菌、片球菌

（二）食品添加剂

食品添加剂是指为改善食品品质和色、香、味以及防腐和加工工艺的需要而加入食品中的化学合成或者天然物质。食品添加剂在食品工业中有着重要的作用：改善和提高食品色、香、味等感官指标；保持和提高食品的营养价值；有利于食品保鲜和运输；增加食品花色品种和方便性；有利于食品加工操作；满足不同人群的需要；提高经济效益和社会效益。例如，微生物多糖主要有黄原胶、结冷胶、短梗酶多糖、热凝胶，它们被作为乳化剂、悬浮剂、增稠剂、稳定剂、胶凝剂等应用于食品工业中。它们的生产菌种分别为野油菜黄单胞菌（*Xanthomnas campestris*）、假单胞杆菌伊乐藻属（*Pseudomonas elodea*）、出芽短梗属（*Aureobasidium pulluans*）、*Alcalingenes faecalis* var. *myxogenes*10c3 的细菌。

微生物生产天然色素主要有红曲色素、β-胡萝卜素和天然蓝色素等。生产 β-胡萝卜素的菌种主要有克拉克须霉菌（*Phycomyoces biakeskeanus*）、三孢布拉霉菌（*Blakeslea trispora*）和红酵母（*Rhodotorula*）。生产红曲色素的菌种是红曲霉属（*Monascus*）。

（三）发酵饮料

发酵饮料是指通过微生物发酵配制而成，酒精含量在 1%（体积分数）以下的饮料。我们通常所讲的发酵饮料包括牛乳发酵饮料、大豆发酵饮料、大豆乳清发酵饮料、乳酸菌发酵蔬菜汁饮料、食用菌饮料。啤酒也是人们喜欢的发酵饮料。

随着国民经济的发展和人民生活水平的提高，人们对于食品的要求越来越高，由单纯果腹的生存本能，进而追求合理营养、增强体质、保证健康的食物。饮食与疾病的关系是一个意义越来越大和人们越来越关心的领域。世界各国的生物学家、营养学家、科技界人士无不倾全力探求自然食物中对防病治病有效的天然物质。所谓"健康食品"也就应运而生，风靡全球。饮料市场也在发生巨大的变化，酒精饮料向低浓度化发展，甚至低酒度的啤酒也在向更低度转化。例如，低醇啤酒、无醇啤酒进入市场，非酒精饮料的发展趋势是在讲究色、香、味的同时，更加重视其营养价值和保健效果。为了扩大人类食物的来源，丰富食品种类，提高食品营养价值和保健功能，营养学家开发了越来越多的"绿色食品"。发酵食品和饮料有着广阔市场和发展前景。

二、医药工业的主要产品

微生物药物包括各种抗生素和氨基酸、酶、激素、免疫抑制剂等，它们是一类特异的天然化合物，是由微生物在其生命活动过程中产生的具有生理活性的次级代谢产物或其衍生物，是人类控制感染等疾病，保障身体健康，以及用来防治动、植物病害的重要药物。

（一）抗生素

抗生素（antibiotics）是由微生物在代谢过程中所产生的，在低浓度下就能抑制他种微生物的生长和活动，甚至杀死他种微生物的化学物质。抗生素主要来源于土壤微生物，它们不但数量巨大，而且种类繁多，包括细菌、真菌和放线菌等。

大规模微生物发酵生产的重要抗生素及其医疗应用见表 11-8。

表 11-8 发酵生产的一些重要抗生素及其医疗应用（引自：沈萍，2000）

抗生素名称	生产菌种	作用范围	医疗应用
青霉素	产黄青霉 (Penicillium chrysogenum)	革兰氏阳性菌（G^+）和部分阴性菌（G^-）	脑膜炎、骨髓炎、肺炎等
链霉素	灰色链霉菌 (Streptomyces griseus)	G^-，结核分枝杆菌	结核病、败血症等
新霉素	链霉菌 (Streptomyces fradiae)	G^+，G^-，结核杆菌	肠道疾病等
巴龙霉素	龟裂链霉菌 (S. rimosus)	G^+，G^-，结核杆菌	肠道疾病等
卡那霉素	卡那链霉菌 (S. kanamyceticus)	G^+，G^-，结核杆菌	结核病等
氯霉素	委内瑞拉链霉菌 (Streptomyces venezuela)	G^-，大型病毒	伤寒、斑疹伤寒等
红霉素	红链霉菌 (Streptomyces erythreus)	G^+，G^-，阿米巴	肺炎、败血症等
杆菌肽	红链霉菌	G^+	肺炎、败血症、心内膜炎等
利福霉素	地中海链霉菌 (S. mediterranei)	G^+，G^-，结核杆菌	结核病、麻风病等
灰黄霉素	灰黄青霉	病原真菌	头癣、体股癣等
放线菌素 D	黑色素链霉菌 (Streptomyces melanoch romogenes)	肿瘤细胞	恶性葡萄胎、绒毛上皮癌等
争光霉素	轮枝链霉菌 (Streptomyces verticillus)	G^+，G^-，结核杆菌	鳞状上皮细胞癌等
光辉霉素	放线菌 (Strep. sp.)	G^+，HeLa 癌细胞	脑瘤、睾丸胚胎癌等

随着已知抗生素数量的不断增加，人们从天然微生物中筛选出新的抗生素将越来越难，并且由于微生物对临床应用的抗生素的耐药性渐增，一些抗生素的副作用也不断暴露出来，寻找和开发新型抗生素和优良抗生素产生菌是医药产业的迫切希望。随着分子生物学和 DNA 重组技术的发展，利用基因工程技术使微生物产生新型抗生素和新的代谢产物已成为现实。

（二）氨基酸

微生物以氨基酸的中间产物为原料，将其转化为相应的氨基酸。其生产原料与菌种见表 11-9。

表 11-9 微生物发酵生产的氨基酸

氨基酸	前体（中间产物）	微生物
丝氨酸	甘氨酸	嗜甘油棒状杆菌
色氨酸	氨茴酸	异常汉逊酵母
色氨酸	吲哚	麦角菌
蛋氨酸	2-羟基-4-甲基-硫代丁酸	脱氨极毛杆菌
异亮氨酸	A-氨基丁醇 D-苏氨酸	黏质赛氏杆菌 阿氏棒状杆菌

氨基酸种类繁多，广泛用于临床治疗。例如，精氨酸、鸟氨酸、瓜氨酸、天门冬氨酸、谷氨酸等可以治疗高氨血症、肝功能障碍等疾病；天门冬氨酸钾盐和镁盐的混合物可用于消除疲劳，治疗心脏病、肝病、糖尿病；某些氨基酸的类似物，如 S-氨甲酰基-半胱氨酸、N-乙酰-L-苯丙氨酸、N-乙酰-L-缬氨酸等可以作为癌细胞的抑制剂等。

（三）甾体激素

甾体类化合物又称类固醇化合物（steriod），普遍存在于动植物组织中，对机体起着重要的生理调节功能。早期，甾类激素药物的生产主要靠化学合成，但在合成过程的转化步骤中，化学合成法工序复杂且得率极低，成本也很高。用微生物进行转化，则操作工序大为减少、得率高、成本低，并且可在甾体核的许多位碳原子上进行转化。细菌、酵母菌、霉菌和放线菌的某些种类都可以使甾类化合物的一定部位发生有价值的转化反应，因此，微生物转化是合成这类药物的重要技术方法。

目前用微生物转化合成的甾类激素有可的松（17-羟基-去氧皮质酮）、氢化可的松、泼尼松（脱氢可的松或强的松）、轻化泼尼松（强的松龙）、肤轻松（氟氢可的松）等。

（四）生物制品

从微生物（包括细菌、噬菌体、立克次氏体、病毒等）及其代谢产物、原虫、动物毒素、人或动物的血液或组织等直接加工制成，或用现代生物技术方法制成，作为预防、治疗、诊断特定传染病或其他有关疾病的免疫制剂统称为生物制品（biological product）。生物制品种类繁多，一般可分为预防、治疗和诊断制品三大类。预防制品主要是疫苗，包括由细菌、螺旋体、支原体等制成的菌苗，如卡介苗、霍乱菌苗和肺炎球菌多糖菌苗等；由病毒、立克次氏体和衣原体制成的疫苗和细菌外毒素经脱毒处理后制成的类毒素，如白喉、破伤风、肉毒类毒素及葡萄球菌类毒素等。治疗制品多数是利用细菌、病毒和生物毒素免疫动物制备的抗血清或抗病毒，而在发达国家动物血清或抗病毒已被淘汰，取而代之的是人特异丙种球蛋白。噬菌体用于裂解宿主菌，以治疗由宿主菌引起的疾病，但疗效尚难确定。诊断制品分为体内诊断和体外诊断。体内诊断用于皮内接种，如锡克毒素和结核菌素，以判断个体对病原的易感性或免疫状态；体外诊断可用相应的免疫学试剂和细菌学试剂进行疾病诊断。

（五）治疗用酶

治疗用酶是指可用于预防、治疗和诊断疾病的一类酶制剂。在早期主要用于治疗消化道疾病、烧伤及感染引起的炎症。现在，国内外已广泛应用于多种疾病的治疗，其制剂品种已超过 700 种，由于以微生物为来源生产治疗用酶，具有反应条件温和、安全性大、污染小、成本低、周期短等优点，所以大部分是由微生物工业生产的。

微生物生产的一些治疗用酶及其用途见表 11-10。

表 11-10　微生物生产的一些治疗用酶及其用途（引自：郭勇，2010）

品　种	菌种来源	用　途
高峰淀粉酶（taka-diastase）	米曲霉	助消化
纤维素酶（cellulase）	黑曲霉	助消化
β-半乳糖苷酶（β-glactosidase）	米曲霉	助乳糖消化
酸性蛋白酶（acidic protease）	黑曲霉	抗炎、化痰
葡聚糖酶（dextranase）	曲霉	预防龋齿
门冬酰胺酶（L-asparaginase）	大肠杆菌	抗肿瘤
米曲纤溶酶（brinloase）	米曲霉	抗凝血
青霉素酶（penicillinase）	蜡状芽孢杆菌	高尿酸血症

(六) 酶抑制剂

酶抑制剂（enzyme inhibitor）是指特异性作用于酶的某些基团，降低酶的活性甚至使酶完全丧失活性的物质。微生物产生酶抑制剂是来源于微生物的初级代谢产物和次级代谢产物，研究最多的是放线菌，其中最重要的是链霉菌属（Streptomyces），细菌、真菌也是酶抑制剂的重要药源微生物。

目前，已上市的酶抑制剂类药物种类很多，针对各种疾病筛选出的酶抑制剂新药源源不断地进入市场。神经氨酸酶（NA）抑制剂是一类新的抗病毒药物，对 A、B 型流感病毒均有抑制作用，已成为研究热点，已上市的药物有扎那米韦（zanamivir）和奥司米韦（oseltamivir，GS4104）。扎那米韦是根据流感病毒 NA 与唾液酸的复合物结构，通过计算机分子模拟设计而成的，结构中的胍基与流感病毒 NA 活性部位的氨基酸通过氢键、静电力及范德华力的作用，与酶紧密结合，作用强度及选择性均较高。扎那米韦对 B 型流感病毒也有一定程度的结合。奥司米韦是 GS4071 的乙酯型前药，其亲脂性的 3-戊氧基侧链与流感病毒 NA 活性部位的疏水性口袋有较强的亲和力，阻断了流感病毒 NA 对病毒感染细胞表面的唾液酸残基的裂解，从而抑制了病毒颗粒从感染细胞的释放，因而是一种选择性高的流感病毒 NA 抑制剂。

(七) 基因工程药物

基因工程药物（genetically engineered drug）包括一些在生物体内含量甚微但却具有重要生理功能的蛋白质，还可利用重组 DNA 技术改造蛋白质，设计和生产出自然界不存在的新型蛋白质药物。基因工程技术提供了大量获得人源蛋白质药物的基因工程菌，使原来需要由人或动物中制取的蛋白质药物，可以从微生物发酵中获得。并且可通过对蛋白质基因结构的改造，使蛋白质药物的性质更稳定，活性更高，副作用更小。近 10 年来，基因工程药物在国际上已有近 20 种获准生产，约有 200 种进行临床实验，预计在 21 世纪将掀起基因工程菌制药的热潮，将成为高技术产业发展最快的产业之一。

基因工程药物包括人类激素，如可以促进伤口愈合的表皮生长因子（epidermal growth factor）、促进生长的人生长激素（human growth hormone）、治疗糖尿病的胰岛素（insulin）；免疫调节剂，如抗病毒、抗肿瘤的干扰素（interferon）、激活和刺激各类白细胞的白细胞介素（interleukin）、抗肿瘤的肿瘤坏死因子（tumor necrosis factor）；重组疫苗，如乙肝疫苗（hepatitis B）和麻疹疫苗（measles）；血液蛋白，如治疗贫血的促红细胞生成素（erythropoietin），促进血凝的凝血因子Ⅶ、Ⅷ、Ⅸ，可作为溶栓剂的组织纤溶酶原激活剂（tissue plasminogen activator）等，这些都是已经上市的药物。现在世界上的许多实验室正在试验制备 HIV 的重组疫苗，基因工程药物将会为人类做出更大的贡献。

三、农牧业的主要产品

(一) 生物农药

生物农药（biological pesticide）是指利用生物活体或其代谢产物对害虫、病菌、杂草、线虫、鼠类等有害生物进行防治的一类农药制剂，或者是通过仿生合成具有特异作用的农药制剂。按照联合国粮农组织的标准，生物农药一般是天然化合物或遗传基因修饰剂，主要包括生物化学农药（信息素、激素、植物调节剂、昆虫生长调节剂）和微生物农药（真菌、细菌、昆虫病毒、原生动物或经遗传改造的微生物）两个部分，农用抗生素制剂不包括在内。但是在我国农业生产实际应用中，生物农药主要泛指可以进行大规模工业化生产的微生物源农药。商品化的微生物农药主要包括抗生素、细菌杀虫剂、真菌杀虫剂、病毒杀虫剂、细菌与病毒混合杀虫剂等。

生物农药与化学农药相比，主要具有以下的优点：①选择性强，对人畜安全；②对生态环境影响小；③可以诱发害虫流行病；④可利用农副产品生产加工；⑤生产设备通用性较好；⑥产品改良的技术潜力大；⑦开发投资风险相对较小。

由于生物农药具有诸多优点，扶植生物农药工业无论从促进科学技术创新发展，还是从国家投入产出的经济利益方面考虑，都完全吻合今后产业生态革命的方向。无公害生物农药是人类实现可持续发展和保障食品安全生产的高新技术突破口之一，这确定了生物农药在未来全球农药产业结构中的特殊地位。

但是，生物农药产品与化学农药相比也存在许多本身固有的弱点，如防治效果一般较为缓慢；有效活性成分比较复杂；控制有害生物的范围较窄；杀虫防病的作用机理特异；易受环境因素的制约和干扰；产品有效期短，质量稳定性较差。

（二）生物增产剂

生物增产剂包括微生物肥料和微生物饲料。

微生物肥料是根据微生物在自然物质循环中的分解和合成作用，所产生的可以促进植物生长和减少植物被危害的生物肥料。使用生物肥料可以缓解长期大量施用化肥带来的破坏土壤结构、污染环境等严重问题，而且生产工艺类似微生物农药，安全、简便、成本低。但目前生物肥料只是一种辅助性肥料，还不能完全代替有机肥料和化学肥料，还有许多方面值得进一步研究和开发。

微生物饲料包括青贮饲料、发酵饲料、单细胞蛋白（single cell protein，SCP）、氨基酸添加剂等。青贮饲料是将新鲜的牧草、作物秸秆等青饲料粉碎，填入并密封于青贮窖内，由于附着在青贮饲料上的乳酸菌等微生物的作用，青贮饲料发酵后生成乳酸、醋酸、琥珀酸等有机酸和醇类，部分蛋白质分解成氨基酸及氨化物。繁殖的菌体使营养物质增加，发酵中产生的热可以杀死或抑制病原菌的生长，从而制成营养丰富的青贮饲料。发酵饲料则是在植物秸秆类粗饲料粉中接种产纤维素酶活性高的霉菌，或加入含多种分解纤维素的微生物菌群，或接种能分泌活性高的木质素酶和纤维素酶的担子菌，经发酵营养成分倍增的发酵饲料。SCP 是指大规模生产作为饲料或食品的富含蛋白质的微生物细胞。细菌、丝状真菌、酵母菌及藻类中的许多种都可用来生产 SCP，但主要还是用酵母菌生产饲料 SCP。值得关注的是，SCP 工业能将纸浆废液、味精厂的发酵废渣、废糖蜜及食品厂的废液作为原料，生产 SCP 饲料，使废物得到利用。

（三）生物除草剂

利用生物除杂草已有近 200 年的历史。近几十年来，随着植物病原菌的不断分离和研究，尤其是从杂草病株中筛选出来的一些植物病原菌表现出了潜在的除草活性，有可能开发成为可替代化学除草剂的新型生物除草剂。在 20 世纪 60 年代，我国已在实践中使用的"鲁保一号"是利用专性寄生于菟丝子的黑盘孢目盘长孢属（*Gloeosporium*）的真菌制成的，防治农田杂草菟丝子的效果达到70%～95%。"鲁保一号"是世界上最早被应用于生产实践的生物除草剂之一。另外，澳大利亚利用粉苞苣柄锈菌（*Puccinia chondrillina*）防治灯心草粉苞苣，美国用盘长孢状刺盘孢（*Colletotrichum gloeosporioides*）除去一种大田杂草。随着在世界范围内对杂草天敌资源调查的广泛开展，人们将会更深刻地了解天敌生物对杂草侵染和控制的机理，将有更多的材料可供选择，用于发展高效、对环境安全的生物除草剂。

（四）食用真菌

食用菌类一般是指可食用的、有大型子实体的高等真菌。分类上主要属于担子菌亚门（Basidiomycotina），其次为子囊菌亚门（Ascomycotina）。国际上已记载的食用、药用大型真菌有2000多种。在我国发现的食用菌有720多种，常见的有蘑菇、草菇、香菇、平菇、凤尾菇、金针菇、黑木耳、松口蘑、竹荪、羊肚菌、牛肝菌等。这些食用菌味道鲜美，营养丰富，含有丰富的蛋白质、脂肪、糖、维生素、矿物质等营养成分。而且其中一些食用菌对动植物病毒性疾病有免疫或抑制作用，还能抑制肿瘤发生和发展，并能溶解一定量的胆固醇，所以被人们称为"保健食品"。近年来我国的食用菌生产以前所未有的规模快速发展，创建了许多适合各种条件的生产技术，取得了很好的经济和社会效益。目前全世界仅有约20种食用、药用菌进行了商业性生产，95%以上的种仍处于野生状态。因而，蕴藏着丰富资源的真菌大家族正等待着我们去开发和利用。

（五）饲料添加剂和微生态制剂

饲料添加剂包括氨基酸、维生素、矿物元素、酶制剂、非蛋白氮、抗氧化剂、防腐剂、调味剂、香料等。这些添加剂会促进禽畜加快生长，或改善肉质，或增加产卵率。

微生态制剂是从动物或自然界分离、鉴定或通过生物工程人工组建的有益微生物，经培养、发酵、干燥、加工等特殊工艺制成的含有活菌并用于动物的生物制剂或活菌制剂。

根据微生态制剂所采用的有益菌可分为乳酸菌制剂、芽孢杆菌制剂、酵母菌制剂、光合细菌制剂及复合微生态制剂等。1989年，美国食品与药物管理局（FDA）公布的可以安全使用的微生物菌种有42种，欧洲市售的微生态制剂约有50种。我国农业部于2003年12月9日在第318号公告中公布了可在饲料中添加的微生物，有以下15种：干酪乳杆菌、乳酸乳杆菌、植物乳杆菌、嗜酸乳杆菌、粪肠球菌、屎肠球菌、乳酸肠球菌、乳酸片球菌、戊糖片球菌、两歧双歧杆菌、酿酒酵母、产朊假丝酵母、沼泽红假单胞菌、枯草芽孢杆菌、地衣芽孢杆菌。

随着生物科学技术的发展和微生物学理论研究的不断深入，动物专用微生态制剂的开发研究将受到业内各界人士的日趋关注。并且，随着我国养殖业的发展，微生态制剂作为替代抗生素的新型饲料添加剂也将有更加广阔的应用前景。

四、微生物在冶金、能源等领域的应用

（一）微生物冶金

生物冶金技术，又称生物浸出技术，通常指矿石的细菌氧化或生物氧化，由自然界存在的微生物进行。生物湿法冶金是一种很有前途的新工艺，它不产生二氧化硫，投资少，能耗

低，试剂消耗少，能经济地处理低品位、难处理的矿石。生物湿法冶金工业用的菌种主要有氧化亚铁硫杆菌（*Thiobacillus ferrooxidans*）、氧化硫硫杆菌（*Thiobacillus thiooxidans*）、铁氧化钩端螺菌（*Leptospirillum ferrooxidans*）和嗜酸热硫化叶菌（*Sulfolobus acidocaldarius*）等。这类自养微生物能氧化各种硫化矿获得能量，并产生硫酸和酸性硫酸高铁 $[Fe_2(SO_4)_3]$，这两种化合物是很好的矿石浸出溶剂，作用于黄铜矿（$CuFeS_2$）、赤铜矿（CuO_2）、辉铜矿（Cu_2S）、铜蓝（CuS）等多种金属矿，把矿中的铜以硫酸铜的形式溶解出来，再用铁置换出铜，生产的硫酸亚铁又可被细菌作为营养物进一步氧化成酸性硫酸高铁，再次作为矿石浸出溶剂。如此循环往复，可溶的目的金属能从溶液中获取，如铜；不溶的目的金属能从矿渣中得到，如金。

微生物湿法冶金技术在金、银矿中主要应用于氧化预处理阶段，近年来已有 6 个生物氧化预处理厂分别在美国、南非、巴西、澳大利亚和加纳投产。1995 年，云南镇源金矿难浸金矿细菌氧化预处理项目启动，建起我国第一个微生物浸金工厂。新疆包古图金矿经细菌氧化预处理后，金浸出率高达 92%～97%。微生物冶金技术具有工艺简单、投资少、环境污染少等许多优点，正发挥着巨大作用，显示出巨大潜力和广阔前景，将对人类产生深远的影响。

（二）微生物在石油工业的应用

微生物是原油形成的重要因素，而且对原油的开发、运输、存储都能带来影响。据《世界石油》报道，原油从地下采出到最后成品油的使用过程中，约有 10% 将被细菌降解掉。微生物用于勘探石油、提高采油率、转化石油生产多种产品和改善成品油的质量等方面，都已取得显著效益，因此，越来越引起人们的重视。例如，油气微生物勘探技术是通过分析近地表土壤层中微生物群落的变化来预测地下油气藏的存在。任何油气藏一旦形成后，都存在不同程度的微渗漏和宏渗漏。当油气藏中轻烃挥发到地表土壤，会引起土壤中的某些特殊微生物数量发生变化，如烃类利用菌数量的增加。通过检测土壤中这些特殊微生物的数量，可预测地下油气藏的分布。微生物勘探技术能够探测出陆上和海上油气藏，区分出油藏和气藏，以及带气顶的油藏，此被称为微生物石油勘探。包括我国在内的许多国家采用微生物石油勘探的结果表明，其钻井结果准确率为 55% 左右，是一种省钱、省力、简便易行的石油勘探法。

（三）微生物传感器、燃料电池和 DNA 芯片

微生物传感器（microbiosensor）是应用细胞固定化技术，将各种活体微生物固定在膜上的生物传感器。它的敏感元件是固定化微生物细胞，转换器件是各种电化学电极或场效应晶体管（field effect transistor，FET），其他机械电路部分与另外的传感器大都相同。微生物传感器可分为两大类：一类利用微生物的呼吸作用；另一类是利用微生物菌体内所含有的酶的作用。

微生物传感器的优点是灵敏度高、选择性好、元件成本低、容易制作且使用寿命长，因而应用广泛。它在基础理论研究、临床医学检测、工业产品分析和环境质量监测等方面具有重要作用，如在谷氨酸发酵生产过程中，利用大肠杆菌作为敏感元件制成的微生物传感器，将产生的 CO_2 与 CO_2 气敏电极组装在一起，来测定谷氨酸的含量。

生物传感器发展中存在的一些问题，如受环境条件的影响、不够稳定、敏感元件使用寿命短、要经常更换固定化生物膜等，将会随着微电子、分子生物学、计算机和材料等科学技术的发展，顺利解决，而且将会有更多、更好的各种用途的微生物传感器出现。

微生物燃料电池（microbial fuel cell）又称为微生物电池，所谓燃料电池就是把燃烧化学反应产生的化学能转变为电能的装置。如果电池中发生的反应因微生物生命活动所致，而产生的电能装置，便是微生物电池。典型的微生物燃料电池（MFC）由阴极区和阳极区组成，两区域之间由质子交换膜分隔。MFC的工作原理（图11-4）是：在阳极表面，水溶液或污泥中的有机物，如葡萄糖、醋酸、多糖和其他可降解的有机物等在阳极微生物的作用下，产出二氧化碳、质子和电子，电子通过中间体或细胞膜传递给电极，然后进一步通过外电路到达阴极，质子通过溶液迁移到阴极，然后在阴极上与氧气发生反应和产生水，这样就使得整个反应过程达到物质的平衡与电荷的平衡，而外部用电器也获得了燃料电池所提供的电能。

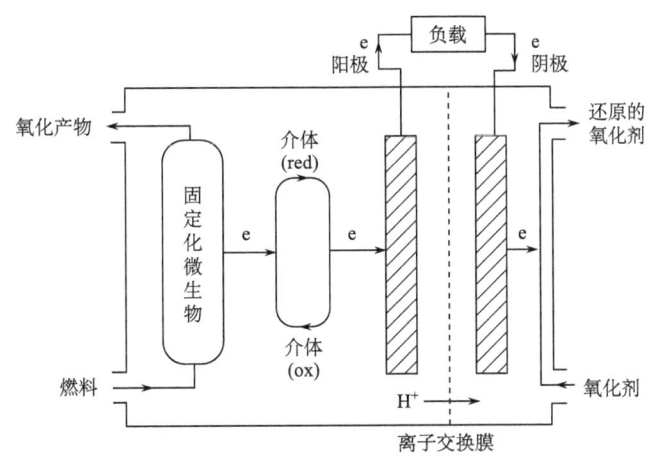

图11-4 微生物燃料电池的原理示意图（引自：沈萍和陈向东，2006）

从目前情况看，作为微生物电池的电极活性物质，主要是氢、甲酸、氨等。人们已经发现不少能够产氢的细菌，其中化能异养菌有30多种，它们能够发酵糖类、醇类、有机酸等有机物，吸收其中的化学能来满足自身生命活动的需要，同时把另一部分的能量以氢气的形式释放出来。有了这种氢作燃料，就可以制造出氢氧型的微生物电池来。虽然微生物电池仍处于实验阶段，但是随着生物技术和其他相关科学的高速发展，它将作为一种供人类使用的新型能源，在以下领域为人类作出贡献：①直接由生物质转换成效率高、价廉、长效的电能系统。微生物电池可以直接将葡萄糖中的氢全部消耗并转化成H_2O，生物质转化成能源的效率较高。微生物电池已经在航空航天领域得到了成功的应用，现在世界各国都在加速其在民用领域的商业开发。②以有机污水为燃料、回收利用污水中有机质的化学能，并且用微生物电池处理后的污水水质良好，不产酸和爆炸性气体。③从转换能量的微生物电池可以发展到应用转换信息的微生物电池，即作为介体微生物传感器（mediated microbiosensor）。

> 【知识窗——微生物能解决世界能源问题吗？】
>
> 地球这颗行星上的最小的生物或许能够帮助人类解决当今世界最重要的问题——能源问题。
>
> 已为人们所熟知的细菌，可以用来把各种各样的物质转化成我们开动汽车和给家庭供暖的燃料，甚至可以转化成玩具所需要的电能，手机永远也不会断电了，这听起来似乎太离谱了吧？事实上，科学家正在对很小一部分手机进行用微生物提供电力试验。美国一个科研小组发布了一项题目为《微生物能量转化》的研究报告：所有这些能源科技会在未来某一天成为现实，这多亏了地球上的最小生物——微生物孜孜不倦地工作。微生物能源转化是在类似科技中最快速的一种方法。在众多的微生物能源科技当中，微生物是用原始的有机物制造燃料的，也就是靠把存储在大量生物当中的化学能量以如乙醇或氢气的形式释放出来。
>
> 一直以来，微生物都在科技领域扮演着重要角色。如今，除了面包发酵之外，它们还增添了生成燃料和制造电池的新功能，这些看似微不足道的生命体将在21世纪担负起应对能源挑战的重任，微生物将是未来能源主力军。

<u>微生物 DNA 芯片</u>（microbial DNA chip）是 DNA 芯片的重要组成部分，它是指用主要来源于微生物的寡核苷酸制成的芯片。微生物的多样性取决于其基因的多样性，因而可以制备种类繁多的 DNA 芯片来贮存和获得大量的生命信息。在实践中，微生物 DNA 芯片已在很多领域中得到广泛的应用，在基因组的基因序列分析、疾病诊断、药物开发和微生物检测中，都已发挥重要的作用。临床常见疾病的病原微生物诊断的 DNA 芯片，已显现出它在高度准确、敏感、快速和自动化方面对于鉴定大量样品的优势。包括微生物芯片的整个 DNA 芯片领域，已进入千家万户，虽然目前技术上仍存在一些问题，但这些问题在发展中是能逐步解决的，相信在 21 世纪，DNA 芯片必定会给人类的经济、文化和社会带来新的技术革新。

五、微生物塑料和生物计算机

（一）微生物塑料

微生物在新陈代谢过程中，在合成蛋白质、核酸和多糖等大分子物质的同时，在细胞内还贮存聚酯——聚 β-羟基丁酸酯（PHB）和聚羟基烷酯（PHA）及乙基侧链聚羟基戊酯（PHV），这是一种塑料样的可生物降解的高分子材料，可用于生产可降解的微生物塑料。早在 20 世纪 70 年代初，英国 ICI 化学公司使用 *Alealegenes entropls* 菌通过微生物发酵途径，在普通发酵罐中合成了 PHB，纯度约 95%。20 世纪 80 年代，英国 ICI 化学公司将丙酸加入葡萄糖内，成功地合成了全新的 3-羟基丁酸酯（3HB）和 3-羟基戊酸酯（3HV）的无规共聚物，其商品名为 Biopol。中国科学院微生物研究所和中国科学院有机化学所的研究人员用真氧产碱杆菌、肥大产碱杆菌、褐色球形固氮菌、假单胞菌等利用不同碳源产生 PHB 的研究也取得了可喜的进展。以查氏生丝微菌成都亚种（*Hyphomicrobium zavarzinii* subsp. *chengduense*）利用甲醇为唯一碳源合成 PHB，在 10L 罐中产率为 0.64g/(L·h)，PHB 占细胞干重 40%~59%。还有人用乳酸菌以马铃薯为原料，生产大量 L-乳酸，再制成称为

"交酯"的聚乳酸塑料。

微生物塑料不仅完全可以生物降解，而且降解产物还能改良土壤结构及作为肥料。微生物塑料具有高分子质量、高结晶度、高弹性及高熔点的特性，还能抗紫外线、不含有毒物质、生物相容性好、不引起炎症、透明、易着色等，所以这种塑料用途更广，更适合于在医药领域应用。目前存在的最大问题是生产成本高，成品价格贵，虽有生产，但只能在特别需要的地方应用。

（二）生物计算机

生物计算机是指用生物芯片制成的计算机。这种生物芯片是由蛋白质和其他有机物质的分子组成，又称为分子计算机。生物计算机目前主要有以下几类。

1. 生物分子或超分子芯片

立足于传统计算机模式，从寻找高效、体微的电子信息载体及信息传递体入手，目前已对生物体内的小分子、大分子、超分子生物芯片的结构与功能做了大量的研究与开发。"生物化学电路"即属于此。

2. 自动机模型

以自动理论为基础，致力于寻找新的计算机模式，特别是特殊用途的非数值计算机模式。目前研究的热点集中在基本生物现象的类比，如神经网络、免疫网络、细胞自动机等。不同自动机的区别主要是网络内部连接的差异，其基本特征是集体计算，又称集体主义，在非数值计算、模拟、识别方面有极大的潜力。

3. 仿生算法

以生物智能为基础，用仿生的观念致力于寻找新的算法模式，虽然类似于自动机思想，但立足点在算法上，不追求硬件上的变化。

4. 生物化学反应算法

立足于可控的生物化学反应或反应系统，利用小容积内同类分子高拷贝数的优势，追求运算的高度并行化，从而提供运算的效率。DNA 计算机属于此类。DNA 计算机的原理是，DNA 分子中的大量密码相当于存储的数据，某些酶对 DNA 分子作用，瞬间就能完成其生化反应，从一种基因代码变成另一种基因代码。反应前的基因代码可以作为输入的数据，反应后的基因代码则作为运算结果，如果这种反应控制得当，就能制成 DNA 计算机。

5. 细胞计算机

采用系统遗传学（system genetics）原理、合成生物技术、人工设计与合成基因、基因链、信号传导网络等，对细胞进行系统生物工程（system bio-engineering）改造与重编程序，可以做复杂的计算与信息处理。细胞计算机又称为湿计算机（wet computer），目前的计算机是干计算机（dry computer）。中国科学院曾邦哲（曾杰）1999 年提出把遗传信息系统看作基因组智能（genomic intelligence），可以人工编程，重新设计细胞内复杂生物分子相互作用网络，从而使细胞成为人工生命系统（artificial biosystem），2002 年在德国提出分子模块、细胞器、基因群设计细胞并设计细胞信号通讯的生物计算机模型，从而拓展了多元细胞计算机与层次的概念。

生物计算机具有较高的人工智能，能够如同人脑那样进行思维、推理，能认识文字、图形，能理解人的语言，因而可以担任各种工作，如可应用于通讯设备、卫星导航、工业控制领域，发挥它的重要作用。生物计算机还将给盲人带来巨大便利。只要把一块有机芯片放入盲人眼中，沟通脑神经细胞与视网膜上两种感光细胞之间的联系，就能使盲人重见光明。总之，生物计算机的出现将会给人类文明带来一个质的飞跃，给整个世界带来巨大的变化。不过，科技人员认为，由于成千上万个原子组成的生物大分子非常复杂，其难度非常之大，目前来看，很容易质变和受损。因此，生物计算机的发展可能要经过一个较长的过程。

六、微生物的其他应用

（一）微生物与环境监测

用细菌总数及粪便污染指示菌（大肠埃希氏菌、克伯氏菌等）监测水质，常用"大肠菌群指数"和"大肠菌群值"作指标。大肠菌群指数是指每升水中所含的大肠菌群细菌的个数。大肠菌群值则是指检出一个大肠菌群细菌的最少水样量（毫升数）。两者间的关系可表示为：大肠菌群值=1000/大肠菌群指数。我国饮用水的质量标准规定，大肠菌群指数不得大于3，大肠菌群值不得小于333mL；用腐生细菌数或腐生细菌数与细菌总数的比值，监测水体的有机污染状况。还可利用发光细菌的发光强度监测有毒物质。目前研究和应用最多的发光细菌是明亮发光杆菌（*Photobacterium phosphorium*），通过灵敏的光电测定装置，检查发光细菌受毒物作用时的发光强度变化，可以评价待测物的毒性大小。还有用鼠伤寒沙门氏杆菌（*Salmonella tyhimurium*）的组氨酸缺陷突变株的回复突变即"艾姆氏试验法"（Ames test）检测水体的污染状况和食物、饮料、药物中是否含有"三致"（致癌变、致畸变、致突变）毒物。微生物的生长、繁殖量和其他生理、生化反应也是鉴定微生物生存的环境质量优劣的常用指标。通过测定水中藻类（常用硅藻、栅藻、小球藻等）的生长量来进行水质监测或物质的毒检测。上述方法在操作及检验标准上均已成熟，已普遍使用。随着科学技术的不断发展，人们对这一领域研究会越来越深入，微生物也会越来越广泛地应用在环境监测中。

（二）微生物与污水处理

废水生物处理是指通过微生物的代谢作用，使废水中呈溶解、胶体以及微细悬浮状态的有机污染物，转化为稳定无害的物质的废水处理法。微生物能从污水中摄取糖、蛋白质、脂肪、淀粉及其他低分子化合物。根据微生物对氧的要求不同，废水生物处理可分为好氧生物处理和厌氧生物处理两种类型。

好氧净化是氧存在条件下，许多好氧微生物通过分解代谢、合成代谢和物质矿物化，在把有机物氧化分解成 CO_2 和 H_2O 等过程中，获寻C源、N源、P源、S源和能量。污水的微生物好氧净化就是模拟上述原理，把微生物置于一定的构筑物内通气培养，高效率净化污水的方法。活性污泥法属于好氧净化，活性污泥是栖息着具有生命活力的微生物群体的絮绒状污泥。它是活性污泥法系统去除有机污染物的主体。活性污泥中的生物十分丰富，有细菌、真菌、原生动物和后生动物等，它们将污水中的有机物降解氧化为 H_2O、CO_2、PO_4^{3-} 等无机物，同时利用分解代谢过程中释放的能量将分解代谢过程中的中间代谢产物合成为新的细胞质组成部分，使其自身生长繁殖，达到净化水体的目的，此法是工业生产最常用的方法。此外，还有生物膜法。

厌氧净化是微生物在严格厌氧条件下，利用沼气发酵的微生物学原理和特定装置，大部分有机物在发酵或消化过程中，被分解生成 H_2、CO_2、H_2S 和 CH_4 等气体。微生物细胞能量转移的电子受体，由在好氧条件下的分子氧改变为在厌氧条件下的有机物。在厌氧条件下，不溶于水而难分解的大分子有机污物，被微生物的胞外酶降解为可溶性物质，再由产甲烷厌氧细菌和产氢细菌降解成低分子有机酸类和醇类，并放出 H_2 和 CO_2；有机酸类和醇类经产甲烷菌降解成 H_2、CO_2 和 CH_4。甲烷菌还可利用 H_2 还原 CO_2，形成 CH_4。

（三）微生物与垃圾处理

目前采用生物法处理固体废物，主要是通过微生物的生命活动将其逐渐分解，从而达到无害化处理并进行综合利用。生物处理固体废物的主要方法有填埋处理、堆肥处理和厌氧发酵等，但这些方法存在着很多弊端。

垃圾的填埋处理由于具有投资相对少、技术较成熟、处理量大、操作简单等特点，是我国各大城市生活垃圾处理中最常采用的技术。但是填埋于地下的垃圾，绝大部分是有机物，在厌氧微生物的作用下进行发酵，能产生大量的沼气逸出地面，遇火可能发生火灾。另外，其对垃圾资源的回收利用率几乎为零；产生的垃圾渗滤液严重威胁地下水系统，并需另设污水处理厂进行二次处理。因此该处理方法存在一定的环境隐患。

堆肥技术是依靠自然界广泛分布的微生物将可生物降解的有机物向稳定的腐殖质进行生化转化的微生物学过程，基本实现了城市生活垃圾的资源化、无害化处理。与填埋技术相比，该技术可以减少对周围环境的污染，但前提是必须进行垃圾分类。堆肥技术的缺点是，垃圾堆肥生产机械化程度低，堆肥质量不高，因而肥效较低，易造成再次堆积，形成二次污染。

厌氧发酵是在无氧条件下，将有机废弃物，如作物秸秆、人畜粪便、树叶水草、城市垃圾、污水处理厂污泥等经简单处理后，放入发酵容器（发酵罐、发酵槽、发酵池）内，引入具有特定功能的微生物（主要是一些能高效降解有机物质，如纤维素、脂肪、蛋白质的微生物），密闭发酵，使有机废弃物得到分解，达到无害化要求。厌氧发酵既可将废弃物制成农家有机肥料，又能生成沼气，用作燃料或照明，并且经过充分发酵后的垃圾是一种很好的农业肥料。如果实现垃圾处理工厂化，可以使发酵周期缩短（1～2 周），并且处理量较大。发酵过程可以实现全自动化控制，发酵后形成的肥料的质量也能得到保证。

微生物在处理环境污染物方面具有速度快、耗能低、效率高、成本低、反应条件温和等显著优点，它区别于其他技术的最根本特点是可以消除污染物而不是分离转移污染物。为从根本上解决环境问题提供了希望，因而越来越受到人们的青睐，被认为是 21 世纪治理环境污染的优选技术。

本 章 小 结

1. 工业发酵所用生产菌种应具备独特的条件，才能进行生产使用。我们可以从很多途径得到所需的菌种，但是工业生产所用的菌种一般都是购置的专利菌种。工厂进行的一般是大规模发酵，大规模发酵罐包括好氧型、厌氧型以及其他生物反应器。大规模发酵包括微生物菌体发酵、微生物酶（蛋白）发酵、微生物转化发酵、新型微生物发酵；大规模发酵常因菌种和产品不同而有所不同，但一般过程都基本相同，通常包括菌种制备、原料处理、接种培养、发酵控制和产品提取等环节，然后将发酵过程进行优化、后处理；最后进行发酵的放大。

2. 工业发酵的方式包括分批发酵、补料分批发酵和连续发酵。补料分批发酵是介于分批发酵与连续发酵之间的一种微生物细胞的培养方式，它兼有两种培养方式的优点，并在某种程度上克服了它们所存在的缺点。固定化技术中固定化酶和固定化细胞具有稳定性好、可再利用和资源节约等优点，具有利用固定化酶（细胞）生产各种产物、药物控释载体和利用固定化微生物细胞（酶）制造生物传感器等作用。混合发酵和酵母发酵的影响因素包括pH、温度、接种比例，以及在环境资源方面的应用等。

3. 微生物工业产品种类繁多，广泛应用在食品和饮料、医药、农牧业、冶金、能源、塑料和生物计算机等方面。随着人们对微生物认识的不断加深，微生物在其他方面也有着新的应用，这些应用主要是在环境监测、污水处理和垃圾处理等环境保护方面。

习题

1. 名词解释：生物反应器、恒浊器、恒化器、固定化酶、固态发酵、抗生素、基因工程药物、生物农药、微生物传感器、微生物燃料电池、微生物DNA芯片。
2. 生产菌种应具备的条件有哪些？
3. 简述发酵过程优化的定义、目的及其研究内容。
4. 简述发酵的几种方式以及特点。
5. 固定化酶和固定化细胞的优点有哪些？固定化有哪几种方式？
6. 影响固态发酵和混合发酵的因素有哪些？
7. 什么是抗生素？它主要分为哪几类？
8. 生物农药的优点有哪些？
9. 微生物冶金的基本原理是什么？
10. 什么是微生物传感器、燃料电池和DNA芯片？
11. 微生物用于环境监测有哪些方法？

思考题

1. 试述发酵逐级放大包括几个阶段，以及每个阶段要达到什么目标？
2. 试述固定化技术的应用和发展前景。
3. 试述固态发酵和混合发酵在现代工业的应用。
4. 请举例说出日常生活中的微生物产品，分析优点和弊端，并进行改进。
5. 目前环境问题日益严重，请从保护环境方面设想微生物产业在未来的发展趋势。
6. 请谈谈生物计算机在治疗人类疾病方面的可行性。

（赵宝华　鞠建松）

主要参考文献

曹军卫，马辉文. 2002. 微生物工程. 北京：科学出版社
车振明. 2008. 微生物学. 武汉：华中科技大学出版社
陈国豪. 2009. 生物工程设备. 北京：化学工业出版社
陈慰峰. 2005. 医学免疫学. 4版. 北京：人民卫生出版社
高崇明，李益勋，殷莹等. 2000. 上海四膜虫的胞质配合. 动物学报，46（3）：346-352
郭勇. 2010. 酶工程原理与技术. 2版. 北京：高等教育出版社
贺小贤. 2008. 生物工艺原理. 北京：化学工业出版社
贺竹梅. 2002. 现代遗传学教程. 上海：复旦大学出版社
洪华珠，喻子牛，李增智. 2010. 生物农药. 武汉：华中师范大学出版社
胡安谊，焦念志. 2009. 氨氧化古菌——环境微生物生态学研究的一个前沿热点. 自然科学通报，19（4）：370-379
黄秀梨. 1998. 微生物学. 北京：高等教育出版社
黄秀梨，辛明秀. 2009. 微生物学. 3版. 北京：高等教育出版社
江汉湖，董明盛. 2010. 食品微生物学. 北京：中国农业出版社
姜丽娜，杨杰，李君文等. 2005. 线粒体基因组遗传异质性和线粒体疾病. 解放军预防医学杂志，23（2）：146-149
孔繁翔. 2000. 环境生物学. 北京：高等教育出版社
李春笋，郭顺星. 2004. 微生物混合发酵的研究及应用. 微生物学通报，31（3）：156-161
李阜棣，胡正嘉. 2000. 微生物学. 5版. 北京：中国农业出版社
李玉英. 2009. 发酵工程. 北京：中国农业大学出版社
刘如林. 1995. 微生物工程概论. 天津：南开大学出版社
刘志恒. 2002. 现代微生物学. 北京：科学出版社
龙敏南，楼士林，杨胜昌等. 2010. 基因工程. 2版. 北京：科学出版社
卢振祖. 1994. 细菌分类学. 武汉：武汉大学出版社
马汇泉. 2003. 生物专业大学生如何学好《微生物学》这门课. 生物学杂志，20（4）：52-54
沈关心. 2004. 微生物学与免疫学. 5版. 北京：人民卫生出版社
沈萍. 2000. 微生物学. 北京：高等教育出版社
沈萍，陈向东. 2006. 微生物学. 2版. 北京：高等教育出版社
沈萍，范秀容，李广武. 1999. 微生物学实验. 3版. 北京：高等教育出版社
盛祖嘉. 2007. 微生物遗传. 3版. 北京：科学出版社
宋大康. 2009. 微生物学史. 北京：中国农业大学出版社
王卫卫. 2008. 微生物生理学. 北京：科学出版社
王文芹，孔玉函. 2007. 国内外发酵食品的发展现状. 发酵科技通讯，36（2）：55-56
王宜磊. 2010. 微生物学. 北京：化学工业出版社
王以光. 2009. 抗生素生物技术. 北京：化学工业出版社
卫革宏，王卫卫. 2009. 微生物学. 北京：科学出版社
吴乃虎. 2005. 基因工程原理. 北京：科学出版社
吴庆余. 2002. 基础生物学. 2版. 北京：高等教育出版社
谢天恩，胡志红. 2002. 普通病毒学. 北京：科学出版社
邢来君，李明春. 1999. 普通真菌学. 北京：高等教育出版社
徐耀先，周晓峰，刘立德. 2000. 分子病毒学. 武汉：湖北科学技术出版社
杨复华. 1993. 病毒学. 长沙：湖南科学技术出版社
杨汝德. 2006. 现代工业微生物学教程. 北京：高等教育出版社

杨生玉，王刚，沈永红. 2007. 微生物生理学. 北京：化学工业出版社

杨苏声，周俊初. 2004. 微生物生物学. 北京：科学出版社

杨宗琪. 2006. 病原生物与免疫实验学. 北京：科学出版社

姚汝华. 2005. 微生物工程工艺原理. 2版. 广州：华南理工大学

俞俊棠，唐孝宣，邬行彦等. 2010. 新编生物工艺学（上、下）. 北京：化学工业出版社

翟中和，王喜忠，丁明孝. 2007. 细胞生物学. 3版. 北京：高等教育出版社

张慧，孙悦迎，雷萍等. 2006. 微生物线粒体衍生细胞器及产氢体研究进展. 陕西师范大学学报，34：82-84

张甲耀，宋碧玉，陈兰洲等. 2008. 环境微生物学（上、下）. 武汉：武汉大学出版社

张文治. 2005. 微生物学. 北京：高等教育出版社

周长林. 2004. 微生物学. 北京：中国医药科技出版社

周德庆. 2002. 微生物学教程. 2版. 北京：高等教育出版社

周德庆. 2011. 微生物学教程. 3版. 北京：高等教育出版社

周正任. 2003. 医学微生物学. 6版. 北京：人民卫生出版社

诸葛健，李华钟. 2004. 微生物学. 北京：科学出版社

诸葛健，李华钟. 2009. 微生物学. 2版. 北京：科学出版社

Amold L D. 1982. 次级代谢的碳分解物调节作用. 国外医药——抗生素分册，2：85-94

Athmanathan S, Bandlapally S R, Rao G N. 2002. Comparison of the sensitivity of a 24 h-shell vial assay, and conventional tube culture, in the isolation of Herpes simplex virus-1 from corneal scrapings. BMC Clinical Pathology, 2 (1)：1

Brown D R. 2001. Prion and prejudice：normal protein at the synapse. Trends Neurosci, 24：85-90

Campbell N A, Reece J B. 2002. Biology：Concepts and Connections. 6th ed. San Francisco：Benjamin/Cummings Pub Co

Davis M L. 2008. 环境科学与工程原理. 2版. 北京：清华大学出版社

Fauquet C M, Mayo M A, Maniloff J, et al. 2005. Virus Taxonomys：Eighth Report of the International Committee on Taxonomy of Viruses. London：Elsevier/Academic Press

Flores R, Gas M E, Molina D, et al. 2008. Methods in molecular biology. In：Foster G D, Johansen I E, Hong Y, et al. Methods in Molecular Biology. Totowa：Human Press

Funnell B E, Phillips G J. 2009. 质粒生物学. 陈惠鹏，张惟材译. 北京：化学工业出版社

Gerard J T, Berdell R F, Christine L C. 1998. Microbiology：An Introduction Professional Copy. Addison-Wesley Longman, Incorporated

Hawksworth D L, Krik P M, Sutton B C, et al. 1995. Ainsworth & Bisby's Dictionary of the Fungi. 8th ed. Oxon：CAB International

Huber H, Hohn M J, Rachel R, et al. 2002. A new phylum of Archaea represented by a nanosized hyperthermophilic symbiont. Nature, 17, 63-67

James M J, Martin J L, David A G. 2005. Golden, Modern Food Microbiology. 7th ed. New York：Springer

Kathleen P T, Marjorie K C, Barry C, et al. 2009. Foundations in Microbiology. McGraw-Hill Higher Education

La S B, Desnues C, Pagnier I, et al. 2008. The virophage as a unique parasite of the giant mimivirus. Nature, 455：100-104

Lechevalier H A, Lechevalier M P. 1981. The Prolarytes Mortimer, P. Heidelbery：Spinger-verlag Berling

Lindell D, Jacob D J, Maureen L C, et al. 2007. Genome-wide expression dynamics of a marine virus and host reveal features of co-evolution. Nature, 449, 83-86

Liu Xiaoling, Sun Lei, Yu Maorong, et al. 2009. Cyclophilin a interacts with influenza a virus M1 protein and impairs the early stage of the viral replication. Cellular Microbiology, 11 (5)：730-741

Michael T M, John M M, David A S, et al. 2003. Brock Biology of Microorganisms. London：Pearson Education

Murray P R, Drew W L, Kobayashi G S, et al. 1990. Medical Microbiology. St Louis, CV. Mosby Company

Murray R G E, Stackebrandt E. 1995. Taxonomic note：implementation of the provisional status Candidatus for incompletely described procaryotes. Int J Syst Bacteriol, 45：186-187

Murray R G E. 1984. The higher taxa, or, a place for everything...? In：Krieg N R, Holt J G. Bergey's Manual of Systematic Bacteriology, vol. 1, The Williams & Wilkins Co., Baltimore. 31-34

Neumann G, Takeshi N T, Kawaoka Y. 2009. Emergence and pandemic potential of swine-origin H1N1 influenza virus. Nature, 459: 931-939

Papaefthimiou I, Hamilton A, Denti M, et al. 2001. Replicating potato spindle tuber viroid RNA is accompanied by short RNA fragments that are characteristic of post-transcriptional gene silencing. Nucleic Acids Res, 29 (11): 2395-2400

Prescott L M. 2003. 微生物学. 5版. 沈萍，彭珍荣译. 北京：高等教育出版社

Prescott L, Harley P J, Klein A D. 2002. Microbiology. New York: McGraw-Hill

Preston C M, Wu K Y, Molinski T F, et al. 1996. A psychrophilic crenarchaeon inhabits a marine sponge: *Cenarchaeum symbiosum* gen. nov., sp. nov. Proc Natl Acad Sci USA, 93, 6241-6246

Prusiner S B. 2001. Neurodegenerative diseases and prions. J Med, 344: 1516-1526

Robert F B. 1984. General Microbiology. St. Louis: Times Mirror/Mosby College Pub.

Sharma U K, Chatterji D. 2006. Both regions 4.1 and 4.2 of *E. coli* s70 are together required for binding to bacteriophage T4 AsiA *in vivo*. Gene, 376 (1): 133-143

Talaro A, Butler J. 1999. Student Study Guide to Accompany Foundations in Microbiology. New York: McGraw-Hill

The IRPCM Phytoplasma/Spiroplasma Working Team. 2004. Phytoplasma taxonomy group: '*Candidatus* Phytoplasma, a taxon for the wall-less, non-helical prokaryotes that colonize plant phloem and insects. Int J Syst Evol Microbio, 54: 1243-1255

Tiemann B, Depping R, Gineikiene E, et al. 2004. ModA and ModB, Two ADP-ribosyltransferases encoded by bacteriophage T4: catalytic properties and mutation analysis. J Bacteriol, 186 (21): 7262-7272

Wang M B, Bian X Y, Wu L M, et al. 2004. On the role of RNA silencing in the pathogenicity and evolution of viroids and viral satellites. Proc Natl Acad Sci USA, 101 (9): 3275-3280

主 要 网 址

http://bioquest.org/bedrock/problem_spaces/prion/background.php

http://www.cdc.gov/h1n1flu/images/B00526_H1N1_flu_med.jpg

http://www.dias.kvl.dk/Plantvirology/evirusgenes/evirsubgenomic.htm

http://faculty.ccbcmd.edu/courses/bio141/lecguide/unit3/viruses/dkhivbud.html

http://textbookofbacteriology.net/themicrobialworld/Phage.html

http://www.ncbi.nlm.nih.gov/ICTVdb/ICTVdB/

http://www.czxxjs.con.cn

http://www.mdjmu.cn/jcb/bingyuan/kejian/mianyililun/04.ppt

http://class.htu.cn/mianyixue/wlkch9_3.htm

http://biobar.hbhcgz.cn/article/showarticle.asp?articleid=1348

http://en.wikipedia.org/wiki/File:HSV_replication.png

附录　常用微生物名称

埃希氏菌属（*Escherichia*）
氨基酸杆状菌属（*Aminobacterium*）
胺单胞菌属（*Aminomonas*）
暗网菌属（*Pelodictyon*）
巴氏固氮梭菌（*Clostridium pasteurianum*）
巴氏芽孢杆菌（*Bacillus pasteuri*）
巴斯德梭菌（*Clostridium pasteurianum*）
巴西固氮螺菌（*Azospirillum brasilense*）
白地霉（*Geotricum candidum*）
白黑链霉菌（*Streptomyces alboniger*）
白喉棒杆菌（*Corynebacterium diphtheriae*）
百日咳博德特氏菌（*Bordetella pertussis*）
拜叶林克氏菌属（*Beijerinckia*）
棒状杆菌属（*Corynebacterium*）
孢节丛孢菌（*Arthrobotrys oligospora*）
孢螺菌属（*Sporospirillum*）
保加利亚乳杆菌（*Lactobacillus bulgaricus*）
贝日阿托氏菌属（*Beggiatoa*）
变形杆菌属（*Proteus*）
变异链球菌（*Streptococcus mutans*）
丙酸杆菌属（*Propionibacterium*）
丙酮丁醇梭菌（*Clostridium acetobutylicum*）
柄杆菌属（*Caulobacter*）
柄锈菌属（*Puccinia*）
伯克霍尔德氏菌属（*Burkholderia*）
伯氏立克次氏体（*Rickettsia burneti*）
博德特氏菌属（*Bordetella*）
卟啉单胞菌属（*Porphyromonas*）
布鲁氏菌属（*Brucella*）
布氏疏螺旋体（*Borrelia burgdorferi*）
苍白密螺旋体即"梅毒密螺旋体"（*Treponema pallidum*）
产丙酸杆菌属（*Propionigenium*）
产琥珀酸弧菌（*Vibrio succinogenes*）
产黄青霉（*Penicillium clirysogenusn*）
产碱杆菌属（*Alcaligenes*）
产碱菌属（*Alcaligenes*）
产气肠杆菌（*Enlerobacter aerogenes*）

产气荚膜梭菌（*Clostridium perfringens*）
产朊假丝酵母（*Candida utilis*）
产液菌属（*Aguifex*）
颤蓝细菌属（*Oscillatoria*）
肠膜状明串珠菌（*Leuconostoc mesenteroides*）
肠球菌属（*Enterococcus*）
肠炎沙门氏菌（*Salmonella enteritidis*）
赤霉菌（*Gibberella fujikuroi*）
出芽单胞菌属（*Gemmatimonas*）
出芽短梗属（*Aureobasidium pulluans*）
出芽菌属（*Gemmata*）
串珠镰刀菌（*Fusarium moniliforme*）
创伤弧菌（*Vibrio vulnificus*）
刺柄犁头霉（*Absidia spinosa*）
丛毛单胞菌属（*Comamonas*）
粗糙脉孢菌（*Neurospora crassa*）
醋微菌属（*Acidimicrobium*）
大肠杆菌（*Escherichia coli*）
单纯疱疹病毒（*Herpes simplex virus*，HSV）
德巴利腐菌（*Pythium debaryanum*）
德氏乳杆菌（*Lactobacillus debrueckii*）
等球菌属（*Isosphaera*）
地弧菌（*Geovibrio*）
地袍菌属（*Geotoga*）
地衣芽孢杆菌（*Bacillus licheniformis*）
地中海链霉菌（*Streptomyces mediterranei*）
丁型肝炎病毒（*Hepatitis delta virus*，HDV）
顶孢蓝细菌属（*Gloeotrichia*）
顶头孢霉菌（*Cephalosporium acremonium*）
东方链霉菌（*Streptomyces orientalis*）
动球菌属（*Planococcus*）
冻土毛霉（*Mucor hiemalis*）
短乳杆菌（*Lactobacillus brevis*）
短小芽孢杆菌（*Bacillus pumilus*）
多瘤病毒（*Polyoma virus*）
多囊菌属（*Polyangium*）
多粘芽孢杆菌（*Bacillus polymyxa*）
恶臭假单胞菌（*Pseudomonas putida*）

反刍月形单胞菌（*Seleenomonas ruminatium*）
放线菌属（*Actinomyces*）
肺炎肺炎球菌（*Pneumococcus pneumoniae*）
肺炎克雷伯氏菌（*Klebsiella pneumoniae*）
肺炎链球菌（*Streptococcus pneumoniae*）
费氏刺骨鱼菌（*Epulopiscium fishelsoni*）
分枝杆菌属（*Mycobacterium*）
粪链球菌（*Enterococcus faecalis*）
弗拉德氏菌属（*Frateuria*）
弗兰克氏菌属（*Frankia*）
弗氏链霉菌（*Streptomyces fradiae*）
浮霉状菌属（*Planctomyces*）
福氏志贺氏菌（*Shigella flexneri*）
副溶血性弧菌（*Vibrio parahaemolyticus*）
高大毛霉（*Mucor mucedo*）
高温单胞菌属（*Thermomonospora*）
高温放线菌属（*Thermoactinomyces*）
根瘤菌属（*Rhizobium*）
根瘤农杆菌（*Agrobacterium tumefaciens*）
钩端螺旋体属（*Leptospira*）
构巢曲霉（*Aspergillus nidulans*）
古代球菌属（*Palaeococcus*）
古生球菌属（*Archaeoglobus*）
固氮菌属（*Azotobacter*）
管孢蓝细菌属（*Chamaesiphon*）
龟裂链霉菌（*Streptomyces rimosus*）
海栖热袍菌（*Thermotoga maritima*）
褐球固氮菌（*Azotobacter chroococcum*）
黑曲霉（*Aspergillus niger*）
红假单胞菌属（*Rhodopseudomonas*）
红螺菌属（*Rhodospirillum*）
红皮盐杆菌（*Halobacterium cutirubrum*）
红色螺菌（*Spirillum rubrum*）
红掷孢酵母（*Sporobolomyces roseus*）
呼吸道合胞病毒（*Respiratory syncytial virus*，RSV）
弧菌属（*Vibrio*）
互养菌（互生菌）属（*Synergistes*）
滑柱菌属（*Herpetosiphon*）
黄单胞菌属（*Xanthomonas*）
黄杆菌属（*Flavobacterium*）
黄曲霉（*Aspergillus flavus*）
黄色粘球菌（*Mycococcus xanthus*）
灰色链霉菌（*Streptomyces griseus*）
霍乱弧菌（*Vibrio cholerae*）

鸡白血病病毒（*Avian leukosis virus*，ALV）
鸡马立克氏病病毒（*Marek's disease virus*，MDV）
脊髓灰质炎病毒（*Poliovirus*，PV）
寄生变形毛霉（*Amoebidium parasiticum*）
甲基杆菌属（*Methylobacterium*）
甲烷胞菌属（*Methanocella*）
甲烷短杆菌属（*Methanobrevibacter*）
甲烷杆菌属（*Methanobacterium*）
甲烷粒菌属（*Methanocorpusculum*）
甲烷螺菌属（*Methanospirillum*）
甲烷球菌属（*Methanococcus*）
甲烷球形菌属（*Methanosphaera*）
甲烷嗜热杆菌属（*Methanothermobacter*）
甲烷嗜热球菌属（*Methanothermococcus*）
甲烷微菌属（*Methanomicrobium*）
甲烷线菌属（*Methanolinea*）
假单胞菌属（*Pseudomonas*）
剑线虫杆菌属（*Xiphinematobacter*）
豇豆花叶病毒（*Cowpea mosaic virus*，CMV）
接骨木镰孢菌（*Fusarium sambucinum*）
节杆菌属（*Arthrobacter*）
结核分枝杆菌（*Mycobacterium tuberculosis*）
结节链霉菌（*Streptomyces nodosus*）
解蛋白弧菌（*Vibrio proteolyticus*）
解酚假单胞菌（*Pseudomonas phenolicum*）
金黄色葡萄球菌（*Staphylococcus aureus*）
金霉素链霉菌（*Streptomyces aureofaciens*）
巨大脱硫细菌（*Desulfovibrio gigas*）
巨大芽孢杆菌（*Bacillus megaterium*）
聚球蓝细菌属（*Synechococcus*）
军团菌属（*Legionella*）
卡那链霉菌（*Streptomyces kanamyceticus*）
卡那霉素链霉菌（*Streptomyces kanamyceticus*）
坎氏弧菌（*Vibrio campbelli*）
抗生链霉菌（*Streptomyces antibioticus*）
克拉克须霉菌（*Phycomvoces blakeskeanus*）
克雷伯氏菌属（*Klebsiella*）
空肠弯曲杆菌（*Campylobacter jejumni*）
空肠弯曲菌（*Campylobacter jujuni*）
枯草芽孢杆菌（*Bacillus subtilis*）
宽球蓝细菌属（*Pleurocapsa*）
蓝细菌属（*Cyanobacterium*）
劳斯肉瘤病毒（*Rous sarcoma virus*，RSV）
类芽孢杆菌属（*Paenibacillus*）

里氏木霉（*Trichoderma reesei*）
立克次氏体属（*Rickettsia*）
利斯特氏菌属（*Listeria*）
痢疾志贺氏菌（*Shigella dysenteriae*）
链霉菌属（*Streptomyces*）
两歧双歧杆菌（*Bifidobacterium bifidum*）
亮发菌属（*Leucothrix*）
淋巴细胞性脉络丛脑膜炎病毒（*Lymphocytic choriomeningitis virus*，LCMV）
淋病奈瑟氏球菌（*Neisseria gonorrhoeae*）
流感病毒（*Influenza virus*）
流感嗜血杆菌（*Haemophilus influenzae*）
硫杆菌属（*Thiobacillus*）
硫化叶菌属（*Sulfolobus*）
鲁氏毛霉（*Mucor roxianus*）
绿臂菌属（*Ancalochloris*）
绿颤细菌属（*Oscillochloris*）
绿滑菌属（*Chloroherpeton*）
绿菌属（*Chlorobium*）
绿屈挠菌属（*Chloroflexus*）
绿丝菌属（*Chloronema*）
轮丝链霉菌（*Streptomyces verticillus*）
轮状病毒（*Rotavirus*，RV）
螺杆菌属（*Helicobacter*）
螺丝菌属（*Heliothrix*）
螺旋杆菌属（*Heliobacterium*）
螺旋蓝细菌属（*Spirulina*）
螺旋体属（*Spirochaeta*）
螺原体属（*Spiroplasma*）
麻风分枝杆菌（*Mycobacterium leprae*）
马杜拉放线菌（*Actinomadura*）
马铃薯X病毒（*Potato virus X*，PXV）
马铃薯纺锤形块茎病类病毒（*Potato spindle tuber viroid*，PSTVd）
麦角菌（*Ciavieps purpurea*）
脉孢菌属（*Neurospora*）
鳗弧菌（*Vibrio anguillarum*）
慢生根瘤菌属（*Bradyrhizobium*）
慢性蜜蜂麻痹卫星病毒（*Chronic bee paralysis satellite virus*）
密螺旋体属（*Treponema*）
明串珠菌属（*Leuconostoc*）
明亮发光杆菌（*Photobacterium phosphoreum*）
木醋杆菌（*Acetobacter xylinum*）

那不勒斯硫杆菌（*Thiobacillus neapolitanus*）
纳米比亚硫珍珠状菌（*Thiomargarita namibiensis*）
奈瑟氏菌属（*Neisseria*）
脑膜炎奈瑟氏球菌（*Neisseria meningitidis*）
拟杆菌属（*Bacteroides*）
拟诺卡菌属（*Nocardiopsis*）
拟态弧菌（*Vibrio mimicus*）
黏结球形菌属（*Lentisphaera*）
黏球菌属（*Myxococcus*）
念珠蓝细菌属（*Nostoc*）
念珠状链杆菌（*Streptobacillus moniliformis*）
酿酒酵母（*Saccharomyces cerevisiae*）
酿脓链球菌（*Streptococcus pyogenes*）
尿原体属（*Ureaplasma*）
脲微球菌（*Micrococcus ureae*）
诺尔斯链霉菌（*Streptomyces noursei*）
诺卡氏菌属（*Nocardia*）
欧文氏菌属（*Erwinia*）
排硫硫杆菌属（*Thiobacillus thioparus*）
盘基网柄菌（*Dictyostelium discoideum*）
破伤风梭菌（*Clostridium tetani*）
匍枝根霉（*Rhizopus stolonifer*）
葡萄球菌属（*Staphylococcus*）
葡萄糖杆菌属（*Gluconobacter*）
普雷沃氏菌属（*Prevotella*）
普通变形杆菌（*Proteus vulgaris*）
栖热菌属（*Thermus*）
栖热腔菌属（*Thermosipho*）
浅紫灰链霉菌（*Streptomyces lavendulae*）
鞘氨醇杆菌属（*Sphingobacterium*）
青霉属（*Penicillium*）
青紫色素杆菌（*Chromobacterium violaceum*）
氢杆菌属（*Hydrogenobacter*）
曲霉属（*Aspergillus*）
屈挠杆菌属（*Flexibacter*）
群集裂褶菌（*Schizophyllum commune*）
热变形菌属（*Thermoproteus*）
热杆菌属（*Calderobacterium*）
热棍杆菌属（*Thermovirga*）
热袍菌属（*Thermotoga*）
热球菌属（*Pyrococcus*）
热脱硫杆菌属（*Thermosulfobacterium*）
热网菌属（*Pyrodictium*）
热微菌属（*Thermomicrobium*）

热厌氧弧菌属（Thermanaerovibrio）
热原体属（Themoplasma）
日勾维肠杆菌（Enterobacter gergoviae）
容凯氏菌属（Jonquetella）
溶血链球菌（Streptococcus haemolyticus）
肉毒梭菌（Clostridium botulinum）
乳杆菌属（Lactobacillus）
乳酸杆菌属（Lactobacillus）
软疣病毒（Molluscum contagiosum virus，MCV）
三孢布拉霉菌（Blakeslea trispora）
色球蓝细菌属（Chroococcus）
杀鲑弧菌（Vibrio salmonicida）
杀鲑气单胞菌（Aeromonas salmonicida）
沙门氏菌属（Salmonella）
闪烁杆菌属（Fervidobacterium）
闪烁古生球菌（Achaeoglobus fulgidus）
伤寒沙门氏菌（Salmonella typhi）
生丝微菌属（Hyphomicrobium）
生殖道支原体（Mycoplasma genitalium）
生殖支原体（Mycoplasma genitalium）
石花菜属（Gelidium）
石袍菌属（Petrotoga）
食酚假单胞菌（Pseudomonas phenolphagum）
食谷菌属（Victivallis）
嗜胺菌属（Aminiphilus）
嗜胆球菌属（Bilophococcus）
嗜肺军团菌（Legionella pacumophila）
嗜甲基菌属（Methylophilus）
嗜碱芽孢杆菌（Bacillus alcalophilus）
嗜热碱甲烷杆菌（Methanobacterium thermoautotrophicum）
嗜热链球菌（Streptococcus thermothilus）
嗜热球菌属（Thermococcus）
嗜热脂肪芽孢杆菌（Bacillus stearothermophilus）
嗜热自养甲烷杆菌（Methanobacterium thermoautotrophicum）
嗜酸古菌属（Picrophilus）
嗜酸热硫化叶菌（Sulfololus acidocaldonius）
嗜酸乳杆菌（Lactobacillus acidophilus）
嗜糖假单胞菌（Pseudomonas saccharophila）
嗜血杆菌属（Haemophillus）
嗜衣原体属（Chlamydophila）
噬纤维菌属（Cytophaga）
疏螺旋体属（Borrelia）
鼠伤寒沙门氏菌（Salmonella typhimurium）
鼠咬热螺旋体（Spirillum minus）
鼠疫耶尔森氏菌（Yersinia pestis）
双孢蘑菇（Agaricus bisporus）
双歧杆菌属（Bifidobacterium）
双乙酰乳链球菌（Streptococcus diacetilactis）
水稻黄斑南方豆花叶病毒（Rice yellow mottle sobemovirus，RYMV）
水绵属（Spirogyra）
水生螺菌属（Aquaspirillum）
丝状杆菌属（Fibrobacter）
宋内氏志贺氏菌（Shigella sonnei）
苏云金芽孢杆菌（Bacillus thuringiensis）
酸杆菌属（Acidobacterium）
穗产色链霉菌（Streptomyces racemochromogenes）
梭杆菌属（Fusobacterium）
梭菌属（Clostridium）
炭疽芽孢杆菌（Bacillus anthracis）
藤黄八叠球菌（Sarcina lutea）
铁还原杆菌属（Deferribacter）
铁球菌属（Ferroglobus）
铁氧化钩端螺菌（Leptospirillum ferrooxidans）
铁原体属（Ferroplasma）
铜绿假单胞菌（Pseudomonas aeruginosa）
突柄杆菌属（Prosthecobacter）
突柄菌属（Prosthecochloris）
土曲霉菌（Aspergillus terreus）
兔乳头状瘤病毒（Cottontail rabbit papillomavirus，CRPV）
脱氮副球菌（Paracoccus denitrificans）
脱氮弧菌属（Denitrovibrio）
脱硫肠状菌属（Desulfotomaculum）
脱硫代硫酸盐弧菌属（Dethiosulfovibrio）
脱硫弧菌属（Desulfovibrio）
脱硫脱硫弧菌（Desulfovibrio desulfuricans）
唾液链球菌（Streptococcus salivarius）
弯曲杆菌属（Campylobacter）
弯枝菌属（Flexistipes）
烷八叠球菌属（Methanosarcina）
网状球菌属（Dictyoglomus）
微白黄链霉菌（Streptomyces albidoflavus）
微球菌属（Micrococcus）
韦荣氏菌属（Veillonella）
委内瑞拉链霉菌（Streptomyces venezuelae）

无胆甾原体属（Acholeplasma）
芜菁黄花病毒（Turnip yellow virus，TYV）
下水道菌属（Cloacibacillus）
显核菌属（Caryophanon）
腺病毒（Adenovirus，ADV）
腺联病毒（Adeno-associated virus，AAV）
消化链球菌属（Peptostreptococcus）
硝化杆菌属（Nitrobacter）
硝化螺菌属（Nitrospira）
小棒杆菌（Corynebacterium parvum）
小单胞菌属（Microminospora）
小小梨形菌属（Pirellula）
新霉素链霉菌（Streptomyces fradiae）
须霉属（Phycomyces）
需钠弧菌（Vibrio natriegeus）
雪白链霉菌（Streptomyces niveus）
蕈状芽孢杆菌（Bacillus mycoides）
芽孢八叠球菌属（Sporosarcina）
芽孢杆菌属（Bacillus）
芽孢乳杆菌属（Sporolactobacillus）
亚硝化单胞菌属（Nitrosomonas）
烟草坏死卫星病毒（Tobacco necrosis satellite virus）
烟草环斑病毒（Tobacco ringspot nepovirus，TRSV）
盐棒杆菌属（Halobaculum）
盐杆菌属（Halobacterium）
盐盒菌属（Haloarcula）
盐球菌属（Halococcus）
盐生盐杆菌（Halobacterium halobium）
盐屋链霉菌（Streptomyces sioyaensia）
厌氧发酵单胞菌（Zymomonas anaerobia）
厌氧小杆菌属（Anaerobaculum）
厌氧性的梭菌属（Clostridium）

氧化醋酸单胞菌（Acetobacter oxydans）
氧化硫硫杆菌（Thiobacillus thiooxidans）
氧化亚铁硫杆菌（Thiobacillus ferrooxidans）
耶尔森氏菌属（Yersinia）
野油菜黄单胞菌（Xanthomonas campestris）
衣原体属（Chlamydia）
衣藻属（Chlamydomonas）
乙型肝炎病毒（Hepatitis B virus，HBV）
异常球菌属（Deinococcus）
异宗曲霉（Aspergillus heterothallicus）
荧光假单胞菌（Psendomonas fluorescens）
幽门螺杆菌（Helicobacter pylori）
疣微菌属（Verrucomicrobium）
游动放线菌属（Actinoplanes）
有性根霉（Rhizopus sexualis）
迂回螺菌（Spirillum volutans）
鱼腥蓝细菌属（Anabaena）
原绿蓝细菌（Prochloron）
圆弧青霉菌（Penicillium cyclopium）
运动发酵单胞菌（Zymomonas mobilis）
粘质沙雷氏菌（Serratia marcescens）
詹氏甲烷球菌（Methanococcus jannaschii）
真杆菌属（Eubacterium）
真养产碱菌（Alcaligenes eutrophus）
真枝蓝细菌属（Stigonema）
支原体属（Mycoplasma）
志贺氏菌属（Shigella）
蛭弧菌属（Bdellovibrio）
柱形鱼腥蓝细菌（Anabaena cylindrica）
椎柱杆菌属（Oscillospira）
着色菌属（Chromatium）
棕色固氮菌（Azotobacter vinelandii）